Cedric Read, Jacky Ross, John Dunleavy,
Donniel Schulman & James Bramante
(PricewaterhouseCoopers)

eCFO – Der Finanzchef der Zukunft

Cedric Read, Jacky Ross, John Dunleavy,
Donniel Schulman & James Bramante
(PricewaterhouseCoopers)

eCFO – Der Finanzchef der Zukunft

Checklisten, Fallbeispiele und Strategien
für nachhaltige Wertsteigerung

Aus dem Amerikanischen übersetzt
von Dr. Helga Höhlein

REDLINE WIRTSCHAFT
bei verlag moderne industrie

Die Deutsche Bibliothek – CIP-Einheitsaufnahme

> eCFO – der Finanzchef der Zukunft : Checklisten, Fallbeispiele und Strategien für nachhaltige Wertsteigerung / PricewaterhouseCoopers. Cedric Read ...
> Aus dem Amerikan. übers. von Helga Höhlein. – München : Verl. Moderne Industrie, 2002
> Einheitssacht.: eCFO – Sustaining Value in the New Corporation <dt.>
> ISBN 3-478-37800-1

Copyright © 2002 PricewaterhouseCoopers. All rights reserved. Authorised translation from the English language edition published by John Wiley & Sons, Ltd.

Copyright © 2002 verlag moderne industrie, 80992 München
Internet: http://www.redline-wirtschaft.de

Titel der amerikanischen Originalausgabe: eCFO – Sustaining Value in the New Corporation

Alle Rechte, insbesondere das Recht der Vervielfältigung und Verbreitung sowie der Übersetzung, vorbehalten. Kein Teil des Werkes darf in irgendeiner Form (durch Fotokopie, Mikrofilm oder ein anderes Verfahren) ohne schriftliche Genehmigung des Verlages reproduziert oder unter Verwendung elektronischer Systeme gespeichert, verarbeitet, vervielfältigt oder verbreitet werden.
Umschlaggestaltung: Hielcom, München
Titelphoto: Stock 4B
Satz: Fotosatz Reinhard Amann, Aichstetten
Druck: Himmer, Augsburg
Bindearbeiten: Thomas, Augsburg
Printed in Germany 37800/030201
ISBN 3-478-37800-1

Inhaltsverzeichnis

Vorwort zur deutschen Ausgabe 11
Vorwort 13

Kapitel 1
Der Finanzbereich in der E-Business-Welt 17

Ein neues Wertschöpfungspotenzial 22
„Webonomics" – ein neues Konzept 24
Anwendung altbewährter Disziplinen
   in der neuen Unternehmung 30
Inwieweit erfordert E-Business eine Neugestaltung
   des Finanzbereichs? 35
Die E-CFO-Agenda 45
E-CFO-Checkliste 47

Kapitel 2
Entwicklung neuer Geschäftsmodelle für die Wertschöpfung 51

Zur Dynamik des Wandels 56
Was können etablierte Unternehmen von den neuen
   Internetfirmen lernen? 61
Web-Nutzung zur Sicherung und Steigerung
   der Unternehmenserträge 62
Nutzung von E-Märkten 71
Supply-Chain-Optimierung durch E-Kooperation 79
Der Business Case für B2E-Projekte 81
Business-Portfolio-Management 86
E-CFO-Checkliste 91

Inhaltsverzeichnis

Kapitel 3
Shareholder-Value-Optimierung: Von EVA bis E-Messtechnik 93

Die sieben Werttreiber aus neuer Sicht 97
Zur Problematik wertorientierter Unternehmensführung 100
„Webonomics": E-Business und Shareholder Value 105
Der E-Marktplatz 110
Die siebenteilige Wertschöpfungsdynamik im E-Business 115
Die Balanced Scorecard im E-Business 122
Blick für das Ganze 126
E-CFO-Checkliste 126

Kapitel 4
Aufbau immaterieller Vermögenswerte:
Von Wertorientierung zu Wertmaximierung 129

Zur Bedeutung immaterieller Vermögenswerte 132
Steigerung des Kundenwerts 136
Ausrichtung auf den Markenwert 142
Abschätzung und Verwaltung der F&E-Wertschöpfung 149
Gewinnbringende Nutzung intellektuellen Eigentums 153
Bewertung des geschäftlichen Ansehens 159
Pflege des Humankapitals 164
Immaterielle Vermögenswerte – ein bewegliches Ziel 172
E-CFO-Checkliste 173

Kapitel 5
„Allotraktion": Von Ressourcen-Allokation zu
Ressourcen-Attraktion 175

Zum Wandel im Ressourcen-Management 179
Ressourcen-Allokation: Best Practices von heute 182
Übergang zur Ressourcen-Attraktion 186
Phase 1: Vorausschätzung 190
Phase 2: Bewertung 194

Phase 3: Implementierung 204
Phase 4: Postimplementierung 208
Konsequenzen für die Finanzabteilung 211
E-CFO-Checkliste 215

Kapitel 6
Weg mit dem Budget 217

Was spricht gegen Budgets? 222
Argumentation für den Wandel 229
Auswahl unter mehreren Optionen 231
Entwicklung einer transparenten Messtechnik 237
Konzentration auf das Forecasting 242
Strategie trifft auf Praxis 248
Zum Instrumentarium 250
E-CFO-Checkliste 257

Kapitel 7
Vermittlung einer neuen Systemvision 259

Schneller als ERP 262
Ihre neue Systemvision 270
E-Business-Software: Auswahl und Implementierung 274
Förderung von Business Intelligence 283
Investition in den Integrationsrahmen 291
Aufbau eines CFO-Portals 294
E-CFO-Checkliste 302

Kapitel 8
Generalüberholung Ihrer Kostenbasis 305

Zur Anatomie der Kosten 310
Phase 1: Bestandsaufnahme (1. bis 6. Woche) 315
Phase 2: Programmgestaltung (7. bis 14. Woche) 330

Inhaltsverzeichnis

Phase 3: Durchführung (ab 15. Woche) 341
Förderung von Innovation und Wachstum 346
E-CFO-Checkliste 348

Kapitel 9
Wertschöpfung aus Akquisitionen und Allianzen 351

Darstellung neuer Beziehungsmodelle 354
Wie es nicht sein soll: Häufige Gefahrenquellen 359
Wertsteigernde Deals: Sechs erfolgsentscheidende Faktoren 363
Wie es sein soll: Best Practices 364
Zur Übereinstimmung der Unternehmenskulturen 382
Beitrag des Finanzbereichs zu M&A-Aktivitäten 385
E-CFO-Checkliste 389

Kapitel 10
Neugestaltung der Unternehmenszentrale 391

Die CFO-Herausforderung 394
Warnung: Unternehmenszentralen können wertschädigend sein! .. 396
Wertschöpfung in der Unternehmenszentrale 402
Value Proposition: Die eigentliche Aufgabe
   der Unternehmenszentrale 404
Unternehmenszentrale mit E-Geschwindigkeit 412
Neugestaltung Ihrer Unternehmenszentrale 417
Wachsam bleiben: Performance-Messung in der
   Unternehmenszentrale 422
E-CFO-Checkliste 425

Kapitel 11
B2F: Die virtuelle Finanzfunktion 427

Erarbeitung einer B2F-Agenda 432
Transaktionsverarbeitung: Gemeinschaftlich genutzte
  Web-Serviceleistungen 434
Transaktionsverarbeitung: Business-Outsourcing 440
Geschäftsalltag ohne Working Capital 447
Virtuelle Treasury-Aktivitäten 453
Online-Entscheidungshilfe: I-Analytik 457
Virtualität – das Gebot der Stunde 465
E-CFO-Checkliste 468

Stichwortverzeichnis 473

Vorwort zur deutschen Ausgabe

Finanzabteilungen wird es auch in der Zukunft geben. Der CFO wird im Zeitalter des E-Business allerdings völlig andere Aufgaben wahrnehmen müssen. Sein Arbeitsgebiet wird noch interessanter werden – weil er eine Schlüsselfunktion im Aufbau der „New businesses" wahrnimmt.

Deutsche *Chief Financial Officers* (CFO) stellen sich bisweilen kokett als „Kassenwart" des Unternehmens vor. Wird sich das im Zeitalter des E-Business ändern? Und: Wie wird sich generell das Aufgabenfeld des CFO in einer global vernetzten Welt ändern?

In unserem Buch *eCFO – Der Finanzchef der Zukunft* vertreten wir die These, dass die Aufgabenstellungen, die Methoden und die heutigen Organisationsstrukturen den Finanzbereich grundlegend ändern werden. Alle Unternehmen nutzen die Chancen, durch E-Technologien Produktivitätspotenziale zu erschließen und ihre Wertschöpfungsketten auch über die Firmengrenzen hinaus zu definieren und entsprechend zu optimieren. Diese Initiativen haben ihren Ursprung zwar häufig im Einkauf, in der Logistik und im Vertrieb, sie wirken sich aber unmittelbar auch auf den Finanzbereich aus.

Erfahrungen aus unserer Beratungspraxis belegen: Noch nie war es so einfach, die Abläufe eines Unternehmens zwischen Lieferanten, Kunden und Partnern zu verknüpfen und damit eine Informationstransparenz in der ganzen Wertschöpfungskette zu erreichen. Ganze Industrien entwickeln zurzeit Prozesse und standardisierte Schnittstellen, die einen effizienten Informationsaustausch über die Grenzen des Unternehmens hinweg ermöglichen. Primäres Ziel ist, massive Effizienzsteigerungen bei der Transaktionsverarbeitung zu erreichen. Für die Mehrheit der Geschäftsvorfälle lassen sich mit den neuen E-Technologien automatisierte Transaktionen umsetzen, die zu einer erheblichen Senkung der Interaktionskosten führen. Diese Standardisierungen erhöhen außerdem die Einsatzmöglichkeiten der Shared Service Center für die nicht strategischen Finanzaufgaben. Angesichts der Optionen, die sich für die Ausgestaltung des Finanzbereichs ergeben, sollte der CFO eine Vision entwickeln, in der die Finanzfunktionen so umgestaltet werden, dass sie einen eigenen Wertschöpfungsbeitrag leisten. Wir nennen dies den B2F-Ansatz. Im Zentrum steht der Aufbau eines internetfähigen Finanzbetriebs. Neben der Transaktionsverarbeitung betrifft das auch Planungen,

Vorwort zur deutschen Ausgabe

Reporting und Intercompany-Abrechnung. Der CFO definiert Kernaktivitäten, Mehrwertaktivitäten und gliedert Funktionen in gemeinschaftlich genutzte Servicecenter aus. Zusammen mit dem Chief Information Officer (CIO) muss er eine Konzeption für eine IT-Unterstützung entwerfen, welche die Internetmöglichkeiten nutzt und einen optimalen Mix aus Standardsoftware und strategischen Eigenentwicklungen sicherstellt.

Mehr als je zuvor ist der CFO heute gefordert, den Quartalsabschluss so schnell wie nur irgend möglich zu realisieren. Die Hebel dazu sind effiziente Prozesse und Systeme, aber auch ein Wandel weg von der traditionellen Routineabrechnung am Quartalsende hin zu einer virtuellen Abschlussrechnung.

In einer Zeit des Überschusses an Produktions- und Informationsgütern kommt es maßgeblich auf Markenprodukte an: Marken erwirtschaften harte Vorteile im Hinblick auf die Kundengewinnung und eröffnen zukunftsfähige Plattformen für neue Serviceleistungen. Die Bewertung der Marken wird zu einer wesentlichen Aufgabe des CFO.

Der traditionelle CFO konzentrierte sich bei seiner Investitionsplanung bislang auf Mindestrenditen und Kostenkontrolle; demgegenüber liegt der Schwerpunkt heute auf der Innovationsförderung durch kreative Investitionsstrategien. F&E-Optionen zählen heute zu den wichtigsten verborgenen Vermögenswerten eines Unternehmens. Was der CFO von Amazon seinen Kollegen kürzlich ins Stammbuch schrieb, ist auch heute noch aktuell: „Der Aktienwert steht und fällt mit den vor uns liegenden Optionen, die wir zum Teil heute noch gar nicht kennen." Vor diesem Hintergrund muss der E-CFO intern die Rolle eines externen Analysten einnehmen. Wie bewertet der Markt unsere E-Business-Investitionen? Was ist der Shareholder Value? Haben wir die neuen Werttreiber analysiert? Sind unsere Online-Vorhaben durch einen überzeugenden Business Case begründet?

Basis für die schnelle Entscheidungsfindung ist die integrierte Bereitstellung von Informationen und Wissensbeständen. PwC Consulting hat dafür den Begriff „iAnalytics – integrated Analytics" geprägt – ein Informationsanspruch, der über ein Reporting aus der Finanzbuchhaltung und der Kostenstellenrechnung weit hinausgeht.

iAnalytics wird eine der Hauptaufgaben des CFO in seiner Funktion als strategischer Geschäftspartner des CEO sein.
Dieter Heller, Partner, PwC Consulting Deutschland

Vorwort

Wie sieht die künftige Rolle des Finanzchefs oder *Chief Financial Officer*, kurz *CFO*, aus? Und welche Neugestaltung erfährt sie in Anbetracht der aktuellen E-Business-Entwicklung? Diesen beiden Fragen ist das vorliegende Buch gewidmet. Geben wir uns keinen falschen Vorstellungen hin: Wie bisher werden Dotcoms kommen und gehen, doch das Internet wird bleiben! Die anfängliche E-Business-Euphorie ist verflogen und die führenden Unternehmen der Welt sind zu E-Business-Strategien übergegangen, die unternehmerisch und wirtschaftlich Sinn machen. Die gewaltigen, nachhaltigen Auswirkungen von Internettechnologien auf den CFO und den Finanzbereich werden sogar noch zunehmen. Das Internet ist aus Geschäftstransaktionen nicht mehr wegzudenken; und was die Aktivitäten und Abläufe im Finanzwesen anbelangt, so wird nichts mehr sein wie früher.

Wird es überhaupt noch ein Finanzressort geben? Sicher – aber keine Finanzabteilung, wie wir sie heute kennen. Und was wird anders sein? Alles. Zielsetzung, Methoden und Reichweite des Finanzbereichs werden ausnahmslos neu bestimmt werden. Werfen wir einen kurzen Blick auf den Weg, der vor uns liegt.

Die Abwicklung der Finanzprozesse wird vollumfänglich in den Internetverkehr eingebunden sein. Sämtliche Transaktionen im Rahmen von Einkauf und Verbindlichkeiten sowie Verkauf und Forderungen werden nahtlos über das Internet laufen. Die vormals entscheidende Rolle der Finanzabteilung in diesem Bereich wird sich auf Überwachungs- und Erhaltungsfunktionen beschränken. Die Verwaltung des Sachanlagevermögens und sogar des Umlaufvermögens wird zunehmend an Bedeutung verlieren. Als CFO werden Sie Treuhänder neuer, andersgearteter Ressourcen sein – Sie werden die Verantwortung für immaterielle Vermögenswerte übernehmen. Wie Sie diese Vermögenswerte einschätzen, hegen und pflegen, dürfte mit heutigen buchhalterischen Zielsetzungen und Gepflogenheiten kaum etwas gemein haben.

Die traditionelle Aufgabe der Finanzabteilung – die Bereitstellung und Organisation von Bilanzinformationen – wird an Bedeutung verlieren. Die Finanzfunktion der Zukunft wird für die Bürokratien und Infrastrukturen, die zur Erfassung und Wartung solcher Daten erforderlich sind, nicht mehr zuständig sein.

Vorwort

Und wie steht es mit der Entscheidungshilfe – der I-Analytik (Integrated Analytics), wie der integrierte Ansatz zur Erfassung, Sammlung, Verwaltung, Bereitstellung und Analyse ausgewogener Informationen bei PricewaterhouseCoopers heißt? Die Entscheidungshilfe wird eine Schlüsselstellung bei der Neugestaltung der CFO-Rolle einnehmen, wobei sich unserer Einschätzung nach im Umfeld der analytischen Hilfsdienste eine gänzlich neue Branche entwickeln wird, wiederum vorangetrieben durch das Internet.

Kurzum: Viele der etablierten und vertrauten Funktionen der traditionellen Finanzabteilung werden ausgelagert oder automatisiert werden. Und was bleibt dem Finanzchef der Zukunft zu tun? Wird er Herrscher über ein schrumpfendes Imperium sein – oder Ansprüche auf noch nicht kartiertes neues Terrain in der Unternehmenslandschaft anmelden? Wir meinen, dass die Rolle des künftigen CFO keine Einbuße, sondern vielmehr einen Wandel zu einer Position erfahren wird, die wir als *E-CFO* bezeichnen möchten. Der E-CFO wird sich zum strategischen Partner des CEO entwickeln: Gemeinsam mit ihm wird er vorausschauende Entscheidungen über die Zukunft des Unternehmens treffen und damit die faszinierende neue Rolle eines internen Risikokapitalexperten übernehmen.

Erfolg in dieser neuen Disziplin setzt eine ganze Palette neuer Fähigkeiten voraus: Gespür für Umstrukturierungsprozesse in Branche und Wirtschaft, proaktives Erkennen neuer Geschäftsmöglichkeiten, Rechtfertigung von Investitionen auf der Basis ihres Wertschöpfungspotenzials als Optionen für die Zukunft sowie kreative Verwaltung dieser Optionen im Rahmen eines Portfolioansatzes. Die Bewältigung all dieser neuartigen Anforderungen ist eine lohnende und anspruchsvolle Aufgabe.

Dies ist der Weg, der vor uns liegt. Möge unser Buch *eCFO – Der Finanzchef der Zukunft* ein wertvoller Wegweiser sein! Unser Ziel ist, Ihnen, lieber Leser, den Weg in die Zukunft zu weisen, praxisnah und vorausblickend. In jedem Kapitel finden Sie die Tools, Best Practices, Untersuchungsergebnisse und Erkenntnisse, die Sie brauchen, um Ihre neue Rolle erfolgreich zu bewältigen. Sie finden höchst aktuelle Ratschläge ebenso wie lehrreiche Beispiele aus der realen Welt für neue Business-Modelle, neue Bewertungstechniken, neue Systeme und neue wertschöpfende Strategien, die dem Finanzwesen eine neue Ausrichtung verleihen.

Vorwort

Wir möchten all denen danken, die zu diesem Buch beigetragen haben – ganz besonders jenen „CFO-Visionären", die uns in persönlich abgefassten Kapiteleinleitungen und in zahlreichen Fallbeispielen ihre Gedanken und Erfahrungen mitteilen: Clayton Daley (Procter & Gamble), Tom Meredith (Dell), Renato Fassbind (ABB), Warren Jenson (Amazon), John Coombe (GlaxoSmithKline), Nick Rose (Diageo), Olli-Pekka Kallasvuo (Nokia), Jeff Henley (Oracle), Howard Smith (AIG), Thomas Horton (American Airlines) und Stephen Hodge (Shell).

Auch aus unseren rund um den Globus verteilten PricewaterhouseCoopers-Büros haben zahlreiche Mitarbeiter einen Beitrag mit ihrem Sachverstand und ihrer Hilfsbereitschaft geleistet. Besonders hervorzuheben sind Caroline Spicer, Mike Schroeck und John King (Kapitel 1); Chris Huckle, Stephen Justice und Robin Lissak (Kapitel 2); Likhit Wagle, Michael Duff und Yann Bonduelle (Kapitel 3); Michael Mehta, Ben Kettell und Les Barnett (Kapitel 4); Wouter Van Der Meer, Malcolm Anthony und Adam Borison (Kapitel 5); Brian Lever und Martin Morrell (Kapitel 6); David Lindop, John Message und Peter Maxted (Kapitel 7); Chris Timbrell, John Granger, Mike Seitz und John Devereaux (Kapitel 8); Richard Simpson, Steve Wood und Bernie Segal (Kapitel 9); David Pettifer und Louisa Gibson (Kapitel 10); Jon Z. Bentley, David Knight, Richard Sandwell, David Narrow und Peter Sedgwick (Kapitel 11).

Unser herzlicher Dank gilt überdies dem globalen Führungsteam von Financial Management Solutions: Besonders John Blackburn, Doug Simpson und Bob Leach haben uns in der Zeit, in der dieses Buch entstand, immer wieder unterstützt und ermutigt. Danken möchten wir auch all denen, die innerhalb wie außerhalb von PricewaterhouseCoopers wertvolle Schreib- und Redaktionsbeiträge geleistet haben: Karin Abarbanel, Linda Gatley, Barkley Murray, Sara Valente, Bill Wartman, Simon Caulkin und Janayea Howe. Ein besonderer Dank gilt unseren externen Beratern – Doug Dorrat von VisionCube, Andrew Campbell von Ashridge, Amory Hall von Akasha Media – sowie dem John-Wiley-Team für alle Geduld und professionelle Unterstützung.

Cedric Read, Jacky Ross, John Dunleavy,
Donniel Schulman und James Bramante
März 2001

Kapitel 1

Der Finanzbereich in der E-Business-Welt

Wie einem globalen Markenhersteller der Einstieg in die E-Welt gelingt

Clayton Daley, CFO
Procter & Gamble

Als Hersteller von Markenprodukten sehen wir unsere vornehmliche Aufgabe darin, unseren Kunden ein ständig verbessertes Wertangebot zu machen. Im Mittelpunkt dieses Bemühens steht bei P&G die Technologie – die Entwicklung und Vermarktung von Produkten, die dem Verbraucher einen nachweislich höheren Wert bieten als vergleichbare Konkurrenzprodukte.

Die Tatsache, dass die Marktkapitalisierung unseres Unternehmens mit dem Acht- bis Neunfachen seines Buchwerts angesetzt ist, zeigt in aller Deutlichkeit, dass es sich bei unseren Vermögenswerten zum größten Teil nicht um Posten handelt, wie sie der Bilanz zu entnehmen sind. Vielmehr setzen sich diese immateriellen Vermögenswerte zusammen aus dem Wert unserer Produktmarken und unserer Lizenzen, ergänzt durch unsere F&E-Arbeiten und die Mitarbeiter unserer Organisation.

Das vergangene Jahrzehnt über hat uns das Shareholder-Value-Konzept als übergeordnete Zielgröße gedient. Alle Mitarbeiter, ob in Finanzwesen, Marketing, F&E, Distribution oder Kundendienst, sollen begreifen, dass ihre Aktivitäten auf eine verbesserte Wertschöpfung für unsere Aktionäre ausgerichtet sein müssen. Wann immer wir einen zukunftsweisenden Business-Plan einführen, fragen wir uns: Vorausgesetzt, unser Unternehmen setzt diese Strategie erfolgreich in die Praxis um – handelt es sich um eine wertschöpfende Strategie oder nicht?

P&G ist es gelungen, über längere Zeit hinweg eine vergleichsweise gute Performance zu erzielen, weil wir langfristige Interessen verfolgen: Wir sind konsequent genug, um in F&E-Projekte und solche Komponenten der Absatzplanung zu investieren, die uns ein solides Franchisegeschäft sichern. Letztes Jahr haben wir die meines Erachtens wohl bedeutsamste Umstrukturierung in unserer Unternehmenshistorie angekündigt: Wir wollen unser Unternehmen von einem geografisch etablierten Produkt/Profit-Modell in ein globales Produkt/Profit-Modell umwandeln. Deshalb sind wir auch zu einem globalen Produktmanagement übergegangen, denn unserem Verständnis nach sind wir ein Technologieunternehmen, nicht lediglich eine Vertriebsgesellschaft. Und als Technologieunternehmen müssen wir mit unseren F&E-Dollars Technologien entwickeln, die weltweite Anwendung finden – sowohl in den modernen Industriestaaten als auch in den Entwicklungsländern.

**E-Commerce wird signifikante Auswirkungen auf den Finanzbereich haben.
Wir werden direkt ins B2B-Geschäft einsteigen –
einschließlich Auftragsabwicklung und Zahlungsverkehr.**

Diese Umstrukturierung – sie wird bei uns als *Organization 2005* bezeichnet – hat sich in signifikanter Weise auf unsere Finanzorganisation ausgewirkt. Der größte Teil der buchhalterischen und transaktionsverarbeitenden Aktivitäten ist mittlerweile der Organisation für gemeinschaftlich genutzte Serviceleistungen zugeordnet, während unser lokales Infrastrukturmanagement von einer Geschäftseinheit übernommen wurde, die bei uns unter der Bezeichnung *Market Development Organization* fungiert.

E-Commerce hat auch einen Einfluss auf unsere Zukunft. Im Finanzbereich sind Geschäftsbeziehungen zwischen Unternehmen (Business-to-Business, B2B) gang und gäbe. Es dürfte im Interesse aller Unternehmungen liegen, so schnell wie möglich Standards für B2B-Handelsaktivitäten zu vereinbaren. Die Erzielung von Kostensenkungen und die Erhöhung des Umlaufvermögens durch den webbasierten B2B-Handel hängen großenteils davon ab, inwieweit standardisierte Schnittstellen vorhanden sind; die Verwaltung unterschiedlicher Protokolle für verschiedene Lieferanten wäre geradezu kontraproduktiv.

Wir haben uns zur Implementierung einer B2E-Strategie entschlossen: Die Verbesserung der Kontakte zwischen unserem Unternehmen und unseren Mitarbeitern (Business-to-Employee, B2E) findet im Rahmen unserer Vision von gemeinschaftlich genutzten Servicefunktionen Berücksichtigung. Unsere Mitarbeiter sollen unser Intranet im Wesentlichen zur Verwaltung ihrer eigenen Personalakten nutzen.

Die vermutlich größte Aufmerksamkeit der Medien dürfte allerdings dem Bereich der Geschäftsaktivitäten zwischen Unternehmen und Endverbrauchern (Business-to-Consumer, B2C) gelten. Auch in diesen Bereich werden wir einsteigen, aber wir werden dies mit Umsicht tun. Die derzeit genutzten Vertriebskanäle bieten oft die beste Möglichkeit, unsere Produkte an unsere Kunden zu bringen. So ist es für unsere Kunden effizienter, ihr Charmin-Toilettenpapier in einer Wal-Mart-Filiale zu kaufen, als es über eine Website zu bestellen. Mit Sicherheit gibt es aber auch Sortimente, die für den elektronischen Handel besser geeignet sind. Beispielsweise haben wir ein Produktprogramm mit exklusiven personalisierten Parfümerieartikeln für die Haut- und Schönheitspflege eingeführt, die unseren Kunden direkt per Website-Auftrag zugestellt werden.

E-Commerce wird zweifellos signifikante Auswirkungen auf den Finanzbereich im Allgemeinen haben. Die Finanzabteilung wird direkt ins B2B-Geschäft einsteigen – einschließlich Auftragsabwicklung und Zahlungsverkehr.

Meines Erachtens bietet sich bei den meisten E-Commerce-Investitionen dieselbe Art von Analysen an, die auch bei allen anderen Investmentprojekten mit dem Ziel der Shareholder-Value-Steigerung durchgeführt werden. Zwar dürften sich B2C-Gewinne und die entsprechenden Cashflow-Entwicklungen weniger zuverlässig voraussagen lassen als die Resultate herkömmlicher Investitionsvorhaben, aber auch diesen Teil des unternehmerischen Investmentportfolios gilt es finanzwirtschaftlich zu rechtfertigen.

Eine erhöhte Wertschöpfung für die Aktionäre bedeutet auf unserem Markt auch die Erhöhung der immateriellen Vermögenswerte – bei P&G zählen dazu F&E, Marketing und Mitarbeiterpotenzial. Die Wertschöpfung im F&E-Prozess ist für die Finanzabteilung schon immer eine Herausforderung gewesen, galt es doch, Techniken zur Portfolioanalyse auf der Basis realer Optionen zu entwickeln, um so den wirklichen Wert von F&E-Projekten besser abschätzen zu können. Und nachdem wir all die Technologien und Optionen erarbeitet haben – was tun wir dann damit? Können wir Lizenzen für die Technologien vergeben? Oder sie verkaufen? Können wir uns mit einem Partner zusammenschließen? Wie maximieren wir den Wert unseres F&E-Portfolios?

Auch dem Einfluss des E-Commerce auf das Marketing können wir uns nicht entziehen. Wie bewerten wir die Effektivität und Effizienz unserer diversen Marketingprogramme? Rentieren sich solche Investitionen? Die E-Commerce-Werbung hat sich bislang nicht als sonderlich kosteneffektiv oder effizient erwiesen, doch das wird sich mit der Zeit ändern. Eine vorausdenkende Finanzorganisation wird Mittel und Wege finden, in dieser neu entstehenden Branche an vorderster Front mitzumischen – sie wird sich nicht mit der Nachhut begnügen.

Nicht zuletzt geht es um die Mitarbeiter. Meines Erachtens wird ihr Wert zuweilen unterschätzt. Allerdings sind wir bei P&G fest davon überzeugt, dass es unsere Mitarbeiter sind, die mit ihrem Einsatz die Unternehmensleistung vorantreiben. Im neuen Jahrhundert, so meinen wir, wird es maßgeblich auf gute Führungskompetenzen ankommen, wenn eine nachhaltige Wertschöpfung für die Aktionäre gewährleistet sein soll.

Mit Sicherheit wird die Technologie das Spielfeld für die Finanzakteure im Unternehmen neu abstecken. Dabei gilt es vor allem zu bestimmen, welche Techniken angewendet werden sollen und wie Aktualität und Relevanz der Bewertungstechniken zu sichern sind. Meines Erachtens können die zur Ressourcenplanung eingesetzten ERP-Systeme (Enterprise Resource Planning, ERP) als Hilfsmittel dienen, sind aber keine Lösung schlechthin. Investitionen in Materialverwaltungssysteme und betriebswirtschaftliche Planungssoftware zahlen sich aus, reichen aber nicht. Man kann die besten Systeme der Welt haben, aber wenn das Unternehmen einen in sich ineffizienten Prognose- und Planungsprozess verfolgt, können auch solche Systeme nicht viel ausrichten.

Mit der Zeit wird die Rolle der Finanzakteure im Unternehmen deutlicher Gestalt annehmen. Bisher haben Finanzmanager vergleichsweise viel Zeit für die traditionelle Transaktionsverarbeitung und Buchhaltung aufgewendet. Künftig aber werden Analysetechniken jedem Mitarbeiter der Organisation zugänglich sein; entsprechend dürften sich die Finanzvorstände mit der Herausforderung konfrontiert sehen, über ihre traditionellen Funktionen hinauszuwachsen und sich in ihrem Bemühen um unternehmerische Wertschöpfung gewissermaßen zu Generalisten zu entwickeln.

Es heißt, die Amtszeit des CFO werde mit jedem Jahr kürzer. Meine Auffassung von der Rolle des CFO ist vergleichsweise simpel: Welcher Wertschöpfungsbeitrag wird im CFO-Büro geleistet? Das ist und bleibt meiner Ansicht nach die große Herausforderung. Ob ich meine, dass es auch weiterhin eine Finanzabteilung im Unternehmen geben wird? Ich meine: Ja. Aber ich kann mit Gewissheit sagen, dass ihr eine völlig andere Bedeutung zukommen wird als bisher. Ich könnte mir vorstellen, dass sich die tradierten Funktionen im Lauf der Zeit stärker vermischen. Und meines Erachtens sind die Finanzakteure gut beraten, wenn sie sich diesem Wandel nicht widersetzen, sondern ihn bereitwillig annehmen.

Wie ein Paukenschlag, der die ganze Welt aufhorchen lässt, erfasst die E-Business-Revolution selbst die bestgeführten und erfolgreichsten Unternehmen. Wir haben den Aufstieg und den Niedergang von Dotcom-Neugründungen an der Nasdaq erlebt; wir haben aber auch erlebt, dass vielen Fortune-500-Unternehmen wie P&G ihr B2B-Debut gelungen ist. Alle Unternehmen, mit denen im Rahmen dieses Buches Interviews geführt wurden, halten an ihrer Überzeugung fest: Das Internet wird sich in fundamentaler und positiver Weise auf ihre Geschäftsaktivitäten auswirken. Zweifellos ist und bleibt das Internet die Triebkraft für globales Wirtschaftswachstum. So stellt sich für die führenden Unternehmen der Welt nicht die Frage, *ob* eine Investition ins E-Business angesagt ist, sondern vielmehr, *wie* eine solche Investition auszusehen hat.

Den CFOs bleibt nichts anderes übrig, als an vielen Fronten gleichzeitig zu kämpfen, wenn sie sich gegen die Konkurrenz behaupten wollen: Straffung ihrer eigenen Funktionsabläufe, Investition in neue Technologien, beschleunigte Globalisierung, Umsetzung verschiedener Shareholder-Value-Maßnahmen, Verbesserung der Entscheidungsbasis, Fortentwicklung zu kompetenten Geschäftspartnern.

In unserem Buch *CFO: Architect of the Corporation's Future* haben wir die CFO-Position als die eines *Architekten* bezeichnet, der das Shareholder-Value-Konzept zur Umstrukturierung und Neugestaltung des Unternehmens nutzt und Visionen für die Finanzabteilung entwickelt, die in die Aufgabenbereiche des CEO und in strategische Fragestellungen hineinreichen.[1] Doch die CFO-Landschaft unterliegt einem ständigen Wandel. Globalisierung, Branchenkonvergenz und Shareholder Value haben auch heute nichts von ihrer Relevanz eingebüßt. Aber wir haben die *Geschwindigkeit* unterschätzt – die Geschwindigkeit des Wandels, die Geschwindigkeit der Globalisierung, die Geschwindigkeit der Branchenkonvergenz und vor allem die Geschwindigkeit der Technologie, wie sie in der explosiven Ausdehnung von World Wide Web und E-Business deutlich wird.

„Die letzten 11 Quartale in Folge haben wir eine Investitionsrentabilität erzielt, die den Neid der meisten Branchen erweckt – über 150 %, ein großartiger Shareholder-Value-Beitrag. Wir freuen uns über diese Entwicklung, aber wir sind nicht zufrieden. Wir haben noch viele Möglichkeiten, um die Rentabilität weiter zu steigern. Das Internet wird uns dabei helfen." Dieser Kommentar stammt von Tom Meredith, dem geschäftsführenden Direktor bei Dell Ventures, seinerzeit noch CFO bei Dell. Gegenwärtig wickelt Dell mehr als 40 % seiner Geschäftsaktivitäten über das Internet ab, verzeichnet ein negatives Umlaufvermögen (Working Capital), kalkuliert in der Fertigung mit einer Vorlaufzeit von vier Stunden und nimmt Echtzeit-Anpassungen in der Werbe- und Preisbildungsstrategie vor. Das ist Geschwindigkeit!

Und wie ist so etwas zu bewerkstelligen? Als CFO benötigen Sie Antworten auf eine Reihe schwieriger Fragen, wie sie im vorliegenden Kapitel angesprochen werden:

- In welcher Weise verändert E-Business die Abläufe in der Finanzabteilung?
- Wie wirken sich die neuen Internet-Geschäftsmodelle auf die bestehenden Geschäftsaktivitäten aus?
- Welchen Einfluss nehmen sie auf Investitionsbewertung, Ressourcen-Allokation und Kapitalbedarf?
- Wie machen Sie den Investoren die mit Ihren Internet-Investitionen verbundenen Erwartungen und Strategien verständlich?
- Inwieweit wird sich die Bedeutung der Finanzabteilung ändern?
- Wie tragen *Sie* zur Wertschöpfung bei?

Ein neues Wertschöpfungspotenzial

Als wichtigste Triebkraft des Wandels gilt bei den meisten CFOs von heute die B2B-E-Revolution. Das B2B-Geschäft verändert die Spielregeln im Wettbewerb: Die Unternehmen sehen sich zu kontinuierlichen Innovationen gezwungen, um überhaupt Schritt halten zu können. Internetfirmen tun sich mit etablierten Unternehmen zusammen, um B2B-Initiativen zu starten. Die traditionellen Geschäftsprinzipien haben größtenteils auch in der New Economy Bestand, doch wer in der virtuellen Geschäftswelt Erfolg haben will, muss Ideenreichtum, einschlägige Kenntnisse und unternehmerischen Mut mitbringen.

Markenartikel, Kunden, intellektuelles Eigentum und Mitarbeiterpotenzial – solche immateriellen Vermögenswerte geben heutzutage den Ausschlag bei Entscheidungen in Sachen Wertschöpfung und Partnerschaftsbildung. Externe Allianzen und Outsourcing-Mechanismen wie der Zusammenschluss zu wertschöpfenden Gemeinschaften (Value-added Communities, VAC) werden vereinbart, um neue Handelsmöglichkeiten über das Internet auszuschöpfen. So werden branchenspezifische (vertikale) Gemeinschaften organisiert, um Supply-Chain-Effizienzen zu fördern – beispielsweise in der Automobilbranche, in der chemischen Industrie und in der Lebensmittelbranche (FMCG-Handelsplattformen). Auch funktionsspezifische (horizontale) Community-Modelle schießen wie Pilze aus dem Boden: Sie sind branchenübergreifend mit gängigen Problemstellungen im Unternehmen befasst und bieten zum Beispiel Serviceleistungen im Personalwesen, in der Informationstechnologie und im Beschaffungswesen.[2]

Was hat dies alles für Ihr Unternehmen zu bedeuten? Geschäftsprozesse wie Absatz (market-to-sell), Fertigung (make-to-receipt) und Beschaffung (procure-to-pay) lassen sich von Ihrem Kerngeschäft, der Quelle für Ihren eigentlichen Wettbewerbsvorteil, abtrennen – gleich, ob es sich um einen Markennamen, um intellektuelles Kapital, ein Produkt oder eine Kundenschnittstelle handelt (Abbildung 1.1). In Zukunft werden diese ausgegliederten Prozesse möglicherweise auf externe Communitys übertragen. Der CFO hat weiterhin dafür zu sorgen, dass der Wertschöpfungsansatz – die Value Proposition – tragfähig ist: Ihm obliegen die Prozesse der Anlagenverwaltung und Wertoptimierung.

Für den CFO bedeutet dieser grundlegende Wandel von der Wertoptimierung *einzelner* Geschäftsprozesse zur Optimierung eines ganzen *Netzwerks* an Geschäftsprozessen eine erhebliche neue Herausforderung. Es gibt kaum Präzedenzfälle, die bei der Entwicklung von Geschäftsszenarios als Orientierung dienen könnten. Der Kapitalanlagemarkt, normalerweise internetbasierten Investmentgeschäften durchaus gewogen, zeigt sich instabil. Die große Frage beim Übergang vom Geschäftsmodell der Old Economy zum Business-Modell der New Economy lautet daher: Wie können Sie Ihre Vermögenswerte so fokussieren, dass Ihr Wertschöpfungsbeitrag sichergestellt ist?

Auch die Entwicklung neuer Geschäftsstrategien dürfte die Vision des CFO verändern. Abbildung 1.2 zeigt die Transformationen, die aller Wahrscheinlichkeit nach auf die tradierten Funktionsabläufe und Prozesse auf jeder Stufe der Durchführung von E-Business-Strategien zukommen werden – angefangen mit der einfachsten Form, der Erweiterung der Vertriebskanäle, bis hin zur Realisierung immer höherer Komplexitätsstufen.

Der Finanzbereich in der E-Business-Welt

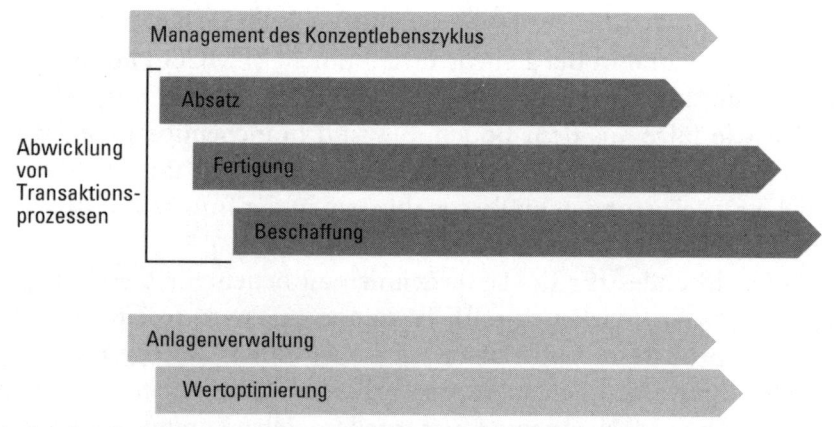

Abb. 1.1: Aufgliederung der traditionellen Wertschöpfungskette

„Webonomics" – ein neues Konzept

Die etablierten Unternehmen der Old Economy investierten in materielle Vermögenswerte wie Fertigungsanlagen, Vertriebseinrichtungen, Bürogebäude und Telekommunikationsinfrastruktur. Verständlicherweise war dem CFO in erster Linie daran gelegen, die Kapital- und Investitionsrentabilität, den operativen Gewinn vor Zinsen, Steuern, Abschreibung und Amortisation (Earnings before Interest, Taxes, Depreciation and Amortization, EBITDA) sowie die Vermögensvorteile des Unternehmens zu erhöhen und generell Investitionen zu tätigen, deren Rendite über den Kapitalkosten liegt. Die Unternehmen konzentrierten sich auf Verbesserungen im Hinblick auf beschleunigte Vermarktung, Erfüllung von Kundenbedürfnissen, Lagerverwaltung und Supply-Chain-Logistik. Erst in letzter Zeit hat sich der Schwerpunkt auf die Cashflow-Steigerung verlagert.

Demgegenüber ist der Wert eines Unternehmens in der immer deutlicher ausgeprägten New Economy nicht mehr an materielle, sondern zunehmend an immaterielle Vermögenswerte gebunden. Davon sind sogar traditionelle Unternehmen betroffen. So haben Marktforschungsstudien ergeben, dass mittlerweile über 78 % des Marktwerts der S&P-500-Unternehmen auf immaterielle Vermögenswerte entfallen. Die Neugründungen der New Economy haben diesen Trend dramatisch beschleunigt. Abbildung 1.3 zeigt, wie im B2B-E-Business weitaus mehr Kapital in

"Webonomics" – ein neues Konzept

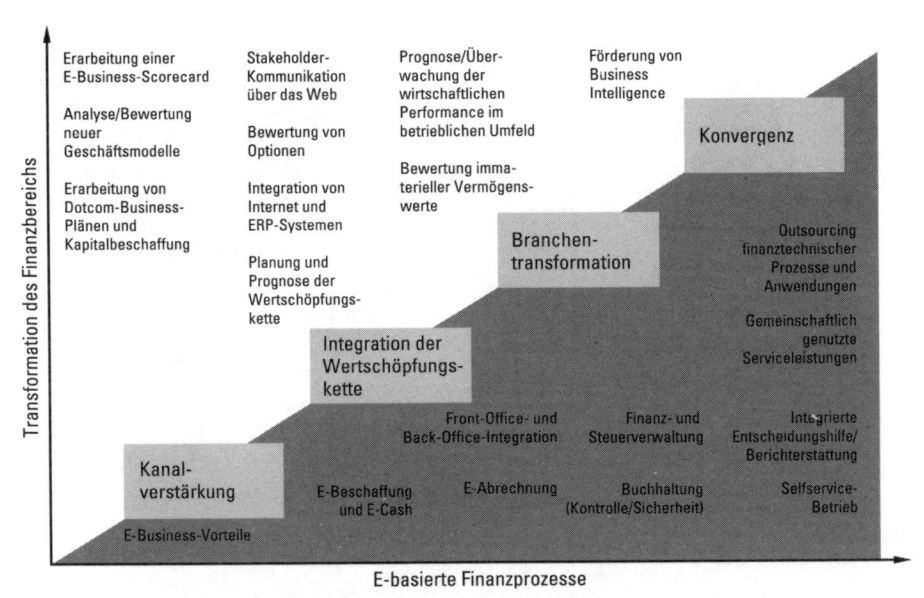

Abb. 1.2: Entwicklung einer E-Business-Strategie: Auswirkungen auf finanztechnische Funktionsabläufe und Prozesse

Markenartikel und Personal investiert wird als in Betriebsmittel und Sachanlagen.

Wie wirkt sich diese Entwicklung auf Shareholder-Value-Maßnahmen und Finanzmanagement aus? Nach wie vor ist der Cashflow entscheidend. Die Gründung eines neuen E-Business-Unternehmens erfordert zügige Cash-Investitionen in Kundenakquisition, Werbung und Markenentwicklung, Einstellung neuer talentierter Mitarbeiter und Aufbau von Websites. Kurzfristige Gewinne zählen weniger als Wachstum und nachhaltige Wertschöpfung. Doch irgendwann ist der Punkt erreicht, wo der Cash-Verzehr zum entscheidenden Performance-Indikator gerät.

Schaffung von Wachstumsoptionen

E-Business-Unternehmen haben unter Umständen mit zunehmend höheren Verlusten zu kämpfen – selbst dann, wenn ihre immateriellen Vermögenswerte steigen. Mehr noch: Im Zuge ihres Wachstums durch Erweiterung ihrer Kundenbasis und ihrer Web-Präsenz schaffen sie *Optionen* für die Wahrnehmung neuer Geschäftsmöglichkeiten. Um Schritt

Der Finanzbereich in der E-Business-Welt

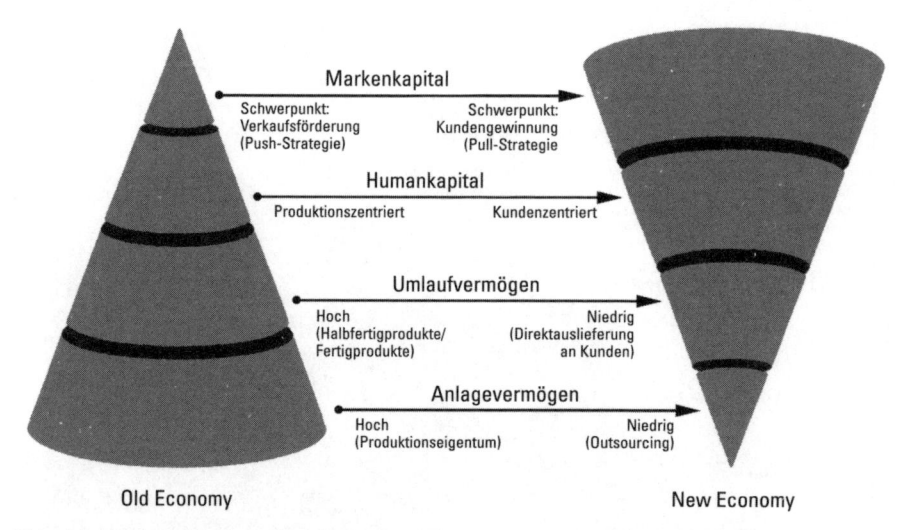

Abb. 1.3: E-Business als treibende Kraft zur Entkapitalisierung des Unternehmens

halten zu können, sehen sich die etablierten Old-Economy-Unternehmen bei ihren Investitionen in größere E-Business-Projekte gezwungen, neue Bewertungsmodelle zu entwickeln und zu verfeinern. Wie das folgende Fallbeispiel zeigt, kann sehr viel auf dem Spiel stehen.

Fallbeispiel
Unternehmenswandel durch E-Investment

Der Vorsitzende eines globalen Anbieters von Hightech-Lösungen wurde gebeten, einen E-Business-Investitionsantrag über 1 Milliarde Dollar zu unterschreiben. Sein Team hatte sich schlicht und einfach zum Ziel gesetzt, das Unternehmen von einer traditionellen, vertikal organisierten Firma in eine radikal neue, kundenzentrierte Organisation umzuwandeln – mithilfe einer kräftigen Cash-Spritze. Die meisten Führungskräfte im Unternehmen sahen den Antrag als „hirnrissig" an, schon allein deswegen, weil die wichtigsten Konkurrenten des Unternehmens ähnliche Wege gingen. Doch das Unternehmen war in seiner derzeitigen Form auf die Erzielung besserer

Profitergebnisse (Economic Value Added, EVA) angewiesen; zudem war der CFO an der Wall Street spezifische Wachstumsverpflichtungen eingegangen. Die Rechtfertigung der E-Business-Investition gegenüber der Geschäftsführung lautete denn auch pflaumenweich: „Erhöhung des Kundenwerts." Sie war einfach nicht auf einen EVA-Nenner zu bringen.

Der Vorsitzende und der CFO setzten allerdings nicht kommentarlos ihren Stempel unter das beantragte E-Business-Vorhaben, sondern stellten eingehende Fragen. Dabei traten vier offensichtlich kritische Probleme zu Tage:

1. *Der ertragsorientierte Ansatz auf der Basis abgezinster Zahlungsströme (Discounted Cashflow, DCF) war nicht praktikabel: E-Business-Investitionen lassen sich nicht mit herkömmlichen Cashflow-Kennziffern rechtfertigen.*
2. *Das Rechtfertigungskonzept „Erhöhung des Kundenwerts" widersetzte sich einer Quantifizierung anhand von Finanzkennzahlen.*
3. *Der CFO wusste nicht, wie er das beantragte E-Business-Investitionsprojekt gegenüber den Wall-Street-Investoren effektiv kommunizieren sollte.*
4. *In den Betrieben und Geschäftsbereichen des Unternehmens zeigten sich die Mitarbeiter beunruhigt über die Auswirkungen, die E-Business auf ihre Leistung haben könnte.*

Und die Lösung? Entwicklung eines neuen Instrumentariums für das Finanzmanagement auf der Basis eines kundenzentrierten E-Business-Konzepts. Der neue Ansatz umfasste vier Komponenten:

1. *Neuartige Finanzanalytik unter Berücksichtigung realer Optionen, um die mit der E-Business-Welt verbundenen Ungewissheiten zu erfassen*
2. *Ansatz zur Bestimmung des Kundenwerts über die Dauer der Kundenbeziehung einschließlich des zurechenbaren Anteils an künftigen Erträgen, Kosten und Investitionen*

Der Finanzbereich in der E-Business-Welt

> 3. *Programm zur Aktionärspflege in Übereinstimmung mit der zugrunde liegenden E-Business-Strategie des Unternehmens sowie verstärkte Kommunikation von Zielen und Ergebnissen*
> 4. *Neue E-Business-Erfolgsbilanz mit verschiedenen Shareholder-Value-orientierten Leistungsanreizen für die am E-Business-Investmentportfolio beteiligten Investoren.*
>
> *Der Aktionsplan des CFO löste einen fundamentalen unternehmensweiten Wandel im Finanzmanagement aus. Die Prozesse für die Zuteilung der Investitionsmittel wurden grundlegend überprüft. Bei den Planungs- und Budgetierungsprozessen wurden einschneidende Veränderungen vorgenommen. Das System zur Performance-Messung wurde auf den Kopf gestellt. Und ein gezieltes Kommunikationsprogramm sorgte für eine überzeugende Präsentation der Strategie und ihrer Vorteile gegenüber den Investoren.*

Da E-Business-Unternehmen erklärtermaßen das Ziel verfolgen, die Beziehungen zum Kunden zu verbessern, bedarf es eines neuen Analysesystems zur Bewertung und Umsetzung der vorgeschlagenen Initiativen. Entsprechend sieht sich der CFO mit einer neuen Herausforderung konfrontiert: Entwicklung eines E-Business-Finanzmodells, das nicht nur reale Optionen berücksichtigt, sondern auch die den Initiativen zur Erhöhung des Kundenwerts zugrunde liegenden Werttreiber ermittelt und dann beide Indikatoren – Optionen und Werttreiber – auf den Shareholder Value bezieht.

Bei der Bewertung von Investitionsprojekten müssen die Unternehmen der New Economy Risiko, Ungewissheit und Optionalität berücksichtigen. Außerdem gilt es, drei Komponenten des Shareholder Value einzubeziehen: nachweisbare Cashflow-Entwicklungen beim vorhandenen Geschäft und bei einschlägigen bekannten Projekten; Wachstumsoptionen beziehungsweise künftige Geschäftsmöglichkeiten zur Ausschöpfung laufender Investitionsprojekte; und Spekulationen des sprunghaften Anlagemarktes (für Tagesabschlüsse).

Die meisten Bewertungsmethoden berücksichtigen nur eine dieser Wertschöpfungsmöglichkeiten. So verfolgt der DCF-Ansatz Methoden, bei denen die Ungewissheit und die sich rasch verändernden Marktbedingungen des E-Business nicht erfasst werden. Techniken wie die Bewertung realer Optionen (Real Options Valuation, ROV) bieten ein vollständigeres Bild vom künftigen Wert, weil sie auf bewährten DCF-Techniken, Entscheidungsanalyse und Optionskalkulationsmodellen aufbauen.

Entwicklung einer New-Economy-Mentalität

Für den CFO bedeutet es eine anspruchsvolle Herausforderung, beides „unter einen Hut zu bringen" – einerseits das, *was der Wertschätzung der Kunden* dient, und andererseits das, *was zur Wertschöpfung für die Aktionäre* beiträgt. Darüber hinaus verlangt die Verknüpfung von Shareholder Value, Kundenwert und Wert realer Optionen – einschließlich ihrer Einbindung in die Prozesse des Finanzmanagements – eine deutliche Neuorientierung. Die Denkweisen der alten Welt sind einem traditionellen Buchhaltungskonzept verpflichtet, bei dem es seit jeher um die Bewertung konkreter Sachanlagen geht. Demgegenüber basiert die Mentalität der neuen Welt auf einer nachhaltigen Wertschöpfung.

Der Übergang zur New-Economy-Mentalität gelingt Ihnen leichter, wenn Sie die nachstehend genannten Prinzipien befolgen:

- *Konzentrieren Sie sich auf die Zukunft, nicht auf die Vergangenheit.* Bewerten Sie Ihr Geschäft danach, was es künftig einbringen kann, anstatt sich an den bisher erzielten Ergebnissen zu orientieren.
- *Denken Sie immateriell, nicht materiell.* Konzentrieren Sie sich auf die Verwaltung immaterieller Vermögenswerte wie Kunden, Marken und F&E und nicht auf materielle Vermögenswerte wie Grundstücke, Anlagen und Aktienkapital.
- *Verfolgen Sie eine Wachstumsstrategie, keine Reduktionsstrategie.* Konzentrieren Sie sich auf Initiativen, die neue Möglichkeiten eröffnen. Betrachten Sie Kostenreduzierungen nicht als Selbstzweck, sondern als Möglichkeit zur Freisetzung von Ressourcen, die Sie dann erneut in Wachstumsoptionen investieren können.
- *Entwickeln Sie Schleifen, keine Linien.* Bringen Sie neue Ressourcenmanagement-Prozesse zur Anwendung, die sich den veränderten Geschäftsmodellen anpassen; gestalten Sie Ihr Planungs- und Berichtswesen dynamisch und iterativ, anstatt es in einen linearen Zeitrahmen zu zwängen.

- *Bauen Sie Fenster, keine Wände.* Entwickeln Sie kundenorientierte Messgrößen, die eine Überwachung und Kontrolle Ihrer Unternehmensleistung von verschiedenen analytischen Fenstern aus zulassen. Sorgen Sie dafür, dass Informationen nicht auf funktionale Silos beschränkt bleiben; setzen Sie vielmehr Werkzeuge ein, die Weitblick und Transparenz gewährleisten.

Wählen Sie die jeweils besten verfügbaren Tools aus, um Systemintegration nach Bedarf zu erzielen, anstatt mit einer einzigen Lösung alles auf einmal erreichen zu wollen. Strukturieren Sie die Leistungen Ihrer Finanzabteilung in einer Weise, die den globalen Bestrebungen Ihres Unternehmens als Ganzem Rechnung trägt; verfolgen Sie das Ziel globaler Konsistenz, anstatt neue Prozess- und Systemimplementierungen anzustreben, die vorrangig auf die Erfordernisse lokaler Standorte ausgerichtet sind.

Vor allem müssen CFO und Finanzabteilung zwei unterschiedliche, häufig konfligierende Rollen in einem neuen Unternehmen wahrnehmen: Zum einen gilt es, als *flexible Geschäftspartner* Joint Ventures und Allianzen zwecks Gründung neuer E-Business-Betriebe einzugehen, und zum anderen müssen die Finanzakteure als *disziplinierte und professionelle Finanzexperten* den guten Ruf und den Markenwert ihres Unternehmens wahren, die Beziehungen zu allen am Unternehmen interessierten Gruppen (Stakeholder) pflegen und die Unternehmensleistung langfristig sicherstellen.

Anwendung altbewährter Disziplinen in der neuen Unternehmung

E-Business hat ein beträchtliches Potenzial für die Wertschöpfung zu bieten – vorausgesetzt, man kennt die neuen Werttreiber der New Economy. Allerdings ließen die CFO-Experten, die einen Beitrag zum vorliegenden Buch geleistet haben, keinen Zweifel daran, dass die Disziplinen im Finanzmanagement, die ihnen in der Old Economy gute Dienste geleistet hatten, in der New Economy mehr denn je Anwendung finden sollten. Was sich geändert hat, ist der Kontext – und die gebotene Geschwindigkeit. Und wichtig ist vor allem dieses: eine gute Prise Realitätssinn.

Anwendung altbewährter Disziplinen in der neuen Unternehmung

Über die neuen Prinzipien und Praktiken im Finanzmanagement zu reden ist das eine; ihre Umsetzung im Unternehmensalltag ist etwas ganz anderes. Und wie gelingt Ihnen die Realitätsbewältigung – die Entwicklung eines neuen E-Business-Betriebs neben einem bereits bestehenden traditionellen Geschäftsmodell einschließlich der damit verbundenen Aufgaben wie Ressourceneinsatz, Berichtswesen und Lösung struktureller Konflikte?

Abbildung 1.4 veranschaulicht die Evolution der Finanzabteilung in den 1980er und 90er Jahren und den Aufbruch zur *Virtualität* im Jahr 2000. Der Verantwortungsbereich der Finanzabteilung ist kleiner geworden, wobei der Schwerpunkt mehr auf der Entscheidungshilfe liegt und die verschiedenen Aktivitäten stärker aufgeteilt sind. Die Abwicklung der Transaktionsprozesse erfolgt zunehmend über gemeinschaftlich genutzte ferngesteuerte Serviceeinrichtungen und wird gelegentlich auch an externe Anbieter ausgelagert. Die Entscheidungshilfe ist in die Geschäftseinheiten integriert. Und spezielle Hilfsdienste operieren in kommerzieller Reichweite. Infolgedessen steht der CFO von heute im Zentrum eines Netzwerks von Beziehungen.

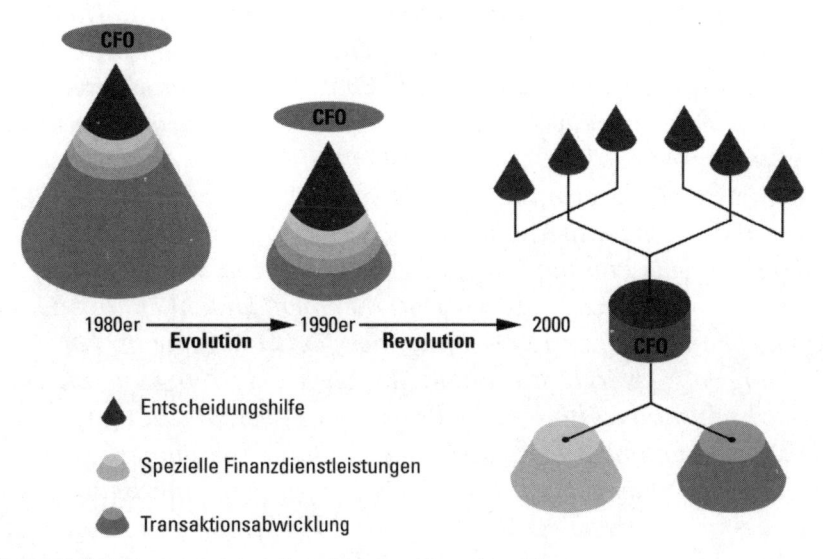

Abb. 1.4: Entwicklung zu einem diversifizierten Finanzbereich

Der Finanzbereich in der E-Business-Welt

Das Internet ist ein faszinierendes Instrument für stufenweise realisierte Performance-Veränderungen und bietet darüber hinaus neue Möglichkeiten zur Reduzierung der Transaktionskosten und zur gemeinschaftlichen funktionsübergreifenden Nutzung von Entscheidungshilfedaten. Welche neuen Anforderungen stellen E-Business-Betriebe an die Finanzabteilung? Welche strukturellen Konsequenzen sind zu berücksichtigen? Und vor allem: Inwieweit müssen Sie Ihre Finanzvision überprüfen? Es gilt weiterhin, Best-Practice-Verbesserungen anzustreben, zugleich aber den neu hinzukommenden E-Business-Erfordernissen Rechnung zu tragen.

> *Fallbeispiel*
> *Überprüfung der Finanzvision*
>
> *Ein rasch expandierendes Unternehmen aus der Unterhaltungs- und Medienbranche will ein neues digitales Geschäft aufbauen, das gemeinschaftlich mit den bestehenden Geschäftseinheiten die vorhandene Kunden-, Inhalts- und Produktionsbasis nutzen soll. Das Unternehmen hat sich recht schnell von einem traditionellen Zeitungsverlag zu einem großen Zeitschriftenverlag entwickelt. Und diese Entwicklung war organisch erfolgt – dank der Kompetenz und Erfahrung des Unternehmens bei der Einführung neuer Titel für ausgewählte Leserkreise, bei größeren Akquisitionen im Vereinigten Königreich und in Deutschland sowie bei der Diversifikation in verwandte Medienaktivitäten wie Fernsehsendungen.*
> *Früher war jede Publikation ein eigenes Profitcenter mit eigenen Finanzdiensten gewesen. Als das Unternehmen dann aber ein Niveau an Größe und Reife erreicht hatte, bei dem eine gemeinschaftliche Nutzung von Serviceleistungen in Marketing, Werbung und interner Transaktionsabwicklung mehr Profitabilität versprach, wurden die Publikationen mit anderen Medien in kundenorientierten Netzwerken zusammengefaßt. Das Netzwerk für den Unterhaltungsbereich umfaßte beispielsweise Radio- und TV-Sendungen sowie Zeitschriften, die auf die musikalischen Interessen der jüngeren Generation abgestimmt waren.*

Anwendung altbewährter Disziplinen in der neuen Unternehmung

Auf diese Weise entstand allmählich ein Kundennetzkonzept, das für die traditionellen Strukturen des Unternehmens in Bezug auf Finanzplanung und Berichtswesen eine große Herausforderung bedeutete. Der CFO begann, eine neue Vision für die Finanzabteilung zu erarbeiten. Gleichzeitig konzentrierten sich der CEO und seine Führungsmannschaft auf das E-Business. Sie gründeten einen neuen Geschäftsbereich mit der Bezeichnung Virtual, *in dem alle derzeitigen und geplanten webbasierten Investmentvorhaben zusammengefasst wurden. Der neue Bereich sollte B2B-Online-Möglichkeiten optimieren, neue Ertragsströme generieren und Verbrauchernetzwerke gewinnbringend nutzen.*

Die Investoren reagierten positiv auf die digitale Strategie und auch der Aktienkurs zog mit. Die Zielsetzung lautete: größen- und wertmäßige Umwandlung des Unternehmens durch Übertragung von Inhalten und Adressaten auf eine E-Commerce-Umgebung. Mit der Ausgliederung des digitalen Geschäftsbereichs gründete das Unternehmen eine neue eigenverantwortliche Firma, die Motivation und Anreiz für neue Talente bot und eine dynamische Zielsetzung verfolgte – schnelle Investition in digitale Geschäftsmöglichkeiten.

Der CFO und das globale Finanzteam unterzogen die Finanzvision einer nochmaligen Überprüfung. Die Wertschöpfung für die Aktionäre stand immer noch ganz oben auf der Tagesordnung, desgleichen ein wertorientiertes Management mit maßgeblichen Performance-Indikatoren, Balanced Scorecards (Systematik wichtiger Geschäftszahlen) sowie gestrafften Prozessen im Planungs- und Berichtswesen. Auch die Vision für die Abwicklung von Transaktionsprozessen auf der Basis gemeinschaftlich genutzter Serviceleistungen und einer gemeinsamen Systemplattform erwies sich nach wie vor als relevant.

Doch das digitale Geschäft war mit einigen spezifischen Anforderungen verbunden, denen die Finanzabteilung Rechnung zu tragen hatte:

- *Erstellung von Online-Statistiken, die zwecks Performance-Überprüfung eine Echtzeit-Aktualisierung erfordern*

- *Beschleunigung der Finanzberichterstattung sowie eine sofortige (virtuelle) Abschlussrechnung*
- *Unterstützung bei der Beurteilung neuer Geschäftsmöglichkeiten, bei denen ein Risikokapital-Ansatz zweckdienlicher ist als die Orientierung an festen Jahresbudgets für die Ressourcenzuteilung*
- *Bereitstellung kompetenter Finanzberatung bei Joint-Venture-Partnerschaftsprojekten, extern finanzierten Akquisitionen und potenziellen Ausgliederungen von Geschäftseinheiten*

Der CFO erkannte, dass sich die erforderlichen Veränderungen auf das ganze Unternehmen auswirken würden. Da die Verantwortung für das Online-Geschäft von den vorhandenen Offline-Aktivitäten abgetrennt worden war, bestand die Gefahr, dass Virtual den bewährten Rahmen des Performance-Managements sprengte. Man musste daher Mittel und Wege für eine auf gemeinsame Unternehmensziele ausgerichtete Zusammenarbeit finden – und zwar in einer Umgebung, in der sich unterschiedliche Anreizstrukturen anbieten, immaterielle Vermögenswerte gemeinschaftlich genutzt werden und virtuelle Funktionsabläufe für den neuen digitalen Geschäftsbereich unter geringem Aufwand an Personal und Sachanlagen vorgesehen sind.

Die Lösung? Jeder Geschäftsbereich, auch die Sparte Virtual, verfolgt eigene Ziele zur Shareholder-Value-Verbesserung, arbeitet mit bereichsspezifischen Scorecards und organisiert eine seinem Bedarf entsprechende Entscheidungsbasis. Obgleich eine Verdoppelung von Strukturen und Abläufen nicht auszuschließen ist, werden Entscheidungshilfesysteme eingerichtet, die flexibel genug sind, um eine Berichterstattung zu Erträgen, Kosten und Vermögenswerten aus unterschiedlichen Perspektiven zu ermöglichen.

Der neue digitale Geschäftsbereich beschleunigt die unternehmensweite Anwendung finanztechnischer Best Practices. Geschwindigkeit, Flexibilität und Reaktionsvermögen sind die Kriterien für den neuen gemeinschaftlich genutzten Servicebetrieb, der heute notwendiger ist als je zuvor und durch neue Systemplattformen und ein gestrafftes Ressourcenmanagement unterstützt wird. Die Anforderun-

Inwieweit erfordert E-Business einen Neugestaltung der Finanzfunktion?

> gen an die Finanzabteilung ändern sich noch radikaler, als dies ohne Virtual *der Fall gewesen wäre. Derzeit liegt der Schwerpunkt weniger auf Routinefunktionen als vielmehr auf der Herausforderung, als echter Geschäftspartner das Shareholder-Value-Wachstum zu fördern.*

Für ein Unternehmen, wie es in diesem Fallbeispiel geschildert wurde, ist es keineswegs ungewöhnlich, finanztechnische Best Practices anzuwenden. Vielmehr sollten alle größeren Unternehmen eine Vision für ihre Finanzabteilung entwickeln und um ständige Verbesserung bemüht sein. In jedem Fall gilt es, sich den E-Business-Herausforderungen zu stellen – durch Gründung eigenständiger Geschäftseinheiten unter ein und demselben Unternehmensdach, durch Integration von E-Business-Ansätzen in die vorhandenen Geschäftsabläufe oder durch Bildung von E-Business-Allianzen mit verschiedenen Partnern.

Inwieweit erfordert E-Business eine Neugestaltung des Finanzbereichs?

Unsere Untersuchungen zeigen, dass man im Finanzmanagement bezüglich der Anwendung von E-Business-Methoden hinter Kundenmanagement, Beschaffungswesen und Supply-Chain-Management zurückgeblieben ist. Nun dürfte dies nicht weiter überraschen, zumal die Wertschöpfung bei der Geschäftsabwicklung über das Internet in erster Linie auf den Bereichen *Verkauf* und *Einkauf* der Wertschöpfungskette basiert. Doch auch bei *innerbetrieblichen* Vorgängen bietet sich zunehmend die Anwendung von Internettechniken an.

Der Finanzbereich in der E-Business-Welt reicht mittlerweile über Transaktionsabwicklung und Entscheidungshilfe hinaus – er ist maßgeblich an der Steigerung der Unternehmensleistung beteiligt. Abbildung 1.5 verdeutlicht, wie sich E-Business-Initiativen in die drei Aufgabenbereiche des Finanzbereichs einfügen.

In einer kürzlich durchgeführten Untersuchung forderten wir CFO-Experten auf, die Auswirkungen des E-Business auf ihre Unternehmen zu schildern. Die Ergebnisse lassen sich folgendermaßen zusammenfassen:

Der Finanzbereich in der E-Business-Welt

Abb. 1.5: Finanzinitiativen im E-Business

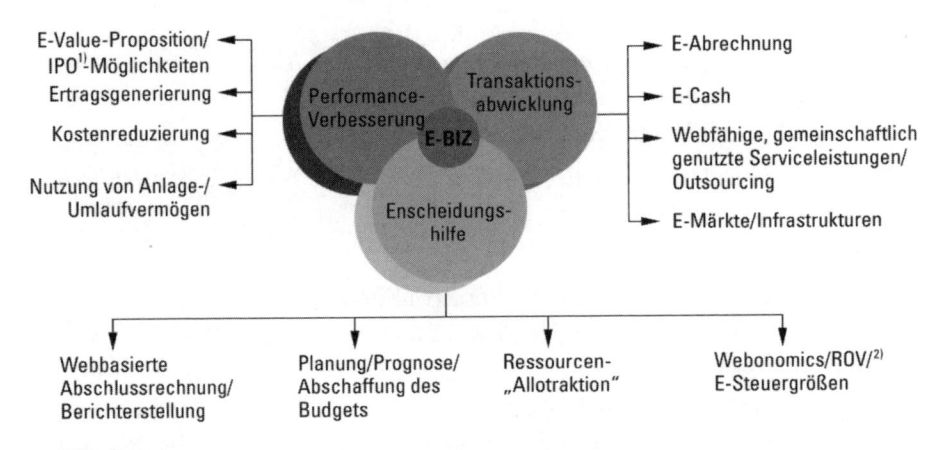

Diagramm-Inhalte:
- Links: E-Value-Proposition/IPO[1]-Möglichkeiten, Ertragsgenerierung, Kostenreduzierung, Nutzung von Anlage-/Umlaufvermögen
- Mitte (Kreise E-BIZ): Performance-Verbesserung, Transaktionsabwicklung, Enscheidungshilfe
- Rechts: E-Abrechnung, E-Cash, Webfähige, gemeinschaftlich genutzte Serviceleistungen/Outsourcing, E-Märkte/Infrastrukturen
- Unten: Webbasierte Abschlussrechnung/Berichterstellung; Planung/Prognose/Abschaffung des Budgets; Ressourcen-„Allotraktion"; Webonomics/ROV[2]/E-Steuergrößen

[1] IPO = Börsengang
[2] ROV = Bewertung realer Optionen

- *Welcher prozentuale Anteil an Ihren Erträgen wird in zwei Jahren auf E-Business-Geschäfte entfallen?*
  Rund 70 % der Informanten hielten es für wahrscheinlich, dass mindestens ein Viertel ihrer Erträge im E-Business erzielt würde; 15 % meinten, E-Business würde mehr als die Hälfte der Erträge generieren; und weitere 15 % der Informanten erwarteten überhaupt keine Auswirkungen durch E-Business.
- *Welcher prozentuale Anteil an Ihren Kosten wird auf E-Business-Aktivitäten zurückzuführen sein?*
  Etwa 65 % der Informanten rechneten damit, dass mindestens ein Viertel ihrer Kosten über E-Procurement generiert würde; 25 % meinten, über E-Procurement würde mehr als die Hälfte ihrer Kosten entstehen; und nur 10 % der Informanten erwarteten überhaupt keine Auswirkungen durch E-Business.
- *Welcher Bereich Ihrer Finanzabteilung wird am stärksten vom E-Business betroffen sein?*
  Verständlicherweise wurden Abrechnung und Bezahlung als die Prozesse genannt, die wohl eine besonders nachhaltige Veränderung durch E-Business erfahren würden, gefolgt von Treasury- und Cash-Prozessen. Bei Entscheidungshilfeprozessen wie Berichterstattung, Leistungsmessung und Investmentbeurteilung wurden Auswirkun-

Inwieweit erfordert E-Business einen Neugestaltung des Finanzbereichs?

gen am wenigsten erwartet, obgleich die CFOs diesen Prozessen nach wie vor Investitionspriorität einräumten. Insgesamt äußerten 50 % der Informanten die Absicht, in webtaugliche Managementinformationssysteme und Data-Warehouse-Projekte investieren zu wollen. Datenschutz und Datensicherheit standen ausnahmslos weit oben auf der CFO-Agenda.

Und die Bilanz? Die meisten CFOs gaben als Prognose an, E-Business würde nachhaltige Auswirkungen auf ihre Geschäftsaktivitäten und ihre Finanzprozesse haben. Doch nur wenige wollten sich festlegen, welcher Art die Veränderungen im Hinblick auf Finanzstrategie, Entscheidungshilfe, Transaktionsabwicklung, Finanzorganisation und Systemeinrichtungen aller Voraussicht nach sein würden. Auch die künftige Rolle des CFO blieb unklar. Einige Informanten erwarteten keinerlei Auswirkungen durch das E-Business, doch gut die Hälfte der Befragten rechneten mit deutlichen Veränderungen.

Zweifellos wird das Wachstum der neuen E-Märkte erhöhte Anforderungen an die Kenntnisse und Fähigkeiten der Mitarbeiter im Finanzbereich stellen. Durchführung von Kundenanalysen, Erstellung von Online-Leistungsberichten und Einsatz neuer Integrationstechnologien – all dies bedeutet die Bewältigung neuer anspruchsvoller Aufgaben im Bereich der Entscheidungshilfe. Auch der Trend zur gemeinschaftlichen Nutzung webfähiger Serviceleistungen und zur Auslagerung betrieblicher Prozesse verlangt völlig neuartige Kompetenzen. Und diese erhöhten Anforderungen gilt es unbedingt zu erfüllen – nicht nur, um dem anspruchsvollen neuen Serviceniveau und den (häufig vertraglich geregelten) Kostenvorgaben gerecht zu werden, sondern auch, um die speziellen technischen Kenntnisse im Zusammenhang mit den folgenden Übergangssituationen bewältigen zu können:

- von traditionellen Routineabrechnungen am Monatsende zur virtuellen Abschlussrechnung
- von traditioneller Budgetierung zu Zielvorgaben auf der Basis maßgeblicher Echtzeit-Indikatoren
- vom Schwerpunkt auf historischer Rechnungslegung zur laufenden Prognoseerstellung
- von traditioneller Fakturierung zu elektronischer Rechnungsstellung

und Zahlungsabwicklung (Electronic Bill Presentment and Payment, EBPP)
● von traditioneller Lohn- und Gehaltsabrechnung sowie Beschaffung zum Selfservice-Betrieb

Es gibt ein erstaunlich vielseitiges Angebot an Möglichkeiten zur Prozessverbesserung und an neuartigen Technologien, aus dem der CFO auswählen kann. Unsere Umfrage hat gezeigt, was der erfolgreichen Implementierung einer E-Business-Strategie am meisten abträglich ist: *das Fehlen einer klaren Vision*. Als nächstgrößte Barrieren wurden Widerstand gegen Wandel und überholte Fähigkeiten und Kenntnisse genannt.

Die Geschichte von der virtuellen Abschlussrechnung bei Cisco spricht für sich. Zwar leistet eine Verbesserung bei der Abschlussrechnung als solche keinen sonderlich großen Beitrag zum Shareholder Value, doch die indirekten Vorteile sind beträchtlich. Im folgenden Fallbeispiel werden finanzwirtschaftliche Best Practices zur Transaktionsabwicklung und Entscheidungshilfe mit der neuesten Internettechnologie kombiniert.

> *Fallbeispiel*
> ***Die virtuelle Abschlussrechnung bei Cisco***
>
> *Vor fünf Jahren erlebte Cisco ein schnelles Wachstum bei intensiver Akquisitionstätigkeit, doch die DV-Systeme waren untereinander nicht verbunden und durch das hohe Datenaufkommen völlig überlastet. Vor diesem Hintergrund galt im ganzen Unternehmen die Aufforderung, Kosten und Personalbestand unter Kontrolle zu halten. Die Prozesse der Finanzberichterstattung bedurften eindeutig einer Verbesserung.*
> *Im Jahr 1995 brauchte Cisco 14 Tage für den globalen Abschluss seiner Bücher. Heute ist es so, dass ein vorläufiger globaler Rechenschaftsbericht bereits mittags am Tag nach der Abschlussrechnung vorliegt; eine weltweite Vorbilanz mit sämtlichen Detailposten wird bis zum Abend des ersten Tages erstellt; die vollständigen Berichtsunterlagen stehen am Ende des zweiten Tages zur Verfügung, und ein weltweiter Abschluss einschließlich Analyse erfolgt am dritten Tag.*

Inwieweit erfordert E-Business einen Neugestaltung des Finanzbereichs?

Zu den wichtigsten Informationen, die täglich – online und in Echtzeit – im Management eingehen, zählen Daten über Bestellungen, Einnahmen, Auftragsstatus, Gewinnspannen und Ausgaben. CFO Larry Carter sagt dazu: „Der virtuelle Abschluss hat uns eine dramatische Verbesserung hinsichtlich der Genauigkeit von Finanzinformationen sowie eine erhebliche Beschleunigung des Prozesses zur Bereitstellung entscheidender Daten ermöglicht." Wie ist Cisco ein solcher Erfolg gelungen? Die folgenden sechs Bausteine waren erfolgsentscheidend:

- Engagement der Geschäftsführung: *Alljährlich werden Zielvorgaben für die Spitzenführungskräfte erarbeitet. Zu den finanzwirtschaftlichen Jahreszielen zählen spezifische Vorgaben für Verbesserungen im Abschlussprozess. Dafür setzt sich insbesondere John Chambers als CEO des Unternehmens ein.*
- Reengineering der Unternehmensprozesse: *Die niedrig hängenden Früchte machten den Anfang schmackhaft: Zur Lösung spezifischer Problembereiche wurde ein Arbeitsgruppenansatz angewendet. Heilige Kühe gab es nicht – alles wurde im Hinblick auf die Möglichkeit einer Automatisierung überprüft. Bessere Prognosemethoden erwiesen sich als erforderlich, um Aktiva und Passiva schneller zu antizipieren. Zur Beschleunigung der monatlichen Abschlussrechnungen für alle Hauptstandorte wurden weltweit standardisierte Prozesse entwickelt. Weiterhin führte man vorläufige Rechenschaftsberichte ein, legte Grenzen für die bei Abschneideprozessen anfallenden Materialreste fest und beschränkte die interne Leistungsverrechnung auf ein Minimum. Und nicht zuletzt führte Cisco weltweit einheitliche Kontenpläne ein, integrierte verschiedene Quellensysteme, standardisierte die Abläufe durch Einsatz eines einheitlichen Konsolidierungsinstrumentariums und automatisierte unternehmensinterne Transaktionen.*
- Verbindung von Finanzabteilung und Informationstechnologie: *Finanzabteilung und IT gelten nicht mehr als Kostenstelle, sondern als wertschöpfende strategische Partnerschaft, die bei Geschäftsproblemen Lösungen auf neuestem Stand der Technik bereitstellt.*

Der Finanzbereich in der E-Business-Welt

> Der Finanzbereich muss – wie alle anderen Funktionen auch – abwägen zwischen IT-Investitionen in Softwareapplikationen einerseits und Personalaufwendungen andererseits. Daraus resultiert eine Motivation zu Projekten mit einer Kapitalrückflussdauer von weniger als 12 Monaten.
> - Webbasierte Applikationen: *Cisco hat sowohl die Reporting-Applikationen (zum Beispiel Berichterstattung über Informationen für Führungskräfte, Einnahmeverbuchungen, Ausgabenverfolgung und Veränderungen in der Bruttogewinnspanne) als auch die personalorientierten Instrumente (wie Online-Reisekostenerstattung, Online-Katalogbestellung und weltweite Abrechnung von Verkaufsprovisionen) webfähig gemacht.*
> - Standardisierte Netzwerksystem-Architektur: *Die Architektur der Cisco-Netzwerksysteme ist auf Oracle-Basis standardisiert worden. Diese Standardisierung betrifft nicht nur die Datenbankverwaltung und die Entwicklung von Tools und konkreten Infrastruktureinrichtungen, sondern auch Anwendungspakete jedweder Ausrichtung: ERP-Systeme, Entscheidungshilfe-Programme oder E-Commerce-Software.*
> - Kontinuierliche Überprüfung: *Unter der Bezeichnung „Abschluss-Steuergrößen" wurden Messkriterien aufgestellt, um Qualität und Zykluszeiten von Schlüsselaktivitäten beurteilen zu können. Diskussionsrunden nach Monatsabschluss wurden eingeführt, um Probleme und Erfolge bei der Umsetzung auszutauschen. Wichtig war vor allem, dass die Verantwortung für die Handhabung der Abschluss-Steuergrößen Managern auf verschiedenen Organisationsebenen übertragen wurde. Die Überwachung der Ergebnisse ist dezentralisiert und obliegt den verschiedenen Geschäftseinheiten beziehungsweise der jeweiligen Buchhaltung.*
>
> Cisco spart eigenen Aussagen zufolge mit seinen Internetapplikationen und betriebsinternen Anwendungen monatlich Millionen Dollar ein. Jährliche Produktivitätsverbesserungen von 20% oder mehr werden bei der Transaktionsabwicklung erzielt – so in der Kreditorenbuchhaltung, der Debitorenbuchhaltung und der Lohn- und

Gehaltsabrechnung. Doch der wohl größte Vorteil des virtuellen Abschlusses ist die Tatsache, dass Cisco nunmehr in der Lage ist, die für eine effektive Geschäftsabwicklung entscheidenden Informationen kontinuierlich zu überwachen und zu analysieren.

Wie dieses Fallbeispiel zeigt, bedeutet die Umsetzung einer Vision für den Finanzbereich – in der Old Economy wie in der New Economy – die Realisierung eines radikalen und zugleich robusten Reengineering-Ansatzes, verbunden mit dem Einsatz fortschrittlicher Technologie und konsequenter Verbesserung. Doch gerade die E-Business-Welt verhilft dem Finanzbereich in seiner Funktion als Geschäftspartner zu gänzlich neuen Möglichkeiten der Wertschöpfung.

Wertschöpfung im Finanzbereich

Der Beitrag, den das Finanzressort durch Nutzung von Internetmöglichkeiten leisten kann, lässt sich am besten mit dem Begriff *Finance Value Propositions* umschreiben: Es handelt sich um finanzwirtschaftliche Wertansätze, die einerseits geplante Veränderungen (ausgedrückt als Shareholder-Value-Verbesserung) rechtfertigen, andererseits aber auch Optionen an wichtigen Entscheidungspunkten und die daraus erwachsenden Risiken und Unsicherheiten erfassen. Die Value Propositions im Finanzbereich sind drei großen Kategorien zuzuordnen:

- *Kapitalnutzung:* Kapitalentnahme aus dem Old-Economy-Unternehmen durch Veräußerung von Sachanlagen und Verbesserung der Effizienz betrieblicher Abläufe mit dem Ziel, immaterielle Vermögenswerte im New-Economy-Betrieb aufzubauen. Dieser finanzwirtschaftliche Wertansatz ist auf die Analyse der Wertschöpfungskette, Veräußerung von Anlagevermögen sowie Verbesserung des Umlaufvermögens ausgerichtet und dient darüber hinaus der Erhöhung immaterieller Vermögenswerte, der Reduzierung der Betriebskosten und vor allem der Freisetzung von Geldmitteln zwecks Reinvestition in Wachstumsoptionen.
- *Aufbau des betrieblichen Umfelds:* Beteiligung an E-Märkten, Nutzung wertschöpfender Gemeinschaften, Zusammenarbeit mit neuen

Partnern, Entwicklung und Unterstützung neuer Geschäftsmodelle. Dieser finanzwirtschaftliche Wertansatz gilt der wettbewerbsorientierten Finanzierung, der Betriebsplanung, dem Ressourcenmanagement, der Erweiterung gemeinschaftlich genutzter Serviceleistungen sowie der Auslagerung von Applikationen und Betriebsprozessen.

- *Integration neuer Technologien:* Nutzung der Internettechnologie zur Umwandlung von Daten in Informationen und von Informationen in Wissen, Anpassung der betrieblichen Prozesse an Web-Erfordernisse sowie Integration von Finanztransaktionen und Entscheidungshilfe. Dieser finanzwirtschaftliche Wertansatz betrifft die Entwicklung von Business Intelligence und die Straffung der Abläufe im Finanzmanagement.

Die im Rahmen dieses Buches durchgeführten CFO-Interviews haben an zahlreichen Beispielen erkennen lassen, wie die Finanzfunktion das Internet unter allen betrieblichen Aspekten wertschöpfend nutzen kann.

Elektronische Abrechnung (E-Settlement). Ein großer multinationaler Telekomanbieter hatte komplexe Fakturierungsprozesse für viele kleine Kunden sowie für einige wenige Großkunden abzuwickeln. Die Bearbeitung der ausstehenden Rechnungen geriet allmählich außer Kontrolle. Die Lösung war die Implementierung einer webbasierten Einrichtung zur Lösung von Kundenproblemen, die Neugestaltung des Einzugsverfahrens und die Verbesserung der Kreditprüfung durch Erarbeitung von Modellen zum Kundenverhalten. Die Funktionskapazität des Systems wurde durch ein elektronisches System zur Rechnungserstellung und Zahlungsabwicklung (Electronic Bill Presentment and Payment, EBPP) ergänzt. Die Vorteile? Reduzierung des Zeitaufwands für die Lösung von Kundenproblemen um 60 %, zusätzliche Einnahmen und eine deutliche Verringerung des Bestands an uneinbringlichen Forderungen.

Beim EBPP-System handelt es sich um eine relativ neue Technologie. Für den Rechnungssteller bedeutet die elektronische Abrechnung geringere Bürokosten, Möglichkeiten zur Neukundengewinnung sowie Cashflow-Steigerung. Für die Rechnungsempfänger scheint der finanzwirtschaftliche Wertansatz weniger offensichtliche Vorteile zu bieten, aber immerhin können sie auf diese Weise ihre Zahlungsvorgänge selbst kontrollieren und die Daten online einsehen und bearbeiten. Bei der Implementierung von EBPP-Systemen hat der Rechnungssteller zwei Möglichkeiten: Entweder kann er die Rechnungsinformationen auf seiner eigenen Website angeben (Direktabrechnung) oder einen externen Servicedienstleister (Konsolidierungsinstanz) beauftragen.

Elektronische Beschaffung (E-Procurement). Ein Konsumgüterunternehmen wollte seinen Kostenaufwand für nicht produktionsbezogene Waren und Dienstleistungen reduzieren. Zwar hatte man bereits Lieferanten-Rahmenverträge eingeführt, aber deren praktische Handhabung war so unzulänglich, dass die Lieferantenbasis rapide zunahm. Man analysierte, wie sich die Ausgaben auf die diversen Lieferanten verteilten, und wählte eine E-Procurement-Software aus. Des Weiteren wurden Standardkataloge mit unterschiedlichen Lieferangeboten erarbeitet und das gesamte Verfahren von der Beschaffung bis zur Bezahlung wurde webtauglich gemacht. Außerdem wurde eine automatische Zeit- und Spesenabrechnung für rund 2000 Nutzer eingeführt. Die Vorteile? Konzentration auf Standardlieferanten (Verhinderung von Außenseiter-Käufen, Maverick-Buying), vorverhandelte Verträge und Preisnachlässe sowie Effizienzverbesserung bei den innerbetrieblichen Bestellvorgängen. Das Ziel einer 10%-Kostensenkung wurde mit Leichtigkeit übertroffen.

> **Die Betreiber von E-Märkten können Mehrwert schaffen in Form von Transaktionsgebühren, Dienstleistungsgebühren und Mitgliedsbeiträgen der beteiligten Unternehmen – sowohl auf der Seite der Nachfrager als auch auf der Seite der Anbieter.**

Viele Unternehmen innerhalb ein und derselben Branche haben sich mittlerweile zu E-Märkten zusammengeschlossen und profitieren von der Effektivität von Sammelbestellungen, von der Effizienz ständig aktualisierter Standardkataloge sowie von der gemeinschaftlichen Inanspruchnahme betrieblicher Serviceleistungen. Die Betreiber von E-Märkten können Mehrwert schaffen in Form von Transaktionsgebühren, Dienstleistungsgebühren und Mitgliedsbeiträgen der beteiligten Unternehmen – sowohl auf der Seite der Nachfrager als auch auf der Seite der Anbieter.

Der Finanzbereich in der E-Business-Welt

Gemeinschaftlich genutzte webfähige Serviceleistungen. Ein energiewirtschaftliches Unternehmen hatte für die Abwicklung der Finanztransaktionen in seinen Niederlassungen in Amerika, in Europa und im asiatisch-pazifischen Raum einen gemeinschaftlich genutzten Servicebetrieb eingeführt. Das Unternehmen beabsichtigte eine 30%ige Steigerung seiner Einsparungen durch Outsourcing. Man ermittelte Reengineering-Möglichkeiten, legte den Transaktionsumfang fest, definierte die Service- und Betriebsvereinbarungen und handelte Verträge mit einem externen Anbieter aus. Die zwischen dem Unternehmen und dem externen Anbieter abgewickelten Prozesse waren webtauglich (einschließlich sämtlicher Transaktionsdaten, Workflow-Informationen und Reporting-Funktionen).

Die gemeinschaftliche Nutzung ausgelagerter Serviceleistungen kann auch über die in der Finanzabteilung anfallenden Aufgaben hinaus auf das Personalwesen, das Beschaffungswesen und die informationstechnologische Infrastruktur ausgedehnt werden. Mehr noch: Selbst die vom Kunden wahrgenommenen Kontaktpunkte (Front-Office) und die Entscheidungshilfe können einbezogen werden. Unter Nutzung von Internetmöglichkeiten können die zuvor gemeinschaftlich genutzten zweckgebundenen Servicezentren sogar anderen Unternehmen auf kommerzieller Basis zugänglich gemacht werden. Wenn diese Zentren noch mit elektronischen Handelsplätzen verbunden werden, steht einer weiteren Integration von Front- und Back-Office-Prozessen, der webfähigen Erstellung von Prognosen und einem effizienten Datenaustausch zwischen den Geschäftspartnern nichts mehr im Wege. Damit lässt sich der gemeinschaftlich genutzte Servicebetrieb von einer Kostenstelle in ein Profitcenter umwandeln und kann ggf. auch an der Börse platziert werden.

Integrierte Entscheidungshilfe. Die Erfahrung zeigt, dass Wertansätze im Rahmen der Transaktionsabwicklung den Shareholder Value erhöhen können – entweder durch Kostensenkung oder durch Verringerung des Umlaufvermögens. Die Rechtfertigung von Value Propositions für die Entscheidungshilfe ist da schon schwieriger. Wie bemisst man den zusätzlichen Wertschöpfungsbeitrag, der durch externe Business Intelligence, durch Informationen zum Kundenwert über die Gesamtdauer der Kundenbeziehung, durch Servicekostendaten und durch webbasiertes Reporting zu erzielen ist? Die einzige Möglichkeit ist die, den Shareholder-Value-Gap – die Differenz zwischen den Erwartungen der Anteilseigner und dem Leistungspotenzial des Unternehmens – zu schließen.

> **Wie bemisst der CFO den zusätzlichen Wertschöpfungsbeitrag, der durch externe Business Intelligence, durch Informationen zum Kundenwert über die Gesamtdauer der Kundenbeziehung, durch Servicekostendaten und durch webbasiertes Reporting zu erzielen ist?**

In Anbetracht der gebotenen Geschwindigkeit und Flexibilität ist die Bedeutung von entscheidungsunterstützenden Informationen gerade in neuen E-Business-Unternehmen nicht zu unterschätzen. Als besonders vorteilhaft haben sich die folgenden Aspekte erwiesen: Echtzeit-Analysen (Drilldown), Zugang zu Online-Informationen und E-Steuergrößen (siehe Kapitel 3) sowie besserer Einblick in die Möglichkeiten der Wertschöpfung für Kunden und Anteilseigner. Doch die wichtigsten Vorteile, die mit entscheidungsunterstützenden Informationen verbunden sind, bieten nicht die Daten als solche; von besonderem Vorteil ist vielmehr die Tatsache, dass auf diese Weise die Reaktionsfähigkeit der Managementprozesse erhöht wird – einschließlich Ressourcen-Allokation, Finanzplanung und laufender Prognoseerstellung. Das Endresultat? Eine engere Verzahnung der strategischen Zielsetzungen mit den operativen Aktivitäten im Unternehmensalltag.

Die E-CFO-Agenda

Das vorliegende Buch soll einen Beitrag zur Gestaltung der E-CFO-Agenda leisten. Schlüsselthema ist die nachhaltige Wertschöpfung in einer E-Business-Welt. Wie aber lässt sich dieses hoch gesteckte Ziel realisieren?

Die nachfolgenden Kapitel basieren auf eigenen Forschungsarbeiten, intensiven Diskussionen mit CFO-Experten und Einbeziehung von Best Practices. Den einzelnen Kapiteln werden jeweils die Ausführungen eines bekannten CFO vorangestellt, in denen die wichtigsten Herausforderungen aus seiner Sicht dargestellt werden. Insgesamt haben sich drei große Themenbereiche ergeben:

Der Finanzbereich in der E-Business-Welt

- *Planung der künftigen Performance:* Heutzutage reicht es nicht mehr, wenn Sie als CFO den Shareholder Value analysieren und ein wertorientiertes Management betreiben. Vielmehr müssen Sie Seite an Seite mit dem CEO an vorderster Front stehen, nach neuen Möglichkeiten Ausschau halten, Geschäftsabschlüsse aushandeln und neuartige Geschäftsmodelle entwickeln (Kapitel 2). Weitere Prioritäten sind: Kommunikation des Wertschöpfungspotenzials gegenüber den Investoren, Sondierung der den neuen Werttreibern zugrunde liegenden Annahmen – oft genug ohne eine ausreichend gesicherte Orientierungsbasis – sowie dynamische Erfolgsmessung im neuen Betrieb (Kapitel 3). Ihr nächstes Ziel besteht darin, dass Sie der Geschäftsführung verständlich machen, wie immaterielle Vermögenswerte durch radikale Veränderung konventioneller Buchhaltungspraktiken und Neufokussierung auf wertschöpfende Prozesse zu beurteilen sind (Kapitel 4).
- *Zuteilung von Ressourcen und Auswertung der Ergebnisse:* Ihre Agenda muss die traditionellen Prozesse des Ressourcenmanagements hinterfragen; Ihr Erfolg steht und fällt mit Ihrer Bereitschaft, Risiken einzugehen und potenzielle Investitionen als Wachstumsoptionen zu begreifen (Kapitel 5). Alsdann gehen Sie einen Schritt weiter: Verzichten Sie auf Ihr Budget (Kapitel 6)! Um dies zu erreichen, müssen Sie verstärkt in Systeme investieren: Sie sollten Ihre vorhandene betriebswirtschaftliche Software (Enterprise Resource Planning, ERP) optimal nutzen und zugleich neue E-Business-Lösungen integrieren (Kapitel 7).
- *Definition neuer Strukturen:* Ihr zukunftsweisender Beitrag wird zunehmend in der Vorbereitung Ihres Unternehmens auf den unvermeidlich und kontinuierlich erfolgenden Strukturwandel bestehen. Die Kostenbasis des Unternehmens wird nur langsam reagieren, so dass eine Generalüberholung nicht etwa eine einmalige Aktion darstellt, sondern zur Daueraufgabe geraten könnte (Kapitel 8). Sie müssen sich zwischen Akquisitionen und Allianzen entscheiden und die damit verbundene Integrationsproblematik unter Nutzung der Internetmöglichkeiten lösen (Kapitel 9). Auch die Rolle der Unternehmenszentrale soll nicht zu kurz kommen. Sie sind Hauptakteur in dem Bemühen um ständige Aktualisierung einschlägiger Value Propositions (Kapitel 10). Und wie steht es mit der Strukturierung der Fi-

nanzabteilung? Welche Form soll sie annehmen? Webtauglich, gemeinschaftlich genutzt? Ja. Aber auch ausgelagert? Vielleicht. Virtuell? So gut wie sicher (Kapitel 11).

Wie alle anderen Kapitel schließt auch dieses Kapitel mit einer E-CFO-Checkliste: Möge sie Ihnen als Wegweiser dienen!

> **E-CFO-CHECKLISTE**
>
> *Entwicklung neuer Geschäftsmodelle*
> *Halten Sie Ausschau nach neuen E-Business-Möglichkeiten? Können Sie daraus ein robustes Wertschöpfungspotenzial ableiten? Ist Ihre Finanzabteilung maßgeblich an der Implementierung neuer Modelle beteiligt? Haben Sie Ihre Finanzprozesse entsprechend angepasst?*
>
> *Shareholder-Value-Optimierung*
> *Wissen Sie, wie der Markt Ihre E-Business-Investitionen bewertet? Haben Sie die neuen Werttreiber analysiert? Haben Sie eine E-Business-Scorecard erarbeitet?*
>
> *Steigerung immaterieller Vermögenswerte*
> *Wissen Sie, wie die immateriellen Vermögenswerte Ihres Unternehmens zu beurteilen sind? Wie regelmäßig nehmen Sie eine Aktualisierung Ihrer Bewertung vor und in welchen Abständen teilen Sie den Investoren Ihre Ergebnisse mit? Sind die Investitionsprioritäten Ihrer Manager auf die Steigerung immaterieller Vermögenswerte ausgerichtet?*
>
> *Überprüfung des Ressourceneinsatzes*
> *Sind Sie mehr an der Gewinnung als an der Zuteilung von Ressourcen für neue Initiativen interessiert? Betrachten Sie Ihre Investitionen als Wachstumsoptionen? Wissen Sie, wann Spin-off, Spin-in oder Spin-out angesagt ist?*

Abschaffung des Budgets
Lässt sich Ihr Jahresbudget effektiv an die Anforderungen der New Economy anpassen? Nutzen Sie maßgebliche Performance-Indikatoren bei Ihrer Zielsetzung und laufende Prognosen als Kontrollmechanismus? Könnten Sie ganz auf Ihre Budgetplanung verzichten?

Vermittlung einer neuen Systemvision
Haben Sie die Vorteile Ihres ERP-Systems in vollem Umfang ausgeschöpft? Wissen Sie, wie Sie Ihre E-Business-Lösungen integrieren können? Verfügen Sie über ein dynamisches Instrumentarium zur Erlangung und Übermittlung von Business Intelligence in der New Economy? Können Sie die Einführung eines CFO-Portals begründen und rechtfertigen?

Überprüfung der Kostenbasis
Erkennen Sie, wie sich die neuen Geschäftsmodelle auf die vorhandenen Kostenstrukturen auswirken? Haben Sie ein externes Kosten-Benchmarking vorgenommen und Stretch-Ziele gesetzt? Reinvestieren Sie Ihre Einsparungen in Innovationsvorhaben und Wachstumsoptionen?

Wertschöpfung aus Akquisitionen und Allianzen
Planen Sie die im Anschluss an eine Akquisition anstehenden Integrationsprozesse bereits vor Vertragsabschluss? Berücksichtigen Sie die Möglichkeit kulturell bedingter Anpassungsschwierigkeiten? Sind Sie weiterhin um Schließung des Shareholder-Value-Gap bemüht? Haben Sie die Vorteile von Allianzen gegenüber Akquisitionen bedacht?

Neugestaltung der Unternehmenszentrale
Trägt Ihre Unternehmenszentrale zur Wertschöpfung oder zur Wertvernichtung bei? Sind Sie bemüht, Investitionen auf Aktivitäten zu konzentrieren, die einen Wertschöpfungsbeitrag für die Geschäftseinheiten darstellen? Haben Sie einen Performance-Vertrag für die Unternehmenszentrale entwickelt?

Entwicklung zu einer virtuellen Finanzfunktion
Sind Ihre finanzwirtschaftlichen Prozesse voll webtauglich? Haben Sie Ihre Serviceleistungen in Sachen Entscheidungshilfe auf Ihre unternehmensübergreifenden Beziehungen ausgedehnt? Sind weitere Outsourcing-Maßnahmen möglich? Wird es Ihre Finanzabteilung im Jahr 2010 überhaupt noch geben?

Kapitel 2

Entwicklung neuer Geschäftsmodelle für die Wertschöpfung

Vom Dell-CFO persönlich

Tom Meredith, Managing Director bei Dell Ventures, vormals CFO Dell Computer Corporation

Die Herausforderungen, mit denen sich Dell konfrontiert sieht, lassen sich, wie ich meine, zwei Kategorien zuordnen – Menschen und Modellen. Das Geschäftsmodell von Dell gründet auf Direktverkauf. Es ist ausgerichtet auf Kundenerfahrung und leistet seinen wertschöpfenden Beitrag durch eine Reihe von Ansätzen zum Warentransport innerhalb verkürzter Zeitspannen, zur Verringerung räumlicher Entfernungen und zur Kostensenkung.

Das Internet bietet eine nahezu perfekte Erweiterung unseres Direktmodells als perfekte 1:1-Segmentierung. Es ermöglicht eine nahezu perfekte Informationsübermittlung innerhalb nahezu perfekter Zeitspannen und unter nahezu perfekten Preiskonditionen. Damit stellt das Internet so gut wie alle Branchen auf den Kopf.

Seit einiger Zeit betreiben wir auf Kundenebene eine „Schnellzyklus-Segmentierung". Schließlich sind es die Kunden, die das wertschöpfende Produkt kaufen. Wir haben bei unseren Kundengruppen nach Trends und Gemeinsamkeiten Ausschau gehalten und mit zunehmendem Geschäftsumfang kleinere Gruppierungen vorgenommen. Das Wachstum dieser kleineren Segmente übertraf in jedem Fall das Wachstum der Segmente als Gesamtheit. Zunächst zeigten sich selbst unsere eigenen Kollegen keineswegs angetan von der damit verbundenen Beschneidung ihres Verantwortungsbereichs, doch inzwischen haben die meisten unserer leitenden Führungskräfte das Modell begriffen: Die Aufspaltung des eigenen Geschäftsbereichs gilt mittlerweile als ein Zeichen für Erfolg.

Das Internet verändert das Geschäft; das Web verändert alles. Wir wissen, welch ungeheure Auswirkung das Internet auf Dell gehabt hat – auf alle Stakeholder, die wie unsere Kunden, unsere Mitarbeiter und unsere Lieferanten ein Interesse an unserem Unternehmen haben. Wir nutzen das Inter-

Entwicklung neuer Geschäftsmodelle für die Wertschöpfung

net für externe wie interne Zwecke und betreiben auch ein Extranet. In jedem Fall sind wir bemüht, den Unternehmenswert für unsere Stakeholder zu erhöhen, indem wir Zeit und Raum verdichten und unsere Kosten reduzieren. Die effektive Nutzung des Internet leistet dazu einen wertschöpfenden Beitrag.

Die Wachstumsrate von Dell ist bis auf ein, zwei Ausnahmen auch weiterhin der Entwicklung bei der Konkurrenz voraus. In unserer Branche sind wir als Anbieter offener Kommunikationssysteme das Unternehmen mit dem weltweit schnellsten Wachstum, den niedrigsten Kosten und den höchsten Gewinnen. Das Internet hat uns zu größeren Effizienzen und Größenvorteilen verholfen und, wie ich meine, deutlich mehr Volumen erzeugt.

Da das Internet einen bisher nie da gewesenen Informationszugang ermöglicht, können die Organisationen heutzutage mit Informationen handeln und Allianzen zur Bereitstellung eines Produkts, einer Dienstleistung oder einer Geschäftserfahrung bilden. Dies erhöht den Shareholder Value und bietet zugleich hervorragende Kundenlösungen.

**Das Internet ermöglicht uns die sofortige Bereitstellung
von Daten und Informationsanalysen
sowie eine analytische Unterstützung und Entscheidungshilfe,
für die wir früher Tage, Wochen oder gar Monate brauchten.**

Vor sechs oder sieben Jahren arbeitete Dell noch mit mindestens 300 Lieferanten zusammen, von denen das Unternehmen 80 % seiner Materialien bezog; heute sind es nur noch 30 Lieferanten. Damit sind unsere Beziehungen zu unseren Lieferanten sensibler geworden. Wir können Informationen über Entwicklung, Qualität, Produkt und Preisbildung gemeinschaftlich nutzen und befinden uns in einer nahezu kontinuierlich funktionierenden Feedback-Schleife. Die meisten unserer führenden Lieferanten haben überdies eine Extranet-Beziehung zu Dell eingerichtet, was für unser Unternehmen von ungeheurem Vorteil ist.

Meines Erachtens steht die Branche noch ganz am Anfang in ihrem Bemühen, die wirklichen Werttreiber in der Internetwirtschaft zu begreifen. Die Kapitalmärkte reagieren sehr wohlwollend auf experimentelle Business-Modelle und investieren Geld, weil sie sich von der künftigen Entwicklung Erfolg versprechen.

Kurz nach meinem Amtsantritt als CFO bei Dell nahmen wir einige maßgebliche Schlüsselbereiche unter die Lupe – darunter Liquidität, Profitabilität und Wachstum und vor allem die Investitionsrentabilität als Messgröße. Das Internet verhilft uns zur gewinnbringenden Nutzung der Zykluszeiten und trägt damit zu unserer Liquidität schlechthin und, offen gestanden, auch zu unseren Renditen bei. Häufig verzichten wir zugunsten schnelleren Wachstums auf Gewinn in dem Bemühen, unseren Anteilseignern konsistente, ausgeglichene und nachhaltige Erfolgsergebnisse zu liefern.

Wir haben bei Dell versucht, den Wertschöpfungsbeitrag durch das Internet zu quantifizieren. Vor drei Jahren begannen wir, unsere webbasierten Einnahmen pro Tag zu bestimmen, und schon nach kurzer Zeit stellten wir fest, dass an die 40 % unserer Einnahmen auf das Web zurückzuführen waren. Anders gesagt: Unsere Einnahmen über das Internet beliefen sich auf rund 30 Millionen Dollar am Tag.

Das ist eine hervorragende Messgröße – rückt sie doch unseren unternehmerischen Erfolg in den Mittelpunkt der Aufmerksamkeit. Doch das wirklich Neue ist die Aktivität, die solche Ergebnisse untermauert. Es ist der Aufbruch zum E-Commerce. Alle Unternehmen haben mittlerweile den E-Commerce-Imperativ – die Notwendigkeit eines stärkeren und schnelleren Wachstums – zu spüren bekommen. Zudem stellt sich die Frage, wie es uns gelingt, unseren Kunden in Anbetracht nahezu allgegenwärtig vorhandener Zugangsmöglichkeiten wertschöpfende Informationen anzubieten. Wie gelingt uns die Entwicklung und Pflege einer Beziehung zu unseren Kunden, die über die reine Transaktion des Kaufens und Verkaufens hinausgeht?

Wir können unsere Verkaufs- und Servicemöglichkeiten über das Internet nutzen, um unseren Kunden bessere Produktinformationen und günstigere Preise zu bieten. Bei Dell unterhalten wir mehr als 27.000 primäre Websites, die den Kunden durch Bereitstellung von Service, Unterstützung und Bestellstatus einen gesteigerten Erfahrungswert bieten; außerdem betreiben wir mehr als 35.000 Webseiten mit technischem Serviceangebot. Unternehmensintern ermöglicht uns das Internet die sofortige Bereitstellung von Daten und Informationsanalysen sowie eine analytische Unterstützung und Entscheidungshilfe, für die wir früher Tage, Wochen oder gar Monate brauchten. Als Finanzakteure hat uns immer schon beschäftigt, was wir denn eigentlich aus unseren Erfahrungen gelernt haben und was wir als Nächstes tun wollen. Aber heute erwarten unsere Entscheidungsträger, Linienmanager und Betriebsleiter eine direkte Antwort auf solche Fragen.

Bei Dell sind wir sorgfältig darauf bedacht, unser Low-cost-Modell und unsere Low-cost-Position auf dem Markt zu verteidigen. Auch hier hilft uns das Internet. Beispielsweise erfahren Güter, die in Systeme eingebaut werden, traditionsgemäß eine Abschreibung von einem halben oder sogar einem Prozentpunkt pro Woche. Da uns das Internet die direkte Datennutzung gemeinsam mit dem Lieferanten ermöglicht, können unsere Leute im Marketing und in der Finanzabteilung den jeweiligen Entscheidungsträgern aktuelle und genaue Preisinformationen bereitstellen. Aufgrund der niedrigeren Komponentenkosten ist wiederum eine niedrigere Preisbildung für das Gesamtsystem möglich, was unsere stark wettbewerbsorientierte Marktposition stärkt.

Es war wohl Peter Drucker, der Anfang der 60er Jahre gesagt hat, der Mitarbeiter sei für das Informationszeitalter verantwortlich. Das stimmt auch heute noch. So ironisch es anmuten mag – die Denkweise, die uns zu unserer derzeitigen Marktposition verholfen hat, wird uns vermutlich nicht weiterhelfen. Wir Führungskräfte von heute müssen die Bereitschaft zu einer Mentalität neuer Qualität entwickeln. Bei der Einstellung neuer Mitarbeiter interessieren uns Leute, die ein Gespür für das Web-Potenzial mitbringen. Das größte Betriebsrisiko betrifft heutzutage das Wettrennen um Talente.

Die neue Konkurrenz für Dell besteht weitgehend in webbezogenen Firmen, die sich nicht mit Altlasten auseinander zu setzen haben. Wir befinden uns in guter Wettbewerbsposition, aber wenn wir weiter vorankommen wollen, müssen wir einiges anders machen. Zwar sind wir sorgsam darauf bedacht, unsere Position gegenüber unseren traditionellen Konkurrenten zu wahren, aber zugleich wollen wir das neue Internet-Direktmodell weiter ausbauen, um unseren Anteilseignern und unseren Kunden einen zusätzlichen Wertschöpfungsbeitrag bieten zu können.

Unter CFOs herrscht übereinstimmend die Meinung, dass man nur zwei Möglichkeiten hat: Entweder nutzt man die Möglichkeiten des Internet – oder fällt ihm zum Opfer. Entsprechend sehen sich die Finanzressorts gezwungen, ihre künftige Entwicklung zu überdenken: Die CFOs müssen die kurzfristigen, mittelfristigen und längerfristigen Auswirkungen des Internet auf ihre Unternehmen erkunden. Bei Dell werden viele Diskussionen geführt, die über das Tagesgeschäft hinausgehen – ob es sich nun um Finanzfragen, Internetzugang, eine markenbezogene Portalstrategie oder auch um Peripheriegeräte oder Zubehörteile handelt.

Überdies verlangt das Internet Agilität. Wenn Unternehmen wie Dell größer werden, nehmen sie mehr Produkte in ihr Angebot auf, verstärken ihre geografische Reichweite und erhöhen ihren Personalbestand; sie entwickeln sich zu komplexeren Organisationen. Doch der Aufbau eines Rückgrats, die Verstärkung des Fundaments, bedeutet zugleich auch die Festigung gewisser rigider Strukturen. Finanzprofis stehen daher vor der anspruchsvollen Aufgabe, die Kluft zwischen der Rigidität der starken Organisation einerseits und der Agilität des Internet andererseits zu überbrücken.

Zum Teil besteht die Lösung im Übergang von einer Kontrollorganisation zu einer Organisation des gegenseitigen Vertrauens. Man kann nicht 8000 Leute einstellen, wie dies vor zwei Jahren bei uns der Fall war, und an jeder

Entwicklung neuer Geschäftsmodelle für die Wertschöpfung

Managemententscheidung persönlich mitwirken. Man muss den neuen Kollegen Vertrauen entgegenbringen und ihnen die Agilität und die Freiheit zu zügigerem Vorgehen zugestehen.

Ein anderes Beispiel für die Rigidität/Agilität-Diskussion betrifft den bei Dell bevorzugten Segmentierungsansatz, insbesondere die Schnellzyklus-Segmentierung. Dieser Ansatz verhilft uns zur Fokussierung auf spezifische Kundensegmente und ihre jeweiligen Gemeinsamkeiten, wobei ein solches Segment aus einem Individuum, einem Geschäftsbereich oder einer Bildungseinrichtung bestehen kann. Bei der Segmentierung tragen unsere Leute in der Finanzabteilung historische Daten zusammen, um beurteilen zu können, inwieweit bisherige Trends noch tragfähig sind. Handelt es sich um positive Entwicklungen, ziehen wir unseren Nutzen daraus; andernfalls überlegen wir, wie wir den Bereich neu gestalten und damit unsere Profitabilität insgesamt verbessern können.

Die Segmentierung wirft somit eine ganze Reihe von Fragen auf, die alle mehr oder weniger das Rückgrat betreffen. Vor allem geht es nicht mehr um das „Warum?", sondern vielmehr um „Warum eigentlich nicht?".

Dell hat es verstanden, sein bestehendes Direktverkauf-Geschäftsmodell mit Erfolg ins Internet zu bringen. Deshalb gilt das Unternehmen in seiner Branche als Marktführer mit hervorragender Performance. Auch in anderen Branchen investieren Unternehmen hohe Summen in Software, Hardware, Kommunikationssysteme und Content-Angebote, häufig in Kombination mit neuen Produkt- und Serviceangeboten, um ihre Geschäftsmodelle zu verändern. Wie ist es zu diesem Phänomen gekommen? Dafür gibt es zwei Gründe:

- Der technologische Fortschritt ermöglicht eine globale Verbindung zwischen Geschäften und Menschen. Die Entwicklung von Web, digitaler Technologie, WAP-Technik (Wide Area Paging, globaler Personenruf) und anderen kommunikationsfördernden Technologien hat die Kommunikation nicht nur erleichtert, sondern sogar *verbilligt* – und das nicht etwa geringfügig, sondern um Größenordnungen.
- Konnektivität auf neuem Niveau hat die Marktwirtschaft durch Abbau der Eintrittsbarrieren für neu hinzukommende Marktteilnehmer verändert. Diese machen sich das neue Wertschöpfungspotenzial zunutze und entwickeln sich zu einer bedrohlichen Konkurrenz für die etablierten Unternehmen.

Entwicklung neuer Geschäftsmodelle für die Wertschöpfung

Da die neuen Möglichkeiten des Marktes vergleichsweise vielen Marktteilnehmern zugänglich sind, ist Eile geboten: Noch herrscht die Meinung vor, wer zuerst auf dem Markt sei, sichere sich nicht nur den größten Marktanteil, sondern auch den größten *Wertgewinn*. Zugleich aber wächst die realistische Einschätzung: Wir begreifen allmählich, was sich in Sachen Internetinvestition lohnt und was nicht. Viele unserer derzeit führenden Unternehmen sind dabei, ihre Geschäftsmodelle zu überdenken oder gar neu zu gestalten. Solche neuartigen Überlegungen werden kritischen Nachforschungen und Tests standhalten müssen, so dass die CFOs überzeugende Argumente zu ihrer Rechtfertigung benötigen. Beispielsweise werden sich die Unternehmen zunehmend im B2B-Handel engagieren, trotz aller vorhandenen Bedenken, dass selbst mit erfolgreichen Geschäften dieser Art nicht viel Geld zu verdienen ist. Doch der Nutzen einer Beteiligung an E-Märkten könnte größer sein als die Rentabilität der E-Markt-Investitionen. Sind solche Marktplätze einmal eingerichtet, werden sie aller Wahrscheinlichkeit nach kaum wieder abgebaut, auch dann nicht, wenn sie um die Erzielung von kritischer Masse und Profitabilität kämpfen müssen.

Das vorliegende Kapitel zeigt, welche Dynamik die Geschäftsmodelle verändert. Es soll den CFOs die bisherigen Erfahrungen beim Aufbau von E-Business-Aktivitäten nahe bringen – anhand praxisnaher Fallbeispiele, die wirtschaftliche Realitäten erkennen lassen und dem E-Business ein wenig von seinem Hype nehmen.

Zur Dynamik des Wandels

Warum und wie vollzieht sich der Wandel bei den Geschäftsmodellen? Nachstehend sind einige der Triebkräfte genannt:

- *Erhöhte Spezialisierung*: Man konzentriert sich wieder auf das eigentliche Kerngeschäft. Dies wiederum hat in zunehmendem Maß Outsourcing und Aufgliederung der traditionellen Wertschöpfungskette durch Bildung von Partnerschaften zur Folge. Die Herausforderung: Erfüllung von Kundenbedürfnissen, wenn sich das Unternehmen lediglich auf ein Segment der Wertschöpfungskette spezialisiert.

Zur Dynamik des Wandels

- *1:1-Kundenbeziehungen*: Man ist um besseres Verständnis der individuellen Kundenbedürfnisse und zunehmende Personalisierung im Kundenumgang bemüht, um so die Voraussetzungen für gezielteres Marketing und bessere Nutzung des Kundenpotenzials zu schaffen.
- *Mehr Pull- und weniger Push-Prozesse*: Die Geschäftsaktivitäten sind zunehmend kundenbestimmt und weniger produktionsorientiert. Die Supply-Chain-Systeme müssen flexibler und anpassungsfähiger sein. Hingegen nutzen die Unternehmen das Web auf der Suche nach neuen Vertriebskanälen, Märkten und Kunden zur Verbesserung ihrer Kapazitätsauslastung (mehr Push- und weniger Pull-Prozesse).
- *Neu definierte Handelsbeziehungen*: Neue Märkte entstehen, neue wertschöpfende Communitys werden gebildet und bestehende Partnerschaften gewinnen an geschäftlicher Substanz.
- *Selfservice-Betrieb*: Mitarbeiter und Kunden haben verstärkten Zugang zu Tools und Services und gewinnen auf diese Weise ein höheres Maß an Eigenkontrolle.

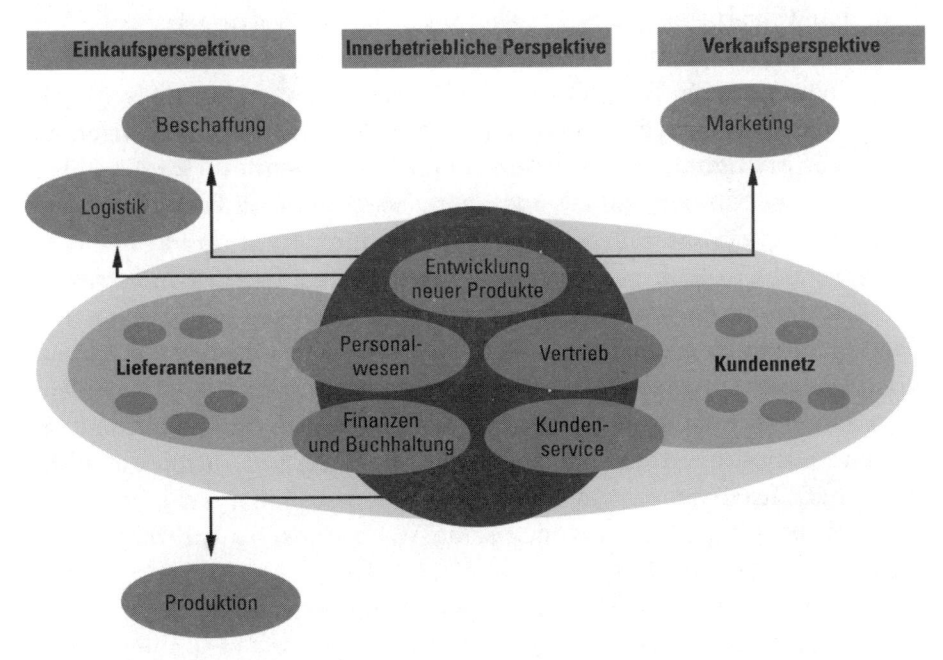

Abb. 2.1: Das vernetzte Unternehmen

Entwicklung neuer Geschäftsmodelle für die Wertschöpfung

Abbildung 2.1 zeigt, wie das Geschäftsmodell des vernetzten Unternehmens aus drei Perspektiven zu betrachten ist: Einkauf (Lieferanten), Verkauf (Kunden) und innerbetriebliche Abwicklung (Infrastruktur). In vielen Unternehmen beseitigt das Internet die traditionellen Barrieren zwischen diesen Segmenten, indem es die Bildung von Netzwerken aus mehreren Unternehmen, gegebenenfalls unter Einbeziehung von Outsourcing-Partnern, ermöglicht.

Betrachten wir dazu das folgende Beispiel, bei dem die Barrieren zur Lieferantenseite weggefallen sind. Ein großes Konstruktionsunternehmen hat ein Handelsnetz aufgebaut – eine webbasierte Verbindung zu seinen Lieferanten, die diesen eine mühelose und schnelle Angebotsvorlage für Komponentenverträge ermöglicht. Das Unternehmen hat einen elektronischen Produktkatalog erstellt und bietet die Möglichkeit elektronischer Einkäufe sowie die Option zur Online-Bezahlung mit einer elektronischen Kreditkarte. Das System hat die Beschaffungszyklen um die Hälfte, die Verarbeitungskosten um ein Drittel und die Kosten für den Wareneinkauf um bis zu 50 % gesenkt. Mittlerweile wickelt das Unternehmen Geschäfte in Höhe von weit über 1 Milliarde Dollar jährlich über das Web ab. Die Zahl der Lieferanten hat sich verringert, wobei die verbliebenen Lieferanten effizienter geworden sind.

In einem weiteren Beispiel sind die Barrieren sowohl kundenseitig als auch innerbetrieblich zwischen den verschiedenen Funktionen abgebaut worden. Ein Hightech-Unternehmen erzielt 80 % seines Umsatzes über das Web. Die Kunden wählen aus einem elektronischen Produktkatalog aus, werden beim Bestellvorgang technisch unterstützt und können die Weiterverarbeitung ihres Auftrags online verfolgen. Der gesamte Prozess der Bestellung, der vertragsgemäßen Herstellung, des Fulfillment und der Bezahlung läuft automatisch ab. Nach Aussage des CFO durchlaufen 55 % der Aufträge das Unternehmenssystem, ohne dass irgendein Mitarbeiter eingreifen muss. „Wir kassieren lediglich das Geld", sagt er. Seinen Vermutungen zufolge erzielt das Unternehmen durch die Web-Nutzung Einsparungen von über 500 Millionen Dollar im Jahr. Ohne das Web hätte das Unternehmen seine Wachstumsrate wahrscheinlich nicht beibehalten können.

Doch ungeachtet solcher Erfolgsgeschichten legen viele der im Rahmen dieses Buches interviewten Finanzmanager einen gesunden Zynismus an den Tag: Sie haben die Internetblase wachsen und platzen sehen.

Zur Dynamik des Wandels

Unter Umständen machen sie selbst für persönliche oder häusliche Zwecke umfassenden Gebrauch vom Internet, aber wenn es um Experimente mit ihren Geschäftsaktivitäten geht, üben sie erheblich mehr Zurückhaltung. Warum das so ist? Offensichtlich sind es in erster Linie die anderen Funktionsbereiche im Unternehmen, die am meisten vom Internet profitieren: Marketing und Vertrieb aufgrund einer direkteren Verbindung zum Kunden; Beschaffung, Herstellung und Logistik aufgrund einer direkten Verbindung zu Lieferanten und Kunden; und das Personalwesen aufgrund einer direkteren Verbindung zu den Mitarbeitern. Demgegenüber sieht sich die Finanzabteilung vielen Risiken ausgesetzt: Aushöhlung herkömmlicher Finanzmanagementdisziplinen, Verlust der Kontrolle über Ausgaben und Buchhaltung, Systemausfälle und vor allem potenzielle Profitabilitätseinbußen. Der CFO muss folgende Fragen vorausschauend beantworten:

- Wo und wie schaffen wir Shareholder Value in unserem Geschäftsmodell – heute und in Zukunft?
- Welche Kunden liefern uns den größten Wertbeitrag? Wie bewerten wir unsere Kundeninvestitionen und wie bemessen wir ihre Rentabilität?
- Welche neuen Preisbildungsstrukturen eignen sich für die E-Business-Welt?
- Wie sieht die optimale Konfiguration für unsere Infrastruktur aus?
- In welcher Höhe sollte in Sachanlagen (einschließlich Umlaufvermögen) beziehungsweise in immaterielle Vermögenswerte (einschließlich Marken, F&E und Technologie) investiert werden?

In seinem Buch *Leading the Revolution* ermutigt uns Gary Hamel, über neue Produkte und Dienstleistungen hinausgehend völlig neue Business-Konzepte in Betracht zu ziehen, die tiefgründigen Kundenbedürfnissen auf unkonventionelle Weise Rechnung tragen.[1] CFO-Experten sind besonders gut in der Lage, die Wirtschaftlichkeit neuer Geschäftskonzepte zu durchdenken – sowohl in ihrer Gesamtheit als auch im konkreten Einzelfall. Hamel hat für das „Auspacken des Geschäftsmodells" einen nützlichen Rahmen entwickelt, demzufolge Business-Modelle vier Hauptkomponenten umfassen: die Kundenschnittstelle, die Kerngeschäftsstrategie, die erforderlichen strategischen Ressourcen und das

Entwicklung neuer Geschäftsmodelle für die Wertschöpfung

Wertschöpfungsnetz im Unternehmensumfeld (Lieferanten, Geschäftspartner, Koalitionen). Kernkompetenzen, strategische Vermögenswerte und Kernprozesse müssen über eine einmalige Verknüpfungskonstellation so miteinander kombiniert werden, dass die Kerngeschäftsstrategie unterstützt wird.

Das Business-Modell baut auf vier miteinander in Wechselbeziehung stehenden Faktoren auf, die sein Gewinnpotenzial maßgeblich bestimmen:

- *Effizienz*: Es muss Kundennutzen unter optimalen Kostenbedingungen bieten.
- *Einmaligkeit*: Es muss in Bereichen, die für die Kunden von Wert sind, ein einmaliges Angebot (sowohl vom Konzept her als auch in der Durchführung) bereitstellen.
- *Systemkonsistenz*: Es muss in sich stimmig sein; sämtliche Komponenten müssen sich gegenseitig verstärken und gemeinsam auf ein und dasselbe Endziel hinarbeiten.
- *Gewinntreiber*: Es sollte zwecks Erzielung einer überragenden Rentabilität Möglichkeiten wie die folgenden nutzen können: Vorsprung vor der Konkurrenz, strategische Vorteile wie Skalen- oder Fokuseffekte oder, wie bei Dell, inhärente betriebliche Agilität.

Wie lässt sich diese Theorie in der Praxis verwirklichen? Als Nächstes wollen wir eine Reihe neuer Geschäftsmodelle betrachten, wie sie von verschiedenen Unternehmen praktiziert werden, um anschließend zu analysieren, welche wirtschaftlich relevanten Erfahrungen daraus abzuleiten sind. Die Fallbeispiele sollen den CFO bei der Entwicklung wirtschaftlich attraktiver neuer Geschäftsmodelle unterstützen. Dazu zählen: ein auktionsbasiertes Internet-Startup, ein in neue Vertriebskanäle investierendes Elektronikunternehmen, ein E-Markt in der Versorgungsbranche sowie ein B2E-Portal für die Mitarbeiter eines Hightech-Unternehmens.

Was können etablierte Unternehmen von den neuen Internetfirmen lernen?

Erfolgreiche Internet-Startups scheinen die gleichen Stärken aufzuweisen: einen nachhaltigen Wettbewerbsvorteil und eine klare Argumentation für das Betreiben des Online-Geschäfts. In der Geschäftsführung sollte Klarheit darüber bestehen, in welcher Weise das Kerngeschäft Gewinne abwerfen soll. Die eingesetzte Technologie sollte sowohl hinsichtlich der Funktionalität als auch der Skalierbarkeit tragfähig sein. Vor allem aber ist eines unerlässlich: ein exzellentes, engagiertes Managementteam, das in der Lage ist, das Vertrauen der Investoren zu gewinnen und Wachstum zu erzielen.

Fallbeispiel
Die Gründerjahre einer Internetfirma

Vor etwa drei Jahren waren die Unternehmensgründer zusammengekommen, um einen Business-Plan aufzustellen. Einige von ihnen brachten Erfahrungen in der Bereitstellung von Internet-Serviceleistungen, im Online-Verlagsgeschäft und in der Unternehmensfinanzierung mit. Das Geschäftsmodell gründete auf einem Auktionskonzept mit provisionspflichtigem Serviceangebot und verfolgte das Ziel, Nachfrager und Anbieter zusammenzuführen. Wie bei allen B2C-Internetfirmen galten die ersten Finanzierungsrunden der Erstellung einer Website, der Personaleinstellung und der Werbung, sowohl online als auch offline. Einnahmen sollten mit Provisionen, Agenturverkäufen und Registrierungsgebühren erzielt werden.
Der Plan der Gründer sah für die ersten beiden Jahre keine Erwirtschaftung von Gewinnen vor; den Finanzgebern wurde das Projekt als Kapitalinvestition vorgestellt. Nach zwei Jahren schrieb die Firma immer noch rote Zahlen – die Ausgaben übertrafen die Einnahmen. Dennoch galt das Geschäft als erfolgreich: Man hatte der Konkurrenz nicht nur Marktanteile abspenstig gemacht, sondern auch vergleichbare Firmen aus derselben Branche aufkaufen können. Der Aufwand für Investitionen in Sachanlagen war mit Aus-

> *nahme der Computersysteme minimal geblieben; der größte Teil der Finanzierungsmittel wurde in Technologie und Markenaufbau investiert.*
>
> *Die ursprüngliche Strategie ist erhalten geblieben, aber einige betriebswirtschaftliche Aspekte hat man bewusst geändert. So ist die Firma davon abgegangen, Lagerbestände für den Wiederverkauf zu führen, und arbeitet nur noch mit Agenturaufträgen ohne eigene Vertriebsverantwortung.*
>
> *Welche Erfahrungen hat die Firma bisher gemacht? Wichtig ist, dass sich ein starkes Managementteam geschlossen dafür einsetzt, das neue Business-Modell zum Laufen zu bringen. Investoren zeigen sich eher bereit, überlegene Managementteams zu unterstützen, denn die kennen ihre Märkte, verfolgen genauestens die Aktivitäten ihrer Konkurrenz und verstehen, welche Stärken und Grenzen das von ihnen erarbeitete Geschäftsmodell aufweist. Die Firma hat einige der häufigsten und vielfach fatalen Irrtümer, die andere Neugründungen gemacht haben, vermeiden können: zu schnelles Wachstum, zu aggressive Öffentlichkeitsarbeit oder auch Versprechungen gegenüber Kunden, die nicht einzuhalten waren (gewöhnlich aufgrund von schlechtem Website-Design oder unzureichender Logistik).*

Die Managementteams erfolgreicher Internetfirmen zeichnen sich wie im oben beschriebenen Fall durch eine gesunde Einschätzung der grundlegenden Aspekte ihres Business-Modells aus und setzen sich engagiert für den Dienst am Kunden ein – gemäßigt durch einen klaren Blick für die finanzielle Überwachung des Geschäfts.

Web-Nutzung zur Sicherung und Steigerung der Unternehmenserträge

Im B2B-E-Business geht es bei der Kanalverstärkung vielfach mehr um die Neugestaltung interner Prozesse, die Schaffung einer standardisierten Umgebung und die Reduzierung von Kosten als um absolute Ertragssteigerung und die Integration eines Unternehmens mit anderen Organisationseinheiten. Demgegenüber konzentrieren sich *ausschließ-*

lich im B2C-Geschäft tätige Internet-Einzelhändler nahezu vollständig auf die Steigerung ihrer Erträge – genauer gesagt: auf die Kundengewinnung. Doch wie viele Dotcoms feststellen, zählt die Integration von Backend-Prozessen und -systemen zu den notwendigen Komponenten einer langfristig angelegten Strategie für nachhaltiges Wachstum.

Die Entscheidung, welches Geschäftsmodell im Umgang mit Ihren B2B-Kunden am besten geeignet ist, kann schwierig sein. Wie weit sollen Ihre Internetverbindungen in die Wertschöpfungskette des Kunden hineinreichen? Welchen Wertschöpfungsbeitrag soll Ihr Serviceangebot leisten – nicht nur für Ihre Kunden, sondern auch für die Kunden Ihrer Kunden? Mit welchen Auswirkungen auf die vorhandenen Vertriebskanäle ist zu rechnen? Wie zahlt sich die Investition aus? Betrachten Sie hierzu den Fall eines Anbieters für Unterhaltungselektronik, der sich mit solchen Fragen auseinander setzen muss: Das Unternehmen will ein Extranet implementieren, das ein über den ganzen Kontinent verteiltes Händlernetz erfassen soll.

> *Fallbeispiel*
> *B2b: Big Business im Web-Geschäft mit kleinen Unternehmen*
>
> *Ein Hersteller und Großhändler für Unterhaltungselektronik will ein globales E-Business-Projekt implementieren, das zunächst 14 europäische Länder umfassen soll. Der Markt für solche Waren (Fernsehgeräte, Hi-Fi-Anlagen etc.) ist ausgereift, die Produkte unterscheiden sich nur unwesentlich von Konkurrenzangeboten und die Kunden stellen zunehmend höhere Ansprüche. In Anbetracht dieser Umstände konzentriert sich das Unternehmen auf eine Verbesserung seiner Serviceleistungen sowie ein gegenüber der Konkurrenz günstigeres Preisangebot.*
>
> *Das Händlernetz variiert von Land zu Land. In Großbritannien umfasst das Netz lediglich einige wenige Einzelhandelsketten mit hohem Marktanteil. Doch in den meisten Ländern dominiert eine Vielzahl kleiner, selbstständiger Händler den Markt, die aus Sicht des Herstellers nur unter vergleichsweise höherem Kostenaufwand zu bedienen sind und sich damit als weitaus weniger profitabel er-*

Entwicklung neuer Geschäftsmodelle für die Wertschöpfung

weisen. Doch das Unternehmen kann diesen recht großen Markt nicht ignorieren und hat ein E-Business-Programm eingeleitet, mit dem zwei Ziele gleichzeitig verfolgt werden: die Verbesserung der Serviceleistungen gegenüber selbstständigen Händlern und eine Reduzierung der Servicekosten.

Verbindungen beim Händler
System zur Verkaufsunterstützung mit dem Ziel, akutelle Verkaufsinformationen und Materialien für die Schulung der Wiederverkäufer bereitzustellen und den Wiederverkäufern zu höherem Absatzvolumen zu verhelfen

Verbindungen zum Händler
System zur Unterstützung der Handelsbeziehungen zu den Wiederverkäufern sowie deren Transaktionen mit dem Unternehmen; maximale Automatisierung von Routinetransaktionen

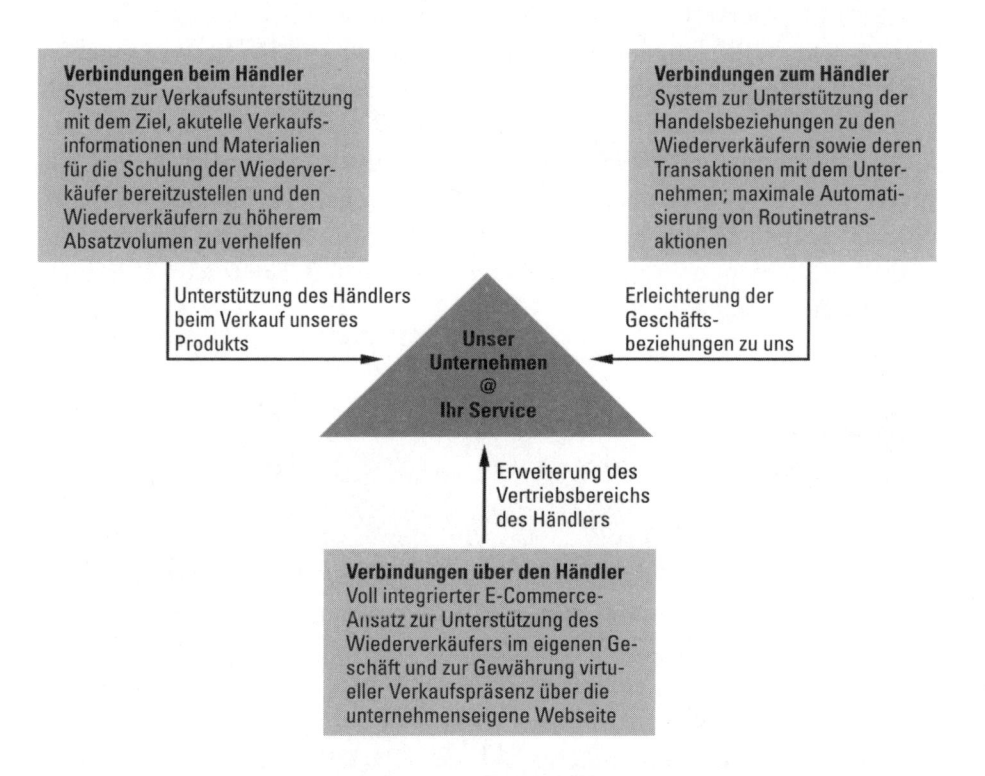

Unterstützung des Händlers beim Verkauf unseres Produkts

Erleichterung der Geschäftsbeziehungen zu uns

Unser Unternehmen @ Ihr Service

Erweiterung des Vertriebsbereichs des Händlers

Verbindungen über den Händler
Voll integrierter E-Commerce-Ansatz zur Unterstützung des Wiederverkäufers im eigenen Geschäft und zur Gewährung virtueller Verkaufspräsenz über die unternehmenseigene Webseite

Abb. 2.2: Verstärkung der Verbindungen zum Händlernetz

Das neue B2b-Extranet ist für drei Funktionsebenen konzipiert (Abbildung 2.2):

● Verbindungen zum Händler: *Diese Ebene erfasst die Abwicklung der traditionellen Transaktionsprozesse von der Auftragserteilung* bis hin zur Bezahlung und zum Händlerservice. Die Händler können über das Web ordern und bezahlen und den Katalog des Herstellers online einsehen. Dagegen werden die Transaktionen mit dem Endverbraucher ausschließlich durch den Händler abgewickelt.

- **Verbindungen beim Händler:** *Diese Ebene wird so ausgebaut, dass der Hersteller die Verkaufs- und Serviceaktivität gegenüber dem Endverbraucher beim Händler vor Ort direkt über das Web unterstützen kann. Beispielsweise ist ein kleiner Händler auf diese Weise in der Lage, Produkte aus dem vollständigen Herstellerkatalog online auszuwählen und zu bestellen, auch wenn er nur minimale Vorräte am Lager hat. Darüber hinaus können auch die Verbraucher die Produkte betrachten und Kaufentscheidungen online treffen. Außerdem führt der Hersteller neue webbasierte Prozesse zur Schulung der Wiederverkäufer, zur Registrierung von Verbrauchergarantien und zur Lagerüberwachung innerhalb der Supply Chain ein.*
- **Verbindungen über den Händler:** *Diese Ebene geht noch einen Schritt weiter. Der Hersteller will über das Web direkten Zugriff auf die Kundenbasis des Händlers bekommen, um gemeinsam mit dem Händler Direktmarketing zu betreiben. Hier nimmt der Hersteller gewissermaßen eine Wirtsfunktion gegenüber dem Händler wahr: Er stellt dem Händler Website-Design sowie Liefer- und Content-Serviceleistungen zur Verfügung.*

Die finanz- und betriebswirtschaftliche Rechtfertigung der Initiative (Business Case) stützt sich in erster Linie auf Kosteneinsparungen: Man rechnet mit Einsparungen zwischen 5 und 15 %, je nachdem, welche Funktionsebene implementiert wird – das heißt, in welchem Umfang das Extranet über den Händler bis zum Kunden-Direktservice ausgebaut wird. Die Kosteneinsparungen ergeben sich aus der Reduzierung der Häufigkeit von Vertreterbesuchen, dem Abbau überalterter Lagerbestände sowie der Senkung der Transaktionskosten.
Die Ertragszuwächse infolge der höherwertigen Serviceleistungen sind schwieriger zu ermitteln, obgleich messbare Verbesserungen in Bezug auf die Händlerzufriedenheit und ein positiver Effekt auf die

> *Kaufbereitschaft festzustellen sind. Auch andere ertragsorientierte Messgrößen lassen mittlerweile Verbesserungen erkennen – so das Absatzvolumen, der durchschnittliche Kaufwert und die Einnahmen pro Geschäft. Das neue System verhilft dem Hersteller nicht nur zu weiteren Absatzmöglichkeiten, sondern reduziert auch die in der Lagerhaltung gebundenen Barmittel und das Umlaufvermögen in der Supply Chain – zugunsten der Verbraucher, der Händler und des Herstellers.*
>
> *Bisher haben die Kunden und Händler positiv auf die ersten Implementierungen in ausgewählten Ländern reagiert. Inzwischen ist man dazu übergegangen, auf dem Erfolg in Europa aufzubauen und eine globale Systemerweiterung vorzunehmen.*

Bei technologisch motivierten Initiativen wie in diesem Fallbeispiel können sich die Erstinvestitionen in weniger als zwei Jahren bezahlt machen. Von besonderem Vorteil im hier beschriebenen Fall waren die klare Vision bezüglich der Serviceverbesserung und die robuste Darstellung des Business Case in Form von Kostensenkungen. Die Implementierung eines E-Business-Projekts gerät meist zu einer Art Expedition – es gibt kaum Präzedenzfälle, aus denen Lehren zu ziehen wären. Es bedarf schon einer traditionellen Programmleitungsdisziplin, um nicht vom Business-Case-Kurs abzukommen.

Wenn in Konsumgüterbranchen neue E-basierte Vertriebskanäle eingeführt werden, kann das bestehende Händlernetz durch den potenziellen neuen „Konkurrenten" gefährdet sein. Gute Kommunikation ist Voraussetzung, wenn der Hersteller die Motivation der Händler während der Implementierungsphase aufrechterhalten will. Die Händler müssen aus den Systemvorteilen ebenfalls einen Nutzen ziehen können und von der Fähigkeit des Herstellers überzeugt sein, die neue Lösung mit Erfolg in die Praxis umzusetzen.

In manchen Bereichen, so in der Hightech-Branche, sind die Hersteller von den Netzwerken der Einzelhändler weniger abhängig und die Kunden zeigen größere Bereitschaft zu Online-Käufen. In solchen Branchen lässt sich die Wirtschaftlichkeit des Geschäftsmodells verkaufsseitig im Hinblick auf Kunden verbessern, die – wie im Fall von Dell – ihre Produktkäufe selbst zusammenstellen möchten. Wenn der Kunde die Möglichkeit hat, sein Wunschprodukt online zu konfigurieren, kann der Anbieter seine Lagerhaltung reduzieren und die Produktion direkt auf Kundenwunsch vornehmen. Dell ist darüber hinaus in der Lage, auf aggressive Preisstrategien seitens der Konkurrenz online zu reagieren: Da Dell über das Web eine 1:1-Beziehung zu seinen Kunden unterhält, lassen sich Kundenkaufmuster, Produktpräferenzen und Preisempfindlichkeiten überwachen, so dass manchmal schon binnen weniger Stunden Korrekturmaßnahmen ergriffen werden können.

Das vielleicht größte Potenzial für Ertragssteigerungen ist dann gegeben, wenn der webfähige Vertriebskanal den Zugang zu neuen Märkten ermöglicht, auf denen das Unternehmen noch nicht präsent ist. Beispielsweise könnte ein Unternehmen von einem gesättigten US-Markt auf einen weniger stark entwickelten europäischen oder asiatischen Markt vordringen. Ein Unternehmen kann einen Vertriebskanal ergänzen, ohne sein grundlegendes Geschäftsmodell zu verändern. Doch wenn das Unternehmen mit diesem neuen Kanal wirklich die Kundenloyalität erhöhen, den Kundendienst verbessern oder den Umsatz steigern will, muss im Hinblick auf die Organisation des Vertriebskanals eine radikale Prozessveränderung erfolgen. Ist der Vertriebskanal erst einmal erfolgreich in Betrieb, kommt es maßgeblich auf Skalierbarkeit an. Unternehmen, denen es ernst ist mit ihrem E-Business, haben dazu zwei Möglichkeiten: Entweder nutzen sie die Web-Technologie zur Stärkung ihres Vertriebsnetzes oder sie bemühen sich um Übertragung ihres derzeitigen Verkaufsmodells auf einen direkten webfähigen Kanal.

> *Fallbeispiel*
> *Übergang zu einem neuen Direktvertrieb-Modell*
>
> *Eine US-Einzelhandelskette mit umfassender nationaler Präsenz in den Einkaufszentren, jedoch ohne Internetbetrieb, sah sich durch die rasche Ausdehnung von B2C-Websites, auf denen ähnliche Produkte zu niedrigeren Preisen angeboten wurden, in ihrem Wachstum behindert. Dank Internet konnten die Neulinge ihr Business schnell und preiswert aufbauen, ohne sich um umfangreiche physische Lagerhaltung, kostenintensive Einzelhandelsstandorte oder erfahrenes Verkaufspersonal bemühen zu müssen. Allerdings mussten*

Entwicklung neuer Geschäftsmodelle für die Wertschöpfung

sie bis zu 50 Millionen Dollar ins Marketing investieren, um überhaupt zur Kenntnis genommen zu werden.

Zunächst reagierte die Einzelhandelskette, indem sie die Anzahl der speziellen Verkaufsförderungsmaßnahmen in ihren Läden erhöhte und günstigere Rabatte auf mehr Produkte als bisher anbot. Auf diese Weise war auch weiterhin ein hoher Lagerumschlag gesichert, aber der CFO erkannte, dass sich diese Maßnahme letztlich als „Eigentor" erweisen würde. Obgleich die Kette weitaus größere Mengen einkaufte als ihre Internetkonkurrenten, würde sie aufgrund ihrer höheren Gemeinkosten auf Dauer nicht unter deren Preisniveau bleiben können. Ohne massive Schließungen von Läden würde sich daran nichts ändern lassen.

Der CFO wurde beauftragt, das Geschäftsmodell der Organisation umzustellen mit dem Ziel, der neuen Konkurrenz entgegenzutreten und Marktanteile zurückzuerobern. Nach eingehender Untersuchung legte der CFO die Empfehlung vor, das Unternehmen solle schnell einen substanziellen Internetbetrieb aufbauen – bei einem über zwei Jahre verteilten Kostenaufwand von schätzungsweise 75 Millionen Dollar.

Trotz der hohen Gründungskosten argumentierte der CFO, die Investition würde einen Wertschöpfungsbeitrag leisten. Wenn erst einmal die ersten Mitarbeiter eingestellt sowie Hardware und Software vor Ort seien, würde das Internet die laufenden Geschäftskosten der Organisation an mehreren Fronten reduzieren: Die Kosten für den Online-Vertrieb würden weitaus geringer sein als die Transaktionskosten für den Ladenverkauf und weitere Einsparungen würden sich im Zusammenhang mit Beschaffungswesen, betriebsinternen Abläufen sowie Personalfunktionen über das Web ergeben.

**Das Unternehmen nahm keine Kannibalisierung seines etablierten Geschäfts vor.
Der Internet-Einzelhandel profitierte von der Marke und der großen Kundenbasis und bedeutete für das etablierte Geschäft eher Ergänzung als Konkurrenz.**

Der Einstieg in den E-Commerce verhalf dem Unternehmen rasch zur Erweiterung seiner Einzelhandelspräsenz: Seine Marke und sein Ansehen in Bezug auf Qualität und zuvorkommenden Kundenservice kamen ihm zugute. Das Unternehmen konnte bei seinem Online-Geschäft sofort und ohne größeren Kostenaufwand Produktsortimente neu hinzufügen oder aus dem Programm nehmen. Ein weiterer Vorteil war, dass über die Internet-Shopper sehr viel umfangreichere Kundendaten zu erfassen waren als über traditionelle Käufer; entsprechend konnte das Unternehmen ein gezieltes Marketing verfolgen und die Informationen für beide Geschäftsbereiche nutzen.

Der CFO verwies auch darauf, das Unternehmen begründe im Prinzip ein neues Franchisegeschäft. Die Zukunft des Internet sei zwar unbestimmt, aber positiv; generell heiße es, je eher man den Einstieg schaffe, desto besser. Auch würde das Unternehmen sein Image aufbessern, denn Einzelhändler ohne robuste Internetpräsenz würden von den Verbrauchern als altmodisch angesehen. Und trotz der Volatilität dieses Marktsegments hätten diejenigen, die innovative Arbeit über das Internet leisten, im Allgemeinen am Aktienmarkt profitiert und einen Mehrwert für ihre Aktionäre geschaffen.

Der CFO richtete das Internetgeschäft als eigenständigen Betrieb mit getrennter Finanzierung und Berichterstattung ein. Auf diese Weise konnte das Gründerunternehmen Rückhalt teilweise von Wagniskapitalgebern und teilweise von seinen Geschäftspartnern bekommen, zugleich aber verhindern, dass die Startup-Verluste, die mit der Website verbunden sein würden, die Bilanz des Gründerunternehmens beeinträchtigten. Außerdem konnte der Internetbetrieb aufgrund seines unabhängigen Status mit dem vom E-Commerce gebotenen Tempo vorgehen und wichtigen Mitarbeitern die Aktienoptionen bieten, die notwendig sind, um Spitzenkandidaten einen Anreiz zu liefern.

Nach einem Jahr führte das Unternehmen eine Untersuchung zu seinem Online-Betrieb durch. Dabei stellte sich heraus, um welche Kundschaft es sich bei den Internet-Shoppern mehrheitlich handelte:

Entwicklung neuer Geschäftsmodelle für die Wertschöpfung

- *Leute, die außerhalb von Großstadtgebieten leben*
- *Leute, die ungern einkaufen gehen oder nicht die Zeit dazu haben*
- *Leute mit ganz speziellen Bedürfnissen, die schwer aufzutreibende Produkte benötigen*
- *Leute, die vor ihrer Kaufentscheidung umfassende Vergleichsangebote prüfen wollen*

Kunden, die weiterhin in den Geschäften der Kette einkauften, waren meist:

- *Leute, die Bedenken bezüglich der Sicherheit und des Datenschutzes bei Online-Käufen haben*
- *Leute, die nicht über die erforderlichen Anschlüsse oder Kenntnisse verfügen, um Zugang zum Internet zu haben*
- *Leute, die in der Nähe von vorhandenen Geschäften wohnen*

Die Daten ließen erkennen, dass das Unternehmen durch die Gründung seines Internet-Einzelhandelgeschäfts keine Kannibalisierung seines etablierten Geschäfts vornahm; nach anfänglichen Modifikationen im Produktprogramm und speziellen Verkaufsförderungsmaßnahmen erwirtschaftete der E-Business-Betrieb vielmehr zufrieden stellende Erträge. Zugleich unterstützte die Kette ihre Absatzbemühungen in den Einkaufszentren, indem sie die dort ansässigen Geschäfte wieder verstärkt auf solche Bereiche ausrichtete, die – wie Einkaufsberatung und persönliche Bedienung – einen ganz besonderen Wertschöpfungsbeitrag leisten.
Im Gegensatz zu den ersten Internetfirmen, die das Web als einen Marktplatz für Warenhandel zu drastisch ermäßigten Preisen benutzten, verzichtete das Unternehmen auf ein solches Vorgehen. Vielmehr profitierte der Internet-Einzelhandel von der Marke und der großen Kundenbasis und bedeutete für das etablierte Geschäft eher Ergänzung als Konkurrenz. Der CFO nutzte die Erfahrungen mit der B2C-Internetfirma und untersuchte die Möglichkeiten der Kette beim Aufbau von B2B-Geschäften.

Wie dieser Fall zeigt, müssen etablierte Unternehmen, die aus ihren B2C-Investitionen einen maximalen Wertschöpfungsbeitrag ableiten wollen, ihr Geschäftsmodell so weit verändern, dass sie mit ihren Dotcom-Rivalen konkurrieren können – ohne jedoch die Attribute des Modells aufzugeben, auf denen sie ihren Markennamen aufgebaut haben. Der Kunde entscheidet, und wenn Sie seine Ansprüche nicht erkennen und zufrieden stellen, wird dies ein anderer tun. Glücklicherweise hinterlassen Verbraucher, wann immer sie Ihre Website besuchen, eine Informationsspur, die Ihnen Aufschluss über ihre Wünsche und Bedürfnisse gibt.

Nutzung von E-Märkten

E-Märkte sind Online-Marktplätze, die auf die Bedürfnisse ganz bestimmter Branchen und Teilnehmer ein und derselben Supply Chain ausgerichtet sind. E-Märkte führen Nachfrager und Anbieter auf globaler Basis zusammen und versetzen sie in die Lage, Produkte und Dienstleistungen mit größerer Effizienz zu organisieren, zu kaufen, zu verkaufen und zu handeln – was letztlich die Betriebskosten reduziert. Obgleich sich die meisten E-Märkte noch in der Entwicklungsphase befinden, lassen die evolutionären Veränderungen darauf schließen, dass der B2B-Marktplatz in den nächsten 10 Jahren aller Wahrscheinlichkeit nach exponentiell wachsen wird und weltweit einen Kapitalmarktwert in Höhe von 200 Billionen Dollar erreichen könnte.

Transora.com beispielsweise wurde im Juni 2000 gegründet. Zu diesem E-Markt gehörten von Anfang an mindestens 20 weltweit führende Hersteller von Nahrungsmitteln, Getränken und Konsumgütern, darunter Coca-Cola, Kraft Foods, Kellogg und Nabisco. Diese Unternehmen kamen zusammen, um Möglichkeiten zur Effizienzsteigerung in der Supply Chain der FMCG-Branche zu erkunden. In Anbetracht der Tatsache, dass B2B-Transaktionen zunehmend über das Internet abgewickelt werden, standen die Unternehmen vor der Wahl, entweder ihre eigenen Online-Marktstrukturen zu den Lieferanten auszubauen oder sich zusammenzuschließen und einen einzigen Marktplatz zu gründen.

Die Teilnehmer dieses offenen, auf Standards basierenden E-Marktplatzes machen inzwischen fast 40 % der in der Konsumgüterbranche

Entwicklung neuer Geschäftsmodelle für die Wertschöpfung

weltweit tätigen Akteure aus. Derzeit haben 50 Betriebe 240 Millionen Dollar investiert; der E-Markt bietet seinen Teilnehmern Beschaffungsmöglichkeiten, Hersteller- und Produktkataloge, Online-Auftragsverwaltung, Supply-Chain-Kooperation sowie Finanzdienstleistungen. Bei Transora.com rechnet man damit, dass die beteiligten Unternehmen aufgrund der Effizienz dieser und anderer Online-Angebote letztlich bis zu 10 % gegenüber den Offline-Beschaffungskosten einsparen.

Durch Konsolidierung solcher alltäglichen Geschäftsprozesse in einer standardisierten Online-Umgebung konnten die einst komplexen Transaktionen zwischen den beteiligten Lieferanten, Herstellern und Händlern erheblich vereinfacht werden. Dabei geht es nicht nur um Preise. Es geht um die Kooperation und Kommunikation zwischen den vielen Teilnehmern, die einen Beitrag leisten müssen, um ein Produkt genau zum richtigen Zeitpunkt in die Regale zu bringen. Die Verbraucher ihrerseits profitieren von solchen Effizienzen in Form von erniedrigten Preisen und einer erhöhten Produktauswahl in den Geschäften.

Ein ganz wesentlicher Vorteil des E-Marktes ist die erhöhte Geschwindigkeit und Liquidität bei der Transaktionsabwicklung der beteiligten Unternehmen. „Transora.com bietet einen einzigen Anlaufpunkt für ein umfassendes Angebot an Dienstleistungs- und Produktgeschäften über das Internet und ermöglicht damit eine leichte Kontaktaufnahme und entsprechende Kosteneffizienzen", meint einer der Teilnehmer.

Nicht alle E-Märkte reichen an die Größenordnung von Transora.com heran und es sind auch nicht alle Marktplätze global um eine vertikale Branche herum organisiert. Manche Unternehmen investieren zunächst nur in ihre unternehmensweite Käufer-Website. Andere wiederum richten möglicherweise horizontal organisierte Beschaffungsportale ein: Käufer aus verschiedenen Branchen schließen sich zusammen, um beispielsweise Bürovorräte oder andere nicht produktionsbezogene Materialien mit vergleichsweise geringer Wertschöpfung zu erwerben. Einige davon, zum Beispiel Versorgungsunternehmen, können einen begrenzten geografischen Bereich abdecken.

Solche Geschäftsmodelle mögen sich durch individuelle wirtschaftliche Merkmale auszeichnen, aber im Wesentlichen basieren sie alle auf der Reduzierung der Beschaffungskosten. Allerdings weisen die größeren, ausgefeilteren E-Märkte Möglichkeiten zur Erzielung zusätzlicher Einnahmen aus – etwa Registrierungsgebühren, Mieterträge sowie Transak-

Nutzung von E-Märkten

tions- und Auktionsgebühren. Diese Einnahmen stammen nicht nur von Käufern, sondern auch von Anbietern, die unter Umständen ebenfalls Gebühren für den Zugang zum Marktplatz, für Wirtsfunktionen sowie für Integrationsdienste zahlen müssen.

Allerdings stecken derartige E-Marktmodelle noch in den Kinderschuhen; es kann durchaus noch viele Jahre dauern, bis ihre wirtschaftliche Tragfähigkeit voll entfaltet ist. Der CFO sollte von Anfang an eine solide Rechtfertigung und Begründung für eine solche Investition erarbeiten. Wir wollen dazu ein Fallbeispiel betrachten: Es geht um ein Konsortium von Versorgungsbetrieben, die sich auf ein potenzielles branchenumfassendes Beschaffungsportal vorbereiten.

Fallbeispiel
Demonstration der wirtschaftlichen Tragfähigkeit
eines E-Markt-Unternehmens

Ein Konsortium von Versorgungsbetrieben verfolgte die Absicht, ein Beschaffungsportal aufzubauen, um hunderte von Lieferanten mit den eigenen Betrieben und letztlich auch mit mehreren Dutzend anderen Firmen zu verbinden. Der Investitionsaufwand war beträchtlich: Man musste die für den Portalbetrieb erforderliche Software kaufen und auf die Kunden ausrichten, die Bedürfnisse der Teilnehmer erkunden, ein Unternehmen gründen, Personal einstellen usw. Zudem galt es, die Geschäftspartner zu gebührenpflichtiger Teilnahme zu bewegen. Es mussten schon erhebliche Einnahmen in Form von einmaligen oder auch laufenden Gebührenzahlungen zur Abdeckung des ganzen Investitionsaufwands erzielt werden, bevor ein Gewinn erwirtschaftet werden konnte. Deshalb kam es entscheidend darauf an, dass sich viele Käufer und Anbieter beteiligten. Die Beurteilung der Frage, wie viele Käufer und Anbieter wohl teilnehmen würden und unter welchen Kostenbedingungen sie aller Voraussicht nach teilnahmebereit wären, bestimmte maßgeblich den Umfang und den Zeitpunkt von Investitionen in die Errichtung des Portals; auch die Projektion der künftigen Einnahmen hing davon ab. Welche Fragen galt es also zu beantworten, um die Tragfähigkeit des Modells unter Beweis zu stellen?

Entwicklung neuer Geschäftsmodelle für die Wertschöpfung

- Wer würde nicht nur das Portal nutzen, sondern sich an einem Gemeinschaftsunternehmen beteiligen wollen?
  Zwar besteht sehr großes Interesse am E-Business, aber im B2B-Geschäft ist Vorsicht geboten. Die Teilnehmer müssen sicherstellen, dass ihre Vertreter sorgfältig in den Analyseprozess eingebunden sind. Potenziell sind erhebliche Verbesserungen in Aussicht, aber auch das Risiko ist hoch. Wichtig ist, dass viele Käufer da sind – nur so kann das Konsortium Funktionsfähigkeit gewährleisten.
- Wie viele Käufer und Anbieter würden teilnehmen und wie schnell könnte man sie akquirieren?
  Das Volumen zählt. Es mag angehen, wenn mehreren Anbietern ein Käufer gegenübersteht, aber weitaus besser ist es, wenn auf viele Anbieter viele Käufer kommen. Anbieter fühlen sich möglicherweise zu konformem Vorgehen veranlasst, aber bei den Kunden könnte die Motivation anders aussehen. Zu Anfang müssen die Portal-Gründer den potenziellen Kunden das Konzept verkaufen. Ausschlaggebend ist der prozentuale Anteil an der Gesamtbeschaffung, der durch das Portal kanalisiert werden könnte. Vom Standpunkt der Anbieter aus ist es am sinnvollsten, hochwertige Einkäufe, beispielsweise die Beschaffung von Rohmaterialien und Kapitalgütern, zu segmentieren. Wichtig ist, dass eine kritische Masse von Kunden und Anbietern erreicht wird.
- Welche Gebühren sollen für die Benutzung des Portals erhoben werden?
  Wäre es akzeptabel, eine Beitrittsgebühr und eine jährliche Zugangsgebühr zu erheben oder sollten die Teilnehmer pro Transaktion zahlen müssen? Es gibt erst so wenige Portale, auf deren Erfahrung man zurückgreifen könnte, dass die Frage nach der richtigen Preisstruktur schwer zu beantworten ist. E-Business-Experten behaupten, die Transaktionskosten würden gegen null tendieren, was für die Erhebung einer Jahresgebühr sprechen würde. Aber damit würden sich die kurzfristigen Kosten, die während des Aufbaus der kritischen Teilnehmermasse anfallen, kaum decken lassen. Die den Käufern wie auch den Anbietern

jährlich entstehenden Kosten müssen insgesamt niedriger sein als die Vorzüge, die sich aus der Beteiligung ergeben. Die bereits vorhandenen Portale sowie Branchenvergleiche für Beschaffungstransaktionen bieten einen Ausgangspunkt für die Untersuchung alternativer Preisstrategien; Diskussionen mit potenziellen Teilnehmern dürften dann die beste Kombination aus Jahresgebühren und transaktionsbezogenen Gebühren bestätigen.

- Welches Transaktionsvolumen ist zu erwarten?
Wenn eine Transaktionsgebühr-Struktur tragfähig sein soll, kommt es entscheidend auf Volumendaten an. Die potenziellen Teilnehmer müssten verpflichtet werden, Daten zum Umfang sämtlicher über das Portal abgewickelten Transaktionen bereitzustellen – Kaufaufträge, Warenempfangsbescheinigungen, Verkaufsaufträge, Rechnungen, Versandverzeichnisse und Bezahlvorgänge. Nicht immer sind solche Informationen ohne weiteres verfügbar. Die entscheidende Frage ist, wie sensitiv sich Veränderungen bei diesen Transaktionsvolumina auswirken können – sowohl auf die Gewinne als auch auf die betriebliche Leistung. Das Transaktionsvolumen kann einen signifikanten Einfluss auf die Größenordnung der Transaktionsgebühren und deren Bezug zu einer jährlichen Zugangsgebühr haben. In diesem Fall müsste der Portal-Betreiber die Transaktionsgebühr vervierfachen, um dieselben Einnahmen wie bei einer Kombination von Transaktions- und Jahreszugangsgebühren zu erwirtschaften.

- Wie würde der Content des Portals aussehen?
Müssten die Anbieter eine Gebühr zahlen, wenn sie ihrerseits Angebotskataloge im Portal ergänzen beziehungsweise bereitstellen? Es gibt zwar nicht viele Präzedenzfälle, aber die heutigen Portale erheben eine Gebühr für diesen Service.

- Gibt es noch andere Einnahmeströme?
Ergeben sich beispielsweise Einnahmen aus Auktionsaktivitäten, dem Verkauf von Managementinformationen, Werbeaufträgen oder Devisengeschäften? Die Antwort lautet: Ja (Abbildung 2.3). Entscheidend ist allerdings der Zeitpunkt. Die am häufigsten genutzte zusätzliche Einnahmequelle – Käufer/Verkäufer-Auktio-

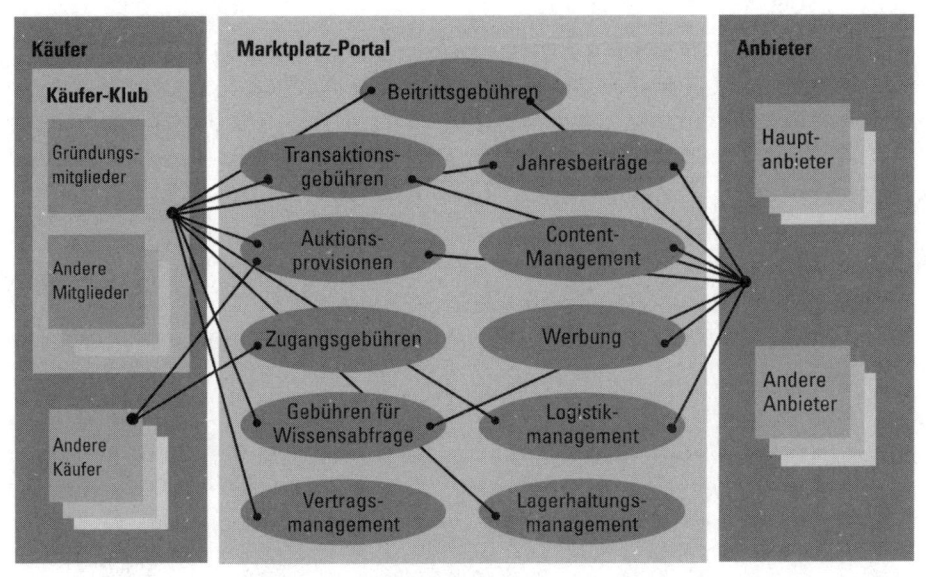

Entwicklung neuer Geschäftsmodelle für die Wertschöpfung

Abb. 2.3: Charakteristisches Einnahmepotenzial für ein Marktplatz-Portal

nen – kann im Allgemeinen rasch eingeleitet werden. Hingegen könnte die Veräußerung von Managementinformationen, beispielsweise Informationen zur Lagerhaltung und zur Vertriebsorganisation, nur dann als Service realisierbar sein, wenn über das Portal hinreichend viele Daten eingehen.

- Wie hoch ist der Hardware- und Software-Kostenaufwand für den Aufbau des Portals anzusetzen?

  Es gibt verschiedene Lieferanten für standardisierte Portal-Software. Jeder bietet eine andere Kombination aus Zugangsgebühren und laufenden Lizenzen sowie Wartungs- und Beratungsdiensten an. Je nachdem, ob es sich bei dem Portal um eine getrennte Einrichtung oder ein eigenes Unternehmen handelt, kann auch zusätzliche Hardware erforderlich sein. Der Prozess der Entscheidungsfindung im Hinblick auf Software und Hardware verläuft wie bei jeder anderen Systementwicklung auch: Anforderungen spezifizieren, Angebote von potenziellen Lieferanten einholen und eine Kosten/Nutzen-Rechnung aufstellen. Die Kosten liegen normalerweise bei 15 bis 20 Millionen Dollar.

- Könnten Softwareänderungen oder Systemänderungen erforderlich sein?
Es könnte sich die Notwendigkeit ergeben, das eine oder andere System – beispielsweise das Fakturierungssystem – in die Portal-Umgebung als solche zu integrieren. Möglicherweise müssen Käufer und Anbieter auch ihre Systeme aufbessern, um sich den Zugang zu sichern. Derartige Anforderungen sollten von den Lieferanten der Portal-Software berücksichtigt werden und in die Kosten/Nutzen-Analyse eingehen.
- Welche anderen Gründungskosten sind zu erwarten?
Eine neue Idee erfordert Marketing. Ein neues Unternehmen erfordert juristische Beratung und finanzielle Betreuung. Neue Systeme und Verfahren erfordern Eingewöhnung und Übung. Und wenn ein Unternehmen im eigenen Haus nur über wenig Erfahrung und Sachkompetenz verfügt, kann auch eine externe Beratung erforderlich sein. Normalerweise entfällt die Hälfte der Gesamtinvestition für ein neues Portal auf solche sekundären Gründungskosten.
- Welche Organisation ist für den Portal-Betrieb erforderlich?
Ob das Portal im Rahmen eines bestehenden Unternehmens oder aber als Joint Venture betrieben wird – eine Infrastruktur ist in jedem Fall erforderlich. Normalerweise erfordert ein größeres Gemeinschaftsunternehmen eine voll funktionsfähige Geschäftsführung. Mit steigender Teilnehmerzahl erhöht sich auch der Bedarf an Mitarbeitern im Kundendienst. Dotcom-Experten können teuer sein. Um einen Anreiz für geeignete Kandidaten zu bieten, sind sehr hohe Gehälter für den CEO, den Betriebsdirektor und andere wichtige Funktionsträger nichts Ungewöhnliches. Die Gehälter für Spitzenführungskräfte im technischen wie im finanzwirtschaftlichen Bereich richten sich nach den Marktnormen. Insgesamt können die Personalkosten 10% des Betriebsbudgets ausmachen. Dabei kann die Wahl des Standorts einen Einfluss auf diese Kosten haben – maßgeblich ist die Nähe zu den richtigen Leuten und unter Umständen spielen auch steuerliche Erwägungen eine Rolle. Eine andere Option wäre die Auslagerung von Prozessen wie Fakturierung und Callcenter-Service.

Entwicklung neuer Geschäftsmodelle für die Wertschöpfung

● Wie wird der Portal-Betrieb aufgebaut und bewertet?
Die wichtigste Überlegung ist die Frage, ob eine Börseneinführung beabsichtigt ist. Potenziell hohe Renditen könnten die ersten Teilnehmer ermutigen, Anteile an einem eigenständigen Unternehmen zu erwerben und die Gründungsinvestition einfach abzuschreiben. Oder es könnte sich als notwendig erweisen, Fremdkapital aufzunehmen und das Portal wie jede andere Betriebsinvestition zu handhaben. Wichtig ist, dass eine Bewertung der Cashflow-Implikationen auf der Basis eines angemessenen gewichteten Mittels der Eigenkapitalkosten und der Fremdkapitalkosten (Weighted Average Cost of Capital, WACC) erfolgt. Die Bewertung sollte diskontierte Zahlungsströme über die Planungsperiode hinaus berücksichtigen; auf diese Weise entsteht das zuverlässigste Bild vom Unternehmenswert. Alles andere hängt von der Dotcom-Marktstimmung ab!

Erprobte und bewährte Techniken zur Cashflow-Diskontierung und Sensitivitätsanalyse haben eine Kapitalrückflussdauer für das Portal-Projekt von mehr als vier Jahren und eine Rendite von 26 % ergeben – nicht gerade das Gelbe vom Ei. In der Analyse wurde das Portal-Unternehmen mit einem konservativen Zehntel des Ertragsmultiplikators bewertet, der die Dotcom-Preise in schwindelnde Höhe getrieben hatte.
Doch die Konsortiumsmitglieder erkannten, dass es beim B2B-E-Business darauf ankommt, eine bereits vorhandene Aktivität aufzugreifen und zu verbessern – im vorliegenden Fall das Beschaffungswesen. Zu den Argumenten für die Einrichtung des Portals zählten die Kostenersparnisse bei den teilnehmenden Unternehmen sowohl auf Käufer- als auch auf Anbieterseite sowie die Cash-Generierung. Von Vorteil waren beispielsweise die Straffung des Beschaffungsprozesses und die effektivere Abstimmung von Angebot und Nachfrage. Die Einsparungen und selbst die höchst bescheidene Erzielung von Cash-Vorteilen bedeuteten, dass das Portal einen lohnenden Wertschöpfungsbeitrag leistete. Und eine Analyse zum künftigen Wachstumspotenzial auf der Basis realer Optionen ließ auf eine Shareholder-Value-Steigerung im Vorfeld eines Börsengangs schließen.

Supply-Chain-Optimierung durch E-Kooperation

Kooperatives Planen über das Internet bietet ein Umfeld für die Integration von Angebots- und Nachfrageprozessen mit dem Ziel, die Lagerhaltung abzubauen, die Supply-Chain-Zykluszeiten zu verkürzen und die Supply-Chain-Kosten zu reduzieren. Zugleich fördert eine solche Umgebung die partnerschaftliche Zusammenarbeit zwischen Einzelhändlern und Herstellern sowie zwischen Herstellern und Lieferanten durch eine gemeinschaftlich organisierte Prozessabwicklung und Informationsnutzung.

In den Vereinigten Staaten hat eine Vereinigung von Einzelhändlern und Herstellern ein Geschäftsmodell für kooperative Planung, Prognoseerstellung und Bevorratung (Collaborative Planning, Forecasting and Replenishment, CPFR) aufgestellt. Die Initiative hat zum Ziel, die Partnerschaft zwischen den Einzelhändlern und ihren Lieferanten zu verbessern. Derzeit sind mehr als 30 Unternehmen beteiligt, darunter Einzelhändler wie Wal-Mart und Kmart und Hersteller wie Procter & Gamble und Sara Lee, aber auch IT-Partner wie Hewlett-Packard und SAP. Das Konzept ist mittlerweile nach Europa gebracht worden und befindet sich in vier Ländern in der Pilotphase. Abbildung 2.4 verdeutlicht die kooperativen Prozesse für Einzelhändler und Lieferanten. Zu den Vorzügen zählen:

- *Synchronisierung*: Entwicklung realisierbarer, optimierter Pläne und Abläufe sowie Neuplanung bei veränderten Bedingungen
- *Reduzierung der Lagerbestände*: Bereitstellung aufschlussreicher Informationen in Bezug auf Prognosen, Bestellungen und Pläne mit dem Ziel, die Verbrauchernachfrage im Voraus abzuschätzen und eine Zusammenarbeit mit Kanalpartnern zu ermöglichen
- *Anpassungs- und Reaktionsfähigkeit*: Verkürzung der Zeitspanne für Bedarfsermittlung, Kauf-/Verkaufsverpflichtung, Produktion und Fulfillment zwecks Verbesserung der Bevorratungszyklen und Erhöhung der Umsätze

Die bisherigen Erfahrungen mit einer solchen CPFR-E-Business-Initiative haben folgende Ergebnisse gebracht: Reduzierung der Lagerbestände um 18 bis 40 %, Erhöhung der Lagerumschlagsraten um 20 bis 70 %, Reduzierung der Produktionszykluszeiten um bis zu 70 % sowie

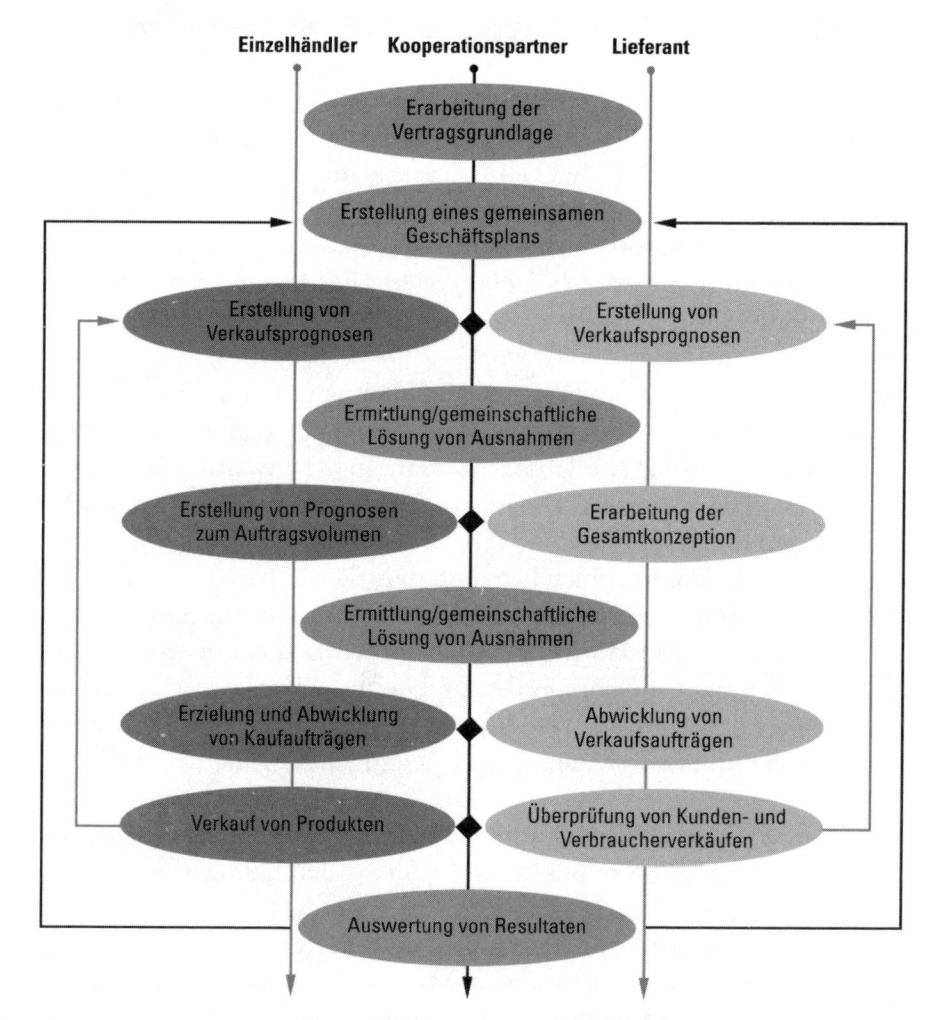

Entwicklung neuer Geschäftsmodelle für die Wertschöpfung

Abb. 2.4: Kooperative Planungs-, Prognose- und Bevorratungsprozesse

Senkung der Warenrückgabequote um 5 bis 20 %. Ein effektives Werkzeug zur Nachfrageplanung ist eine sehr wichtige Kooperationsbasis. Man sollte die Bedeutung der technologischen Infrastruktur nicht unterschätzen – Internetkonnektivität wirkt sich auf die Systemleistung aus.

Doch eine erfolgreiche Implementierung setzt mehr voraus als nur technologische Einrichtungen. So sollten die Partner standardisierte

Supply-Chain-Prozesse entwickeln; Pilot-Implementierungen sind dazu angetan, Leistungsfähigkeit und Wert neuer Prozesse zu demonstrieren. Es empfiehlt sich, die neue CPFR-Strategie den Hauptlieferanten „wellenförmig" anzubieten, wobei der Schwerpunkt zunächst auf besonders wichtigen Lieferanten mit hohen Lieferumfängen und/oder schnellen Lieferzeiten liegt. Der Entwicklungs- und Implementierungsprozess für die CPFR-Initiative selbst sollte auf kooperativer Basis erfolgen. Die von den Lieferanten eingebrachten Erkenntnisse tragen zur Wertschöpfung bei. Eine Kooperationsvereinbarung vor Realisierung der Initiative konzentriert die Aufmerksamkeit aller Beteiligten auf die Erzielung von Resultaten.

Supply-Chain-Kooperation ist ein gutes Beispiel nicht nur für die Nutzung *externer* Verbindungsmöglichkeiten über das Internet, sondern auch für den Wert, der durch eine Kombination der Geschäftsmodelle unterschiedlicher Unternehmen zu erzielen ist. Auch eine *interne* Vernetzung über Intranets und darüber hinaus mit der externen Welt kann einen Wertschöpfungsbeitrag leisten, indem sie die Mitarbeiter untereinander verbindet und das interne Geschäftsmodell verbessert.

Der Business Case für B2E-Projekte

Was bedeutet B2E-Konnektivität? Das B2E-Konzept betrifft die Beziehungen zwischen Unternehmen und Mitarbeitern (Business-to-Employee) und sieht eine neuartige Nutzung des Internet zur Förderung von Mitarbeiterkontakten vor: direkt, persönlich und unter Umständen sehr kosteneffektiv. Ein B2E-Informationsportal (Kapitel 7) ist die *unternehmensweite Homepage* für Mitarbeiter. Sie ist die Einstiegsadresse für das Aufsuchen von beziehungsweise die Verbindung zu anderen Sites im Intranet des Unternehmens. Das B2E-Portal ist ein personalisierter, ständig wechselnder Mix aus Nachrichten, Ressourcen, Applikationen und E-Commerce-Optionen; es gerät zum Desktop-Ziel sämtlicher Mitarbeiter in einer Organisation und erweist sich zunehmend als vorrangiges Instrument, über das die Leute ihre Arbeitsaufgaben abwickeln.

Vom Standpunkt des CFO aus gesehen bietet das B2E-Portal ein ungeheuer großes Potenzial für funktions- und bereichsübergreifende Aktivitäten: Die Mitarbeiter können ihre Daten und Transaktionen selbst organisieren und verwalten und vor allem Informationen und Wissen mühelos gemeinschaftlich nutzen. Zugleich erfahren der Kommunikationsfluss und die Sammlung geschäftsrelevanter Sachverhalte (Business Intelligence) eine hilfreiche Verstärkung. Die Portal-Inhalte (Content) lassen sich vier Anwendungskategorien zuordnen:

- *Mitarbeiterkontakte*: Verbreitung unternehmensbezogener Finanzinformationen, Kenntnisse über Aktivitäten der Konkurrenz und Unternehmensmitteilungen sowie Möglichkeiten im Zusammenhang mit Online-Lernen, Selfservice-Anwendungen für die Mitarbeiter und gehaltsbezogenen Informationen
- *Operative Systeme*: funktionsübergreifendes Management-Reporting, Personaleinsatzplanung, Performance-Messung und andere betriebliche Applikationen (Kunden, Finanzen, Supply Chain)
- *Kooperation in Arbeitsgruppen*: Diskussionsforen und Newsgroups bis hin zu Dokumentenmanagement, Web-Conferencing und Echtzeit-Informationsübermittlung
- *Externe Anschlussmöglichkeiten*: Vernetzung von Kunden-Extranets, Partner-Portalen und externen Wissensquellen mit dem Intranet

Für das Unternehmen bedeuten die finanziellen Vorzüge eines B2E-Portals in erster Linie Reduzierungen im Hinblick auf Büroarbeiten, betriebliche Zykluszeiten und Kostenaufwand. Für den Mitarbeiter ist das Unternehmensportal ein Werkzeug, das ihm die Arbeit erleichtert: Es bietet ihm einen personalisierten Informationszugang – überall und jederzeit. Für die Investition in ein solches B2E-Portal sprechen sowohl qualitative als auch quantitative Argumente. Ein *qualitativer* Wertschöpfungsbeitrag ergibt sich aus erhöhter Produktivität, verbesserten Managementinformationen, leistungsfähigeren Anschlussmöglichkeiten und größerer Zufriedenheit auf Seiten der Mitarbeiter; die *quantitativen* Vorzüge betreffen vor allem die Reduzierung der Transaktionskosten und die Beseitigung überflüssiger Infrastruktureinrichtungen einschließlich der damit verbundenen Wartungskosten.

Doch B2E bedeutet noch mehr. B2E kann dazu beitragen, das gesamte Geschäftsmodell neu zu gestalten. Automobilhersteller nutzen B2E-Verbindungen, um Produktentwicklungszyklen abzukürzen; Ölunternehmen nehmen eine Umstrukturierung ihrer internen Betriebsmodelle vor mit dem Ziel, ihre Produktivität zu verbessern; Pharmakonzerne nutzen B2E-Möglichkeiten zur Integration der nach Megafusionen aufeinander treffenden Unternehmenskulturen; Telekommunikationsunternehmen und Einrichtungen in der Unterhaltungsindustrie sind bemüht, mithilfe von B2E-Einrichtungen eine von ihren Mitarbeitern gemeinschaftlich getragene Mentalität zu erreichen und auf diese Weise talentierten Leuten einen langfristigen Anreiz zur Mitarbeit zu bieten.

Wir wollen die Entwicklung eines B2E-Portals an einem Fallbeispiel verfolgen. Es zeigt uns, wie ein führendes Hightech-Unternehmen bei der globalen Implementierung vorgegangen ist.

Fallbeispiel
Implementierung eines globalen Mitarbeiter-Portals

Ein führendes Hightech-Unternehmen verfolgt die Vision von einem „smarteren Internet" – einem „intelligenteren Internet", das den Organisationen zur Erfindung neuer Business-Möglichkeiten verhilft. Das Unternehmen ist überzeugt, dass jeder Geschäftswert oder Geschäftsprozess als Serviceleistung über das Netz angeboten werden kann.

Der CEO gab als Zielsetzung vor, die Infrastrukturkosten müssten um 1,5 Milliarden Dollar reduziert werden, um den Einstieg des Unternehmens in den E-Servicebereich finanzieren zu können. Für das Personalwesen, das ohnehin schon einige Veränderungen erfahren hatte, bedeutete dies eine radikale Umstellung. Das Unternehmen beschloss, die Möglichkeiten einer Verlagerung der Personalsachbearbeitung ins Web zu untersuchen, was letztlich zu einer Machbarkeitsstudie für ein Mitarbeiter-Portal führte. Da schon ein großer Teil der grundlegenden Personalsachbearbeitung über webfähige Prozesse abgewickelt wurde, bestand der nächste Schritt darin, sämtliche mitarbeiterbezogenen Personalinformationen über ein Portal zu kanalisieren.

Die Zielvorgabe bestand in einer Senkung der Personalkosten um 30 % – eine beträchtliche Reduzierung; darüber hinaus sollten neue Prozesse und Abläufe dafür sorgen, dass sich die Personalsachbear-

Entwicklung neuer Geschäftsmodelle für die Wertschöpfung

beiter auf Dienstleistungen konzentrieren konnten, die dem Unternehmen einen Mehrwert einbrachten. Obgleich als Begründung und Rechtfertigung der Investitionen in dieses Projekt zunächst die Reduzierung der Infrastrukturkosten im Personalwesen, im Finanzbereich und in der Informationstechnologie im Vordergrund stand, galt das Portal später als Tool zur Organisation der Internetnutzung generell. So hat das Portal-Projekt zu einer Reihe von Initiativen geführt mit dem Ziel, die Server-Zahl zu verringern, das Content-Management zu verbessern und das Netzwerk effizienter zu nutzen. Diese Verbesserungen führten insgesamt zu Kosteneinsparungen in Höhe von 200 Millionen Dollar. Von großem Vorteil war, dass nunmehr die Mitarbeiter selbst für die Verwaltung ihrer Daten und die daraus abzuleitenden Informationen verantwortlich waren. Als sich das ursprünglich nur für den Personalbereich vorgesehene Projekt zu einer Initiative ausweitete, sämtliche Infrastrukturarbeiten auf das Web zu verlagern, entstand ein echtes unternehmensweites B2E-Portal. Erfasst sind nunmehr Finanzprozesse (beispielsweise Gehalts- und Spesenabrechnung) sowie einfache E-Procurement-Anwendungen (etwa Reisebedarfsartikel) und Workplace-Anwendungen (wie Büroraumplanung). Das Portal wird auch für eine Reihe neuer Prozesse gebraucht – beispielsweise für die Einführung neuer Mitarbeiter, und zwar weltweit an allen Standorten in einheitlicher Form.

Obgleich als Begründung und Rechtfertigung der Investitionen in dieses Projekt zunächst die Reduzierung der Infrastrukturkosten im Personalwesen, im Finanzbereich und in der Informationstechnologie im Vordergrund stand, galt das Portal später als Tool zur Organisation der Internetnutzung generell.

Das B2E-Portal wurde erstmalig im Herbst 2000 für den Betrieb freigegeben. Zu diesem Portal haben weltweit alle Mitarbeiter Zugang; mittlerweile ist es zur Rahmenkonfiguration für die Umwandlung von Unternehmensprozessen schlechthin geworden, selbst in Funktionen wie Verkauf und Marketing. Zum Content zählen Softwareapplikationen wie myFrontpage, myData und myJob.

Der Business Case für B2E-Projekte

Die nächste Freigabe betrifft die Softwareprojekte myGroup und myWorkspace, mit denen sichergestellt wird, dass die Mitarbeiter über das Internet zusammenarbeiten können – über das Portal als einzigen Anlaufpunkt. Plangemäß soll das Portal sowohl privaten als auch dienstlichen Anforderungen gerecht werden und beispielsweise die Verwaltung persönlicher Finanzangelegenheiten ermöglichen.

Die Projektabwicklung ist nicht immer einfach gewesen. Die Implementierung eines B2E-Portals ist ein komplexes Unterfangen, das hohe Einsatzbereitschaft verlangt. Die Integration von Unternehmensprozessen über das Web stellt herkömmliche Funktionsgrenzen in Frage: Es gilt, verschiedene Sprachen, Messgrößen, Systeme und Werkzeuge aufeinander abzustimmen. Das Unternehmen hat sich von einem primär US-basierten Betrieb (mit dominantem Herstellungsmodell) zu einem rundum globalen Konzern (mit einem verstärkt auf Verkauf, Dienstleistungen und Beratung basierten Geschäftsmodell) entwickelt. Im Folgenden wird zusammengefasst, was aus diesem Fallbeispiel für die Implementierung von Portalen zu lernen ist:

- *Bei der Zusammenstellung der Implementierungsteams sollten erfahrene Funktionsträger und technische Experten hinzugezogen werden.*
- *Bei Personaleinsparungen sollten die Offline-Dienste reduziert und dafür Selfservice-Anwendungen vorgesehen werden.*
- *Die Zielsetzungen sollten nicht zu frühzeitig zu ehrgeizig sein; besser ist es, das Projekt in überschaubare Phasen zu unterteilen.*

Im Prinzip ist das B2E-Unternehmensportal dazu angetan, nicht nur den Kunden ein realitätsnahes Beispiel für die Anwendung von E-Technologien bei der Umstellung eines vorhandenen Geschäftsmodells zu veranschaulichen, sondern auch als Vehikel für die unternehmensweite Durchsetzung von Veränderungen zu dienen.

Die bisherigen Erfahrungen mit der Implementierung neuer B2E-Modelle haben gezeigt, wie wichtig es ist, mit genauen und zuverlässigen betrieblichen Prozessen und Informationen zu beginnen. Der Implemen-

Entwicklung neuer Geschäftsmodelle für die Wertschöpfung

tierung eines B2E-Programms sollte eine Säuberungsinitiative im Hinblick auf den vorhandenen beziehungsweise neuen Web-Content vorausgehen.

Business-Portfolio-Management

Die meisten etablierten Unternehmen haben ihre E-Business-Investitionen nach opportunistischen Gesichtspunkten vorgenommen. Demgegenüber verfolgen größere Unternehmen heutzutage eher E-Business-Strategien mit einer klaren Vision, einem robusten Prozess zur Bewertung von Investmentprojekten und Aufstellung einer entsprechenden Prioritätenliste sowie eindeutigen Richtlinien für die praktische Durchführung. Viele CFOs sehen sich in der schwierigen Lage, als interne Wagniskapitalgeber fungieren zu müssen. In dieser Funktion können sie zum Torhüter der Geschäftsführung werden: Man erwartet von ihnen Empfehlungen bezüglich des Umfangs und der Risikoverteilung im E-Business-Portfolio.

Fallbeispiel
Endesa baut eine Netzfabrik auf

Endesa, das führende spanische Energieversorgungsunternehmen, hat eine Diversifizierung in den Telekommunikationsbereich und neue Technologien vorgenommen. Dazu sagt CFO José Luis Palomo: „Unsere Vision geht über einen Versorgungsbetrieb hinaus. Wir bauen ein neues Business-Portfolio in höchst attraktiven Segmenten auf: Handys, Kabel, digitales Fernsehen und vor allem Internetdienste und Industrieportale." Der Marktwert von Endesa ist kontinuierlich auf 25 Milliarden Dollar gestiegen; 65 % davon entfallen auf das Kerngeschäft (die Stromversorgung in Spanien), 20 % auf Stromanteile international (vor allem in Südamerika) und 14 % auf den Telekommunikationsbereich. „Wir sind in der glücklichen Lage, über einen positiven Cashflow in Höhe von 4 Milliarden jährlich zu verfügen", lautet Palomos Kommentar.
„Unser Ziel insgesamt ist die Verdoppelung des Substanzwerts unseres Unternehmens in weniger als fünf Jahren. Dabei kommt es maß-

geblich darauf an, dass wir unser Wachstum beibehalten, die Profitabilität verbessern, die Kapitalkosten optimieren und unsere immateriellen Vermögenswerte kapitalisieren. Wir betreiben ein strategisches Business-Portfolio – wir konzentrieren uns auf unsere Kernkompetenzen und Wettbewerbsstärken und unterziehen jede Geschäftseinheit einer proaktiven Überprüfung hinsichtlich ihrer strategischen Eignung und Wertschöpfung. In meiner Rolle als CFO berate ich die Geschäftsführung regelmäßig in Fragen bezüglich Kauf, Verkauf und gemeinschaftlicher Nutzung beziehungsweise Beibehaltung von Geschäftseinheiten."

Und welche immateriellen Vermögenswerte will Endesa liquidieren? Das Unternehmen hat eine starke Kundenbasis (über 27 Millionen Kunden), eine starke Lieferantenbasis (jährliche Kauftransaktionen in Höhe von über 3 Milliarden Dollar) und nachweisliche Fähigkeiten in Bezug auf die Entwicklung von Unternehmen in neuen Märkten – zusätzlich zu seinen zentralen Managementkompetenzen im Energie- und Telekommunikationsbereich. Dazu Palomo: „Wir wollen diese immaterielle Basis über neue Geschäftsinitiativen wie Handel, E-Business und wertschöpfende Serviceleistungen gewinnbringend nutzen." Das Unternehmen verfolgt drei große E-Business-Investitionsprojekte, die aller Wahrscheinlichkeit nach das vorhandene Geschäftsmodell erweitern und verändern werden – bei Endesa spricht man vom Aufbau einer „Netzfabrik".

- **B2B-Geschäft:** *Endesa richtet eine elektronische Handelsplattform ein, indem es die eigene Kaufkraft mit der von externen Partnern auf einem internetbasierten Marktplatz mit branchenüblichen Lieferanten verbindet.*
- **B2C-Geschäft:** *Endesa verbessert und erweitert seine Serviceleistungen gegenüber seiner umfangreichen Kundenbasis (sowohl intern als auch extern) durch Nutzung des Internet als wichtigsten Vertriebskanal.*
- Technologiebezogene Internetinvestitionen: *Endesa will innerhalb der nächsten fünf Jahre Investitionen in Höhe von 400 Millionen Dollar in folgenden Bereichen vornehmen: Mobilfunk/Internet-*

Entwicklung neuer Geschäftsmodelle für die Wertschöpfung

> *WAP-Serviceleistungen, ferngesteuerte elektronische Messungen und damit zusammenhängende Dienste sowie Starkstrom-, Daten- und Sprachübertragung über das Stromversorgungsnetz.*
>
> *Endesas Netzfabrik soll den Wissens- und Kompetenztransfer zwischen seinem Kerngeschäft und den neuen Initiativen übernehmen. Allerdings soll die B2B-Handelsplattform, der so genannte Endesa-Marktplatz, als eigenständige Investition aufgebaut werden. Palomo sagt dazu: „Wir haben den Endesa-Marktplatz so vorgesehen, dass er dem enormen Wachstum des B2B-E-Business in den nächsten Jahren gerecht wird. Auf unserem vertikalen Markt wollen wir das erste Versorgungsunternehmen sein, das seinen Lieferanten und Partnern eine ausgefeilte E-Business-Lösung anbietet. Wir sind derzeit mit 1000 Hauptlieferanten über das Netz verbunden und wickeln Geschäfte in Spanien und Lateinamerika in Höhe von 2 Milliarden Dollar jährlich ab. Erwartungsgemäß müsste uns der Endesa-Marktplatz zu 60 bis 120 Millionen Dollar Einsparungen allein in unserer Beschaffungskette verhelfen. Die Vernetzung mit unseren Partnern in unserer eigenen Branche, aber auch in anderen Industrien, dürfte uns 200 Millionen Dollar Einnahmen über den Marktplatz als eigenständiges Business-Modell ermöglichen. Und wir erzielen nicht nur Einsparungen bei der Beschaffung und nehmen Transaktions- und Lizenzgebühren ein, sondern verfügen auch über das Potenzial, weitere Einnahmen aus Logistik, Finanzdienstleistungen, Werbung und Content-Management zu erwirtschaften. Und natürlich sind potenziell auch hohe Kapitalgewinne zu erwarten. Wir hoffen, dass wir mit diesem neuen Business an die Börse gehen und damit einen weiteren Shareholder-Value-Beitrag leisten können."*

Als CFO haben Sie vermutlich schon eine Reihe von E-Business-Initiativen bewertet und möglicherweise auch implementiert: B2C, B2B oder auch B2E. Sie sollten nun alle Maßnahmen aufsummieren und Ihr Gesamtportfolio im Detail prüfen: Wie viele *Ideen* hat Ihr Unternehmen in der Innovationspipeline? Wie viele E-Business-*Experimente* laufen derzeit im Unternehmen? Wie viele neue Risikoprojekte stehen zur Diskussion? Und vor allem: Wie viele neue *Business-Aktivitäten* werden derzeit

Business-Portfolio-Management

aufgebaut? Sie haben vermutlich tausende Ideen, hunderte Experimente, zig Risikoprojekte, betreiben aber vielleicht nur eine oder zwei größere neue Business-Aktivitäten.[1]

Marktführende Unternehmen rationalisieren ihre E-Business-Portfolios, fügen ihren Kerngeschäften zahlreiche viel versprechende Initiativen hinzu und gliedern ein paar davon als potentes eigenständiges Business aus. Abbildung 2.5 zeigt, wie man Initiativen aus verschiedenen Unternehmensperspektiven darstellen und lokalisieren kann – aus der Verkaufsperspektive, aus der Einkaufsperspektive und aus der innerbetrieblichen Perspektive. Ein solcher Strukturrahmen erleichtert die Abgrenzung von Initiativen, die lediglich eine inkrementelle Verbesserung des derzeitigen Geschäfts erlauben, von solchen Initiativen, die das Geschäft potenziell verändern oder als eigenständiges wertschöpfendes Business ausgegliedert werden können.

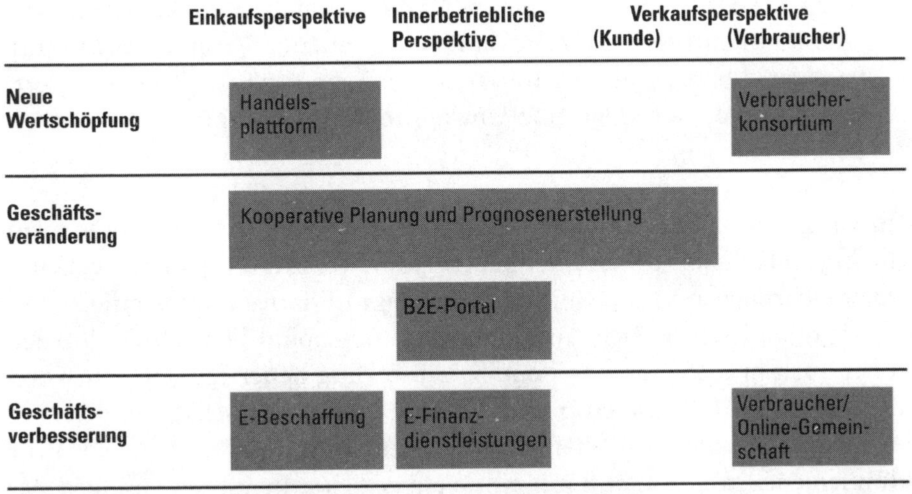

	Einkaufsperspektive	Innerbetriebliche Perspektive	Verkaufsperspektive (Kunde)	(Verbraucher)
Neue Wertschöpfung	Handelsplattform			Verbraucherkonsortium
Geschäftsveränderung		Kooperative Planung und Prognosenerstellung		
		B2E-Portal		
Geschäftsverbesserung	E-Beschaffung	E-Finanzdienstleistungen		Verbraucher/ Online-Gemeinschaft

Abb. 2.5: Strukturrahmen für die Bewertung von E-Business-Initiativen

- *Neue Wertschöpfung:* Solche Business-Aktivitäten verlangen häufig eine eigenständige Organisation. Die Schlüsselfunktionen etablierter Großunternehmen unterscheiden sich von den Prozessen, die für neue E-Business-Projekte erforderlich sind und die Grenzen des traditionellen Geschäftsmodells einschließlich der herkömmlichen Märkte des Unternehmens sprengen. Unter solchen Bedingungen ist ein Bewertungsprozess angesagt, der *Vision mit Realität* verbindet. Die Implementierung bedarf der Unterstützung durch einen Inkubator mit gemeinschaftlich genutzten Serviceleistungen. Häufig müssen auch externe Spezialisten hinzugezogen werden.

- *Geschäftsveränderung:* Diese Geschäftsaktivitäten werden als Sonderinitiativen mit eigenen hoch gesteckten Zielvorgaben behandelt. Die strategischen Imperative werden von der Unternehmenszentrale vorgegeben (Top-down-Zielsetzung), aber jede Geschäftseinheit führt ein eigenes Implementierungsprogramm durch. Bei der Bewertung werden die innerhalb der Organisation vorhandenen Kapazitäten und Kompetenzen berücksichtigt.
- *Geschäftsverbesserung:* Solche Geschäftsaktivitäten gehen häufig von einem der Funktionsbereiche des Unternehmens aus und werden als Erweiterung bestehender Prozesse gehandhabt. In ihrem Umfang und ihren Auswirkungen auf das Geschäft können diese Initiativen durchaus signifikant sein, aber die damit verbundenen Veränderungen sind weniger drastisch als bei Initiativen, die einer gänzlich neuen Wertschöpfung dienen oder eine Umstellung des Geschäftsmodells erforderlich machen.

In einigen weltweit führenden Unternehmen sehen sich die CFOs recht häufig mit ganz unterschiedlichen Joint-Venture-Projekten, E-Commerce-Portalen und unzähligen E-Business-Initiativen konfrontiert. Außerdem sind sie vielfach für einen Venture-Capital-Fonds zur globalen oder auch branchenübergreifenden Umsetzung neuer Ideen verantwortlich. Die größte Barriere für eine Veränderung des Geschäftsmodells auf E-Business-Basis ist die unzureichende Zuteilung von Ressourcen für die Implementierung. Da hilft nur eines: ein gezieltes Investitionsbudget, das in Anbetracht der erwarteten Wertschöpfung die richtige Größenordnung aufweist. Als CFO müssen Sie eindeutige Kriterien für die Finanzierung Ihres Vorhabens auf Arbeitsgruppen-, Geschäftsbereichs- und Initiativebene entwickeln – einschließlich der Möglichkeiten für eine spätere Erfolgsmessung.

E-CFO-CHECKLISTE

Bewertung des derzeitigen Geschäftsmodells
Ermitteln Sie, an welcher Stelle der Wertschöpfungskette Sie den höchsten Wertbeitrag für Ihre Aktionäre leisten. Nehmen Sie ein externes Benchmarking gegenüber Ihren besten Konkurrenten vor. Beurteilen Sie die neuen Möglichkeiten, die das Internet bietet.

Fokussierung der E-Business-Investitionen auf Bereiche mit eindeutigem Wettbewerbsvorteil
Erarbeiten Sie einen überzeugenden Business Case für Ihr geplantes Online-Vorhaben. Vermeiden Sie die Fehler vieler Internet-Neugründungen. Halten Sie die Kosten- und Cash-Situation fest unter Kontrolle; gehen Sie mit einer bewährten Technologie auf den Markt; planen Sie, wie Sie Ihr Kundenservice-Niveau halten können. Nehmen Sie regelmäßig eine Überprüfung der betriebs- und finanzwirtschaftlichen Ausgangssituation für Ihr Online-Projekt vor.

Ertragssicherung und Ertragssteigerung auf der Basis einer 1:1-Kundenstrategie
Verschaffen Sie sich Einblick in das, was der Kunde wertschätzt, um alle Kontaktpunkte personalisieren zu können. Bestimmen Sie pro Kunde die zukünftigen Erträge und Aufwendungen für die Gesamtdauer der Kundenbeziehung; investieren Sie in die gewinnbringendsten Kunden. Reagieren Sie zügig mit einer wettbewerbsorientierten Preisbildung. Während des Aufbaus neuer Online-Vertriebskanäle sollten Sie darauf achten, dass Sie an einer klaren Strategie für Ihre alten Vertriebskanäle festhalten.

Erkundung von Möglichkeiten zu einem E-Markt-Zusammenschluss mit der Konkurrenz
Sorgen Sie für rechtzeitige Kosteneinsparungen im E-Beschaffungswesen. Weitere Vorteile verschaffen Sie sich, wenn Sie Ihre Kaufkraft mit anderen Käufern kombinieren. Nach Möglichkeit sollten Sie einen frühen Einstieg in einen E-Markt realisieren; sorgen Sie

Entwicklung neuer Geschäftsmodelle für die Wertschöpfung

dafür, dass hinreichend Gründungskapital zur Verfügung steht. Erarbeiten Sie ein Geschäftsmodell, das auch auf lange Sicht Potenzial für Ertragszuwächse und Wertschöpfung für die Aktionäre bietet.

Entkapitalisierung Ihrer Supply Chain
Bilden Sie eine kooperative Partnerschaft mit Lieferanten, die im Hinblick auf ihre Investitionen in Sachanlagevermögen und Lagerbestände Ihr besonderes Vertrauen genießen. Investieren Sie nur in die Bereiche der Supply Chain, in denen Ihr Expertenwissen und Ihre Sachkompetenz für den Dienst am Kunden besonders wichtig sind.

Erarbeitung einer B2E-Value-Proposition
Nutzen Sie die Vorteile von Mitarbeiter-Portalen – nicht nur, um Kosteneinsparungen und Effizienzverbesserungen zu erzielen, sondern auch zur zusätzlichen Wertschöpfung durch gemeinschaftliche Nutzung unternehmensübergreifender Wissensbestände.

Betrachtung von E-Business-Initiativen unter Portfolioaspekten
Prüfen Sie sorgfältig, welche Geschäftseinheiten und Funktionen ihre Möglichkeiten zur Wertschöpfung, Geschäftsveränderung und Prozessverbesserung nicht wahrnehmen. Bestimmen Sie die Priorität Ihrer Initiativen nach Maßgabe der vorhandenen Unternehmenskapazitäten und der für die praktische Umsetzung erforderlichen Personalressourcen.

Kapitel 3

Shareholder-Value-Optimierung: Von EVA bis E-Messtechnik

Wertorientierung und strategische Geschäftsentscheidungen

Renato Fassbind, CFO
ABB

Bei ABB betreuen wir einen großen Kundenstamm in den sechs Produktsparten *Stromgewinnung, Stromverteilung, Automatisierung, Öl, Gas* und *Petrochemie, Gebäudetechnik* sowie *Finanzdienstleistungen*. Derzeit beschäftigen wir rund 160 000 Leute in über 100 Ländern.

In unseren Kernmärkten gibt es heute kein anderes Unternehmen, das mit vergleichbaren Ressourcen aufwarten könnte wie wir, aber mit unserer Leistung sind wir dennoch nicht zufrieden. Globalisierung und technologischer Wandel verhelfen uns zu Wettbewerbsvorteilen, können zugleich aber eine Gefährdung unserer Zukunft bedeuten. Deshalb kommt es auf beides an – auf Größe *und* auf Agilität. Wir fühlen uns unternehmerischen Werten wie Geschwindigkeit, Flexibilität und Engagement an vorderster Front verpflichtet und sind bestrebt, frühzeitig zu agieren und Wandel vorwegzunehmen, anstatt uns auf das Reagieren zu beschränken. Dies ist die Grundlage für unser langfristiges Wachstum und unsere Profitabilität.

Unsere zukunftsorientierte Unternehmensstrategie steht fest: Wir wollen unsere Expansion in wissens- und dienstleistungsbasierte Bereiche fortsetzen und dabei unsere Abhängigkeit von stark produktionsorientierten Sparten verringern. Diese strategische Schwerpunktverlagerung wird unseren Kapitalbedarf reduzieren und zur Maximierung unserer Investitionsrentabilität beitragen.

Warum haben wir uns der wertorientierten Unternehmensführung (Valuebased Management, VBM) verschrieben? Die Antwort führt mitten hinein in die Herausforderungen, denen sich unser Finanzbereich stellen muss.

Zum einen sieht sich unsere Finanzabteilung mit der Aufgabe konfrontiert, die Sparten mit zukunftsweisenden Prognosen und Wertplanungen zu unterstützen. Durch Bereitstellung wertorientierter Informationen können wir unseren Sparten zu einer besseren betrieblichen und strategischen Entscheidungsfindung verhelfen.

Zum anderen ist für ABB die Pflege der Beziehung zu seinen Investoren sehr wichtig. In Anbetracht unserer gezielten Ausrichtung auf wertorientierte Unternehmensführung und unserer strategischen Antwort auf die aktuelle Wettbewerbslage gehe ich davon aus, dass der Markt ABB die geplante Wertsteigerung ermöglicht. Zu hoffen ist, dass wir auch bei den Aktionären als dynamisches, globales Unternehmen gelten – als ein Unternehmen, das mit dem Ziel kontinuierlicher Wertschöpfung entschlossen in neue Wachstumsbereiche vordringt.

Der Internalisierung wertorientierter Prinzipien stehen einige Hindernisse entgegen. So gibt es immer noch Mitarbeiter, die zurückblicken und ihre Entscheidungen auf der Basis historischer Daten treffen. Und in einigen Bereichen sind es nach wie vor die Buchwerte, die als Standard für die Leistungsbeurteilung von Führungskräften herangezogen werden. Wir müssen uns von dieser vergangenheitsorientierten Denkweise lösen und zukunftsorientiertes Marktwertdenken fördern. Wir wollen unseren Mitarbeitern verständlich machen, dass sie am Markt und nicht an internen historischen Budgetdaten gemessen werden. VBM – die wertorientierte Unternehmensführung – bietet den konzeptuellen Rahmen für diesen kulturellen Wandel.

Wir müssen erkennen, dass letztlich alle unsere Systeme in der einen oder anderen Weise mit dem Web verknüpft sind – unsere finanztechnischen Kernsysteme eingeschlossen. Was wir brauchen, ist eine angemessene Messtechnik, um den E-Business-Wertbeitrag richtig einschätzen zu können.

Darüber hinaus verhilft uns das VBM-Konzept zu größerer Transparenz bei der Beurteilung unseres Business-Portfolios. Vor einem solchen Hintergrund vermag unsere Geschäftsführung schwierige Entscheidungen zu treffen, bei denen es gelegentlich sogar um das Abstoßen solcher Geschäftsbereiche gehen kann, von denen kein Wertschöpfungsbeitrag für ABB zu erwarten ist. Wir befinden uns derzeit im ersten Jahr eines auf vier Jahre angelegten Programms, aber schon heute bin ich zuversichtlich, dass uns das VBM-Konzept unternehmensweit zu einer besseren strategischen Entscheidungsfindung verhilft.

E-Commerce bedeutet für ABB eine äußerst große Herausforderung, der sich unsere gesamte Branche zu stellen hat. Mit Sicherheit werden wir viele unserer Geschäftsprozesse umstellen müssen; so sind wir zurzeit dabei, unseren Service so einzurichten, dass unsere Kunden unsere Produkte über das Internet kaufen können. Wir müssen erkennen, dass letztlich alle unsere Systeme in der einen oder anderen Weise mit dem Web verknüpft sind, auch unsere finanztechnischen Kernsysteme. Was wir brauchen, ist eine angemessene Messtechnik, um den E-Business-Wertbeitrag richtig einschätzen zu können – nicht anders als beim Management des übrigen Business-Portfolios, bei dem es genauso auf das richtige System zur Performance-Messung ankommt.

Wer in der E-Welt erfolgreich konkurrieren will, braucht völlig neue Konzepte und neue Business-Modelle. Und die Entwicklung solcher Innovationen kann nur in einem konstruktiven Umfeld erfolgen. Deshalb ist es unsere Aufgabe, eine förderliche Umgebung zu schaffen und unsere Mitarbeiter zu motivieren, den von uns prognostizierten zukünftigen Wertschöpfungsbeitrag zu erzielen. Meine ganz persönliche Zielsetzung sehe ich darin, möglichst viele Mitarbeiter für unsere Botschaft in Sachen Wertschöpfung zu gewinnen – in Anbetracht der dezentralen Organisation unserer globalen Unternehmung eine wichtige Herausforderung.

ABB ist von der Zeitschrift *Industry Week* in die Liste der 100 am besten gemanagten Unternehmen aufgenommen worden, ein Novum in dieser Branche. Zudem ist ABB ein traditionelles, etabliertes Unternehmen, das bemüht ist, von kapitalintensiven Industriebereichen wegzukommen und verstärkt in dienstleistungsorientierte, wissensbasierte Märkte vorzudringen. Das bei ABB verfolgte VBM-Programm (Valuebased Management, VBM) dient einer wertorientierten Unternehmensführung, die darauf ausgerichtet ist, in den diversen Geschäftsbereichen Wertschöpfungsprinzipien einzuführen. Zugleich hat ABB, wie viele andere Unternehmen auch, erkannt, dass es einer neuen „Wertschöpfungsmesstechnik" bedarf, um in einer durch E-Technologien geprägten Wirtschaft erfolgreich konkurrieren zu können.

Unternehmen, die eine Investition in E-Business-Initiativen planen, machen insbesondere die Erfahrung, dass Standardtechniken auf Cash-Basis kaum eine angemessene Bewertung zulassen – aus dem einfachen Grund, dass sich die strategischen Zielvorgaben für die neuen E-Business-Aktivitäten nicht ohne weiteres in Form von Cashflow-Daten sinnvoll quantifizieren lassen. Verschärft wird diese Problematik durch das scheinbar irrationale Verhalten des Aktienmarktes gegenüber Internetwerten.

Shareholder-Value-Optimierung: Von EVA bis E-Messtechnik

In unserem Buch *CFO: Architect of the Corporation's Future* haben wir uns auf die Anwendung grundlegender Shareholder-Value-Prinzipien konzentriert und die Bedeutung des Barwerts hervorgehoben. *Cash is King* – das war unsere Botschaft. Den Investoren dient Cash zur Bewertung sowohl des gegenwärtigen Geschäftserfolgs eines Unternehmens als auch seines zukünftigen Wachstumspotenzials. Mittlerweile hat sich die Mehrzahl der weltweit führenden Unternehmen für das Marktwert-Konzept (Economic Value Added, EVA) oder eine andere Form der am Cashflow orientierten Bewertung als Grundlage für ihre Shareholder-Value-Analyse entschieden. Mit der verstärkten Anwendung cashorientierter Bewertungstechniken werden den CFOs allerdings auch die Grenzen solcher Ansätze umso deutlicher bewusst.

In der herkömmlichen, von materiellen Vermögenswerten geprägten Wirtschaft war es durchaus sinnvoll, den Shareholder Value nach Maßgabe bekannter Cashflow-Kennzahlen zu beurteilen. Doch in der heutigen New Economy ist ein entscheidender Wandel eingetreten: Immaterielle Vermögenswerte haben größere Bedeutung gewonnen als materielle Vermögenswerte.

Das Ergebnis? Nicht die derzeitige Kapazität zur Cash-Erzeugung zählt als wichtigster Faktor bei der Marktkapitalisierung, sondern das aus den Wachstumsoptionen eines Unternehmens abzuleitende Potenzial zur künftigen Cash-Realisierung. Darauf kommt es auf dem Marktplatz von heute an. Aus Sicht der Investoren ist Cash allein nicht mehr König; vielmehr entfällt ein zunehmender Anteil der Marktkapitalisierung eines erfolgreichen Unternehmens auf seine Wachstumsoptionen. Die Analysten sind nachdrücklich um Möglichkeiten zur Beurteilung dieser Optionen bemüht. Eine davon ist der ROV-Ansatz (Real Options Valuation, ROV) – eine viel versprechende, wenngleich komplexe und zeitraubende Methode der Bewertung realer Optionen. Wie wir noch sehen werden, entsteht zurzeit so etwas wie ein neues Wertorientierungslexikon.

In der E-Business-Welt tritt Kapital in Form von immateriellen, nicht ohne weiteres quantifizierbaren Vermögenswerten in Erscheinung: Es geht um intellektuelle Inhalte, Kunden-Empowerment, Zuverlässigkeit und Solidität, Know-how, Markenreichweite sowie Innovation. Wie lassen sich solche Vermögenswerte bemessen? Wie sind Wettbewerbsvorteil und Marktanteil abzuschätzen, wenn neue Technologien mit Internetgeschwindigkeit auftauchen?

Was auch immer sich noch gewandelt haben mag – eines ist sicher: Die weltweit führenden Unternehmungen können ihre Position nur dann halten, wenn sie eine nachhaltige Rentabilität erwirtschaften. Die Gewinner unter den Unternehmen setzen alles daran, Wertschöpfung im weitesten Sinne des Wortes zu betreiben. So gesehen verfolgen wir im vorliegenden Kapitel eine dreifache Zielsetzung: Erstens wollen wir erläutern, inwieweit die bisher angewendeten Bewertungstechniken inhärente Grenzen aufweisen; zweitens werden wir die Auswirkungen von E-Business-Aktivitäten auf den Shareholder Value untersuchen; und drittens stellen wir mit unserer *siebenteiligen Wertschöpfungsdynamik* eine neuartige Messtechnik vor, die eine Bewertung von E-Business-Initiativen ermöglicht. Je mehr traditionelle Unternehmen sich an E-Business-Geschäfte heranwagen, desto unübersichtlicher wird die Lage. Unser Ziel ist, den nebulösen Schleier zu lüften und unseren Lesern den Weg zu einer sinnvollen, realistischen Performance-Messung zu weisen.

Die sieben Werttreiber aus neuer Sicht

In *CFO: Architect of the Corporation's Future* haben wir für den Übergang vom Ertragswert zum Cash-Wert als Erfolgsgröße – vom buchhalterisch erfassten Ertragsansatz zum EVA-Konzept und anderen cashorientierten Bewertungsmethoden – plädiert. Die Entwicklung dieser Methoden wird mit ihren jeweiligen Erscheinungsmerkmalen in Abbildung 3.1 verdeutlicht. So hat das EVA-Konzept gegenüber dem Ertragsansatz den Vorteil, dass der Kostenaufwand für den Kapitaleinsatz Berücksichtigung findet. Doch im Vergleich zum freien Cashflow weist dieser Ansatz einen entscheidenden Nachteil auf: Er geht immer noch von historischen Vermögenswerten aus und bemisst lediglich den Finanzstatus zu einem ganz bestimmten Zeitpunkt. Der am freien Cashflow orientierte Ansatz korreliert am engsten mit der aktuellen Aktienkurs-Performance und bietet eine Messgröße für mehrere Jahre im Voraus, da er auf künftigen Cashflow-Projektionen basiert.

Warum ist der freie Cashflow so wichtig? Ganz einfach deshalb, weil er sich so nachhaltig auf den Bewertungsprozess auswirkt. Der Unternehmenswert wird nach Maßgabe des zukünftigen freien Cashflow bemessen, dessen Erwirtschaftung die Investoren vom Unternehmen inner-

Shareholder-Value-Optimierung: Von EVA bis E-Messtechnik

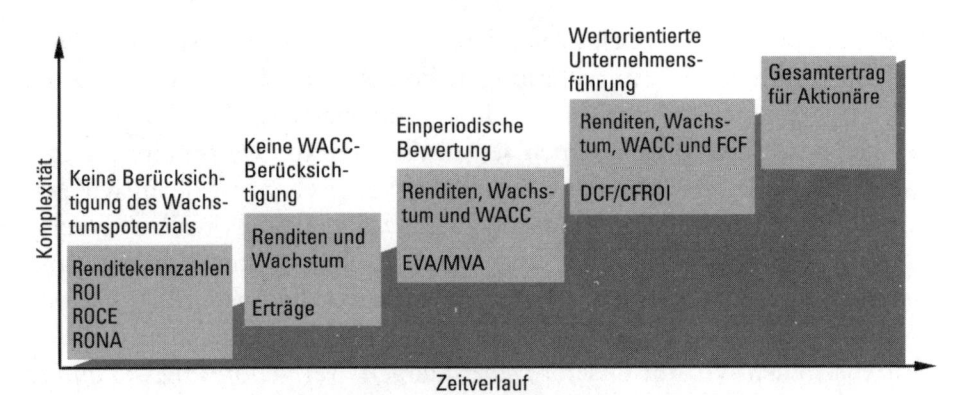

```
Komplexität ↑
                                                              Wertorientierte
                                                              Unternehmens-
                                                              führung              Gesamtertrag
                                                                                    für Aktionäre
                                          Einperiodische     Renditen, Wachs-
                     Keine WACC-          Bewertung          tum, WACC und FCF
                     Berücksich-
   Keine Berücksich- tigung               Renditen, Wachs-   DCF/CFROI
   tigung des Wachs-                      tum und WACC
   tumspotenzials    Renditen und
                     Wachstum             EVA/MVA
   Renditekennzahlen
   ROI               Erträge
   ROCE
   RONA
                                                                          Zeitverlauf →
```

ROI: Gesamtkapitalrentabilität (Return on Investment)
ROCE: Rendite auf das eingesetzte Kapital (Return on Capital Employed)
RONA: Nettorendite auf das Anlagevermögen (Return on Net Assets)
WAAC: Gewichtetes Mittel der Eigenkapital- und Fremdkapitalkosten
(Weighted Average Cost of Capital)
EVA/MVA: Wirtschaftlicher Mehrwert (Economic Value Added, Market Value Added)
FCF: Freier Cashflow (Free Cashflow)
DCF: Abgezinste Zahlungsströme (Discounted Cashflow)
CFROI: Cashflow-Rendite auf das eingesetzte Kapital (Cashflow Return on Investment)

Abb. 3.1: Entwicklung von Bewertungstechniken

halb eines bestimmten Zeitraums abzüglich der aufgewendeten Kapitalkosten erwarten. Mit anderen Worten: Unternehmen leisten nur dann einen Shareholder-Value-Beitrag, wenn die von ihnen erwirtschafteten Renditen den Kostenaufwand für den Kapitaleinsatz übersteigen.

Sieben Werttreiber tragen zur Wertschöpfung für die Anteilseigner bei (Abbildung 3.2). Umsatzwachstum und die Gewinnspannen bestimmen, wie viel Barmittel ein Geschäft erwirtschaftet. Der effektive (bezahlte) Steuersatz bestimmt, wie viel Barmittel abfließen – neben größeren Investitionen in Anlage- und Umlaufvermögen. Der sechste Werttreiber ist das gewichtete Kapitalkosten-Mittel (Weighted Average Cost of Capital, WACC); bei dieser Messgröße handelt es sich um eine Renditekennzahl, mit der die Investoren nach Maßgabe ihrer Risikoeinschätzung bezüglich des Geschäfts und seiner Kapitalstruktur (Verhältnis von Fremdkapital zu Eigenkapital) rechnen. Der siebte und letzte Werttreiber ist die durch Wettbewerbsvorteile geprägte Periode (Competitive Advantage Period, CAP) – die im Folgenden als Wertschöpfungsperiode bezeichnete Zeitspanne, für die der Markt eine Wertschöpfung von Ihren Geschäftsakti-

Die sieben Werttreiber aus neuer Sicht

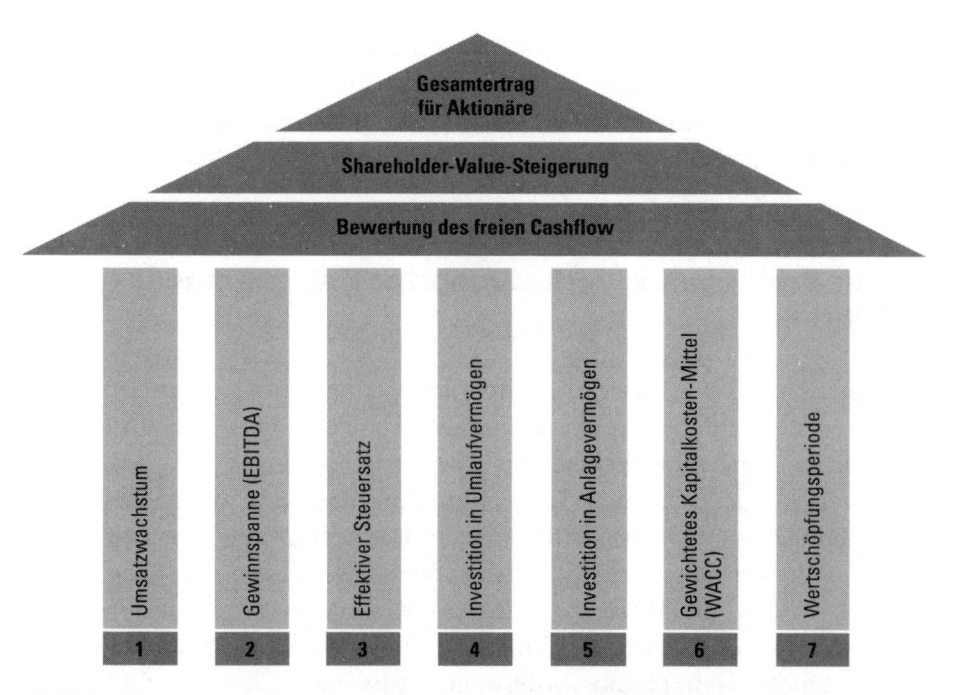

```
                    Gesamtertrag
                    für Aktionäre
              Shareholder-Value-Steigerung
             Bewertung des freien Cashflow
```

1	2	3	4	5	6	7
Umsatzwachstum	Gewinnspanne (EBITDA)	Effektiver Steuersatz	Investition in Umlaufvermögen	Investition in Anlagevermögen	Gewichtetes Kapitalkosten-Mittel (WACC)	Wertschöpfungsperiode

EBITDA: Gewinn vor Zinsen, Steuern sowie Abschreibungen auf Sachanlagen und immaterielle Vermögenswerte
(Earnings before Interest, Taxes, Depreciation and Amortization)

Abb. 3.2: Die sieben Werttreiber

vitäten erwartet: Sie erwirtschaften Renditen, die höher sind als der Kostenaufwand für Ihren Kapitaleinsatz.

Diese sieben Werttreiber sind die Faktoren, die den Wertzuwachs für die Anteilseigner fördern. Sie bestimmen maßgeblich den Erfolg Ihres Geschäfts, doch in Anbetracht unserer derzeitigen veränderlichen Wirtschaftslage geben sie nur teilweise Aufschluss über die Wertorientierung eines Unternehmens. Diesen sieben Werttreibern liegt nämlich eine siebenteilige Wertschöpfungsdynamik zugrunde, die in der E-Business-Welt enorme Bedeutung erlangt hat: Kundenfokussierung, Markenwert, Managementkapazität, Geschäftsmodell, Content-Gestaltung, Terminierung und Agilität. Diese siebenteilige Wertschöpfungsdynamik verlangt nicht nur nach einer neuen Sprache, sondern auch nach einer neuen Messtechnik, damit die Investoren in der Lage sind, die verschiedenen Wachstumsoptionen als primäre Wertschöpfungsquellen für die E-Busi-

Shareholder-Value-Optimierung: Von EVA bis E-Messtechnik

ness-Wirtschaft von heute zu beschreiben und zu beurteilen. Wie wir an späterer Stelle noch sehen werden, ermöglicht Ihnen die Performance-Messung nach Maßgabe dieser siebenteiligen Wertschöpfungsdynamik die Planung und Umsetzung einer wertorientierten E-Business-Strategie.

Zur Problematik wertorientierter Unternehmensführung

Warum ist es so schwierig, Shareholder-Value-Prinzipien in unserem heutigen Wirtschaftsumfeld umzusetzen? Die Frage lässt sich schnell beantworten: Cashflow-Kennzahlen bemessen nur einen Ausschnitt der Faktoren, die letztlich den Wert eines Unternehmens ausmachen. Auf dem heutigen Marktplatz gelten auch andere schwer zu quantifizierende Größen als wertsteigernde Erfolgsfaktoren – so der mutmaßliche Wettbewerbsvorteil, die Innovationskapazität, Pioniervorteile und Erfolge bei der Personalbeschaffung. Eingedenk dieser Situation wollen wir uns im Folgenden den Herausforderungen zuwenden, die der CFO von heute zu bewältigen hat.

> *Fallbeispiel*
> *Wertorientierte Unternehmensführung und E-Business bei TPG*
> *Die TNT Post Group, kurz TPG, ist aus der ursprünglichen Dutch Postal Company und dem Kurierdienstleister TNT zusammengesetzt. Das Gruppenunternehmen umfasst drei Geschäftsbereiche – den Postbereich, den Expressbereich und den Logistikbereich. Die TPG wurde kürzlich von der* Financial Times *zur Nummer drei in ihrer Branche gekürt, doch ihre Aktienkurse sind von der überbordenden Welle der Begeisterung für Internetaktien mitgerissen worden.*
> *Die TPG praktiziert ihre wertorientierte Unternehmensführung aus mehreren Gründen. Durch gezielte Ausrichtung auf maßgebliche Performance-Indikatoren will TPG die Einschätzung der Investoren bezüglich externer Werttreiber in die unternehmensinterne Strategie*

> *einbinden. Darüber hinaus will die TPG mit ihrer wertorientierten Unternehmensführung die wechselseitigen Beziehungen zwischen den für die Gewinnspanne ausschlaggebenden Werttreibern, dem Umlaufvermögen und dem Anlagevermögen verstärken, um die angestrebte Aktienkurs-Performance auf diese Weise zu unterstützen.*
>
> *Die TPG hat sich zum Ziel gesetzt, in ihren drei Geschäftsbereichen zum weltweit anerkannten Marktführer zu avancieren und branchenüberdurchschnittliche Wachstums- und Profitabilitätsergebnisse durch gezielte Akquisitionen und Entwicklung wertschöpfender Serviceleistungen für die Kunden zu erwirtschaften. Die Kriterien für die Erfolgsbewertung finden bei TPG auf allen Ebenen Anwendung – auf Unternehmensebene genauso wie in den Sparten, Geschäftseinheiten und Abteilungen. Auf jeder Ebene sind diese Messgrößen auf den jeweils zu erzielenden wirtschaftlichen Mehrwert, die entsprechenden Zielvorgaben und die maßgeblichen Performance-Indikatoren ausgerichtet.*
>
> *Die TPG entwickelt derzeit eine Strategie für E-Commerce-Auslieferung und Logistik, die den zukünftigen Shareholder-Value-Zuwachs noch steigern soll. Schon jetzt hat E-Business die Kundenbeziehungen grundlegend umgestaltet: Die Kunden fordern den Versand über das Internet an; sie wollen die Auslieferung ihrer Warensendungen über das Internet verfolgen können. Ein zuverlässig hohes Serviceniveau erfordert neue Software-Tools und Protokolle; auch die Supply-Chain-Transparenz ist erhöht. Darüber hinaus verändert das E-Business die TPG-Prozesse im Personalwesen und im Finanzbereich einschließlich ihrer Systeme und Bewertungsmechanismen für die Investmentbeurteilung.*

Die Entwicklungen bei der TPG hinsichtlich der Neugestaltung ihres Wertorientierungsansatzes in der New Economy lassen deutlich die Problematik erkennen, die auch auf andere Unternehmen zukommen wird:

- *Kapital als knappes Gut.* Trotz kürzlich erfolgter Marktumschwünge steht Kapital auch weiterhin für kommerziell tragfähige Projekte zur Verfügung. Deshalb ist Kapitalmangel häufig gar nicht der wichtigste Faktor, der weiteres Wachstum behindert; ein Mangel an neuen Ideen,

Know-how und Talent und/oder Managementkapazität ist weitaus häufiger der Grund dafür, dass keine weitere Expansion erfolgt. Manche Unternehmen machen sogar die Feststellung, dass sie mit zunehmendem Wachstum immer weniger Kapital benötigen: Die Kunden finanzieren ihr Umlaufvermögen und die Lieferanten finanzieren ihre Produktionskapazität. Die Botschaft? Auf dem Marktplatz von heute liegen Sie einfach falsch, wenn Sie Ihre Geschäftsentscheidungen auf der Basis einer Free-Cashflow-Berechnungsformel treffen, bei der die Kapitalkosten als Divisor eingesetzt werden. Ein solches Vorgehen kann Ihre Bewertungsanalyse erheblich verzerren.

- *DCF auf einem unbeständigen Markt.* Freier Cashflow und Shareholder Value basieren auf einer Kalkulation des diskontierten Cashflow (DCF). Dabei werden für verschiedene Szenarien Mittelwerte errechnet und anschließend in die Werttreiberprognosen einbezogen. Ein solcher Ansatz ist ausgesprochen problematisch – insbesondere in einer instabilen Wirtschaft. In einem so ungewissen Umfeld wie im E-Business-Geschäft lässt sich die Cashflow-Entwicklung nicht weit in die Zukunft hinein voraussagen. Aus diesem Grund ist der DCF-Ansatz als Basis für eine Investmentbeurteilung nur beschränkt geeignet. Vielmehr treffen Sie in der realen Geschäftswelt fortwährend Entscheidungen über die gesamte Lebensdauer eines Projekts hinweg: Sie nehmen in verschiedenen Entwicklungsstadien unterschiedliche Optionen wahr – je nachdem, welche neuen Informationen und Umstände vorliegen.

- *Unnötige Verkomplizierung des Wertorientierungsansatzes.* Wir stellen immer wieder fest, dass man im Topmanagement die Shareholder-Value-Messgrößen unnötig komplex gestaltet. So erfordert eine vollständige EVA-Berechnung bis zu 180 buchhalterische Anpassungen in Bereichen wie Abschreibung, Werbung und F&E. Derart umfangreiche Feinkorrekturen führen häufig zu unnötiger Komplexität. Ständige Anpassungen mögen für die Geschäftsführung von Vorteil sein, aber alle anderen Mitarbeiter werden in ihrer Arbeit behindert. Wenn Shareholder-Value-Programme auf der Ebene der Geschäftseinheiten umgesetzt werden, gilt das Prinzip: je weniger, desto besser. Je einfacher die Messtechnik ist, desto leichter lassen sich die Messkriterien in konkrete Zielvorgaben für die Performance-Verbesserung umsetzen.

Zur Problematik wertorientierter Unternehmensführung

- *Unterschätzung der praktischen Umsetzung.* Die unternehmenspolitischen Entscheidungen zur Shareholder-Value-Problematik fallen gewöhnlich in der Unternehmenszentrale – was oft genug eine „Elfenbeinturm-Politik" zur Folge hat. Die Bedeutung des Shareholder Value wird den Finanzchefs in den verschiedenen Geschäftseinheiten nachdrücklich vorgetragen, aber die Frage, wie sich die auf Unternehmensebene getroffenen Finanzvorgaben in sinnvolle Ziele für die Geschäftseinheiten umsetzen lassen, findet kaum Beachtung. Und um die Festlegung vernünftiger Messkriterien auf betrieblicher Ebene kümmert man sich schon gar nicht. Bei einer derart unzureichenden Umsetzungspraxis bleibt auch das beste Shareholder-Value-Programm schnell auf der Strecke.
- *Shareholder-Value-Aktivismus als Handlungsersatz.* Unternehmen, die mit ihrer derzeitigen Kostenbasis oder mit massiven Umwälzungen in ihrer Branche zu kämpfen haben, sollten sich davor hüten, größere Shareholder-Value-Kampagnen zu starten. Eine Shareholder-Value-Initiative ist *keine* Lösung für tief wurzelnde Strukturprobleme. Auch sollten sich Unternehmen keinesfalls der Täuschung hingeben, ihr derzeitiger Aktienkurs, durch Shareholder-Value-Erwartungen bestätigt, entbinde sie von der Notwendigkeit grundlegender Kostensenkungen, denn nur so können sie konkurrenzfähig bleiben. Die Investoren beziehen häufig ihre Erwartungen bezüglich einer Kostensenkung bereits in die Aktienkursbildung ein und verlangen dann, dass sich das Management daran hält. Kapitel 8 ist der Frage gewidmet, wie die Unternehmen eine Straffung ihrer Kosten erzielen und zugleich ihre Ressourcen auf Wachstum und Innovation ausrichten können.

Gerade bei E-Business-Initiativen und anderen Investitionsentscheidungen mit ungewissem Ausgang finden die auf die Bewertung realer Optionen ausgerichteten ROV-Techniken (Real Options Valuation, ROV) Anwendung (Kapitel 5). Im vorliegenden Zusammenhang sei nur so viel gesagt, dass Risiken bei diesem Optionsansatz als Wert beziehungsweise als Chance angesehen werden. In einem turbulenten Umfeld erweist sich das Eingehen von Risiken als unumgänglich; Flexibilität ist angesagt. Wenn Investitionen unter solchen Bedingungen als Optionen behandelt werden, gewinnen sie umso mehr an Wert, je instabiler beziehungsweise risikoreicher das Umfeld wird.

Fallbeispiel
Ein Hightech-Unternehmen nutzt ROV-Techniken
zur Erarbeitung einer E-Business-Strategie

Ein führendes Technologieunternehmen hatte nur langsam die Tragweite der New Economy erkannt und war infolgedessen unter enormen Wettbewerbsdruck geraten. E-Business bedeutete eine Herausforderung für alle Aspekte seines bisherigen Geschäftsmodells: die Art und Weise, wie es seine Produkte entwickelte und herstellte; wie es die Beziehungen zu seinen Kunden gestaltete; wie es die Vermarktung und den globalen Vertrieb organisierte und wie es seinen Wertorientierungsansatz seinen Kunden, Aktionären und Mitarbeitern übermittelte.

Die unmittelbar anstehende Herausforderung war die Beurteilung verschiedener E-Business-Initiativen: Welches Vorhaben hatte den höchsten Wertbeitrag zu bieten? Als Erstes ermittelte das Unternehmen die Kernbedürfnisse seiner Kunden und untersuchte, welche davon als Kundenwerttreiber besonders wichtig waren. Anschließend erkundete das Unternehmen das voraussichtliche Wertschöpfungspotenzial der jeweiligen Initiativen.

Flexibilität im Management beziehungsweise „Optionalität" war geboten, um erkennen zu können, welchen Wertschöpfungsbeitrag die verschiedenen Initiativen leisten würden – was für die Technik der Bewertung realer Optionen sprach. Beispielsweise konnte der Exklusivverkauf eines neuen Produkts über das Web auf gängigen Märkten mehrere Optionen für die Zukunft aufzeigen, vom Angebot zusätzlicher Produkte über das Internet bis hin zur Vermarktung eines Produkts oder auch mehrerer Produkte in bislang unerschlossenen Märkten.

In der nächsten Phase der E-Business-Untersuchung wurde der Einfluss der Aktionäre auf die einzelnen Initiativen quantifiziert, einschließlich des mit jeder potenziellen Entscheidung verbundenen „Optionswerts" und des mit der jeweiligen Initiative einzugehenden Risikos. Letztlich ergaben all diese Untersuchungen, dass sorgfältig ausgewählte E-Business-Initiativen einen Wertschöpfungsbeitrag in Höhe von mehr als 1,2 Milliarden Dollar leisten konnten.

„Webonomics": E-Business und Shareholder Value

Die in letzter Zeit zu beobachtende dramatische Rückläufigkeit bei Dotcom-Aktienkursen hat unseren Blick für die grundlegenden Zusammenhänge geschärft. Erinnern wir uns an das, was die Credit Suisse First Boston auf dem Gipfel des Booms verlauten ließ: „Internetaktien sind ein Wall-Street-Paradoxon. Ihre Bewertungen sind ohne erkennbaren Bezug zur fundamentalen Substanz raketengleich in die Höhe geschossen. Eine verkehrte Welt: Je schneller so manche Internetaktien den Umsatz erhöhen, desto größere Verluste werden gemeldet. Und je mehr Geld die Investoren verlieren, desto größeren Appetit scheinen sie auf solche Aktien zu haben. Ist denn einzusehen, dass Amazon zum Sechsfachen des kombinierten Marktwerts von Barnes & Noble und Borders gehandelt wird? Soll ein neues Medienunternehmen wie Yahoo! tatsächlich einen Marktwert haben, der die voraussichtlichen Erträge um mehr als das 280fache übertrifft, während ein traditionelles Presseunternehmen wie die *New York Times* nur zum 17fachen gehandelt wird? Solche Fragen haben einige Investoren zu der Feststellung veranlasst, wir seien in ein neues Zeitalter eingetreten, in dem alte Regeln keine Anwendung mehr fänden. Wir stimmen dem nicht zu."

Wir auch nicht. Die alten Regeln finden sehr wohl Anwendung. Mehr noch: Sie sind wichtiger denn je. Wie bereits an früherer Stelle gesagt, basieren E-Business-Projekte auf denselben fundamentalen Werttreibern wie herkömmliche Unternehmen. Andere grundlegende Voraussetzungen sind:

- *Cash*: Der Wert eines Wertpapiers (oder eines jeden anderen Vermögenswerts) ist der erwirtschaftete Cashflow-Wert.
- *Terminierung*: Früh erwirtschaftete Dollars sind mehr wert als die zu einem späteren Zeitpunkt eingenommenen Dollars.
- *Risiko*: Abgesicherte Dollars sind mehr wert als risikoreichere Dollars.
- *Kaufkraft*: Dollars, mit denen mehr Güter erworben werden können, sind mehr wert als Dollars mit geringerer Kaufkraft. Entsprechend gilt es, inflationäre Entwicklungen zu berücksichtigen.
- *Liquidität*: Aus dem Umlaufvermögen abfließende Dollars sind mehr wert als Dollars, die aus Vermögenswerten abfließen, die sich nur unter großem Aufwand oder unter Schwierigkeiten veräußern lassen.

Wenn diese grundlegenden Zusammenhänge immer noch zutreffen – was hat sich dann eigentlich geändert? Eine ganze Menge. Wie sich herausgestellt hat, ist das Internet mehr als eine unbarmherzige Wachstumsmaschine. Das Internet ist auch eine „Technologie des Umbruchs" insofern, als es den Lebensstil der Verbraucher, den Geschäftsbetrieb der Unternehmen und die Interaktion zwischen beiden neu gestaltet. Und durch Beschleunigung des Investitionstempos verändern webfähige Technologien auch das Kapitalmarktsystem.

Trotz der jüngst zu beobachtenden Marktumwälzungen beschleunigt das Internet den Cashflow, was aller Wahrscheinlichkeit nach die kontinuierliche Nachfrage nach E-Business-Investmentprojekten anheizen dürfte.

All dies hat weit reichende Folgen für die Wertschöpfungsdynamik, und zwar in einer Weise, die uns veranlasst hat, einen neuen Terminus dafür zu prägen: Der Begriff „Webonomics" soll die Allgegenwärtigkeit solchen Geschehens verdeutlichen. In dem Bemühen, die Auswirkungen des E-Business auf Wertorientierung und Wertschöpfung verständlicher zu machen, wollen wir uns einige wichtige Entwicklungen näher anschauen.

Einzelinvestoren gewinnen an Macht und Einfluss. Besteht noch ein Zweifel daran, dass wir in das Zeitalter des individuellen Investors eingetreten sind? Wohl kaum. Vermutlich darf man sogar behaupten, dass die kleinen Anleger auf dem großen Bullenmarkt der 1990er Jahre die maßgebliche Rolle gespielt haben. Ihre Pensionssysteme haben den stetigen Zufluss neuer Kapitalströme gesichert. Mithilfe des Internet haben sie so manche Barrieren abgebaut, die einst die Wall Street von der Main Street trennten und der breiten Öffentlichkeit den Zugang zu Informationen, niedrigen Provisionen und Börsengängen erschwerten. Auch der Aktienbesitz als solcher ist stärker verbreitet als früher. Allein in den USA ist der Anteil der Haushalte, die in Aktien investiert haben, von 28% im Jahr 1989 auf 48% im Jahr 1999 gestiegen. Insgesamt gesehen ist den Einzelinvestoren etwas zugewachsen, was sie noch nie zuvor besaßen – Macht.

Auch Online-Investment nimmt rapide zu. So hat sich die Anzahl der Internet-Maklerfirmen von 30 im Jahr 1997 auf über 140 Ende 1999 erhöht. Bis 2003 wird eine Online-Investitionssumme von mehr als 3 Billionen Dollar erwartet – von null im Jahr 1997 angefangen. Derzeit macht das Online-Handelsvolumen 50 % des gesamten Einzelhandels in den USA aus. Zusammen mit den veränderten Investmentstrukturen in Europa und weltweit bedeutet dies eine riesige Kapitalzufuhr. 1980 beliefen sich die Bestände an Aktien, Anleihen und Cash insgesamt auf 11 Billionen Dollar. Im Jahr 2000 hatten diese Vermögensbestände bereits die 80-Billionen-Dollar-Grenze überschritten. Allein in den USA stiegen die Wagniskapitalinvestitionen dynamischer Unternehmungen von 700 Millionen Dollar im Jahr 1980 auf 20 Milliarden Dollar im Jahr 2000.

Die Bilanz? Trotz der jüngst zu beobachtenden Marktumwälzungen beschleunigt das Internet den Cashflow, was aller Wahrscheinlichkeit nach die kontinuierliche Nachfrage nach E-Business-Investmentprojekten anheizen dürfte. Für den CFO eines Unternehmens bedeutet dies zweierlei: (1) Zugang zu Kapital und (2) zunehmenden Druck, nach viel versprechenden E-Business-Möglichkeiten Ausschau zu halten und dort zu investieren.

Neue Möglichkeiten zur Shareholder-Value-Maximierung tauchen auf.
E-Business-Technologien tragen zur Erhöhung von Performance und Profitabilität bei – durch Verbesserung des Kundenservice, Reduzierung der Kosten, Steigerung der Effizienz von Geschäftsprozessen und Schaffung neuer Ertragsströme. All dies führt dazu, dass auf faszinierende Weise Mehrwert geschaffen wird:

- Erschließung neuer Kanäle zur Kundengewinnung
- Straffung von Aktivitäten innerhalb der Wertschöpfungskette mit dem Ziel, verborgene Vermögenswerte freizusetzen
- Nutzung neuer Kanäle sowie neuer Möglichkeiten der Wertschöpfungskette, um den Kunden mehr Vorteile bieten zu können

Jedes vorwärtsorientierte Unternehmen muss hinsichtlich der Auswahl und Organisation von E-Business-Initiativen Entscheidungen treffen und benötigt dafür eine quantifizierte Vorstellung von dem, was für Kunden, Geschäftspartner und Aktionäre einen Wertzuwachs bedeutet. Dies führt uns zum nächsten Punkt.

Gängige Wertorientierungsansätze geraten unter Druck. Gerade zu ausgesprochen turbulenten Zeiten ist es kaum möglich, zukünftige Entwicklungen zutreffend vorauszusagen. Traditionelle Cashflow-Prognosen sind rigide und lineare Projektionen. Doch in einer E-Business-Umgebung müssen Cashflow-Projektionen flexibel und iterativ sein. Sie müssen nicht nur Wahlmöglichkeiten (Optionen) schon zu Beginn des Investitionszyklus berücksichtigen, sondern auch neu hinzukommende Informationen, Veränderungen im Risikoniveau, Ressourcenänderungen, Modifikationen im Hinblick auf Zeitplan und Priorität, Veränderungen im Management sowie technologische Fortschritte einbeziehen.

Um E-Business-Initiativen richtig einschätzen zu können, müssen Bewertungstechniken neuer Qualität zum Einsatz kommen. Dynamische Werkzeuge wie ROV-Techniken basieren auf diskontierten Cashflow-Kalkulationen, Entscheidungsanalyse und Optionspreisbildungsmodellen, um so ein vollständigeres Bild von der Zukunft entwerfen zu können. Das wichtigste Merkmal des ROV-Ansatzes besteht in der engen Verknüpfung von Vermögenswert und Vermögensverwaltung.

Die Anwendung neuer Bewertungstechniken wie ROV verhilft den Investoren zu einer weitaus klareren Vorstellung davon, *wie* E-Business-Möglichkeiten einzuschätzen sind. Doch wenn es darum geht, *was* zu untersuchen ist, lautet die Antwort schlicht und unverändert: Als Investor bewertet man Unternehmen auf der Basis der künftigen Cashflow-Entwicklung unter Einbeziehung von Marktspekulationen (Abbildung 3.3). Der Marktwert eines Unternehmens setzt sich aus drei Komponenten zusammen:

- *Bekannte Cashflow-Entwicklungen*: Dabei handelt es sich um die Zahlungsströme, die von den Investoren erwartet werden – nicht nur nach Maßgabe der derzeitigen Erwartungen, sondern auch unter Berücksichtigung allgemeiner Informationen über kurzfristige Cashflow-Trends (3 bis 5 Jahre) aufgrund von konkreten Produktentwicklungen, Marktentwicklungsplänen und kürzlich erfolgten Akquisitionen.
- *Wachstumsoptionen*: Die in diesem Zusammenhang erwarteten Zahlungsströme werden auf der Basis des Eindrucks ermittelt, den die Investoren von der Fähigkeit eines Unternehmens zur längerfristigen Erzielung hervorragender Erträge haben. Die Einschätzung der Investoren betrifft keine konkreten und bekannten Projekte, sondern

„Webonomics": E-Business und Shareholder Value

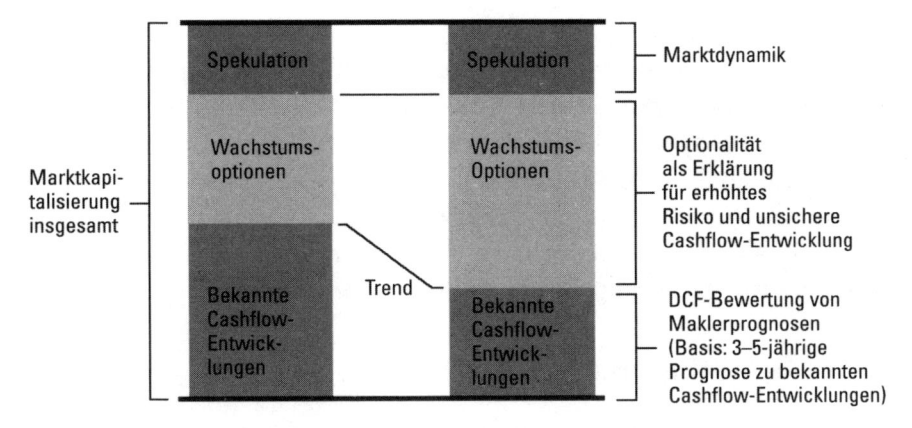

Abb. 3.3: Marktkapitalisierungstrends

ist als subjektive Auffassung zu betrachten und spiegelt ihr Vertrauen in die Unternehmensführung, die Flexibilität und Agilität des Unternehmens im ständigen Prozess der Selbsterneuerung sowie seine bisherige Erfolgshistorie wider. Die Bilanz: Abschätzung der Frage, inwieweit ein Unternehmen jede sich bietende Wachstumsoption zu nutzen versteht. Im Wesentlichen geht es darum, die Fähigkeit des Unternehmens zur nachhaltigen Erzielung von Wettbewerbsvorteilen zu ermitteln.

- *Spekulation*: Am Tagesgeschäft interessierte Spekulanten sind rasant auf dem Vormarsch. Gewöhnlich investieren solche Leute einzig und allein zu dem Zweck, kurzfristige Gewinne zu erzielen. Schon das Spekulieren um den Aktienkurs eines Unternehmens als solches führt zu einer Volatilität, die langfristig orientierte Investoren und das Management des Unternehmens nicht abschätzen können und weitgehend außer Acht lassen sollten.

Diese drei Quellen erwarteter Zahlungsströme gehen in den Aktienkurs eines Unternehmens ein, wobei die jeweilige Kombination von Unternehmen zu Unternehmen sehr unterschiedlich sein kann. Unternehmen, die als Marktführer ihrer Branche gelten, erzielen durchweg eine signifikant höhere Aktienkurssteigerung als ihre Konkurrenz. GE, Merck, Coca-Cola und Lloyds TSB beispielsweise warten mit Wachstumsoptionen auf, die von den Investoren aggressiv bewertet werden; Spekulationskomponenten sind in ihrer Aktienkursentwicklung kaum enthalten.

Die Zusammensetzung der Cashflow-Komponenten kann auch je nach Branche variieren. In den Bereichen Verbraucherelektronik und Automobilherstellung beispielsweise basieren mehr als 50% des Aktienwerts auf dem vorhandenen Betriebsvermögen. Bei Unternehmen im Hightech-Bereich und im E-Business-Sektor wird der Aktienkurs durch ausgesprochen aggressive Investorenerwartungen bezüglich des künftigen Wachstums bestimmt. Bei solchen Unternehmen kommt dem konkreten Betriebsvermögen weniger hohe Bedeutung als Kapitalquelle zu.

Der E-Marktplatz

Welches sind nun die treibenden Kräfte für die Wertschöpfung in unserer webfähigen Wirtschaft von heute? Wie können wir die Werttreiber für E-Business-Performance erkennen, sie in E-Messgrößen umsetzen und letztlich im Sinne unserer unternehmerischen Gesamtstrategie nutzen? Bevor wir diese Fragen beantworten können, müssen wir uns den Schlüsselfaktoren zuwenden, die den E-Marktplatz bestimmen.

Unterschiedliche und in Wechselbeziehung stehende Ertragsströme

E-Business ermöglicht den Unternehmen die Erwirtschaftung von Erträgen auf verschiedene Art und Weise. Resultat: An die Stelle der einfachen Ertragstreiber im herkömmlichen Cashflow-Modell tritt ein komplexes System von untereinander in Wechselbeziehung stehenden Ertragsströmen.

- *Reichweite*: Erfassung neuer Kundensegmente, geografische Expansion sowie gewinnbringende Nutzung von Internetmöglichkeiten zum Vordringen in neue Märkte, die einst infolge ungünstiger Wirtschaftskonstellationen verschlossen waren.
- *Kunden im „Außendienst"*: Erschließung breiterer Vertriebskanäle. Die Internetkunden treffen selbst ihre Wahl und betreiben effektive Verkaufsarbeit auch bei Bekannten und Freunden.
- *Allianzen und Partnerschaften*: Nutzung von Kundeninformationen durch Referenzen oder branchenübergreifende Verkaufsarbeit, um Provisions- und Werbeeinnahmen sowie einen Steuer- und Finanzausgleich zu erzielen.

- *Kundenspezifische Anpassung*: Gezieltes Marketing durch Nutzung von Kundenwissen, um den Kunden spezielle, auf ihre Bedürfnisse zugeschnittene Angebote vorlegen zu können.
- *Kundeninformationen*: Der Verkauf von Kundeninformationen an andere Unternehmen gewinnt als Ertragsquelle an Bedeutung.
- *Netzwerkeffekt*: Die Anbieter und Nachfrager in einem Netzwerk werden für die Nutzer umso wertvoller, je umfangreicher die Nutzerbasis wird; mit dem arithmetischen Anstieg der Nutzerzahlen erfährt der Wert des Netzwerks ein exponentielles Wachstum.
- *Cash-Pooling*: Die sofortige Erfassung von Ein- und Auszahlungsströmen erzeugt eine neue Cashflow-Dynamik; ihre Verrechnung und die Investition des Cash-Überschusses auf Tagesgeldmärkten zählt mittlerweile zur Norm.
- *Flexible Kapazität*: Übergabe von Kunden an Allianzpartner unter Gewinnbeteiligung, wenn die Nachfrage das Angebot übersteigt.

Veränderte Strukturmuster bei der Kundenprofitabilität

Die für das Internet-Geschäftsmodell herangezogene Wertschöpfungsperiode sieht anders aus als bei den herkömmlichen Cashflow-Bewertungsmodellen. Immaterielle Vermögenswerte, die wie Markenerfolge einst einen Wettbewerbsvorteil sicherten, können an Wert verlieren; andere Vorteile hingegen können an Wert gewinnen.

- Der Schwerpunkt der Bewertung verlagert sich von den Marken auf die Kunden; in dem Maß, wie die Kunden als Quelle für Wettbewerbsvorteile an Bedeutung gewinnen, gilt es, den Markenwert neu zu bestimmen.
- Neue Vermittlungsinstanzen treten im Internet in Erscheinung; sie dienen eher dem Kunden als dem Lieferanten. Man bezeichnet sie als Navigatoren – sie erzielen Werbeeinnahmen, indem sie Kunden anziehen, Beratungsdienste anbieten und den Kunden-Support verbessern.
- Durch den Einsatz von Navigatoren sehen sich Unternehmen, die ihre Produkte auf Werbe- und Marketingbasis verkaufen, mit neuen wirtschaftlichen Zwängen konfrontiert: Die Differenzierung durch Markenvorteile wird schwieriger; zugleich kommt der Preisbildung höhere Bedeutung zu.

- Neue Geschäftsmodelle tauchen auf: ein Kundenloyalitätsmodell auf der Basis von Kundenerfahrung anstelle von Werbung; ein Markenpräferenzmodell auf der Basis von Gütern, die zu Rohstoffpreisen verkauft werden.

Veränderungen in den Relationen Umsatz/Fixkosten sowie Umsatz/Gewinnspanne

In der Cash-Wirtschaft neuer Geschäftsmodelle gewinnen grundlegende Veränderungen an Bedeutung.

- Die Kosten sind nicht unmittelbar an den Ertrag geknüpft: Mit wachsendem Geschäft geht der zusätzliche Kostenaufwand für Kundenakquisition drastisch zurück; das Gewinnspannenpotenzial nimmt exponentiell zu.
- Je mehr Kunden akquiriert werden, desto geringer sind die zusätzlich anfallenden Kundenservice-Kosten – einschließlich Markenkosten, Werbekosten und Vertriebskosten.
- Das Gewinnspannenpotenzial ist weitaus höher als bei einem traditionellen, etablierten Unternehmen, da traditionelle Unternehmen in Sachanlagen investieren müssen, um zusätzlicher Kundschaft Serviceleistungen bereitstellen zu können. So benötigt ein Online-Supermarkt für die Bedienung zusätzlicher Kunden einen erheblich geringeren Aufwand an Sachanlage-Investitionen als die traditionelle Konkurrenz.
- Der Gewinnspannentreiber im traditionellen Cashflow-Modell ist durch eine eher lineare und voraussagbare Relation zum Ertragswachstum gekennzeichnet. Im Internetmodell gelten andere Beziehungen zwischen fixen und variablen Kosten; niedrigere Sachanlage-Investitionen schaffen Größenvorteile.

Schnellerer Cash-Zufluss

In traditionellen, cashfloworientierten Bewertungsmodellen wird das Working Capital als Kostenfaktor verbucht. In der Welt des Internet gilt es als Ertragsfaktor.

- Die Cash-Erzeugung hat sich beschleunigt. Bisher war es so, dass ein Produkt erst hergestellt und verkauft wurde, bevor Bargeld floss (Ab-

bildung 3.4). Unternehmen wie Dell arbeiten mit einem neuen Modell: Erst wird verkauft, dann fließt Cash und zuletzt wird das Produkt hergestellt. Die Folge: ein beschleunigter Cash-Zufluss und ein verlangsamter Cash-Abfluss.
- Das Internetmodell entwickelt sich in Richtung eines negativen Betriebskapitals. Internetunternehmen wie Amazon gehen noch einen Schritt weiter: Sie erzeugen (extern und intern) Cash, akquirieren den Kunden, verkaufen und reinvestieren dann die erwirtschafteten Cash-Bestände zum weiteren Ausbau ihrer Kundenbasis.

Langsames Tempo	Mittleres Tempo	Schnelles Tempo
Herstellung	Verkauf	Cash-Zufluss
Verkauf	Cash-Zufluss	Kunde
Cash-Zufluss	Herstellung	Verkauf/Lieferung

Abb. 3.4: Veränderte Modelle der Cash-Generierung

Beschleunigter Cash-Verbrauch

Die Kapitalmärkte gehen immer mehr dazu über, die Geschwindigkeit, mit der Kapital „verbrannt" wird, genauer zu untersuchen (Abbildung 3.5): Eine zu geringe Cash-Burn-Rate veranlasst den Markt zu der Auffassung, ein Unternehmen wachse nicht schnell genug, während eine zu hohe Burn Rate die Investoren fragen lässt, wann denn nun mit Renditen zu rechnen sei.

- In einer E-Business-Umgebung wird der für Wachstum eingesetzte Cash-Aufwand als betriebsnotwendiger Kostenaufwand verstanden.
- Im Internet-Geschäftsmodell werden kontinuierlich Barmittel in den Aufbau immaterieller Vermögenswerte investiert, nicht aber für Sachanlagen oder Markenentwicklung aufgewendet.
- Der Burn-Rate-Zyklus funktioniert anders als bei einem traditionellen Geschäftsmodell. Die Unternehmen erzeugen sehr schnell diverse Ertragsströme, investieren unmittelbar in die Akquisition neuer Kunden und ziehen dann den durch die Neukunden erzielten Einnahmenüberschuss ab, um damit weitere Neukunden zu gewinnen.

Shareholder-Value-Optimierung: Von EVA bis E-Messtechnik

Reinvestition der mit dem Kundenstamm erwirtschafteten Einnahmen zum weiteren Ausbau der Kundenbasis

Burn Rate

Konzentration auf kurzfristige Cash-Generierung aus verschiedenen Quellen

Investition der erwirtschafteten Cash-Bestände in die wachsende Kundenbasis

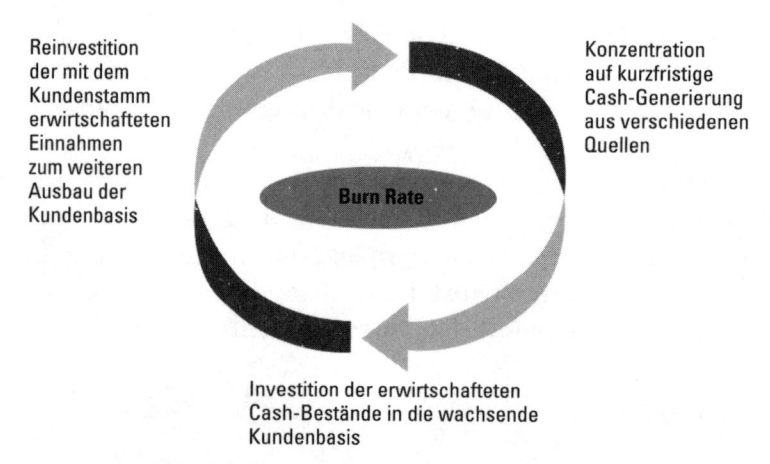

Abb. 3.5: Cash-Verbrauch (Burn Rate) zur Erzielung von Marktwachstum

Verschiedene Ansätze für Sachanlage-Investitionen

Neue Geschäftsmodelle veranlassen führende Unternehmen, die Investition in Sachanlagen sowie ihre Steuerstrategien zu überdenken.

- Neue E-Geschäftsmodelle bieten die Möglichkeit, Sachanlage-Investitionen auf neue Weise gewinnbringend zu nutzen. Beim Kauf eines Autos beispielsweise können Sie Ihre Wahl treffen, indem Sie den Ausstellungsraum eines Autohändlers besuchen und seine Lagerbestände prüfen, Ihren Kauf aber zwecks Senkung der eigenen Kosten unter Ausnutzung der Kaufkraft eines anderen Unternehmens über das Internet tätigen. Auf genau dieser Basis hat Autobytel einen erfolgreichen E-Business-Betrieb aufgebaut.
- Das Internet bietet auch die Möglichkeit, die Produkte und Dienste anderer Unternehmen zu nutzen und völlig neu zusammengestellte Angebote vorzulegen, die einen Anreiz für neue Kundenkreise schaffen. Dies hat auch positive Auswirkungen auf das längerfristig erforderliche Investitionsniveau.
- Der Ansatz ist nicht nur für Investitionen in konkrete Sachanlagen geeignet; auch immaterielle Vermögenswerte wie Marken, Content und F&E lassen sich so leichter auf gewinnbringende Weise nutzen. Umgekehrt können Fluggesellschaften ihre Vermögenswerte besser nut-

zen, wenn sie eventuell vorhandene Überschusskapazitäten über Online-Reiseauktionsunternehmen anbieten, ohne von ihrer normalen Preisbildungspolitik abgehen zu müssen.
- Geringe Investitionen in Sachanlagen erhöhen die Flexibilität der Unternehmen, ihren Sitz von hochbesteuerten Gegenden in geringbesteuerte zu verlegen. Auch lassen die Unternehmen eine starke Tendenz erkennen, ihre Steuerposition durch Auslagerung betrieblicher Aktivitäten beziehungsweise Einrichtung von Kommissionsgeschäften zu optimieren.

Die siebenteilige Wertschöpfungsdynamik im E-Business

Wie lassen sich nun E-Business-Erfolge bemessen? Die CFO-Experten von heute wissen, dass die wichtigsten Triebkräfte zur Shareholder-Value-Steigerung nach wie vor Bestand haben – aber sie verknüpfen selbige mit relativen Messgrößen zur Performance-Bewertung und ermöglichen ihrem Unternehmen auf diese Weise unter anderem branchenüberdurchschnittliches Ertragswachstum, höhere Gewinnspannen und einen effizienteren Kapitaleinsatz (unter voller Nutzung sowohl der materiellen als auch der immateriellen Vermögenswerte). Doch die CFOs wissen genauso gut wie die Investoren, dass E-Business und die gezielte Ausrichtung auf den Kundenwert eindeutig Auswirkungen auf die herkömmliche Bewertungspraxis haben (Abbildung 3.6). Untersuchungen im Hinblick auf Internetunternehmen und ihre Bewertung seitens der Investoren haben ergeben, dass sich eine neuartige E-Messtechnik abzeichnet, bei der sieben dynamische Faktoren bewertet werden: Kundenfokussierung, Markenwert, Managementkapazität, Geschäftsmodell, Content-Gestaltung, Agilität und Terminierung.

Kundenfokussierung

In der E-Welt haben die Kunden mehr Wahlfreiheit und schnellere Zugangsmöglichkeiten. Sie sind besser informiert und besser in der Lage, Preisunterschiede zu erkennen und für sich zu nutzen. Aufgeklärte Unternehmen betrachten den Kunden nicht als externes *Zielobjekt,* sondern als integrierten Bestandteil ihres Geschäfts; entsprechend

Shareholder-Value-Optimierung: Von EVA bis E-Messtechnik

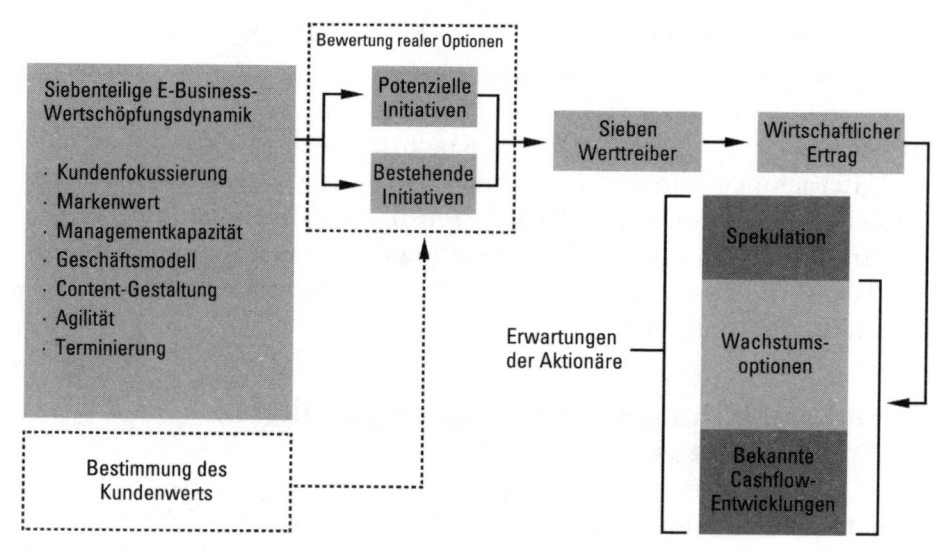

Abb. 3.6: Verknüpfung von E-Business-Wertschöpfungsdynamik und Shareholder Value

richten sie ihre Strategien und Aktivitäten unabdingbar auf die Steigerung der Kundenzufriedenheit aus.

Bei der Beurteilung einer E-Business-Initiative muss der CFO sorgfältig den einzigartigen Wertbeitrag seines Unternehmens für den Kunden prüfen sowie Aufbau und *nachhaltige Pflege* eines langfristigen Kundenwerts sicherstellen. Wie genau kennt das E-Business seine derzeitige Kundenbasis? Wie dynamisch werden neue Märkte entwickelt? Welche Marktschranken gilt es zu überwinden? Ziehen es die Kunden vor, sich selbst die günstigsten Angebote herauszupicken, oder ist ihnen ein Verkäufer lieber, der ihnen eine umfassende Lösung anbietet? Ist ein System installiert, mit dem Kundenbedürfnisse verfolgt werden können? Betreibt das E-Business-Geschäft eine aggressive Entwicklung von Produkten oder Serviceleistungen der nächsten Generation? Gibt es ein kohärentes System zur gewinnbringenden Nutzung von Kundenwissen? Wird der Netzwerkeffekt vollumfänglich genutzt? Wie erfolgreich werden Preisbildungszwänge, Wechselkosten und Markenloyalität gegeneinander abgewogen? Finden Messkriterien wie Kundenbindung, Verweilzeiten und Blickkontakt auf den Webseiten Berücksichtigung?

Markenwert

In Bilanzaufstellungen ist er selten anzutreffen – der Wert, der aus der öffentlichen Einschätzung des Markennamens eines Unternehmens abzuleiten ist. Und doch hat dieser Markenwert erheblichen Einfluss darauf, wie der Kapitalmarkt die Wertschöpfungsperiode des betroffenen Unternehmens einschätzt. Ein solider Markenwert versetzt das Unternehmen in die Lage, den richtigen Kunden, strategischen Partnern, Mitarbeitern und Investoren einen nachhaltigen Anreiz zu bieten und für seine Angebote Spitzenpreise zu erzielen. Auch gelingt dem Unternehmen auf der Basis eines gut laufenden Marken-Franchisegeschäfts ein leichterer Übergang zu neuen Produktsortimenten und Servicebereichen – und zugleich gezielte Überzeugungsarbeit bei der bisherigen Kundschaft. Durch Ausrichtung des Unternehmens auf die *Entwicklung von Marken* bei gleichzeitiger Auslagerung der nicht zum Kerngeschäft zählenden Aktivitäten kann der CFO den Kapitalaufwand reduzieren.

Managementkapazität

Führungskompetenz und einschlägige Erfahrungen sind bei der Wertorientierung in hohem Maß gefragt. Sowohl die Kapitalmärkte als auch die Wagniskapitalgeber achten peinlich genau auf Erfolgshistorie und Glaubwürdigkeit der Unternehmensführung, wenn es um die Beurteilung von Investmentoptionen geht. Im E-Business verlangt der Mangel an erfahrenen Managern einen hohen Preis.

> **Verfolgt das Management eine klare Vision von nachhaltiger Wertschöpfung sowie einen realistischen Plan zu ihrer praktischen Umsetzung?**
> **Geht Ihr Management hinreichend agil und umsichtig vor?**

Eine Gruppe leitender Analysten hat diesen Zusammenhang wie folgt formuliert: „Die Qualität des Managements ist das augenfälligste Unterscheidungsmerkmal bei Internetunternehmen." Und ein anderer E-Business-Kommentar lautet: „Bei großen etablierten Unternehmen steht der E-Biz-Blueprint-Planung nur ein einziges großes Hindernis entgegen: der Mangel an konsistenter Beachtung seitens des Topmanagements. Ohne erheblichen Zeit- und Energieaufwand seitens ihrer CEOs, CFOs und anderer Spitzenführungskräfte können die Unternehmen die kulturellen, strategischen und technischen Veränderungen schlechterdings nicht bewerkstelligen, deren es bedarf, um ihre Schiffe durch E-Biz-Gewässer zu navigieren."

Sie sollten Ihr Management einer strikten Überprüfung im Hinblick auf öffentliches Ansehen, Kreativität und Innovation unterziehen. Verfolgt das Management eine klare Vision von nachhaltiger Wertschöpfung sowie einen realistischen Plan zur praktischen Umsetzung? Geht Ihr Management hinreichend agil und umsichtig vor, um die Möglichkeiten strategischer Allianzen zu nutzen, in veränderlichen Beziehungsstrukturen zu arbeiten, neue Angebote zu schaffen und in neue Märkte vorzudringen? Kann es seine Vision effektiv genug „verkaufen", um die talentiertesten und kompetentesten Leute für sich zu gewinnen? Hat es Anreize für unternehmerisches Denken und Handeln geschaffen (Kapitel 4)? Ist das Management effektiv in der Lage, sich das Vertrauen der Investoren zu sichern, künftige Wachstumsoptionen überzeugend darzulegen und eine hohe, nachhaltige Performance unter Beweis zu stellen?

Geschäftsmodell

Mehr denn je achten die Kapitalmärkte darauf, wie ein Unternehmen seine Erträge erwirtschaftet und welche Anpassung sein Geschäftsmodell im Lauf der Zeit erfährt. Welche Aspekte sind von besonderem Interesse?

- *Ist das Geschäftsmodell des E-Vorhabens in der Lage, seinen Kunden einen Wertbeitrag zu liefern?* Die Märkte messen innovativen Geschäftsmodellen, die vorrangig auf die Erfüllung absehbarer Kundenbedürfnisse ausgerichtet sind, einen hohen Wert bei. Eine noch höhere Bewertung dürfte ein Geschäftsmodell erfahren, das die Erfüllung unvorhergesehener Kundenbedürfnisse ermöglicht.
- *Ist das Geschäftsmodell einsichtig?* Informationstransparenz und die Nachfrage des Marktes nach verbessertem Wertschöpfungsverständnis verlangen ein einsichtiges Geschäftsmodell, das den Investoren Anreize bietet, ihre Risiken mindert und ihre Kapitalkosten verringert.
- *Trägt das Geschäftsmodell den besonderen Fähigkeiten des Unternehmens Rechnung?* In der New Economy ist Unternehmenserfolg kaum

Die siebenteilige Wertschöpfungsdynamik im E-Business

allein aufgrund der Tatsache zu erzielen, dass man ein Niedrigkostenanbieter ist. In den meisten Fällen kommt es bei der Realisierung von Umsatzwachstum und Optionen mehr darauf an, dass sich ein Unternehmen von der Konkurrenz abhebt – beispielsweise durch besondere Produkteigenschaften oder wertschöpfende Serviceleistungen.

- *Ist das Geschäftsmodell robust?* Andernfalls könnte sich die Konkurrenz einen leichten Marktzugang verschaffen, auf eventuelle Mängel hinweisen und an Schwachstellen angreifen.

Content-Gestaltung

Das Markforschungsunternehmen Forrester Research hat herausgefunden: „Allein der Content veranlasst 75 % der Verbraucher, die von ihnen favorisierten Websites erneut aufzusuchen." Der CFO muss die Inhalte, die ein Unternehmen auf seinen Webseiten anbietet, als immateriellen Vermögenswert in Rechnung stellen. Bietet das Unternehmen den richtigen Content an – aus der Wertschöpfungsperspektive sowohl der Kunden als auch der Aktionäre? Weitere maßgebliche Fragen betreffen die Informationskontrolle. Erfolgt die Content-Entwicklung im Unternehmen selbst oder hat man sich für Outsourcing entschieden? Wem gehören die Rechte am intellektuellen Eigentum? Wie lässt sich der Content in einer strategischen Allianz schützen?

Agilität

Flexible und reaktionsschnelle Unternehmen sind bemüht, möglichst als Erste neue Chancen zum eigenen Vorteil zu nutzen. Mit gleicher Behändigkeit lösen sie sich von Geschäftsbereichen, die keinen Wertschöpfungsbeitrag leisten. Zu den wichtigsten Stärken zählt eine anpassungsfähige Unternehmenskultur, in der die Leute Lernbereitschaft zeigen und Veränderungen effektiv bewältigen. Flexiblität ist angesagt – Straffung durch gemeinschaftlich genutzte Serviceleistungen und Outsourcing beziehungsweise Verlagerung der Geschäftsaktivitäten an einen steuerlich optimalen Standort. Überlegen Sie, ob Geschwindigkeit als Messgröße für Ihr Unternehmen in Frage kommt. Prüfen Sie verschiedene Einstiegs- beziehungsweise Ausstiegsstrategien.

Terminierung

„Wenn die Veränderungsrate innerhalb des Unternehmens von der Veränderungsrate außerhalb des Unternehmens überholt wird, ist das Ende nah", so der Kommentar von Ex-GE-Chef Jack Welch. Bei der Bewertung von E-Business-Projekten zählt Geschwindigkeit als ein wichtiger Faktor. Aber genauso wichtig ist eine umsichtige Klärung der Frage nach der angemessenen Terminierung eines angemessenen Ansatzes.

Ein globales, traditionelles Großunternehmen muss sehr sorgfältig prüfen, wie es neue E-Business-Optionen zu nutzen gedenkt. Wenn sich das Unternehmen für die *interne* Entwicklung einer E-Business-Initiative entscheidet, gilt es, die Investitionen nach Maßgabe traditioneller Quartalsgewinn-Messgrößen zu bewerten. Entscheidet sich das Unternehmen hingegen für den Aufbau eines eigenständigen und damit *externen* E-Business-Betriebs, muss der Investitionsaufwand nach Maßgabe von Burn-Rate-Messgrößen beurteilt werden. In jedem Fall muss das Unternehmen die erforderlichen Renditeziele und ihre Terminierung bestimmen. Werden dabei falsche Entscheidungen getroffen, kann es geschehen, dass entweder der Neugründung dringend benötigtes Kapital vorenthalten bleibt oder aber Geld in ein Verlustgeschäft gesteckt wird.

Dieser Burn-Rate-Faktor wirkt sich darauf aus, wie das Unternehmen seine Kapitalkosten im Rahmen seines traditionellen Cashflow-Bewertungsmodells verrechnet. Das Unternehmen als solches braucht keine neuen Risikoprojekte zu finanzieren; Partnerschaften, Allianzen und andere Investitionsmodelle stellen alternative Finanzierungsquellen bereit. Das Unternehmen hat lediglich die Aufgabe, seine längerfristige Finanzstrategie, seine Mindestrenditen für die Investmentbewertung sowie seine Kapitalstruktur zu überprüfen.

Fallbeispiel
Anwendung der siebenteiligen Wertschöpfungsdynamik zur Ermittlung viel versprechender E-Business-Möglichkeiten
Ein globaler Konsumgüterhersteller mit einem starken Angebot an hoch bewerteten Markenprodukten galt bei den Investoren als gut geführtes Unternehmen, das für hervorragende Kostensenkungser-

folge und ansehnliche Cashflow-Zuwachsraten bekannt war. Allerdings konnten die Investoren im Vergleich zur Konkurrenz nur wenig Wachstumsoptionen erkennen. Infolgedessen dümpelte der Aktienkurs vor sich hin und das traditionelle Geschäftsmodell sah sich einem enormen Druck ausgesetzt. Das Unternehmen hatte nur eine Chance: Es musste den Investoren das Potenzial seiner Wachstumsoptionen – insbesondere im E-Business-Bereich – mit Nachdruck und in einer ihnen vertrauten Sprache verständlich machen. Mithilfe der siebenteiligen Wertschöpfungsdynamik gelang dem Unternehmen die Ermittlung viel versprechender E-Business-Wachstumsmöglichkeiten in Europa. In einem ersten Schritt nutzte die Finanzabteilung die siebenteilige Dynamik zur Einschätzung der Konkurrenzsituation, in der sich das Unternehmen befand. Dabei wurden die folgenden Zusammenhänge sichtbar: die Stärken und Schwächen bestehender Geschäftsmodelle innerhalb der Branche, besonderes im Groß- und Einzelhandel; die relative Markenstärke und Agilität derzeitiger und künftiger Konkurrenten; die Terminierung neuer Innovationen und Technologien; Bereiche, in denen die Kundenfokussierung besonders gut oder aber besonders schwach ausgeprägt war.

Das Unternehmen prüfte auch die Content-Angebote der gesamten Nahrungsmittelbranche und der wichtigsten Konkurrenten – insbesondere das Potenzial für die Kopplung neuer Produkte und Serviceleistungen. Sogar die derzeitige Managementkapazität der Konkurrenten wurde begutachtet. Diese umfassende Analyse ließ die wichtigsten strategischen Fragen erkennen, die es bei jeder Wachstumsinitiative zu bedenken gilt. Zum Beispiel ist zu fragen: Wie können wir Kanalkonflikte mit wichtigen Geschäftspartnern vermeiden?

Die Anwendung der siebenteiligen Wertschöpfungsdynamik als analytisches Werkzeug verhalf dem Unternehmen zur Ermittlung attraktiver Wachstumsoptionen. Als hilfreich erwies sich das Analyse-Tool auch für den Vergleich und die Beurteilung der so ermittelten Wachstumsoptionen. Die vielversprechendsten Optionen wurden anschließend in ein DCF-bezogenes Prognosemodell einge-

> *geben, wobei die potenzielle Cashflow-Auswirkung anhand der relativen Gewichtung der sieben dynamischen Faktoren gemessen wurde. Diejenigen Initiativen, die das größte Cashflow-Potenzial versprachen, wurden dann in weiterführenden Finanzmodellen näher untersucht.*

Wie dieses Fallbeispiel zeigt, ist die siebenteilige Wertschöpfungsdynamik im E-Business ein wirkungsvolles Instrument. Sie ermöglicht nicht nur die Einschätzung der Konkurrenzsituation, die Ermittlung potenzieller Wachstumsoptionen und die vergleichende Bewertung der ermittelten Wachstumsoptionen, sondern fördert auch die Kommunikation dieser Optionen gegenüber den Investoren – in einer Sprache, die diesen verständlich ist und vom Topmanagement erwartet wird.

Die Balanced Scorecard im E-Business

In Anbetracht all dieser Faktoren stellt sich die Frage, wie man bei der Ermittlung des Marktwerts von E-Business-Initiativen am besten vorgeht – gleich, ob es sich um die Bildung einer externen Allianz oder aber um den Aufbau interner Möglichkeiten handelt. Insbesondere muss geprüft werden, wie die E-Business-Performance nach Maßgabe der sieben Werttreiber zu beurteilen ist, die weiter oben im Kapitel vorgestellt wurden. Aufgrund unserer Erfahrungen, die wir im Verlauf unserer Zusammenarbeit mit verschiedenen Unternehmen bei der Bewertung von E-Business-Möglichkeiten sammeln konnten, haben wir einen höchst flexiblen Ansatz zur Erstellung einer „E-Business-Scorecard" entwickelt, der mittlerweile weithin Anwendung findet. Die Scorecard berücksichtigt eine Reihe maßgeblicher Performance-Indikatoren, die sich in unserer heutigen internetfähigen Wirtschaft immer mehr als die entscheidenden Triebkräfte erweisen. Abbildung 3.7 zeigt ein Anwendungsbeispiel für den neuen digitalen Betrieb eines Offline-Verlagsgeschäfts.

Die Balanced Scorecard im E-Business

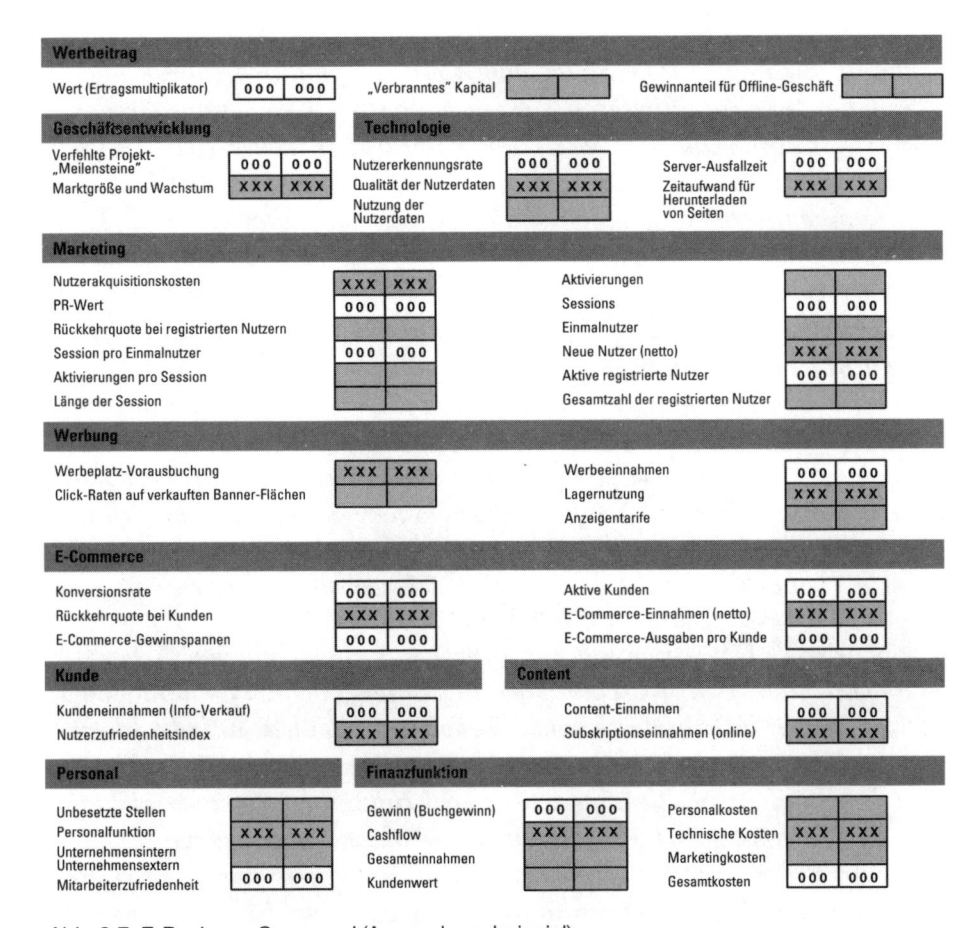

Wertbeitrag							
Wert (Ertragsmultiplikator)	ooo	ooo	„Verbranntes" Kapital			Gewinnanteil für Offline-Geschäft	

Geschäftsentwicklung			Technologie					
Verfehlte Projekt-„Meilensteine"	ooo	ooo	Nutzererkennungsrate	ooo	ooo	Server-Ausfallzeit	ooo	ooo
Marktgröße und Wachstum	xxx	xxx	Qualität der Nutzerdaten	xxx	xxx	Zeitaufwand für Herunterladen von Seiten	xxx	xxx
			Nutzung der Nutzerdaten					

Marketing						
Nutzerakquisitionskosten	xxx	xxx	Aktivierungen			
PR-Wert	ooo	ooo	Sessions	ooo	ooo	
Rückkehrquote bei registrierten Nutzern			Einmalnutzer			
Session pro Einmalnutzer	ooo	ooo	Neue Nutzer (netto)	xxx	xxx	
Aktivierungen pro Session			Aktive registrierte Nutzer	ooo	ooo	
Länge der Session			Gesamtzahl der registrierten Nutzer			

Werbung						
Werbeplatz-Vorausbuchung	xxx	xxx	Werbeeinnahmen	ooo	ooo	
Click-Raten auf verkauften Banner-Flächen			Lagernutzung	xxx	xxx	
			Anzeigentarife			

E-Commerce						
Konversionsrate	ooo	ooo	Aktive Kunden	ooo	ooo
Rückkehrquote bei Kunden	xxx	xxx	E-Commerce-Einnahmen (netto)	xxx	xxx
E-Commerce-Gewinnspannen	ooo	ooo	E-Commerce-Ausgaben pro Kunde	ooo	ooo

Kunde			Content			
Kundeneinnahmen (Info-Verkauf)	ooo	ooo	Content-Einnahmen	ooo	ooo
Nutzerzufriedenheitsindex	xxx	xxx	Subskriptionseinnahmen (online)	xxx	xxx

Personal			Finanzfunktion					
Unbesetzte Stellen Personalfunktion	xxx	xxx	Gewinn (Buchgewinn)	ooo	ooo	Personalkosten		
Unternehmensintern Unternehmensextern			Cashflow	xxx	xxx	Technische Kosten	xxx	xxx
			Gesamteinnahmen			Marketingkosten		
Mitarbeiterzufriedenheit	ooo	ooo	Kundenwert			Gesamtkosten	ooo	ooo

Abb. 3.7: E-Business-Scorecard (Anwendungsbeispiel)

> *Fallbeispiel*
> *Aufbau einer Balanced Scorecard*
> *für einen E-Business-Betrieb*
> Die Muttergesellschaft einer Internet-Neugründung ist im Medien- und Verlagsgeschäft tätig. Ende der 1990er Jahre stellte das Unternehmen quasi über Nacht fest, dass in den unternehmenseigenen Zeitschriftenbereichen und Radiosendern mehr als 90 verschiedene Websites entstanden waren, die in Eigenregie und ohne Überwa-

chung durch das Topmanagement betrieben wurden. Diese boomenden Internetaktivitäten warfen einige höchst wichtige Fragen auf: Was kostet uns das? Wie können wir unsere weit gestreuten Internetressourcen zu einem lebensfähigen digitalen Geschäftsbetrieb zusammenführen und neue Ertragsströme erwirtschaften?
Letztlich beschloss die Muttergesellschaft, sämtliche Internetaktivitäten zu kombinieren und einen eigenständigen Betrieb zu gründen. Nachdem diese Entscheidung gefallen war, sah sich das Unternehmen mit einer grundlegenden Herausforderung konfrontiert: Wie konnte man eine geeignete E-Messtechnik entwickeln und anwenden – ein neuartiges System zur Performance-Messung, das im E-Business-Kontext einsetzbar und mit den entscheidenden Werttreibern korrelierbar war? Das Unternehmen entwickelte daraufhin eine Balanced Scorecard für seinen neuen E-Business-Betrieb und besaß nunmehr ein flexibles, geschäftsstrategisch integriertes Tool:

- Schritt 1: *Das Unternehmen führte mit einem kleinen Arbeitsteam (wichtige Geschäftsführungsmitglieder, CFO und Geschäftsführer) zwei intensive Workshops von insgesamt 10 Tagen Dauer durch. Im ersten Workshop beschrieben die Teilnehmer ihre Strategie für die neue E-Business-Initiative: was sie erreichen wollten und welche erfolgsentscheidenden Faktoren zur Erreichung ihrer strategischen Ziele beitragen würden. Von den Erfahrungen anderer Internetunternehmen ausgehend wurden insgesamt 150 bis 200 E-Business-Werttreiber ermittelt, die sich auf alle möglichen Funktionsbereiche – von der Werbung bis hin zur Technologie – erstreckten.*
- Schritt 2: *Um bestimmen zu können, welche maßgeblichen Performance-Indikatoren (MPI) in der Balanced Scorecard berücksichtigt werden sollten, wurde ein dynamisches Modell zur Performance-Messung entwickelt, das alle ursprünglich ermittelten 150 bis 200 E-Business-Werttreiber erfasste. Dieses Gesamtmodell wurde im zweiten Workshop herangezogen.*
- Schritt 3: *Als Nächstes wurden wichtige Funktionskategorien wie Werbung, Marketing, Content-Gestaltung, E-Commerce, Technologie und Portfoliomanagement überprüft. Alle E-Business-Wert-*

> *treiber wurden in Kategorien zusammengefasst. Innerhalb der verschiedenen Kategorien wurden jeweils maßgebliche Werttreiber bestimmt, denen das Management strategische Bedeutung beimaß. Insgesamt wurden aus der Gesamtliste der E-Business-Werttreiber 45 maßgebliche Performance-Indikatoren ausgewählt, die ihrerseits 15 Cluster-Kategorien zugeordnet wurden. Zum Beispiel wurde als einer der maßgeblichen Performance-Indikatoren für die Funktionskategorie Werbung die Werbeplatz-Vorausbuchung ermittelt, die den Strom der Werbeeinnamen erhöht. Ein anderer maßgeblicher Performance-Indikator betraf die Click-Raten bei der Banner-Werbung: Bei hohen Click-Raten sind die Werbungtreibenden zur Zahlung höherer Werbegebühren bereit.*
>
> - *Schritt 4: Der nächste Schritt bestand darin, jeden einzelnen E-Business-Werttreiber zu definieren. Es galt, eine passende Bezeichnung zu finden und festzulegen, wie die Messung erfolgen sollte, wie oft eine Überprüfung durchzuführen war, welche Zeitspanne berücksichtigt werden sollte, wem die Daten gehörten und welches strategische Ziel mit der Messung verfolgt wurde.*
> - *Schritt 5: Man entwickelte ein System, um die Daten in Scorecard-Format visualisieren zu können. Dieses System erfasst Informationen über die 45 maßgeblichen Performance-Indikatoren und verdichtet sie nach Maßgabe der zuvor festgelegten Definition. Das Modell ist kompliziert aufgebaut, aber vielseitig verwendbar. Es ermöglicht dem Management, Informationen im Website-Format, aber auch in konsolidierter Version zu betrachten und sowohl B2B-Perspektiven als auch B2C-Aspekte zu untersuchen.*

Es handelt sich bei der E-Business-Scorecard also um ein dynamisches Tool, das sich jederzeit an neue Datenströme anpassen lässt. Überdies stellt die Scorecard eine solide Bewertungsgrundlage dar. Die maßgeblichen Performance-Indikatoren sind geschäftsstrategisch integriert und korrelieren mit den sieben Werttreibern im Rahmen der Wertschöpfungsdynamik. Mithilfe dieser Messtechnik lässt sich der Marktwert des E-Business-Projekts auf kontinuierlicher Basis ermitteln.

Blick für das Ganze

Für Sie als CFO ist die Wertschöpfung eine zentrale Aufgabe, wobei der Druck, einen kontinuierlich wachsenden Shareholder-Value-Beitrag liefern zu müssen, noch zunehmen dürfte. Für manch einen mag diese Entwicklung ein Alptraum sein, doch andere begrüßen die Herausforderung. Wer sich der Situation gewachsen fühlt, weiß: Der Weg zum Erfolg ist eine Einbahnstraße. Entscheidend ist die Erwirtschaftung nachhaltiger Renditen. Sie schafft die Grundlage für überdurchschnittliche Performance. Sie steigert den Shareholder-Value-Beitrag.

Im undurchsichtigen und häufig unvorhersehbaren Wirtschaftsumfeld von heute bedarf es eines gewissen Maßes an Zuversicht, sich auf das Wesentliche zu konzentrieren, und an Mut, am Grundsätzlichen festzuhalten. Zugleich ist beruhigend zu wissen, dass die in der Vergangenheit bewährten Prinzipien der Wertorientierung robust genug sind, um die Unternehmensführung auch in die Zukunft zu sichern. Wenn Sie nun als CFO in den stürmischen E-Business-Gewässern von heute navigieren, sollten Sie eines nicht vergessen: Sie verfügen über ein ganzes Arsenal an Werkzeugen, die Ihnen schwierige, aber solide fundierte Entscheidungen im Rahmen der Shareholder-Value-Maximierung erleichtern.

> **Im undurchsichtigen und häufig unvorhersehbaren Wirtschaftsumfeld von heute bedarf es eines gewissen Maßes an Zuversicht, sich auf das Wesentliche zu konzentrieren, und an Mut, am Grundsätzlichen festzuhalten.**

E-CFO-Checkliste

Betrachtung von E-Business-Initiativen als wertschöpfende Investitionen
Widerstehen Sie der Versuchung, E-Business-Aktivitäten unter anderen Bewertungsaspekten als sonstige Investitionsprojekte zu betrachten. Behandeln Sie Ihre E-Business-Projekte als entwicklungs-

fähige, wertschöpfende Investitionen – sowohl im Hinblick auf die Performance-Messung als auch auf die damit verbundenen Erwartungen.

Ausrichtung auf die neuen E-Business-Wirtschaftsfaktoren
Um in der schönen neuen Business-Welt überleben zu können, sollten Sie in jede Ihrer Entscheidungen Überlegungen zu möglichen Instabilitäten einbeziehen. Sie müssen Risiko neu definieren. Bei Ihrer Wertorientierung sind nunmehr auch Innovationsfähigkeit, Pioniervorteile und andere schwer zu quantifizierende Faktoren zu berücksichtigen.

Kenntnis der siebenteiligen Wertschöpfungsdynamik im E-Business
Sorgen Sie dafür, dass jede Ihrer E-Business-Initiativen in Ihre Geschäftsstrategie eingebunden ist und mit den sieben Werttreibern korreliert. Sie müssen die siebenteilige Wertschöpfungsdynamik, die diese Werttreiber untermauert, genau kennen und nutzen.

Rechtzeitige und häufige Kontrolle der Cash-Burn-Rate
Die Kapitaljagd gilt einer beschränkten Anzahl solider E-Business-Projekte; es dürfte nicht weiter überraschen, dass der Cash-Verbrauch mit alarmierender Geschwindigkeit erfolgt. Unter solchen Umständen wird eine hohe Cash-Verbrauchsrate leichthin als Normalität abgetan. Doch die Investoren rücken zunehmend von dieser „Alles ist machbar"-Haltung ab – und Sie sollten es ihnen gleichtun. Sie müssen entscheiden, was akzeptabel ist und was nicht; Sie müssen Ihre Cash-Abflüsse rigoros kontrollieren.

Erarbeitung einer E-Business-Scorecard zur laufenden Performance-Messung
Bevor Sie den Wert eines E-Business-Vorhabens angemessen beurteilen können, müssen Sie geeignete Performance-Messkriterien ermitteln und anwenden. Die Balanced E-Business-Scorecard erfasst eine Reihe maßgeblicher Leistungsindikatoren, die das Geschäftsleben in unserer heutigen internetfähigen Wirtschaft bestimmen. Es

handelt sich um ein höchst flexibles Instrument, das sich Ihren strategischen Zielen jederzeit anpassen lässt.

Rasche und flexible Implementierung einer E-Business-Messtechnik
Die Abwicklung von Geschäftsvorgängen mit Internetgeschwindigkeit ist heutzutage unerlässlich. Um Ihre Wertschöpfung in akzeptablem Tempo voranzutreiben, müssen Sie Ihre Performance-Messgrößen „dynamisieren". Betrachten Sie Ihre Messtechnik als anpassungsfähige und in ständiger Entwicklung begriffene Triebkraft und nicht als statisches Instrumentarium.

Ausrichtung auf nachhaltige Unternehmensleistung
Das EVA-Konzept und andere Wertorientierungsansätze sind nur ein Mittel zum Zweck. Ob nun herkömmliche Kriterien zugrunde gelegt werden oder webfähige Indikatoren – das Ziel eines jeden Geschäftsvorhabens ist letztlich eine überlegene, auf Dauer realisierbare Performance.

Flexibilität im Hinblick auf strategische Optionen
Auf dem Markt von heute ist Flexibilität angesagt. Konzentrieren Sie sich auf die Zukunft; sorgen Sie dafür, dass jede sich bietende Option voll genutzt wird und einen Wertschöpfungsbeitrag leistet.

Kapitel 4

Aufbau immaterieller Vermögenswerte: Von Wertorientierung zu Wertmaximierung

Bewertung und Verwaltung immaterieller Vermögenswerte

Warren Jenson, CFO
Amazon.com

Bei Amazon.com, einem stark wachstumsorientierten Internetunternehmen, sind wir uns deutlich der Tatsache bewusst, dass wir nur dann mit der erforderlichen Geschwindigkeit expandieren und Wandel bewältigen können, wenn wir unsere Finanzlage im Griff haben und striktes Controlling anwenden. Wir sind überzeugt, dass dies unseren Fortschritt beflügelt und uns zu schnellerem Wachstum verhilft, als es uns sonst möglich wäre.

Worauf gründet unser bisheriger Erfolg bei Amazon.com? Auf bedingungsloser Ausrichtung auf unsere Kunden – bei jeder Entscheidung und jeder Aktion und bei jedem neuen Produkt, das wir einführen. Wir prüfen, was wir für unsere Kunden tun können, und bauen dann rasch die Basis unserer Möglichkeiten aus, um den Prozess so schnell wie möglich wiederholen zu können. Höchste Priorität hat bei uns die Wertschöpfung für unsere Kunden; erst dann wenden wir uns der Frage zu, welche Renditen wir für realisierbar halten.

Unser Aktienkurs ist von mehreren Faktoren abhängig. Wichtig ist vor allem unsere Kundenbasis; wir zählen weltweit 16 Millionen Kunden, zu denen wir wertvolle Beziehungen aufbauen. Unsere Aufgabe ist, diese Kundenbasis so zu nutzen, dass wir noch mehr Kunden gewinnen und unserer Kundschaft noch mehr und noch bessere Serviceleistungen bieten können. Der Wert unserer Aktien steht und fällt mit den vor uns liegenden Optionen, die wir zum Teil noch gar nicht kennen. Bei Unternehmen wie Amazon.com stellt sich die Frage: Welchen Wertschöpfungsbeitrag können wir mit unseren vorhandenen Netzwerken erzielen? Wie hoch ist der heutige Options-

Aufbau immaterieller Vermögenswerte

wert für den Besitz einer Amazon.com-Aktie in Anbetracht der Geschäftsmöglichkeiten, die sich uns in den nächsten Jahren bieten?

Was unsere Investmententscheidungen angeht, so halten wir uns an die Optionstheorie: Wir prüfen, ob die Kosten bei einem nicht frühzeitig erfolgten Einstieg derart in die Höhe gehen, dass wir noch heute investieren müssen – selbst dann, wenn wir nach herkömmlichem Dafürhalten besser warten sollten. Hier wird um Terrain gekämpft: Gewinner sind letztlich die Unternehmen, die in der Lage sind, geeignete Netzwerke aufzubauen, ihre Kundenbasis zu erweitern und weltweit einen loyalen Kundenstamm aufzubauen.

Die Kosten für Kundenakquisition sind bei jedem Unternehmen unterschiedlich, aber unter den derzeitigen Internetbedingungen muss eine Startup-Firma mit äußerst hohem Kostenaufwand rechnen. Wir reduzieren unsere Kundenakquisitionskosten, indem wir die Effektivität unseres Netzwerks nutzen: Wir sind bemüht, unsere Kunden auf jede erdenkliche Weise zufrieden zu stellen und über eine sich rasch ausbreitende „Kundenpropaganda" (Viral Marketing) neue Amazon.com-Kunden zu gewinnen.

> **Der Wert einer Marke beruht darauf,
> dass zuallererst Wertschöpfung für den Kunden als ein
> sich selbst verstärkender Mechanismus betrieben wird.
> Je besser wir unseren Kunden dienen,
> desto höher ist unser Markenwert.**

Die unternehmensweite Organisation unserer Kundenbeziehungen (Customer Relationship Management, CRM) ist unser wertvollstes Gut. Deshalb sind wir stets darauf bedacht, unsere Kunden möglichst gut zu informieren und ihnen alles bereitzustellen, was sie über ein Produkt wissen möchten – unter anderem auch, ob das Produkt ihren Nachbarn und Freunden (in ihrer virtuellen Kaufgemeinschaft) ebenfalls gefallen hat. Wir wissen ungeheuer viel über unsere Kunden. Und wir wissen unsere Daten zu nutzen, aber niemals so, dass dies die Bindung zwischen den betroffenen Kunden und unserem Unternehmen gefährden könnte.

Die Konzepte *Marke* und *Kunde* sind unlösbar miteinander verbunden. Der Wert einer Marke beruht darauf, dass zuallererst Wertschöpfung für den Kunden als ein sich selbst verstärkender Mechanismus betrieben wird. Je besser wir unseren Kunden dienen, desto höher ist unser Markenwert.

In unserer neuen Internetwirtschaft sehen die Unternehmensbilanzen ganz anders aus. Wir tun alles, was in unseren Kräften steht, um den Wert des investierten Kapitals zu maximieren. Wir sehen keine Notwendigkeit für große Kapitalinvestitionen; auf die Dauer streben wir dreistellige Renditen an. Doch wenn wir über immaterielle Werte reden, werden diese letztlich als Cashflow-Größe bemessen. Mit immateriellem Wert meinen wir die Gewinnung von Neukunden und die Häufigkeit, mit der die Kunden unsere Website aufsuchen. Wir beurteilen unsere Investitionen danach, welchen Kostenaufwand wir pro Kunde betreiben und wie gut unser Kundenservice, gemessen am Prozentsatz pünktlich abgewickelter Bestellungen, von Quartal zu Quartal ist.

Ein weiterer wichtiger Vermögenswert sind unsere Mitarbeiter. Wir haben ein Team kompetenter Leute zusammengestellt, die in allen möglichen Bereichen, in Startup-Neugründungen wie auch in großen Unternehmungen, brauchbare Erfahrungen gesammelt haben; wir holen das Beste aus ihren Fähigkeiten heraus.

Das Internet wird nicht warten: Es handelt sich um ein kulturelles und nicht etwa geografisches Phänomen. Das Internet erfordert zunächst einen erheblichen Investitionsaufwand, um möglichst rasch Größenvorteile zu gewinnen. Diese Möglichkeit wird es nicht auf Dauer geben. Wir müssen an möglichst vielen Orten mit möglichst vielen Produkten Präsenz zeigen – und das möglichst schnell; und wir müssen unseren Markennamen, das Konzessionsgeschäft und unsere Kundenbeziehungen ausbauen. Wir halten es für unsere größte Herausforderung, unser Geschäft in Anbetracht eines schier unübersehbaren Potenzials an Möglichkeiten abzuwickeln.

Bill Gates hat einmal gesagt: „Unsere wichtigsten Vermögenswerte, nämlich unsere Software und unsere Fähigkeiten zur Softwareentwicklung, tauchen in der Bilanz überhaupt nicht auf." Immaterielle Vermögenswerte, die Gesamtheit aller nicht in Sachanlagen gebundenen Guthaben, lassen sich im Rahmen der herkömmlichen Buchhaltung nicht erfassen. In vielen Unternehmen stehen sie deshalb nur selten auf der Tagesordnung der Geschäftsführung.

Doch wenngleich nur wenige Unternehmen ihre immateriellen Vermögenswerte verwalten und messen – die Investoren nehmen sehr wohl eine Bewertung vor. In diesem Zusammenhang ist beachtenswert, dass der an der Börse gehandelte Marktwert eines Unternehmens und sein Buchwert immer stärker auseinander klaffen. Im Mittel hat sich bei US-amerikanischen Unternehmen das Verhältnis von Marktwert zu Buchwert in den vergangenen 25 Jahren mehr als verdoppelt. In einigen Fällen, so bei Microsoft, Amazon und Dell, macht das Sachanlagevermögen inzwischen nur noch einen winzigen Anteil am Marktwert aus.

Aufbau immaterieller Vermögenswerte

Viele CFOs können auf den Dollar genau ausrechnen, was sie für F&E, Werbung oder Mitarbeiterschulung ausgegeben haben. Demgegenüber ist die Berechnung dessen, was Marken, Know-how, intellektuelles Eigentum und Kundenbeziehungen dem Unternehmen einbringen, eine sehr viel anspruchsvollere Aufgabe. Unternehmen, die sich auf die Bewertung und den gewinnbringenden Einsatz ihrer immateriellen Vermögenswerte verstehen, werden letztlich ihren Konkurrenten, die solches nicht gelernt haben, überlegen sein. Mehr noch: Dieser Lernprozess ist überlebenswichtig. Davon soll in diesem Kapitel die Rede sein.

Was verstehen wir unter immateriellen Vermögenswerten? Wir fassen unter diesem Begriff alle „weichen" Vermögenswerte zusammen: unternehmenseigene Patente, Softwareprodukte, Marken, Warenzeichen, Logos, Lizenzen, F&E, Ideen, Sachkompetenz und Erfahrung sowie gute Beziehungen. Sie alle sind dazu angetan, dass ein Unternehmen seine konkreten Vermögenswerte in Form von Sachanlagen gewinnbringend nutzt – mit dem Ziel der Wertschöpfung für die Aktionäre. Im vorliegenden Kapitel wollen wir uns zunächst der Frage zuwenden, warum immaterielle Vermögenswerte zunehmend an Bedeutung gewinnen und in welcher Weise sie sich auf Wertorientierung und Investitionsentscheidungen auswirken. Im Anschluss daran werden wir praxisnah verdeutlichen, wie Sie als CFO besonders die Kategorien immaterieller Vermögenswerte, die den größten Einfluss auf den Unternehmenswert haben, in den Griff bekommen:

- Kunden
- Marken
- F&E
- Intellektuelles Eigentum und Urheberrechte
- Geschäftliches Ansehen
- Mitarbeiter

Zur Bedeutung immaterieller Vermögenswerte

Der Marktwert eines Unternehmens richtet sich nach seinem voraussichtlichen Gewinnpotenzial – nach dem Gegenwarts- oder Barwert seiner künftigen wirtschaftlichen Erträge (Economic Profit). Dabei dienen die vorhandenen Vermögenswerte als Basis für das Kapital, das zur Erzielung solcher künftigen Cashflow-Bestände investiert wird. Selbst im Fertigungsbereich sind immaterielle Vermögenswerte wie F&E, Kundenbeziehungen, Markenentwicklung und Agilität im Management zunehmend erfolgsentscheidend. Materielle Vermögenswerte in Form von Sachanlagen ermöglichen Leasinggeschäfte und Fertigungsprozesse können ausgelagert werden. Manche Experten argumentieren sogar, Firmen wie Nike und Benetton, die ihre eigenen Produkte nicht selbst herstellen, besäßen als virtuelle Unternehmen einen höheren Unternehmenswert, als wenn sie unternehmenseigene Produktionsanlagen betrieben.

Als Wertschöpfungsquelle haben immaterielle Vermögenswerte seit Jahren an Bedeutung gewonnen – auf Kosten des physischen Sachanlagevermögens. Das Internet hat diesen Trend in dreifacher Weise verstärkt. Erstens hat das Internet den Übergang von materiellen zu immateriellen Vermögenswerten beschleunigt und globalisiert. Zweitens hat das Internet zur vielfältigen Auf- und Neugliederung von Supply Chains und Geschäftsmodellen geführt und dabei immaterielle Vermögenswerte zur geschäftlichen Kernkomponente entwickelt. Ein Yahoo! oder ein eBay steht und fällt mit seinem neuen Business-Modell. Und drittens hat das Internet die Mobilität und Marktfähigkeit immaterieller Vermögenswerte erhöht. Substanzielle Inhalte jedweder Art werden gemeinschaftlich genutzt, neu verpackt und neuen Zwecken zugeführt. Die Musik- und Filmbranche bietet ausgezeichnete Beispiele für diese Entwicklung.

Allerdings haben die Buchhaltungspraktiken mit der veränderten Beschaffenheit der Vermögensbasis in den Unternehmen nicht Schritt gehalten. So kann es vorkommen, dass immateriellen Vermögenswerten ein Wert zugeordnet wird, wenn diese akquiriert werden (und entsprechend Geld fließt), nicht aber im Fall einer unternehmensinternen Bereitstellung. Und *wenn* eine Bewertung erfolgt, müssen Marken unter Umständen abgeschrieben werden – ungeachtet der Tatsache, dass erfolgreiche Marken für potenziell unbegrenzte Zeit ständig an Wert gewinnen können. In Anbetracht eines solchen Mangels an Transparenz und Konsistenz bei der Bewertung immaterieller Vermögenswerte nimmt es nicht Wunder, dass die Volatilität bei Internetaktien derart zugenommen hat.

Einige Skeptiker, darunter auch CFO-Experten, vertreten die Auffassung, intellektuelle Vermögenswerte seien wohl niemals zutreffend zu bemessen. Immaterielle Vermögenswerte, so ihre Argumentation, kön-

Aufbau immaterieller Vermögenswerte

nen sich über Nacht quasi in Nichts auflösen: Eine Marke kann durch Gerüchte oder Misserfolg Schaden nehmen, ein Patent kann auslaufen, eine Technologie kann überholt werden. Ihrer Meinung nach stiftet eine Berichterstattung über immaterielle Vermögenswerte nur Verwirrung unter den Investoren.

All dies legt nahe, dass die Techniken zur Bemessung immaterieller Vermögenswerte noch sehr zu wünschen lassen. Dennoch: Als CFO bleibt Ihnen keine andere Wahl, als mit der Messung, Überwachung und Verwaltung der immateriellen Vermögenswerte Ihres Unternehmens sofort zu beginnen – aus zwingenden Gründen:

- *Die Märkte berücksichtigen immaterielle Vermögenswerte.* Ermittlung und Kommunikation immaterieller Vermögenswerte können tief greifende Auswirkung darauf haben, wie der Markt Performance und Potenzial eines Unternehmens einschätzt. Gleichwohl werden immaterielle Vermögenswerte in der Berichterstattung häufig systematisch vernachlässigt und damit unzureichend berücksichtigt. Die Ergebnisse unserer kürzlich durchgeführten branchenübergreifenden Untersuchung belegen diesen Zusammenhang (Abbildung 4.1).
- *Immaterielle Vermögenswerte fördern die Investitionsbereitschaft.* Selbstverständlich ist die Kapitalzuweisung – die Wahl der Investitionsobjekte unter dem Aspekt der Maximierung von Economic Profit und Shareholder Value – für Sie als CFO Ihre vornehmlichste Aufgabe. Um aber vernünftige und ausgewogene Entscheidungen für oder gegen materielle und immaterielle Investitionsobjekte treffen zu können, muss Ihr Unternehmen in der Lage sein, F&E-Aktivitäten, Kundenbeziehungen, Marken, Personalressourcen und intellektuelles Eigentum zu bewerten.
- *Was nicht messbar ist, kann nicht verwaltet werden.* Da immaterielle Vermögenswerte in die Berichterstattung gewöhnlich nicht einbezogen werden, bleiben sie unsichtbar. Und da sie unsichtbar sind, werden sie nur unzureichend genutzt. Die meisten Unternehmen bemühen sich derzeit nur angesichts einer Krise, etwa im Rahmen einer Übernahmeverhandlung, um die Bemessung ihrer immateriellen Vermögenswerte. Nur sehr wenigen gelingt die systematische oder strategische Verwaltung solcher Vermögensbestände – wenn überhaupt. In aller Regel sehen sich die Unternehmen nicht in der Lage,

Zur Bedeutung immaterieller Vermögenswerte

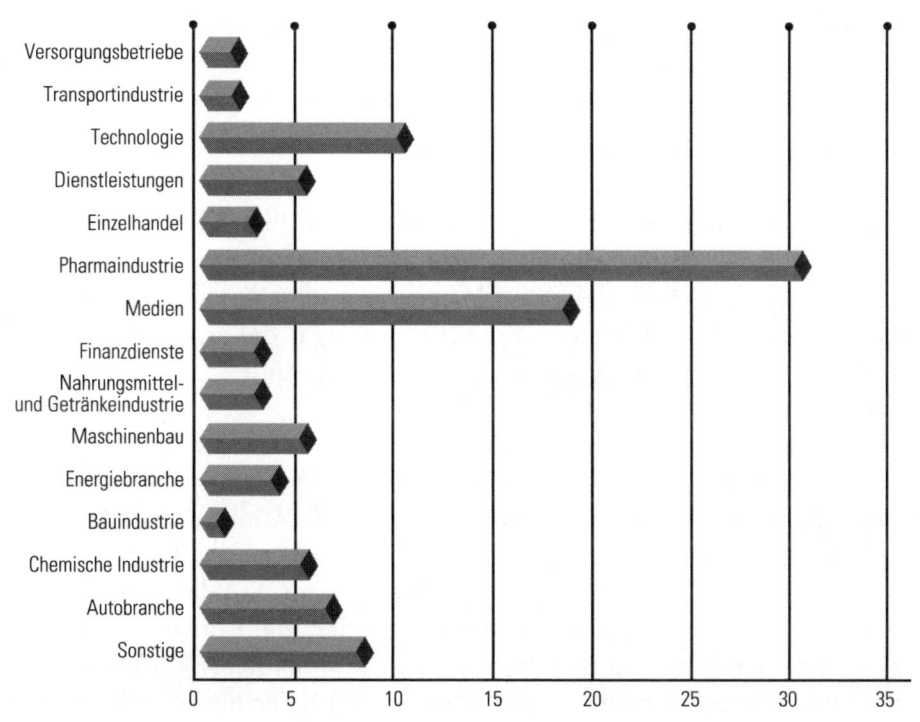

Branche	Wert
Versorgungsbetriebe	~2
Transportindustrie	~2
Technologie	~11
Dienstleistungen	~6
Einzelhandel	~3
Pharmaindustrie	~31
Medien	~19
Finanzdienste	~4
Nahrungsmittel- und Getränkeindustrie	~4
Maschinenbau	~6
Energiebranche	~4
Bauindustrie	~2
Chemische Industrie	~6
Autobranche	~7
Sonstige	~9

Abb. 4.1: Marktwert als Vielfaches vom Nettobuchwert

– Umfang und Tiefe ihrer Wissensbasis und ihrer Leistungsfähigkeit zu erkennen, so dass Möglichkeiten zu branchenübergreifenden Verbundgeschäften ungenutzt bleiben;
– intellektuelles Eigentum wie Patente gewinnbringend zu nutzen, so dass mögliche Ertragsströme aus Lizenzgeschäften entfallen;
– das Potenzial ihrer Marken zu erkennen, so dass nicht ersichtlich wird, wo eine wertschöpfende Investition angesagt ist.

Kurzum: Für die meisten Unternehmen sind die eigenen immateriellen Vermögenswerte eine bislang ungenutzte Quelle zur Erzielung von Wettbewerbsvorteilen. Als CFO haben Sie daher die vordringliche Aufgabe, einen strukturellen Rahmen zu schaffen, der die immateriellen Vermögenswerte mit der New Economy verbindet und die Verwaltung und Betreuung sowohl materieller als auch immaterieller Vermögenswerte zulässt. Wie das gehen soll? Sie müssen eine Messtechnik entwickeln zur Bewertung und gewinnbringenden Nutzung der entscheidenden immateriellen Vermögenswerte, wie sie in den folgenden Abschnitten näher erörtert werden sollen.

Steigerung des Kundenwerts

Peter Drucker hat einmal gesagt, das zentrale Anliegen eines jeden Geschäftsbetriebs sei die Kundengewinnung. Heute gilt die Kundenbasis eines Unternehmens zunehmend als ein zentraler Vermögenswert. Für viele Akteure der New Economy dürfte sie sogar die größte Ressource schlechthin darstellen. Ihr Erfolg steht und fällt mit der gewinnbringenden Nutzung dieser Kundenbasis.

Der Wert eines Kunden über die Gesamtdauer der Kundenbeziehung ist ein Konzept, das viele Unternehmen bei der Bewertung ihrer Kundenbasis als hilfreich ansehen.[1] Es umfasst die Gesamtrentabilität eines Kunden – sämtliche Erträge, die dem Unternehmen im Lauf der Gesamtdauer der Beziehung zu einem bestimmten Kunden zugeflossen sind. Auf der Kostenseite der Gleichung stehen alle Aufwendungen im Zusammenhang mit Kundengewinnung, Kundendienst und Kundenbindung. Einfach formuliert gilt: Wertschöpfung erfolgt durch die Erwirtschaftung von Erträgen aus der Bereitstellung von Produkten und Dienstleistungen, die den mit dem Bereitstellungsprozess verbundenen Kostenaufwand übertreffen.

Wenn Sie als CFO den Wert Ihrer Kundenbasis verstehen, verwalten und verbessern wollen, müssen Sie sich eine Reihe wichtiger Fragen stellen:

- *Unterhält Ihr Unternehmen Kundenbeziehungen, die profitables, langfristiges Wachstum ermöglichen?*
  In der E-Business-Welt von heute haben die Kunden eine größere Auswahl, können Konkurrenzangebote zum Vergleich heranziehen und wechseln mit größerer Wahrscheinlichkeit zur Konkurrenz. In vielen B2C-Geschäften hat sich die Kundenpflege bis hin zur Gewinnschwelle zu einer entscheidenden Disziplin entwickelt. Banken bieten ihren Kunden finanzielle Anreize zum Ausprobieren neuer Produkte, Telefongesellschaften verschenken Mobiltelefone und Einzelhändler locken Kunden mit Schnäppchenangeboten in ihre Geschäfte.

- *Wissen Sie eigentlich, wer Ihre Kunden sind, woher sie kommen und welchen Beitrag sie leisten?*
Der Wertbeitrag, den der einzelne Kunde für Ihr Geschäftsunternehmen leistet, sollte kontinuierlich überwacht, verwaltet und verbessert werden. Analysten zufolge entfallen 80 % der Gewinne eines Unternehmens auf 20 % seiner Kunden. Als ein Telekomunternehmen eine Überprüfung seiner Kundenteilnehmer vornahm, stellte sich heraus, dass 6 % von ihnen 40 % der Erträge einbrachten, aber der Service bei diesen hochwertigen Kunden war sehr kostenaufwändig – die Gewinnschwelle lag bei 32 % (Abbildung 4.2). Für Kunden mit geringerem Kundenwert lag die Gewinnschwelle vergleichsweise niedrig, nur war die Fluktuation bei diesen Kunden mehr als doppelt so hoch wie im hochwertigen Kundensegment; Kundengruppen, die hohe Fluktuationsraten aufweisen, haben einen kürzeren Lebenszyklus und damit einen geringeren Gesamtwert.

Kundenwertsegmente (1=hoher Wert, 5=niedriger Wert)	Kundenvolumen	Regelmäßige Kunden (%)	Fluktuation (%)	Ertrag (%)	Gewinnschwelle (%)
1		6	11	40	32
2		9	29	25	25
3		17	9	16	18
4		28	26	9	13
5		40	25	10	12

Abb. 4.2: Überprüfung des Kundenwerts für ein Telekomunternehmen

- *Wie setzen Sie Ihre Ressourcen ein, um die richtigen Kunden zu gewinnen und an Ihr Unternehmen zu binden?*
Auf Märkten, die sich dem Sättigungszustand nähern, und bei ins Unermessliche steigenden Kundenkosten führt die simple Zielsetzung, bestimmte Marktanteile erreichen zu wollen, geradewegs ins Verderben. Die meisten Organisationen suchen nach neuen, auf Wertschöpfung für Kunden und Aktionäre ausgerichteten Strategien. Entscheidend ist, dass alle an der Kundenwertsteigerung orientierten Aktivitäten (zum Beispiel Werbekampagnen und Verkaufsziele) auf individueller, kundenspezifischer Ebene definiert werden, damit eine persönliche Kundenansprache gewährleistet ist.

Aufbau immaterieller Vermögenswerte

● *Sind Ihre Investitionen in CRM-Systeme dazu angetan, den Kundenwert zu steigern?*
Viele Unternehmen machen Gebrauch von CRM-Systemen (einschließlich Callcenter, Vertrieb und Marketing sowie Kundenservice), um ihre kundenorientierten Prozesse abteilungsübergreifend und bereichsübergreifend zu integrieren. Solche Projekte verbessern die betriebliche Effizienz, erhöhen aber nicht zwangsläufig Kundenbindung und Kundenwert. Auch bieten einige CRM-Systeme nur unzureichende Erkenntnisse im Hinblick auf Kundenprofile, die Entwicklung von Gewinnschwellen-Modellen und den potenziellen Kundenwert über die Gesamtdauer der Kundenbeziehung. Desgleichen sind aktivitätsorientierte Managementtechniken, die von einigen Firmen zur Ermittlung der pro Kunde und Produkt anfallenden Erträge, Kosten und Profitabilität eingesetzt werden, nur für bestimmte Kundensegmente aufschlussreich.

Fallbeispiel
Einführung einer Systematik zur Kundenbewertung für die Gesamtdauer der Kundenbeziehung
Ein europäischer Mobilfunkbetreiber mittlerer Größe kämpfte verbissen um einen größeren Anteil am hochwertigen kommerziellen Markt und musste feststellen, dass seine Kosten für Kundenakquisition in die Höhe geschossen waren – ohne erkennbare Steigerung der Erträge beziehungsweise Gewinne. In Anbetracht der Tatsache, dass sich der Markt seiner Sättigung näherte, beschloss die Geschäftsführung, für die Konsolidierung der Marktposition des Unternehmens und seine finanzielle Gesundung sei der Ausbau der vorhandenen Kundenbasis unerlässlich. Dies wiederum erforderte die Verbesserung von Kundenwissen und Kundenservice.
Mithilfe eines Softwarespezialisten führte das Unternehmen ein System ein, mit dem Kundenverträge zu sinnvollen Kundengruppen zusammengefasst sowie Kosten und Erträge für die Gesamtdauer der jeweiligen Kundenbeziehungen verfolgt werden konnten. Das System lieferte darüber hinaus viele andere nicht-finanzielle Messgrößen, die dem Betreiber die Ermittlung von Wertbeitrag und Ge-

winnschwelle je Kunde ermöglichen. Nach Maßgabe der Kundenprofile erarbeitete das Unternehmen daraufhin einen Investitionsplan auf Direktmarketing-Basis. Auf diese Weise konnten die Erfolgsraten im Verbundgeschäft spontan um mehr als 200 % erhöht werden.

Als Nächstes wurden die für Kundenpflege zuständige Abteilung und die CRM-Systeme neu organisiert, um hochwertige Kunden gegen geringwertige Kunden abgrenzen zu können. Das Unternehmen nutzt inzwischen sein Kundenwissen, um die Preisbildung bei neuen Produkten je nach derzeitiger Kundenprofitabilität, Kunden-Lifestyle und Loyalitätsanreizen kundenspezifisch zu gestalten. Im Zuge seines aggressiven Vordringens in die Internetwelt mit Netzwerken der dritten Generation will das Unternehmen kundenspezifische Portale bereitstellen und situationsabhängige Preise für seine Produkte festlegen – je nach Kundenwertigkeit über die Dauer der Kundenbeziehung.

Wie sich solche Maßnahmen auf die Kundenfluktuation auswirken, bleibt abzuwarten. Doch die Geschäftsführung ist zuversichtlich, dass die langfristigen Verbesserungen hinsichtlich der Kundenzufriedenheit, wie sie durch kleine Investitionen in den Kundenwert erzielt werden, dem Unternehmen auf Dauer deutliche Vorteile bringen.

Viele Unternehmen haben versucht, den Wert ihrer Kunden nach Maßgabe von Standardrenditen oder Barwertberechnungen zu bemessen. Solche Messsysteme mögen für einen bestimmten Vertrag oder ein bestimmtes Projekt hilfreich sein, doch für ein adäquates Kundenwertmanagement sind sie zu unternehmensintern und zu finanztechnisch orientiert. Ein weitaus effektiverer Ansatz besteht darin, jeden Kunden individuell und unter dem Aspekt der Gesamtdauer der Kundenbeziehung zu betrachten. Am besten gehen Sie wie folgt vor:

Schritt 1: Ermitteln Sie die Gewinnschwelle je Kunde. Ausgangspunkt ist die Messung der kundenspezifischen Gewinnschwelle, wobei die kumulativen Erträge aus sämtlichen Verträgen mit dem betroffenen Kunden den kumulativen Kosten über die Gesamtdauer der Kundenbeziehung gegenübergestellt werden. Die Daten sollten nach Gruppierungen (Einzelperson, Familie, Haushalt und Organisation) konsolidiert werden. Neben der Bewertung für die Gesamtdauer der Kundenbeziehung ist es auch hilfreich, die Gewinnschwelle für das laufende Geschäftsjahr oder seit Beginn beziehungsweise Ende der derzeitigen Verträge zu ermitteln.

Die Gewinnschwellen-Prognose erweist sich als ein zunehmend nützliches Instrument: Es verhilft Ihnen zu besseren Entscheidungen in der Frage, welches Maß an Interaktion und direkter Kundeninvestition erforderlich ist, um die Kundenprofitabilität zu steigern. Gewinnschwellen-Prognosen können beispielsweise auch den Prozess der Budgetplanung unterstützen, indem sie Kunden mit ähnlicher Gewinnschwellen-Position als Zielgruppe für bestimmte Marketingmaßnahmen ausweisen. Unter anderem umfasst die Messtechnik folgende Messgrößen: prozentualer Anteil der Kunden kurz vor der Gewinnschwelle; Wert vor der Gewinnschwelle im Zeitverlauf einschließlich Varianzen; Vorgewinnschwelle nach Wertsegment, Produkt und Vertriebskanal.

Schritt 2: Erarbeitung eines gewichteten Kundenwert-Index. Die Gewinnschwellen-Bestimmung ist zwar ein guter Mechanismus zur Bemessung von Kundenbeitrag und Kundenposition über die Dauer der Kundenbeziehung, aber er ist eindeutig finanztechnisch orientiert. Doch auch nicht-finanzielle Aspekte des Kundenwerts sollten bewertet werden – beispielsweise können Produktgebrauch, Loyalität, Zahlungsmethoden und Zahlungsgewohnheiten, Gesprächsbereitschaft und Zufriedenheit sowie Reaktion auf Marketingmaßnahmen bestimmten Punktwerten zugeordnet werden. Diese nicht-finanziellen Messgrößen lassen sich mit finanziellen Messgrößen (Gewinnschwelle, Kundenwert über die Gesamtdauer der Kundenbeziehung, monatliche Erträge und Kapitalkosten bis Vorgewinnschwelle) kombinieren, die dann ebenfalls bepunktet werden. Das Ergebnis ist eine Zusammenstellung von „Wertpunkten", deren Gewichtung einen den Gesamtwert des Kunden bemessenden Bewertungsindex ergibt.

> **In Anbetracht des zunehmend härteren Wettbewerbs erweist sich die Überwachung von Kundenwert-Messgrößen und die Durchführung entsprechender Maßnahmen als eine zentrale unternehmensweite Managementaufgabe.**

Steigerung des Kundenwerts

Ein solcherart gewichteter Kundenwert-Index ist eines der brauchbarsten Instrumente zur Verbesserung kundenzentrierter Prozesse und Aktivitäten. Insbesondere Callcenter-Einrichtungen erhalten auf diese Weise eine schnelle und leichte Orientierungshilfe, um den Wert des Kunden, mit dem sie gerade verhandeln, zu bestimmen. Der gewichtete Kundenwert-Index kann auch zur Verdichtung sämtlicher Managementinformationen eingesetzt werden, so dass die Ergebnisse nach Kundenwert-Segmenten gestaffelt vorliegen.

Schritt 3: Erstellung eines Kundenprofils. Zusätzlich zur Punktbewertung sollte unbedingt ein Kundenprofil erarbeitet werden. Auf diese Weise lassen sich die charakteristischen Merkmale eines Kunden erfassen und analysieren – nicht nur Angaben über die gekauften Produkte und Dienste, Produktgebrauchsmuster, Zahlungsprofil, Interaktionen mit dem Unternehmen, Verbindungen zu Einzelpersonen, Organisationen, Haushalten, Familienverbänden und Vereinigungen, sondern auch geodemografische und soziodemografische Daten.

Schritt 4: Verwaltung des Kundenwerts. Wenn Sie erst einmal so weit gekommen sind, erschließen sich Ihnen viele Möglichkeiten, wie sich die Erträge steigern lassen. So können Marketingmaßnahmen nunmehr direkt auf einzelne Kunden ausgerichtet werden – nach Maßgabe des jeweiligen Kundenprofils sind Werbebotschaften und optimal ausgesuchte Produktangebote kundenspezifisch zu erstellen. Auch die Entwicklung neuer Produkte kann aufgrund der Erfordernisse bestimmter Kundensegmente oder sogar einzelner Kunden erfolgen. Die erneute Investition in die Kundenbasis kann so geplant werden, dass ein maximaler Erfolg gewährleistet ist. Websites können personalisiert und Produkte oder Serviceleistungen preislich so gestaltet werden, dass sich der Kundenwert über die Gesamtdauer der Kundenbeziehung optimieren lässt.

In Anbetracht des zunehmend härteren Wettbewerbs erweist sich die Überwachung von Kundenwert-Messgrößen und die Durchführung entsprechender Maßnahmen als eine zentrale unternehmensweite Managementaufgabe. Vermutlich wird es so kommen, dass Kundenwert-Prinzipien den Ausschlag für die Produktpreisbildung und das Serviceangebot geben und zur Entwicklung neuer CRM-Techniken beitragen werden.

Aufbau immaterieller Vermögenswerte

Ausrichtung auf den Markenwert

Welche Bedeutung kommt nun den Marken in der E-Business-Welt zu? Eine unglaublich hohe Bedeutung, wenn man den Analysten Glauben schenken will – ganz besonders im B2C-Bereich, wo Marktbewertungen um ein Vielfaches über den Umsatzerträgen des laufenden Jahres liegen können. Die Bewertung von Yahoo! beispielsweise hat den Umsatz des Unternehmens um das 52fache übertroffen. Die gesamte Markenthematik zeigt sich in der New Economy mit neuer Dringlichkeit – unter Umständen sind eine Kundenbasis und eine Marke (oft genug in dieser Reihenfolge) die einzigen Vermögenswerte, die ein Unternehmen besitzt. Wie Warren Jenson von Amazon.com in seiner Einleitung zu diesem Kapitel hervorhebt, sind Kunden und Marken zwei Seiten ein und derselben Medaille. Marken sind ein riesiger, wachstumsintensiver Faktor im E-Business-Geschäft:

- Internetbasierte Unternehmen pflegen direkten Kontakt zu ihren Kunden.
- Der Handel ist kundenorientiert und Kunden suchen nach Markennamen.
- Kleine und große Unternehmen haben gleichermaßen Chancen.
- Suchmaschinen erleichtern den Vergleich zwischen Unternehmen und Produkten.
- Die globale Reichweite kompensiert die Bedeutung lokaler Markeninitiativen.

Frühzeitig ins E-Business eingestiegene Akteure haben ihre Karten derart gut ausgespielt, dass binnen vier bis fünf Jahren neue Marken die etablierten Marktführer herausfordern. Die Anerkennung, die Amazon unter Internetnutzern genießt, ist nur geringfügig niedriger als das Ansehen des traditionellen Marktführers Barnes & Noble. E*TRADE hat einen besseren Ruf als der Finanzriese Merrill Lynch. Yahoo!, AOL und Amazon zählen mittlerweile zu den Top 50 der hochwertigsten globalen Markennamen. Sir Richard Branson, Chairman von Virgin, hat einmal gesagt: „Wenn man sich die Werte von Internetunternehmen mit starken Marken anschaut, stellt man eine bis zu zehnmal höhere Bewertung fest als bei Internetunternehmen ohne Marke."

All dies erklärt, warum führende Unternehmen der Verwaltung dieses wichtigen Vermögenswerts Aufmerksamkeit auf höchster Ebene zuteil werden lassen: Sie quantifizieren den Markenwert und ermitteln die den Markenwert fördernden Werttreiber. Die Investoren wollen schon heute Beweise sehen, dass „ihre" Unternehmen ihr Markenkapital effektiv verwalten; in Zukunft werden sie noch detailliertere Auskünfte verlangen. Eine kürzlich durchgeführte Umfrage unter britischen Analysten ergab, dass 71 % der Meinung waren, öffentliche Betriebe sollten mehr Informationen über Markenwerte veröffentlichen.

Die Unternehmen gelangen zunehmend zu der Erkenntnis, dass eine Markenbewertung verschiedenen Managementzwecken dienlich ist – sowohl unter externem als auch internem Aspekt. *Extern gesehen* mögen britische Unternehmen akquirierte Marken bewerten und jährliche Überprüfungen vornehmen, um unter Beweis zu stellen, dass man ihren Wert hatte bewahren können und so in Großbritannien weitgehend mit den USA Schritt zu halten vermochte, auch wenn andere Abschreibungsrichtlinien zur Geltung kommen. Solche Bewertungen dienen als Basis für externe wie interne Lizenzvereinbarungen und lassen sich als Sicherheit für verbriefte Kreditforderungen einsetzen. Aus der Sicht der Anteilseigner bedeuten sie eine wichtige substanzielle Information zur Unterrichtung der Investorengemeinschaft sowie zur Veröffentlichung in den Jahresberichten.

Intern gesehen dient die Durchführung einer Markenbewertung als Basis für portfoliostrategische Entscheidungen: So kann Rationalisierung in Form von Veräußerung angesagt sein – wie etwa bei Diageo, wo eine Reihe länderspezifischer beziehungsweise regionaler Marken abgestoßen wurde, damit sich das Unternehmen auf Marken mit globaler Reichweite konzentrieren konnte. Aber auch etwas anderes kann dabei herauskommen – etwa die Neubesinnung oder Konzentration auf knappe Ressourcen mit dem Ziel, für eine Pauschalmarke zu werben. Eine Markenbewertung liefert darüber hinaus Informationen für die Planung und Ressourcenverteilung im Rahmen der Werbe- und Marketingbudgets und bietet einen Referenzansatz für laufende Überwachung, Performance-Management und Markenzuständigkeit – wiederum wie bei Diageo. Außerdem entwickeln sich Markenbewertungen zunehmend zu einer wichtigen Komponente bei Lizenzentscheidungen und bei der Preisbestimmung in Akquisitions- und Fusionsfällen.

> **Fallbeispiel**
> **Markenbewertung in der Praxis**
>
> Ein Produkthersteller hatte Ende der 1980er, Anfang der 90er Jahre eine Reihe größerer Akquisitionen getätigt, bei denen ein erheblicher Anteil an immateriellen Geschäftswerten in den Kaufpreis eingegangen war. Die Abschreibung dieser kumulativen Goodwill-Bestände führte dazu, dass der Hersteller seine Reserven erschöpfte und nur noch einen geringen Buchwert besaß. Einerseits war es dem Unternehmen somit ohne Genehmigung der Aktionäre nicht möglich, Emissionen für andere Geschäfte zu begeben, während es andererseits durch erhöhte Aufnahme von Fremdkapital in gefährliche Nähe zur Nichterfüllung seiner Schuldendienstverpflichtungen geriet.
>
> Um seine finanzielle Flexibilität wiederherzustellen, beschloss das Unternehmen, die in den Jahren nach 1985 akquirierten Marken zu bewerten und sie in die Bilanz aufzunehmen. Seither konnte eine kontinuierliche Kapitalisierung des akquirierten Markenwerts erzielt werden. Ende des letzten Geschäftsjahres machte der Markenwert – auf Basis der Anschaffungskosten ermittelt – mehr als 55 % der gesamten Vermögenswerte des Unternehmens aus.
>
> Das Unternehmen erkannte schnell, dass eine rechtzeitige Einbeziehung der Markenbewertung die Möglichkeit bot, eine Methode für effektives Markenmanagement zu entwickeln. Die zuständigen Führungskräfte haben mit verschiedenen Bewertungsmethoden experimentiert, um sich ein umfassendes Bild der Werttreiber zu verschaffen, die den Wert einer Marke fördern. Das so erlangte Wissen ist mittlerweile voll in die Unternehmensführung integriert.
>
> Ende der 1990er Jahre hat das Unternehmen ein strategisches Programm auf der Basis eines wertorientierten Managements eingeleitet, um die Triebkräfte für den Economic Profit zu ermitteln und eine noch gezieltere strategische Ausrichtung zu gewährleisten. Im Rahmen dieses Prozesses hat das Unternehmen Messkriterien entwickelt, um Markenwerttreiber und Markenwert den gesamten Performance-Managementzyklus hindurch verfolgen zu können: Planung, Zielsetzung, Festlegung von Zuständigkeiten, Berichter-

> *stattung, Aktionsplanung und Durchführung. Regelmäßige Berichte informieren über das laufende Performance-Management in Sachen Markenwert. Diese Initiative ist von Investmentanalysten positiv aufgenommen worden; eine einflussreiche Gruppe von Analysten hat das Unternehmen kürzlich als die Nummer eins hinsichtlich der Veröffentlichung von Informationen über Markenstrategie und Markenperformance eingestuft.*

Einige Finanzchefs äußern Vorbehalte gegenüber einer Markenbewertung – mit der Begründung, es gäbe keine Standardmethode für entsprechende Kalkulationen. Unseren Erfahrungen nach haben die mit einer solchen Markenbewertung verbundenen Vorteile jedoch mehr Gewicht zu als derartige Bedenken. Absolute Genauigkeit ist weniger wichtig als der Lerneffekt im Prozessverlauf – einschließlich der Erkenntnis, welche Werttreiber den Markenwert fördern, welche Trends sich im Lauf der Zeit ausprägen und wie man damit umzugehen hat. Es kommt entscheidend darauf an, den relativen Wert der eigenen Marken zu ermitteln und Bewertungsdifferenzen konsistent zu analysieren. Die verschiedenen Ansätze zur Markenbewertung lassen sich vier Kategorien zuordnen:

- *Kostenbasierte Ansätze*: In die historische Kostenbewertung gehen sämtliche Kosten ein, die bei der Entwicklung einer Marke im Lauf der Zeit angefallen sind. Bei der Bewertung nach Maßgabe der Wiederbeschaffungskosten schätzen Experten den Kostenaufwand ab, der zur Neuentwicklung der Marke erforderlich wäre. Beide Methoden sind mit Nachteilen verbunden: Die Kosten lassen sich (insbesondere bei langlebigen Marken) nur näherungsweise abschätzen und sagen kaum etwas über die Zukunft aus.
- *Marktbasierte Ansätze*: Bei solchen Ansätzen wird ermittelt, wie hoch der Veräußerungswert einer Marke am freien Markt wäre. Bei marktbasierten Bewertungen kommt es darauf an, dass eine äquivalente Marke am Markt zu Vergleichszwecken zur Verfügung steht – was nicht immer der Fall ist.
- *Ertragsbasierte Ansätze*: Diese Ansätze zielen auf eine Bestimmung der künftigen Nettoerträge ab, die unmittelbar der Marke zuzuschreiben sind, um anschließend unter Anwendung eines angemessenen

Abzinsungsfaktors eine Diskontierung auf den Barwert vorzunehmen. Zur Bestimmung der Nettoerträge gibt es verschiedene Methoden. Eine von ihnen, die Lizenzertragsmethode, besteht in der Abschätzung der Erträge, die ein Markenbesitzer aus Lizenzvergaben zur Nutzung seiner Marke erwarten kann. Wie die marktbasierten Kalkulationsansätze hat auch diese Methode den Nachteil, dass keine Vergleichsmöglichkeit gegeben ist. Es dürfte eher unwahrscheinlich sein, dass eine vergleichbare Marke auf demselben Markt von einem anderen Warenzeichenbesitzer zur Lizenzvergabe angeboten wird.

- *Wirtschaftlichkeitsbasierte Ansätze*: Ansätze dieser Art sind von Beratungsunternehmen wie Interbrand und Brand Finance entwickelt worden. Ihre Attraktivität beruht auf einer umfassenden Beurteilung sämtlicher Faktoren, die einen Einfluss auf das Wertschöpfungspotenzial einer Marke haben könnten. Marktanalyse und markenorientierte Finanzanalyse werden so miteinander kombiniert, dass sich der Markenwert ableiten lässt. Dies ist der bevorzugte Ansatz zur Markenbewertung.

Die wirtschaftlichkeitsbasierten Techniken unterscheiden sich im Detail, doch die Schritte im Bewertungsprozess als solchem sind vergleichbar. Die im Folgenden beschriebenen Kalkulationen basieren auf der von Brand Finance verwendeten Methode.[2]

Schritt 1: Kalkulation des wirtschaftlichen Mehrwerts. Theoretisch sollten bei diesem Ansatz die prognostizierten Cash-Zuflüsse aus dem künftigen Markenumsatz herangezogen werden. Allerdings erweist es sich als zweckdienlicher, stattdessen eine berichtete Gewinn- und Verlustrechnungskennzahl zu verwenden. Diese Ertragsgröße erfasst die in vollem Umfang ausgeglichenen Markenerträge nach Berücksichtigung der zentralen Gemeinkosten für einen Zeithorizont von normalerweise 5 bis 10 Jahren. Gewinne, die dem mit eigenen Marken erzielten Umsatz zuzurechnen sind, sollten ausgeschlossen sein. Der Verbrauch an materiellen Vermögenswerten (Sachanlagen und Umlaufvermögen wie Vertriebssystem, Fertigungsanlagen und Inventar) sollte anteilmäßig in Abzug gebracht werden. Die Kapitalkosten werden normalerweise zu einem risikofreien Ausleihungssatz berechnet – unter Zugrundelegung des Prinzips, dass der reale Marktwert des Kapitals erfasst wird und somit für den Eigentümer kein Risiko besteht. Außerdem wird noch ein Steuerabzug auf der Basis eines fiktiven Steuersatzes berücksichtigt. Das Ergebnis ist der wirtschaftliche Mehrwert (Economic Value Added, EVA), der *sämtlichen* immateriellen Vermögenswerten zuzuordnen ist.

Schritt 2: Ermittlung des markenbezogenen Wertschöpfungsbeitrags. Der nächste Schritt ist die Ermittlung des EVA-Anteils, der auf die Marke zurückgeht. Ein auf quantitativen und qualitativen Untersuchungen basierender Ansatz verhilft den Managern zum Verständnis und zur modellhaften Abbildung der die Nachfrage bestimmenden Faktoren und zur Abschätzung des Wertschöpfungsbeitrags, der auf die Marke entfällt. Grundlage ist eine zusammenfassende beziehungsweise vereinheitlichende Analyse mit großem Verbraucherquerschnitt und die Erfassung der wichtigsten geschäftsbelebenden Faktoren in einem Modell. Daraus wird ein Faktor abgeleitet, der unter Anwendung auf das EVA-Ergebnis die Bestimmung des Wertschöpfungsbeitrags der Marke ermöglicht (Brand Value Added, BVA).

Schritt 3: Berechnung des Abzinsungsfaktors. Bei der Bestimmung des Abzinsungsfaktors müssen die wirtschaftlichen, marktabhängigen und markenbezogenen Risiken berücksichtigt werden. Ausgangspunkt ist die Ermittlung des risikofreien Ausleihungssatzes für den geografischen Bereich, in dem die Bewertung erfolgt, und im Anschluss daran die Ermittlung des entsprechenden Eigenkapital-Risikozuschlags. Daraufhin erfolgt eine Berichtigung des generellen Abzinsungsfaktors nach Maßgabe der spezifischen Risiken, die mit dem Marktsektor, in dem die Marke vertrieben wird, verbunden sind. Entsprechende Informationen für die meisten weltweiten Aktienmärkte liegen vor. Zuletzt wird der durchschnittliche Marktrisikofaktor je nach Risikoprofil der zu bewertenden Marke erhöht oder verringert.

**Schätzen Sie Ihr Markenportfolio ab.
Führen Sie ein Performance-Managementsystem ein,
mit dem Sie die Entwicklung und Durchführung von Strategien
zur Markenwertschöpfung verfolgen können.**

Dazu muss man sämtliche Marken im Marktsektor miteinander vergleichen und jeder Marke nach Maßgabe von 10 Schlüsselindikatoren einen Punktwert zuordnen: Angebotszeit auf dem Markt, Vertrieb, Marktanteil, Marktposition, Umsatzwachstumsrate, Preisaufschlag, Preiselastizität, Marketingausgaben beziehungsweise Marketingunterstützung, Werbebewusstsein beziehungsweise Werbeeffekt sowie Markenbewusstsein beziehungsweise Markentreue.

Die auf einer Skala von 0 bis 10 zugeordneten Punkte werden addiert und ergeben letztlich einen Punktwert zwischen 0 und 100. Ein Punktwert von 50 spricht für einen durchschnittlichen Eigenkapital-Risikozuschlag, eine Markenbewertung mit 100 ist theoretisch risikofrei und erfordert keinen Eigenkapital-Risikozuschlag, während bei einer Marke mit der Punktvergabe 0 der höchste Abzinsungsfaktor mit doppeltem Zuschlag geboten erscheint. Zu beachten ist, dass die Risikoberichtigung nur im Hinblick auf den Eigenkapital-Risikozuschlag Anwendung findet, nicht aber auf den risikofreien Ausleihungssatz.

Schritt 4: Berechnung des Markenwerts. Der Markenwert wird bestimmt, indem man den risikoberichtigten Abzinsungsfaktor auf die dem Markenwert zuzuschreibenden Cash-Beiträge anwendet. Unter der Voraussetzung, dass die Marke auch über die Prognoseperiode hinaus – effektiv auf unbegrenzte Zeit – auf dem Markt bleibt, sollte auch eine Annuität auf Basis der im laufenden Geschäftsjahr erwirtschafteten Erträge berechnet werden.

Schritt 5: Verwaltung des Markenwerts. Der CFO sollte die Betreuung des Markenwerts zur strategischen Chefsache erklären und die damit verbundenen Verantwortlichkeiten und Zuständigkeiten genau festlegen. Die Markenbewertung dient der Abschätzung des unternehmenseigenen Markenportfolios ebenso wie der Beurteilung der Markenstrategie insgesamt. Wichtig bei solchen Untersuchungen ist die Frage nach den E-Business-Auswirkungen auf die Markenstrategie einschließlich einer Analyse der damit verbundenen Risiken – beispielsweise könnten spezifische E-Marken eine Gefahr bedeuten; oder es gilt abzuwägen, ob eine Marke ausschließlich über das Internet eingeführt werden soll.

Schätzen Sie Ihr Markenportfolio ab. Führen Sie ein Performance-Managementsystem ein, mit dem Sie die Entwicklung und Durchführung von Strategien zur Markenwertschöpfung verfolgen können. Dabei sollten Sie mit einem Marketingteam zusammenarbeiten. Nutzen Sie die Ergebnisse, um Ihre Marketingeffektivität zu messen. Sorgen Sie mit Nachdruck dafür, dass die Investorengemeinschaft über die Strategien und Ergebnisse unterrichtet wird.

Abschätzung und Verwaltung der F&E-Wertschöpfung

Bevor ein Unternehmen seine F&E-Vermögenswerte proaktiv verwalten kann, muss es zu einem internen Konsens darüber gelangen, was sein F&E-Portfolio wert ist – und warum. Dies wiederum erfordert, dass man die Portfoliobewertung auf dem Markt kennt, die zugrunde liegenden Erwartungen überprüft und dann die Marktmeinung mit den intern erarbeiteten Abschätzungen zum künftigen Wertschöpfungsbeitrag vergleicht. Viele führende pharmazeutische Unternehmen haben das Management ihrer F&E-Investitionen deutlich verbessert. Von ihren Erfahrungen können auch andere Unternehmen mit hohen Investitionen in F&E-Vermögenswerte lernen.

> *Fallbeispiel*
> *Shareholder Value im F&E-Portfolio eines großen Pharmakonzerns*
> *Die F&E-Abteilung eines globalen Pharmakonzerns sah sich mit einer Reihe von branchenüblichen, aber auch spezifischen, das eigene Portfolio betreffenden Herausforderungen konfrontiert. Der Konzern hatte kurz zuvor Fusionsgeschäfte abgewickelt und war nun darauf bedacht, den hoch gesteckten Erwartungen der Wall Street nachzukommen und vor allem das Risiko einer Nichterfüllung seiner Verpflichtungen zu vermeiden. Die Erarbeitung eines strategischen Plans für den mit Respirationstherapie befassten Geschäftsbereich wies auf eine große Wertlücke im Portfolio hin – wobei durchaus die Möglichkeit bestand, dass auch in anderen Therapiebereichen Wertlücken vorhanden waren.*
> *Das Unternehmen nahm eine umfassende Neubewertung seines Portfolios vor: Jeder Therapiebereich wurde bewertet und im Hin-*

Aufbau immaterieller Vermögenswerte

> *blick auf Wertlücken zwischen den externen Erwartungen und der unternehmensinternen Strategie untersucht. Die Geschäftsführung gelangte zu der Erkenntnis, dass es selbst dann noch eine Wertlücke gegenüber den Marktprognosen zu schließen galt, wenn die derzeitigen Strategiepläne erfüllt würden.*
>
> *Man entwickelte Shareholder-Value-Modelle, um die relative Bedeutung der maßgeblichen Werttreiber zu ermitteln. Das Unternehmen kam zu folgendem Ergebnis: Einerseits würde eine 10-prozentige Steigerung der Umsatzerträge einen 22-prozentigen Wertschöpfungsbeitrag leisten, während andererseits eine 10-prozentige Verringerung der Betriebskapitalerfordernisse einen vernachlässigbaren Einfluss auf die Wertschöpfung hätte.*
>
> *Vor allem aber war das Unternehmen in der Lage, den Beitrag der in seinem F&E-Portfolio erfassten immateriellen Vermögenswerte zum Marktwert zu ermitteln: rund 37%. Nachdem das Unternehmen somit sein Geschäftsmodell und die Bewertung seiner materiellen und immateriellen Vermögenswerte am Markt richtig erkannt hatte, konnte die Geschäftsführung gezielte Korrekturmaßnahmen ergreifen.*

Traditionelle Buchhaltungsprinzipien sind nicht dazu angetan, immaterielle F&E-Vermögensbestände zu bewerten. Darüber hinaus ist festzuhalten, dass auch die Managementpraktiken hinsichtlich Buchführung, Planung und Berichterstattung häufig keine angemessene Investitionsallokation im F&E-Portfolio ausweisen. Nur zu oft werden funktionsspezifisch terminierte Prozesse und Vorgehensweisen so gedreht und gewendet, dass daraus Ressourcenverteilungsmechanismen werden. Besonders katastrophal wirkt sich aus, wenn das nächste F&E-Budget als Prozentsatz der für das nächste Jahr erstellten Umsatzprognosen kalkuliert wird, um die Gesamtsumme dann auf die in ganz unterschiedlichen Phasen befindlichen verschiedenen Projekte in der F&E-Pipeline aufzuteilen. In solchen Fällen wird gar nicht erst der Versuch unternommen,

- Investitionen in F&E-Vermögenswerte mit dem angestrebten Marktwert des Unternehmens in Verbindung zu bringen,

- die maßgeblichen operativen Entscheidungsprozesse im F&E-Bereich auf Shareholder-Value-Ziele abzustimmen und
- die Performance der Investitionen in immaterielle F&E-Vermögenswerte zu messen und zu verfolgen.

Wir vertreten die Auffassung, dass die Verwaltung immaterieller F&E-Vermögenswerte eine Organisation erfordert, die den oben genannten drei Aspekten Rechnung trägt. Die folgenden Empfehlungen beruhen auf den Erfahrungen der pharmazeutischen Industrie.

Abstimmung der F&E-Investitionen auf den Marktwert. Die Entwicklung von Portfoliomodellen mithilfe des Computers trägt dazu bei, die positiven beziehungsweise negativen Auswirkungen maßgeblicher F&E-Variablen auf den Shareholder Value zu klären (beispielsweise Kosten und Zeitaufwand in verschiedenen Phasen, Verschleiß, Zeitspanne bis um Spitzenumsatz, Umsatzgipfel und Marktexklusivität). Solche Computermodelle sind als dynamische Pipeline-Simulationsmodelle bekannt; sie geben den Ablauf der Projekte und Produkte eines Unternehmens innerhalb bestimmter Pipeline- und Marktphasen wieder. Man ermittelt die entsprechenden Kosten und Umsatzkurven und setzt sie in die Gewinn- und Verlustrechnung, in die Bilanz und in die ihrerseits mit Shareholder-Value-Kalkulationen verbundene Kapitalflussrechnung ein.

Die Anwendung dynamischer Pipeline-Simulationsmodelle ist die wohl beste Möglichkeit zur Verbesserung des Zielsetzungsprozesses für F&E-Investitionen. Wenn Unternehmen die Auswirkung veränderter maßgeblicher F&E-Variablen auf den Shareholder Value verstehen und Sensitivitätsanalysen im Hinblick auf diese Variablen durchführen, sind sie in der Lage, das zur Erzielung des angestrebten Marktwerts erforderliche Performance-Niveau zu prognostizieren. Entsprechend werden die F&E-Investitionen so ausgerichtet, dass der Differenz zwischen dem derzeitigen Performance-Niveau und dem angestrebten Leistungsziel Rechnung getragen wird. Das F&E-Jahresbudget richtet sich somit nicht nach der für das nächste Jahr vorgesehenen Umsatzkurve, sondern nach Einschätzung der Verbesserungen, deren es bedarf, um den vom Markt erwarteten Shareholder Value zu erzielen. Kurz gesagt: Die Tatsache, dass Sie als CFO die Auswirkung von F&E-Variablen auf den Shareholder Value kennen, ermöglicht Ihnen

Aufbau immaterieller Vermögenswerte

die Erarbeitung alternativer Strategien zur Erhaltung und Verwaltung Ihres Marktwerts.

Verbesserung der betrieblichen F&E-Entscheidungsfindung. Bei der Bewertung von F&E-Projekten spielen gewöhnlich sowohl Lernoptionen als auch „Verbundoptionen" eine Rolle. Um Lernoptionen handelt es sich, wenn der Entscheidungsträger dafür bezahlt, mehr über eine ungewisse Quantität oder Technologie zu erfahren. Hingegen werden bei „Verbundoptionen" nicht nur weitere Optionen, sondern auch Cash-Ströme erzeugt. Pharmazeutische F&E-Projekte sind in aller Regel mit Unsicherheiten verbunden – sowohl im Hinblick auf die Entwicklung als auch auf das spätere Marketing. Wird ein Medikament den Sicherheits- und Wirksamkeitsanforderungen genügen? Besteht ein hinreichender, bislang nicht gedeckter medizinischer Bedarf, der künftige Ertragsströme garantiert? Die Bewertung realer Optionen deckt beide Arten von Unsicherheiten auf und ermöglicht flexible Reaktionen – gewöhnlich in Form von Investitionen (Kapitel 5).

Messung der Performance von F&E-Investitionen. Welche Messkriterien auch herangezogen werden: In jedem Fall sollten fünf strikte Anforderungen Berücksichtigung finden. Erstens müssen die F&E-Investitionen fest in Unternehmensleistung und Bilanzerträge integriert sein. Zweitens müssen die Messkriterien aussagekräftige Vergleiche zwischen verschiedenen Kategorien von F&E Optionen zulassen. Drittens muss ausgewiesen werden, welche Kosten dem Unternehmen durch F&E-Misserfolge entstehen. Viertens müssen die Kriterien eine Überwachung des F&E-Beitrags zu den Erfolgen beziehungsweise Misserfolgen des später eingeführten Produkts ermöglichen. Und fünftens müssen sie zu erkennen geben, welche Verantwortung der F&E-Abteilung für die Portfoliostrategie insgesamt zukommt.

Die Ermittlung und Verwaltung des F&E-Wertschöpfungsbeitrags ist keine leichte Aufgabe, doch wenn Unternehmen diese Herausforderung bewältigen, können sie erheblich profitieren. Hinzu kommt, dass die Entwicklung internetfähiger Tools im Berichtswesen, die Verbreitung von Standardsoftware zur Ressourcenplanung und die Anwendung von Data-Warehouse-Systemen insgesamt die Komplexität des Prozesses vereinfacht haben.

Gewinnbringende Nutzung intellektuellen Eigentums

Bis vor kurzem hatten nur Juristen und Wissenschaftler ein Interesse am intellektuellen Eigentum – am kodifizierten, schutzwürdigen Wissen einer Organisation in Form von Urheberrechten und Content, Patenten, gesetzlich geschützter Software und Handelsmarken. Doch heute, im Zeitalter der immateriellen Vermögenswerte, ist die Nutzung intellektuellen Eigentums zu einer zentralen Aufgabe des CFO geworden. Wissen ist Macht und der Wert von Know-how, als Option verstanden, nimmt ständig zu. Bei vielen Dotcom-Firmen ist es so, dass intellektuelles Eigentum das Einzige ist, was sie zu verwalten (oder zu verkaufen) haben. Kein Wunder, dass Unternehmen wie Amazon und Priceline bemüht sind, ihre firmeneigenen Geschäftsmethoden patentieren zu lassen.

Doch auch in vielen traditionellen Unternehmen ist intellektuelles Eigentum eine Goldgrube, die längst nicht ausgebeutet ist. So entdeckte die British Telecom kürzlich in einer verstaubten Akte, dass sie ein Hypertext-Patent besaß. Und als Dow Chemical sein Patentarchiv überprüfte, gelang dem Unternehmen gleich ein Doppelschlag: Es sparte durch Veräußerung oder Abstoßen von Patenten auf der Stelle mehrere Millionen Dollar an Unterhaltungskosten ein und erzeugte wertvolle neue Ertragsströme mithilfe eines einträglichen Lizenzprogramms. Die IBM-Patente haben einen Jahreswert von 1 Milliarde Dollar und beim Chiphersteller Texas Instruments machen die Patente, 10.000 an der Zahl, 20 % der Gewinne aus.

Die Ermittlung des Werts, den das intellektuelle Eigentum eines Unternehmens darstellt, sollte CFO-Priorität genießen und auf der Basis einer strikten internen Überprüfung erfolgen. Das Internet verleiht dieser Aufgabe neue Dringlichkeit insofern, als das E-Business ohnehin die Um- und Neugliederung aller möglichen Prozesse und Komponenten erforderlich macht. Alle Ebenen sind erfasst: Erst werden einzelne Prozesse wie Beschaffung oder Verkauf über das Web abgewickelt, dann gehen ganze Unternehmen ins Web und schließlich findet infolge von Fusionen oder Akquisitionen eine branchenweite E-Integration statt. Die Tatsache, dass AOL die Firma Netscape übernommen und anschließend mit Time Warner fusioniert hat, ist ein gutes Beispiel. In diesem Wirrwarr struktureller Veränderungen hat der Transfer von intellektuellem Eigentum stark zugenommen. Firmenlogo, Software und andere Substanzwerte, die einst in einem monolithisch strukturierten Unternehmen als selbstverständlich galten, gewinnen plötzlich Handelswert, wenn das Unternehmen seine Wertschöpfungskette aufgliedert. Je umfassender die Strukturveränderungen ausfallen, desto mehr gewinnt das intellektuelle Eigentum an Mobilität und desto größer ist das Potenzial für vielfältige Wiederverwendung.

All dies macht intellektuelles Eigentum zu einem wertvollen Gut. Doch Vorsicht ist geboten: Je stärker die traditionellen Abgrenzungen zwischen Unternehmen und Branchen verwischen, desto verletzlicher werden solche Vermögenswerte. Wenn *Sie* nicht für ihre Verwaltung sorgen, wird es ein anderer tun! Mit der eskalierenden Bedeutung immaterieller Vermögenswerte gerät die gewinnbringende Nutzung intellektuellen Eigentums zu einer zentralen strategischen Disziplin. Es zeichnet sich ein systematischer Ansatz ab, der auf vier miteinander in Wechselbeziehung stehenden Schritten aufbaut:

1. *Strategische Beurteilung*: Der erste Schritt ist die Bestandsaufnahme – Sie müssen zunächst einmal herausfinden, was wirklich Ihnen gehört. Eine solche Bestandsaufnahme kann mit Patenten oder Urheberrechten beginnen und dann auf den Know-how-Bereich ausgedehnt werden. Kernstück einer jeden strategischen Beurteilung ist die Analyse der intellektuellen Eigentumsposition maßgeblicher Konkurrenten und Ihrer Branche generell.
2. *Kompetenzentwicklung*: Die Überprüfung intellektuellen Eigentums aus strategischer Perspektive ist nicht nur Aufgabe der Juristen; vielmehr müssen auch die Betriebe, der Finanzbereich und die Marketingabteilung einbezogen werden. Insbesondere müssen Systeme vor Ort sein, die den verschiedenen Gruppen Zugang zu den relevanten Informationen gewähren und eine gemeinschaftliche Nutzung ermöglichen.
3. *Akquisition und Vermögensentwicklung*: Auf Basis seiner strategischen Beurteilung kann ein Unternehmen informierte Entscheidungen darüber treffen, welcher Art die intellektuellen Vermögenswerte sind, deren es zur internen Entwicklung oder auch zur Tätigung von Akquisitionen im Rahmen seiner Geschäftsziele bedarf.
4. *Wertschöpfung*: Einer kürzlich von uns durchgeführten Umfrage zufolge vertreten nur 26 % der Unternehmen die Auffassung, dass sie

Gewinnbringende Nutzung intellektuellen Eigentums

ihre intellektuellen Vermögenswerte in vollem Umfang nutzen. Die meisten Organisationen mit robusten Portfolios schöpfen ihr intellektuelles Eigentum nicht voll aus. So kann Wertschöpfung die Veräußerung oder vielleicht auch Schenkung eines Patents bedeuten, das nur gepflegt, aber nicht genutzt wird. Sie kann die konsequente Überprüfung der Frage bedeuten, ob die Lizenzgebühren hoch genug angesetzt beziehungsweise angemessen überwacht werden. Und sie kann den Einsatz intellektueller Vermögenswerte zu Besicherungszwecken bedeuten, um auf diese Weise die Kapitalkosten zu reduzieren.

Die Verwaltung intellektueller Vermögenswerte mag für die meisten CFOs Neuland sein, doch geeignete Techniken stehen sowohl in der herkömmlichen Wirtschaft als auch im E-Business zur Verfügung. Bei relativ stabilen intellektuellen Vermögenswerten, darunter Patente und Urheberrechte, kann auch ein auf Lizenzbasis erstelltes Messsystem zur Anwendung kommen.

> *Fallbeispiel*
> *Bewertung firmeneigener Software im Rahmen*
> *eines Joint-Venture-Projekts*
>
> *Ein Software-Hersteller in Großbritannien hatte ein Gemeinschaftsunternehmen mit einer US-amerikanischen Firma gegründet mit dem Ziel, der Automobilindustrie logistische Versorgungsdienste anzubieten. Das Problem: Ermittlung des Marktwerts der firmeneigenen Logistiksoftware, die das britische Unternehmen dem Gemeinschaftsunternehmen zu verkaufen gedachte. Über die bei der Softwareentwicklung angefallenen Kosten war nicht Buch geführt worden. Allerdings, so schätzte das Unternehmen, würde die Entwicklung der Software heute rund 1,5 Millionen Dollar kosten.*
> *Die Unternehmen kamen zunächst einmal überein, den Marktwert als Bewertungsbasis heranzuziehen – nach Maßgabe der Lizenzverzicht-Methode, bei der die entgangenen Lizenzeinnahmen in Rechnung gestellt werden. Dazu musste erst einmal die Lizenzgebühr bestimmt werden, auf die sich beide an der Lizenzvereinbarung beteiligten Partner einigen konnten. Anschließend wurde der*

Aufbau immaterieller Vermögenswerte

Lizenzgebührenstrom nach Abzug von Steuern auf Kapitalkostenbasis diskontiert, um so den Zeit- oder Barwert zu ermitteln. Im Einzelnen ergaben sich die folgenden Prozessschritte:

- *Abschätzung der erforderlichen Rendite beziehungsweise Kapitalkosten als Basis für die Ermittlung des auf die vorgesehenen Lizenzeinnahmen anzuwendenden Abzinsungsfaktors.*
- *Abschätzung des Erstumfangs für Lizenzeinnahmen und Werte, die jeder der beteiligten Parteien zur erforderlichen Rendite verhelfen würden.*
- *Abschätzung der Kosten, die dem Gemeinschaftsunternehmen bei der Entwicklung einer äquivalenten Software entstehen würden, einschließlich des Gewinnverlusts infolge eines verzögerten Betriebsbeginns (das Gemeinschaftsunternehmen würde keine Spitzenpreise zahlen wollen, wenn dasselbe für weniger Geld zu leisten war).*
- *Abschätzung der Lizenzgebühr, die beiden Parteien zu derselben internen Rendite (Internal Rate of Return, IRR) verhelfen würde – unter Berücksichtigung der Entwicklungs- und Gründungskosten für das Gemeinschaftsunternehmen.*
- *Berechnung des Barwerts der abgeschätzten Lizenzeinnahmen auf Basis der erforderlichen Rendite: 6 Millionen Dollar.*
- *Abschätzung des Preises, den das Gemeinschaftsunternehmen bar zu zahlen bereit war, anstatt die Software in Lizenz zu nehmen. Die Lizenzeinnahmen waren mit 6 Millionen Dollar zu hoch angesetzt; um ein ebenso gutes internes Renditeergebnis zu erzielen, brauchte das Gemeinschaftsunternehmen nicht mehr als 1,5 Millionen Dollar zu zahlen. Ein für beide Seite annehmbarer Preis lag also irgendwo zwischen 1,5 Millionen und 6 Millionen Dollar.*
- *Vereinbarung eines für beide Seiten annehmbaren Preises in Höhe von rund 4 Millionen Dollar. Damit konnte das Gemeinschaftsunternehmen eine interne Rendite von 18,7 % und der Software-Hersteller einen substanziellen Gewinn erzielen.*

> *Bei diesem Ansatz waren mehrere Iterationen erforderlich, um letztlich zu einer Lizenzgebühr- und Wertübereinkunft zu gelangen. Doch die so erzielte Vereinbarung wurde von beiden Parteien als angemessen und fair angesehen.*

Intellektuelle Vermögenswerte im Online-Geschäft

Kommt das Internet mit ins Spiel, gerät die Bewertung intellektuellen Eigentums zu einem weitaus komplexeren Prozess. Denken wir nur daran, welch destabilisierende Wirkung das Web auf das traditionelle Musik- und Unterhaltungsgeschäft hat. Nicht von ungefähr gibt es heutzutage weit mehr ungelöste Rechtsfragen als eindeutige Vorschriften für den Umgang mit intellektuellem Eigentum. Zugleich sind die Geschäftsmodelle in Bewegung geraten: Der Markt hat an Vermittlungsfunktion eingebüßt – die Verbraucher wenden sich direkt an die Produktionsquellen. Schon haben mehrere Künstler ihr Material direkt über das Internet freigegeben.

In Anbetracht derart empfindlicher Einbrüche im traditionellen Single/Album-Musikgeschäft sagen viele Leute voraus, die umfassende Vermittlung von Kreativität, der Song als solcher, würde sich zur dominanten Werteinheit entwickeln. In scharfem Gegensatz zur bisherigen Gepflogenheit in der Musikbranche, sich streng an feste Preisabsprachen zu halten, besteht mittlerweile bezüglich der urheberrechtlich geschützten Preisbildung Unsicherheit in allen Phasen der Wertschöpfungskette, von der Festlegung der Gewinnanteile für Komponisten und Künstler bis hin zur Bestimmung der Einzelhandelspreise, die der Verbraucher zu zahlen hat. Was ist ein Song wert? Bei einem kundengesteuerten und nachfrageabhängigen Ansatz ist ein Potenzial zur Erzielung höherer Gewinne je Einheit gegeben.

Sicher – für Content-Inhaber hält das Internet nicht nur enorme Möglichkeiten, sondern auch Risiken bereit. Allerdings können sie es sich nicht leisten, weiterhin in traditionellen Paradigmen zu verharren. Die Problematik des intellektuellen Eigentums im Online-Geschäft drängt und Patentlösungen auf die Schnelle reichen nicht. Die Inhaber von Urheberrechten sollten sich auf die Beschränkung, nicht aber Beseitigung,

Aufbau immaterieller Vermögenswerte

der sie bedrängenden Problematik konzentrieren und ihre intellektuellen Vermögensbestände nach Maßgabe ihrer Langlebigkeit (Lagerdauer) und ihres Werts aus Sicht des Kunden bewerten (Abbildung 4.3). Des Weiteren gilt es, eine Prioritätenabfolge dieser Werte zu bestimmen und sie entsprechend zu verwalten.

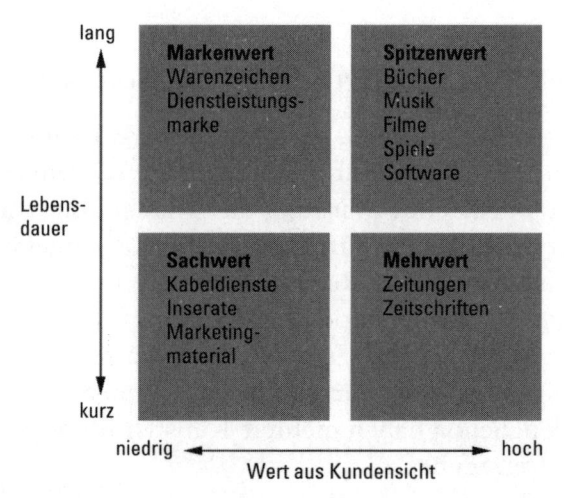

	niedrig ← Wert aus Kundensicht → hoch	
lang ↑ Lebensdauer ↓ kurz	**Markenwert** Warenzeichen Dienstleistungsmarke	**Spitzenwert** Bücher Musik Filme Spiele Software
	Sachwert Kabeldienste Inserate Marketingmaterial	**Mehrwert** Zeitungen Zeitschriften

Abb. 4.3: Eine Wertmatrix für die Medienbranche

Eine legalistische Kontrolle von Vermögenswerten ist im Internet so gut wie unmöglich. Wenn Sie aber beim Management intellektueller Vermögenswerte Prioritäten setzen, verlagern Sie das Schwergewicht von der Kontrolle auf die praktische Nutzung. Und ein an praktischer Nutzung orientierter Ansatz auf der Basis geschäftlicher Prioritäten reduziert die Komplexität gleich auf dreifache Weise:

- Bevorzugung von im Voraus zu zahlenden Pauschalgebühren (auf Kosten von Lizenzen und Gewinnanteilen); zugleich werden Vermögenswerte zu multiplen Produkten umfunktioniert, um unterschiedliche Anwendungen zu fördern. Diese Art der Innovation wird durch die derzeitige Patchwork-Struktur an Rechten und Zahlungsvereinbarungen behindert.
- Konzentration auf die wichtigsten Aspekte. Wenn Prioritäten gesetzt werden, können die Unternehmen ihre wichtigsten Vermögenswerte und eventuelle Zielverfehlungen überwachen.

- Aufbau sicherer Interessengemeinschaften, bei denen Geschäftsziele mit der Verwaltung intellektuellen Eigentums kombiniert werden. Beispielsweise stellt Ancestry.com einen Großteil seiner genealogischen Daten kostenlos zur Verfügung mit dem Ziel, sein E-Business über das Abonnement seines Magazins und seiner Datenbanken voranzutreiben.

Das Internet ist im Begriff, ganze Branchen umzugestalten: Es trennt Inhalte von ihren ursprünglichen Anbietern und entwickelt sich zum bevorzugten Liefermedium für alles, was digitalisierbar ist – Zeitungsartikel, Bücher, Fernsehshows, Musik, Kino. Dieser Trend wird sich mit zunehmender Bandbreite der Internetkabel noch verstärken. Wie bei anderen „freien" Inhalten wie Nachrichten oder Spielen geht es nicht darum, dass der Content als solcher wertlos würde (keineswegs!), sondern darum, wer die Macht der Kontrolle besitzt und wie Vertrieb und Kostenfrage optimal zu lösen sind.

Bewertung des geschäftlichen Ansehens

Investmentguru Warren Buffett hat einmal gesagt: „Man braucht 20 Jahre, um sich einen guten Ruf zu erwerben, aber nur fünf Minuten, um ihn zu verderben." Wird das geschäftliche Ansehen eines Unternehmens geschädigt, kann dies zu empfindlichen finanziellen Verlusten im Hinblick auf Gewinne und Shareholder Value führen. Ein bekanntes Beispiel aus jüngster Zeit ist Nike. Trotz der in seinem Verhaltenskodex definierten Pflichten als globaler Anbieter wurde Nike unter anderem beschuldigt, Kinderarbeit und Niedriglöhne zuzulassen. Unter dem Druck der Öffentlichkeit investierte Nike erhebliche Summen in Programme, die seine unternehmerische Verantwortung als globaler Branchenführer unter Beweis stellen sollten.

> Jede größere strategische und operative Entscheidung kann den Ruf eines Unternehmens fördern beziehungsweise schädigen und somit Einfluss auf seinen Marktwert nehmen, da das geschäftliche Ansehen in enger Verbindung zum Aktienkurs steht.

Aufbau immaterieller Vermögenswerte

Es gibt zahlreiche Beispiele, die diesen Zusammenhang ebenfalls verdeutlichen. Offiziellen Angaben zufolge hat das Missmanagement im Rentenversicherungsgeschäft die Pensionskassen in Großbritannien bis zu 10 Milliarden Pfund Ausgleichszahlungen gekostet. Unkalkulierbar sind nicht nur die entgangenen Erträge aus künftigen Geschäften mit enttäuschten Kunden, die zur Konkurrenz übergewechselt sind, sondern auch der Schaden, den die Wertschöpfung für die Aktionäre genommen hat. Die Aktien der Computer Associates International sanken am 22. Juli 1998 um fast 31 %. Der Grund: die als unangemessen hoch eingeschätzte Vergütung der Führungskräfte. Von den Renditen im ersten Quartal wurden 675 Millionen Dollar nach Steuern dafür verwendet, drei Spitzenführungskräften Sonderzulagen zu zahlen. Die Erträge vor Steuerabzug in Höhe von 194 Millionen Dollar gerieten nach Abzug der Steuern zu einem Verlust von 481 Millionen Dollar und das Vertrauen der Aktionäre sank.

Jede größere strategische und operative Entscheidung kann den Ruf eines Unternehmens fördern beziehungsweise schädigen und somit Einfluss auf seinen Marktwert nehmen, da das geschäftliche Ansehen in enger Verbindung zum Aktienkurs steht. Abbildung 4.4 listet eine Reihe finanzieller wie nicht-finanzieller Indikatoren für die Bewertung des geschäftlichen Ansehens auf. Die nicht-finanziellen Indikatoren werden am besten nach Interessengruppen organisiert, die als solche starken Einfluss auf die Wahrung des geschäftlichen Ansehens „ihres" Unternehmens und seiner Wertsteigerungsleistung nehmen können.

Für Unternehmen im 21. Jahrhundert ist das geschäftliche Ansehen ein wichtiger Vermögenswert geworden, den es genauso sorgfältig zu pflegen und zu verwalten gilt wie materielle oder personelle Ressourcen. Und wie bei jedem anderen wichtigen Vermögenswert obliegt auch die Verwaltung, Überwachung und Bewertung des geschäftlichen Ansehens dem CFO:

- Definition der Beziehung zwischen geschäftlichem Ansehen und Shareholder Value
- Entwicklung eines einschlägigen Prozesses zur Verwaltung des geschäftlichen Ansehens unter Einbeziehung sämtlicher Geschäftsfunktionen
- Überwachung von Effektivität und Risiko sowie entsprechende Berichterstattung gegenüber dem CEO

Bewertung des geschäftlichen Ansehens

Indikatoren:
- Cashflow
- Erträge
- Kosten
- Kapitalaufwand
- Marktanteil
- Marktwachstum
- Stärke der strategischen Ziele

Finanzielle Performance

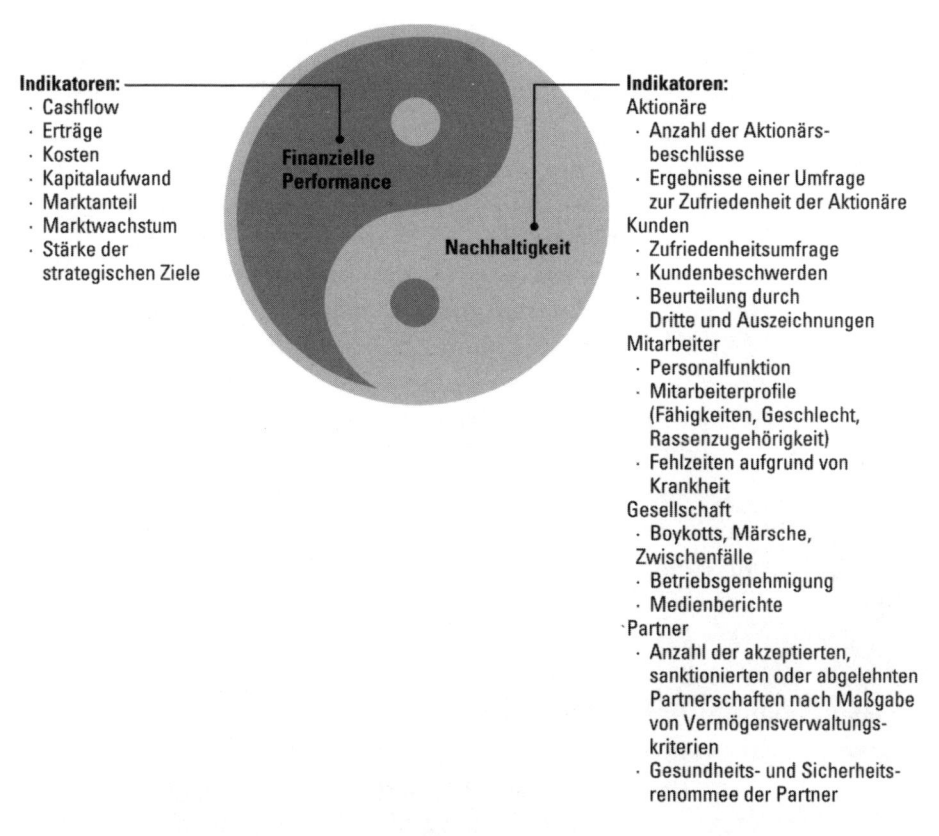

Nachhaltigkeit

Indikatoren:
Aktionäre
- Anzahl der Aktionärsbeschlüsse
- Ergebnisse einer Umfrage zur Zufriedenheit der Aktionäre

Kunden
- Zufriedenheitsumfrage
- Kundenbeschwerden
- Beurteilung durch Dritte und Auszeichnungen

Mitarbeiter
- Personalfunktion
- Mitarbeiterprofile (Fähigkeiten, Geschlecht, Rassenzugehörigkeit)
- Fehlzeiten aufgrund von Krankheit

Gesellschaft
- Boykotts, Märsche, Zwischenfälle
- Betriebsgenehmigung
- Medienberichte

Partner
- Anzahl der akzeptierten, sanktionierten oder abgelehnten Partnerschaften nach Maßgabe von Vermögensverwaltungskriterien
- Gesundheits- und Sicherheitsrenommee der Partner

Abb. 4.4: Indikatoren für den Wert geschäftlichen Ansehens

● Entwicklung von Strategien zur Wahrung und Förderung des geschäftlichen Ansehens als Vermögenswert

Die Unternehmen müssen dazu einen Balanced-Scorecard-Ansatz wählen. Die Verwaltung des geschäftlichen Ansehens steht und fällt mit der Fähigkeit des CFO, sämtliche der bei einer solchen Leistungsüberprüfung enthaltenen Elemente im Griff zu behalten – gleich, ob sie auf objektiven Sachverhalten oder auf subjektiven Wahrnehmungen beruhen. Wie sieht das in der Praxis aus?

Fallbeispiel
Nutzung des geschäftlichen Ansehens mit dem Ziel einer besseren Marktdurchdringung

Ein multinationales Telekommunikationsunternehmen strebte Präsenz auf einem schnell wachsenden Markt an und setzte zu diesem Zweck sein unternehmensinternes Programm zur Förderung seines geschäftlichen Ansehens ein. Das Unternehmen war noch neu auf dem erst kürzlich liberalisierten und für ausländische Konkurrenz geöffneten Markt. Der Produktmarkt war ebenso wie der Personalmarkt ausgesprochen wettbewerbsintensiv. Sowohl die Stammkunden als auch die Muttergesellschaft erwarteten hohe Unternehmensstandards.

Das Unternehmen führte eine Analyse unter den am Unternehmen interessierten Gruppen durch und ermittelte eine Reihe entscheidender Erfolgsfaktoren für die Realisierung seiner Geschäftsziele. Um mit seinen Aktivitäten die maximale Wertsteigerung für die Aktionäre zu erzielen, gelangte das Unternehmen zu dem Schluss, es müsse die Erwartungen der lokalen Interessengruppen erfüllen, ohne dabei die Interessen der unternehmensinternen Gruppen zu vernachlässigen. Die wichtigsten Erfolgsfaktoren waren: Engagement auf dem lokalen Markt, Anpassung an die lokalen Wirtschaftsbedingungen, Differenzierung der Unternehmensprodukte und Einstellung exzellenter Mitarbeiter. Abgesehen von der Notwendigkeit einer flexiblen Anpassung hingen sämtliche Erfolgsfaktoren mehr oder weniger vom guten Ruf des Unternehmens ab.

Der nächste Schritt bestand darin, für jeden einzelnen Haupterfolgsfaktor die dem geschäftlichen Ansehen zugrunde liegenden Werttreiber zu bestimmen. Dazu galt es, die Prinzipien der Unternehmensverantwortung zu definieren und für jeden der so ermittelten Werttreiber Leistungsindikatoren und Geschäftsergebnisse festzulegen. Beispielsweise bedeutete der Erfolgsfaktor „Engagement auf dem lokalen Markt", dass das Unternehmen einen Beitrag zur Volkswirtschaft leistete, gesellschaftliche Interessen berücksichtigte und sich für den Umweltschutz einsetzte. Das Unternehmen nutzte die Analyse, um die Erfolgsfaktoren zu den Shareholder-Value-Werttreibern in Beziehung zu setzen und Handlungsoptionen

> *zu prüfen. Für den Erfolgsfaktor „lokales Engagement" hatte das Unternehmen offensichtlich eine nur mittelmäßige Performance aufzuweisen. Die Ergebnisse der Studie führten zu einer Reihe strategischer Empfehlungen, die von der Erzielung einer lokalen Börsennotierung bis hin zur Schaffung von Arbeitsplätzen reichten.*
> *Der letzte Schritt war die Festlegung einer Prioritätenabfolge der verschiedenen Interessengruppen sowie die anschließende Erarbeitung einer Strategie und eines Kommunikationsprogramms für die wichtigsten Interessengruppen. Das Unternehmen war zu der Erkenntnis gelangt, dass es den verschiedenen Interessengruppen wichtige Botschaften mittels unterschiedlicher Medien bereitstellen musste. Eine weitere wichtige Erkenntnis war: Die derzeitige Marketingkampagne des Unternehmens war kontraproduktiv. Die Kampagne war in Nordamerika erarbeitet worden und stellte die multinationalen Referenzen des Unternehmens in den Vordergrund – auf Kosten seiner lokalen Vertrauenswürdigkeit.*

Obgleich der gute Ruf eines Unternehmens traditionsgemäß als „weicher" Vermögenswert gilt, unterstreicht dieses Fallbeispiel, welch zunehmende Bedeutung das geschäftliche Ansehen für harten Geschäftserfolg erlangt. Ein systematisches Shareholder-Value-Management lässt sich wie folgt erreichen:

- Ermittlung der beteiligten Interessengruppen und ihrer Anliegen
- Messung objektiver Sachverhalte gegenüber subjektive Wahrnehmung
- Bestimmung der eigenen Wettbewerbsposition
- Umsetzung der Strategie und Effektivitätsüberwachung
- Kommunikation des Wertschöpfungsbeitrags gegenüber den beteiligten Interessengruppen

Aufbau immaterieller Vermögenswerte

Pflege des Humankapitals

Ein Experte hat einmal gesagt: „Die Mitarbeiter sind der entscheidende Produktionsfaktor... er animiert alle anderen. Welchen Wertschöpfungsbeitrag ein Unternehmen auch leisten mag – er ist immer abhängig von der Art und Weise, wie die Mitarbeiter ihre Energie und ihre Ideen in Kapital und Rohstoffe einbringen, an denen andere ein Interesse haben. Und wie die Mitarbeiter ihre Arbeit tun, hängt davon ab, wie Sie Ihre Leute behandeln und bezahlen." Von allen Variablen, die das Topmanagement zu verantworten hat, haben die Mitarbeiter das größte Wertschöpfungspotenzial zu bieten. So nimmt es auch kaum Wunder, dass das Vergütungs- und Anreizsystem, das für dieses höchst kostbare immaterielle Vermögensgut, die Mitarbeiter, als Attraktion und Motivation wirken soll, den weitaus größten Einfluss auf die Performance eines Unternehmens ausübt.

Im E-Business spielt die Vergütung ganz sicher eine strategische Hauptrolle, wenn es darum geht, talentierte Profis zu gewinnen und zu halten. Die Beziehung zwischen Arbeitgeber und Mitarbeiter hat sich in der Internetwirtschaft als die wichtigste aller Kunden/Lieferanten-Beziehungen erwiesen. Der intensivste Wettbewerb in unserer heutigen globalen Wirtschaft betrifft nicht länger den Kampf um Kapital oder Marktanteile, an den die CFOs von früher gewohnt waren. Er gilt vielmehr der Schlacht um Talente – dem Schauplatz, auf dem Finanzen und personelle Ressourcen (Human Resources, HR) aufeinander stoßen.

> *Fallbeispiel*
> *Belebung neuer und alter HR-Initiativen*
>
> *Eine ehrgeizige öffentliche Verlagsgruppe hat wie viele andere Medienfirmen schwer darunter zu leiden, dass fähige Mitarbeiter zu Dotcom-Betrieben übergewechselt sind – ein Trend der Zeit. Zugleich könnten die herkömmlichen Druckereien der Verlagsgruppe einen Schuss Online-Unternehmungsgeist gut brauchen.*
>
> *Die Verlagsgruppe ist sehr darauf bedacht, ihr Wachstumsimage aufzubessern; sie hat ein weit reichendes Umstrukturierungspro-*

Pflege des Humankapitals

gramm eingeführt, demzufolge kommerzielle Aktivitäten wie Marketing und Werbung von den Einzelverlagen ausgelagert und zu einer gruppenweiten Funktion zusammengefasst wurden. Das Verlagshaus hat kürzlich eine ehrgeizige digitale Strategie angekündigt und eine Dotcom-Sparte zwecks Erweiterung seiner Online-Präsenz gegründet.

Um nun neue Talente für ihre Dotcom-Sparte zu gewinnen, ist die Verlagsgruppe zu einer radikalen und aggressiven neuen Vergütungspolitik übergegangen. Für Online-Mitarbeiter gibt es weder Vorteile wie Dienstwagen noch Standardpraktiken bei der Einstellung. Vielmehr werden potenziell lukrative Aktienoptionen und eine Kündigungszeit von zwei Wochen angeboten. Insgesamt ist diese Politik bei den Aktionären gut angekommen.

Allerdings sieht sich die Verlagsgruppe mit einigen dringenden ungelösten Problemen konfrontiert:

- *Wie ist das Anreizsystem zu gestalten, dass auch die Mitarbeiter in den traditionellen Druckereisparten (die letztlich den gesamten Gewinn erwirtschaften) motiviert werden? Die sehen sich nämlich zu Bürgern zweiter Klasse degradiert, zumal einige Verlage die Abschaffung ihrer traditionellen Macht- und Karrierestrukturen in Erwägung ziehen.*
- *Lässt sich ein Anreizplan einführen, der eine konsistente und faire Vergütung der Manager in den Dotcom-Betrieben wie auch in den Offline-Betrieben der Verlagsgruppe ermöglicht? Und wie lassen sich die internationalen Geschäftsbetriebe integrieren?*
- *Wie kann die Verlagsgruppe ein für die gesamte Gruppe gültiges System zur Performance-Messung und Berichterstattung erarbeiten, das die verschiedenen Geschäftseinheiten ermutigt, geschäftliche Interessen gemeinschaftlich zu verfolgen, anstatt die eigenen Erfolgszahlen auf Kosten der anderen hochzuspielen?*

Dieses Fallbeispiel verdeutlicht einige der komplexen Personalfragen, mit denen sich Unternehmen tagtäglich auseinander setzen müssen. Vordringlich ist das Problem, wie effektiv Mitarbeiter sowohl in der alten Wirtschaft als auch in der neuen zu motivieren sind, wie Anreizprogramme ohne Aufgabe des Fairnessprinzips situationsspezifisch gestaltet werden können und wie sich die Vergütung so organisieren lässt, dass Kooperation belohnt, internes Konkurrenzdenken hingegen entschärft wird. Außer diesen Herausforderungen macht den Unternehmen noch etwas anderes zu schaffen: Die fähigen Mitarbeiter von heute verstehen sich als freie Akteure. Sie sind durch die harte Schule des Downsizing und der Rationalisierung gegangen und waren gezwungen, ihre Karriere eigenverantwortlich zu gestalten; jetzt nehmen sie Rache. In diesem opportunistischen Klima, in dem alles als machbar gilt, ist es ausgesprochen schwierig, Talente für das eigene Unternehmen zu gewinnen und an sich zu binden.

Welche Komponenten sollte nun ein innovatives Paket für die E-Business-Ära umfassen – ein dynamisches Vergütungssystem, das nicht nur den einzelnen Mitarbeiter anspricht, sondern auch einen Beitrag zur Unternehmensbilanz leistet? Anreize sollen dreierlei erreichen: Talente anziehen, die Mitarbeiter zur Shareholder-Value-Steigerung motivieren und Spitzentalente halten. Kaum ein System dürfte konsistent in allen drei Bereichen Erfolg garantieren.

**Die Begeisterung für Aktienoptionen in den letzten Jahren steht in krassem Gegensatz zu den Unzulänglichkeiten der üblichen Anreizsysteme.
Allzu oft hat man wohl zugelassen, dass der Aktienoptionsschwanz den Unternehmenshund wedelt.**

Traditionelle Anreizpläne basieren auf Profitabilität, Anlagenrenditen oder Eigenkapitalverzinsung und können insofern die Initiative der Mitarbeiter schwächen, als sie sowohl die Aufwärtsentwicklung infolge hervorragender Gewinne als auch die Abwärtsentwicklung infolge schlechter Performance relativieren. Zudem ermutigen sie unter Umständen schnelle Lösungen, bei denen man sich mit leicht erreichbaren Zielen begnügt, das Unternehmenspotenzial aber nicht in vollem Umfang ausschöpft. Die Begeisterung für Aktienoptionen in den letzten Jahren steht in krassem Gegensatz zu den Unzulänglichkeiten der üblichen Anreizsysteme. Allzu oft hat man wohl zugelassen, dass der Aktienoptionsschwanz den Unternehmenshund wedelt.

Betrachten wir zum Beispiel ein großes Technologieunternehmen, bei

Pflege des Humankapitals

dem Optionen sowohl im Vergütungssystem als auch im Finanzsystem eine zentrale Rolle spielen. Seit seinem ersten Börsengang hat sich der Kurs der Unternehmensaktien um 60 % im Jahr erhöht. Das Unternehmen ist großzügig mit diesem Schatz verfahren und gilt mittlerweile als recht populärer Arbeitgeber; seine Optionen sind als Nebenverdienst begehrt. So entstand eine für beide Seiten vorteilhafte Win-Win-Situation: Die Mitarbeiter fühlen sich aufgewertet und gut belohnt und das Unternehmen kann dank seiner Aktienoptionsstrategie die regulären Gehälter relativ niedrig halten und zugleich hohe Erträge ausweisen.

Aber das ist noch nicht alles. Die Finanzlage des Unternehmens erfährt einen zweiten Aufschwung aufgrund der Tatsache, dass sich die realisierten Optionen der Mitarbeiter steuerlich in Abzug bringen lassen. In einem Jahr, in dem die Mitarbeiter Optionen in Höhe von 2 Milliarden Dollar kassieren (was bei einem im Umlauf befindlichen Aktienvolumen von 25 Milliarden Dollar keine Seltenheit ist), belaufen sich die Cashflow-Vorteile und Bilanzaufbesserungen auf rund 500 Millionen Dollar. Natürlich führt die Verteilung von Optionen in diesem Umfang zu einer Verwässerung, die sich normalerweise in einem geringeren Gewinn pro Aktie niederschlagen würde, doch das Unternehmen gleicht dies durch regelmäßige Aktienrückkäufe aus seinen Cash-Beständen aus. Die durch Optionen ausgelösten Finanzimpulse wie auch die Aktienrückkäufe tragen zur Stabilität des Aktienkurses bei und dies wiederum erhöht den Wert der Optionen und ihre Popularität.

Genau dies hatte der Finanzchef des Unternehmens gemeint, als er vom „Circulus virtuosus" der Aktienoptionen sprach. Doch der Zauber wirkt nur, wenn der Aktienkurs steigt. Bei fallendem Aktienkurs kann aus dem Circulus virtuosus schnell ein Circulus vitiosus werden. Werden weniger Optionen realisiert, bedeutet dies einen kleineren Steuervorteil für die ausgewiesenen Gewinne, so dass weniger Rückkäufe zur Stützung des Aktienkurses vorgenommen werden; dies schadet dem Ruf des Unternehmens, was höhere Lohn- und Gehaltsforderungen nach sich zieht; die Erträge erleiden schwere Einbußen. In der Form, in der Aktienoptionen größtenteils gewährt werden, sind auch andere schwerwiegende Nachteile in Kauf zu nehmen:

- *Aktienoptionen sind teuer*: Konventionelle Optionsprogramme beginnen mit der Belohnung von Managern, bevor diese überhaupt einen Wertbeitrag für die Aktionäre geleistet haben. Ausgehend von einem festen Bezugskurs (normalerweise dem Marktpreis am Tag der Optionsgewährung) werden optionsberechtigte Führungskräfte bei jedem Wertzuwachs belohnt, auch bei solchen Kurssteigerungen, die zu klein sind, um den Aktionären einen Mehrwert für ihre Investitionen zu bieten.

- *Aktienoptionen können Unfrieden stiften*: Wenn den mit der Gründung von E-Projekten beauftragten Managern Optionen angeboten werden, kann Unfrieden entstehen; ebenso nachteilig ist, dass Optionen nicht immer unternehmerisches Verhalten fördern. Viele traditionelle Unternehmen, selbst solche in der IT-Branche, tun sich schwer damit, gegenüber loyalen Offline-Managern den Kauf von Dotcom-Firmen zu rechtfertigen, deren junge Gründer einst ausgezogen waren, auf der Basis sprunghaft steigender Aktienoptionen astronomische Summen zu erwirtschaften.
- *Aktienoptionen mangelt es an Trennschärfe*: Aktienoptionen sind ein stumpfes Instrument. Sie sind nicht sehr effektiv hinsichtlich der Motivierung bestimmter Verhaltensweisen. Optionen machen häufig keinen Unterschied zwischen überragenden Leistungen und lediglich durchschnittlichen Leistungen. Der lang anhaltende Bullenmarkt der 1990er Jahre gab allen Booten Auftrieb und sorgte dafür, dass Führungskräfte mit Festkursoptionen ausnahmslos enorme Gewinne einheimsten.
- *Aktienoptionen führen zu Verwässerung*: Einige Unternehmen haben inzwischen einen riesigen „Überhang" an Aktien, die für nicht realisierte und künftige Optionsvergaben vorgesehen sind – in einigen Fällen 25 % oder mehr. Wenn ein Unternehmen schnell wächst, mag dies unproblematisch sein. Doch wenn die Musik verstummt, kann die plötzliche Stille beunruhigen. Selbst in Firmen mit hohen Wachstumsraten kann die Optionsgewährung unfair sein gegenüber Aktionären mit voller Einzahlung.

Jetzt, da der Duft der Internet-Rose verflogen ist, bestehen Investoren darauf: E-Projekte müssen Cashflow-Quellen aufweisen, die eine hohe Bewertung auf einem weitaus vorsichtiger taktierenden Markt stützen. Dasselbe trifft auf einzelne Manager zu, die nun wieder aufgefordert werden, ihre Bezahlung mit ihrer Leistung zu rechtfertigen. Mit anderen

Worten: E-Business mag die sprachliche Oberflächenstruktur der Anreize verändert haben, doch die wirtschaftliche Tiefenstruktur bleibt unverändert. Wie früher beantwortet ein effektives Vergütungs- und Anreizsystem die folgenden vier Fragen mit einem klaren *Ja*:

- Ist das System auf die Interessen der Aktionäre abgestimmt?
- Bietet das System den Führungskräften signifikante Möglichkeiten, einen Wertschöpfungsbeitrag zu leisten?
- Sieht das System bestimmte Auszeichnungen für bestimmte Leistungsergebnisse vor?
- Können die Manager an ihrer leistungsabhängigen Bezahlung erkennen, wie sich die tagtägliche Business-Performance auswirkt?

Wenn Risikobereitschaft und Kreativität gefördert werden sollen, gilt es, bei der Festlegung von Anreizen diszipliniert vorzugehen. Die Lösung, die dem Härtetest für alle Anreize – die Abstimmung der Interessen von Managern und Aktionären, die Belohnung beider Seiten bei vernünftigem Kostenaufwand und die langfristige Bindung talentierter Mitarbeiter – am besten gerecht wird, ist die Kopplung der Managementvergütung an einen aggressiven, wertorientierten Prämienplan auf der Basis einer kontinuierlichen Leistungsverbesserung. Ihr Unternehmen kann Irrtümer weitgehend vermeiden und alle Mitarbeiter auf die wichtigsten Möglichkeiten zur Shareholder-Value-Steigerung ausrichten, wenn ein systematischer, drei Schritte umfassender Ansatz zur Einführung eines mehrwertorientierten Anreizplans berücksichtigt wird:[3]

1. *Analysieren Sie, wo und wie in Ihrem Unternehmen wirtschaftliche Erträge erzielt werden.* Der erste Schritt besteht in der Aufschlüsselung der in Ihrem Unternehmen erzielten wirtschaftlichen Erträge, um die makroökonomischen Triebkräfte bei der Wertsteigerung für die Aktionäre zu bestimmen, die strategischen und operativen Werttreiber zu ermitteln und die Bereiche festzulegen, in denen einschlägige Aktionen die größte Wirkung zeigen.
2. *Mobilisieren Sie die einzelnen Mitarbeiter durch gezielte Ansprache.* Dieser zweite Schritt soll einzelne Mitarbeiter und Teams für die Werttreiber verantwortlich machen, auf die sie im Rahmen ihrer Arbeit Einfluss nehmen können: Die einzelnen Arbeitsplätze werden di-

Aufbau immaterieller Vermögenswerte

rekt an die Gesamtziele des Unternehmens gekoppelt. Hierzu ist am besten ein an der Wertschöpfungskette orientierter Ansatz geeignet.
3. *Verknüpfung der Verantwortlichkeiten an ein Anreizsystem, das wertschöpfendes Verhalten auf sämtlichen Ebenen belohnt.* Wenn Sie die wirtschaftlichen Erträge an die wettbewerbsorientierten Werttreiber des Unternehmens gekoppelt und die Verantwortlichkeiten den jeweiligen Elementen der Wertschöpfungskette zugeordnet haben, müssen Sie kurzfristige, mittelfristige und langfristige Performance-Ziele festlegen.

Damit dieser Ansatz auch wirklich zu robusten und nachhaltig positiven Ergebnissen führt, müssen Sie dafür sorgen, dass alle Anreizprogramme sorgfältig aufeinander abgestimmt sind. Anreizpläne für Abteilungen wie F&E, Produktion, Verkauf und Marketing sollten ausnahmslos auf die Förderung des wirtschaftlichen Ertrags ausgerichtet sein; gegebenenfalls sollten die Abteilungen auch gemeinschaftlich die Verantwortung für die Werttreiber übernehmen und vor allem auf ein und dasselbe Ziel hinarbeiten. Zugleich sollten die Anreize je nach Organisationsebene und Wirkung unterschiedlich gestaltet werden (Abbildung 4.5). Topmanager, die folgenschwere Investitionsentscheidungen treffen müssen, sollten direkt nach Maßgabe der Shareholder-Value-Resultate vergütet werden, die sie mit ihren Entscheidungen bewirkt haben. Demgegen-

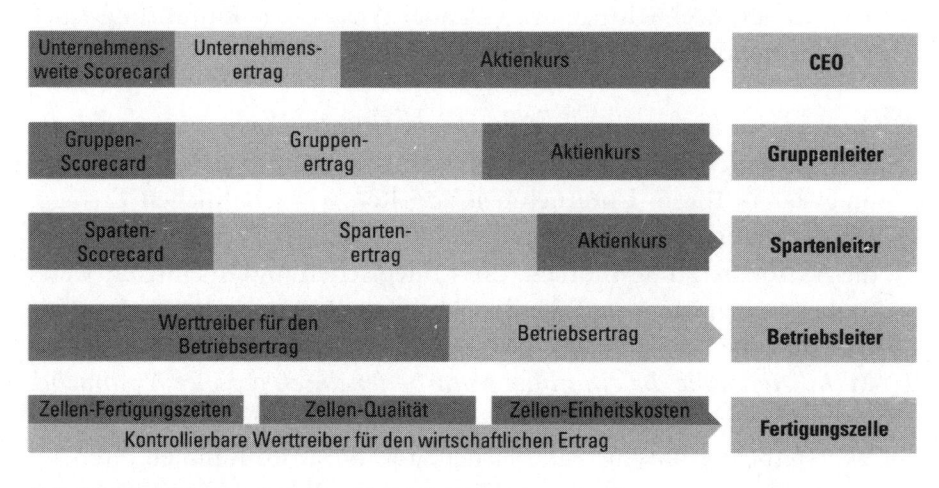

Abb. 4.5: Erarbeitung maßgeschneiderter Anreizprogramme

Pflege des Humankapitals

über sollten die Anreize für Betriebsleiter, die durch ihre unmittelbare Produktionsarbeit Ergebnisse erzielen, in erster Linie an den strategischen und operativen Werttreibern orientiert sein. Zeithorizont, Umfang der Verantwortlichkeit und Gestaltung der Anreize mögen sich auf den einzelnen Organisationsebenen stark unterscheiden, doch müssen alle Beiträge auf ein und dasselbe Ziel ausgerichtet sein.

Zu Zwecken der Anreizplanung sollten nur drei bis fünf maßgebliche Werttreiber berücksichtigt werden. Sind es mehr, kann es leicht geschehen, dass die angestrebte Performance-Botschaft für Verwirrung sorgt und eher fragmentiert als zielgenau ankommt. Zur Verstärkung sonstiger Triebkräfte sind andere Belohnungen (spontane Prämienzahlungen, nicht-finanzielle Anerkennungen) und Managementprozesse (beispielsweise regelmäßige Berichterstattung vor der Geschäftsführung) heranzuziehen.

Die Integration der Anreizpläne in das vorhandene Lohn- und Gehaltssystem erweist sich kaum als Problem, wenn Unternehmen bereits Anreizstrukturen eingerichtet haben, die Messgrößen und Verantwortlichkeiten auf Basis des wirtschaftlichen Ertrags ohne großen Aufwand verarbeiten können. Schwerer haben es Firmen in Startup-Situationen, wo die zusätzlich zu den ohnehin wettbewerbsorientierten Vergütungsangeboten vereinbarten Anreize zwar gern akzeptiert, aber nicht als sonderlich motivierend empfunden werden.

Als CFO sollten Sie daran denken, dass jede erfolgreiche Initiative zur Performance-Verbesserung eine umfassende Kommunikationsstrategie verlangt:

- Erarbeiten Sie eine klare, nach vorn gerichtete Vision. (Es geht weniger darum, wo wir eigentlich stehen müssten, als vielmehr darum, dass es etwas Besseres gibt und dass wir dorthin gelangen können.)
- Beziehen Sie sämtliche Mitarbeiter ein, indem Sie die Ziele der Anreizstrategie verdeutlichen: Machen Sie allen verständlich, warum ihre Leistung gemessen wird und in welcher Form ihre Arbeit zur Realisierung der Unternehmensziele beiträgt.
- Verknüpfen Sie Messgrößen und Zielvorgaben mit den Belohnungsprozessen; sorgen Sie dafür, dass die Leistung der einzelnen Mitarbeiter, Teams und Betriebseinheiten auf allen Organisationsebenen Anerkennung findet.

Aufbau immaterieller Vermögenswerte

- Belohnen Sie die richtigen Werte und Verhaltensweisen; Ziele dürfen nicht in ein Vakuum gestellt werden. Um wirklich gute Performance-Ergebnisse zu erzielen, müssen Sie Ihre Prozesse zur Anerkennung und Beurteilung von Leistungen so gestalten, dass kulturellen Unterschieden sowohl innerhalb als auch außerhalb der nationalen Grenzen Rechnung getragen wird.

Immaterielle Vermögenswerte – ein bewegliches Ziel

Immaterielle Vermögenswerte entwickeln sich zunehmend zu Shareholder-Value-Werttreibern. Wenn der CFO der zentralen Aufgabe der Finanzabteilung – der Kapitalzuweisung – gerecht werden will, muss er in der Lage sein, die immateriellen Vermögenswerte des Unternehmens zu messen und zu verwalten. Für dieses durch raschen Wandel gekennzeichnete Aufgabenfeld werden derzeit unterschiedliche Techniken entwickelt. Wenn Sie als CFO Ihre Auswahl treffen, sollten Sie daran denken, dass es nicht auf buchhalterische Genauigkeit ankommt. Ihr Ziel ist, zunächst einen umfassenden Überblick über die materiellen wie auch die immateriellen Vermögenswerte zu liefern, die Ihr Unternehmen zur Schaffung von Shareholder Value einsetzen kann, und dann die Beziehungen zwischen diesen Vermögenswerten zu verwalten.

Für den CFO wirft die Kontrolle über immaterielle Vermögenswerte zahlreiche Fragen auf – unter anderem, welche Bedeutung Anreizen, Verhaltensweisen, Zuständigkeiten und Vergütungsplänen zukommt. Von höchster Priorität ist jedoch die Aufgabe, die Geschäftsstrategie mit der Strategie des Wissensmanagements in Einklang zu bringen. Dazu bedarf es der engen Zusammenarbeit mit anderen Funktionen, um die intellektuellen Vermögenswerte in den jeweiligen Arbeitsbereichen zu ermitteln, ihren Beitrag zur Unternehmensstrategie zu bewerten und die volle Ausschöpfung ihres Wertpotenzials zu fördern.

E-CFO-CHECKLISTE

Ermittlung der immateriellen Vermögenswerte und Analyse ihres jeweiligen Wertbeitrags
Die Aktionäre bewerten Ihre immateriellen Vermögenswerte, so dass diese einen Einfluss darauf haben, wie der Markt den Wert Ihres Unternehmens einschätzt; möglicherweise gehen sie sogar in Ihre Bilanz ein. Sie sollten Ihr Portfolio an immateriellen Vermögenswerten bemessen und aktiv verwalten.

Überprüfung der immateriellen Vermögenswerte unter E-Business-Aspekten
Bilanzieren Sie Ihre Investitionen in Online- und Offline-Vorhaben. Bei neuen Projekten sollten Sie nicht davon ausgehen, dass Ihre immateriellen Investitionen denselben Wertschöpfungsbeitrag leisten wir Ihr bestehendes Geschäft.

Analyse, Verwaltung und Steigerung des Markenwerts
In einer Zeit des Überschusses an Produktions- und Informationsgütern kommt es maßgeblich auf Markenprodukte an: Marken erwirtschaften enorme Vorteile im Hinblick auf die Kundengewinnung und eröffnen eine Plattform für neue Serviceleistungen.

Einschätzung und Behandlung der Kunden als Vermögenswert
Die Interneterfahrung zeigt, dass Markenentwicklung unlösbar an Kundenservice gekoppelt ist. Der Wert einer Marke entsteht zuallererst durch die Wertschöpfung für den Kunden. Markenentwicklung und Kundenwert gehen Hand in Hand.

Bewertung von F&E und Nutzung von F&E-Optionen für Zukunftsmanagement
F&E-Optionen zählen zu Ihren wichtigsten verborgenen Vermögenswerten. Der CFO von Amazon hat einmal gesagt: „Der Aktienwert steht und fällt mit den vor uns liegenden Optionen, die wir

Aufbau immaterieller Vermögenswerte

zum Teil heute noch gar nicht kennen." Dies trifft einmal mehr auf F&E-Optionen zu.

Überprüfung des intellektuellen Eigentums
Analysieren Sie den Stellenwert Ihres intellektuellen Eigentums in der sich aufgliedernden Wertschöpfungskette und erarbeiten Sie eine Strategie des Wissensmanagements. Im Internetzeitalter gilt: Content is King. Sie müssen Ihre Inhalte unbedingt unter Kontrolle halten; andernfalls laufen Sie Gefahr, dass der Wert Ihrer Inhalte anderen zugeschrieben wird.

Kultivierung des geschäftlichen Ansehens und Ihrer Mitarbeiter
Diese kostbaren Vermögenswerte können entweder vergeudet oder aber als Goldgrube genutzt werden. Sorgen Sie dafür, dass Sie Ihre Energie und Ihre Ressourcen richtig investieren.

Kapitel 5

„Allotraktion": Von Ressourcen-Allokation zu Ressourcen-Attraktion

Ressourcen-Management in der New Economy

John Coombe, CFO
GlaxoSmithKline

Die Pharmaindustrie ist eine stark wissenschaftsgesteuerte Branche. Die Technologie – in diesem Fall das zunehmende Wissen um genetische Zusammenhänge und seine Anwendung auf die Entwicklung neuer Medikamente – gerät wie in vielen anderen Branchen zu einer enormen Triebkraft für den Wandel. Solche Veränderungen bedeuten eine riesige Nachfrage nach Investitionen in die Entwicklung zahlreicher neuer Produkttechniken und Produkttechnologien.

GlaxoSmithKline ist hervorgegangen aus der Fusion zwischen Glaxo Wellcome und SmithKline Beecham – zwei Unternehmen, die im Hinblick auf Aktionärsertrag (Total Shareholder Return, TSR) und wirtschaftlichen Mehrwert (Economic Value Added, EVA) als marktführend gelten. Um unsere Position halten zu können, sind wir in hohem Maß bemüht, unsere Geschäftsaktivitäten neu zu gestalten und zu verbessern. Fokussierung heißt die Losung.

Nur wenige Kandidaten, die im Rahmen der Medikamentenentwicklung gefördert werden, erreichen schließlich ihr Ziel und können ihre Wirksamkeit unter Beweis stellen; noch weniger von ihnen bestehen letztlich den stringenten Prozess der Medikamentenzulassung. Insgesamt ist die Versagerquote hoch. Trotzdem erzielen die 10 besten pharmazeutischen Unternehmen weltweit ein durchschnittliches TSR-Ergebnis von 35 %. In letzter Zeit haben die Gesamterträge für die Aktionäre etwas nachgelassen – ein Ausdruck für die Gefahren, die von Wettbewerb, Technologie und genetischen Forschungen ausgehen. Die letzten Jahre des vorigen Jahrtausends waren durch Fusionsaktivitäten in bisher unbekanntem Ausmaß geprägt; so gut wie jede größere Firma war im Spiel.

Es geht darum, Risiken zu verteilen und einen Portfolio-Managementansatz zu verfolgen. Das steigende Risikopotenzial ist für viele Einzelunternehmen nicht mehr tragbar, was branchenweite Umstrukturierungen zur Folge hat: Fusionen und Akquisitionen (einschließlich der Gründung von GlaxoSmithKline), strategische Allianzen und Veräußerung von Geschäftseinheiten, die nicht zum Kerngeschäft gehören. Das Ziel: Cash-Erzeugung zu Zwecken der Reinvestition. Tag für Tag berichten die Finanzblätter über neue Transaktionen und Pläne. Joint Ventures sind an der Tagesordnung – in der Forschung mit Biotech-Partnern, in der Entwicklung mit Produktlizenznehmern, in Verkauf und Marketing mit anderen Unternehmen zwecks Verfolgung gemeinsamer Marketingziele. Das Outsourcing – die Auslagerung betrieblicher Tätigkeiten – hat zugenommen: Für die Entwicklung von Arzneimitteln werden Forschungseinrichtungen unter Vertrag genommen und für den Vertrieb sorgen Spezialanbieter. Alle diese Initiativen sind dazu angetan, Risiken zu streuen und gemeinschaftlich zu profitieren.

Wie bemessen wir die Effizienz von F&E-Aktivitäten?
Wie berät der CFO die Kollegen in der Geschäftsführung, wenn es um Förderung beziehungsweise Kürzung von Investitionsvorhaben geht?

Das Wachstum in der Pharmaindustrie wird durch Investitionen in Forschung und Entwicklung angekurbelt. Bei GlaxoSmithKline werden wir deutlich mehr als 2 Milliarden Pfund jährlich in unsere F&E-Vorhaben investieren. Wir sind der größte F&E-Investor in Großbritannien und zählen zu den größten weltweit. Die Erwirtschaftung von Aktionärserträgen steht und fällt mit dem Erfolg von F&E-Aktivitäten, aber die Beurteilung der potenziellen Ertragsentwicklung ist eine äußerst subjektive Angelegenheit. Es gilt, das Marktpotenzial, die Wahrscheinlichkeit wissenschaftlichen Erfolgs, den Wertbeitrag für den Patienten und den Preis, den Staat und Anbieter im Gesundheitswesen zu zahlen bereit sind, viele Jahre im Voraus abzuschätzen – lange bevor die Produkte auf den Markt kommen. In der pharmazeutischen Industrie werden normalerweise 15 % des Umsatzes in F&E-Vorhaben investiert. Die Wissenschaftler fordern nachdrücklich mehr Geld, um all die infolge technologischen Fortschritts explosionsartig gestiegenen Möglichkeiten nutzen zu können, während die Ungewissheit bezüglich der späteren Resultate mit jedem Tag wächst. Die Zahl der Projekte übersteigt die vorhandenen Ressourcen. Dies hat unweigerlich eine Limitierung von Investitionen auf der Basis von Portfolio-Optimierungstechniken zur Folge.

Pharmakonzerne sehen sich meines Erachtens mit denselben Fragen konfrontiert wie andere Hightech-Unternehmen auch, insbesondere im Hinblick auf E-Business und Internet: Wie können wir Investitionsentscheidungen mit Internetgeschwindigkeit treffen? Wie gelingt uns die richtige Auswahl unter den Technologien in einer Welt, die ständigem Wandel unterliegt? Wie sollen wir Wertschöpfungsinitiativen bewerten – von der direkten Erweiterung vorhandener Geschäftsmodelle bis hin zu völlig neuen Business-Möglichkeiten? Überall gibt es mehr neue Ideen als je zuvor, hohe Versagerquoten, massive Investitionen in Infrastruktur und Technologie. Insgesamt gesehen haben die mit pharmazeutischen Entwicklungen und neuen E-Technologien befassten Unternehmen mit frappierend ähnlichen Problemen zu kämpfen.

Die Pharmaindustrie braucht neue Planungsinstrumente und Prozesse, um solche Herausforderungen bewältigen zu können. Zu den neuen Prozessen zählen Vorausschätzungen, Entwicklung neuer Ideen, Investitionsbewertungen, Allokation von Ressourcen nach Maßgabe geschäftspolitischer Prioritäten sowie Performance-Management. Ohne diese Prozesse ist es unmöglich, die zunehmende Anzahl der Produkte aus der F&E-Pipeline mit Erfolg zu positionieren.

Dem Finanzbereich kommt bei der Ressourcen-Allokation eine Schlüsselrolle zu. Theoretisch verfügt die Finanzabteilung über unbegrenzte Möglichkeiten der Cash-Beschaffung, zumal unsere Branche hohe Gewinne zulässt. Aber wir haben immer noch Gewinn- und Verlustrechnungen aufzustellen und den Aktionären Renditen zu zahlen. Bei GlaxoSmithKline sorgt die Finanzabteilung dafür, dass nicht nur angemessene Finanzierungsmittel zur Verfügung stehen und unsere Bilanz stimmt, sondern dass wir auch den Erfordernissen interner und externer Interessengruppen gerecht werden.

Die herkömmliche ertragsorientierte Analyse auf der Basis abgezinster Zahlungsströme (Discounted Cashflow, DCF) erleichtert die Bewertung von Investitionen, stößt aber in Risikosituationen an ihre Grenzen. So greift man in der Pharmaindustrie zunehmend zur Methode der Bewertung realer Optionen – in Ergänzung zur traditionellen Analyse des Zeit- oder Barwertes (Net Present Value, NPV); nur so ist es möglich, den Wert von Optionen im Verlauf des gesamten F&E-Prozesses mit seiner immer größeren Informationsbasis angemessen zu beurteilen. Die Finanzabteilung spielt bei allen kommerziellen Aspekten des Geschäfts eine wichtige Rolle: Sie trägt dazu bei, die häufig konfligierenden Finanz- und Ressourcen-Prioritäten im F&E-Bereich und in Marketing/Verkauf unter einen Hut zu bringen.

„Allotraktion": Von Ressourcen-Allokation zu Ressourcen-Attraktion

Für die Finanzabteilung bedeutet all dies den Einsatz komplexerer Techniken zur Projektbewertung – etwa die Bewertung realer Optionen, Monte-Carlo-Simulationen usw.; ständig sieht sie sich dem Druck ausgesetzt, Marktgrößen abschätzen zu müssen. Zudem gilt es, komplexere Budgetierungsprozesse und Aktivitäten im Rahmen der Ressourcen-Allokation zu bewältigen. Wie bemessen wir die Effizienz von F&E-Aktivitäten? Wie berät der CFO die Kollegen in der Geschäftsführung, wenn es um Förderung beziehungsweise Kürzung von Investitionsvorhaben geht?

Wenn wir bei unserer Umfrage unter führenden CFO-Persönlichkeiten wie John Coombe darauf zu sprechen kamen, welcher Finanzprozess ihnen die größten Sorgen bereite, lautete die Antwort so gut wie übereinstimmend: Ressourcen-Allokation. Ressourcen sind das Lebenselixier eines Unternehmens und die Ressourcen-Allokation ist der maßgebliche Managementprozess, der eine Organisation zur Erzielung überragender Erträge anzukurbeln vermag. Eine fehlgesteuerte Ressourcen-Zuweisung hingegen führt vielfach zu Motivationsverlust und nicht wieder gutzumachender Rückläufigkeit. So dürfte nicht überraschen, dass die CFOs von heute mit einer Reihe schwieriger Fragen kämpfen:

- *Warum fordert die F&E-Abteilung ständig mehr Geld?*
  Die F&E-Abteilung behauptet routinemäßig, die bisherigen Investitionen hätten massive Verbesserungen hinsichtlich Effizienz und Innovation bewirkt, drängt aber auf weitere Budgeterhöhungen, um mit neuen Technologien Schritt halten zu können. Der CFO muss entscheiden, welche Technologien tatsächlich den Shareholder Value steigern und wie gut sein Unternehmen für die gewinnbringende Nutzung dieser Technologien gerüstet ist.
- *Wie bewältige ich die explosionsartig ansteigende Zahl neuer Möglichkeiten?*
  Internet, Kommunikationstechnologie, Genforschung, neue Materialien, Molekularbiologie und andere Fortschritte eröffnen Geschäftsoptionen in ungeahnter Vielfalt. Die vorhandenen Ansätze der Kapitalzuweisung sind träge und schwerfällig; mit ihrer Hilfe lassen sich lediglich statische Situationen beurteilen, in denen ein Vorhaben zur Zeit der Bewertung entweder verfolgt oder aber nicht verfolgt wird. Schnellere, flexiblere Instrumente sind gefragt.

- *Sollen wir in strategische Produkte investieren, die unserer Mindestrendite nicht gerecht werden?*
Die Festlegung von Mindestrenditen bedeutet, dass die Zukunft aus einer rigiden Perspektive heraus beurteilt wird; legt man bei solchen Prognosen die bisherige Entwicklung zugrunde, kann eine Initiative schon allein deshalb zurückgewiesen werden, weil die für sie veranschlagte Rendite einem willkürlich gesetzten Vergleichsmaßstab nicht genügt. Dieser Ansatz ist seit jeher als Bewertungsinstrument unzulänglich; in Anbetracht des derzeitigen Tempos, mit dem sich Wandel vollzieht, hat er jede Relevanz verloren. Heute ist das Verständnis von Strategie als einem Portfolio an Optionen im Sinne eines Risikoausgleichs von zentraler Bedeutung. Da die Zukunft nicht vorherzusagen ist, zahlt es sich aus, so viele Optionen wie möglich offen zu halten.

Das vorliegende Kapitel untersucht, warum und in welcher Weise sich das Ressourcen-Management verändert und welche Konsequenzen sich daraus für den Finanzbereich ergeben. Im Mittelpunkt steht die Aussage, dass der CFO im Rahmen eines effektiven Investitionsmanagements zwei Zyklen berücksichtigen muss: die *Ressourcen-Allokation*, die den profitablen Betrieb vorhandener traditioneller Geschäftsmodelle ermöglicht, und die *Ressourcen-Attraktion*, bei der Business-Modelle der New Economy gefördert werden.

Zum Wandel im Ressourcen-Management

Lassen Sie sich nicht täuschen – der erfolgreiche Einsatz der Ressourcen in einer großen, komplexen Unternehmung gerät zu einer immer schwierigeren Aufgabe. Es ist ganz einfach so, dass es heutzutage mehr Möglichkeiten gibt als je zuvor, dass sie rascher auftauchen und dass ihre Lebenszyklen kürzer sind. Infolgedessen gilt es, mehr Entscheidungen zu treffen als früher, und zwar innerhalb kürzerer Zeitspannen und mit zunehmender Auswirkung auf den Geschäftserfolg.

Welche Rolle fällt Ihnen als CFO in dieser schönen neuen Welt zu? Wie gelingt es Ihnen, Ihre Investitionsentscheidungen mit Internetgeschwindigkeit zu treffen? Wie erhöhen Sie Ihre Reaktionsfähigkeit und

„Allotraktion": Von Ressourcen-Allokation zu Ressourcen-Attraktion

Ihre gedankliche Flexibilität bei der Bewertung von Geschäftsmöglichkeiten? Wie können Sie Schritt halten mit unserer heutigen technologiegetriebenen Wirtschaft, die verheißungsvollere Ideen, aber auch radikalere Umbrüche bereithält als je zuvor?

Ein guter Lösungsansatz besteht darin, Strategie als Optionspalette zu begreifen. In einer sich rasch wandelnden Welt werden auf lange Sicht diejenigen Organisationen die Gewinner sein, die über die meisten Optionen verfügen und zugleich das damit verbundene Kosten- und Wertschöpfungspotenzial genau kennen. Für Sie als CFO heißt das: Sie müssen sich im Rahmen des Ressourcen-Managements vom „Jagdaufseher" zum „Schnäppchenjäger" entwickeln.

Kurzum: Sie müssen wie ein Wagniskapitalgeber denken und Ihre Risiken und Optionen dynamisch managen. An die Stelle der traditionellen Ausrichtung auf Mindestrenditen, Kostenkontrolle und Machbarkeitsentscheidungen tritt im Finanzwesen die Notwendigkeit eines Innovationsmanagements unter Einsatz neuer Beurteilungsmethoden, zum Beispiel Bewertung realer Optionen (Real Options Valuation, ROV), und alternativer Techniken wie stufenweise Finanzierung und Hedging. Mit diesen Instrumenten gelingt es Ihnen, Ihre Optionen offen zu halten, Ideen durch kreative Investitionsstrategien marktfähig zu machen und viel versprechende neue Geschäftsmodelle zu nutzen.

Die Gewinner der Zukunft werden Unternehmungen sein, die sich auf ein erfolgreich abgestimmtes Management der Ressourcen-Allokation wie auch der Ressourcen-Attraktion verstehen und so die effektiven Vorzüge einer Ressourcen-„Allotraktion" realisieren.

Bei der traditionellen *Ressourcen-Allokation* steht die Erzielung einer optimalen Wertschöpfung aus vorhandenen Geschäftsmodellen im Mittelpunkt. Demgegenüber dient die *Ressourcen-Attraktion* einer Herausforderung des Status quo: Es geht um die Förderung neuer Business-Modelle und die Erkundung einer neuen Wertschöpfungsdynamik. Die Gewinner der Zukunft werden Unternehmungen sein, die sich auf ein erfolgreich abgestimmtes Management der Ressourcen-Allokation wie auch der Ressourcen-Attraktion verstehen und so die effektiven Vorzüge einer *Ressourcen-„Allotraktion"* realisieren. Als CFO ist es eine

Ihrer anspruchsvollsten Aufgaben, einen Ausgleich zwischen diesen beiden Investitionszyklen zu finden.

Von welchen Ressourcen ist hier die Rede? Wie schon in den vorangegangenen Kapiteln diskutiert wurde, gewinnen immaterielle Ressourcen verstärkt an Bedeutung. Traditionsgemäß ging es beim Ressourcen-Management in erster Linie um die Rationierung von Kapital – es galt, knappe Investitionsmittel möglichst effektiv einzusetzen. In vielen Branchen ist Kapital heutzutage ohne größere Schwierigkeiten und vergleichsweise preisgünstig zu bekommen. Wie kann Ressourcen-Management dann zu einer immer anspruchsvolleren Aufgabe geraten?

Die Frage ist mit der relativen Knappheit anderer Ressourcen wie Qualifikation, Wissen und Kapazität zu beantworten. Solche nicht-finanziellen Ressourcen weisen unterschiedliche Merkmale auf. Wie Abbildung 5.1 zeigt, sind manche Ressourcen flexibler als andere; man kann den Hahn auf- und zudrehen, ganz nach Bedarf. Einige lassen sich leichter in bares Geld umsetzen (verflüssigen) als andere. Ressourcen unterscheiden sich auch im Hinblick auf ihre Lebensdauer – die einen erschöpfen sich schneller oder langsamer als die anderen.

Ressourcen-Kategorie	Flexibilität	Liquidität	Lebensdauer
Finanzressourcen	hoch	hoch	hoch
Mitarbeiter/Kompetenz	mittel	mittel	gering
Vermögenswerte/Technologie	gering	mittel	gering
Geschäftsprozesse/Systeme	gering	gering	mittel
Infrastruktur (Sachanlagen)	gering	sektorspezifisch	sektorspezifisch
Wissen	mittel	sektorspezifisch	gering
Rohstoffe	mittel	hoch	gering

Abb. 5.1: Ressourcen mit unterschiedlichen Merkmalen

Schauen wir uns näher an, welche Bedeutung diesen Ressourcen in drei nicht-finanztechnisch definierten Kategorien zukommt:

- *Mitarbeiter und Kompetenz*: Ein pharmazeutisches Unternehmen hat vielleicht 15 Arzneimittel-Kandidaten auf der Liste stehen, die es zu rezeptpflichtigen Medikamenten entwickeln will. Unter Umständen

kann es aber nur fünf Projekte weiterverfolgen, weil hoch qualifizierte Leute fehlen, die sich auf die Entwicklung und Kommerzialisierung der einzelnen Produkte verstehen.
- *Vermögenswerte und Technologie*: Ein CD-Hersteller mag sich Chancen im DVD-Geschäft ausrechnen, aber da DVD eine Neuentwicklung ist, gibt es erst relativ wenige Anbieter, die über eine entsprechende Technologie- und Kapitalausstattung verfügen. Ist der CD-Hersteller in der Lage, genügend Anlagegüter zu beschaffen, um in den DVD-Markt vorzudringen? Und wird er das Produkt so schnell liefern können, dass er der Konkurrenz zuvorkommt?
- *Infrastruktur (Sachanlagen)*: Ein etablierter Telekomanbieter könnte beabsichtigen, in Konkurrenz zu Fernsehgesellschaften, die mit Glasfaserkabeln arbeiten, auf Bedarf Videos über sein vorhandenes Netzwerk anzubieten. Doch wenn die Bandbreite seines derzeitigen Systems nicht ausreicht, um den angestrebten Service tatsächlich durchführen zu können, gilt es, entweder die Infrastruktur zu ersetzen beziehungsweise zu erweitern oder aber die Bandbreitenerfordernisse zu reduzieren.

Jede neue Marktchance ist mit verschiedenen Ressourcen-Engpässen verbunden; hat man den einen Mangelzustand behoben, tritt sogleich ein anderer als Hindernis auf. Zur Optimierung seiner Investitionsentscheidungen muss der CFO von heute Systeme und Prozesse einrichten, die einen Ausgleich zwischen diesen konfligierenden Engpässen ermöglichen.

Ressourcen-Allokation: Best Practices von heute

Unsere CFOs haben derzeit ein drastisch verändertes Rollenverständnis in ihrer Funktion als Ressourcen-Manager zu bewältigen (Abbildung 5.2). Zwar lassen sich einige allgemeine Trends ausmachen, aber welche besonderen Vorgehensweisen sich in der Praxis bewährt haben, ist von Branche zu Branche unterschiedlich: Solche Best Practices beruhen weitgehend auf einem angemessenen Repertoire neuer Bewertungstechniken. Ein gutes Beispiel ist die Bewertung realer Optionen (Real Options Valuation, ROV). Die ROV-Methode wurde ursprünglich im Finanzdienstleistungssektor eingesetzt, wird inzwischen aber auch zur Bewertung von F&E-Portfolios in der Pharmabranche verwendet. Zugleich stellen wir fest, dass der am wirtschaftlichen Mehrwert orientierte EVA-Ansatz (Economic Value Added, EVA) in kapitalintensiven Industrien (beispielsweise Produktionsgüter, Telekommunikation) zur Optimierung der Kapitalanlagepolitik eingesetzt wird. Und wir erleben, wie Hightech-Firmen und Internet-Startups ihre Ressourcen-Allokationsentscheidungen auf der Basis der voraussichtlichen Marken- und Kundenwertsteigerung treffen – häufig ohne irgendwelche kurzfristigen Gewinnerwartungen. Wie wirken sich Best Practices wie diese auf traditionelle Geschäftsmodelle aus?

VON	ZU
Maximierung des Kapitalertrags als höchstes Prioritätsziel	Verfolgung sämtlicher Vorhaben, deren Rendite über den Kapitalkosten liegt
Kurzfristige, häufig auf ein Jahr begrenzte Investitionszyklen	Langfristige, auf mehrere Jahre angelegte Investitionszyklen unterschiedlicher Dauer
Kapital als knappe Ressource, die es zu rationieren gilt	Auffassung, dass die Finanzierungsquelle und das erforderliche Finanzierungsvolumen gegenüber der Implementierung der Strategie zweitrangig sind
Konzentration der Ressourcen-Allokation auf materielle Vermögenswerte (Sachanlagen)	Konzentration des Ressourcen-Managements auf immaterielle Vermögenswerte wie Marken, F&E, intellektuelles Eigentum, Fähigkeiten und andere Kapazitätsengpässe
Projektmanagement	Potfolio-Management
Bewertung relativ kleiner, isolierter Ad-hoc-Investitionsprojekte	Betreuung großer, zusammenhängender, strategisch grundlegender Investitionsprogramme
Anwendung traditioneller Techniken (Kapitalrückfluss, Investitionsrentabilität [ROI], abgezinste Zahlungsströme [DCFJ])	Bewertung von Auswirkungen auf den Shareholder Value (EVA, CFROI, freier Cashflow und ROV)

Abb. 5.2: Trends im Ressourcen-Management

> *Fallbeispiel*
> **Caterpillar Overseas: Management eines Investment-Portfolios**
>
> Das Unternehmen Caterpillar Inc. mit Sitz in Illinois entwickelt, fertigt und vermarktet eine breite Palette an schweren Nutzfahrzeugen. Die 84 Fertigungsanlagen von Caterpillar beschäftigen 66.000 Facharbeiter; das Unternehmen vermarktet seine Produkte über ein unabhängiges Händlernetz in 200 Ländern. Die Aktionärsrendite brachte den Investoren zwischen 1993 und 1999 insgesamt 29 % ein und übertraf damit die Entwicklung bei der Konkurrenz. Die Anlagenrendite liegt derzeit bei 6 %.
>
> Im letzten Jahrzehnt konzentrierte sich die größte Investmentinitiative bei Caterpillar auf den Bau von Fabrikanlagen für die Zukunft. Mit dieser Strategie bewies das Unternehmen in seiner Funktion als Hersteller innovatives Vorgehen, aber zugleich entstand auf diese Weise eine umfangreiche Fixkosten-Infrastruktur, die den zunehmenden Flexibilitätsansprüchen nicht gerecht werden konnte. Caterpillar musste sich nunmehr der Herausforderung stellen, Wall Street davon zu überzeugen, dass seine Investitionsprogramme in der Lage waren, ein starkes, nachhaltiges Renditewachstum zu erzielen, und zugleich versuchen, die Interessen der Investoren im Hinblick auf Marktanpassungsfähigkeit zu wahren.
>
> Caterpillar Overseas, eine große Unternehmenssparte, betreut instabile Bereiche beispielsweise in Russland und Afrika, aber auch stabilere Märkte in Europa und im Nahen Osten. Die Aufgabe der Sparte besteht darin, eine profitablere Verteilung der Ressourcen unter Berücksichtigung der unterschiedlichen geografischen Bedürfnisse zu erreichen. Ihr Investitionsprogramm soll erhöhte betriebliche Flexibilität, ein ausgewogeneres Portfolio und eine gezieltere Strategie ermöglichen.
>
> Bisher hatte die Sparte Overseas ihre Kapitalallokation auf Gruppenbasis vorgenommen: Den einzelnen Betrieben wurden spezifische Budgets für Investitionsausgaben zugewiesen. Dieser Allokationsmechanismus hatte zwar den Vorteil, dass er schnell und ohne Aufwand abgewickelt werden konnte, begünstigte aber Betriebe mit reifen Märkten und Umsätzen; Betriebe hingegen, die noch keinerlei

Reifegrad erreicht hatten, dafür aber hohes Wachstumspotenzial aufwiesen, ließ man verhungern.
Die Sparte beschloss daher, ihre Investitionen künftig als Portfolio zu managen: Die Investitionen sollten nach Maßgabe ihres potenziellen Shareholder-Value-Beitrags für Overseas insgesamt eingestuft werden. Pauschalzuweisungen gibt es nicht mehr; Investitionsvorhaben werden nunmehr auf der Basis wertorientierter Messgrößen ausgewählt und je nach Shareholder-Value-Potenzial mit Investitionsmitteln ausgestattet. Dieser revidierte Prozess der Ressourcen-Allokation weist überzeugende Vorzüge auf:

- Prozessvereinfachung: *Die finanz- und betriebswirtschaftliche Rechtfertigung der Vorhaben erfolgt für jede Genehmigungsphase in kurzen, iterativen Zyklen. Investitionsvorhaben, die das intellektuelle Kapital (zum Beispiel flexible Nachfragesteuerung) betreffen, werden nach denselben Kriterien bewertet und genauso gehandhabt wie Investitionsprojekte in Sachanlagen (beispielsweise Fertigungsanlagen).*
- Verantwortlichkeit für Wertschöpfung: *Die Projekte werden kombiniert, um Ziele im Hinblick auf eine Shareholder-Value-Verbesserung zu erreichen. Diese Ziele werden durch spezifische Werttreiber unterstützt, die in den Verantwortungsbereich des Managements fallen: Zum Beispiel tragen die leitenden Führungskräfte in F&E und Marketing gemeinsam Verantwortung für eine verbesserte Produktleistung.*
- Portfolio-Erträge: *Die potenziellen Erträge sind risikoberichtigt insofern, als Unsicherheiten wie politische Instabilitäten oder neue Technologien einkalkuliert werden, um Äpfel mit Äpfeln vergleichen zu können. Die Gelder werden dann nach Maßgabe des höchsten Ertragspotenzials vergeben. Jetzt konkurrieren nicht mehr die einzelnen Betriebe um knappe Finanzierungsmittel; vielmehr sind es die Projekte, die um Finanzierung wetteifern und damit die Portfolio-Erträge insgesamt maximieren.*
- Umsetzung der Strategie: *Der Einsatz wertorientierter Managementtechniken hat dem Management zu größerer Klarheit verholfen, da nun die einzelnen Investitionsvorhaben an Share-*

> holder-Value-Ziele gebunden sind. Jetzt wird deutlich sichtbar, wie die Vorhaben in ihrer Gesamtheit zur Schließung der Shareholder-Value-Lücke beitragen. So kann Caterpillar anhand einer Analyse der Kundenwert-Komponenten bei einem Endprodukt bestimmen, welche zusätzlichen Produktinvestitionen den größten Wertschöpfungsbeitrag für Kunden und Anteilseigner bieten.
>
> Seit Einführung seines neuen Ressourcen-Allokationsprozesses hat das Unternehmen bereits in mehreren Bereichen schnelle Gewinnvorteile erzielen und einen signifikanten Beitrag zum Shareholder Value leisten können.

Wie die Erfahrung bei Caterpillar zeigt, dürften die Best Practices zur Ressourcen-Allokation künftig über eine reine Rentabilitätsabschätzung der Investitionsvorhaben hinausgehen. Vielmehr umfassen sie den gesamten Ressourcenmanagement-Zyklus, von der Ideenerzeugung über die Durchführung bis hin zu nachfolgenden Aktivitäten. Beispielsweise ist Caterpillar dabei, die Anwendung detaillierter Werttreiber-Bäume als Quelle neuer Ideen innovativ umzugestalten. Außerdem überwacht das Management die Umsetzung seiner Portfoliostrategie unter Berücksichtigung der folgenden vier Schlüsselkriterien: 1. Welche Meilensteine wurden erreicht? 2. Welche Qualitätsstandards wurden eingehalten? 3. Wie hoch ist der Ressourcenverbrauch? 4. War hinreichende Flexibilität gewährleistet?

Übergang zur Ressourcen-Attraktion

Wie überall löst E-Business dramatische Veränderungen im Ressourcen-Management aus. Früher stützten die Investitionsentscheidungen des CFO die Schaffung, Vermarktung und den Erhalt von Qualifikationen und Kapazitäten entlang einer vorrangig *internen* Wertschöpfungskette, wobei der Schwerpunkt auf der räumlichen Nähe der jeweils abhängigen Teile dieser Wertschöpfungskette lag. Heute kann jedes Unternehmen – gleich, welcher Größenordnung und Branchenzugehörigkeit – eine Palette an Serviceleistungen anbieten, ohne im Besitz auch nur eines einzigen Teils der Wertschöpfungskette zu sein. Mittlerweile hat sich der Schwerpunkt auf *externe* Komponenten verlagert. Der CFO hat die Freiheit, Teile der Wertschöpfungskette aus seiner Organisation auszugliedern und mit der Wertschöpfungskette eines anderen Unternehmens zu verbinden, um auf diese Weise sowohl Risikostreuung als auch zusätzliche Wertsteigerung zu erzielen.

In der E-Business-Welt bestehen die Ziele der Ressourcen-Allokation in Kundenwertsteigerung und Kundenvernetzung. Durch Verbindung verschiedener Teile der Wertschöpfungskette ermöglicht das E-Business den Unternehmen die Auslagerung betrieblicher Aktivitäten. Eine bequeme und preisgünstige Verbindung zu den Kunden verhilft den Organisationen zu einer zunehmenden Spezialisierung: Über das Internet können sie Massenmärkte und die kundenspezifische Anpassung ihrer Produkte für Kundenmassen (Mass Customization) gewinnbringend nutzen.

Das in dieser Weise aufgegliederte Modell bietet nicht nur große Vorzüge, sondern stellt die Unternehmen auch vor große Herausforderungen. Als CFO sehen Sie sich gezwungen, eine sehr viel umfassendere Palette an Alternativen zu bewerten. Deshalb müssen Sie ständig bereit sein, Ihr Geschäftsmodell im einen oder anderen Element, vielleicht sogar in seiner Gesamtheit, zu verändern – einschließlich Produktsortiment, Kundensegmente und Einsatz Ihrer Vermögenswerte.

Es kommt entscheidend auf die geschickte Bewältigung des Übergangs vom tradierten Geschäftsmodell zum aufgegliederten Business-Modell an. Die Unternehmen müssen sich von ihren infrastrukturgebundenen konkreten Liefermechanismen befreien und zu flexiblen, logisch strukturierten und strategisch agierenden Marktteilnehmern entwickeln. Mit zunehmender Erfahrung bezüglich der Ermittlung und Wahrnehmung einer größtmöglichen Vielfalt an Optionen gelangt das Unternehmen letztlich an den Punkt, wo jeder Teil seiner Wertschöpfungskette eingegliedert, als Lizenz vergeben oder verhandelt werden kann.

In der E-Business-Welt spielen die Kapitalkosten eine vergleichsweise geringe Rolle; wichtiger ist, dass die Arbeit von fähigen Mitarbeitern geleistet wird. Das Input-Management ist weniger wichtig als das Output-Management beziehungsweise die Steuerung der Resultate. Auf viele Jahre angelegte Investmentzyklen sind von größerer Relevanz als Jahresberichtszyklen. Der Rationierung von Kapital wird geringere Bedeutung beigemessen als dem Umgang mit Kapazitätsengpässen. Nicht Cashflow-Verteilung ist angesagt, sondern Cashflow-Recycling. Zeit ist Geld. Werttreiber sind die Kunden, nicht die Nutzung von Vermögenswerten. Und Projekte werden als Investmentoptionen und nicht als Selbstzweck verstanden.

Die derzeit eingesetzten Instrumente zur Ressourcen-Allokation sind auf tradierte Geschäftsmodelle ausgerichtet. Doch in Anbetracht der schnellen Ausbreitung neuer Business-Modelle reichen die herkömmlichen Allokationsprogramme nicht mehr aus. Solche Programme können den Shareholder-Value-Beitrag Ihres Unternehmens sogar schmälern, indem sie Ihnen als CFO eine falsche Richtung vorgeben. Um effektiv investieren zu können, müssen Sie beide Zyklen des Ressourcen-Managements berücksichtigen: zum einen die Ressourcen-Allokation, die der vollumfänglichen Ausschöpfung der bestehenden Geschäftsmodelle dient, und zum anderen die Ressourcen-Attraktion, die neuartige Innovations- und Wachstumsoptionen fördert.

Die Ressourcen-Allokation ist evolutionär angelegt und verstärkt tradierte Wertschöpfungsmerkmale. Sie fördert die Vermögensverwaltung, dient dem Erhalt des Sachanlagevermögens und bewirkt inkrementelle Verbesserungen. Die Anreize sind extrinsischer Natur: Die Mitarbeiter werden in aller Regel dadurch motiviert, dass ihre Leistungen an bestimmten Zielvorgaben gemessen werden. Die Ressourcen-Attraktion ist revolutionär insoweit, als sie eine neue Wertschöpfungsdynamik nutzt und anstelle administrativer Abläufe eher unternehmerisches Verhalten fördert. Hier sind intrinsische Anreize gefragt: Die Mitarbeiter lassen sich durch das Zugeständnis motivieren, ihre eigenen Ideen verfolgen zu dürfen.

Abbildung 5.3 veranschaulicht die vier Zyklusphasen beim Ressourcen-Management unter dem Aspekt der Ressourcen-Allokation. Die Phase der Investitionsvorausschätzung dient der Verbesserung von Qualität und Umfang möglicher Ideen im Rahmen des bestehenden Geschäftsmodells. Die Investitionsbewertung, seit jeher die Phase, in der CFOs am stärksten Einfluss nehmen können, ist auf die Risikovermeidung und weniger auf die Nutzbarmachung von Risiken ausgerichtet. In der Implementierungsphase geht es um die Erarbeitung eines Portfolios an Investmentinitiativen. Gut definierte Ziele, eine zügige Durchführung und ein eindeutiger Abschluss sind die Schlüssel zum

Übergang zur Ressourcen-Attraktion

```
┌─────────────────────────────────┐
│ 1. Vorausschätzung              │
│ Gezielte Ideensammlung          │
│   · Werttreiber-Fokusgruppen    │
│   · Wettbewerbswissen           │
└─────────────────────────────────┘

┌─────────────────────────────┐       ┌─────────────────────────────────┐
│ 4. Postimplementierung      │       │ 2. Bewertung                    │
│ Kontinuierliche Verbesserung│       │ Risiko als Passivposten         │
│   · Wissensmanagement       │       │   · Prioritätenliste (Ideen)    │
│   · Projektübergreifende    │       │   · Externes Risiko/Unsicherheiten│
│     Nutzung                 │       │   · DCF                         │
└─────────────────────────────┘       └─────────────────────────────────┘

┌─────────────────────────────────────┐
│ 3. Implementierung                  │
│ Durchführung von Initiativen        │
│   · Portfolio-Management (Initiativen)│
│   · Projektbasierte Organisation    │
└─────────────────────────────────────┘
```

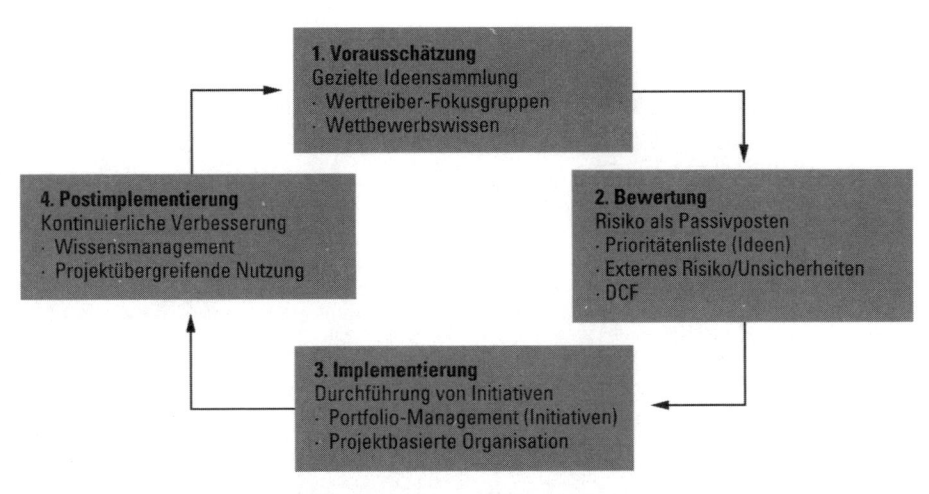

Abb. 5.3: Ressourcen-Allokation: Verbesserung bestehender Geschäftsmodelle

Erfolg. In der Postimplementierungsphase werden die Erfahrungen zusammengetragen und die Ressourcen für ähnliche, aber neue Initiativen wiederverwendet; Ziel ist eine schnellere Vermarktung.

Im Gegensatz dazu zielen die Phasen der Ressourcen-Attraktion auf die Förderung neuer Business-Modelle ab (Abbildung 5.4). Hier verläuft die Phase der Investitionsvorausschätzung völlig offen und frei von jeglichen Annahmen bezüglich der derzeitigen Geschäftsdynamik. Für die Phase der Investitionsbewertung wird weniger Zeit aufgewendet; Risiko wird als Aktivposten behandelt, den es im Sinne der Wertschöpfung für die Aktionäre zu nutzen gilt. Im Hinblick auf potenzielle Erfolge wird das Risiko maximiert, während einer Negativentwicklung Grenzen gesetzt werden – das verlangt die Denkweise eines Wagniskapitalgebers. Die Implementierungsphase umfasst die kontinuierliche Verfolgung sämtlicher zur Verfügung stehenden Optionen, wobei der CFO seinen Mitarbeitern im Allgemeinen viel Handlungsfreiraum lässt. Die Postimplementierungsphase ist darauf angelegt, Optionen zu veräußern oder aber durch Aufbau eines neuen Business-Modells selbst zu realisieren.

Die meisten Unternehmen streben ein robustes, tradiertes Geschäftsmodell an und wollen dann von innen heraus ein neues, innovationsorientiertes Modell aufbauen. Mit anderen Worten: Die beiden Ressourcenmanagement-Zyklen – die Ressourcen-Allokation und die Ressourcen-Attraktion – müssen gewissermaßen im Tandem erfolgen.

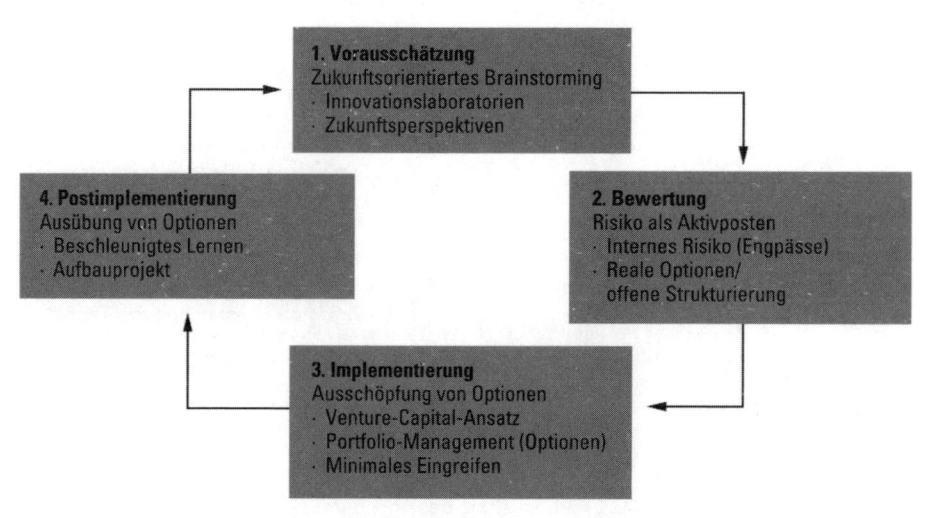

```
                    ┌─────────────────────────────┐
                    │ 1. Vorausschätzung          │
                    │ Zukunftsorientiertes        │
                    │   Brainstorming             │
                    │ · Innovationslaboratorien   │
                    │ · Zukunftsperspektiven      │
                    └─────────────────────────────┘
┌──────────────────────────────┐      ┌─────────────────────────────┐
│ 4. Postimplementierung       │      │ 2. Bewertung                │
│ Ausübung von Optionen        │      │ Risiko als Aktivposten      │
│ · Beschleunigtes Lernen      │      │ · Internes Risiko (Engpässe)│
│ · Aufbauprojekt              │      │ · Reale Optionen/           │
│                              │      │   offene Strukturierung     │
└──────────────────────────────┘      └─────────────────────────────┘
                    ┌─────────────────────────────┐
                    │ 3. Implementierung          │
                    │ Ausschöpfung von Optionen   │
                    │ · Venture-Capital-Ansatz    │
                    │ · Portfolio-Management      │
                    │   (Optionen)                │
                    │ · Minimales Eingreifen      │
                    └─────────────────────────────┘
```

Abb. 5.4: Ressourcen-Attraktion: Förderung neuer Business-Modelle

Die nächsten Abschnitte sollen Ihnen die Bewältigung dieser Ressourcen-„Allotraktion" erleichtern: Die vier Phasen beim Ressourcen-Management werden der Reihe nach erst aus traditioneller Perspektive (Ressourcen-Allokation bei reifen Angeboten) und anschließend aus der Perspektive der New Economy (Ressourcen-Attraktion bei neuartigen Initiativen) untersucht.

Phase 1: Vorausschätzung

Zu den Best Practices, die heute bei der Abschätzung reifer Geschäftsmöglichkeiten Anwendung finden, zählen insbesondere die Erstellung von Werttreiber-Bäumen und die Kundenwertanalyse. In einer reifen Geschäftssituation verhilft Ihnen wertorientiertes Management zu einer gezielten Ausrichtung auf die Schaffung von Shareholder Value – sowohl im betrieblichen Ablauf als auch bei der Ressourcen-Allokation. Zum Beispiel können Sie den freien Cashflow analysieren und die Variablen ermitteln, die zu einer Cashflow- und Wertsteigerung führen – etwa Gewinnspanne, Kapitalkosten oder Wachstumsperiode. Ihr Ziel besteht darin, die Ressourcen solchen Werttreibern zuzuweisen, die am meisten zur Verbesserung beitragen. Abbildung 5.5 veranschaulicht die Ergebnisse einer Umfrage: Ein Fertigungsunternehmen, das seine Erzeugnisse

Phase 1: Vorausschätzung

den Endkunden über Händler zukommen lässt, hat aufgrund einer Befragung unterschiedlicher Interessengruppen deren Beitrag zu spezifischen Werttreibern für die verschiedenen Teile der Wertschöpfungskette ermittelt.

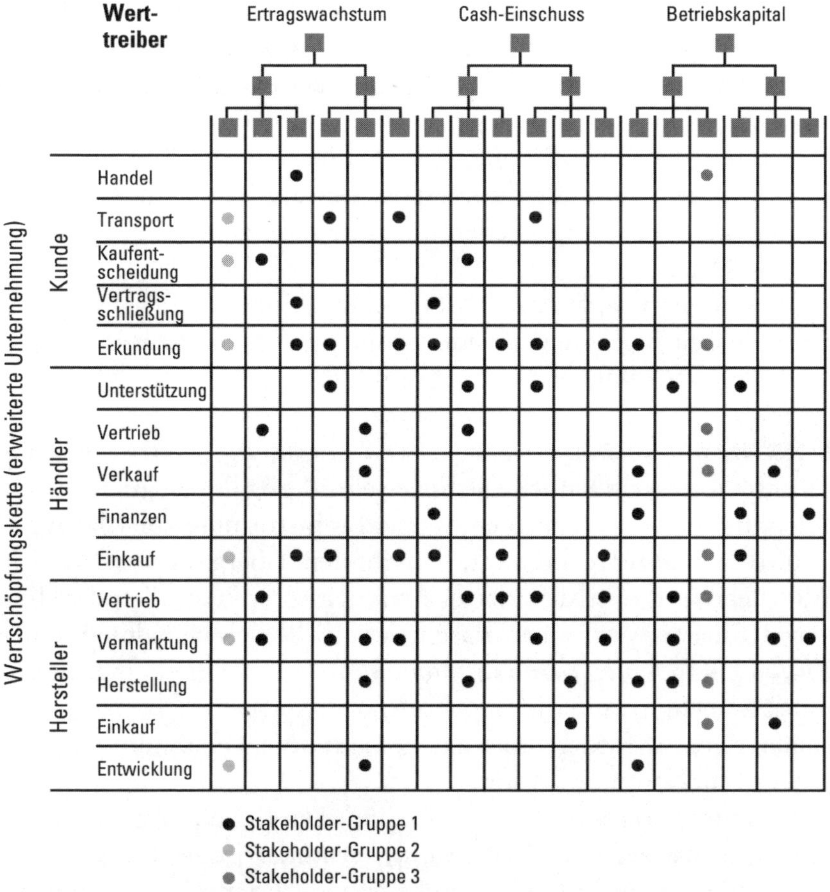

Abb. 5.5: Wertschöpfungsbeiträge verschiedener Stakeholder-Gruppen (Anschauungsbeispiel)

Um Ideen im Rahmen Ihres tradierten Geschäftsmodells sammeln zu können, müssen Sie die zugrunde liegenden Werttreiber bestimmen. Dazu bietet sich ein logisch strukturierter Ansatz an: die Erstellung von Baum- oder Einflussdiagrammen. Am besten führen Sie zunächst eine

Befragung unter Leuten durch, die besonderen Einfluss auf die Geschäftsabläufe nehmen: Untersuchen Sie die potenziellen Werttreiber in Gesprächen mit innovativen Mitarbeitern und Führungskräften im gesamten Unternehmen. Legen Sie dann fest, welche Werttreiber in die engere Wahl kommen – nach Maßgabe eindeutiger Auswahl- und Bewertungskriterien. Als Nächstes veranstalten Sie Workshops zu spezifischen Werttreibern, an denen Mitarbeiter aus allen möglichen Funktionsbereichen entlang der gesamten Wertschöpfungskette teilnehmen. Führen Sie ein Brainstorming durch und strukturieren beziehungsweise modifizieren Sie Ihre Werttreiber-Bäume. Zum Schluss erstellen Sie einen Werttreiber-Strukturbaum, der die Perspektiven der Teilnehmergruppen in zusammengefasster Form wiedergibt, lassen ihn genehmigen und bringen ihn in Umlauf.

Die Erstellung von Werttreiber-Strukturbäumen ist ein zeitraubendes Verfahren, schafft aber eine solide Grundlage für die Bewertung neuer Ideen. Zu den besonderen Vorzügen zählen:

- *Erzielung unternehmensweiter Übereinstimmung*: Werttreiber-Bäume vermitteln eine einheitliche Sichtweise in Bezug auf die maßgeblichen geschäftstreibenden Faktoren, wobei Brainstorming zur Klärung der intuitiven Konzepte beiträgt. Durch den Übergang von intuitiver Wahrnehmung zu strukturierter Artikulation werden allen Beteiligten klar definierte Werttreiber präsentiert, an die sie sich halten können.
- *Entwicklung einer gemeinsamen Sprache*: Wenn die wichtigsten Interessengruppen in die Erstellung von Werttreiber-Bäumen einbezogen werden, fördert dies das gemeinsame Verständnis und eine verbesserte Kommunikation.
- *Reduzierung von unnötigem Aufwand*: Die Erzielung einer gemeinsamen Sichtweise und Ausrichtung verhindert, dass die Leute Zeit und Mühe auf neue Ideen verschwenden, die mit den übereinstimmend erzielten Entscheidungen nicht vereinbar sind.
- *Förderung des Verantwortungs- und Zuständigkeitsgefühls*: Die Erstellung von Werttreiber-Bäumen auf Konsensbasis fördert das Bewusstsein einer gemeinschaftlich getragenen Verantwortung und spornt zu Leistungsverbesserungen an.
- *Schaffung einer organisatorischen Wahrheit*: Gemeinsam wird eine Sichtweise erarbeitet, die dazu führt, dass alle am selben Strang ziehen.

Phase 1: Vorausschätzung

- *Erarbeitung der Grundlage für Performance-Management*: Die von Ihnen ermittelten Werttreiber können Sie als Grundlage für Ihre Leistungsmessung nutzen.

Die jüngsten Erfahrungen von Caterpillar sind ein Beispiel dafür, wie Werttreiber zur Erzielung von Verbesserungen zu nutzen sind. Die Funktionsleistung der Produkte erwies sich als einer der wichtigsten Werttreiber für das Unternehmen. Caterpillar sah sich mit rückläufigen Umsatzzahlen in spezifischen Produkt- beziehungsweise Marktsegmenten in Osteuropa konfrontiert und vermutete, es müsse irgendein leistungsstärkeres Konkurrenzprodukt geben. Wie Caterpillar wusste, besaßen die unmittelbar mit den Endkunden arbeitenden Händler des Unternehmens das beste Wissen und Gespür dafür, was die Kunden wirklich schätzten. Deshalb teilte das Unternehmen seine Händler anlässlich seines Händler-Jahrestreffens auf der Basis der Produkt-/Marktsegmentierung in Fokusgruppen ein. Die Händler wurden aufgefordert, die wichtigsten Produktleistungsmerkmale eines maßgeblichen Caterpillar-Produkts zusammen mit den Merkmalen der direkten Konkurrenzprodukte aufzulisten. Auf diese Weise stellte sich heraus, dass Caterpillar gegenüber der Konkurrenz einen entscheidenden Nachteil aufwies: Die vom Unternehmen angebotene Hebevorrichtung reichte nur zwei Stockwerke hoch, während das Gerät eines großen Konkurrenten drei Stockwerke bedienen konnte. Da die Bauunternehmer in der Region höhere Gebäude errichteten, konnte der Konkurrent der Marktnachfrage nachkommen, Caterpillar hingegen nicht. Nachdem Caterpillar diese Wettbewerbslücke geschlossen hatte, holte das Unternehmen seinen Marktanteil wieder auf.

Beim Übergang von tradierten Geschäftsmodellen zu neuartigen Business-Modellen verändert sich der Prozess der Vorausschätzung. Brainstorming und Innovation gewinnen an Relevanz.

Durch die Verknüpfung von Marktbeobachtung und Kundenwerttreibern entwickelte Caterpillar brauchbare neue Investitionsideen für ein tradiertes Geschäft. Im Gegensatz dazu hätte eine traditionelle technologieorientierte Investitionsstrategie das wirklich relevante Kundenwertproblem überhaupt nicht ermittelt oder berücksichtigt. Mit ihrer Ausrichtung auf die einflussreichsten Werttreiber – bei Caterpillar war dies die relative Produktleistung – können Unternehmen hervorragende Ergebnisse erzielen. Die Ideenentwicklung durch Prozesse wie den Einsatz von Fokusgruppen bei Caterpillar lässt sich dank webfähiger Technologie sogar institutionalisieren: Neue Ideen werden in Echtzeit formuliert und durch ein vernetztes Expertenteam bewertet, das dann die Investitionsprioritäten auf der Basis von Kundenwissen festlegt.

Einsatz von Innovationslaboratorien und Brainstorming zur Förderung der Ideenentwicklung

Beim Übergang von tradierten Geschäftsmodellen zu neuartigen Business-Modellen verändert sich der Prozess der Vorausschätzung. Brainstorming und Innovation gewinnen an Relevanz. Beispielsweise hat Shell seinen GameChanger-Prozess entwickelt, um zu erreichen, dass unkonventionelle Ideen nicht erst den üblichen Genehmigungszirkus durchlaufen müssen. Innovationslaboratorien bringen Gruppen von Unternehmensmitarbeitern zusammen, legen ihnen Beispiele für neue Denkweisen außerhalb ihres eigenen Geschäftsbereichs vor und fordern sie auf, „nichtlineare" Ideen zu produzieren. Anschließend unterstützen Aktionslaboratorien die Mitarbeiter bei der Entwicklung von Risikoplänen mit einer Laufzeit von 100 Tagen für die kostengünstige und weitgehend risikofreie Erprobung der besten Ideen. Für genehmigte Ideen wird schnell grünes Licht gegeben: Sie können binnen acht Tagen mit bis zu 600.000 Dollar finanziert werden. Verschiedene GameChanger-Risikoprojekte haben sich bereits zu wichtigen Initiativen gemausert. Von den fünf größten Wachstumsinitiativen, die Anfang 1999 gestartet wurden, gehen vier letztlich auf den GameChanger-Prozess zurück.

Phase 2: Bewertung

Welchen Beitrag können Sie als CFO leisten, damit die besten Ideen ermittelt und wertschöpfend weiterverfolgt werden? Die traditionellen Bewertungsmethoden haben mit den technologischen und betriebswirtschaftlichen Verbesserungen nicht Schritt halten können. Daraus ergeben sich drei große Gefahrenquellen:

Phase 2: Bewertung

- *Fokussierung auf ein einzelnes Szenarium beziehungsweise einen bestimmten Zeitpunkt*: Die traditionelle Investitionsbewertung konzentriert sich auf Annahmen über potenzielle Investitionen. Auf diesen Annahmen basiert die Ermittlung der künftigen Kosten und Erträge. Anschließend werden die künftigen Cashflows projiziert; nur Investitionen, die über ein bestimmtes Ertragsziel hinausgehen, werden weiterverfolgt. Bei diesem Ansatz bleiben die vielen Änderungen, die sich stets während der Laufzeit eines Investitionsvorhabens ergeben, unberücksichtigt. Eine solche „Momentaufnahme" ist wenig aussagekräftig und für eine zukunftsorientierte Vermögensverwaltung nicht flexibel genug.
- *Kurzsichtige Ausrichtung auf Investitionsrentabilität*: Eine solche Kurzsichtigkeit führt unter Umständen zur Ablehnung von Projekten, die kurzfristig Verluste einbringen, mittel- oder langfristig jedoch schnelles Wachstum erzielen können. Unterbunden werden auch innovative Initiativen, die nur geringe Erträge zu bieten haben, bis schließlich ein neues Produkt oder eine neue Serviceleistung zum Tragen kommt.
- *Festlegung finanzieller Mindestrenditen*: Finanzielle Mindestrenditen machen nur in Zeiten Sinn, die durch langsamen, überschaubaren Wandel gekennzeichnet sind. Wie sich jedoch immer deutlicher zeigt, können sich die Annahmen, die einer abgezinsten Cashflow-Berechnung (DCF-Kalkulation) und sogar risikoberichtigten Abzinsungsfaktoren zugrunde liegen, derart schnell ändern, dass solche Ansätze zu Zwangsjacken geraten.

Herkömmliche Investitionsbewertungen erfolgen aufgrund von DCF-Analysen unter Berücksichtigung von Ertragssteigerungen. Normalerweise wird die Mindestrendite (der Abzinsungsfaktor) bei DCF-Berechnungen höher angesetzt als das reale gewichtete Kapitalkosten-Mittel (Weighted Average Cost of Capital, WACC). Deshalb erweisen sich Projekte, die eine vergleichsweise hohe Mindestrendite übertreffen, in aller Regel als riskanter. In Finanzdienstleistungsunternehmen wird bei der Berechnung von Kapitalaufwand und Produktrentabilität eine Risikoanpassung vorgenommen, um die naturgemäß ungewisse Cashflow-Entwicklung berücksichtigen zu können. Auch bei der Investitionsbewertung werden Risikofaktoren in die Abzinsung einbezogen. Sowohl

Mindestrenditen als auch das gewichtete Kapitalkosten-Mittel verdeutlichen das Risikoprofil für das Unternehmen als Ganzes – nicht nur für die zur Diskussion stehenden Einzelprojekte. Neue Projekte mit neuen Risikoparametern können das Risikoprofil des Unternehmens insgesamt (und damit auch seine Kapitalkosten) verändern. Eine risikoberichtigte Abzinsung zählt daher zu den Best Practices für tradierte Geschäftsmodelle.

Betrachten wir dazu das folgende Beispiel: Ein Unternehmen betrieb eine Reihe von Einzelhandelsketten, von denen sich einige an modebewusste junge Kunden, andere hingegen an konventionelle ältere Verbraucher wendeten. Die neueren, eleganten Ketten erzielten hohe, schnelle Erträge, aber das in dieses hoch potente Retail-Modell (Markenprodukte, Geschäftsrenovierung und Standortverbesserung) investierte Kapital war jeweils nach drei Jahren aufgezehrt. Demgegenüber hatten die traditionellen Einzelhandelsketten nur geringere und über längere Zeiträume erwirtschaftete Erträge zu bieten, aber Kapitalspritzen wurden nur alle 10 Jahre erforderlich. Das Unternehmen legte für alle Einzelhandelsketten eine einheitliche Mindestrendite fest – ungeachtet der Tatsache, dass die modischen Ketten von Natur aus riskanter waren und höhere Kapitalkosten rechtfertigten. Das Unternehmen strebte ein ausgeglichenes Portfolio an, aber sein Kapitalallokationsansatz begünstigte eindeutig die riskanteren Projekte. Bei näherer Überprüfung der Situation erkannte das Unternehmen, dass es von seiner für alle Ketten einheitlich festgelegten Mindestrendite abgehen und risikoberichtigte Mindestrenditen einführen musste. Nur so war das Unternehmen in der Lage, solchen Projekten Kapital zuzuweisen, die das höchste Erfolgspotenzial zu bieten hatten.

**Der CFO sollte die knappen Unternehmensressourcen so einsetzen, dass Shareholder-Value-Zielen Rechnung getragen wird.
Bei jedem Investitionsvorhaben sind zwei Schlüsselfragen zu stellen:
Welche Ressourcen sind vorhanden und
welches Wertschöpfungspotenzial ist zu realisieren?**

Risikoberichtigte Abzinsungsfaktoren können die Entscheidung zwischen Projekten mit unterschiedlichen Risiken und unterschiedlicher Kapitalintensität erleichtern und externe Unsicherheiten einbeziehen

Phase 2: Bewertung

(beispielsweise Variablen, die einen Einfluss auf Größe und Entwicklung von Kundenmarktsegmenten haben). Dagegen werden interne Unsicherheiten (etwa Verfügbarkeit von Managementtalenten und besonderen Kompetenzen oder auch eventuelle Störungen im Betriebsablauf) häufig übersehen. Externe Unsicherheiten wirken sich meist nur auf die Höhe des Ertrags aus neuen Projekten aus, während interne Unsicherheiten den Gesamtertrag gefährden.

Wenn wir nun außer den finanziellen Engpässen auch die nicht-finanziellen Unwägbarkeiten berücksichtigen, müssen wir uns fragen, warum die unzureichende Bewältigung interner Ressourcen-Engpässe eine Gefährdung für Investitionsinitiativen darstellt. Hier geht es um Angebot und Nachfrage. Auf der Nachfrageseite macht jede Initiative den Einsatz spezifischer Ressourcen erforderlich. Auf der Angebotsseite muss man genau wissen, welche Ressourcen zur Verfügung stehen. Nachdem Sie ermittelt haben, welche Investitionsvorhaben einen voraussichtlichen Wertschöpfungsbeitrag zum Shareholder Value leisten, lautet die Frage: Welche Investition(en) sollte(n) in Anbetracht der verfügbaren Ressourcen vorgenommen werden? Insbesondere gilt es, die folgenden Aspekte zu berücksichtigen:

- Überwindung von Personalengpässen durch Einstellung weiterer Mitarbeiter, Auslagerung betrieblicher Aktivitäten an Subunternehmer, Einstellung von Mitarbeitern auf Zeit oder Akquisition von Unternehmen, die über die erforderlichen Talente und Ressourcen verfügen.
- Bewältigung von Spitzenarbeitsbelastungen, die über die Ressourcen-Kapazität hinausgehen, durch Umorganisation von Projekten oder zeitliche Verschiebung von Arbeiten.
- Bildung von Gemeinschaftsunternehmen oder Nutzung anderer Formen der Partnerschaftsbildung zur Überwindung von Ressourcenknappheit.
- Einsatz der knappen Unternehmensressourcen in einer Weise, die Shareholder-Value-Zielen Rechnung trägt. Bei jedem Investitionsvorhaben sind zwei Schlüsselfragen zu stellen: Welche Ressourcen sind vorhanden und welches Wertschöpfungspotenzial ist zu realisieren?

Techniken zur Optionsbewertung und Bewältigung von Unsicherheit

Im neuen Business-Modell ist Unsicherheit als solcher ein Wert beizumessen – aber nur dann, wenn das Management seine Investitionsprojekte mit einem Maximum an Flexibilität verfolgt. Dies kann unter Umständen bedeuten, dass man sich die Option offen hält, zwischen zwei Vertriebskanälen – einem webfähigen und einem traditionellen Vertriebskanal – zu wechseln. Flexibilität kann auch Erweiterung oder Reduzierung bedeuten; beispielsweise kann die Option darin bestehen, eine Produktpalette für einen loyalen Kundenstamm zu erweitern oder aber Fertigungsprozesse extern zu vergeben, anstatt eigene Produktionsanlagen zu betreiben. Flexibilität kann auch beschleunigtes oder verlangsamtes Tempo bedeuten – zum Beispiel die Option, einen nicht zum Kerngeschäft gehörenden Vermögenswert zu veräußern oder ein Projekt hinauszuzögern, um noch einen bevorstehenden technologischen Durchbruch nutzen zu können. Da traditionelle Techniken zur Investitionsbewertung eine voraussagbare Cashflow-Entwicklung voraussetzen, bedeuten sie zwangsläufig eine Flexibilitätseinschränkung. Im Gegensatz zum Standard-Finanzinstrumentarium bietet ein Portfolio an Optionen einen anpassungsfähigeren Mechanismus zur Innovationsförderung. In der E-Business-Welt hält die ohnehin schon größere Unsicherheit bezüglich der Erträge über längere Zeitperioden an. Neue Investitionen werden nach Maßgabe ihrer strategischen Bedeutung und nicht aufgrund kurzfristiger Gewinne bewertet. In Anbetracht des Umfangs potenzieller Erträge aus diversen Projekten muss das Management hinsichtlich Vision und Vorgehensweise hohe Flexibilität walten lassen. Optionen, die sich aus flexiblen Investitionsstrukturen ergeben, besitzen einen Wert als solche. Dieser Wert besteht in ihrem positiven Erfolgspotenzial, unbelastet durch negative Risikoerwägungen. So hat ein Pharmaunternehmen, das sich im Besitz von Produktpatenten befindet, im Verlauf der verschiedenen klinischen Testphasen bis hin zur Kommerzialisierung diverse Optionen abzuwägen. In jeder Phase hat das Unternehmen das Recht, nicht aber die Pflicht, das fragliche Produkt weiterzuentwickeln. Solche patentierten Produkte besitzen einen potenziellen künftigen Wert. Je ungewisser der Markt ist, desto höher ist der Wert der Option, die Produktentwicklung entweder voranzutreiben oder aber einzustellen.

Phase 2: Bewertung

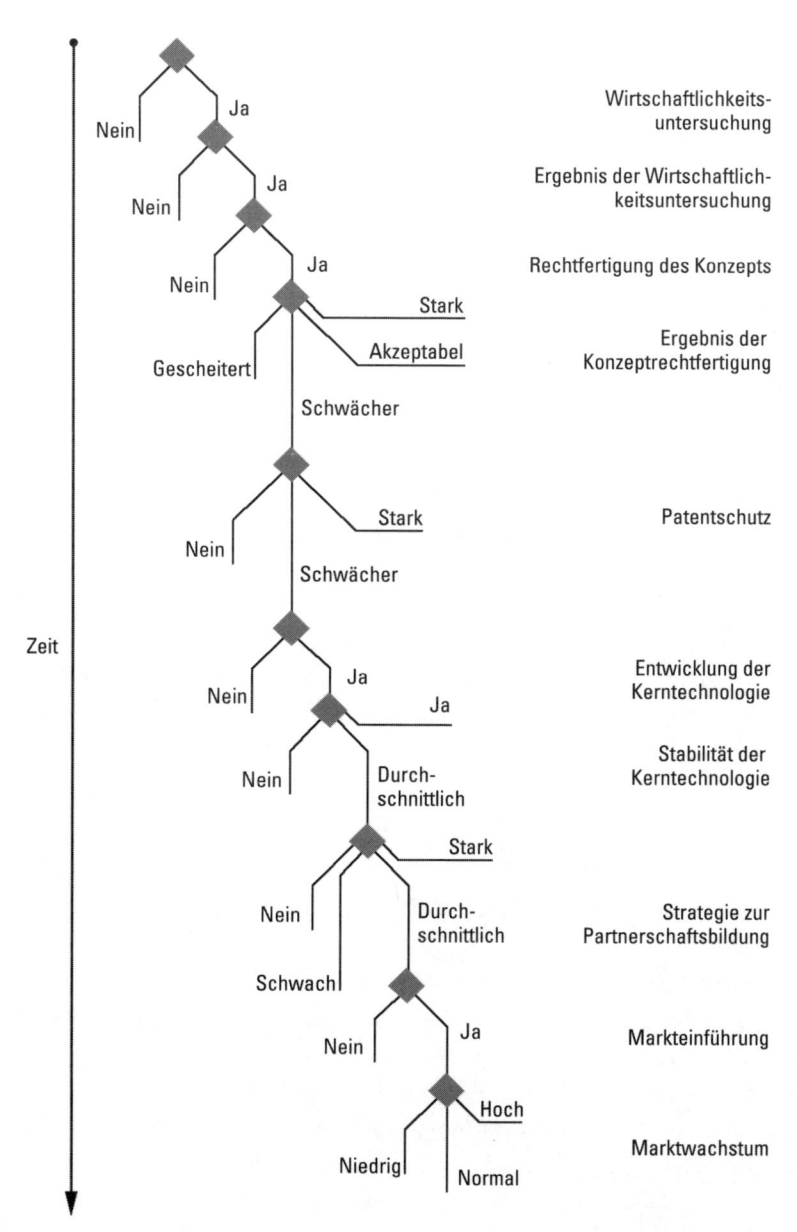

Abb. 5.6: Entscheidungsbaum für die Bewertung von Investitionen im Zusammenhang mit einer neuen Technologie

„Allotraktion": Von Ressourcen-Allokation zu Ressourcen-Attraktion

Eine Möglichkeit zur Bewertung solcher Optionen ist die Erstellung einer offen strukturierten Entscheidungsbaum-Analyse. Mithilfe dieses Ansatzes kann der CFO für die gesamte Lebensdauer des Projekts die mit verschiedenen Szenarien und Entscheidungen verbundenen Annahmen, Wahrscheinlichkeiten und Auswirkungen untersuchen (Abbildung 5.6). Die offene Strukturierung ermöglicht die Erstellung von Entscheidungsbäumen, denen Werte und Wahrscheinlichkeiten zugeordnet werden können. Auf diese Weise lassen sich alternative Szenarien durchspielen. Im Rahmen eines solchen Prozesses wird jedes einzelne Investitionsvorhaben im Hinblick auf eine bestimmte Abfolge von Entscheidungen analysiert. An jedem Entscheidungspunkt können sich Beschaffenheit, Gestaltung und Umfang des Projekts verändern. Die modellhafte Abbildung und Analyse dieser Szenarien wird durch fortschrittliche Software sehr erleichtert, so dass sich die Wahrscheinlichkeiten in Bezug auf das voraussichtliche Ergebnis an allen Entscheidungspunkten auf der Basis von bisherigen Erfahrungen, vorhandenen Daten und Intuition abbilden lassen. Die Stärke dieser Technik beruht darauf, dass die vorhandenen Optionen an allen maßgeblichen Entscheidungspunkten „ausgelotet" werden können. Auf diese Weise kommt man der Frage näher, inwieweit Flexibilität vonnöten ist – und wann.

> *Fallbeispiel*
> *Einbau von Flexibilität*
>
> *Eine Konstruktionsfirma beabsichtigte den Betrieb einer Fertigungsanlage in Russland. Zunächst erwarb die Firma eine Option, Gelände für die Anlage und eventuelle Erweiterungsbauten zu kaufen. Allerdings entschied sich die Firma erst einmal für eine Vertragsfertigung, da die anfänglichen Umsätze den Bau einer Anlage nicht rechtfertigten. Der Vertrag des Unternehmens war flexibel strukturiert, so dass die Ausstiegskosten auf ein Minimum beschränkt blieben, wenn entweder der Markt nichts hergeben sollte oder aber der Bau einer Anlage bei wachsendem Markt lohnte. Ein wichtiger Entscheidungspunkt war daher: Soll die Vertragsfertigung fortgesetzt werden oder soll eine eigene Anlage errichtet werden?*

> *Dieselbe Flexibilität wurde in den Verträgen mit den russischen Händlern angestrebt. Der Entscheidungspunkt lautete: Subunternehmer heranziehen oder ein eigenes Händlernetz aufbauen? Letztlich errichtete die Firma eine eigene Anlage, behielt aber die Vergabe der Händlerfunktion an Subunternehmer bei. Die ursprüngliche Investitionsanalyse war von einer offenen Strukturierung ausgegangen, um alle wichtigen Entscheidungspunkte für die gesamte Lebensdauer des Projekts zu ermitteln. Vor allem zeigte die Analyse, dass die Firma von den herabgesetzten Grundstückspreisen profitieren würde, wenn sie sich eine Option auf Grund und Boden – das Anrecht auf einen preisgünstigen Geländekauf – sicherte. Weiterhin ließ die Analyse erkennen, dass bei einer hohen Wahrscheinlichkeit steigender Marktchancen die Errichtung einer firmeneigenen Anlage und zusätzliches Gelände zur Anlagenerweiterung erforderlich sein würden. Kurzum: Die Analyse ließ einen deutlichen Zusammenhang zwischen Marktwachstum und Grundstückspreisen erkennen.*

Wie dieses Fallbeispiel zeigt, ist die offene Strukturierung in ganz besonderer Weise dazu angetan, auf solche Bereiche hinzuweisen, in denen Flexibilität an entscheidenden Punkten im Lebenszyklus eines Projekts das größte Wertschöpfungspotenzial bietet. Weniger aussagekräftig ist dieser Ansatz als Bewertungsinstrument. Eine offene Strukturierung erfordert Wahrscheinlichkeitsrechnungen, wobei die mit den verschiedenen Entscheidungsresultaten verbundenen relativen Risiken normalerweise unberücksichtigt bleiben. Zudem wird vorausgesetzt, dass die Entscheidungspunkte in unterschiedlichen Zeitintervallen anstehen.

Demgegenüber entfällt bei der Bewertung realer Optionen (Real Options Valuation, ROV) die Notwendigkeit, für jeden Ast eines jeden Zweigs am Entscheidungsbaum Wahrscheinlichkeiten und risikoberichtigte Abzinsungsfaktoren bestimmen zu müssen. Auch wird der Tatsache Rechnung getragen, dass Entscheidungspunkte kontinuierlich anstehen können. Die Technik basiert auf einer Familie mathematischer Formeln – darunter auch die bei Kaufoptionen übliche Formel, die sowohl auf materielle (reale) als auch auf immaterielle (finanzielle) Investitionsprojekte Anwendung findet. Zu den Parametern zählen die Unsicherheit der erwarteten Cashflow-Entwicklung, der Zeit- oder Barwert (Net Present Value, NPV), die Zeitdauer der Optionsausübung und die Investitionskosten (Anschaffungskosten).

Der ROV-Ansatz berechnet den Preis, den es für eine Option zu zahlen lohnt. Entscheidungen zugunsten eines Investitionsprojekts werden nur selten ein für alle Mal getroffen; selbst offensichtlich unter Zeitdruck getroffene Entscheidungen wie beispielsweise Akquisitionsentscheidungen lassen sich in verschiedene Schritte unterteilen, die an jedem Entscheidungspunkt Optionen zulassen. Bei Anwendung der Optionstheorie auf Investitionsentscheidungen ist es möglich, Unsicherheiten in einer sich ständig ändernden Umgebung zu erkennen und zu bewerten.

Wenn die Entscheidung über ein Investitionsvorhaben in Schritten erfolgt, an deren Ende jeweils über die Weiterverfolgung des Projekts entschieden wird, ist ein dynamisches Investitionsmanagement möglich. Jeder Schritt bietet die Option, zum nächsten überzugehen, wobei die zu diesem Zeitpunkt erforderliche Investition den Optionspreis darstellt. Im Rahmen der Optionstheorie können Sie Investitionsoptionen als eine Kette von Entscheidungen betrachten: Sie gehen Schritt für Schritt vor und können die beim derzeitigen Investitionsschritt verfügbaren Informationen und Optionen analysieren, bevor Sie sich für den nächsten Schritt entscheiden. Eine Option ist wertvoller als der zugrunde liegende Vermögenswert, da sie die Flexibilität bietet, nur zugunsten der positiven Aufwärtsentwicklung zu entscheiden und Abwärtstrends zu vermeiden. Bei der Bewertung eines Vorhabens bietet Ihnen der ROV-Ansatz die Möglichkeit, das anstehende Investitionsvorhaben dadurch wertvoller zu gestalten, dass Sie mehr Flexibilität zulassen. Wenn Sie beispielsweise Ausstiegsoptionen in Ihr Investmentvorhaben einbauen, erleichtern Sie auf diese Weise die eventuell erforderliche Einstellung eines Projekts.

Die Erfahrung zeigt, was man besser tun beziehungsweise lassen sollte: Nutzen Sie den ROV-Ansatz, um Flexibilität in Ihre Projekte einzubauen. Eine Übertreibung des ROV-Ansatzes bei der Projektbewertung sollten Sie allerdings unterlassen. Warum? Weil die Bewertung auf subjektiven Einschätzungen basiert und die mathematischen Zusammenhänge recht komplex werden können.

Aber Sie sollten sich einen besseren Überblick durch Portfolio-Management verschaffen. Als CFO müssen Sie das Portfolio der in Ihren Verantwortungsbereich fallenden Optionen optimieren, wenn Sie den Shareholder Value maximieren wollen. Mit einer flexiblen Einstellung zum Portfolio-Management haben Sie den Kopf frei, die mit Projekten, Geschäftseinheiten und ganzen Unternehmen verbundenen Risiken und Erträge zu bewerten und zu vergleichen. Ihr Aufgabenbereich nimmt eher strategische Züge an: Wie ein Kapitalanleger müssen Sie Ihre finanziellen, risikobezogenen und betrieblichen Entscheidungen miteinander in Einklang bringen. Wie soll das Investmentportfolio Ihres Unternehmens strukturiert sein? Wie sollen die Ressourcen verteilt werden? Welche Ertragserwartungen sind realistisch?

Sie sollten die Aufgabe der Portfolio-Risikosteuerung nicht unterschätzen. Am folgenden Argument können Sie ablesen, was die Anlegergemeinschaft erwartet: Wir wollen nicht, dass einzelne Unternehmen ihre Risiken absichern, weil wir das in unseren Portfolios auch können; wenn sich Unternehmen gegen Risiken absichern, halten sie mit dem Wachstum zurück. Ihr Gegenargument lautet dann so: Wenn Sie wollen, dass einzelne Unternehmen Risiken übernehmen, warum strafen Sie selbige dann, wenn sie hinter ihren Ertragszielen zurückbleiben? In jedem Fall kommt es darauf an, auf Dauer konsistente Erträge und konsistentes Wachstum zu erzielen, weil die Kapitalgeber darauf Wert legen, dass „ihr" Unternehmen zu einer solchen Performance in der Lage ist. Zudem kann man sich gegen fast jedes Risiko absichern – mit Ausnahme des geschäftlichen Engagements und der Erfüllung geschäftlicher Verpflichtungen.

Für Investoren ist es sehr wichtig, wie ein CFO mit Risiken umgeht. Aus diesem Grund kann sich die Bewertung realer Optionen auf Betriebs- wie auch auf Projektebene als ein wirkungsvolles Risikomanagement-Instrument erweisen. Wenn ein Unternehmen Optionen im Hinblick auf die Auslagerung betrieblicher Aktivitäten oder die Vergabe von Fertigungsfunktionen an Subunternehmer nutzt und dabei Hedging-Instrumente und Versicherungsmöglichkeiten in Anspruch nimmt, kann es durch Einbau von Flexibilität und Minimierung von Risiken ein zusätzliches Wertschöpfungspotenzial schaffen.

Phase 3: Implementierung

Die Umsetzung von Investitionsvorhaben zur Verbesserung eines bestehenden Geschäftsmodells ist durch drei entscheidende Erfolgsfaktoren gekennzeichnet: Tempo, Qualität der Ergebnisse und effizienter Ressourceneinsatz. Insbesondere geht es um:

- *Teamstruktur*: Die jeweiligen Experten (beziehungsweise Betriebsleiter) müssen mit professionellen Projektleitern im Team zusammenarbeiten, denn sonst ist die Gefahr des Scheiterns groß. Zeitvorgaben platzen, Budgets werden überzogen und Unkorrektheiten in Kauf genommen – all dies auf Kosten der Projekterträge. Ist erst einmal ein solches Team vor Ort, steht der eingeschworene Profi-Pool auch der übrigen Organisation als Ressource zur Verfügung.
- *Effiziente Prozessplanung*: Bei Projektleitung, Berichterstellung und Projektverfolgung sollten die vier nachstehend genannten Leistungskriterien berücksichtigt werden. Der anhand dieser Kriterien ermittelte Fortschritt wird für die Projekte individuell berichtet und für das Portfolio zusammengefasst. Wichtig ist, dass bei Umsetzungsfragen eine rasche Lösung nach Maßgabe des kritischen Pfads erzielt wird.
  - *Realisierung von Meilensteinen*: Sind wir auf dem richtigen Weg, um das Projekt zum Abschluss zu bringen und Marktzugang zu bekommen?
  - *Realisierung von Qualitätsstandards*: Werden die erwarteten Vorzüge, nach den Zwischenergebnissen zu urteilen, realisiert?
  - *Realisierung des geplanten Ressourceneinsatzes*: Setzen wir im Rahmen des Projekts hinreichend Ressourcen ein?
  - *Realisierung von Flexibilität*: Erfolgt die Überwachung und Durchführung unserer Optionen zum richtigen Zeitpunkt?
- *Instrumente und Techniken*: Im heutigen Best-Practice-Instrumentarium kommt dem Management nach Maßgabe des kritischen Pfads, der terminlich gestrafften Berichterstellung und der Überwachung des Einsatzes knapper Ressourcen in den verschiedenen Projekten besondere Bedeutung zu. Unter dem Aspekt des Gesamtsystems besteht das Ziel nicht darin, Informationen lediglich auf Einzelprojektebene zu erfassen, sondern sie zwecks Erstellung eines Portfolioüberblicks für den CFO zusammenzufassen.

Phase 3: Implementierung

- *Belohnung und Vergütung*: Die Projektteams werden für die Erreichung ihrer Performance-Kriterien belohnt, sind aber an den Erträgen eines erfolgreichen Projekts nicht beteiligt. Im Allgemeinen erhalten sie Belohnungsprämien für ihre Beiträge zur Realisierung der Projektmeilensteine.

Einrichtung eines internen Wagniskapitalfonds

Wir sind also mitten drin im Übergang von tradierten, durch Stabilität und Voraussagbarkeit gekennzeichneten Geschäftsmodellen zur neuen E-Business-Welt mit ihrem raschen Wandel und ihren inhärenten Unsicherheiten. Was können wir von den Implementierungsprinzipien, die uns bisher gute Dienste geleistet haben, lernen? Bei den neuen Business-Modellen kommt es auf Tempo und Qualität an, aber noch wichtiger ist Flexibilität, getragen von Kreativität und unternehmerischem Elan. Wie fördert man diese Flexibilität? Wie wird Wertschöpfung belohnt? Und noch schwieriger ist die Frage: Wie lassen sich diese neuen dynamischen Kriterien mit traditionellen, aber nach wie vor maßgeblichen Implementierungserfordernissen in Einklang bringen?

Silicon Valley hat das ultimative unternehmerisch-dynamische Umfeld zu bieten. Dort blüht das Geschäft mit Innovation, Wachstum, großzügigen Belohnungen und zügiger Übernahme neuer Business-Modelle. Erfolgreiche Internet-Startups sind rasch in der Lage, Shareholder Value für Gründer, Personal und Investoren zu liefern. Wie ihnen das gelingt? Mit reichlich Wagniskapital, Anreizen durch Erfolgsbeteiligung und Ungebundenheit gegenüber alten Geschäftsmodellen.

Die in Silicon Valley praktizierte Wagniskapitalverwaltung lässt sich auch in Organisationen durchführen, die eine Neustrukturierung anstreben und sich dabei an einem neuartigen Portfolio von Investmentoptionen orientieren wollen. Organisatorisch umfasst der Verwaltungszyklus drei Komponenten: einen Wagniskapitalfonds (Venture Capital Fonds), einen Wagniskapital-Verwaltungsrat und Startup-Teams. Der Wagniskapital-Verwaltungsrat bestimmt und verfolgt finanzielle und andere wichtige Zielvorgaben, die über den Wert der Optionen für die Kapitalgeber entscheiden. Die Startup-Teams bestimmen jeweils ihr Business-Modell und ihre Geschäftsabläufe.

Heutzutage sind multinationale Konzerne wie Shell, Diageo, AIG und General Motors dabei, solche internen Wagniskapitalfonds für Internet-

Startups einzurichten. Wagniskapitalinitiativen verhelfen nicht nur neuen Ideen zum Durchbruch, sondern ermöglichen das Aufpäppeln junger Geschäftseinheiten im Schutz der bestehenden Unternehmenskultur. Diese Startups entwickeln sich oft in Konkurrenz zum traditionellen Geschäftsmodell – beispielsweise dann, wenn das Internet als Vertriebskanal für Konsumgüter genutzt wird und damit das Geschäft der etablierten Händler beeinträchtigt. Konventionelle Kriterien zur Investitionsbewertung sind nicht immer brauchbar; der Schwerpunkt liegt auf Innovation und schneller Vermarktung.

Ein interner Wagniskapitalfonds arbeitet im Allgemeinen auf einer quasi-autonomen Basis, unbelastet durch Standardvorschriften für das Berichtswesen und offizielle Rechenschaftspflichten. Das ist vor allem dann wichtig, wenn ein solches Risikoprojekt eine Konkurrenzbedrohung für ein bestehendes Geschäft darstellt. Dem Wagniskapital-Verwaltungsrat sollte hohe, unabhängige Führungsverantwortung zugestanden werden; er setzt die Innovationsziele und berichtet dem CFO. Der Wagniskapital-Verwaltungsrat ist zuständig für die Ermittlung viel versprechender Business-Konzepte auf der Basis hervorragender Managementteams, außergewöhnlicher Erträge und handhabbarer Risikopotenziale.

Wir wollen uns im Folgenden das Verwaltungsmodell eines der erfolgreichsten Wagniskapitalprogramme (Venture Capital Programs) ansehen, die bisher in Unternehmen zum Einsatz gekommen sind. Mit Stand vom März 2000 übertraf die kollektive Marktkapitalisierung der Spin-off-Betriebe des Gemeinschaftsunternehmens Xerox Technology Ventures (XTV) die Marktkapitalisierung von Xerox mindestens um den Faktor zwei. Wie ist einem großen, traditionellen Unternehmen die Förderung einer solchen Innovation gelungen? Xerox richtete einen Fonds von insgesamt 30 Millionen Dollar ein, von dem die XTV-Partner jederzeit 2 Millionen abziehen konnten, ohne dafür die Genehmigung der Muttergesellschaft einholen zu müssen. Bei höheren Beträgen mussten die Partner beim Verwaltungsrat um Genehmigung nachsuchen. Die Partner waren grundsätzlich autorisiert, Betriebe zu gründen, aufzubauen, zu schließen oder zu liquidieren.

Wie im Silicon-Valley-Modell erhielten die XTV-Mitarbeiter Optionen auf den Kauf realer Anteile an den neu eingerichteten Betrieben des Gemeinschaftsunternehmens. Diese Form der Kapitalbeteiligung hatte große psychologische Wirkung auf das Personal. Außerdem führte XTV eine gestraffte Kapitalstruktur ein, um einen Anreiz für weitere Finanzierungsrunden seitens externer Investoren zu schaffen. XTV und Xerox griffen den Startups unter die Arme, wenn eine solche Unterstützung Sinn machte: Man setzte die Ressourcen der Muttergesellschaft ein, um das Portfolio von Startup-Initiativen gewinnbringend auszuschöpfen. Normalerweise betraf dies die Bereiche Beschaffung, Buchhaltung, Rechtswesen und Zertifizierung. Solche Transaktionen wurden eher großzügig beurteilt.

Xerox entschied sich beim Aufbau von XTV für eine ganz bestimmte Finanzierungsalternative. Ein Gemeinschaftsunternehmen kann vollumfänglich im Unternehmensbesitz sein oder aber eine Allianz mit einem externen Wagniskapitalgeber oder Technologiepartner bilden. Welche Form der Investition gewählt wird, hängt von der Beschaffenheit und der Zusammensetzung des Optionsportfolios ab.

In Unternehmungen wie XTV hat der Wagniskapital-Verwaltungsrat die Aufgabe, Geschäftsinitiativen aus den eigenen organisatorischen Reihen auszuwählen und zu unterstützen sowie unternehmerisch denkende Teams zu fördern, die neue Ideen in die nächste Phase der Entwicklung führen. Der Projektsponsor für die Implementierung ist möglicherweise nicht die Person, von der die Idee stammt. Vielmehr muss der Verwaltungsrat des Gemeinschaftsunternehmens einen „Implementierungsmanager" wählen, der engagiert und kompetent Ergebnisse bewirkt – jemanden, der die „Regie" führt.

Die Teammitglieder verlassen sich nicht mehr auf ihr relativ festes und sicheres Gehalt, sondern übernehmen ein hoch variables Risiko in Form von Optionen auf eine Aktienbeteiligung. Das unternehmerisch orientierte Team ist im Allgemeinen mit eigenen Anteilen am Wagniskapital beteiligt, gewöhnlich durch Aktienoptionen am Wagnisfonds, der als eigenständige Rechtskörperschaft betrieben werden kann. Der Verwaltungsrat des Gemeinschaftsunternehmens hält sich an ein Managementmodell, bei dem „Nicht-Eingreifen" angesagt ist. Insgesamt unterscheidet sich dieses unternehmerisch-dynamische Investment-Modell grundlegend vom tradierten Modell im Hinblick auf Finanzierung, Strukturierung, Managementvorgehen und Belohnung.

Eine Gefahr beim internen Venture-Capital-Ansatz besteht darin, dass gute Ideen schon im Keim erstickt werden können. Warum? Ganz einfach, weil Ideenüberlastung dazu führen kann, dass nicht genügend Sponsoren und Ressourcen vorhanden sind oder sich Schwierigkeiten bei der Erarbeitung des Business-Plans ergeben. Einige Unternehmen umgehen Probleme dieser Art durch Einrichtung so genannter Inkubatoren – spezieller Unternehmensförderungsprogramme, die viel versprechende Ideen bis zur Reife führen.

Phase 4: Postimplementierung

Wie geht nun ein Unternehmen vor, um seinen Reichtum an Erfahrungen aus abgeschlossenen Projekten gewinnbringend nutzen und neue Ideen schneller vermarkten zu können? Die derzeitigen Best Practices konzentrieren sich auf die Schaffung einer durch Wissensmanagement geprägten Umgebung, in der Projektdaten wie die folgenden gesammelt und analysiert werden:

- Auswirkung auf Komponenten der Wertschöpfungskette wie F&E und Marketing
- Auswirkung auf Werttreiber wie Umsatzwachstum
- Risiken und Unsicherheiten wie Marktgrößen-Abschätzungen
- Geografische Aspekte wie Schwellenmarkt-Daten

Zum Beispiel sammelt die interne Unternehmensberatung der Zurich Insurance umfangreiches Datenmaterial über Systemprojekte, die in der Zentrale und in den Geschäftseinheiten durchgeführt worden sind. Unter anderem enthalten ihre Projektarchive Daten darüber, inwieweit Systementwicklungen plangemäße Leistungen erbracht haben; diese Daten werden genutzt, um Performance-Schablonen für die Entwicklung, Durchführung und Verfolgung neuer Projekte ähnlicher Komplexität zu erstellen. Ein Unternehmen, das die Fähigkeit besitzt, auf seinem Erfahrungsschatz aufzubauen, erzielt schnellere Vermarktungszeiten und verhindert, dass man Fehler der Vergangenheit wiederholt. Mit anderen Worten: Das Rad muss nicht immer wieder von Neuem erfunden werden.

Ein anderes globales Unternehmen mit substanziellem Internet-Business bietet seinen strategischen Allianzpartnern und Kunden Daten

Phase 4: Postimplementierung

aus seinem Intranetsystem über einen webbasierten Subskriptionsdienst an. Die Informationen sind in unterschiedlicher Form aufgearbeitet und werden als Benchmarking-Daten, Best-Practice-Prozesse, Fallstudien und Implementierungsmethoden bereitgestellt.

Ausschöpfung innovativer Geschäftsinitiativen

Für Internet-Startups und andere Firmen der New Economy geht es bei der Implementierung um die Steigerung des Optionswerts, während die Nachfolgeaktionen in der Postimplementierungsphase der Ausübung dieser Optionen gelten, wenn sie „ins Geld gehen". Dies ist dann der Fall, wenn der Wert der realisierten Optionen höher ist als der Kostenaufwand für ihre Aufrechterhaltung. In einem Umfeld, das schnellem Wandel unterworfen ist, erfordert die Implementierung eine ständige Überwachung des Optionswerts: Das Unternehmen muss *wissen, wann die Ausübung der Option angesagt ist.*

Betrachten wir zum Beispiel das große Investmentportfolio biotechnologischer F&E-Projekte der Firma Amgen. Die Durchführung der auf einer Kerntechnologie basierenden Projekte konzentrierte sich in erster Linie auf ein umfangreiches Screening, bei dem Molekularvarianten im Hinblick auf therapeutische Anwendungen getestet wurden. Jede Variante stellte eine Option dar; einige hatten kommerzielles Potenzial zu bieten. Mitte der 1980er Jahre ermittelte Amgen eine rekombinante Version eines menschlichen Proteins, das die Bildung roter Blutzellen anregt und für die Behandlung von Blutarmut geeignet ist. Von da an ging die Option ins Geld. Im Lauf der Zeit übte Amgen eine Reihe von Optionen aus, nachdem das Präparat die verschiedenen Genehmigungsphasen der US-amerikanischen Lebensmittelbehörde (US Food and Drug Administration, FDA) durchlaufen hatte.

Nach erfolgter FDA-Zulassung verfügte Amgen über eine neue Palette an Optionen für die Kommerzialisierungsphase; zum Beispiel bot sich die Vergabe von Marketing- und Herstellungslizenzen an etablierte pharmazeutische Unternehmen an. Amgen entwickelte auch weitere Optionen, indem es das Präparat in andere therapeutische Bereiche wie Onkologie und Akutbehandlungen einbrachte – ein klassischer Fall von Geschäftserweiterung mit darauf aufbauenden Optionen. Innerhalb von 10 Jahren stieg der Kurs der Amgen-Aktien von 2 Dollar auf 74 Dollar.

„Allotraktion": Von Ressourcen-Allokation zu Ressourcen-Attraktion

In der Postimplementierungsphase kommt es in erster Linie auf Geschäftserweiterung an: Es gilt, exponentielles Wachstum durch Ausübung neuer Optionen zu fördern, um so den Aktionärsertrag insgesamt zu maximieren. Mit Erweiterung meinen wir sowohl die Steigerung des Optionswerts als auch, nach traditionellerem Verständnis, die Verstärkung der Infrastruktur zur Gewährleistung der operativen Voraussetzungen für die Optionsausübung. Insbesondere Unternehmen mit innovativen Business-Formaten, die sich schnell auf Massenmärkten realisieren lassen (darunter Internet-Auktionshäuser wie eBay und QXL sowie Biotechnologie-Unternehmen wie Amgen, Affymetrix und Genset), verfügen über Optionen mit erheblichem Geschäftserweiterungspotenzial.

Nehmen wir Amazon.com als Beispiel. Innerhalb von drei Jahren erfuhr das Unternehmen eine rasche Expansion und hat inzwischen 16 Millionen Kunden. Anpassungsfähigkeit und Zuverlässigkeit der Kunden erwiesen sich als die entscheidende Voraussetzung dafür, dass das Unternehmen seine neu akquirierte Kundenbasis halten konnte. Amazon.com verließ sich nicht auf Dritte bei der Auftragsabwicklung, sondern investierte hohe Summen in seine Lager- und Vertriebszentren.

Was bedeutet all dies für Sie als CFO? Sie haben nicht nur schwierige Aufgaben bei der Strukturierung Ihrer Optionen zu bewältigen, sondern müssen auch wissen, wie und wann die Ausübung dieser Optionen angesagt ist, bevor eine Erweiterungsinvestition erfolgen kann. Vor allem auf den richtigen *Zeitpunkt* kommt es an. Beispielsweise haben Pharmakonzerne in Phase 2 des FDA-Genehmigungsprozesses bei ihrer Entscheidung über die Fortsetzung einer Option zwei konfligierende Kräfte gegeneinander abzuwägen: Sollen sie den Vorteil nutzen, als Erster auf dem Markt zu sein, oder ist es besser, erst noch weitere Erfahrungen zu sammeln? Unter Umständen zählt die schnelle Vermarktung eines Medikaments mehr als das Risiko missglückter, kostenintensiver klinischer Tests. Bei der Ausübung von Optionen sind solche Fragen bezüglich der Wahl des richtigen Zeitpunkts für alle Sektoren mit schnell umschlagenden Produkten von entscheidender Bedeutung – bei Finanzdienstleistungen ebenso wie in der Informationstechnologie.

Konsequenzen für die Finanzabteilung

Die Kombination des (in erster Linie für traditionelle Geschäftsmodelle geeigneten) Ressourcen-Allokationszyklus mit dem (auf Business-Modelle der New Economy ausgerichteten) Ressourcen-Attraktionszyklus – das ist die zentrale, entscheidende Herausforderung für den CFO und sein Finanzteam. In den meisten Großunternehmen laufen heute alte und neue Geschäftsmodelle nebeneinander. Die CFOs haben eine schwierige Gratwanderung zu bewältigen. Einerseits dürfen sie auf keinen Fall die alten Geschäftsmodelle, die vielleicht erhebliche Einnahmen bringen, „vertrocknen" lassen und andererseits müssen sie innovative Initiativen fördern, deren Erfolg noch nicht abzusehen ist. Mit anderen Worten: Sie müssen das tradierte Geschäftsmodell unterstützen und gleichzeitig harte Daten zu den Erfolgsaussichten der neuen Business-Modelle prüfen, ohne sich dabei durch euphorische Prognosen beirren zu lassen.

Feste, schnelle Regeln für die Bewältigung dieses Prozesses gibt es nicht, wohl aber drei organisatorische Optionen:

- *Koexistenz*: Man hält an der alten Welt fest und baut zugleich die neue auf. American Express betreibt einen E-Business-Reiseservice parallel zu seinem traditionellen Geschäft.
- *Autonomie*: Das neue Business-Modell wird vom alten Geschäftsmodell völlig abgekoppelt. Als die First Chicago ihre Internet-Bank einführte, erfolgte dies in direkter Konkurrenz zu ihrem tradierten Bankgeschäft.
- *Neukonzeptionierung*: Das neue revolutionäre Modell löst das alte Geschäftsmodell ab. Als Nokia ins Mobiltelefon-Business einstieg, wurden die früheren Geschäfte völlig eingestellt.

Mit jeweils einem Bein in den Lagern müssen Sie als CFO die Vorteile eines Übergangs vom alten Geschäftsmodell zum neuen Business-Modell abwägen. Dabei sind eine Reihe von Schlüsselfragen zu berücksichtigen. Welche restliche Lebensdauer hat das alte Geschäftsmodell? Wie hoch ist seine voraussichtliche Wertschöpfung anzusetzen? Wann sollte das neue Business-Modell eingeführt werden – und wie? Wann sollten Sie für den Fall, dass ein Projekt scheitert, den Ausstieg beschließen?

Wal-Mart und Tesco experimentieren zurzeit mit Internet-Shopping neben ihren bestehenden Einzelhandelskanälen. Die potenziellen Gewinne des neuen webfähigen Modells sind enorm. Sollte es sich als erfolgreich erweisen, könnten massive Netzwerke personalintensiver Supermärkte an teuren Standorten durch eine an preisgünstigen Standorten mit minimalem Personalaufwand betriebene Lagerhaltung ersetzt werden. Dennoch: Es gibt zu viele Unsicherheiten, als dass dieser Wechsel eindeutig von Vorteil wäre. Zum Beispiel ist die Entwicklung des Kaufverhaltens der Supermarkt-Kunden im Internet noch längst nicht abgeschlossen. Um sich alle Optionen offen zu halten, müssen die Supermarkt-Ketten die zusätzlichen kurzfristigen Kosten für den Betrieb ihrer neuen E-Risikoprojekte über ihre vorhandene Infrastruktur abdecken.

Dies mag kurzfristig gesehen ineffizient sein, bietet aber eine enorme Optionsflexibilität: E-Business und traditioneller Einzelhandel können auf unbegrenzte Zeit nebeneinander betrieben werden; sollte sich ein E-Business-Projekt als Fehlschlag erweisen, ist ein schneller Ausstieg möglich. Umgekehrt lässt sich ein Rückzug aus dem traditionellen Einzelhandelsgeschäft einrichten, sollte sich das E-Business zu einem spektakulären Erfolg entwickeln.

Mit zunehmender Reife der Ideen im Ressourcen-Attraktionszyklus müssen neue Wertschöpfungsstrategien erkundet werden, um eine hervorragende Performance zu gewährleisten. Im Wesentlichen gibt es drei Wege zur Weiterentwicklung viel versprechender Risikoprojekte (Abbildung 5.7). Zwei dieser Ansätze beinhalten die Entwicklung des neuen Projekts innerhalb des Unternehmens, während der dritte die Gründung außerhalb des Unternehmens über Outsourcing oder eine andere Auslagerungsstrategie vorsieht.

Spin-in: In dieser Situation ist das Unternehmen am ehesten in der Lage, maximalen Wert aus einem Risikoprojekt abzuleiten; das Projekt hat Zugang sowohl zu den Kapitalquellen als auch zu den erforderlichen immateriellen Ressourcen. Die Projektförderung erfolgt, indem das Unternehmen das Projekt in den Ressourcen-Allokationszyklus einbindet und sein vorhandenes Geschäftsmodell entweder ersetzt oder neu belebt. Der Zeitpunkt des Wechsels von der Ressourcen-Attraktion zur Ressourcen-Allokation ist dann gekommen, wenn ein Unternehmen entscheidet, Ressourcen in die Erweiterung seiner Infrastruktur zu investieren.

Konsequenzen für die Finanzabteilung

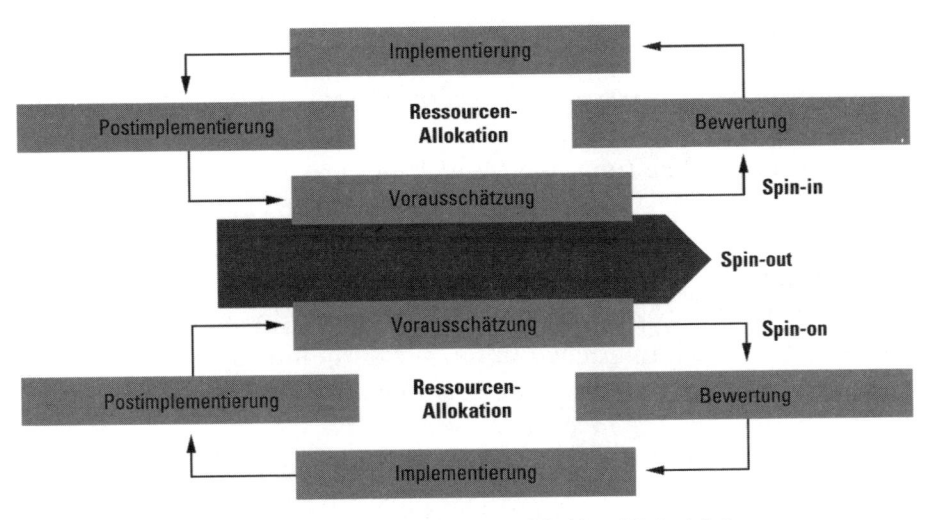

Abb. 5.7: Ressourcen-„Allotraktion" zur Erzielung nachhaltiger Wertschöpfung

Warum sollte eine Ressourcen-Attraktionsinitiative in den Ressourcen-Allokationszyklus eingeführt werden? Weil die Managementdynamik mit zunehmender Reife der Initiative von der Innovation zur Durchführung übergeht. Zu diesem Zeitpunkt kommt ein Best-Practice-Projektmanagement in einer traditionellen Umgebung zum Tragen.

Spin-on: Hier hat eine Geschäftsidee die entscheidenden Risikomeilensteine während ihrer Gründungsphase mit Erfolg umschifft. Zwecks weiterer Projektförderung gilt es, die nächste Finanzierungsrunde voranzutreiben. Sind erst einmal maßgebliche Wachstumsziele erreicht, ist der Zeitpunkt gekommen, zu dem ein Spin-in erfolgt und das Projekt in den Ressourcen-Allokationszyklus eingebunden wird. Andernfalls ist Spin-out angesagt.

Spin-out: Das neue Business-Modell bietet Möglichkeiten für Ausstiegsoptionen wie Outsourcing, Börsengang oder Verkauf. Wenn andere Unternehmen besser in der Lage sind, maximalen Wert aus dem Projekt abzuleiten, sollte es aus der unternehmensinternen Entwicklung – und damit aus dem Ressourcen-Attraktionszyklus – ausgekoppelt werden.

„Allotraktion": Von Ressourcen-Allokation zu Ressourcen-Attraktion

Kennzeichen eines hochkarätigen CFO

Die Problematik der Ressourcen-„Allotraktion" verdeutlicht, wie radikal sich die Rolle des CFO verändert hat. In der Vergangenheit war der CFO für die Buchhaltung, die Verwaltung von Kapital und Verbindlichkeiten und für die Kostenkontrolle verantwortlich. In Zukunft wird er für die Initiierung neuer Business-Modelle verantwortlich sein und erklären müssen, wie die verschiedenen Elemente der Modelle miteinander in Wechselbeziehung stehen. Zudem wird vom CFO erwartet werden, dass er die mit neuen Initiativen verbundenen Unsicherheiten abgrenzt, Strategien zu ihrer Bewältigung entwickelt und seine Value Proposition an externe Investoren „verkauft".

Für Sie als CFO wird es nicht leicht sein, diesen vielfältigen Rollen gerecht zu werden. Erstens müssen Sie unbeirrt um Innovation bemüht sein und gegen die Trägheit des Unternehmens ankämpfen, damit viel versprechende Ideen nicht im System verloren gehen. Zweitens müssen Sie auch Alternativen gewinnbringend nutzen und dabei Techniken wie Hedging und ROV-Ansätze heranziehen, um Unsicherheiten effektiver in den Griff zu bekommen. Ebenso wichtig ist Ihr Engagement für Flexibilität – Sie müssen umdenken: Ihr bestehendes Geschäftsmodell ist nicht in Beton gegossen und auch die Projekte in Ihrem Portfolio sind nicht auf ewige Zeiten angelegt. Wenn Sie zu einem solchen Umdenken nicht fähig sind, laufen Sie Gefahr, Wert zu vernichten und das neue Business-Modell zu verpassen, das Ihrem Unternehmen zu nachhaltigem Wachstum verhelfen könnte. Und schließlich müssen Sie bereit sein, *echtes* Portfolio-Management zu betreiben: Werfen Sie den physischen und emotionalen Ballast der einen oder anderen Initiative ab, wenn die Zeit dafür reif ist!

E-CFO-CHECKLISTE

Umdenken in Bezug auf Ressourcen-Management
Im heutigen dynamischen Geschäftsklima ist der Ressourcenmanagement-Ansatz von gestern unzureichend und überholt. Gefragt sind neue Best Practices zur Ausschöpfung bestehender Geschäftsmodelle sowie neue Bewertungsinstrumente zur Beurteilung der Möglichkeiten, die sich im Rahmen der E-Business-Technologie und anderer technologischer Fortschritte bieten.

Denken wie ein Wagniskapitalgeber
Der traditionelle CFO konzentrierte sich bei seiner Investitionsplanung auf Mindestrenditen und Kostenkontrolle; demgegenüber liegt der Schwerpunkt heute auf Innovationsförderung durch kreative Investitionsstrategien. Vorwärts denkende CFOs unterstützen unternehmensinterne Wagniskapitalfonds, Innovationslaboratorien und andere Ideen erzeugende Strategien.

Nutzung der Ressourcen-Attraktion zum Einstieg in die New Economy
Bei der traditionellen Ressourcen-Allokation liegt der Schwerpunkt auf der Wertschöpfung aus bestehenden Geschäftsmodellen und ihrer Verbesserung. Im Gegensatz dazu konzentriert sich die Ressourcen-Attraktion auf die Herausforderung des Status quo, die Förderung neuer Business-Modelle und die Ermittlung neuer Wertschöpfungsmöglichkeiten. Eine der anspruchsvollsten CFO-Aufgaben ist, diese beiden Prozesse in Einklang zu bringen.

Aufrechterhaltung möglichst vieler Optionen zur Erzielung einer maximalen Flexibilität
Unter den heutigen Marktbedingungen ist Flexibilität angesagt. Denken Sie daran: Die Organisationen, die sich die meisten Optionen offen halten und deren Kostenaufwand beziehungsweise Wertschöpfungspotenzial genau kennen, sind auf lange Sicht gesehen die Gewinner.

Anwendung neuer Bewertungstechniken zur Bewältigung von Unsicherheit

Chancen und Risiken befinden sich in ständiger Entwicklung. Um Schritt halten zu können, müssen Sie auch Ihre Investitionsstrategien dynamisch gestalten. Ausgeklügelte Techniken wie Hedging, offene Strukturierung und Bewertung realer Optionen (ROV-Ansatz) helfen Ihnen, aus Risiken Aktivposten zu machen.

Parallelverfolgung von Geschäftsmodellen zur Ertragsmaximierung

Um unter den heutigen Marktbedingungen eine Shareholder-Value-Steigerung erzielen zu können, müssen Sie den Wertschöpfungsbeitrag Ihres traditionellen Geschäftsmodells durch Einsatz von Best Practices optimieren und gleichzeitig die Möglichkeiten der New Economy ausschöpfen. Kurzum: Ressourcen-„Allotraktion" hat gewaltige Vorzüge zu bieten.

Ermittlung des besten Zeitpunkts für einen Modellwechsel

Während alle möglichen Optionen durch den Prozess der Ressourcen-Attraktion geführt werden, entwickeln sich die besonders viel versprechenden unter ihnen zu pulsierenden, profitablen Geschäften. Im Lauf der Zeit werden solche Geschäfte allmählich reifen. In dieser Phase sollten traditionelle Techniken der Ressourcen-Allokation eingesetzt werden. Es kommt entscheidend darauf an, den richtigen Zeitpunkt für einen Übergang zwischen den beiden Investitionszyklen zu kennen.

Erzielung hervorragender Performance durch Spin-in, Spin-on oder Spin-out

Sobald ein Risikoprojekt Gestalt annimmt, hat das Unternehmen für die weitere Projektentwicklung drei Möglichkeiten: Durch den Spin-on-Ansatz wird die nächste Finanzierungsrunde eingeleitet, die dann zum Spin-in beziehungsweise zum Spin-out führt. Beim Spin-in-Ansatz wird das Projekt unternehmensintern gefördert. Erscheint das Spin-out-Modell vorteilhafter, scheidet das Projekt aus dem Ressourcen-Attraktionszyklus aus (Übernahme der Betriebsführung durch bisherige Mitarbeiter, Börsengang oder Verkauf).

Kapitel 6

Weg mit dem Budget

Jenseits herkömmlicher Finanzplanung

Nick Rose, CFO
Diageo

Diageo ist die Unternehmung, die 1997 aus der Fusion Guiness/GrandMet FMCG (Fast-Moving Consumer Goods, schnell umschlagende Verbrauchsgüter) entstanden ist. Wir sind weltweit der größte Hersteller von Markenspirituosen, wobei ursprünglich auch Burger King und Pillsbury zu uns gehörten. Nach der Fusion trommelten wir 60 Leute aus den Finanzabteilungen unserer Vorgänger zusammen und fragten sie: Wie können wir unseren Aktionären eine optimale Wertsteigerung bieten? Die überwältigende Antwort lautete: Weg mit dem Budget!

Wir alle wussten, dass die Finanzplanung ungeheure Ressourcen verschlang, viele Mitarbeiter den größten Teil des Jahres über beschäftigte und obendrein alle Organisationseinheiten über einen Kamm scherte. Ob es sich um ein Geschäft in einem unserer größten Märkte wie Großbritannien handelte oder um einen kleineren Betrieb in Asien – bezüglich der Anforderungen an die Finanzplanung wurden keine Unterschiede gemacht. Trotzdem stand der Aufwand in keinem Verhältnis zur Wertschöpfung.

Somit stellte sich die Frage: Wenn dies ein derart Ressourcen verschwendender Prozess ist, warum behalten wir ihn eigentlich bei? Bestimmt nicht für die Aktionäre. Denen war es doch gleichgültig, wie gut wir unsere willkürlich ausgehandelten Budgetziele erreichten. Was Aktionäre interessiert, ist die Frage, ob das Unternehmen in diesem Jahr mehr wert ist als im Vorjahr.

Wir wussten aus Untersuchungen von CAM-I (Consortium for Advanced Manufacturing, International), dass einige Unternehmen bereits mit Erfolg Prozesse eingeführt hatten, die eine laufende Prognoseerstellung und Performance-Messung ohne jegliche Jahresfinanzplanung vorsahen. Diese Idee begeisterte uns; wir wollten ein Performance-Managementsystem installieren, bei dem es mehr auf den Input als auf den Output ankam.

Wir wollten die Werttreiber für unsere Geschäftsaktivitäten ermitteln, um sie dann so weit aufzuschlüsseln, dass wir die Reaktion der Kunden auf spezifische Werbekampagnen feststellen konnten. Wenn man sein Geschäft so genau kennt, kann man sehr fundierte Entscheidungen für die Zukunft treffen – man ist nicht länger auf Mutmaßungen anhand überholter Kennzahlen angewiesen.

Wir stellten ein Team von Mitarbeitern aus den einzelnen Geschäftseinheiten und Unternehmenszentralen zusammen, das über unsere Optionsmöglichkeiten nachdenken sollte. Die Meinungen fielen recht unterschiedlich aus: „Der jetzige Ansatz funktioniert zwar nicht, ist aber ganz bequem – man sollte besser nicht daran rütteln!" Diese Feststellung war ebenso zu hören wie „Wäre es nicht phantastisch, ein vollautomatisches Finanzplanungssystem zu haben, bei dem man überhaupt nicht einzugreifen braucht?"

Ob wir unsere Finanzplanung ganz aufgegeben haben? Nein. In bestimmten Teilen der Organisation spielt sie immer noch eine Rolle. Aber wir verzichten auf einen Großteil der Ressourcen verschwendenden Interaktion zwischen den Zentralen und den Geschäftseinheiten.

Alle wussten, dass etwas getan werden musste – wir vergeudeten zu viel Zeit und Geld. Wir begannen mit der Straffung des vom derzeitigen System zu bewältigenden Arbeitsaufkommens und führten dann nach und nach einen integrierten strategischen Jahresplanungsprozess ein, der sich an maßgeblichen Performance-Indikatoren (MPI) und laufenden Prognosen orientierte. Wir erkannten, dass wir wirklich profitieren konnten, wenn wir uns an diesen Weltklasse-Ansatz hielten. Das motivierte uns.

Bald zeigte sich, dass wir der Herausforderung nur gewachsen waren, wenn wir uns übersichtliche Teilaufgaben stellten. Wir entschieden uns für einen Ansatz, bei dem einzelne Arbeitsabläufe bestimmt wurden; auf diese Weise gelangten wir auf schnellstem Weg von der Konzeption zur Implementierung, ohne uns mit unnötigen Details aufzuhalten.

Die wichtigsten Arbeitsabläufe konzentrierten sich auf die Entwicklung strategieorientierter MPIs, die über alle Organisationsebenen hinweg miteinander verknüpft waren. Auf diese Weise konnte sichergestellt werden, dass die Mitarbeiter jedweder Führungsebene und Position die einschlägigen Messgrößen kannten und dass zugleich der Geschäftsführung die richtigen Informationen als Planungsbasis vorlagen. Ein und dieselben Daten – in leicht modifizierter Version – ermöglichten den verschiedenen Geschäftseinheiten einen höchst produktiven Arbeitsstil.

An die Stelle unseres intern fokussierten, an historischen Daten orientier-

Weg mit dem Budget

ten Berichtswesens trat ein extern fokussiertes System, das an zukunftsweisenden MPIs wie vorrangigen Marktindikatoren und Markenvorteilen orientiert war. Von entscheidender Bedeutung war, dass diese Daten von den verschiedenen Geschäftseinheiten gesammelt und weitergegeben werden konnten. Deshalb beschlossen wir, viel versprechende Ideen in einem eigens dafür eingerichteten Arbeitsablauf zu verfolgen, um ihre Durchführbarkeit (insbesondere unter dem Aspekt der Datenerfassung) sicherzustellen. Als schwierig erwies sich die Erstellung konsistenter Scorecards innerhalb der Organisation. Wie beispielsweise konnten sich die Unternehmenszentralen im Vergleich zu wichtigen Marken aus ganz unterschiedlichen Geschäftseinheiten einstufen?

Man sollte nicht unterschätzen, wie lange es dauert, bis ein rigoroser Pilotprozess erarbeitet und implementiert ist. Schon nach ein paar Tagen hatten viele Leute eine Vorstellung von den ihrer Meinung nach grundlegenden Prinzipien eines großartigen neuen Prozesses jenseits herkömmlicher Finanzplanung entwickelt und kannten ihr MPI-Päckchen. Aber die praktische Realisierung dieses Konzepts verlangt erheblichen Arbeitseinsatz und konsequente Durchführung.

Natürlich hatten wir auch einen systemorientierten Arbeitsablauf eingerichtet, der den Aufbau der erforderlichen Kapazitäten gewährleisten sollte. Es stellte sich nämlich sehr deutlich heraus, dass wir unsere Systemressourcen erheblich verbessern mussten, um einen automatischen und weniger auf Interventionen angewiesenen Finanzplanungsprozess zu erzielen. In diesem Zusammenhang kommt es entscheidend auf die technologischen Voraussetzungen an – auf die rechtzeitige und einschlägig aufgearbeitete Bereitstellung wertvoller Informationen. Bei Diageo sind wir bemüht, gemeinsame Systemplattformen und Data-Warehouse-Systeme für die gesamte Organisation zu installieren, um allen Mitarbeitern einen Echtzeit-Datenzugriff zu ermöglichen.

Ein weiterer Arbeitsablauf war unserer Initiative „Weg mit dem Budget" gewidmet. Wir wussten von Anfang an, dass dies ein umfangreiches Veränderungsprojekt war, das von einem besonders dafür eingerichteten Team betreut werden musste. Ein Programm dieser Größenordnung verlangt den Einsatz adäquater Finanz- und Personalressourcen. „Nebenbei" ist eine solche Aufgabe nicht zu bewältigen.

Wir sind recht optimistisch und von den bisherigen Ergebnissen sehr angetan, aber wir wissen, dass wir noch ganz am Anfang stehen. Erste Modifizierungen werden bereits realisiert. Ich glaube, die Bereitschaft, im Lauf der Zeit immer wieder Veränderungen vorzunehmen, ist äußerst wichtig, weil man noch so viele Analysen durchführen kann – man kann einfach nicht alles im ersten Anlauf richtig machen. Der eine oder andere MPI wird übersehen. Oder man berücksichtigt MPIs, die sich dann nicht messen lassen. Man muss bereit sein, sich und anderen einzugestehen: „Wir sind noch nicht fertig."

Entsprechende Feinkorrekturen erfolgen für die Geschäftseinheiten zuweilen recht überraschend. Wenn Sie denen mitteilen: „Wir wollen, dass Sie weniger Zeitaufwand für Finanzplanung und Berichterstattung treiben", werden alle nur zu gern zustimmen. Allerdings verkennen sie, dass es nach wie vor eine Performance-Messung gibt.

Ob wir unsere Finanzplanung ganz aufgegeben haben? Nein. In bestimmten Teilen der Organisation spielt sie immer noch eine Rolle. Aber wir verzichten auf einen Großteil der Ressourcen verschwendenden Interaktion zwischen den Unternehmenszentralen und den Geschäftseinheiten.

Wir haken nicht mehr die Kennzahlen von 130 Geschäftseinheiten ab, um einen Vorstandsbericht zusammenzustellen; stattdessen konzentrieren wir uns auf die sieben maßgeblichen Geschäftsbereiche und managen die übrigen 123 nach Ausnahmeprinzipien. Unsere Geschäftsführungssitzungen halten sich nicht mehr mit Präsentationen über den aktuellen Leistungsstand auf, sondern konzentrieren sich auf heikle Strategieprobleme und auf zukunftsorientierte Aktionen.

Unsere Diskussionen über die Zukunft drehen sich zunehmend um das Internet. Diageo macht da keine Ausnahme. Unseres Erachtens können wir Millionen Dollar an Kosten einsparen, wenn wir auf unsere Budgeterstellung verzichten; einen Teil dieser Einsparungen werden wir in die Einrichtung von B2B-Portalen investieren, die sowohl zu internen Zwecken als auch zur Bildung wertschöpfender Gemeinschaften im Rahmen unserer Geschäftsaktivitäten dienen sollen. Da befinden wir uns an vorderster, hart umkämpfter Wettbewerbsfront. Wir sind auf schnelle Prognosen und genaue Performance-Messungen angewiesen, um konkurrieren zu können, und das, so meinen wir, können uns unsere neu gestalteten Finanzprozesse bieten.

Als wir uns noch strikt an unser Budget hielten, waren wir für Veränderungen dieser Art weniger offen; vielmehr waren wir eilfertig darauf bedacht, zurückzublicken und uns am bisherigen Geschehen zu orientieren. Heute tun wir das nicht mehr. Und deshalb konnten wir uns zu einer dynamischeren und positiver denkenden Organisation entwickeln. Jetzt sind wir auf Wertschöpfung bedacht – denn das ist es, was unsere Aktionäre von uns erwarten.

Eines der Bollwerke im Finanzbereich, das herkömmliche Budget, gerät von Tag zu Tag mehr zum Anachronismus. Wie Nick Rose erkennen viele CFOs, dass sie ihre Zeit für Produktiveres einsetzen können. Bud-

Weg mit dem Budget

gets dürften letztlich auch natürlicherweise das Zeitliche segnen, aber durch das Aufkommen von E-Business wird dieser Vorgang erheblich beschleunigt. Revolutionäre neue Business-Ansätze erfordern neue finanzwirtschaftliche Managementinstrumente, die durch vier Attribute gekennzeichnet sind:

- *Flexibilität*. Das Instrumentarium muss auf unvorhergesehenen Wandel rasch reagieren können – im Gegensatz zu Budgets, die bei Abweichungen von etablierten Normen eher hinderlich sind.
- *Multidimensionalität*. Es gilt, Synergien und kooperative Ansätze zu fördern, anstatt an „einbetonierten" Kategorisierungen festzuhalten.
- *Aktualität*. Entscheidungen im Hinblick auf Marktchancen oder Fusionen und Akquisitionen müssen schnell und zielsicher getroffen werden – überholte Indikatoren sind eine schlechte Entscheidungsbasis.
- *Unternehmermentalität*. Marktchancen mit vertretbarem Risiko müssen einbezogen werden; defätistische Denkweisen nach dem Motto „Was im Budget nicht vorgesehen ist, geht nicht" gilt es zu überwinden.

Im vorliegenden Kapitel wird untersucht, welche Argumente für einen Verzicht auf die herkömmliche Finanzplanung sprechen. Insbesondere geht es um folgende Fragen: Wie lässt sich die Anbindung strategischer Prozesse an die operative Performance verbessern? Wie sehen die Finanzplanungsoptionen in der neuen Welt aus? Mit welchen Problemen ist bei der Implementierung zu rechnen? Und wie ist der Übergang von endlosen Budgetiterationen auf das ständige Ineinandergreifen laufend erstellter Prognosen zu realisieren (Abbildung 6.1)?

Die finanzwirtschaftlichen Management-Tools des 21. Jahrhunderts müssen unendlich anpassungsfähig sein – ein Kriterium, das eine Finanzplanung auf Budgetbasis kaum für sich in Anspruch nehmen dürfte. Diageo hat seine budgetbedingten Hindernisse beseitigt und arbeitet seither mit maßgeblichen Performance-Indikatoren (MPIs) auf der Basis einer EVA-Messtechnik. Und Diageo ist nur eines von vielen Unternehmen, die ihre Budgetprozesse erfolgreich gestrafft haben.

Weg mit dem Budget

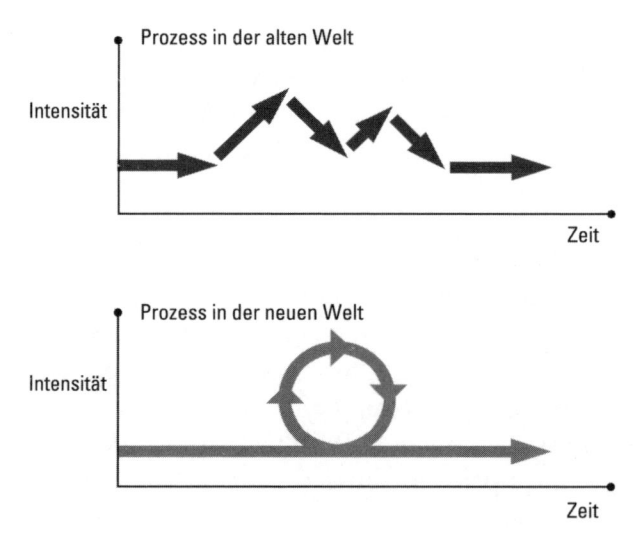

Abb. 6.1: Von intensiv ausgeprägten Höhen und Tiefen zu einem kontinuierlichen Prozess

Was spricht gegen Budgets?

„Das Budget ist der Ruin des amerikanischen Unternehmertums. Budgets hätte es nie geben dürfen. Die Erstellung eines Budgets ist eine Minimierungsübung – sie zeigt nur, wie wenig man leisten kann." Jack Welch, der [inzwischen ausgeschiedene] CEO von GE, ist nicht der Einzige, der Probleme mit der herkömmlichen Finanzplanung hat. Bob Lutz, ein ehemaliger Vice-Chairman von Chrysler, hat das Budget einmal als „Repressionstool" bezeichnet. Und für Jan Wallander, seines Zeichens Budgetrevolutionär und vormals CEO von Svenska Handelsbanken, sind Budgets ein „nicht notwendiges Übel".

Im Folgenden werden die Ergebnisse einer CFO-Meinungsumfrage zusammengefasst:

- Nur 12 % waren der Auffassung, Budgets leisteten einen großen Wertbeitrag zu ihrer Organisation.
- Rund 79 % meinten, ein Schritt in Richtung Budgetverzicht stünde auf ihrer Prioritätenliste an fünfter Stelle (bei 44 % an dritter Stelle).
- 65 % hielten es für ihre Pflicht, sich nach besten Kräften für die Budgetabschaffung einzusetzen.

Was spricht gegen Budgets?

Einer anderen Umfrage zufolge hielten gerade mal 10 % der CFOs ihren Finanzplanungsprozess für uneingeschränkt effizient – im Gegensatz zu 90 %, denen die eigenen Budgets eher hinderlich waren. Dennoch haben viele Unternehmungen nicht einmal einen ersten Schritt getan, um den budgetbedingten Engpässen zu entkommen – selbst dann nicht, wenn sie die damit verbundenen Grenzen erkannt hatten. Betrachten wir dazu das folgende Fallbeispiel.

> *Fallbeispiel*
> *Das Dilemma mit dem Budget*
>
> *Im Anschluss an eine größere Umstrukturierung schickte ein multinationaler Konsumgüterhersteller seine Spitzenführungskräfte in eine Klausursitzung, um alternative Managementansätze zu untersuchen. Die Teilnehmer wurden aufgefordert, ihre Meinungen auf Schautafeln festzuhalten. Auf der für Budgetbeschwerden vorgesehenen Tafel stand zu lesen:*
>
> - *Der Prozess der Finanzplanung ist zu detailliert und zu langsam und trägt zu wenig zur Wertschöpfung bei.*
> - *Wir brauchen einen radikalen Wandel – viel zu viele Leute sind damit befasst, ihre Zahlenkolonnen mit überholten Budgets abzugleichen.*
> - *Viele unserer großen Wertschöpfungsinitiativen sind immaterieller Art und im Rahmen des herkömmlichen Finanzplanungsprozesses nur schwer zu erfassen.*
> - *Die Anforderungen der Unternehmenszentrale im Hinblick auf Finanzplanung und Berichterstellung sind eine lästige Pflicht.*
> - *Ein zu stark an traditionellen Daten orientierter Ansatz legt uns auf einen vorbestimmten Weg fest.*
>
> *Der CEO der Muttergesellschaft zeigte sich überrascht, dass bezüglich der Finanzplanung so viel Unzufriedenheit bekundet wurde – hielt er diesen Prozess doch für ein harmloses, wenngleich zeitraubendes alljährliches Ritual. Erst recht verblüfft war er, als der CFO*

behauptete, das Unternehmen könne seine Kosten durch Abschaffung des bisherigen Finanzplanungsprozesses um nahezu 10 % senken.
Der CEO brachte dies auf einer Sitzung am nächsten Morgen zur Sprache. Er sagte zu seinen Finanzleuten: „Für das Budget und seine Entwicklung sind doch Ihre Abteilungen selbst zuständig – und trotzdem sind Sie so unzufrieden damit. Das verstehe ich nicht." Die Finanzexperten wiederholten noch einmal, die Budgetabwicklung sei sehr aufwändig, aber sie verstünden den Prozess als einen Service gegenüber dem Management, das ihrer Auffassung nach wohl nicht darauf verzichten konnte. Nachdem beide Seiten versicherten, ohne Budget auskommen zu können, wurden die „Strategiker" hereingerufen. Für die war das Budget sicher wichtig, mutmaßte der CEO.
Aber auch für die Strategieexperten war das Budget nur ein lästiges Übel. Sie sahen sich ständigem Wettstreit mit den Finanzleuten bezüglich der Frage ausgesetzt, wessen Prognosen nun die zutreffenderen wären; auch waren sie es leid, immer hören zu müssen, Strategien seien doch nur theoretisch relevant, während das Budget von realer Bedeutung sei. Überhaupt, so sagten sie, sprächen Strategie und Finanzen kaum miteinander. Dabei seien sie als die „Strategiker" doch daran interessiert, mit den Finanzleuten und den Geschäftseinheiten zu kooperieren, um genauere und nützlichere Prognosen erstellen zu können.
Nachdem der CEO all dies gehört hatte, ernannte er einen Ausschuss, der unter Leitung des CFO Budgetalternativen untersuchen und implementieren sollte. Da der CEO starke Unterstützung bekam, konnte ein schneller Wandel herbeigeführt werden.
Zu Anfang wurde ständig gefragt, welche Verfahren der Finanzplanung beibehalten werden sollten und wie sich die Veränderungen auf Prognosen und strategische Pläne auswirken würden. Innerhalb von zwei Monaten hatten die Geschäftseinheiten und der CFO maßgebliche Performance-Indikatoren (MPIs) entwickelt. Drei Monate später wurden die ersten MPIs eingeführt und der CEO brachte seine Erwartung zum Ausdruck, die Implementierung solle binnen zweier Jahre weitgehend abgeschlossen sein – eine Terminvorgabe, die auch erfüllt wurde.

Was spricht gegen Budgets?

> *Die Unzulänglichkeiten des alten Ansatzes zeigten sich in aller Deutlichkeit, als die neuen Messgrößen zum Einsatz kamen. Einige Geschäftsleiter hielten in der ersten Zeit zwar noch an ihren früheren Budgetkennzahlen fest, aber das änderte sich mit der Zeit. Schließlich musste jeder zugeben, was schon lange vermutet worden war: Gut ist ein Budget nur dann, wenn man darauf verzichtet!*

Dem CFO stellt sich nicht die Frage, *ob*, sondern *wie* der Wandel herbeizuführen ist: nach und nach oder in einem radikalen Rundumschlag? Die Antwort hängt davon ab, welcher Art das Unternehmen, seine Märkte und seine Mitarbeiter sind. Herkömmliche Budgets sind universal. Was in der neuen Welt an ihre Stelle tritt, muss maßgeschneidert sein.

Bevor es den CFOs gelingen kann, verbesserte Instrumente zur Planung, Prognose und Ressourcen-Allokation als Ersatz für überholte Budgets zu entwickeln und die Unterstützung ihrer Unternehmungen für eine solche Reorganisation zu gewinnen, müssen sie verstehen, wie es dazu gekommen ist, dass der Prozess der Finanzplanung außer Kontrolle geriet und durch aktuellere Aufgaben und Interessen in den Schatten gestellt wurde.

Zunächst hatten Budgets als Nebenprodukt der Produktionsära gegolten, als Beschaffung und Schutz von Kapital in den meisten Unternehmen noch die wichtigsten Werttreiber waren. Anfang des 20. Jahrhunderts führten Industrieunternehmen Budgetpläne für die gesamte Organisation ein, um die eigenen Vermögenswerte zu rationieren und zu schützen. Mitte des vorigen Jahrhunderts entwickelte sich die Finanzplanung zu einem Instrument weiter, das zur Festlegung von Finanzzielen, zur Kostenkontrolle, zur Leistungsmessung in den Geschäftseinheiten und zur Strategiebildung diente.

In den etablierten Branchen stellte der erhebliche Bedarf an Kapital vor Gründung eines Unternehmens ebenfalls einen gewissen Puffer gegen unvorhergesehene Konkurrenz dar. Die Märkte waren beständig, die Konjunkturzyklen vorhersagbar, die Führungsebenen hierarchisch strukturiert und die Vermögenswerte materieller Art. Unter diesen Bedingungen machte die jährliche Berichterstattung durchaus Sinn. Und zeitlich stimmte sie mit den von Finanzämtern und Steuerbehörden vorgegebenen Abgabeterminen überein.

Weg mit dem Budget

Im Lauf der Jahre schwoll die Budgetroutine derart an, dass sie schließlich die gesamte Unternehmensstruktur erfasste. Die Unternehmen gingen dazu über, ihre Budgets zu Zwecken zu nutzen, für die sie eigentlich nicht angelegt waren:

- als jährliches internes Benchmarking zur Kontrolle der Finanzleistung
- als Mittel zur Festlegung von Produktionszielen für die verschiedenen Geschäftseinheiten, unabhängig von den Triebkräften am Markt
- als Instrument zur Kostenmessung, häufig ausgedrückt als Prozentsatz einer anderen Messgröße
- als Tool zur Bewertung der Leistung am Arbeitsplatz
- als Grundlage für die Prognose künftiger Umsatzergebnisse und betrieblicher Profitabilität

Abbildung 6.2 zeigt, wie der Budgetprozess bald den größten Teil des Jahres in Anspruch nahm: Die Geschäftseinheiten mussten der Unternehmenszentrale Kennzahlen vorlegen, nur um sie mit dem Einheitskommentar zurückzubekommen, sie sollten die Kosten senken und ihre Erträge verbessern.

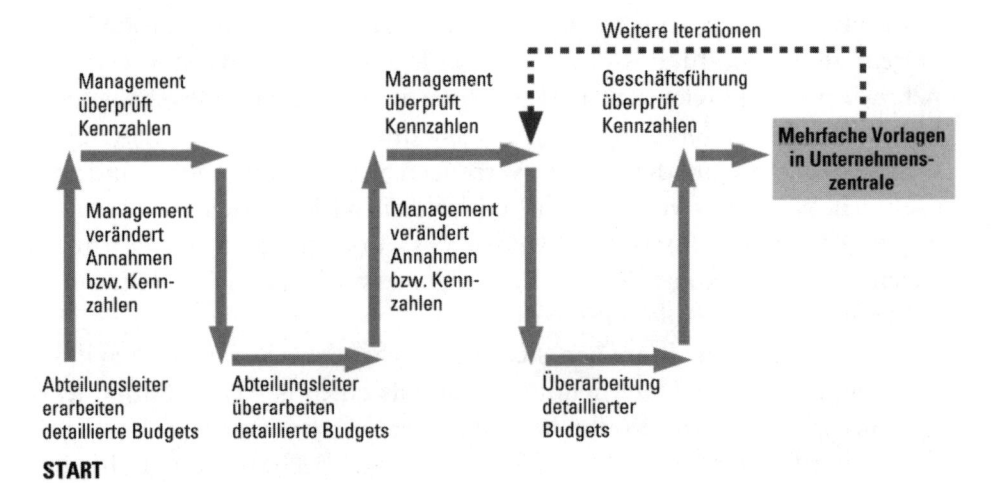

Abb. 6.2: Typische herkömmliche Finanzplanung: Bottom-up-Ansatz

Was spricht gegen Budgets?

Der Finanzplanungsprozess wurde schließlich so undifferenziert und zweckentfremdet gehandhabt, dass die Budgetierung ganz eigentümliche Verhaltensweisen hervorbrachte, die zum Teil geradezu funktionsstörend wirkten. Der gesamte Prozess galt letztlich als Instrument einer finanzpolizeilichen Obrigkeit, die darauf aus war, jeden Pfennig herauszuholen: Die Marktnachfrage wurde ignoriert, wohl aber erwartete man kontinuierliche Ertragssteigerungen. Dieses Szenario löste eine Reihe budgetbezogener Probleme aus:

- Die Leistungsvergütung auf Budgetbasis führte zu Manipulationen seitens der Mitarbeiter, die nur eines im Sinn hatten: die Erfüllung ihrer Zielvorgaben. Dies wiederum hatte eine Mentalität der inkrementellen Wertsteigerung und eine nicht eben optimale Zielsetzung zur Folge.
- Verwarnungen bei Nichterfüllung der Budgetziele trugen in keiner Weise dazu bei, die Faktoren zu ermitteln oder zu beseitigen, die zu dieser Situation geführt hatten – was wiederum die Mitarbeiter frustrierte.
- Die Orientierung an Jahreszielen, die schon vor Budgetabschluss festgelegt wurden, war irreführend und demotivierend. Wenn die unvermeidlichen unvorhergesehenen Veränderungen eingetreten waren, gelang es einigen Managern mühelos, ihre Zielvorgaben zu erfüllen, während dies anderen völlig unmöglich war.
- Budgetziele werden seit jeher von den einzelnen Funktionen oder Abteilungen festgelegt, was vielfach dazu führte, dass interne Konflikte und Besitzstandsdenken gefördert wurden und Synergiechancen ungenutzt blieben.
- Vergangenheitsorientierte Zielvorgaben legten alle Beteiligten auf den Status quo fest und verstellten den Führungskräften den Blick für neue Möglichkeiten. Waren Abteilungen erst einmal im Budget vertreten, blieben sie dort für alle Ewigkeit und verbrauchten Gelder, die besser in neue Programme investiert worden wären.
- Die Finanzabteilungen machten ihren absoluten Kontrollanspruch geltend – von Unternehmenszentralen aus, die häufig weit entfernt vom Tagesgeschäft waren. Aus diesem Grund betrachtete man sie eher mit Argwohn und nicht etwa als Freund und Helfer.

Weg mit dem Budget

Und noch etwas trägt zu diesen budgetbezogenen Problemen bei: die Tatsache, dass sich das intellektuelle Kapital in vielen Organisationen zu einem entscheidenden Werttreiber entwickelt.

Zur wachsenden Bedeutung immaterieller Vermögenswerte

Der vielleicht schwerwiegendste Mangel der herkömmlichen Finanzplanung ist darin zu sehen, dass Budgets an veralteten materiellen Vermögenswerten wie Sachanlagen orientiert sind. Wie in Kapitel 4 gezeigt wurde, ist der höchste Shareholder Value mit virtuellem Kapital wie Managementprozessen und Weiterbildung sowie mit immateriellen Werten wie Marken und F&E zu erzielen. Dessen ungeachtet investieren viele leistungsschwache Unternehmen erhebliche Ressourcen in ihre Budgetprozesse einschließlich ihrer alles andere als wertschöpfenden Anlagenwerte und übersehen dabei die immateriellen Vermögenswerte, die das eigentliche Wachstumspotenzial aufweisen (Abbildung 6.3).

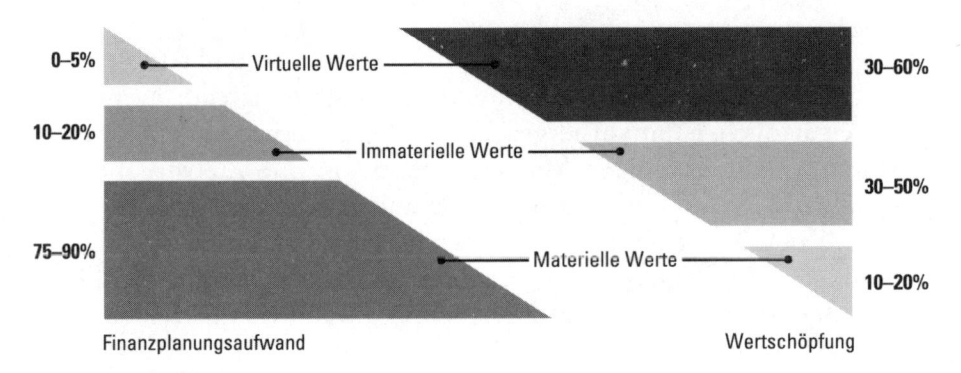

Abb. 6.3: Finanzplanungsaufwand für Vermögenswerte mit vergleichsweise geringem Wertschöpfungspotenzial

Das Aufgabenfeld des CFO in der neuen Ära verlangt leicht veränderbare Performance-Messgrößen – mit der endlosen Erfassung und Wiedergabe der Daten von gestern muss allmählich Schluss sein! Der CFO sollte mit gutem Vorbild vorangehen und seinen Kollegen erklären, warum sie ihre Ressourcen-Allokation nicht weiterhin an Vorjahresergebnissen orientieren, sondern ihre Finanzierungsanträge nach Maßgabe der voraussichtlichen Entwicklung in den nächsten vier Quartalen und darüber hinaus formulieren müssen. Anstatt über Investitionsrentabilität so häufig zu reden wie über das Wetter, sollten sie lieber über dynamische Zielvorgaben wie Stretch-Ziele, laufend anzupassende Ziele und wertschöpfungsorientierte Ziele diskutieren.

Argumentation für den Wandel

Ein Round-Table-Gespräch unter dem Motto *Beyond Budget* („Jenseits herkömmlicher Finanzplanung"), an dem 33 zumeist europäische Großunternehmen teilnahmen, ging der Frage nach, warum Budgets organisatorischen Wandel derart behindern. Seither hat man beschlossen, Budgets nicht etwa zu verbessern, sondern – zu ersetzen.

Einer der Versuche zur Erarbeitung eines besseren Budgets sah die *Nullpunkt-Finanzplanung* (Zero-based Budgeting) vor. Dieser Prozess wurde in den 1980er Jahren entwickelt, um einem schwer wiegenden Mangel abzuhelfen: Wenn das Vorjahresbudget als Basis für das laufende Jahr benutzt wird, werden die eventuell vorhandenen Irrtümer noch verstärkt. Der Zero-based-Budgeting-Prozess umging diese Problematik, indem jedes Jahr eine neue Bilanzierung vorgenommen wurde, was allerdings einen erheblichen Arbeitsaufwand bedeutete. Dennoch war auch dieser als Standardreferenz für die folgenden vier Quartale maßgebliche Finanzplan letztlich an der Vergangenheit orientiert.

Ein anderer Ansatz war die *aktivitätsbezogene Finanzplanung* (Activity-based Budgeting). Bei diesem Ansatz ging es darum, die Kosten unter dem Aspekt der zugehörigen Aktivitäten und Abläufe zu betrachten. Durch Einführung von Messverfahren auf Stückkostenbasis erfolgte eine dynamische Veränderung der aktivitätsbezogenen Budgets im Verlauf der Arbeitsvorgänge. Dieser Ansatz hatte den Vorteil, dass volumenbezogene Gemeinkosten und flexible Anpassungen berücksichtigt werden konnten, was eine Modifizierung der Kostenbasis erleichterte. Aber auch hier wurden die tatsächlich erzielten Ergebnisse mit den Budgetvorgaben verglichen, so dass letztlich auch diese Finanzplanung vergangenheitsorientiert war.

Das stärkste Argument sogar gegen *verbesserte* Budgets ist dieses: Budgets sind und bleiben Budgets. Wie das folgende Fallbeispiel zeigt,

Weg mit dem Budget

wird es immer schwieriger, den Einsatz herkömmlicher Budgets betriebswirtschaftlich zu rechtfertigen.

> ***Fallbeispiel***
> ***Die realen Budgetkosten***
>
> *Ein Einzelhandelskonzern für elektronische Geräte sah sich dem Ansturm neuer Konkurrenten ausgesetzt, die als Internet-Startups die Preise des Konzerns infolge ihrer geringeren Gemeinkosten zu unterbieten vermochten. Das Unternehmen hatte eine B2B-Procurement-Sparte eingerichtet, um diesem Kostenunterschied entgegenzuwirken, aber es mussten noch weitere Einsparungsmöglichkeiten ermittelt werden.*
>
> *Der CFO beschloss, den Finanzplanungsprozess einer umfassenden Kostenanalyse zu unterziehen, wobei alle Aufwendungen, die sich hinter der Vielfalt an budgetbezogenen Funktionen im Unternehmen verbargen, aufgedeckt werden sollten. Dabei stellte sich heraus, dass die Organisation – außerhalb der Finanzabteilung – 6122 Manntage an Arbeit in das Budget des laufenden Geschäftsjahres investiert hatte, was einem Kostenaufwand von mehr als 750.000 Dollar entsprach. Der nicht finanzbezogene Zeitaufwand für das Budget stand gegenüber dem in der Finanzabteilung selbst anfallenden Zeitaufwand in einem Verhältnis von 4 : 1!*
>
> *Zwar gab die Finanzabteilung vor, welche Prozesse und Instrumente zur Erstellung des Budgets erforderlich waren, aber letztlich waren es die normalerweise nicht mit Finanzfragen befassten Mitarbeiter, die dann die eigentliche Arbeit leisteten. Mit anderen Worten: Diejenigen Mitarbeiter, die nur über oberflächliche Kenntnisse in der Finanzplanung verfügten, hatten den größten Teil der Arbeit zu erledigen.*
>
> *Der CFO veranlasste eine Untersuchung, die den Wert der Aktivitäten ermitteln sollte, zu denen die Mitarbeiter nicht kamen, weil sie mit budgetbezogenen Aufgaben befasst waren. Darüber hinaus führte er auf verschiedenen Führungsebenen persönliche Gespräche mit ausgewählten Mitarbeitern außerhalb der Finanzabteilung. Er*

wollte in Erfahrung bringen, wie diese Mitarbeiter das Budget einschätzten und ob die Finanzabteilung überhaupt in der Lage war, die Ziele des Unternehmens durch Budgetvorgaben verständlich zu machen.

Der CFO war nicht überrascht, als der Bericht Kosten für entgangene Aktivitäten in Höhe von 6 Millionen Dollar auswies. Aber was er während der Personalbesprechungen zu hören bekam, hätte er nicht gedacht: Quer durch die Organisation hindurch, die 40 % ihrer Erträge zur Weihnachtszeit erwirtschaftete, betrachteten die Mitarbeiter die Budgeterfüllung als ihre eigentliche Arbeit und nicht etwa als eine Tätigkeit, die sie von ihrer Arbeit abhielt. Sie vernachlässigten ihre ertragbringenden Aktivitäten ausgerechnet zu Spitzengeschäftszeiten, um ihren Budgetverpflichtungen nachzukommen!

Auf diese Weise wurde eine Unternehmenskultur gefördert, in der die Abteilungen für die Erfüllung ihrer Budgetziele selbst dann noch gelobt werden wollten, als der Marktwert der Organisation bereits sank und die neue Konkurrenz im Anmarsch war.

Mit diesen Fakten und Zahlen gerüstet ging der CFO zum CEO. Es sei an der Zeit, so sagte er, einen neuen Ansatz für das Finanzmanagement zu wählen.

Außer dem Vorteil, dass die Mitarbeiter nunmehr ihren eigentlichen wertschöpfenden Aktivitäten nachgehen können, spricht auch ein zweiter Umstand für die Einführung einer Budgetalternative: Die Mitarbeiter sind zukunftsorientiert, so dass sie Marktchancen schneller erkennen und entsprechend reagieren können. Die sorgfältige Wahl einer im Hinblick auf Reife, Performance und Ressourcen geeigneten Budgetalternative ermöglicht die Entwicklung eines Frühwarnsystems, das dem Unternehmen zur gewinnbringenden Nutzung proaktiver Veränderungen verhilft.

Auswahl unter mehreren Optionen

Wie Nick Rose weiter oben ausgeführt hat, kann ein an Budgetalternativen interessiertes Unternehmen aus einer Vielzahl von Optionen wählen. Sie alle tragen den Anforderungen des E-Business insofern

Rechnung, als sie die Berichtsdaten auf die für den Geschäftsbetrieb erforderlichen Kennzahlen reduzieren und somit den Prozess der Entscheidungsfindung beschleunigen. Im Rahmen des herkömmlichen Ansatzes wird bei rückläufigen Gewinnen viel Zeit mit dem Versuch der Ursachenermittlung vergeudet. Man sucht Schuldige, ersinnt alle möglichen Entschuldigungen und es vergehen Wochen, bevor Korrekturen eingeleitet werden. Demgegenüber kann eine Organisation, die ein Messverfahren mit transparenteren MPIs anwendet, ihre Probleme viel schneller diagnostizieren.

> **Im Rahmen des herkömmlichen Ansatzes wird bei rückläufigen Gewinnen viel Zeit mit dem Versuch der Ursachenermittlung vergeudet. Man sucht Schuldige, ersinnt alle möglichen Entschuldigungen und es vergehen Wochen, bevor Korrekturen eingeleitet werden.**

Nach welchen Kriterien sollte ein CFO auf der Suche nach Ansätzen für ein angemessenes Finanzmanagement in der New Economy Ausschau halten? Die derzeitigen Best Practices legen folgende Kriterien nahe:

- Förderung einer Stakeholder-Value-Mentalität im gesamten Unternehmen
- Schwerpunktverlagerung von der herkömmlichen Gewinn- und Verlustrechnung auf Ansätze, bei denen finanzielle und nicht-finanzielle Ziele mit langfristigem Wertschöpfungspotenzial im Vordergrund stehen
- Bereitstellung des richtigen Detaillierungsgrads für Entscheidungsfindung und Kontrolle
- Berücksichtigung von Geschäftszyklus-Rhythmen anstelle des Kalenderjahres
- Aufstellung der relativen Stärken und Schwächen der Organisation
- Verdeutlichung der Unternehmensstrategie und Verknüpfung derselben mit einschlägigen, auf sämtlichen Organisationsebenen erkennbaren Werttreibern
- Anwendung einer Messtechnik, die mit wichtigen internen und externen Prozessen vereinbar ist

Auswahl unter mehreren Optionen

Diese Kriterien sollten in einen Mechanismus eingebunden werden, der ein gezielteres Vorgehen ermöglicht und weniger zeit- und datenintensiv als herkömmliche Budgets ist. Dabei sollte nach Ausnahmeprinzipien verfahren werden, damit die Leute keine Zeit mit der Erkenntnis vergeuden, dass alles „im grünen Bereich" ist. Und natürlich sollte ein eindeutiger Bezug zur Arbeit der jeweiligen Mitarbeiter hergestellt werden. Auf diese Weise ist das Finanzmanagement in der Lage,

- die Kosten nach ihrem Wertschöpfungsbeitrag zu bewerten, anstatt sie lediglich mit den Aufwendungen aus der vorangegangenen Berichtsperiode zu vergleichen, und
- die Investitionen unter dem Aspekt der Erzielung einer maximalen Rendite über die gesamte Laufzeit zu überwachen, anstatt Quartalsstatistiken mit aufwändig errechneten Zahlen vollzustopfen.

Zwar sind viele Unternehmen bereit, ihre Budgetprozesse zu verändern, aber sie können sich nicht entscheiden, wie weitreichend diese Veränderungen sein sollen. Sie erkennen durchaus, wie vorteilhaft eine Reduzierung ihres Aufwands bei der Finanzplanung wäre, aber sie wissen nicht, wo die Grenze zu ziehen ist. Meist führen solche Unternehmen verschiedene Initiativen gleichzeitig durch, so dass der Wunsch nach einer leichteren Anbindung an bestehende Performance-Messgrößen aufkommt. So mag ein Unternehmen bereits auf dem Weg zur Anwendung maßgeblicher Performance-Indikatoren und laufender Prognoseerstellung sein, derweil der CFO noch zögert, die Sicherheit seines Budgets aufzugeben. Für das Unternehmen im folgenden Fallbeispiel erwies sich die schrittweise Durchführung von Veränderungen als die beste Lösung.

Fallbeispiel
Aus dem Budget „herausschleichen"

Ein etablierter Produktionsmittelkonzern sah sich mit bedrohlichen Marktveränderungen konfrontiert. Die großen, zentralisierten Unternehmungen, die er all die Jahre beliefert hatte, wurden zu-

nehmend von Herstellern mit Niedrigkostenvorteilen verdrängt, die ihre Produkte ihrerseits von kleineren Lieferanten – häufig aus Entwicklungsländern – bezogen. Um seinen Marktanteil halten zu können, kaufte der Konzern mehrere dieser Lieferanten auf in der Absicht, sie als Filialen zu betreiben. Der CFO stand nun vor der Aufgabe, ein integriertes Finanz- und Performance-Managementsystem zu entwickeln, das den Konsolidierungserfordernissen der gesamten Organisation gerecht würde.

So sehr der CFO Budgets ablehnte – in den neu erworbenen Filialen, von denen einige erst kürzlich privatisiert worden waren, führte er strenge Budgetrichtlinien ein. Er erkannte, dass mit Budgets ein ganzes Geschäftsmodell verbunden ist, das für die jungen Unternehmen seiner Ansicht nach in dieser Phase erforderlich war: Nur so konnte er sicher sein, dass die Verkaufsvertreter ihre Absatzziele erreichten, dass das Produktionsprogramm die Erwartungen erfüllte und dass die Supply Chain wirklich so solide war, wie die Logistik-Verantwortlichen behaupteten. Anhand des Budgets ließen sich solche Behauptungen auf ihre Stichhaltigkeit hin überprüfen.

Zugleich plante der CFO, der Kostensenkungsinitiative der Konzernzentrale insoweit Rechnung zu tragen, als er die Budgetaufwendungen in seinen reiferen Betrieben um 50 % reduzierte. Dies war die erste Phase in einem Programm, das letztlich die Abschaffung des Budgets zum Ziel hatte. Nach vorheriger Absprache mit den Geschäftseinheiten veranstaltete der CFO eine Tagung, bei der über die Einführung neuer Standards abgestimmt wurde. Fortan sollte jede Einheit genau die gleichen 12 Seiten Daten abliefern; man würde diese Daten kurz prüfen, aber nicht mehr in monatlichen Vorstandsberichten vervielfältigen – ohne jede Ausnahme.

Bei den neuen Messgrößen handelte es sich um eine Kombination aus traditionellen Daten und maßgeblichen Performance-Indikatoren (MPIs), die zugegebenermaßen in aller Eile zusammengestellt worden waren. Der CFO war der Meinung, schon dieser erste Schritt würde Geschäftseinheiten, die keiner Budgets mehr bedurften, davon abhalten, solche weiterhin zu erstellen. Im weiteren Verlauf des Programms war er darauf vorbereitet, präzisere MPIs und fortschrittlichere Berichts- und Prognosestandards zu implementieren.

> *Die Organisation investierte nicht viel Zeit oder Geld in die Entwicklung komplexer Optionen. Aber es wurden signifikante Veränderungen vorgenommen, die sich unmittelbar auszahlten – im Rahmen eines Ansatzes, der auch in den neu erworbenen Filialen mit zunehmender Reife zur Anwendung kommen sollte.*
> *Außer den Kosteneinsparungen hatte das Programm zur Reduzierung der Budgetaufwendungen um 50 % keine nennenswerten Auswirkungen auf die Betriebe. Und das ist ein deutliches Zeichen dafür, dass eine vollumfängliche Budget-Finanzplanung meistenteils kontraproduktiv ist.*

Unternehmen, die immer noch den traditionellen Ansatz verfolgen, können unter fünf Finanzplanungsoptionen wählen (Abbildung 6.4): Sie reichen von „Nichts tun" unter Beibehaltung rigider Kontrollausübung seitens der Unternehmenszentrale bis hin zur vollständigen Selbstverwaltung der Geschäftseinheiten, wobei die Unternehmenszentrale nur noch als „Handelsbank" für ihre Geschäftseinheiten fungiert.

Die Wahl des Ansatzes setzt nicht nur eine klare Bestandsaufnahme im Hinblick auf die in Abbildung 6.4 aufgelisteten sechs Prozesse voraus, sondern neben einer Vision von der Position, die das Unternehmen anstrebt, auch eine Einschätzung der Frage, inwieweit der CFO mit Unterstützung für die erforderlichen Veränderungen rechnen kann. Insgesamt ist eine bunte Vielfalt an unterschiedlich zusammengestellten Alternativen möglich, doch die meisten Unternehmen entscheiden sich für eine Kombination aus den Optionen drei und vier. Die durch „Strategieschleuse" und MPI-Berichterstattung gekennzeichnete Option ermöglicht schnelle Erfolge bei vergleichsweise geringen Erstinvestitionen und schnellem Kapitalrückfluss; die Option mit ausschließlich wertorientiertem Management ist die langfristige Lösung – mit höheren Anfangsinvestitionen und längerer Kapitalrückflussdauer.

In Anbetracht der heute verfügbaren betriebswirtschaftlichen Tools und Messverfahren nimmt sich die Beurteilung der Solidität eines Unternehmens nach Maßgabe seines Budgets wie der Versuch aus, die Befindlichkeit eines Patienten durch Fiebermessen beurteilen zu wollen: Das Fieberthermometer gibt lediglich Auskunft darüber, ob erhöhte Temperatur vorliegt oder nicht. Die CFOs müssen eine Messtechnik erarbeiten,

Weg mit dem Budget

die präzisere Anhaltspunkte zulässt. Und die Entwicklung einer solchen Messtechnik beginnt mit der Auswahl maßgeblicher Performance-Indikatoren (MPIs) in Absprache mit den Managern, die später mit diesen Messgrößen leben müssen.

Prozess \ Option	„Nichts tun"	Termin-/ Datenstraffung	Strategie-Schleuse MPI-Reporting	Wertorientiertes Management	Selbst-verwaltung
Zielsetzung	Ertragsorientiert; detaillierte Finanzdaten; jährliche operative Planung getrennt von strategischer Planung; monatliche Berichterstattung	Ertragsorientiert; wichtigste Finanzdaten; einheitlicher Planungsprozess; halbjährliche Berichterstattung (6 1/2 Monate)	Balanced Scorecard; aufgeschlüsselte MPIs; einheitlicher Planungsprozess; halbjährliche Berichterstattung (6 1/2 Monate)	Balanced Scorecard; aufgeschlüsselte MPIs; einheitlicher Planungsprozess; halbjährliche Berichterstattung (6 1/2 Monate); umfangreiche Nutzung von Szenariomodellen	Unternehmensweite Scorecard
Performance-Messung	Ertragsorientiert; detaillierte Finanzdaten	Ertragsorientiert; wichtigste Finanzdaten; Fokussierung auf Initiativen	Balanced Scorecard; externes Benchmarking; Fokussierung auf Initiativen; internes Benchmarking	Balanced Scorecard; externes Benchmarking; Fokussierung auf Initiativen; internes Benchmarking	Unternehmensweite Scorecard
Berichtswesen und Kontrolle	Monatlich, detailliert, auf Budget-Basis	Monatlich, gestrafft, auf Vorjahres-Basis	Monatlich, abgestimmt, trendbezogen, auf Vorjahres-Basis und Projektionsbasis	Monatlich, abgestimmt, trendbezogen, automatisiert, auf Vorjahres-Basis und Projektionsbasis	Nach Ausnahmeprinzipien, nur in schwerwiegenden Angelegenheiten
Prognoseerstellung	Detaillierte neueste Schätzungen	Gestraffte neueste Schätzungen; halbjährliche Erstellung (6 1/2 Monate)	Abgestimmte MPIs; Fokussierung auf Initiativen; halbjährliche Erstellung (6 1/2 Monate)	Abgestimmte MPIs; Initiativen zur Entwicklung neuer Modelle; halbjährliche Erstellung (6 1/2 Monate)	Ausschließlich ertragsorientierte Projektionen
Systeme	Durchgängig; zentral orientiert	Durchgängig; zentral orientiert	Offline-Reporting, modellbildende Tools	Integrierte betriebliche Ressourcenplanung (ERP); Modellierung; Data-Warehousing; Scorecard	Managementinformationsinstrumente analystenbezogen
Kultur	Lenkung und Überwachung durch Unternehmenszentrale	Lenkung und Überwachung durch Unternehmenszentrale	Strategische Ausrichtung durch Unternehmenszentrale	Strategische Ausrichtung durch Unternehmenszentrale	Empowerment der Geschäftseinheiten

Abb. 6.4: Budget-Abschaffung: Fünf Optionen für den Wandel

Entwicklung einer transparenten Messtechnik

Traditionelle Budgets sind mit der kaum lösbaren Problematik verbunden, dass die nicht im Finanzwesen beschäftigten Mitarbeiter zuweilen keinerlei Interesse für Budgets aufbringen, zumal Finanzplanung meist dem Verantwortungsbereich des CFO zugeschrieben wird. Dies trifft besonders für betriebliche Sparten zu, in denen budgetbezogene Ziele als Vorgaben gelten, auf die der Mitarbeiter kaum Einfluss hat, für die er aber dennoch verantwortlich gemacht wird. Unter solchen Umständen ist es am besten, maßgebliche Performance-Indikatoren (MPIs) zu erarbeiten.

In der Welt des E-Business gilt Finanzmanagement als eine Aufgabe, die wie selbstverständlich zum Arbeitsbereich eines jeden Mitarbeiters gehört – die Finanzabteilung übernimmt lediglich die Führung bei der Ermittlung der grundlegenden geschäftsfördernden Werttreiber. In den meisten Fällen beginnt dieser Prozess damit, dass sich die Mitarbeiter der Finanzabteilung aus ihren Büros herauswagen und zu den betrieblichen Mitarbeitern vor Ort gehen, um gemeinsam mit ihnen die maßgeblichen Performance-Indikatoren zu erarbeiten. Im Folgenden sind einige datenbezogene strategische Fragen aufgelistet, die es bei der MPI-Erarbeitung zu berücksichtigen gilt:

- Welche verbindliche Definition oder Kalkulation ist für den Indikator vorgesehen?
- Auf welche Weise, wie oft und mit welcher Zuverlässigkeit ist der Indikator zu messen?
- Wer hat Zugang zu den entsprechenden Informationen beziehungsweise wer soll diesen Zugang kontrollieren?
- Soll für den Fall, dass der zu messende Indikator auch in anderen Bereichen der Organisation zur Anwendung kommt, eine getrennte Berichterstellung erfolgen?
- Wenn eine vereinheitlichte Berichterstellung erfolgen soll – sind die betroffenen Betriebe vergleichbar und die Verfahren zur Berichterstellung kompatibel?
- Ist zu erwarten, dass sich der Indikator im Lauf der Zeit verändert? Wie wird eine solche Veränderung festgestellt und gegebenenfalls korrigiert?

Das Entscheidende bei jedem MPI ist der wirtschaftliche Ertrag (Economic Profit). Während die eine Geschäftseinheit ihren Economic Profit durch Verbesserung von Sachanlagen erzielt, konzentriert sich eine andere vielleicht auf besseres Kostenmanagement oder die Schaffung eines größeren Marktanteils. Der Automobilhersteller Volvo benutzt beispielsweise folgende MPIs: Marktanteil, Auftragseingang, Kundenzufriedenheit, Produktkosten, Händlerprofitabilität, Gewährleistungskosten, Fehlerhäufigkeit und Gesamtkosten (Total Ownership Costs) – nach Möglichkeit im Vergleich zur Konkurrenz.

Das folgende Fallbeispiel zeigt, wie der Prozess der MPI-Ermittlung einen Dialog zwischen Unternehmenszentrale und Geschäftseinheiten auslösen kann, der weitaus mehr erreicht als eine verbesserte Messtechnik!

Fallbeispiel
MPI-Roadshow

Der CFO eines Nahrungsmittelkonzerns führte ein ehrgeiziges Programm zur schrittweisen Budgetabschaffung durch, das innerhalb von drei Jahren zum Abschluss gebracht werden sollte. Er hatte den anfänglichen Widerstand der Konzernführung überwinden können – man war besorgt gewesen, der Kontakt zu den globalen Geschäftseinheiten könnte ohne regelmäßige Budgetberichterstellung verloren gehen.

Der CFO legte den Managern überzeugend dar, dass nur wenige Leute etwas mit der in die Konzernzentrale schwappenden Datenflut anzufangen wüssten und dass sie ihre Zeit anderweitig besser nutzen könnten. Vor allem wies er darauf hin, man solle weniger über den inkrementellen Wertzuwachs bei mehreren Dutzend Marken nachdenken, sondern sich auf strategische Fragen und langfristige Planung konzentrieren.

Nachdem der CFO das Topmanagement auf seiner Seite hatte, war es an der Zeit, mit der Erarbeitung von MPIs als Ersatz für die allmählich „aus dem Verkehr zu ziehenden" Budgetkennzahlen zu beginnen. Einschlägige Untersuchungen brachten den CFO zu der Er-

Entwicklung einer transparenten Messtechnik

kenntnis, dass man bei der Definition der MPIs die jeweils zuständigen Manager der Geschäftseinheiten unbedingt einbeziehen musste. Doch so wichtig ihm diese Erkenntnis war – er musste auch dafür sorgen, dass letztlich alle MPIs mit den konzernweit abgestimmten Strategien vereinbar waren.

In den ersten Planungssitzungen legten Vertreter aus sämtlichen Abteilungen jeweils zwei bis drei ihrer Erfahrung nach für die Zukunft der Organisation wichtige MPIs vor. Nur waren diese Indikatoren in aller Regel betrieblich orientiert und wiesen häufig keinerlei Strategiebezug auf. Durch Aufarbeitung strategischer Ziele wie Förderung von Markenloyalität gelang es den Managern der Geschäftseinheiten jedoch schnell, Messgrößen zu ermitteln, die in ihren Kontrollbereich fielen. Dazu zählten beispielsweise Verpackung, Qualitätskontrolle und Produktinnovation – Messgrößen, auf die sie zwecks Förderung von Markenloyalität Einfluss nehmen konnten.

Um sicherzustellen, dass die Messgrößen von vornherein umfassend genug angelegt wurden, waren verschiedene Tests geplant. Dazu wurde ein Werttreiber-Strukturbaum erarbeitet, der Aufschluss darüber gab, ob die MPIs eine Wertsteigerung ergaben: Man entwickelte ein fiktives Strukturdiagramm und fügte historische Kennzahlen zur Ergebnismessung ein. Außerdem wurden die MPIs in einem Quadranten mit den vier Dimensionen fördernd/hemmend und intern/extern veranschaulicht (Abbildung 6.5).

Dieser Prozess durchlief nacheinander die verschiedenen Gruppen, wobei die MPIs hier und dort noch verbessert wurden. Insgesamt stellte sich heraus: Je gezielter und eindeutiger die MPIs definiert waren, desto leichter und erfolgreicher ging die Implementierung vonstatten.

Ähnliche Sitzungen erfolgten für die 10 wichtigsten Marktbereiche des Konzerns und im Anschluss daran führten der CFO und die Finanzabteilung das Programm offiziell ein. Sie erläuterten die Konzernstrategien an den jeweiligen Standorten und überprüften die MPIs, die von den größeren Geschäftseinheiten ermittelt worden waren. Daraus ergaben sich Diskussionen darüber, welche Indikatoren für die betroffene Geschäftseinheit geeignet wären; in eini-

Weg mit dem Budget

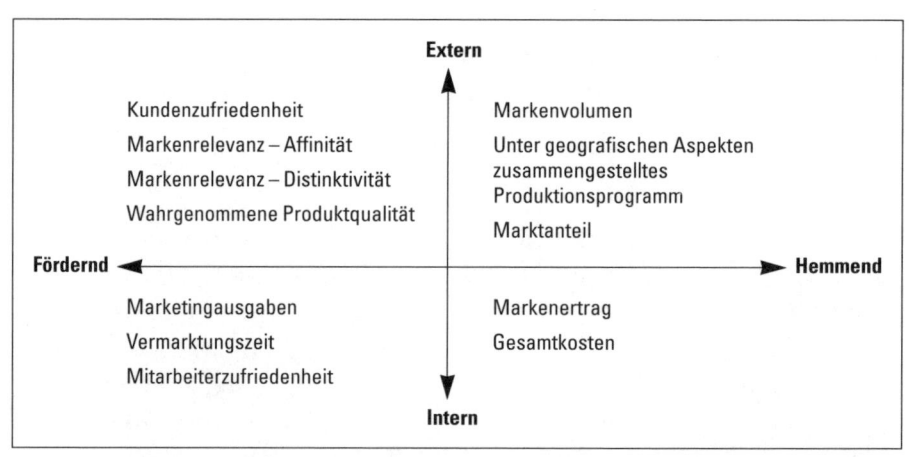

	Extern	
Kundenzufriedenheit Markenrelevanz – Affinität Markenrelevanz – Distinktivität Wahrgenommene Produktqualität		Markenvolumen Unter geografischen Aspekten zusammengestelltes Produktionsprogramm Marktanteil
Fördernd ◄───────────────		─────────────► **Hemmend**
Marketingausgaben Vermarktungszeit Mitarbeiterzufriedenheit		Markenertrag Gesamtkosten
	Intern	

Abb. 6.5: Ausgewogene MPIs

> gen Fällen mussten auch Anpassungen vorgenommen werden, um Marktunterschieden Rechnung zu tragen.
>
> Diese Sitzungen, an denen häufig Manager aus ganz unterschiedlichen Bereichen teilnahmen, zeigten den kleineren Einheiten in einer Art „Crash-Kurs", worauf es der Konzernzentrale ankam. Zugleich erfuhr der CFO, den die Geschäftseinheiten als willkommenen Botschafter mit wichtigen Informationen aus der fernen Konzernzentrale begrüßten, wie wenig die Zentrale in manchen Fällen von ihren Geschäftseinheiten wusste.
>
> Nachdem der CFO seine Präsentationsrunde beendet hatte, führte er einen Zweistufenplan ein: Der erste Schritt sah die Beendigung der Berichterstattung über unnötige Budgetdaten und die Einführung der MPIs vor. Der zweite Schritt ergab sich aus den Sitzungen, bei denen die MPI-Ergebnisse und keine Budgetkennzahlen mehr diskutiert wurden. Die Geschäftseinheiten sollten möglichst viel von ihrer bisherigen internen Finanzplanung aufgeben.
>
> Bei den Sitzungen zeigte sich, dass die Veränderungen eine weitere positive Entwicklung mit sich brachten. Früher pflegte die Konzernzentrale ihre Geschäftseinheiten zu fragen, warum die Produktion in Anlage XY um 0,5 % zurückgegangen sei. Heute wird darüber diskutiert, dass die Konkurrenz ein neues Produkt entwickelt hat und wie man sich angesichts dieser Situation am besten verhält.

Entwicklung einer transparenten Messtechnik

Drei Zusammenhänge werden an diesem Fallbeispiel deutlich:

- Der Grundstein für die Bereitschaft, MPI-Verantwortung zu übernehmen, wird bei der ersten Diskussion über ein Programm zur Budgetabschaffung gelegt.
- In die Erarbeitung von MPIs müssen Management und Belegschaft auf allen Ebenen einbezogen werden.
- Die Unternehmenszentrale bestimmt die unternehmenspolitischen Richtlinien, aber es sind die Geschäftseinheiten, die für Durchsetzung und Überwachung der MPIs im Rahmen dieser Geschäftspolitik zuständig sind.

Die wichtigsten MPIs – die Leitindikatoren – sind am schwersten zu ermitteln und zu messen. Häufig ist nur eine indirekte Beurteilung möglich. So kann eine Organisation ihre Kunden nicht kontinuierlich nach ihrer Zufriedenheit befragen; wohl aber kann sie Kundenreklamationen überwachen und bestimmten Kategorien zuordnen. Sobald ein gewisses Maß überschritten ist, wird ein Alarmsignal gegeben und an die Ebene weitergeleitet, die für die Ermittlung und Lösung des Problems zuständig ist.

MPI-Systeme funktionieren dann am besten, wenn sie an Vergütungsstrukturen und persönliche Beurteilungen gebunden sind. In besonderem Maß trifft dies auf die Situation der Geschäftsführer zu, die den größten Einfluss auf das Verhalten der Mitarbeiter haben. Häufig wird diesem System auf beiden Seiten Widerstand entgegengebracht: Die Unternehmenszentrale befürchtet, für etwas zahlen zu müssen, was nicht zur Gewinnsteigerung beiträgt, und die Mitarbeiter zweifeln an der Relevanz der neuen Messtechnik. Dennoch ist dies die beste Möglichkeit, die Bereitschaft zur Übernahme von MPI-Verantwortung zu fördern.

Sobald die MPIs klar definiert, übereinstimmend angenommen und mit Erfolg integriert sind, verhelfen sie der Organisation nicht nur zu einer zutreffenderen Beurteilung der betrieblichen Effektivität, sondern liefern auch die Basisdaten für ein Programm zur laufenden Prognoseerstellung. Ein solches Programm lässt sich sogar als Frühwarnsystem auf höchster Unternehmensebene einsetzen.

Weg mit dem Budget

Konzentration auf das Forecasting

Keiner der neueren Ansätze zum Finanzmanagement, wie sie in der E-Business-Ära notwendig geworden sind, vermag die Anpassungsfähigkeit des CFO so wirkungsvoll zu testen wie die laufende Prognoseerstellung. Anstatt Zahlenkolonnen im stillen Kämmerlein zu addieren, muss sich der CFO zwecks Erstellung laufender Prognosen um eine bislang nicht gekannte Mitarbeit und Zusammenarbeit verschiedener Abteilungen quer durch die gesamte Organisation bemühen. Und diese Teamarbeit muss trotz konfligierender Interessen und Orientierungen geleistet werden.

> *Fallbeispiel*
> *Zahlendiskrepanzen*
>
> *Ein Hersteller medizinischer Produkte hatte den Aufwand für seine Finanzplanung reduziert und orientierte sich weitgehend an einer auf 12 Monate im Voraus erstellten Absatzprognose. Mit Besorgnis stellte der Hersteller jedoch fest, dass zwischen den von seinen Produktionssparten gelieferten Prognosen und seinen Absatzzahlen ständig Diskrepanzen bestanden. Die Geschäftsführung wollte die beiden Messgrößen zu einer einheitlichen, für 24 Monate erstellten und zugleich präziseren Geschäftsprognose kombinieren. Der CFO wurde mit der Untersuchung beauftragt, welches der beiden Prognosemodelle zutreffender und somit geeigneter wäre.*
> *In Gesprächen mit Managern aus Verkauf und Produktion gelangte der CFO zu der Erkenntnis, dass die Prognosen aus zwei verschiedenen Unternehmen zu stammen schienen. Wie aus Abbildung 6.6 ersichtlich wird, tauchten zudem viele strittige Fragen auf, als die Sichtweisen der betroffenen Bereichsleiter den in der Unternehmenszentrale vertretenen Perspektiven gegenübergestellt wurden.*
> *Bei der Prognose der Produktnachfrage tendierte die Produktionsabteilung zur Aufblähung der Zahlen, um Kapazitätsauslastung zu demonstrieren, die Arbeitskräfte beschäftigt zu halten und als Betreiber effizienter Anlagen zu gelten. Auch die Leute aus dem Verkauf wollten hohe Produktzahlen, damit sie stets über ein gro-*

Konzentration auf das Forecasting

Forecasting \ Stakeholder	Unternehmens-zentrale	Verkaufs-leiter	Produktions-leiter
Produktion	▼	▲	▲
Verkauf	▲	▼	■
Lagerhaltung für Endprodukte	■	▲	▼

▲ Nach oben tendierende Prognose   ▼ Nach unten tendierende Prognose   ■ Neutral

Abb. 6.6: Konflikte bei der Prognosestellung

ßes Lieferangebot verfügen konnten. Bezüglich des Lieferangebots sah sich die Unternehmenszentrale in einem Konflikt: Einerseits wollte sie natürlich, dass so viele Produkte hergestellt würden, wie man verkaufen konnte. Andererseits war sie nicht an der Herstellung beziehungsweise Lagerhaltung von Produktionsüberschüssen interessiert, da diese der Profitabilität des Unternehmens abträglich waren.

Die Unternehmenszentrale wollte die Absatzziele so hoch wie möglich ansetzen, um die Verkäufer zu engagierter Verkaufsarbeit zu motivieren. Umgekehrt bevorzugten die Verkäufer niedrige Absatzquoten, die sie leicht übertreffen konnten – auf diese Weise konnten sie sich Prämien und Auszeichnungen für ihre exzellente Verkaufsleistung verdienen. Diesbezüglich verhielten sich die Leute aus der Produktion neutral.

Bei der Prognose der Lieferpläne für die Endprodukte hätten es die Verkäufer im Außendienst gern gesehen, wenn die Produkte so schnell wie möglich hergestellt würden und auf Lager vorrätig wären, damit die Kunden nicht auf die Auslieferung warten mussten. Demgegenüber bevorzugte die Produktionsabteilung einen stetigen und voraussagbaren Arbeitsablauf in ihren Fertigungsanlagen, um auf diese Weise Probleme bezüglich der Produktionsplanung beziehungsweise der Rohmaterialversorgung zu vermeiden. Die Un-

> ternehmenszentrale zeigte Verständnis für beide Argumentationen und verhielt sich neutral.
> Bei näherer Prüfung der Ergebnisse erkannte der CFO das größte Problem: Die Anforderungen der Abteilungen und nicht etwa die Erwartungen der Unternehmenszentrale waren für die Prognoseerstellung maßgeblich. Und an keiner Stelle des Prognoseprozesses fanden Markttrends oder Unternehmensstrategien Berücksichtigung.
> Die Antwort auf die ursprüngliche Fragestellung, die der CFO hatte klären sollen, lautete also: Weder der Verkauf noch die Produktion lieferten Prognosen, die als zuverlässige Basis für die Finanzplanung herangezogen werden konnten. Wenn die Prognoseerstellung der wichtigste Mechanismus für das Performance-Management und die Ermittlung von Verbesserungsmöglichkeiten sein sollte, musste das Unternehmen eine Gesamtprognose erstellen, die für alle Abteilungen verbindlich war. Und diese Prognose durfte weder zu optimistisch noch zu pessimistisch ausfallen.
> Der CFO entschied sich für eine Lösung auf zwei Ebenen. Zum einen sollte das Unternehmen MPIs erarbeiten, um anhand der so ermittelten Daten seine Zielvorgaben unabhängig von den Tagesanforderungen der Verkaufsabteilung beziehungsweise der Produktionsabteilung bestimmen zu können. Zum anderen sollte das Unternehmen für die Erstellung laufender Geschäftsprognosen auf ein Jahr im Voraus einen eigenständigen Mechanismus einrichten, der an den strategischen Vorgaben des Topmanagements orientiert war. Als ersten Schritt in diese Richtung fasste das Direktorium die drei Abteilungen Produktion, Verkauf und Logistik unter der Leitung einer Spitzenführungskraft zusammen, um potenziellen Konflikten bei der Prognoseerstellung von vornherein entgegenzuwirken.

Wie dieses Fallbeispiel zeigt, müssen Organisationen, die eine laufende Prognoseerstellung für 24 Monate im Voraus anstreben, mit der Erarbeitung von Verkaufsprognosen beginnen, die an strategischen Zielen und Liefererfordernissen ausgerichtet sind. Ziel ist die Entwicklung eines funktionsfähigen Spielplans – nicht etwa einer Wunschliste. Es geht nicht um eine logistische Übung zur Ertragsbestimmung, sondern um die Definition der Geschäftsaktivitäten des Unternehmens in den

Konzentration auf das Forecasting

nächsten 24 Monaten. Insbesondere müssen die CFOs vier Maßnahmen durchführen:

- Entwicklung laufender Geschäftsprognosen unter kontinuierlicher Berücksichtigung von Verkaufsprognosen sowie wichtigen Ereignissen
- Einrichtung eines kontinuierlichen, zukunftsorientierten Mechanismus für ein Berichtswesen nach Ausnahmeprinzipien, der dem Management Empfehlungen auf der Basis realisierbarer Ziele und Aktionspläne bereitstellt
- Vermeidung von Prognosen, die vorrangig auf der Basis kurzfristiger Lieferanforderungen erstellt werden
- Trennung der Verfahren zur Erarbeitung von Zielvorgaben von der betrieblichen Prognoseerstellung

Bei der Erstellung laufender Prognosen geht es nicht um Zahlenkombinationen oder um die Festlegung eines Endziels wie bei der Budgetplanung. Vielmehr geht es um die Förderung der Zusammenarbeit zwischen den verschiedenen Geschäftseinheiten und um eine reibungslosere Organisation betrieblicher Abläufe. Als CFO müssen Sie mehr Fragen stellen, kreativer sein und sich eine verstärkt strategisch orientierte Tagessicht angewöhnen. Mit anderen Worten: Hüten Sie sich davor, dass Sie den Wald vor lauter Bäumen nicht sehen!

Bei richtiger Handhabung hat eine Trennung der Prognoseerstellung von der Finanzplanung viele Vorteile. So war ein großer, globaler Unterhaltungskonzern nach seinem Übergang auf eine laufende Prognoseerstellung im Rahmen eines kontinuierlichen Planungszyklus in der Lage, seinen pro Jahr achtmonatigen Planungs- und Budgetprozess auf die Hälfte zu reduzieren – eine Einsparung von 18.000 Mannstunden. Einige weitere Vorteile bei laufender Prognoseerstellung sind im Folgenden aufgelistet:

- Die empfindlichsten Werttreiber werden direkt an die künftige Geschäftsleistung und den Geschäftszyklus gekoppelt.
- Bei den Mitarbeitern bildet sich eine zukunftsorientierte Denkweise aus, die als Basis für ein Frühwarnsystem gelten kann.
- Die Ausrichtung auf die Zukunft geht über das Jahresende hinaus.

● Die Geschäftsprozesse lassen sich leichter an unerwartete Ereignisse anpassen und ermöglichen kürzere Reaktionszeiten.

Allerdings sind laufende Prognosen nicht lediglich als Budgets mit offenem Ende zu verstehen. Effektivität ist nur dann zu erzielen, wenn aktuelle MPI-Daten herangezogen werden, die ihrerseits Bestandteil eines gestrafften Planungsprozesses und Berichtswesens sind. Im Vergleich zum traditionellen Ansatz sollten dynamische Prognosen umfassender und langfristiger ausgerichtet sein und die aktuellen Umstände dank gut definierter Werttreiber präziser erfassen.

Wenn sich ein Unternehmen für eine laufende Prognoseerstellung entschieden hat, dient die Finanzabteilung nicht länger als Anlaufstelle, die all die Rohdaten aus dem Geschäftsbetrieb zu verarbeiten hat. Vielmehr besteht ihre Aufgabe zunehmend darin, die Trends, die den laufenden Prognoseberichten zu entnehmen sind, zu analysieren. Wenn festgestellt wird, dass die tatsächlichen Angaben nicht mit den Prognosen übereinstimmen, müssen sich die CFOs mit den betroffenen Geschäftseinheiten zusammensetzen und gemeinsam mit ihnen die Ursachen ermitteln, Abhilfemaßnahmen planen und künftige Prognosen überarbeiten. Ein auf Ausnahmeprinzipien basiertes Berichtswesen erleichtert auf Dauer ein solches Vorgehen, weil die Aufmerksamkeit von vornherein auf Bereiche gelenkt wird, die einer besonderen Überprüfung bedürfen.

Und noch etwas: Ein E-Business-Ansatz, bei dem die Prognoseerstellung kooperativ über das Internet abgewickelt wird, kann Verbesserungen ungeahnten Ausmaßes bewirken – im Hinblick auf die Datenqualität ebenso wie auf die Prognosegenauigkeit.

Kooperatives Forecasting

Die kooperative Prognoseerstellung ist eine der attraktivsten E-Business-Finanzplanungsalternativen. Wie in Kapitel 2 ausgeführt wurde, hat die Echtzeit-Zusammenarbeit immense Möglichkeiten zu bieten, besonders in Einzelhandelsbranchen. Anstatt die Unternehmenszentrale mit dem Eingang von 500 E-Mails, vollgestopft mit Tages-, Wochen- oder Monatsergebnissen, zu belasten, können die Mitarbeiter das Internet nutzen, das allen Beteiligten den Zugang zu einer einheitlichen Datenbasis ermöglicht. Diese Datenbasis enthält höchst aktuelle Daten – buchstäblich „berichtsfrisch" eingegeben. Das CFO-Büro entwickelt sich unter solchen Umständen zu einer Schaltzentrale, über die eine dynamische Zusammenarbeit erfolgen kann.

Es ist nicht nur die Geschwindigkeit des Internet, die den Kooperationsdialog fördert. Wenn die beteiligten Betriebseinheiten früher ihre Daten vorlegten, schienen diese in einem schwarzen Loch zu verschwinden. Auf diese Weise konnte bei den Mitarbeitern kaum der Eindruck entstehen, einen nützlichen Beitrag geleistet zu haben. Heute hingegen können die Mitarbeiter die Ergebnisse ihres Beitrags selbst einsehen und ihre Daten, Prognosen oder Strategien sofort verändern.

Auf der Basis einer Supply-Chain-fähigen Technologie sorgen die Hersteller von Middleware-Programmen dafür, dass zwei oder mehr Parteien firmenspezifische Informationen gleichzeitig bearbeiten und analysieren können. Diese Serviceeinrichtungen übertragen nicht lediglich Aufträge oder Rechnungen, sondern erleichtern den Austausch von Planungs- und Performance-Informationen über das Internet.

Pharmaunternehmen und andere Hersteller mit langen Vorlaufzeiten nutzen das kooperative E-Forecasting, um Frühwarnsignale auf ihren Märkten ausfindig zu machen. Bei Arzneimittelherstellern bedeutet dies unter anderem die Analyse von Krankheitstrends und die engere Verknüpfung von Kundendaten und Krankheitsmustern mit dem Produktvertrieb.

Doch unabhängig davon, ob solche Prognosen über das Internet oder mit herkömmlicheren Verfahren erstellt werden – eine laufende Prognoseerstellung ist immer dazu angetan, den Arbeitsaufwand zu reduzieren, Prozesse zu vereinfachen und die Planung zu verbessern. Optimale Funktionalität wird allerdings nur dann erreicht, wenn ein Großteil der Verantwortlichkeiten delegiert wird und das Management voll dahintersteht. Eine solche Unterstützung ist notwendig, wenn die Organisation den Übergang von ihrer Ausrichtung auf operative Gewinne hin zum Einsatz von MPIs bewältigen soll. Die Unternehmen müssen einen dezentralisierteren Ansatz wählen, wobei die Unternehmenszentrale übergeordnete Ziele vorgibt und die Betriebsleiter für die Einzelheiten zuständig sind. Wo man nach dem Motto „Weg mit dem Budget" verfährt, ergibt sich eine allmähliche Dezentralisierung von selbst. Und bis sich der Mechanismus der laufenden Prognoseerstellung eingespielt hat, dürfte auch Dezentralisierung nicht mehr wegzudenken sein.

Strategie trifft auf Praxis

Am Beispiel der Finanzabteilung wollen wir ein Verfahren zur Budgetabschaffung veranschaulichen, das an der Unternehmensspitze beginnt: Die Unternehmenszentrale führt ein Benchmarking der eigenen Leistung gegenüber der Konkurrenz und nicht einfach im Vergleich zum Vorjahr durch. In diesem Fall ermittelt der CFO, dass die Kosten für den Betrieb einer Finanzabteilung in einer multinationalen Organisation zwischen 0,5 % und 2 % der Erträge liegen. Sobald aber die Finanzkosten des Unternehmens die 0,5-Prozent-Marke überschreiten, mangelt es an Best Practices.

Im Rahmen eines Top-down-Ansatzes erarbeitet der CFO gemeinsam mit seinen Mitarbeitern eine Strategie, die im Lauf der Zeit – gegebenenfalls in bis zu fünf Jahren – die Ausgaben auf 0,5 % der Erträge reduzieren soll. In einem ersten Schritt werden die Mitarbeiter angehalten, die in Best-Practice-Unternehmen angewendeten Methoden zu übernehmen. Wenn dann die Mitarbeiter feststellen, dass andere Firmen ihre Transaktionsverarbeitung automatisiert haben, während sie selbst unnötig viel Zeit dafür aufwenden müssen, suchen die Mitarbeiter von sich aus nach Alternativen wie Outsourcing, gemeinschaftliche Nutzung von Serviceleistungen oder IT-Erweiterung.

Auf diese Weise lassen sich Finanzplanung, strategische Planung, Performance-Management und Ressourcen-Allokation so miteinander verbinden, dass die Topmanager den Mut haben, sich auf Zielvorgaben zu beschränken und ihren Mitarbeitern ein entsprechendes Empowerment zur Realisierung dieser Ziele zuzugestehen.

Die strategische und finanzielle Planung in der neuen Welt unterscheidet sich vom traditionellen Ansatz durch ihre Fokussierung auf Maximierung der wichtigsten Werttreiber in der Organisation. Die Geschäftsführung (in Abbildung 6.7 durch die obere Hälfte des Diagramms verdeutlicht) trifft mit den Geschäftseinheiten (untere Hälfte des Diagramms) zusammen, um die MPIs der jeweiligen Gruppe zu ermitteln. Diese Werttreiber können finanzieller oder auch nicht-finanzieller Art sein, langfristig oder kurzfristig wirken und direkt oder indirekt an die Profitabilitätssteigerung gekoppelt sein.

Strategie trifft auf Praxis

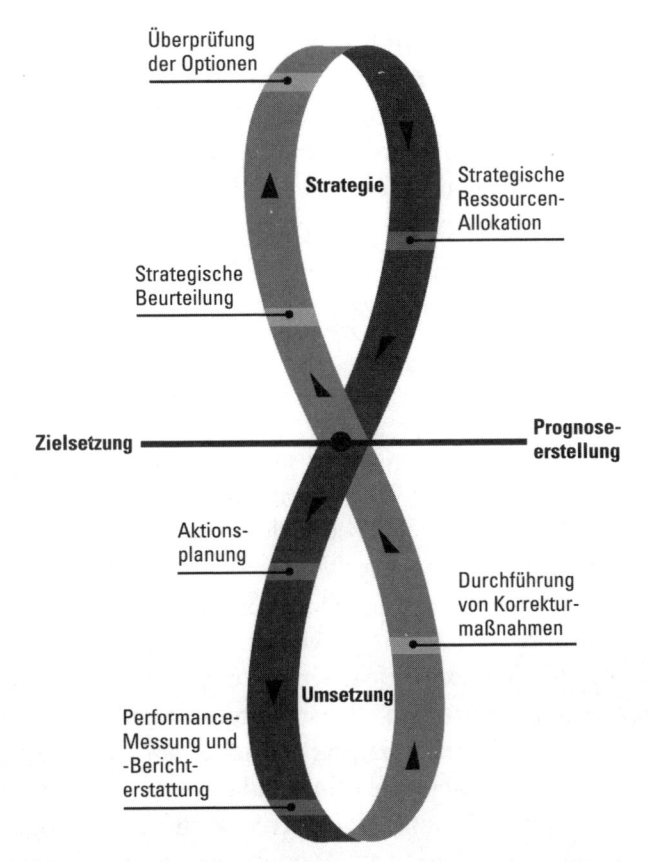

Abb. 6.7: Ein neues Modell für dynamische Zielsetzung

Solche Diskussionen führen zu Zielsetzung und Prognoseerstellung – ein Umstand, der im Diagramm durch die Trennlinie zwischen der oberen und der unteren Hälfte der Abbildung verdeutlicht wird. Die Unternehmenszentrale arbeitet mit den Geschäftseinheiten eine Strategie aus, wie die definierten Ziele zu realisieren sind, und weist ihnen Ressourcen für die Planumsetzung zu. Daraufhin hält sich die betroffene Geschäftseinheit an einen Aktionsplan, der nach eigener Einschätzung zu den gewünschten Ergebnissen führt. Zugleich findet eine ständige Überprüfung von Strategie und Durchführung im Hinblick auf Marktveränderungen, Geschäftschancen oder interne Modifizierungen statt – nach Maßgabe der zwischen den beiden Hälften in Abbildung 6.7 routinemäßig ausgetauschten Informationen.

Die Abschaffung von Budgets im Rahmen eines Top-down-Ansatzes ist besonders effektiv, wenn Geschäftsführung und Mitarbeiter gemeinsam klare Zielvorgaben erstellen, sämtliche Geschäftsaktivitäten nach Maßgabe dieser Ziele abgewickelt werden und jeder Einzelne in angemessener Form für die Zielerreichung vergütet wird. Kommunikation ist die entscheidende Schnittstelle zwischen Strategie und betrieblicher Umsetzung – und bewirkt, dass sich alle für Shareholder-Value-Maximierung einsetzen.

Zum Instrumentarium

Die Technologie kann im Rahmen der unternehmensspezifischen Budgetabschaffung eine wichtige Rolle spielen. Bei Finanzübersicht und Performance-Management geht es vielfach um den intelligenten Umgang mit großen Informationsbeständen. Die Technologie erleichtert solche Abläufe ungemein: Sie vernetzt zahlreiche Standorte, verarbeitet massive Datenaufkommen und vermag Eingabedaten in einzigartiger Weise zu kombinieren. Sie erzeugt zukunftsorientierte Programme, mit denen Trends aufgespürt werden können – beispielsweise Signale für ein Anziehen oder Absinken der Rohmaterialpreise über einen zuvor festgelegten Prozentsatz hinaus. Mit einem herkömmlichen Ansatz ist dergleichen überhaupt nicht möglich. Besonders effektiv ist die Technologie in drei Bereichen zu nutzen: Visualisierung, Modellbildung und Datenverwaltung.

Visualisierung. Mithilfe der Visualisierung kann die Finanzabteilung Daten, die früher als Besitztum bestimmter Mitarbeiter galten, auf neuartige und für das ganze Unternehmen vorteilhafte Weise nutzen. MPIs, laufende Prognosen und andere Messgrößen sind mit einem hohen Datenaufkommen verbunden, wobei ein Großteil nur von begrenztem Interesse ist. Wie Versorgungsunternehmen, die mithilfe ihrer Wand-Displays Echtzeit-Informationen über ihre Stromlieferungen vermitteln, sollten Finanzabteilungen informative Displays über das unternehmenseigene Intranet oder auch über Websites präsentieren. Bei der Erarbeitung der MPIs sollten dieselben Qualifikationsstandards gelten, wie sie früher bei der Ermittlung der Kennzahlen für die

Gewinn- und Verlustrechnung zur Anwendung kamen – wobei der Schwerpunkt nun auf der Präsentation der wichtigsten Resultate in einem visuell ansprechenden Format liegt. Deshalb werden keineswegs neue Daten vorgestellt; wohl aber können Schlüsselindikatoren so präsentiert werden, dass sich alle Mitarbeiter aufgefordert sehen, ihre Arbeitsabläufe nicht länger an der Vergangenheit, sondern am aktuellen Geschehen zu orientieren.

Modellierung. Wie Piloten, die auf Flugsimulatoren trainieren, können CFOs die Modellierung nutzen und positive wie negative Szenarien durcharbeiten mit dem Ziel, geeignete Performance-Managementmodelle einzuführen. Auf diese Weise ist die Geschäftsführung in der Lage, ihre Ressourcen rasch umzuverteilen, um einen plötzlichen Bedarf zu decken oder eine Chance gewinnbringend zu nutzen.

Datenverwaltung. Die Datenverwaltung fällt zwar weitgehend in den IT-Bereich, doch sollten die CFOs zumindest beim Systemaufbau einbezogen werden, damit sichergestellt ist, dass die Daten den Anforderungen der Finanzverwaltung gerecht werden und als Entscheidungsbasis dienen können. Supermärkte und andere Organisationen, die mit Daten über das Kaufverhalten ihrer Kunden geradezu überschwemmt werden, sind häufig nicht in der Lage, die ganze Datenflut effektiv zu analysieren. Budgetprogramme jedweder Art sollten durch analytische Anwendungen ersetzt werden, die den Entscheidungsträgern eine gründliche Durchforstung all der ergiebigen neuen Datenströme ermöglichen.

Umsetzung der Vision

Das von Strawman entwickelte Modell zur Abbildung von Prozessen ist eine effektive Methode, um den Wandel im Performance-Management nach Abschaffung des Budgets zu veranschaulichen (Abbildung 6.8). Heute werden sämtliche Prozesse schrittweise abgewickelt. Ausgangsbasis ist der Monatsbericht, der in allen Einzelheiten mit der Gewinn- und Verlustrechnung abgeglichen wird. Wenn dieser Prozess abgeschlossen ist, lässt sich kaum noch etwas ändern – dazu ist es dann meist zu spät.

Weg mit dem Budget

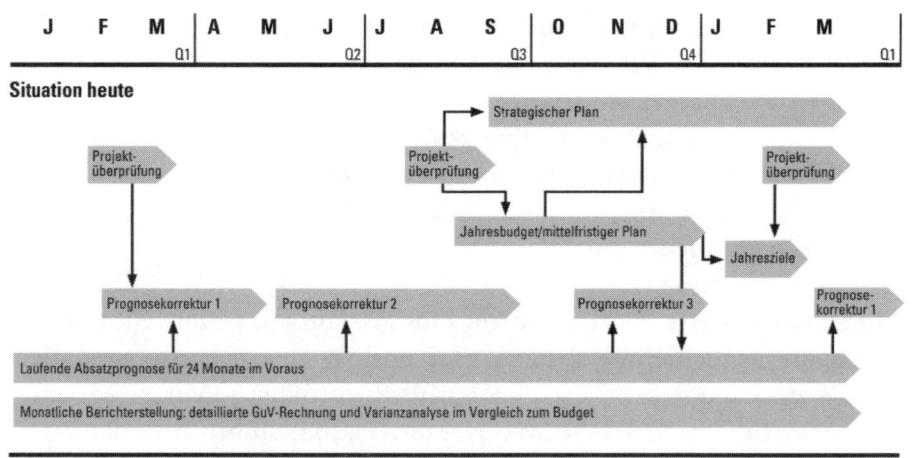

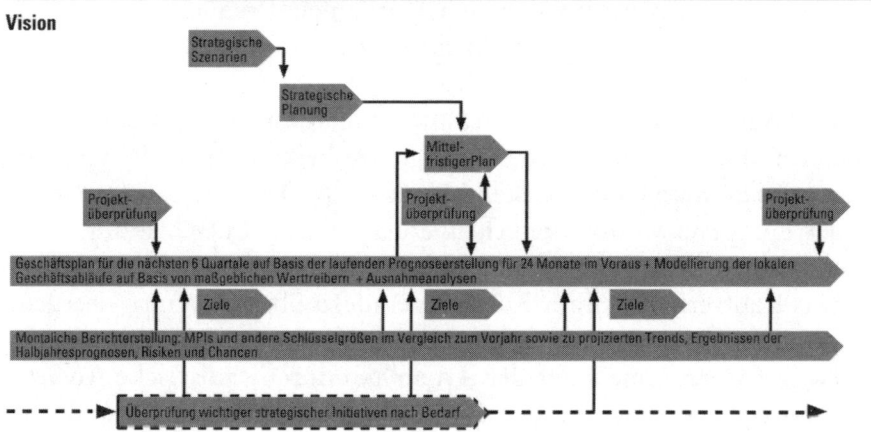

Abb. 6.8: Ein visionärer Finanzplanungsansatz ohne Budgets

Die auf 24 Monate im Voraus angelegte laufende Absatzprognose verläuft parallel zum Budget, wobei keinerlei Überschneidungen vorgesehen sind. Die Absatzprognose dient weitgehend logistischen Zwecken wie Produktionsplanung, Auslieferung und Vertrieb. Da eine solche Absatzprognose budgetbezogen erstellt wird, ist sie an der bisherigen Leistung orientiert, nicht aber an strategischen Möglichkeiten oder an Ressourcen-Umverteilungen, die aufgrund von Marktkräften erforderlich wurden. Das Performance-Management bezieht sich auf vergangenes Geschehen und kümmert sich nicht darum, was in drei bis fünf Jahren geschehen könnte.

Zum Instrumentarium

> In der ersten Zeit des Übergangs zum Budgetverzicht können Fehlzündungen im System auftreten, weil sich die Mitarbeiter noch nicht an den neuen Ansatz gewöhnt haben. Bereiten Sie alle Mitarbeiter auf bevorstehende Veränderungen in der Finanzverwaltung und im Performance-Management vor.

Meist sind es Projektüberprüfungen, die den Wunsch nach revidierten laufenden Absatzprognosen aufkommen lassen. Solche Prognosen werden dann im Rahmen eines Bottom-up-Ansatzes erarbeitet und führen gelegentlich zu einem mittelfristig angelegten Plan. Schließlich erreicht der Prozess die Spitze des in Abbildung 6.8 dargestellten Flussdiagramms, wo die langfristige strategische Planung einen besonders vernachlässigten und isolierten Platz einnimmt – als Eigengewächs des mittelfristigen Plans, der seinerseits nur Ableger der ursprünglichen, an der Basis erstellten Absatzprognose ist.

Eine vollständige Umkehrung dieses Verfahrens stellt das in der unteren Hälfte von Abbildung 6.8 wiedergegebene Modell der strategiebezogenen Budgetalternative dar. Bei diesem Ansatz steht die Strategie an erster Stelle, die ihrerseits auf verschiedenen strategischen Szenarien im ersten Quartal basiert. Nach Auswahl der günstigsten Alternativen werden die Optionen in langfristige und mittelfristige Pläne integriert und gelten dann als maßgebliche Zielgrößen. Der mittelfristige Plan ist somit Grundlage für die auf sechs Quartale im Voraus angelegte Prognose, so dass die im Jahresbudget ausgewiesenen Ziele aus dem Flussdiagramm herausfallen.

Die laufende Prognose für die nächsten sechs Quartale stellt genau die Referenz dar, die sämtliche „Was ist, wenn"-Fragestellungen im Rahmen der strategischen Planung mit der Realität konfrontiert. Überprüfungen wichtiger strategischer Initiativen sind nur erforderlich, wenn die Prognose angepasst werden muss. Häufig sind veränderte Marktbedingungen der Auslöser. Werden allerdings wiederholt Anpassungen erforderlich, sollten unbedingt weiter gehende Untersuchungen erfolgen.

Die dem Modell zugrunde liegende Messtechnik sollte im Hinblick auf die Funktionsfähigkeit der Organisation untersucht werden. Dazu gehören MPIs und wichtige Ereignisse im Vergleich zum Vorjahr sowie richtungsweisende Trends, über die 6 bis 12 Monate im Voraus einschließlich der damit verbundenen Risiken und Chancen berichtet wird.

Weg mit dem Budget

In der ersten Zeit des Übergangs zum Budgetverzicht können Fehlzündungen im System auftreten, weil sich die Mitarbeiter noch nicht an den neuen Ansatz gewöhnt haben. Umso wichtiger ist es, dass alle Mitarbeiter auf bevorstehende Veränderungen in der Finanzverwaltung und im Performance-Management vorbereitet werden. Wenn gefragt wird, worin denn eigentlich der Vorteil der Budgetabschaffung bestehe, wird meistenteils mit der Erarbeitung von MPIs oder der laufenden Prognoseerstellung argumentiert. Der eigentliche Vorteil besteht aber darin, dass eine Organisation endlich ihre zwar detaillierte, aber vergangenheitsorientierte Budgetplanung aufgibt. Und dazu bedarf es einer starken Führung. Die schwedische Bank Svenska Handelsbanken hat dies schon vor 30 Jahren getan und nie wieder zurückgeschaut.

> *Fallbeispiel*
> *Svenska Handelsbanken: Budget über Bord*
>
> *Als Jan Wallander 1970 sein Amt als CEO bei Svenska Handelsbanken antrat, hatte das Unternehmen nur unzureichende Leistungen aufzuweisen. Wallander wollte sich nicht mit einer Reihe kleinerer Maßnahmen begnügen und erst einmal die Resultate abwarten, sondern entschied sich für eine sofortige Radikallösung. Unzufriedenheit war der häufigste Grund dafür, dass Kunden zu anderen Banken überwechselten; daher beschloss Wallander, sein Institut so umzugestalten, dass die Beziehung zum Kunden im Vordergrund stand und die nicht aus der Kundenbezeichnung resultierenden Kosten minimiert wurden.*
>
> *Eine seiner ersten Amtshandlungen bestand darin, das kostenaufwändige Budget loszuwerden, und zwar mit folgender Begründung: Entweder erweist sich das Budget als annähernd zutreffend und damit trivial, oder es ist entsetzlich unzutreffend und damit gefährlich. Wallander dezentralisierte Svenska Handelsbanken und autorisierte seine Mitarbeiter, von denen 90 % im Kundenverkehr tätig waren, sich in erster Linie um die Zufriedenstellung ihrer Kunden – und nicht ihrer Vorgesetzten – zu bemühen. Die Unternehmenszentrale gab Ziele für die Filialen unter Berücksichtigung maßgeb-*

licher Trends und interner/externer Benchmarking-Resultate vor und einige wenige Regionalleiter entschieden darüber, wann und wo Filialen eröffnet beziehungsweise geschlossen werden sollten. Alle übrigen geschäftsführenden Verantwortlichkeiten wurden den Filialen übertragen.

Die Filialen sind bemüht, ihren eigenen Kunden selbst dann die bestmöglichen Produkte zu bieten, wenn Letztere nicht sofortigen Profit abwerfen; ihr Ziel ist, Langfristkunden für sich zu gewinnen und zu halten. Das Bankunternehmen unterhält ein Zentralbüro für Produktentwicklung, aber es ist den Filialen freigestellt, dessen Angebote zu akzeptieren oder abzulehnen. Darin äußert sich die bei Svenska Handelsbanken ausdrücklich vertretene Auffassung: Die Filialen sind nicht das Vertriebssystem der Bank – sie sind die Bank. Wenn die Bank ihr Ziel im Hinblick auf die Eigenkapitalrendite übertrifft, wird ein Drittel der Restsumme alljährlich dem Pensionssystem gutgeschrieben und dies wiederum ist für die Mitarbeiter ein Anreiz, der Bank die Treue zu halten.

Zwar gilt es keine Budgetkriterien als solche zu erfüllen, aber bei Svenska Handelsbanken finden außergewöhnliche Leistungen dennoch Anerkennung. Wenn in Filialen, die im Rahmen eines internen Benchmarking-Verfahrens mit besonders guten Leistungsergebnissen hervorgetreten sind, irgendwelche besonderen Vorgehensweisen entwickelt worden sind, werden diese unverzüglich innerhalb der gesamten Organisation bekannt gegeben; die Anerkennung besonderer Leistungen einzelner Mitarbeiter erfolgt in Form von Beförderungen.

Wie ist es Svenska Handelsbanken in den mittlerweile 30 Jahren seit dieser radikalen Umstellung ergangen? Das Unternehmen zählt inzwischen 8000 Mitarbeiter und 530 Filialen, die 80 % der Bankgewinne erwirtschaften. Obgleich die Bank in Schweden und in anderen skandinavischen Ländern Zweigstellen unterhält (und demnächst auch in Großbritannien vertreten sein wird), beschäftigt das Unternehmen immer noch nicht mehr als 10 Regionalleiter.

Auf diese Weise zählt SvenskaHandelsbanken unter den 30 größten europäischen Universalbanken zu den Instituten, die eine besonders niedrige Aufwandsrentabilität aufweisen. 1996 verzeichnete das

Unternehmen eine Aufwandsrentabilität von 39 %, während sie bei den meisten US-amerikanischen und europäischen Banken zwischen 55 % und 65 % lag. Im Jahr 1999 erzielte Svenska Handelsbanken eine Eigenkapitalrentabilität von 18,4 %; damit gelang es dem Unternehmen, im 28. Jahr in Folge eine höhere Rendite zu erzielen als der Durchschnitt der übrigen skandinavischen Banken und zugleich ein Höchstmaß an Kundenzufriedenheit für sich zu verbuchen.

Die wichtigsten Kennzahlen bei Svenska Handelsbanken sind noch dieselben wie vor 30 Jahren:

- *Eigenkapitalrentabilität*
- *kundenbasierte Profitabilität (nicht produktbasierte Profitabilität)*
- *Aufwandsrentabilität*

Vergangenheitsorientierte Analysen stehen ganz unten auf der Tagesordnung. Die Kundenzufriedenheit gilt nach wie vor als entscheidender Performance-Indikator – was unabhängig davon an der Stockholm School of Economics Bestätigung findet.

Vor kurzem hat die Bank einen aggressiven, wenngleich umsichtigen Vorstoß ins E-Banking unternommen. Im Jahr 1999 wurden 20 Prozent der Transaktionen bei Svenska Handelsbanken über das Internet abgewickelt, was den Kostenaufwand noch einmal um 2 % verringerte. Sobald die Technologie dafür bereitsteht, will die Bank ihren Kunden den Zugang zu ihren Konten über Handy anbieten.

Seit dem Tag, an dem die Bank ihr letztes Budget aufgestellt hat, übermittelt sie ihren Mitarbeitern eine klare Botschaft: Was vergangen ist, ist vergangen. Wir können aus der Vergangenheit lernen und zuweilen mag sie auch die Zukunft reflektieren, aber Verbesserungen kann sie niemals bewirken.

E-CFO-CHECKLISTE

Untersuchung des Budgetprozesses im Hinblick auf seine Wertschöpfung
Wägen Sie ab, wie viel Zeit aufgewendet, welche Ressourcen eingesetzt und welche Schwierigkeiten überwunden werden mussten, um bestimmte Ergebnisse zu erzielen. Plädieren Sie für Wandel.

Auswahl einer Option
Entscheiden Sie, wie Sie Ihren Budgetprozess am besten revolutionieren können: zeitliche Straffung, Vereinfachung oder Abschaffung.

Erarbeitung einer MPI-Basis
Bestimmen Sie maßgebliche Performance-Indikatoren (MPIs), die eine Beurteilung strategisch wichtiger Initiativen ermöglichen und betriebliche Transparenz von den Geschäftseinheiten zur Unternehmenszentrale gewährleisten.

Ausrichtung der Geschäftsführung auf ein maßgebliches und auf zwei Jahre im Voraus angelegtes Forecasting
Dieser Forecast soll sicherstellen, dass die vorgegebenen Ziele des Unternehmens erreicht werden. Fokussieren Sie Ihre Mitarbeiter darauf, sich mit der Zukunft zu beschäftigen, anstatt sich an der Vergangenheit zu orientierten.

Überprüfung Ihrer strategischen Langfristplanung im Hinblick auf ihre Effektivität
Ist Ihre strategische Planung an längerfristige Wertsteigerungsziele und kurzfristige Jahresziele gekoppelt? Synchronisieren Sie Ihr Planungs- und Berichtswesen mit Ihrem Geschäftszyklus.

Förderung einer durch Vertrauen und Offenheit geprägten Denkweise zwecks Bewältigung realer Geschäftsprobleme
Setzen Sie sich dafür ein, dass unnötige Budgetverhandlungen und unproduktive Diskussionen über monatliche Ergebnisse ein Ende

haben. Nehmen Sie stattdessen strategische Planungen und aktionszentrierte Performance-Überprüfungen vor. Untersuchen Sie unverzüglich die Konsequenzen unzureichender Leistungen.

Sorgfältige Auswahl von Instrumenten und Techniken
Implementieren Sie Schritt für Schritt das nach Abschaffung Ihres Budgets benötigte Instrumentarium – zur Visualisierung, Datenverwaltung und Modellierung. Nutzen Sie das Web.

Umsichtige Herbeiführung von Veränderungen
Behalten Sie Aspekte Ihres bisherigen Budgetprozesses insoweit bei, als sie wichtigen Kontrollzwecken dienen.

Kapitel 7

Vermittlung einer neuen Systemvision

Systemumstellung zur Transformation des Finanzbereichs

Olli-Pekka Kallasvuo, CFO
Nokia

Es ist sehr wichtig, dass Unternehmen lernen, mit stetigem Wandel zu leben und flexibel zu reagieren. Immer wieder gilt es, Ressourcen neu zu verteilen: Wenn sich Geschäftsaktivitäten der Reife nähern, müssen die Ressourcen dort abgezogen und erneut in andere Wachstumsinitiativen investiert werden. Ich sehe meine Aufgabe als CFO darin, zu diesem Prozess beizutragen.

Schon bald wird jedes Unternehmen internetfähig sein und dann werden wir das E in „E-Business" wohl allmählich weglassen! Alle unserer Geschäftsabläufe werden davon betroffen sein: Produktentwicklung, Kundenabwicklung, Logistik, Planung und natürlich auch die Finanzabteilung.

Wir haben das betriebswirtschaftliche Softwaresystem SAP R/3 global eingeführt, was sich bisher auch bewährt hat, aber nun steigen wir ins E-Business ein. Als CFO möchte ich sicherstellen, dass wir von beiden Welten optimal profitieren. Wir müssen die Vorteile unserer ERP-Investition nutzen und die neuen Internet-Tools so einsetzen, dass wir Flexibilität zur Wahrnehmung von Wachstumsoptionen gewinnen. Jeder Prozess muss im Rahmen einer neuen Denkweise geplant werden – eine ungeheuer große Aufgabe.

Als weltweit führendes Unternehmen auf dem Mobilfunk-Markt sehen wir unser Ziel darin, Verbindungen zwischen Menschen zu schaffen – durch Bereitstellung innovativer Produkte und Lösungen sowie durch Verbesserung der Geschäftsbeziehungen zu Kunden, Lieferanten und Mitarbeitern. Der Eintritt ins E-Business-Zeitalter verlangt von Nokia wie auch von anderen Organisationen dieser Branche Aufgeschlossenheit für neue Technologien, insbesondere im Hinblick auf Customer Relationship Management und Supply Chain Management. Wir entwickeln uns von einem zunächst weitgehend auf Hardware spezialisierten Hersteller zu einer Art Dienstleister. Und dies bedeutet, dass unsere Systeme und Geschäftsprozesse laufend auf dem Prüfstand stehen.

Als ersten Schritt zur Umstellung unseres Finanzwesens haben wir zwei einschlägige „Servicefunktionen" ermittelt: das grundlegende Rechnungs- und Berichtswesen einerseits sowie Entscheidungshilfe andererseits. Für Buchhaltung und Berichterstattung haben wir ein gemeinsames globales SAP-System implementiert. Bei unserer SAP-Lösung handelt es sich um eine global einheitliche und verbindliche Software mit gemeinsamen Definitionen, Bilanzierungsvorschriften und Kontenplänen, die vollständig in die bei Nokia angewendeten SAP-Module für Logistik, Produktion und Personalwesen integriert wurde. Auf dieses System haben unsere Finanzteams in 45 Ländern Zugriff. Mit unserer integrierten Lösung haben wir die an den jeweiligen Standorten bisher unterschiedlichen Systeme abgeschafft und ein einheitliches Finanzkonzept eingeführt. Wir sind in der Lage, die Effizienz unserer Transaktionsverarbeitung und der grundlegenden Berichterstattung zu maximieren, die Qualität zu verbessern und den Kostenaufwand zu minimieren. Auf diese Weise konnten sogar Ressourcen eingespart werden, die der Entscheidungshilfe in den Geschäftseinheiten zugute kommen.

Unser vorrangiges Ziel ist die Einbeziehung des HR-Bereichs als strategischen Geschäftspartner, indem wir allen Geschäftseinheiten unserer globalen Organisation Echtzeit-Zugang zu personalbezogenen Informationen ermöglichen.

Bei Nokia haben wir für die Supply Chain eine i2-Software und für CRM-Anwendungen Software von Siebel gewählt. Der Auswahlprozess war umfassend angelegt, denn wir mussten sicherstellen, dass die Software der in erfolgsentscheidenden Bereichen erforderlichen Funktionalität auch wirklich gerecht wird.

Mit dem Einsatz des Rhythm-Produkts von i2 Technologies streben wir eine B2B-Integration der Prozesse und Systeme mit unseren Lieferanten und Kunden an. Insbesondere wollen wir eine Echtzeit-Optimierung der gesamten erweiterten Supply Chain erreichen. Planung und Programmierung lassen sich über das Web viel besser gemeinsam koordinieren, so dass Engpässe, die innerhalb der Supply Chain auftauchen, dynamisch geregelt werden können. Dieses neue System ist mit unserem vorhandenen SAP-System vernetzt und bietet so eine Basis für die Entscheidungsfindung.

Für die Zukunft erwarten wir vom Produkt Rhythm Link Hilfestellung bei unserem Plan, das Supply-Chain-Management mit Tools für den E-Commerce zu verbinden, einschließlich elektronischer Möglichkeiten zur direkten Materialbeschaffung sowie unserer kundenseitigen Einrichtungen mit Echtzeit-Konfiguration. Wir investieren in ein strategisches Kundenbetreuungssystem, um unsere Interaktionen über sämtliche Vertriebs-, Marketing- und Servicekanäle zu verbessern. Auf diese Weise bekommen wir raschen Zugang zu Kundeninformationen und können die Wertschöpfung für den Kunden wie auch für Nokia entsprechend verbessern. Außerdem wollen wir im Rahmen unserer E-Marktstrategie verstärkt Möglichkeiten zur gewinnbringenden Nutzung des B2B-E-Commerce erkunden.

Nokia verfolgt darüber hinaus die Absicht, die Internet-Technologie zum unmittelbaren Vorteil seiner Mitarbeiter einzusetzen: Wir erweitern unsere erst kürzlich eingerichtete globale HR-Plattform von SAP mit einer internen Entwicklung auf der Basis von BEA-WebLogic. Durch Web-Vernetzung unserer Linienmanager und anderer Mitarbeiter mit HR-Experten können wir unsere HR-Transaktionen beschleunigen und unsere Verwaltungskosten reduzieren. Besondere Aufmerksamkeit widmen wir der nahtlosen Integration mit den SAP-Finanz- und Controllingmodulen, um eine gemeinschaftliche Nutzung von Basisdaten wie Firmencodes und Kostenstellen zu ermöglichen. Unser vorrangiges Ziel jedoch ist die Einbeziehung des HR-Bereichs als strategischen Geschäftspartner, indem wir allen Geschäftseinheiten unserer globalen Organisation Echtzeit-Zugang zu personalbezogenen Informationen ermöglichen.

Die Unternehmen sind zunehmend bemüht, die Informationstechnologie zur Erzielung von Wettbewerbsvorteilen zu nutzen. Und immer mehr Unternehmen machen auch bei ihren Kundenangeboten Gebrauch von der Informationstechnologie. In Anbetracht der Tatsache, dass Millionen in erfolgsentscheidende Applikationen wie betriebswirtschaftliche Software zur Ressourcenplanung (Enterprise Resource Planning, ERP) und E-Business-Programme investiert werden, kommt dem CFO eine Schlüsselfunktion beim Management der mit der Systemumstellung verbundenen Risiken und Renditen zu.

Wie können Sie Ihre Systeme und Vorgehensweisen so ausrichten, dass Sie die richtigen Kunden für sich gewinnen und halten? Wie können Sie neue E-Business-Systeme in vorhandene Systeme einbinden? Wie können Sie ERP-Anwendungen mit den Systemen Ihrer Lieferanten und sonstigen Geschäftspartner verbinden? Welche Tools ermöglichen Ihnen die Bereitstellung von Unternehmensinformationen mit Internetgeschwindigkeit, so dass Ihre Manager Echtzeit-Zugang zu kundenspezifischen Informationen bekommen? Das vorliegende Kapitel sucht nach Antworten auf solche Fragen – unter Einbeziehung praktischer Erfahrungen von führenden Unternehmen.

Schneller als ERP

Es liegt in der Natur der Sache, dass E-Business die Installierung neuer, hoch leistungsfähiger Hardware und Software erforderlich macht. Und dies wiederum bedeutet eine erhebliche Investition an Zeit und Geld. Für CFOs, von denen viele immer noch die Kosten einer langwierigen ERP-Implementierung gegen die noch längst nicht voll realisierten Vorteile abwägen, können die Anforderungen, die mit einer Systemerweiterung für den Einstieg ins E-Business verbunden sind, zum Albtraum geraten.

Was können wir aus den Erfahrungen der Vergangenheit lernen? ERP-Implementierungen zeigen, dass signifikante Vorteile zu erzielen sind, wenn die Technologie zur Integration von Abläufen und Informationsflüssen über alle unternehmensinternen Grenzen hinweg genutzt wird. ERP-Systeme sind dazu da, so unterschiedliche Funktionen wie Fertigung, Finanzen und Personalwesen in einem einzigen System miteinander zu verbinden und die Unternehmen durch Straffung der Transaktionsverarbeitung und Bereitstellung besserer, konsistenterer Finanzinformationen für eine globale Erweiterung zu rüsten.

Mit integrierten unternehmensweiten Systemen profitieren die Unternehmen von *Kosteneinsparungen* – beispielsweise durch reduzierte Lagerhaltung und erhöhte Produktivität infolge einer verbesserten Planung und Materialverwaltung. Außerdem werden insbesondere in solchen Fällen, wo das ERP-System ein ganzes Sammelsurium an vorhandenen Systemen ersetzt, Kosten für Wartung und Hilfseinrichtungen eingespart; und die Experten in den verschiedenen Funktionen haben mehr Zeit, sich wertschöpfenderen strategischen Initiativen zu widmen. Zukunftsorientierte Unternehmen streben überdies eine *Ertragssteigerung* an, indem sie die Voraussetzungen für ihren Dienst am Kunden verbessern.

In der Praxis hat sich die Verwirklichung der erwarteten ERP-Vorteile als eher schwierig erwiesen. Unternehmen, die frühzeitig ERP-Pakete installiert hatten, mussten die Erfahrung machen, dass diese in der Anwendung schwerfällig waren und häufig noch komplexe Anpassungen an die eigenen Bedürfnisse erforderten. Trotz aller Produktverbesserungen gehen Branchenanalysten davon aus, dass allenfalls 25 % der Organisationen, die sich für ERP-Systeme entschieden haben, letztlich Renditen erwirtschaften, die über den Implementierungskosten liegen.

Am meisten profitieren Unternehmen, die ihre Implementierung als Jonglier-Akt ansehen, bei der die Technologie nur einen der in die Luft geworfenen Bälle darstellt: Bei der Installation ihres neuen Systems sind sie bemüht, zugleich die damit verbundenen Veränderungen im Hinblick auf Prozesse *und* Organisationen *und* Mitarbeiter zu bewältigen. Genau diese Notwendigkeit eines integrierten Change-Managements haben so manche Unternehmen aus den Augen verloren, als sie unter dem Druck der Herausforderungen des Jahres 2000 mit ERP-Implementierungen begannen. Sie beschlossen, den endgültigen Umstellungsprozess zu verschieben, bis das System vor Ort installiert und funktionsfähig wäre – und viele haben dann gar nicht erst angefangen.

Die Botschaft für Sie als CFO? Setzen Sie sich mit Ihrem CEO zusammen und lenken Sie die Aufmerksamkeit Ihrer Geschäftsführung auf die *Realisierung von Vorteilen* und nicht lediglich auf die *Implementierung von Systemen*. Erfolgreiche Protagonisten zeichnen sich durch vier Stärken aus:

- *Kompetenz* für die Modellierung multidimensionaler Veränderungen und Planungsinitiativen
- *Realismus,* der eine zutreffende Abschätzung der erforderlichen Ressourcen ermöglicht
- *Geduld* zur Verlangsamung des IT-Wandels, wenn dies zwecks Abstimmung mit Veränderungen bezüglich anderer Aspekte der Organisation erforderlich sein sollte
- *Umsicht* in der Frage, wie sich die Resultate optimal in das Management-Anreizsystem einbinden lassen

Vor allem müssen Sie als CFO in der Lage sein, Ihr Plädoyer für die Umstellung mit soliden Argumenten zu untermauern – auf der Basis der Werttreiber Ihres Geschäfts. Wie leicht lässt man sich vom Hype des Anbieters verleiten! Deshalb müssen sich die Unternehmen immer

Vermittlung einer neuen Systemvision

wieder vor Augen führen, was ihre ERP-Systeme leisten können und was nicht.

In ihrer traditionellen Form sind ERP-Instrumente auf interne Geschäftsabläufe ausgerichtet. Dies hat zu der Auffassung geführt, ihre Einsatzmöglichkeiten in den kundenzentrierten Szenarien des E-Business seien irrelevant. Ein weiterer häufig beklagter Umstand ist der unzureichende Zugang zu entscheidungsrelevanten Daten. Auch hier scheinen ERP-Pakete in Anbetracht der Dynamik der New Economy ungeeignet zu sein, wo doch die Agilität davon abhängt, dass den Managern entlang der erweiterten Supply Chain unternehmensrelevante Echtzeit-Informationen bereitgestellt werden.

Doch wenn reine ERP-Systeme erst einmal richtig installiert und stabilisiert sind, bieten sie sehr wohl eine Ausgangsbasis für E-Business-Anwendungen und andere internetbasierte Applikationen. So sind einige größere ERP-Anbieter um zusätzliche neue Funktionalität bemüht, um den internen transaktionsverarbeitenden Mechanismen zu größerer externer Reichweite zu verhelfen. Andere wiederum entwickeln fortschrittliche eigenständige Produkte.

Infolge dieser Aktivitäten können die Unternehmen nun, nachdem sich alle Bedenken um das Jahr 2000 als gegenstandslos erwiesen haben, ihre Aufmerksamkeit auf die Nutzung von Managementsystemen der nächsten Generation konzentrieren:

- *Supply-Chain-Management-Systeme* (SCM-Systeme): Solche Systeme werden eingesetzt, um sämtliche Abläufe in Logistik, Produktion und Vertrieb zu koordinieren und zu optimieren. SCM-Systeme verwandeln die Supply Chain in eine nachfragegesteuerte Wertschöpfungskette. Das Unternehmen strebt nicht mehr die Anpassung von Produktion und Lagerhaltung an das erwartete Kundenverhalten an, sondern kann seine Supply Chain – in Abstimmung mit der Supply Chain von Lieferanten und anderen Geschäftspartnern – so steuern, dass eine Echtzeit-Reaktion auf die aktuelle Absatzsituation erfolgt.
- *Customer-Relationship-Management-Systeme* (CRM-Systeme): Im Internet sind vergleichbare Kaufmöglichkeiten bei der Konkurrenz stets nicht weiter als ein paar Mausklicks entfernt; langfristige Kundentreue ist schwer zu erreichen. CRM verhilft dem Unternehmen dazu, seine Kunden besser kennen zu lernen und persönlich zu bedie-

Schneller als ERP

nen, branchenübergreifende Angebote zu erstellen und gezieltes Marketing zu betreiben.
- *Knowledge-Management-Systeme*: Kluge Unternehmen investieren in Systeme, die den eigenen Mitarbeitern in wichtigen Funktionsbereichen *innerhalb* des Unternehmens, aber auch Interessengruppen *außerhalb* des Unternehmens bessere Informationen bereitstellen. Das „Wissensmanagement" – die Performance-Maximierung durch gewinnbringende Nutzung von Informationsbeständen – zählt zu den wichtigsten Aufgaben eines CFO.

Könnten ERP-Systeme morgen schon zu den Altlasten zählen? Wie die Erfahrung zeigt, sind buchstäblich alle großen Unternehmen auf einen gut funktionierenden internen Mechanismus angewiesen, wenn sie ihre E-Business-Strategien in die Praxis umsetzen wollen.[1] Die Schlüsselfrage für den CFO lautet also: Wie lässt sich der relative Umfang und Zeitplan für eine Investition in ERP-Systeme *und* E-Business-Systeme bestimmen?

In diesem Zusammenhang bietet Abbildung 7.1 eine hilfreiche Matrix. Wichtig bei der Planung der „Marschroute" ist die Einschätzung Ihrer derzeitigen Möglichkeiten: Wie fortschrittlich sind Ihre jetzigen ERP- und E-Business-Systeme und welches Potenzial streben Sie für die Zukunft an? Als Erstes müssen Sie feststellen, wo Ihr Unternehmen auf dem Weg zu einer vollständigen ERP-Implementierung steht.

- Haben Sie *keine Altsysteme* zu berücksichtigen – vielleicht weil Sie als junge Startup-Firma die Freiheit haben, Ihre Transaktionsverarbeitungsfunktionen von Grund auf neu zu gestalten?
- Unterhalten Sie *nicht-integrierte Altsysteme* für Ihre Transaktionsverarbeitung, bei denen Mitarbeiter eingreifen müssen oder wo kostenaufwändige Schnittstellen erforderlich sind, um eine gemeinschaftliche Datennutzung seitens der Abteilungen und Geschäftseinheiten zu gewährleisten?
- Haben Sie *ERP-Systeme mit einzelnen oder begrenzten Funktionen* implementiert – funktionelle Anwendungen (beispielsweise im Finanz- und Personalwesen), die zwar auf der Ebene der Geschäftseinheiten integriert, aber nicht mit anderen Elementen der internen Wertschöpfungskette (beispielsweise Fertigung und Logistik) verbunden sind?

Vermittlung einer neuen Systemvision

	E-Business-Möglichkeiten				
ERP-Integration	Keine E-Business-Möglichkeit	Verstärkung der Vertriebskanäle	Integration der Wertschöpfungskette	Branchentransformation	Konvergenz
Keine Altsysteme			Revolutionäres Geschäft 👍		
Nicht-integrierte Altsysteme	Geschäftliche Misserfolge	Enttäuschte Kunden		Zu hohe Kosten	
ERP-System mit begrenzten/einzelnen Funktionen	👎	👎		👎	
Integriertes ERP-System auf Basis der Geschäftseinheiten		👍		Technologienutzung 👍	
Integriertes unternehmensweites ERP-System		Einstieg ins Geschäft			

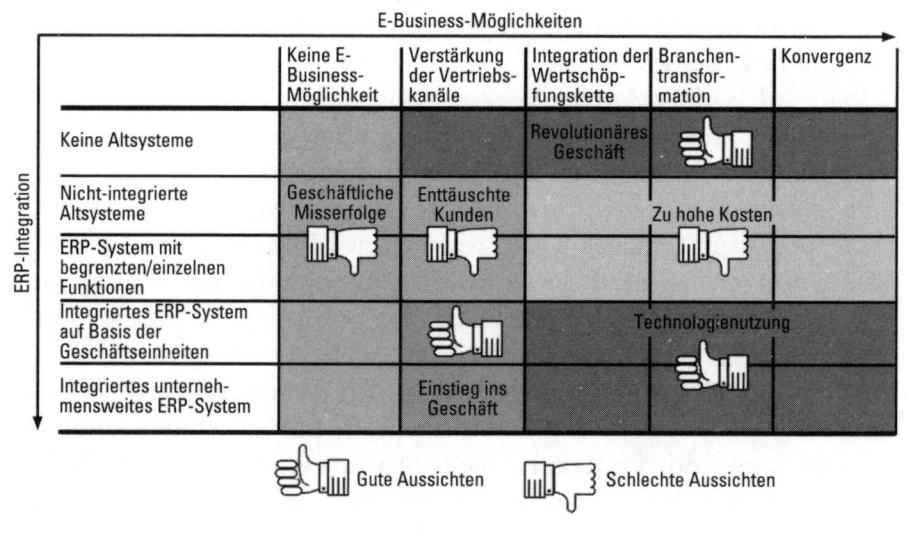

👍 Gute Aussichten   👎 Schlechte Aussichten

Abb. 7.1: Matrix für ERP-/E-Business-Möglichkeiten

- Haben Sie ein *integriertes ERP-System auf der Basis von Geschäftseinheiten* implementiert – eine Programmfamilie von Anwendungen innerhalb einer jeden Geschäftseinheit, aber ohne Verbindungen oder Synergien zwischen den Geschäftseinheiten?
- Haben Sie ein *integriertes unternehmensweites ERP-System* implementiert -- mit einer Programmfamilie vernetzter Anwendungen für alle Abteilungen und Geschäftseinheiten Ihres Unternehmens?

Als Nächstes bestimmen Sie, inwieweit Ihr Unternehmen E-Business-Möglichkeiten zur Wertschöpfung nutzt.

- Verfügen Sie über *keine E-Business-Möglichkeiten*?
- Nutzen Sie die Web-Technologie in erster Linie zur *Verstärkung Ihrer Vertriebskanäle*, indem Sie Marketing, Verkauf oder Einkauf von Produkten und Dienstleistungen elektronisch abwickeln?
- Haben Sie Ihre Prozesse und Systeme mit denen von Kunden und Lieferanten vernetzt, um eine erweiterte *Integration der Wertschöpfungskette* zu erzielen?
- Haben Sie E-Business-Möglichkeiten entwickelt, die eine *Transformation Ihrer Branche* vorantreiben? Nutzen Sie beispielsweise das Inter-

net, um sich solcher Aktivitäten zu entledigen, die nicht zum Kerngeschäft Ihres Unternehmens gehören?
- Beteiligen Sie sich an der *Konvergenz* branchenübergreifender Vereinigungen, indem Sie die Web-Technologie nutzen, um gemeinsam mit Geschäftspartnern Güter und Dienstleistungen für die Kunden bereitzustellen?

Tragen Sie Ihre Bestandsaufnahme bezüglich Ihrer ERP-Systeme und E-Business-Möglichkeiten in Ihrem Unternehmen in die Matrix in Abbildung 7.1 ein und vergleichen Sie das Ergebnis mit der von Ihnen *angestrebten* Position. Die Matrix verdeutlicht folgenreiche Schlussfolgerungen. Ein etabliertes Unternehmen, das E-Business-Initiativen ohne ein integriertes ERP-System verfolgt, wird aller Wahrscheinlichkeit nach keinen langfristigen Wert für Kunden und Aktionäre schaffen. Robuste interne Systeme sind unbedingt wichtig, um eine schnelle Abwicklung des von einem erfolgreichen E-Business erzeugten Transaktionsvolumens zu gewährleisten und die Geschäftspartner schnell und genau zu informieren. Kurzum: ERP-Systeme unterstützen Ihre Website und ermöglichen Ihnen die Erfüllung Ihrer Versprechungen gegenüber der Außenwelt.

Interessanterweise haben wir in unserem heutigen wettbewerbsgeprägten Umfeld nicht die Option, *keine E-Business-Möglichkeiten* zu nutzen, während für Dotcom-Startups die Option, *keine ERP-Systeme* zu installieren, durchaus gegeben ist. Solche Neugründungen können sich den Zeit- und Geldaufwand für ERP-Implementierungen sparen und gleich mit fortschrittlichen E-Business-Systemen lossprinten; für ihre internen Prozesse begnügen sie sich mit der begrenzten Funktionalität, die solche Systeme derzeit bieten, und/oder erledigen die anfallenden Arbeiten per Hand oder PC. Allerdings sind die Risiken ebenso groß wie die Chancen: Sofern nicht ein technologischer Durchbruch erfolgt, der ERP-Systeme überflüssig werden lässt, hat die fehlende infrastrukturelle Unterstützung zur Folge, dass die Wachstumsmöglichkeiten eingeschränkt sind und die Bildung von Partnerschaften erschwert wird.

Für das nachstehend beschriebene Unternehmen hat die Erkenntnis, wie wertvoll eine Kombination von ERP- und E-Business-Systemen ist, konzertierte Aktionen zur Maximierung der Effektivität beider Systeme ausgelöst.

Fallbeispiel
Realisierung von ERP-Vorteilen

Anfang der 1990er Jahre beschloss ein großer Hersteller von Markenprodukten aus dem Konsumgüterbereich, für seine 23 Geschäftseinheiten eine SAP-R/3-ERP-Lösung einzuführen. Entsprechend der Managementphilosophie des Unternehmens blieb es jeder Geschäftseinheit überlassen, wie sie die Implementierung vornehmen wollte. Vier Jahre später ließ eine Beurteilung des ERP-Status im Unternehmen deutliche strategische Probleme erkennen.

Bei 18 getrennten und unterschiedlichen SAP-Konfigurationen entstanden dem Unternehmen hohe Gesamtkosten – Tendenz steigend. Das Unternehmen hatte bereits erhebliche Investitionen getätigt, und wenn es die Implementierung auf der Basis der einzelnen Geschäftseinheiten fortsetzte, würde dies die bisherige Investitionssumme noch verdoppeln. Die Kosten für eine alle zwei Jahre erforderliche Aufrüstung der Systeme beliefen sich auf 15 % der ursprünglichen Implementierungskosten. Und bei Akquisitionen oder anderen organisatorischen Veränderungen war eine IT-Integration nur schwer zu realisieren.

Das Unternehmen hatte seine ERP-Möglichkeiten nicht voll ausgeschöpft. Die Erzielung von Vorteilen innerhalb der Geschäftseinheiten war eingeschränkt, weil die Möglichkeiten zur Verbesserung der Geschäftsabläufe bei der Implementierung normalerweise gar nicht genutzt wurden. Und die Erzielung von Vorteilen über die Grenzen der Geschäftseinheiten hinweg erwies sich als schwierig, solange das Unternehmen nicht zu einem integrierten Modell überging. Bei so vielen ERP-Installationen standen keine konsistenten Daten auf globaler Basis zur Verfügung, die unternehmensweiten Beschaffungsinitiativen bezogen ihre Informationen aus ganz unterschiedlichen Quellen und die Systeme ließen sich bei Retail-Zusammenschlüssen nicht aufeinander abstimmen.

Außerdem würde sich der vom Unternehmen geplante Einsatz von E-Business-Lösungen umso schwieriger gestalten – dazu war nicht nur eine Integration der verschiedenen ERP-Komponenten erforderlich, sondern auch eine Anpassung der ERP-Systeme an andere

Systeme. Selbst wenn das Unternehmen SAP-Produkte für seine E-Business-Applikationen wählen und keinen weiteren Anbieter hinzuziehen würde, war eine solche Investition kaum zu rechtfertigen: Das Unternehmen müsste 18-mal mySAP.com anschaffen!

Der CFO wusste, dass Konkurrenten ihre ERP-Infrastrukturen als Ausgangsbasis für die Gründung von E-Business-Betrieben aufrüsteten. Die globalen Strategien des Unternehmens im Hinblick auf E-Beschaffung, E-Vertrieb bei führenden Kunden und direktes Kunden-Marketing waren gefährdet, wenn nicht schnell gehandelt wurde.

Der CFO bekam die Genehmigung der Geschäftsführung für ein Projekt zur Realisierung globaler Vorteile, das die Bereitstellung eines gemeinsamen IT-Modells auf der Basis erstklassiger Geschäftsprozesse vorsah. Zurzeit werden solche Prozesse durchgehend in ein einziges ERP-System eingebunden, das in drei regionalen, gemeinschaftlich genutzten Servicezentren untergebracht ist. Für die ERP- wie auch für die E-Business-Problematik soll SAP die Kernlösung bereitstellen; gegebenenfalls soll noch ergänzende Software von anderen Herstellern hinzugezogen werden, um spezifischen Anforderungen Rechnung zu tragen. Die unternehmensweite Verknüpfung der Anwendungen (Enterprise Application Integration, EAI) erfolgt über eine entsprechende Middleware.

Ein solches Vorgehen ist anhand folgender Argumente zu rechtfertigen: verbesserte Wachstumsmöglichkeiten, gemeinsam getragene Gemeinkosten in den Zentren, Online-Lagerfähigkeit und bessere Informationen über Produktmärkte und Kanalprofitabilität sowie Entwicklung zu einer umfassenden Supply-Chain-Integration vom Lieferanten bis zum Kunden. Die erwarteten Renditen dürften einen deutlichen Beitrag zur Wertsteigerung für die Aktionäre leisten: 750 Millionen Dollar netto, risikobereinigt, über drei Jahre.

Ihre neue Systemvision

Traditionelle Unternehmen sind überall dabei, sich für den Wettbewerb im elektronischen Zeitalter zu rüsten -- so wie das Unternehmen in der oben beschriebenen Fallstudie. Da sich die IT-Strategie zunehmend zu einem wesentlichen Bestandteil der Geschäftsstrategie insgesamt entwickelt, sollte sich der CFO mit der Geschäftsführung an einen Tisch setzen und eine Vision vom erforderlichen Systemumfeld erarbeiten.

In einem durch organisatorische Abgrenzungen weniger geprägten E-Business-Betrieb entwickeln die Prozess- und Informationsflüsse außerhalb des Unternehmens dieselbe Bedeutung wie die internen Flüsse. Eine effektive, nachfragegesteuerte Wertschöpfungskette setzt eine geschlossene Informationsschleife zwischen ERP-Systemen und E-Business-Systemen voraus: Die für den Kundenkontakt zuständigen Front-Office-Applikationen leiten die internen Geschäftsprozesse ein, die einen Kundenauftrag bis zum Fulfillment so schnell wie möglich abwickeln und schrittweise Geschäftsdaten und Informationen als Analysebasis liefern, um dem Unternehmen die Verbesserung von Produktion und Auslieferung weiterer Bestellungen zu ermöglichen.

Die beiden Herausforderungen, denen Sie sich als CFO stellen müssen, sind in Abbildung 7.2 veranschaulicht: Zum einen müssen Sie Ihre elektronischen Verbindungen *horizontal* jenseits der Unternehmensgrenzen erweitern und Ihr Unternehmen mit seinen Kunden, Lieferanten und sonstigen Geschäftspartnern verknüpfen – und zum anderen müssen Sie eine *vertikale* Erweiterung zwecks Verknüpfung Ihrer transaktionsorientierten Systeme mit den übergeordneten Systemen der Finanzverwaltung bewerkstelligen.

Beide Aspekte Ihrer Vision gilt es gleichzeitig zu realisieren. In dem Bestreben, bei der E-Business-Revolution nicht den Anschluss zu verlieren, konzentrieren die meisten Unternehmen ihre IT-Investitionen auf die Verbesserung von Supply-Chain-Effizienzen und die Bildung von Partnerschaften, um mit dem Internettempo Schritt halten zu können. Allerdings lassen sich Performance-Steigerungen auf Dauer nur dann erzielen, wenn die betrieblichen Prozesse und Systeme so angelegt sind, dass sie wertvolle Informationen erfassen und Echtzeit-Daten für Data-Warehouse-Systeme und Entscheidungshilfe-Tools bereitstellen.

Ihre neue Systemvision

Analytische Ebene: Business Intelligence

Finanzprozessebene: Prognoseerstellung + Modellierung, Working-Capital-Management, Planung und Budgeterstellung, Kostenmanagement, Externe Berichterstattung

Informationsebene: Entscheidungshilfe-Tools, Data Warehouse

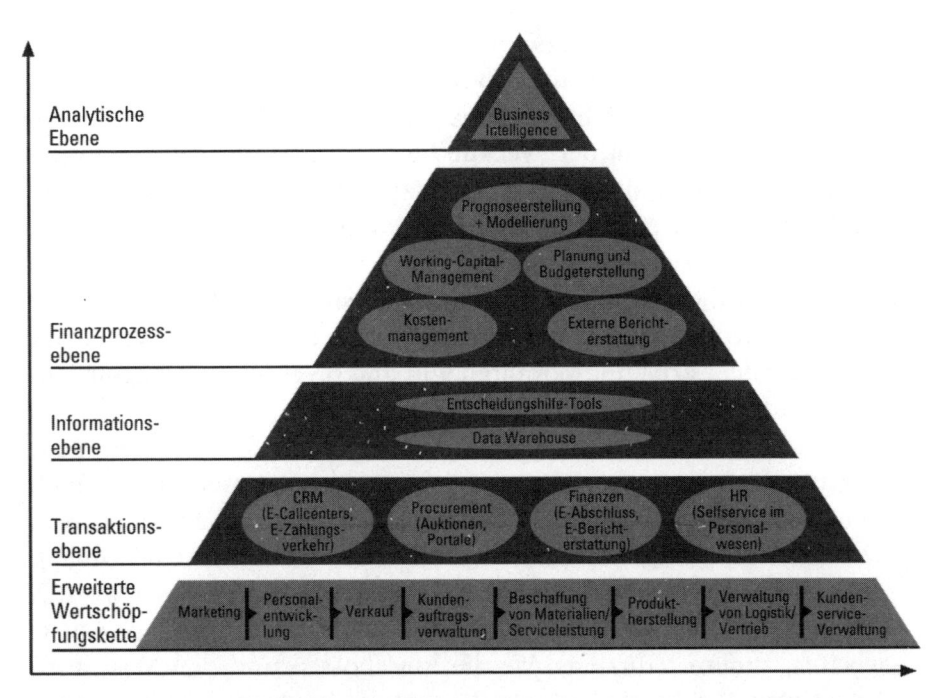

Transaktionsebene: CRM (E-Callcenters, E-Zahlungsverkehr), Procurement (Auktionen, Portale), Finanzen (E-Abschluss, E-Berichterstattung), HR (Selfservice im Personalwesen)

Erweiterte Wertschöpfungskette: Marketing, Personalentwicklung, Verkauf, Kundenauftragsverwaltung, Beschaffung von Materialien/Serviceleistung, Produktherstellung, Verwaltung von Logistik/Vertrieb, Kundenservice-Verwaltung

Abb. 7.2: Schaffung einer geordneten IT-Umgebung

Nachstehend wird erörtert, in welcher Weise horizontal und vertikal integrierte Systeme den Unternehmen im Umgang mit ihren Stakeholders Vorteile bieten:

- *Automatisierung der Zusammenarbeit zwischen den Geschäftspartnern.* Das ERP-System des Unternehmens kann über das Web mit den entsprechenden Systemen von Lieferanten, Händlern und anderen Geschäftspartnern kommunizieren und beispielsweise die gemeinsame Nutzung höchst aktueller Absatzprognosen ermöglichen sowie Ansatzpunkte für eine kontinuierliche unternehmensinterne Prozessverbesserung aufzeigen. Technologie kann niemals Vertrauen ersetzen. Aber eine schnellere, flexiblere Datenübermittlung, getragen von einer Philosophie, bei der beide Partner Gewinner sind, können die Wertschöpfungskette für alle Beteiligten ertragreicher machen – durch niedrigere Gemeinkosten, durch schnellere Vermarktungszeiten und letztlich auch durch größere Kundenzufriedenheit.[2]

- *Stärkung der direkten Verbindung zum einzelnen Kunden.* So kann ein Marketingleiter, der eine Kundenbeschwerde per E-Mail bekommen hat, mithilfe der Clickstream-Analyse Einzelheiten über die Besuche des Kunden auf der Website herausfinden und beispielsweise feststellen, was wann in den Einkaufswagen gelegt und wieder herausgenommen wurde. Des Weiteren kann der Marketingleiter die Historie der vorliegenden Transaktion über sämtliche Prozesse bis hin zu Fulfillment-Leistungen, Rechnungsstellung und Zahlung sowie Produktreklamation verfolgen, bevor er entscheidet, wie er mit dieser Kundenbeziehung verfahren will und ob eventuell Systemprobleme zu lösen sind.
- *Aufrüstung der Mitarbeiter-PCs zu Selfservice-Zentren.* Die Mitarbeiter können unternehmensweit sowohl von internen als auch von externen Quellen aus auf ausgewählte Daten, Informationen und Serviceleistungen zugreifen, die sie für ihre Arbeit benötigen. Zum Beispiel unterstützen und erleichtern Online-Lernsysteme mit virtuellen Bildschirmtafeln die Aus- und Weiterbildung der Mitarbeiter; zudem reduzieren sie die Reisekosten und den Verlust an Arbeitszeit. Produktbezogenes E-Learning kann auch den Kunden angeboten werden.

CFOs, die nach neuen Software-Tools für solche Verknüpfungen Ausschau halten, finden eine Fülle von Angeboten vor. In Anbetracht der dringenden Notwendigkeit zur Anpassung der vorhandenen Softwarepakete an das E-Business verfolgen ERP-Anbieter wie SAP, Oracle und PeopleSoft gezielte Produktentwicklungsstrategien.

- *Einrichtung webfähiger ERP-Funktionen.* Der Zugriff auf ein ERP-System über einen Web-Browser ist leichter als über konventionelle ERP-Benutzerschnittstellen. Buchstäblich alle Computer haben Browser installiert, die weitaus größeren Anwendergruppen innerhalb wie außerhalb der Organisation den Datenzugang ermöglichen. Waren noch vor kurzem erst 16 % der Mitarbeiter zur Benutzung der ERP-Software berechtigt, bieten viele Unternehmen ihren Mitarbeitern mittlerweile universellen Zugang zu spezifischen Funktionen wie Lohn- und Gehaltsabrechnung oder Arbeitszeit- und Spesenabrechnung.

Ihre neue Systemvision

- *Aufrüstung von ERP-Systemen für das E-Business.* Die Einrichtung einer Browser-Schnittstelle für ein ERP-System bedeutet noch keine E-Business-Funktionalität. Die Anbieter sind bemüht, entweder ihre Produkte so zu modernisieren, dass Kompatibilität mit E-Business-Systemen gewährleistet ist, oder aber E-Business-Funktionalität als solche anzubieten. Insbesondere sorgen sie dafür, dass ihre Softwarepakete dieselben Möglichkeiten aufweisen wie CRM-Produkte und aufgebesserte SCM-Produkte mit Verbindungen zu ERP-Funktionen.
- *Bereitstellung integrierter Entscheidungshilfe-Funktionen.* Analytische Anwendungen sind für die Schließung der Informationsschleife zwischen ERP-, CRM- und SCM-Systemen von entscheidender Bedeutung. Aus diesem Grund sind die Anbieter bestrebt, ihre Softwarepakete durch Business-Intelligence-Funktionalität zu ergänzen, darunter Data-Warehouse-Funktionen, multidimensionale Datenbanken (Online Analytical Processing, OLAP) und Wissensplattformen. Bei vielen Produkten werden auch übergeordnete finanzwirtschaftliche Performance-Indikatoren berücksichtigt.
- *Entwicklung zu einem marktschaffenden B2B-Unternehmen.* ERP-Anbieter stellen ihre Websites zur Gründung von B2B-Gemeinschaften unter ihren Kunden zur Verfügung. Die Teilnehmer können sich zusammentun, um Prozesse zu integrieren, sich gegenseitig Zugang zu ihren Applikationen einzuräumen und E-Business-Transaktionen abzuwickeln.

SAP beispielsweise hat mySAP.com eingeführt. Diese integrierte Systemlösung umfasst SCM, Produktmanagement über den gesamten Produktlebenszyklus, CRM, Business Intelligence, Finanzverwaltung sowie Management des Humankapitals und kommuniziert mit der R/3-ERP-Software des Anbieters. Außerdem ist der mySAP.com-Workplace mit einem einheitlichen unternehmensweiten Informationsportal (Enterprise Information Portal, EIP) als zentrale Zugriffsstelle ausgerüstet, die den Mitarbeitern auf der Basis von Internettechnologie, Miniapplikationen und Personalisierung Zugang zu den Informationen verschafft, die sie für ihre Arbeit brauchen.

Mit mySAP.com-Marketplace will SAP die Möglichkeiten für eine Integration der Geschäftsprozesse zwischen Unternehmen verbessern, indem es die intern integrierten ERP-Prozesse über die Unternehmensgrenzen hinaus über Internet und virtuelle Privatnetze (VPN) auf die globale Kundenbasis ausdehnt. SAP bietet eine Reihe elektronischer Kauf- und Verkaufsfunktionen an. Dazu zählen auch B2B-Procurement – ein Softwarepaket, das die Kauftransaktion des Käufers und die Katalogmodule des Lieferanten von verschiedenen Quellen aus verbinden kann – sowie eine dynamische Preisbildung und die Architektur zum Aufbau offener oder geschlossener elektronischer Marktplätze.

Trotz derartiger Fortschritte ist der Markt für integrierte Systeme noch nicht reif. In Anbetracht der hohen Zahl an Spezialanbietern wie auch Generalisten und der höchst fragmentierten Angebotslage ist es für CFOs schwer, die komplizierten Überschneidungen beziehungsweise Lücken bezüglich der angestrebten Funktionalität zu durchschauen. Hinzu kommt, dass die Anbieter auf dem hart umkämpften Markt der Softwareentwicklung kommen und gehen, fusionieren und akquirieren und strategische Allianzen bilden.

Zum Glück haben die Unternehmen nicht nur die Option, eine komplette E-Business-Lösung von einem einzigen Anbieter zu beziehen. Applikationssysteme werden zunehmend mit standardisierten Komponentenarchitekturen ausgestattet, so dass sich die Unternehmen die beste Kombination derzeitiger Angebote aussuchen und später noch zusätzliche Funktionalität einbauen können.

Sollte sich dieser Ansatz bewähren, können Unternehmen mit einem ERP-System als Basis für ihre IT-Umgebung weiterhin den größten Vorteil solcher Systeme – eine durchgehende, nahtlose funktionale Integration für die Anwender – nutzen und gleichzeitig ihr System öffnen und nach dem Baukastenprinzip mit Komponenten von Drittanbietern erweitern.

E-Business-Software: Auswahl und Implementierung

Wie können Sie nun die Software ermitteln, die Sie für die praktische Umsetzung Ihrer E-Business-Strategie benötigen? Sie sollten nicht davon ausgehen, dass Sie sich über all die Anbieter und Produkte am Markt auf dem Laufenden halten können – die Zahl erhöht sich in atemberaubendem Tempo. Doch wenn Sie um ein Verständnis der wichtigsten Optionen bemüht sind und sich vielleicht von Beratern oder erfahrenen Anwendern dabei helfen lassen, können Sie immerhin die Kriterien bestimmen, die für Ihre Auswahl und letztlich für eine erfolgreiche Implementierung maßgeblich sind. Es kann sogar so sein, dass Ihr Bemühen, sich einen Überblick über repräsentative Lösungen zu verschaffen, *Einfluss auf den Prozess der Strategiebildung als solchen* nimmt, wenn Ihnen dabei fortschrittliche Funktionen auffallen, die dem Unternehmen bislang ungeahnte Möglichkeiten bieten. In der alten Welt kamen erst die Strategien und dann die Systeme; in der E-Business-Welt ist es häufig umgekehrt.

Die wichtigsten Softwarekomponenten im E-Business sind Anwendungen, die eine Verknüpfung der internen Geschäftsabläufe zu Verbrauchern und anderen Unternehmen *auf der Verkaufsseite* und zu den Lieferanten *auf der Kaufseite* ermöglichen. In den folgenden Abschnitten sollen spezifische Funktionalitätsbereiche erörtert werden. Bei der Beurteilung von Softwareprodukten sollten Sie auch allgemeine technische Kriterien wie Server-Kompatibilität und Konfigurierungsfreundlichkeit heranziehen. Ebenso könnten anbieterbezogene Aspekte von Bedeutung sein. Beispielsweise sind Marktanteil und Stabilität des Unternehmens zwei Indikatoren dafür, ob ein Anbieter auch nach der Zeitspanne, in der Sie ihn brauchen, noch existieren wird.[3]

E-Business-Software für die Verkaufsseite

In Anbetracht der erneuten Fokussierung auf den Kunden als Mittelpunkt des unternehmerischen Geschehens dürfte es nicht überraschen, dass CRM-Software derzeit der heiße Renner bei unternehmensrelevanten Applikationen ist. Die zunehmende Schwerpunktverlagerung auf die Betreuung und Pflege bestehender Kundenbeziehungen – häufig ganz oder hauptsächlich über das Internet und ohne persönlichen Kontakt von Mensch zu Mensch – ist mit hohen Erwartungen an die Software dieser Kategorie verbunden. In den CRM-Bereich fallen die folgenden Applikationen:

- *Außendienst-Automatisierung (Sales Force Automation, SFA)*: Applikationen zur Verbesserung bestimmter Aspekte des Verkaufsprozesses wie Kontaktmanagement, Erstellung von Absatzprognosen, Auftrags-

verwaltung, Erstellung von Verkaufsdokumenten und Berichterstellung für die Verkaufsleitung.
- *Marketing-Automatisierung*: Anwendungen für die Analyse von Kundendaten (Data Mining), Betreuung von Marketingkampagnen, One-to-One-Vertrieb, Kundensegmentierung und Steuerung des Produktprogramms.
- *Technologisch fortschrittlicher Kundenservice*: Applikationen für Callcenter- und Help-Desk-Management usw.

Das Problem in diesem Zusammenhang ist die Integration. In den meisten großen und mittelständischen Unternehmen sind Verkauf, Marketing und Kundenservice deutlich gegeneinander abgegrenzte Bereiche. Mittlerweile besteht zunehmender Bedarf an integrierten Front-Office-CRM-Systemen insbesondere mit einer Software, die eine übergeordnete Integration in Back-Office-Systeme und andere Support-Infrastrukturen wie Fulfillment, Logistik, Lagerhaltung und elektronischen Zahlungsverkehr zulässt. Führende Anbieter solcher CRM-Systeme sind zum Beispiel Siebel, Vantive und Clarify.

Ein Ziel besteht darin, die unterschiedlichen Erfahrungen eines Kunden mit dem Unternehmen sowohl während einer Transaktion (einschließlich Marketing, Produktwahl, Kauf, Empfang und nachfolgendem Service) als auch zwischen mehreren Transaktionen im Verlauf der Kundenbeziehung (vom Erstbesucher bis zum langfristigen Geschäftspartner) zu verbinden. Dies aber bedeutet, dass Ihr System in der Lage sein muss, Daten aus sämtlichen Vertriebskanälen und Kundenkontakten zu erfassen und zu analysieren – aus webbasierten Direktverkäufen ebenso wie aus dem traditionellen Außendienstgeschäft und aus Callcenter-Transaktionen. Für den Kunden bedeutet dies das nahtlose Ineinandergreifen von Interaktionen, was die Loyalität des Kunden fördert. Für das Unternehmen resultiert daraus eine Informationsquelle, die den Managern Anhaltspunkte vermittelt, wie und wann Ressourcen auf Schlüsselkunden konzentriert werden sollten.

Große Unternehmen ganz unterschiedlicher Branchen nutzen die mithilfe der CRM-Systeme erfassten Informationen und Beziehungen zur Erzielung von Kundenprofitabilität, indem sie die Kunden mit elektronischen Katalogen, Werbemaßnahmen und anderen Inhalten persönlich ansprechen, eine effektivere Preisbildungs- und Verkaufsförderungspolitik betreiben oder häufiger die Möglichkeiten zu branchenübergreifenden Angeboten nutzen. AT&T, Compaq, Bristol Myers Squibb, Universal Studios und Credit Suisse First Boston zählen zu den Unternehmen, die mit der Umstellung ihrer Prozesse und Systeme in Verkauf, Marketing und Kundenservice begonnen haben.

Von B2C- wie auch von B2B-Systemen wird erwartet, dass sie unmittelbar auf Kundenanforderungen reagieren können, gleich, ob es um Informationsnachfragen oder um die Erfüllung konkreter Aufträge geht. Die Unternehmen können nur dann ihre Fähigkeit zu schneller, flexibler Anpassung maximieren, wenn sie die technischen Möglichkeiten zur Synchronisierung von kundenseitigen Prozessen sowie Einkauf und anderen Supply-Chain-Prozessen nutzen.

E-Business-Software für die Kaufseite

SCM-Produkte von Spezialanbietern wie i2, Manugistics, Ariba und Commerce One zielen darauf ab, entweder eigenständige komplette webbasierte Supply-Chain-Funktionalität bereitzustellen oder aber eine Verknüpfung untereinander oder mit einem größeren ERP-Anbieter zu ermöglichen. Die besten Produkte bieten eine Integration mit CRM- und ERP-Systemen sowie Tools für spezielle Aufgaben an – etwa für Budgeterstellung, Buchführung und elektronischen Finanzdatenaustausch. Progressive Unternehmen setzen diese Systeme ein, um die Interaktion mit ihren Lieferanten radikal umzustellen und sie als Geschäftspartner in die Optimierung der Supply-Chain-Performance einzubinden. Beispielsweise sind fortschrittliche Planungsfunktionen (Advanced Planning and Scheduling, APS) dazu angetan, die Zusammenarbeit mit den Lieferanten zu unterstützen.

> **Progressive Unternehmen setzen SCM-Systeme ein,
> um die Interaktion mit ihren Lieferanten radikal umzustellen
> und sie als Geschäftspartner
> in die Optimierung der Supply-Chain-Performance einzubinden.**

Betrachten wir beispielsweise die Installation von E-Procurement-Applikationen, die den Einkaufsprozess automatisieren, straffen und transparent machen – von der Materialanforderung über Bestellung und Bezahlung bis hin zur Leistungsbewertung. Bis vor kurzem betraf die Software für E-Procurement größtenteils den Einkauf indirekter, nicht produktionsbezogener Güter und Dienste (wie Büro- und Wartungsmaterialien). Heute haben sämtliche Mitarbeiter des Unternehmens die Möglichkeit, sich in einem auf vorverhandelten Verträgen basierenden Online-Katalog die benötigten Produkte auszusuchen, Preisvergleiche anzustellen und dann Echtzeit-Informationen bezüglich Vorrätigkeit und Lieferzeit aus den Lieferantensystemen abzufragen, bevor sie ihren Kauf tätigen.

Applikationsanbieter verfolgen unterschiedliche Ansätze zur Erstellung und Verwaltung ihrer Kataloge – eine Aufgabe, die kontinuierliche Zusammenarbeit zwischen Käufern, Lieferanten und Softwareexperten verlangt; auch in Bezug auf den Umgang mit verschiedenen Sprachen und Währungsanforderungen sind Unterschiede festzustellen. Die CFOs sollten nach einer Lösung Ausschau halten, die *leicht zu implementieren und anzuwenden* ist, weil ein erfolgreich betriebenes E-Procurement auf schnellem Wege zu massiven Einsparungen führt:

- *Bessere Kostenkontrolle*: Viele Unternehmen stellen überrascht fest, dass die indirekten Ausgaben bis zu 30 % der Erträge ausmachen können und dass ein Großteil davon auf Einzelbestellungen außerhalb geschlossener Rahmenverträge entfällt. E-Procurement trägt zur Reduzierung solcher Außenseiter-Käufe bei und gibt den einzelnen Käufern feste Ausgabenbegrenzungen vor.
- *Effizienzsteigerung*: Der Einkauf indirekter Materialien umfasst umfangreiche Transaktionen mit nur geringer Wertsteigerung – die Automatisierung bietet zahlreiche Möglichkeiten zur Prozessverbesserung, um die Transaktionsabwicklung zu beschleunigen und die Fehlerhäufigkeit zu senken. Einige Unternehmen geben nach Implementierung von E-Procurement-Systemen eine Reduzierung der Prozesskosten pro Bestellung um mehr als 80 % an. Zudem gewinnen die Mitarbeiter im Einkauf Zeit, sich auf die Betreuung und Pflege ihrer Lieferantenbeziehungen zu konzentrieren.
- *Bessere Nutzung der Kaufkraft*: E-Procurement bietet Möglichkeiten zur Zusammenfassung unternehmensweiter Einkaufstransaktionen und zur Reduzierung der Lieferantenzahl. Unter Einsatz integrierter Analyse- und Reporting-Tools, mit denen sich die Bestellungen nach Lieferanten, Produkten oder anderen Kategorien verfolgen lassen,

können die Unternehmen ihre Ausgaben und die Performance ihrer Lieferanten überwachen. Auf diese Weise sind günstigere Preisstrukturen, Preisnachlässe und Lieferbedingungen auszuhandeln.

Die Unternehmen setzen die neuen fortschrittlichen Technologien auch zur Beschaffung *direkter* Materialien ein. Wiederum kommt es maßgeblich auf die Integration an: Die Produktentwicklungsteams haben ihre Bezugsstrategien bisher weitgehend unabhängig von anderen Supply-Chain-Komponenten (einschließlich Beschaffung, Fertigung und Lieferservice) festgelegt, obgleich rund 70 % der direkten Materialkosten auf die Phase der Produktentwicklung entfallen. Die gemeinschaftliche Nutzung webfähiger Informationen und die Zusammenarbeit bei der Entwicklung eines neuen Produkts ermöglichen bessere Entscheidungen hinsichtlich Produktdesign und Bezugsquellen und tragen auf diese Weise zur Realisierung aggressiver Vermarktungszeiten und Kostenziele bei.[4]

Schrittweise Einführung des neuen Systems

Aus den Erfahrungen von CFOs bei der Implementierung neuer E-Business-Software sind eine Reihe von Empfehlungen abzuleiten:

Sofort beginnen und ununterbrochen weitermachen. Lassen Sie sich nicht von der Vorstellung abhalten, es könnte noch etwas Besseres kommen. Irgendwann vielleicht. Aber große Fortschritte geschehen nur selten auf die Schnelle. Entscheiden Sie sich für eine Softwarelösung, die Sie dann konsequent verfolgen. Sofern Sie auch in die erforderlichen Integrationsstrukturen investieren (Diskussion folgt), werden Sie die eine oder andere Komponente später ersetzen, hinzufügen oder aufrüsten können.

Nicht alles auf einmal tun wollen. Planen Sie Ihre Prozesse durchgehend, aber implementieren Sie zunächst die Bereiche, die Ihnen die größten potenziellen Vorteile bringen. Unterteilen Sie das Projekt in Phasen oder Schritte, die Zufriedenheit bei den Anwendern erzeugen; auf diese Weise sichern Sie sich wertvolle Unterstützung und Begeisterung für die nächsten Schritte. Vermeiden Sie aber den *Tunneleffekt* einer Implementierung, die sich über Monate oder sogar Jahre hinzieht.

Management nach Terminplan. Wenn Sie versuchen, zunächst das *Budget* zu steuern und erst in zweiter Instanz den *zeitlichen Rahmen* in Grenzen zu halten, werden Sie vermutlich keines von beidem erreichen. Sorgen Sie dafür, dass Ihre Leute ihre Arbeiten termingerecht erledigen und Prioritätskonflikte lösen.

Projektsponsoren auf allen Ebenen suchen. Für eine erfolgreiche CRM-Implementierung brauchen Sie nicht nur das Engagement des Marketingleiters, des Verkaufsleiters und des IT-Leiters, sondern auch die Unterstützung der Manager des Außendienstes vor Ort. Andernfalls werden Sie die Feststellung machen, dass die einzelnen Mitarbeiter mehr an der Erreichung ihrer Verkaufsziele interessiert sind als an der Durchführung des Projekts.

Aversion gegen Wandel überwinden. Zwei Drittel der Fortune-500-Unternehmen sind der Meinung, kulturelle Widerstände seitens der Manager und anderer Mitarbeiter seien das größte Hindernis für technologische Implementierungen. Und mehr als die Hälfte geben an, interne Gruppen stellten die größte Herausforderung für eine effektive Zusammenarbeit der Supply-Chain-Partner dar. Wie können Sie Interesse am neuen System wecken und fördern? Sie brauchen einen Plan für die Information und Einbeziehung aller Beteiligten, der alle Projektphasen erfasst. Wenn Sie beispielsweise die künftigen Anwender bitten, beim Entwickeln und Testen des Systems mitzuarbeiten, sind diese umso eher in der Lage zu begreifen, welche Vorteile für ihre eigene Arbeit damit verbunden sind. Und anschließend ernennen Sie „Champions", die anderen Anwendern beibringen, wie die neue Software am besten einzusetzen ist.

Den Anwendern Gelegenheit geben, das System kennen zu lernen. Sie können von Ihren betrieblichen Nutzern nicht erwarten, dass sie bereitwillig neue Arbeitsmethoden anwenden, wenn sie nicht damit umzugehen lernen. Es kommt entscheidend darauf an, dass die Anwender die Systemfunktionen voll auszuschöpfen verstehen. Ganz besonders trifft dies auf globale Unternehmen zu, bei denen E-Business-Transaktionen beispielsweise im Rahmen unterschiedlicher Zahlungsbedingungen und unterschiedlicher Durchführungsbestimmungen abgewickelt werden.

Outsourcing in Erwägung ziehen. Anstatt eine gängige Standardsoftware im eigenen Unternehmen zu installieren, sollten Sie auch überlegen, ob Sie einen über das Web integrierten Applikationsdienstleister (Application Service Provider, ASP) in Anspruch nehmen wollen. Sie können nicht alle mit der Projektdurchführung verbundenen Aktionen ausgliedern – vor allem nicht die Aufgabe, die Anwenderakzeptanz zu fördern. Aber Sie können die Kosten für Installation, Wartung und Aufrüstung sparen und stattdessen Zugangs- und Nutzungsgebühren zahlen und zugleich Ihre Implementierung vorantreiben. ASP-Dienstleister bieten in aller Regel vielen Unternehmen dieselbe Version einer zentralen Applikation an, bei der kundenspezifischen Erfordernissen im Hinblick auf Geschäftsprozesse und Software-Funktionalität nur minimal Rechnung zu tragen ist.

Das Risikopotenzial

Je tiefer die Informationstechnologie in das Unternehmen vordringt und Verbindungen zur Außenwelt herstellt, desto größer werden die Risiken im Zusammenhang mit Systemsicherheit und Datenintegrität. Zukunftsorientierte CFOs stellen sich der anspruchsvollen Aufgabe, das tradierte finanz- und betriebswirtschaftliche Risikomanagement mit *E-Business-Risikomanagement* zu verbinden. Dabei geht es nicht nur darum, die Interessen des Unternehmens zu wahren, sondern auch darum, Kunden, Aktionäre und andere Stakeholder zu schützen. Unternehmen, denen es nicht gelingt, die mit dem E-Business verbundenen Risiken in den Griff zu bekommen, gehen das größte Risiko schlechthin ein – nämlich ins Aus gedrängt zu werden.

Bei der Vorbereitung ihres Web-Auftritts haben sich die Unternehmen bereits mit einigen Problemen der Netzwerksicherheit auseinander gesetzt. Der Vorstoß ins E-Business ist mit weitaus stringenteren Auflagen verbunden. Vielen Unternehmen behagt die Vorstellung nicht, dem Internet ihre geschäftsentscheidenden Beziehungen zu Kunden, Lieferanten und anderen Geschäftspartnern anzuvertrauen. Stattdessen richten sie ein Extranet auf der Basis eines der breiten Öffentlichkeit nicht zugänglichen Kanals ein – zum Beispiel ein Mehrwertdienste-Netz (Value-added Network, VAN) oder ein virtuelles Privatnetz (Virtual Private Network, VPN).

Um Missbrauch der vernetzten Systeme und Informationen zu verhindern, bedarf es einer sorgfältigen Abwägung der Sicherheitstechnologie. Der CFO muss investieren, *bevor* größere Risiken auftauchen; Schutzvorrichtungen lassen sich nicht im Nachhinein einbauen. Dave Farber ist ein Internetpionier und seit kurzem Leiter des Technologiedienstes bei der US Federal Communications Commission. Sein Kommentar lautet: „In der Welt, in der wir uns zunehmend bewegen, müssen wir für Sicherheit zahlen – so oder so. Die Frage lautet: Wollen Sie zahlen, um sich vom Sicherheitsmangel zu erholen, oder wollen Sie zahlen, um Sicherheit zu gewährleisten?"[5]

E-Business-Unternehmen investieren in so genannte Firewalls in Form von Hardware- und Softwaresystemen, die durch Abschirmung des Informationsflusses zwischen den Netzwerken gegen unbefugten Zugang zur internen IT-Umgebung schützen sollen (Abbildung 7.3). Einige Firewalls sehen auch Virenerkennungsprogramme in Ergänzung zu einschlägigen PC-Programmen und anderen Methoden zur Abwehr von Computerviren vor. Fortschrittliche Technologien wie Datenverschlüsselung und digitale Unterschriften machen weitere wichtige Funktionen bei der Durchführung elektronischer Transaktionen möglich, unter anderem Zugriffsberechtigung der Teilnehmer, Schutz vertraulicher Informationen und Verbindlichkeit von Vereinbarungen.

Allerdings können die besten Sicherheitsvorkehrungen Ihr Unternehmen nicht vor Störungen schützen, wenn die Applikationen als solche unzulänglich sind oder schlecht funktionieren. Bei Fragen der Systemzuverlässigkeit haben Sie als CFO nur begrenzte Optionen:

- Wählen und installieren Sie Lösungen, die robust genug sind, um Ausfallsicherheit zu gewährleisten.
- Sorgen Sie dafür, dass diese Lösungen hinreichend durch qualitativ hochwertige IT-Servicefunktionen unterstützt werden, die der Komplexität der E-Business-Software gewachsen sind.
- Arbeiten sie mit Anbietern zusammen, um Funktionalität und Zuverlässigkeit zu verbessern.

Für die Ebene des PC-Arbeitsplatzes, über den in erster Linie auf unternehmensweite oder arbeitsgruppenspezifische Applikationen zugegriffen wird, verspricht das Betriebssystem Windows 2000 Professional er-

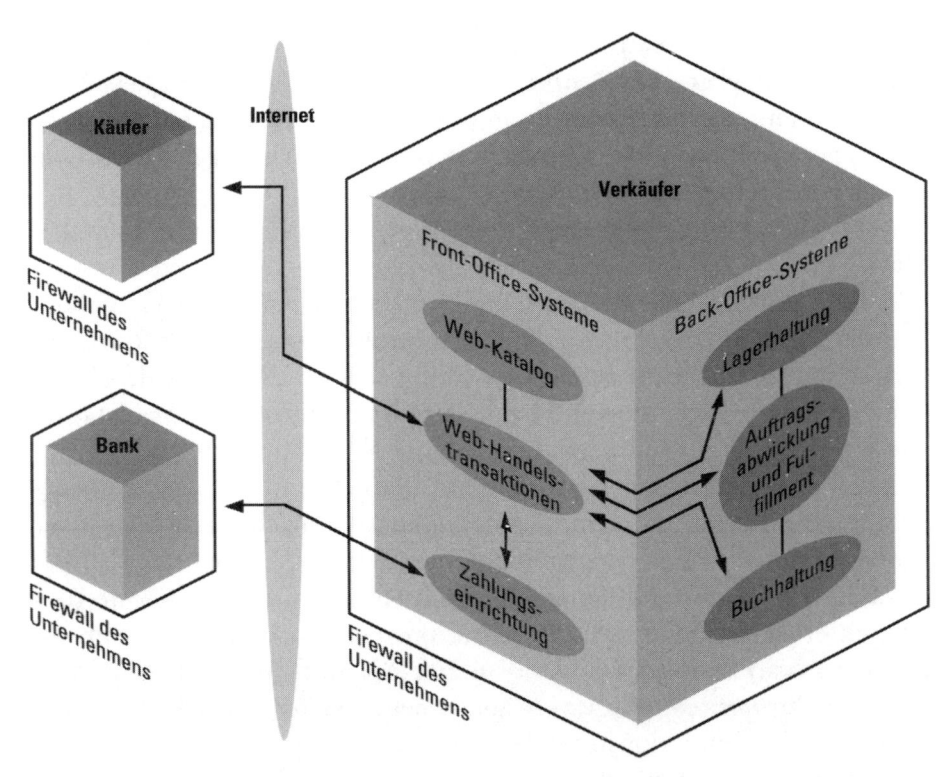

Abb. 7.3: Austausch umfangreicher, hochwertiger Datenbestände zwischen E-Business-Unternehmen

höhte Zuverlässigkeit. So kopiert das Leistungsmerkmal IntelliMirror automatisch PC-Applikationsinformationen und -Konfigurationen auf einen Windows-2000-Server. Damit können die Nutzer nicht nur von jedem PC-Arbeitsplatz im Unternehmen aus auf ihre Applikationen und PC-Konfigurationen zugreifen – auch Softwareprobleme lassen sich schneller lösen.

Förderung von Business Intelligence

Schon ERP-Systeme erzeugen riesige Datenmengen. Das E-Business bringt noch zusätzliche Quellen für Unternehmensdaten mit sich und verleiht ihnen überdies externes Gewicht. Beispielsweise setzen Unternehmen ihre CRM-Applikationen ein, um ausgehend von verschiedenen

Vermittlung einer neuen Systemvision

Kontaktpunkten – etwa Websites, E-Mail, Telefonverkäufe und Helpdesks – ausführliche Kundenprofile zu erstellen. Wie in der alten Wirtschaft besteht die Herausforderung auch in der New Economy nicht darin, potenziell wertvolle Daten zu *sammeln*, sondern sie *zur Erzielung von Wettbewerbsvorteilen zu nutzen.*

Und wer ist dafür verantwortlich, dass die voluminösen Datenbestände auch wirklich als Entscheidungsbasis genutzt werden? Für Tom Meredith gibt es nur eine Antwort: Dem Finanzbereich als Geschäftspartner fällt die Aufgabe zu, „Daten in Informationen und Informationen in Wissen umzuwandeln". Und weiter sagt er: „Wenn Sie dieses Niveau erreicht haben, können Sie großartige Leistungen im Hinblick auf die Steigerung von Kundenwert und Shareholder Value erreichen."

Die Entscheidungshilfe ist besonders effektiv, wenn Managementprozesse und Informationen – strategischer, finanzieller und operativer Art – nahtlos funktionsübergreifend integriert sind. Abbildung 7.4 verdeutlicht die Effektivität einer solchen Integration. Die *Daten* interner wie externer Herkunft werden zusammengefasst und mit Zielen im Rahmen des Prozesses der Performance-Messung verglichen, so dass daraus *Informationen* für das Management abgeleitet werden können. Mithilfe von Simulationsmodellen und Szenarien werden diese Informationen in *Wissen* als Basis für die strategische Planung umgewandelt. Der Zyklus schließt sich wieder, indem aus den Plänen Zielvorgaben für die betriebliche Performance abgeleitet werden.

Wie wir in Kapitel 6 gesehen haben, liegt diese Form der Unternehmensführung für viele Unternehmen nach wie vor in weiter Ferne. Vor allem fehlt es an Systemen, die ihnen die erforderliche Business-Intelligence-Analyse ermöglichen. In den meisten Fällen werden in den verschiedenen Geschäftsbereichen getrennte Applikationen eingesetzt, ohne dass hinreichende Verbindungen beispielsweise zur Zusammenfassung von Kundendaten vor Ort sind. Wie das folgende Fallbeispiel zeigt, können Unternehmen schon durch kurzfristige Systeminvestitionen von verbesserter Entscheidungsfindung, Kostensenkung und Risikoreduzierung profitieren.

Förderung von Business Intelligence

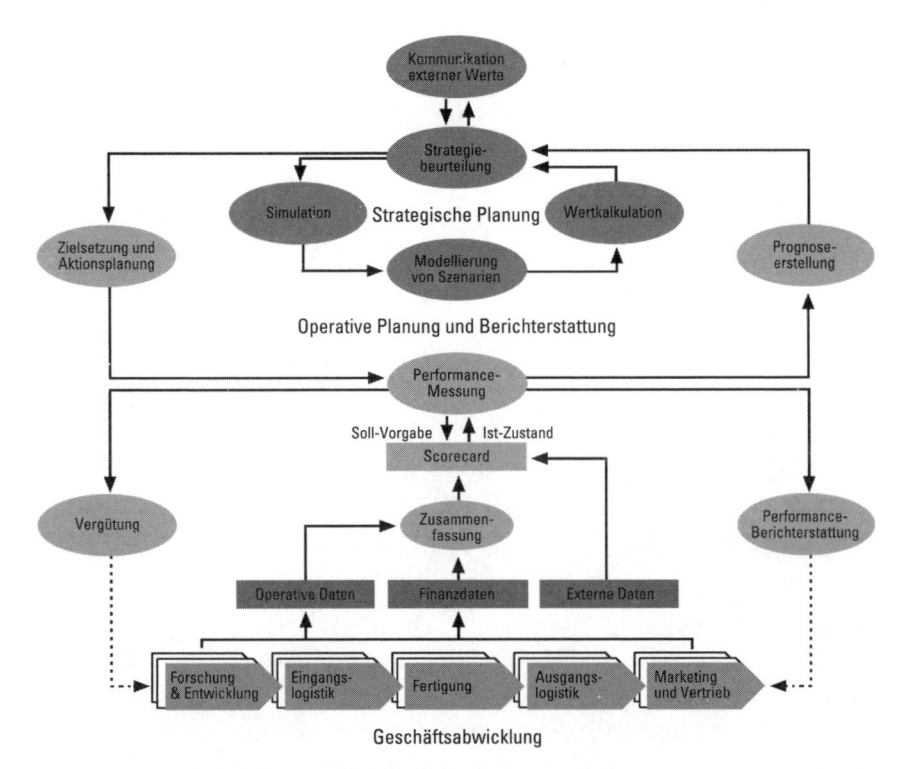

Abb. 7.4: Entscheidungshilfe: Prozesse und Informationen im Überblick

> *Fallbeispiel*
> ***Einführung eines integrierten unternehmensweiten analytischen Reporting-Systems***
> Das hier beschriebene Unternehmen bezeichnet sich als „hoch verdrahtete" Medien- und Informationsgruppe. Die Geschäftseinheiten des Unternehmens in Europa und in Nord- und Südamerika konzentrieren sich auf Rundfunksendungen, Untersuchungen des Verbrauchermarkts und Business-Serviceleistungen. So ist eine dieser Geschäftseinheiten auf die Bereitstellung von Informationen für die Hightech- und die Internet-Branche spezialisiert.
> Mehr denn je ist der CFO in der Unternehmenszentrale auf einen schnellen Zugang zu knappen und präzisen Informationen über Trends, Profitabilität, Ertragsresultate und maßgebliche Perfor-

mance-Indikatoren angewiesen. Sein Kommentar: „Vor uns liegt unter anderem die Aufgabe, die dynamische Entwicklung unserer neuen Internetfirmen zu verstehen und herauszufinden, wie die Berichterstattung dieser Firmen bei der Zentrale aussehen soll. Die derzeitigen Systeme haben allerdings schwer zu kämpfen, uns die entsprechenden Informationen zu liefern."

Die unabhängig geführten Geschäftseinheiten des Unternehmens arbeiten mit eigenständigen transaktionsverarbeitenden Systemen verschiedener Anbieter wie PeopleSoft, JD Edwards und Oracle. Der CFO sagt: „Was wir brauchen, ist ein internetbasiertes System zur Datenzusammenfassung und Berichterstattung, das uns nicht nur Kennzahlen, sondern Informationen von unseren Niederlassungen bereitstellt und meinem Personal die Analyse der Zusammenhänge ermöglicht. Was wir nicht brauchen können, ist der Umstand, dass wichtige Mitarbeiter Zeit mit der Datengewinnung vertun, die Daten umschlüsseln müssen und Ad-hoc-Berichte auf der Basis arbeitsintensiver Tabellenkalkulations- und Textverarbeitungsprogramme erstellen."

Das Unternehmen entschied sich für eine Produktkombination mit dem Ziel, ein integriertes Gruppen-Berichtssystem zu ermöglichen, bei dem finanzielle und nicht-finanzielle Informationen mit zusätzlichen Erläuterungen für die Führungskräfte kombiniert werden. Das Unternehmen setzt ein Online-Tool für die analytische Verarbeitung sowie das multidimensionale Konsolidierungssystem von Clime ein, unterstützt durch Internet-Kommunikationstechnologien wie Citrix Winframe und virtuelle Privatnetze.

Die Lösung ist dazu angetan, Zeit und Kosten zu sparen und zugleich Echtzeit-Wissen als Grundlage für wichtige Geschäftsentscheidungen bereitzustellen. Dazu der CFO: „Wenn es darum geht, Geschäftsresultate zu erläutern, will ich das Warum und nicht das Was erfahren. Für uns ist dieses Tool von entscheidender Bedeutung – es unterstützt uns bei unserem Vorstoß ins B2B- und B2C-Geschäft. Jetzt sind wir in der Lage, der Geschäftsführung in der Unternehmenszentrale und den Leitern der Geschäftseinheiten begründete Analysen und Argumente vorzulegen – zusammen mit einschlägigen Zahlen."

In einer zunehmend wettbewerbsgeprägten und komplexen Marktsituation wird die Business-Intelligence-Technologie den Unternehmen auch künftig eine hoch leistungsfähige analytische Funktionalität bereitstellen – und die CFOs mit immer schwierigeren Herausforderungen bezüglich der Auswahl von Softwareoptionen konfrontieren. Das Marktforschungsunternehmen Gartner veröffentlicht dazu einige interessante Voraussagen: Bis 2003 wird der Markt für Business-Intelligence-Software trotz rückläufiger Preise insgesamt eine jährliche Wachstumsrate von 30 % und damit 7 Milliarden Dollar erreichen. 70 % des Verbrauchermarkts werden Zugang zu Business-Intelligence-Tools haben – unter Einbeziehung der Mitarbeiter auf allen Unternehmensebenen. Und mindestens die Hälfte der Fortune-500-Unternehmen wird eine *E-Intelligence*-Strategie verfolgen.

Unter den derzeitigen Marktbedingungen lässt sich die Business-Intelligence-Technologie in drei große, miteinander in Wechselbeziehung stehende Gruppen einteilen:

- *Business-Intelligence-Store*: Durch Erfassung, Organisation, Säuberung und Bereitstellung multidimensionaler Datenbankstrukturen ermöglichen solche Speichereinrichtungen einen leichteren Informationszugriff seitens der Anwender oder analytischer Applikationen. Einige Unternehmen kombinieren ihre Business-Intelligence-Store mit einem ETL-Tool (zum Extrahieren, Transformieren und Laden), um ihre Daten zu integrieren.
- *Business-Intelligence-Plattformen*: Diese Softwareplattformen ermöglichen Programmierern und gegebenenfalls Endanwendern die Erstellung maßgeschneiderter analytischer Applikationen. IDC zufolge werden innerhalb der nächsten beiden Jahre fast 70 % aller Unternehmensinvestitionen in Business-Intelligence-Applikationen auf die Erarbeitung eigener Softwarelösungen anstelle der Anschaffung von Standardsoftware abzielen.
- *Business-Intelligence-Applikationen*: Bei diesen besonders fortschrittlichen Produkten handelt es sich um Online-Tools für die Erstellung von OLAP-Analysen (Online Analytical Processing), für die Berichterstattung, die Finanzplanung und strategische Planung sowie für das Performance-Management und andere Software, die den Anwendern die Datenanalyse erleichtert. Einige Applikationen umfassen auch

einen kleinen Business-Intelligence-Store, der vordefinierte Kalkulationen und Indizes erstellt und damit einen schnelleren Informationszugang bietet.

In der Vergangenheit haben viele Unternehmen ihre Anwendungen für die Entscheidungshilfe betrieben, ohne die Warehousing-Technologie zur besseren Ausschöpfung ihrer Datenbasis zu nutzen. Das können sie sich jetzt nicht mehr leisten. Mit ihrer Ausrichtung auf die E-Business-Welt ermöglicht der moderne Business-Intelligence-Store eine viel schnellere und raffiniertere Nutzung der Applikationen. In vielen Fällen umfasst der Store eine Kombination von Komponenten. So stehen vielleicht – ausgehend vom unternehmenseigenen Data Warehouse mit seinen grobkörnigen Daten – ein betrieblicher Datenspeicher (Operational Data Store, ODS) und eine Reihe thematisch spezialisierter Data Marts zur Verfügung. Zusätzlich kann ein Warehouse mit Suchfunktionen zum Data Mining installiert werden, das Datenmuster, Assoziationen, Veränderungen und Unregelmäßigkeiten aufzeigt.

Mit einer solchen „Informationsfabrik" vor Ort können sämtliche Mitarbeiter im Unternehmen im Kontext unzähliger geschäftsentscheidender Problemstellungen buchstäblich Soforthilfe abfragen. Um die richtigen Tools am PC-Arbeitsplatz bereitstellen zu können, müssen die CFOs in neuartige Funktionen investieren. Beispielsweise sind neue Analysefunktionen erforderlich, um immaterielle Vermögenswerte wie Kunden und Marken (Kapitel 4) erfassen zu können. Betriebliche Simulationsmodelle müssen in der Lage sein, die neuen finanziellen und nichtfinanziellen Werttreiber abzubilden und Szenarien zu den neuen Risiken zu testen. Eine kooperative Prognoseerstellung ist erforderlich, um eine koordinierte Geschäftsabwicklung innerhalb des Unternehmens und mit den Kunden zu unterstützen. Die Performance-Überwachung muss dynamischer erfolgen und enger an die Vergütungs- und Anreizsysteme gekoppelt werden. Und zunehmend wird auch der Informationsaustausch mit externen Stakeholders, die Investoren eingeschlossen, über das Web abgewickelt werden.

Bei der Auswahl konkurrierender analytischer Anwendungen gilt es – wie bei anderen E-Business-Applikationen auch –, zunächst nach der Funktionalität Ausschau zu halten, die den spezifischen Erfordernissen des eigenen Unternehmens gerecht wird. Führende ERP-Anbieter ent-

Förderung von Business Intelligence

wickeln derzeit Business-Intelligence-Komponenten bei ihrer Standardsoftware, um webfähige Funktionen für die *strategische Unternehmensführung* anbieten zu können. SCM- und CRM-Hersteller sowie besonders findige Anbieter haben noch viele andere Optionen im Angebot. Für das Finanzmanagement sind besonders die Produkte von Hyperion, Cartesis und Comshare zu empfehlen. Abbildung 7.5 veranschaulicht die „Anbieter-Szene" für allgemeine Business-Intelligence-Applikationen aus der Sicht des Marktforschungsunternehmens Gartner.[6]

Welche Lösung Sie als CFO auch immer in Erwägung ziehen – Sie sollten unbedingt auf die folgenden Entscheidungshilfe-Kriterien achten:

- *Zugänglichkeit*: Das System muss zum Zeitpunkt der Entscheidungsfindung einen mühelosen Zugriff auf die relevanten Informationen ermöglichen.
- *Reaktionsgeschwindigkeit*: Das System sollte dynamisch und hoch automatisiert sein, um eine Echtzeit-Entscheidungsfindung zu unterstützen und sicherzustellen, dass bei Veränderung der Marktbedingungen angemessene und rechtzeitige Reaktionen ausgelöst werden.

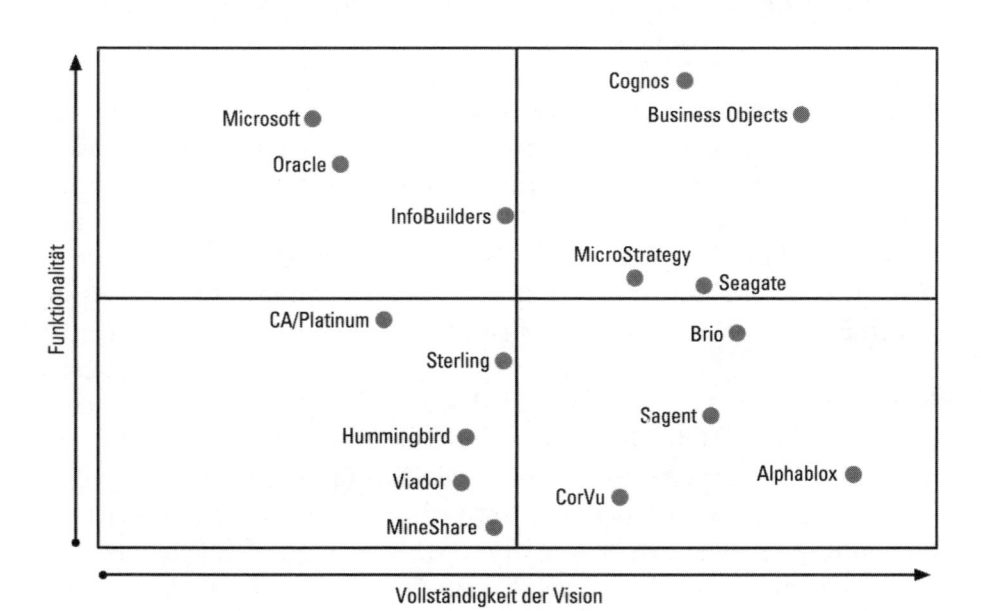

Abb. 7.5: Anbieter von Business-Intelligence-Applikationen
(mit freundlicher Genehmigung von Gartner)

Vermittlung einer neuen Systemvision

- *Flexibilität*: Das System muss sich so anpassen lassen, dass veränderten Informationsbedürfnissen Rechnung getragen wird – zum Beispiel dann, wenn durch Veränderungen der organisatorischen Strukturen und Prozesse andere Informationen benötigt werden.
- *Simultan-Zugriff*: Das System sollte allen Anwendern im Unternehmen den Zugriff auf einen gemeinsamen Informationsspeicher und damit eine einheitliche Entscheidungsbasis bieten.
- *Multidimensionalität*: Das System muss in der Lage sein, komplexe Finanzkalkulationen durchzuführen; beispielsweise sollte es den Anwendern die Aufschlüsselung von Shareholder Value nach Geschäftseinheit, Marke, Kanal oder Kunde und die Darstellung von Szenarien im Zeitvergleich ermöglichen.
- *Robustheit und Skalierbarkeit*: Das System muss ungeheure Datenmengen aus unterschiedlichen internen und externen Quellen integrieren können und in der Lage sein, gleichzeitige Abfragen seitens einer Vielzahl von Anwendern aus den verschiedenen Teilen des Unternehmens zu bewältigen.
- *Offenheit*: Das System muss die Integration ergänzender Drittanbieter-Applikationen zulassen, um zu gewährleisten, dass die IT-Umgebung des Unternehmens die benötigte Funktionalität bereitstellt und künftige Entwicklungen berücksichtigen kann.
- *Anwenderfreundlichkeit*: Das System sollte nicht nur eine raffinierte Funktionalität für fortgeschrittene Anwender bereitstellen, sondern auch betrieblichen Entscheidungsträgern ohne finanzwirtschaftliche oder IT-spezifische Kenntnisse eine leichte Anwendung ermöglichen und überdies leicht zu konfigurieren und zu verwalten sein.
- *Konsistenz und Datenintegrität*: Alle Anwender müssen Vertrauen zu den bereitgestellten Informationen haben.

Natürlich kann die Überprüfung des Angebots an Business-Intelligence-Software auf der Suche nach der geeignetsten Lösung für Ihr Unternehmen nur der erste Schritt sein. Der Erfolg steht und fällt mit der Anwendung der Best-Practice-Empfehlungen, wie sie weiter oben in diesem Kapitel angesprochen wurden; vor allem gilt es, alle Dimensionen des Systemwandels zu bewältigen. Gescheiterte Implementierungen sind kaum jemals das Resultat einer falschen Technologie. Wenn Sie Ihre neuen Systeme optimal nutzen wollen, müssen Sie auch den damit zusammenhängenden Problemstellungen im Hinblick auf Prozesse, Organisation, Mitarbeiter, Kultur und Kommunikation Aufmerksamkeit schenken.

Investition in den Integrationsrahmen

Die Unternehmen sehen sich durch das E-Business zur Integration von Systemen auf einem höheren Interaktionsniveau als je zuvor gezwungen. Die Fähigkeit, Supply Chains schnell anzupassen, in Zusammenarbeit mit den Geschäftspartnern Pläne und Programme zu erstellen und den Umgang mit der Kundschaft zu personalisieren: Dies alles setzt eine enge Integration zwischen den eigenen – neuen und alten – Systemen des Unternehmens sowie zwischen diesen Systemen und den Systemen außerhalb des Unternehmens voraus.

Wie können Sie erreichen, dass Applikationen, die auf verschiedenen Technologien beruhen und für verschiedene Geschäftsprozesse und Datenmodelle eingesetzt werden, in einem gemeinsam genutzten Netzwerk miteinander verbunden sind? Wie können Sie neue Systeme schnell und unter minimaler Störung des Geschäftsalltags integrieren?

> **Die Unternehmen sehen sich durch das E-Business zur Integration von Systemen auf einem höheren Interaktionsniveau als je zuvor gezwungen.
> Wie können Sie neue Systeme schnell und unter minimaler Störung des Geschäftsalltags integrieren?**

Die Komponenten der Anwendungssoftware eines ERP-Anbieters einschließlich der Erweiterungen der Kernfunktionalität zur E-Business-Unterstützung sind vielfach bereits integrationsfähig. Doch wenn Sie die Applikationen verschiedener Anbieter miteinander verbinden wollen, benötigen Sie Drittanbieter-Software. Derzeit wird eine neue Kategorie von Integrationsprodukten entwickelt: Die so genannte Enterprise Application Integration (EAI) Middleware soll Anwendungen miteinander verbinden, ohne dass anwendungsspezifische Programmierarbeit anfällt. Wie die herkömmliche Middleware (zum Beispiel Fernprozeduraufrufe und botschaftsorientierte Middleware) nimmt das EAI-Produkt den Entwicklern das Programmieren zur Bewältigung eines zuverlässigen Datentransfers und die Gewährleistung transaktionsbezogener Integrität ab. EAI-Produkte bieten auch eine betriebswirtschaftliche, die Funktionalität verschiedener Applikationen verknüpfende Logik und ermöglichen die Übersetzung verschiedener Datenformate. Darüber hinaus sorgen solche Produkte dafür, dass die eine Applikation, ausgelöst durch ein bestimmtes Ereignis im Geschäftsbetrieb, Funktionalität in einer anderen aufruft. Beispielsweise könnte ein E-Business-Server ein ERP-System veranlassen, die Vorrätigkeit eines Produkts zu überprüfen, bevor ein Web-Auftrag angenommen wird.

Anbieter wie CrossWorlds, STC, Vitria und Tibco liefern vorgefertigte EAI-Konnektoren für gängige Standardapplikationen wie ERP-, CRM- SCM- und Datenbank-Systeme, aber auch Tools zur Entwicklung von Verbindungssymbolen für kundenspezifische Software. Als Ziel wird die gemeinschaftliche Nutzung von Informationen mit allenfalls geringfügiger Veränderung an Applikationen und Datenstrukturen angestrebt – eine gute Nachricht für CFOs, die eine Aufrüstung der Systemfunktionen ihrer Unternehmen beabsichtigen, Umbrüche in der vorhandenen IT-Anlage aber vermeiden wollen. Altsysteme, die noch wertvolle Dienste leisten, können bleiben. Manuelle Verbindungen zwischen Applikationen, die ursprünglich nicht für eine Zusammenarbeit gedacht waren, können automatisiert werden (Automatisierung von Geschäftsprozessen). Und schließlich kann auch eine einheitliche Perspektive getrennter Applikationen erreicht werden – beispielsweise dann, wenn ein Unternehmen eine andere Firma mit einem unterschiedlichen Auftragseingangssystem akquiriert.

Für Unternehmen, die ihre tradierten Geschäftsmodelle überdenken und E-Business-Betriebe gründen wollen, kann die EAI-Technologie genau das Bindemittel sein, das die neue, eher virtuell strukturierte Organisation zusammenhält.

Fallbeispiel
Entwicklung eines neuen Business-Modells mithilfe von EAI-Middleware

Ein Automobilhersteller mit Fertigungsbetrieben in den USA und in Europa wollte die Technologie nutzen, um den Anforderungen von Kunden gerecht zu werden, die nicht länger auf ihre Spezialaufträge warten wollten.

Die Vision: Die Kunden benutzen einen internetbasierten Konfigurator und treffen eigenständig Entscheidungen über Produkt-, Preis- und Lieferoptionen. Anschließend können sie den Wagen entweder online bestellen und die tradierten Verkaufskanäle ganz umgehen oder aber den nächsten Händler aufsuchen, der das Wunschmodell anbietet. Die Interaktion zwischen den verschiedenen Prozessen und Systemen wird von einem unternehmensweiten EAI-System (Enterprise Application Integration, EAI) abgewickelt. Wichtig ist, dass der Kunde Echtzeit-Informationen über Lagerbestände und Produktionspläne erhält. Die spezifischen Kundenwünsche werden automatisch weitergeleitet an Verkauf, Einkauf, Fertigung, Vertrieb, Rechnungserstellung, Finanzwesen, Kundenservice und Marketing.

Die Umsetzung dieser Vision konfrontierte das Unternehmen mit schwierigen Aufgaben. Das vorhandene Geschäftsmodell basierte auf Massenproduktion, Standardspezifikationen und langen Vorlaufzeiten, so dass die internen Prozesse und Systeme mit den neuen Anforderungen hinsichtlich individueller Kundenwünsche nicht vereinbar waren. Auch die externen Verbindungen waren verbesserungsbedürftig – zum Beispiel die Verbindung zu Komponentenanbietern.

Das Unternehmen erkannte, dass es das eigene Geschäftsmodell auf der Basis integrierter Prozesse und Systeme umgestalten musste, und bezog Kunden und Lieferanten in die kooperative Entwicklung ein. Die Entscheidung fiel zugunsten eines Vitria-Produkts: Das BusinessWare-EAI-Tool war in der Lage, sämtliche Phasen zu unterstützen – von der Analyse der Integrationserfordernisse einschließlich Systemschnittstellen, einheitlicher Datenformate und vernetzter Abwicklung der Geschäftsprozesse bis hin zur Konstruktion als solcher.

Vermittlung einer neuen Systemvision

> *Anstatt eine Direktroute zur Implementierung des Gesamtmodells mit seinen integrierten Prozessen und Systemen zu planen, bezog das Unternehmen Kunden und Lieferanten in eine schrittweise Entwicklung ein. So bestand der erste Schritt in der Nutzung des Web, um den Kunden Produktinformationen und Preise bereitzustellen. Bei solchem Vorgehen blieb das Risiko auf ein Minimum beschränkt und zugleich konnten schon früh Erfolge verbucht werden.*

Selbst bei Anwendung einer speziellen Middleware bedeutete die Verknüpfung heterogener Applikationen für den Automobilhersteller im oben beschriebenen Fallbeispiel eine komplexe Aufgabe. Wie in vielen Unternehmen, die nicht die Fachleute haben, um E-Business-Systeme zu installieren und zu verwalten, wurden auch hier bei der Umsetzung der neuen Vision externe Berater hinzugezogen.

Die Entwicklung der XML-Sprache (Extensible Markup Language) verheißt für die Zukunft eine *Plug-and-Play*-Applikationsintegration: Reinstecken und Betreiben. Diese *Metasprache*, eine Sprache zur Beschreibung von Sprachen, entwickelt sich zur Standardsyntax für die Informationsdarstellung, so dass diese zwischen unterschiedlichen Systemen ausgetauscht und interpretiert werden kann. Zu den XML-basierten E-Business-Sprachen zählen der für die Erstellung von Finanzberichten entwickelte XBRL-Standard (Extensible Business Report Language) und der XQL-Abfragestandard (Extensible Query Language) zum Extrahieren von XML-Sätzen aus Datenbanken. Mit zunehmender Beliebtheit des XML-Standards wird es erheblich einfacher, dem Anwender Zugang zu einer Vielzahl von Quellen zu vermitteln – und genau das ist die Aufgabe eines unternehmensweiten Informationsportals (Enterprise Information Portal, EIP).

Aufbau eines CFO-Portals

Die EIP-Technologie bietet dem CFO bisher ungeahnte Möglichkeiten zur Ausweitung von Business Intelligence auf Entscheidungsträger in allen Unternehmensteilen. Über eine Web-Browser-Schnittstelle können die Mitarbeiter auf Wissensdatenbanken zugreifen, die Informationen nicht nur aus den internen Systemen, sondern auch aus externen Quellen (Kunden, Lieferanten, Partner und Konkurrenten) umfassen.

EIPs sind nach dem Modell erfolgreicher Internet-Verbraucherportale wie Yahoo! und Excite aufgebaut, die den Anwendern von einem einzigen Punkt aus Zugang gewähren: Von dort aus starten sie ihre Suche nach Informationen im Rahmen einer Organisationsstruktur, die einfach zu verstehen und anzuwenden ist. Mit den steigenden Informationsmengen ist auch in den Unternehmen der Bedarf an einem solchen Zugriffspunkt entstanden. Mittlerweile ist es so, dass die Mitarbeiter aufgrund ihrer Vertrautheit mit Internet-Portalen geradezu *erwarten*, dass ihnen die unternehmensinternen Systeme vergleichbare Möglichkeiten bieten.

Ein gut aufgebautes EIP verhilft den einzelnen Mitarbeitern dazu, wertvolle Informationen im Rahmen ihrer Arbeit zu organisieren und zu nutzen.

- Es bietet eine gemeinsame Schnittstelle zu Daten aus verschiedenen Anwendungen auf der Basis von Technologien wie EAI-Middleware.
- Es integriert Applikationsversionen mit eingeschränkter Funktion und ermöglicht den Anwendern auf diese Weise, ein Dokument auch dann einzusehen oder zu bearbeiten, wenn sie nicht über die volle Applikation verfügen.
- Es schafft ein gewisses Maß an Ordnung im vernetzten IT-Umfeld auch in solchen Fällen, in denen die IT-Struktur sehr kompliziert und unhandlich geworden ist.

Das steigende Interesse an EIPs hat zu einer Explosion in der Wissensmanagement-Technologie und den damit verbundenen Serviceangeboten geführt. So werden bereits viele Standardlösungen im Bereich des Wissensmanagements als EIPs beschrieben. Je nach Spezialisierung des Anbieters weisen solche Lösungen unterschiedliche Stärken auf. Einige bieten keine vollumfänglichen Portale, sondern eher punktuelle Lösungen. Andere Anbieter stellen Tools bereit, mit denen unternehmensspezifische EIPs aufgebaut werden können. Portal-Produkte sind beispielsweise TopTier, der Corporate Portal Server von Plumtree, der Digital Dashboard Starter Kit von Microsoft und Portal Framework von Oracle.

Vermittlung einer neuen Systemvision

Solchen Unternehmen, die eine Verwaltung und Wartung ihrer EIPs von Drittanbietern vorziehen, stehen zunehmend Outsourcing-Optionen zur Verfügung. Anbieter wie Netscape, CoVia und Epicentric bauen und betreiben Portale. Auch ausgelagerte vertikale Portal-Applikationen, die auf spezielle Branchenerfordernisse zugeschnitten sind, werden entwickelt.

EIP-Lösungen sollten die folgenden Kernfunktionen für das Auffinden und die Präsentation von Informationen umfassen: Such- und Abruffunktionen, Personalisierung, kooperative Filterung, Wissensdarstellung (Wissenslandkarten), Dokumentenmanagement und Workflow-Funktionen.

Such- und Abruffunktionen. Wenn lediglich Zugang zu mehr Inhalten von mehr Quellen geschaffen wird, trägt dies zur *Informationsüberlastung* bei – und das wäre genau das Gegenteil von Wissensmanagement. Das EIP muss effektive Online-Suchfunktionen mit einer nach Relevanz gestaffelten Organisation der abgerufenen Dokumente verbinden. Suchmaschinen, die neuartige Technologien wie die natürlichsprachliche Bearbeitung (beispielsweise auf der Verbraucher-Website AskJeeves) nutzen, können die Abfragen der Anwender leichter interpretieren – selbst dann, wenn sie in frei gesprochener Alltagssprache eingegeben werden. Immer wichtiger wird auch die Notwendigkeit, *nicht-textgebundene Daten* sowie textliche Daten zu archivieren und abzufragen – beispielsweise von Quellen wie Audio- und Videodateien. Als Lösung bietet sich beispielsweise das von Dragon Systems entwickelte Produkt Audio-Mining für Callcenter und Helpdesks an.

Die Suchmaschine sollte nicht nur Ad-hoc-Abfragen beantworten können, sondern den Anwendern auch durch automatische Überwachung der Informationsströme helfen. Zum Beispiel könnten Softwareagenten eingesetzt werden, um einschlägige neue Informationen über die Konkurrenz, die Marktsituation und demografische Entwicklungen zu ermitteln. Interessierte Anwender könnten per E-Mail benachrichtigt werden oder Zugang zu den entsprechenden Informationsbeständen per Unternehmensportal erhalten. Die einzelnen Anwender müssen mühelos die für sie interessanten Inhalte bestimmen und festlegen können, wie häufig sie Aktualisierungen wünschen – ein wichtiges Kriterium der Personalisierungsfunktion.

Personalisierung. Die Mitarbeiter sollten nur mit solchen Informationen konfrontiert werden, die für ihre Aktivitäten von Belang sind. Das EIP muss eine flexible Anwenderschnittstelle bieten, die einerseits Einheitlichkeit gewährleistet, andererseits aber auch den Aufbau maßgeschneiderter Arbeitsbereiche mit Verknüpfungen zu ausgewählten Daten und Applikationen zulässt. Die Anwender können nicht nur die Art der Inhalte bestimmen, die sie abrufen möchten (zum Beispiel interne Berichte oder externe Nachrichten), sondern auch die Art der Darstellung wählen. Andere Eigenschaften der Personalisierungsfunktion dienen dazu, die Mitarbeiter zu benachrichtigen, wenn sie eine E-Mail bekommen oder wenn Termine in eine integrierte Kalenderapplikation eingetragen werden.

Kooperative Filterung. Unter Umständen sind sich die Entscheidungsträger gar nicht der Existenz wertvoller Informationen bewusst oder sie sind zu beschäftigt, um danach zu suchen. Ein Filtermechanismus ermittelt Korrelationen zwischen Informationspräferenzen – sowohl *implizit* anhand bisheriger EIP-Vorgehensweisen als auch *explizit* als Reaktion auf Systemaufforderungen. Der Mechanismus erstellt daraufhin Voraussagen, welche Informationen einzelne Anwender oder Nutzergruppen – unter Bezugnahme auf ihre Ähnlichkeit mit anderen Anwendern – vermutlich erhalten möchten, und liefert entsprechende Empfehlungen. Beispielsweise werden die Außendienstmitarbeiter in einem bestimmten geografischen Bezirk automatisch über neue Informationen benachrichtigt, die Marktanalysten in einem anderen Bezirk für nützlich halten, wenn aufgrund früherer Abfragen eine hohe Korrelation mit ihren Interessen zu erkennen ist.

Wissensdarstellung (Wissenslandkarten). Die Klassifizierung von Daten in Gruppen ermöglicht einen Überblick über vorhandene Informationsressourcen, so dass relevante Ressourcen schnell ermittelt werden können. Doch selbst bei einer gut aufgebauten Segmentierung kann dies ein zeitraubendes Unterfangen sein, wenn sie in traditioneller hierarchischer Form dargestellt ist. Heutzutage können solche Klassifizierungen in dreidimensionale *visuelle Landkarten* umgewandelt werden (unter Benutzung von Tools wie Hyperbolic Trees von InXight). Bei einer solchen Präsentation können die Anwender viele Themenbereiche und Unterbereiche einschließlich ihrer Wechselbeziehungen gleichzeitig einsehen. Je nach Bedarf lassen sich ausgewählte Bereiche auch in weiteren Einzelheiten darstellen.

Je komplexer und dynamischer die EIP-Klassifizierung ist, desto anspruchsvoller wird die Aufgabe der Aktualisierung, damit neue Informationsquellen oder Konzeptveränderungen hinsichtlich der Themenbereiche berücksichtigt werden können. Manuell durchgeführte Neuklassifizierungen sind allenfalls bei Wissensmanagement-Ansätzen in sehr begrenztem Umfang akzeptabel. Wenn schon keine vollautomatische Klassifizierung erfolgen kann, sollte das System zumindest eine mühelose Aufteilung, Zusammenführung und Einrichtung von Kategorien ermöglichen.

Dokumentenmanagement und Workflow-Funktionen. Die EIP-Software sieht zunehmend auch Funktionen für die Organisation unstrukturierter und semistrukturierter Daten vor, indem sie *Metadaten* zur Beschreibung von Dokumenteneigenschaften bereitstellt. Diese Dokumentenverwaltungskomponente des Portals erleichtert den Zugang zu den Informationsmassen, die über das Internet abgerufen werden können. Die meisten Systeme umfassen Prozesse für das gesamte Dokumentenmanagement einschließlich Entwicklung, Modifizierung, Sicherheit, Genehmigung, Verteilung und Archivierung von Dokumenten. Führende Anbieter wie Documentum und Hummingbird stellen mittlerweile Workflow-Funktionen zum Aufbau automatischer Geschäftsprozesse bereit; auch diese Tools entwickeln sich zunehmend zu einer Standardeigenschaft von EIP-Lösungen.

Business Intelligence an vorderster Front

Unternehmen, die ein EIP einrichten, können ihre Investition in Systeme gewinnbringend nutzen, indem sie größeren Anwenderzahlen einen Informationszugang über so genannte Desktop-Gateways ermöglichen. Das Portal führt Anwender, die über keine spezifischen IT-Kenntnisse verfügen, schneller und müheloser zu den gewünschten Informationen, als wenn eine direkte Verknüpfung zu den Quellensystemen hergestellt werden müsste. Außerdem lassen sich im Rahmen ein und derselben grundlegenden Portalstruktur sowohl Content als auch Funktionalität an die Erfordernisse einzelner Benutzer oder Anwendergruppen, die in verschiedenen Geschäftsabläufen und Gemeinschaften tätig sind, anpassen.

Im folgenden Beispiel erfahren Sie, was der CFO eines globalen Getränkeherstellers unternommen hat, um die Verbreitung performancebezogener Informationen innerhalb der Finanzorganisation zu automatisieren – und wie das Unternehmen, ermutigt durch den großen Erfolg seines neuen Finanzportals, die Entwicklung weiterführt, um Entscheidungsträger im ganzen Unternehmen zu unterstützen.

> *Fallbeispiel*
> *CFO-Portal zur Entscheidungshilfe im Online-Selfservice*
>
> *Ein globaler Getränkehersteller war kürzlich eine Fusion eingegangen, was zur Folge hatte, dass die Finanzabteilungen – über 15 Länder verteilt – mit nicht standardisierten Prozessen und Systemen arbeiten mussten. Innerhalb des Finanzbereichs war nur wenig von Gemeinschaftssinn zu spüren; Möglichkeiten zur gemeinschaftlichen Nutzung von Wissen und Erfahrungen waren kaum gegeben. Die Finanzexperten fanden es schwierig, wenn nicht gar unmöglich, Zugang zu Informationen zu bekommen, die sie für ihren Wertschöpfungsbeitrag zur Unternehmensleistung benötigten.*
>
> *Als IT-Leiter und Hauptakteur in der Entwicklung der E-Business-Strategie des Unternehmens war der CFO gut positioniert, eine Lösung herbeizuführen: ein unternehmensweites Informationsportal, das jeden Finanzprofi mit einer intelligenten Website ausrüstete. Das Portal war so angelegt, dass der CFO und sein Team mit hilfreichen Daten und Tools verbunden wurden – unter Berücksichtigung der folgenden vier Prioritäten:*
>
> - *Verbesserung der Entscheidungshilfe-Funktion: Die Anwender haben Zugang zu entscheidungsrelevanten, kontinuierlich aktualisierten Performance-Daten, die es ihnen ermöglichen, maßgebliche Performance-Indikatoren (MPIs) dynamisch zu überwachen und Szenarienmodelle durchzuspielen.*

Vermittlung einer neuen Systemvision

- Wissensbeschaffung von externen Quellen: *Das Portal kombiniert aktuelle Unternehmensinformationen interner Herkunft mit einschlägigen Branchennachrichten, Wirtschaftsindikatoren, Medienkommentaren und Broker-Meinungen. Darüber hinaus liefert es externe Benchmarking-Resultate für Best Practices im Rahmen der Finanzverwaltung.*
- Förderung der Zusammenarbeit zwischen den Finanzsachbearbeitern: *Kommunikationssysteme auf der Basis eines virtuellen „Schwarzen Bretts", die Durchführung von Videokonferenzen und virtuelle Team-Besprechungsräume führen die Leute zusammen, um die neuesten Ergebnisse und Informationen zu diskutieren. Und der CFO nutzt das Portal, um regelmäßig Kommentare abzugeben und Frage/Antwort-Sitzungen zu veranstalten.*
- Erfüllung persönlicher Informations- und Kommunikationsbedürfnisse: *Die Mitarbeiter können sich über Suchabfragen und personalisierte Datenbereitstellung Informationsinhalte beschaffen und verfügen über E-Mail-Verbindungen und Tools für informelle Zwecke wie die Verfolgung von Aktienportfolios.*

Der CFO hielt sich an den Rat von Portal-Spezialisten und leitete die Implementierung damit ein, dass er zunächst die wichtigsten Anforderungen der Anwender berücksichtigte und nicht gleich versuchte, alle einschlägigen Informationen einzubeziehen. Auf diese Weise wurden schnell Vorteile realisiert und langwierige Content-Management-Bemühungen vermieden. Insbesondere zielte Phase 1 darauf ab, das Bewusstsein für die neu definierten MPIs im Fusionsbetrieb zu fördern, um so eine verbesserte Berichterstattung, Finanzplanung und Prognoseerstellung zu gewährleisten.

Das Projektteam hatte das Finanzportal innerhalb von nur fünf Wochen betriebsbereit: Man verfolgte einen pragmatischen Ansatz, der zwar die Funktionalität zu Anfang einschränkte, dafür aber Stil und Ethos des Unternehmens wahrte. Eine Momentaufnahme der MPI-Daten wurde herangezogen, um die Portal-Lösung praktisch zu testen und ihre Navigationsfähigkeit unter Beweis zu stellen. Das Portal war von Anfang an webfähig und zeichnet sich durch eine qualitativ hochwertige visuelle Präsentation und eine intuitive Or-

> *ganisationsstruktur aus – was dazu beiträgt, dass die Anwender die gebotenen Möglichkeiten gern in Anspruch nehmen.*
>
> *Ein Expertenteam aus leitenden Finanzmitarbeitern, das für die Bestimmung der Portal-Anforderungen zuständig war, setzte seine Arbeit in Phase 2 fort, so dass eine detaillierte technische Architektur entworfen werden konnte. Insbesondere kam es darauf an, das Portal mit einem betrieblichen Datenspeicher zu verbinden und so eine Echtzeit-Erfassung der MPI-Daten und anderer Informationen aus den Finanzdatenbanken zu ermöglichen.*
>
> *Mittlerweile fanden die Finanzexperten die Zusammenarbeit über internationale Grenzen hinweg schon einfacher. Und da sie die Faktoren, die den Resultaten und Zielen für die jeweiligen Geschäftsperioden zugrunde lagen, den betrieblichen Führungskräften verständlich machen konnten, besserte sich auch ihr Ansehen im Unternehmen.*
>
> *Der CFO bekam die auf 12 Monate veranschlagte Phase 3 ohne weiteres von der Geschäftsführung genehmigt. Das Portal soll über die Finanzorganisation hinausgehend mit unternehmensweiten Systemen verbunden werden, so dass auch andere funktionale Teams, unter anderem aus Marketing und Personalwesen, Zugang zu Informationsinhalten haben, die auf ihre spezifischen Bedürfnisse zugeschnitten sind.*

Aus diesem Fallbeispiel lassen sich wichtige Erfahrungen ableiten. Das vom Unternehmen durchgeführte Programm, mehr Arbeitsplätze mit wertvollen Informationen zu versorgen, zahlt sich eindeutig aus. Der CFO sagt dazu schlicht: „Ein unternehmensweites Informationsportal ist eines der effektivsten Tools, über die wir heute verfügen, um genau die Art von wissensbasierter Zusammenarbeit zu erzielen, auf der E-Business-Firmen aufbauen."

Doch die Schlichtheit des EIP-Konzepts täuscht. Um Verständnis und Engagement bei den Mitarbeitern zu erreichen, müssen Sie die Vorzüge an einem Prototyp unter Beweis stellen. Also sollten Sie auch bereit sein, die mit der Implementierung verbundenen Herausforderungen zu testen; der Aufbau des Portals wird aller Wahrscheinlichkeit nach Mängel und Veränderungsbedarf in Ihrer vorhandenen IT-Umgebung aufdecken. Set-

Vermittlung einer neuen Systemvision

zen Sie sich aktiv für die Förderung einer Kultur der gemeinschaftlichen Informationsnutzung ein, so dass alle Anwender nach erfolgter Installation als Mitglieder ein und derselben E-Business-Community zusammenarbeiten.

E-CFO-CHECKLISTE

Überprüfung des Business Case für ERP-Systeme
Ziehen Sie die in diesem Kapitel erläuterte Matrix für ERP-/E-Business-Möglichkeiten heran, um in Erfahrung zu bringen, wo Ihr Unternehmen derzeit steht und wohin es sich entwickeln muss, um auch künftig wettbewerbsfähig zu sein. Setzen Sie Ihre ERP-Implementierung fort, bis die volle Integration durchgängiger Prozessabläufe und Informationsflüsse erreicht ist. Integrieren Sie ERP-Komponenten nach Bedarf mit anderen transaktionsorientierten Systemen.

Umwandlung Ihrer E-Business-Strategie in eine neue Systemvision
Erarbeiten Sie einen Plan, wie Sie Ihre vorhandene IT-Umgebung durch E-Business-Funktionalität so erweitern können, dass Sie eine geschlossene Informationsschleife erzielen. Nutzen Sie die Technologie zur gewinnbringenden Umsetzung Ihrer Strategie, indem Sie die neuen Funktionen für das Management webbasierter Interaktionen mit Kunden, Lieferanten, Partnern und Mitarbeitern überprüfen.

Aktualisierung Ihrer Business-Intelligence-Anforderungen
Stellen Sie sicher, dass Ihre betrieblichen Prozesse und Systeme dazu angetan sind, wertvolle finanzbezogene und nicht-finanzbezogene Informationen sowohl interner als auch externer Herkunft zu erfassen. Bauen Sie einen Business-Intelligence-Store auf, der eine Reihe analytischer Applikationen dynamisch beliefert.

Erzielung eines integrativen Risikomanagements in Finanzwesen und E-Business

Ermitteln Sie die Risiken Ihres Engagements im E-Business. Überprüfen Sie sowohl neue Risiken wie Internetsicherheit, steuerliche Konsequenzen und Rechtsfragen als auch wichtige bekannte Risiken wie Aufrechterhaltung der Geschäftskontinuität und Kontrolle von Währungstransaktionsrisiken rund um die Uhr. Nehmen Sie Anpassungen in Ihrer IT-Vision vor, um einen Schutzmechanismus für die Systeme und Informationswerte Ihres Unternehmens aufzubauen.

Erweiterung Ihrer Outsourcing-Strategie im Hinblick auf Internetmöglichkeiten

Es gibt stichhaltige wirtschaftliche Argumente für den Trend, vom Kauf neuer E-Business-Software Abstand zu nehmen und vielmehr E-Business-Software-Services über das Web zu nutzen. Sie sollten in Erwägung ziehen, einen Anwendungsdienstleister (Application Service Provider) in Anspruch zu nehmen oder das Potenzial von Online-Handelsgemeinschaften, Auktionen und Handelsplattformen auszuschöpfen.

Ausschöpfung neuester Integrationstechnologien

Es kann noch Jahre dauern, bis eine Plug-and-Play-Applikationsintegration mühelos zu erreichen ist. Nutzen Sie die derzeit verfügbare EAI-Middleware zur leichteren Verknüpfung von ERP-, SCM-, CRM- und Business-Intelligence-Systemen. Sie sollten Anbieter bevorzugen, die den XML-Standard verwenden, um Applikationsinformationen sowohl innerhalb des Unternehmens als auch von Unternehmen zu Unternehmen gemeinschaftlich nutzen zu können.

Entwicklung eines CFO-Portals

Entwerfen Sie ein Gateway zur IT-Umgebung, das den Entscheidungsträgern zum richtigen Zeitpunkt zu den benötigten Informationen in der für sie optimalen Präsentation verhilft. Berücksichti-

Vermittlung einer neuen Systemvision

gen Sie die wichtigsten Eigenschaften eines unternehmensweiten Informationsportals (Multimedia-Such- und Abruffunktionen, Personalisierung, kooperative Filterung, Wissensdarstellung, Dokumentenmanagement und Workflow-Funktionen).

Schaffung von Anwenderakzeptanz für das neue System
Sie sollten immer daran denken: Ihre Softwarelösung kann noch so gut sein, aber Vorteile werden nur dann erzielt, wenn die Leute Gebrauch davon machen. Kommunikation, Training und besonders eine rechtzeitige Einbeziehung der Mitarbeiter sind von entscheidender Bedeutung. Gehen Sie keine Kompromisse im Hinblick auf Benutzerfreundlichkeit und Reaktionsgeschwindigkeit ein – schon gar nicht, wenn es sich bei der Mehrzahl der Anwender (wie beispielsweise bei E-Procurement-Systemen) um unregelmäßige Nutzer handelt.

Erzielung partnerschaftlicher Zusammenarbeit mit den Anbietern
Prüfen Sie die Erfolgsbilanz potenzieller Lieferanten, um Geschäftspartner zu finden, auf die sich Ihr Unternehmen verlassen kann und mit denen auch längerfristig eine flexible Zusammenarbeit möglich ist. Wenn ein Anbieter Lösungen verspricht, die Ihnen zu Wettbewerbsvorteilen verhelfen, sollten Sie den Vertrag so aufsetzen, dass Sie nur dann zahlen, wenn das System zuvor vereinbarte Einkünfte einbringt.

Kapitel 8

Generalüberholung Ihrer Kostenbasis

Wie wir unsere Kosten drastisch senken und zugleich unsere Produktivität phänomenal steigern konnten

Jeff Henley, CFO
Oracle Corporation

Wir gehören zu einer Branche, in der E-Commerce-Software hergestellt wird – sowohl Datenbank-Tools als auch Applikationen. Deshalb konnten wir früher als andere Unternehmen ein Gespür für die Tragweite der elektronischen Revolution entwickeln. Wir begannen mit unseren Überlegungen zur Umwandlung unserer internen Betriebe in ausgewachsene E-Business-Firmen schon vor mehreren Jahren – nach unserem Erfolg mit papierlosen Büros.

In unseren US-amerikanischen Betrieben – also in rund der Hälfte unseres Unternehmens – hatten wir bereits elektronische Prozesse für Spesenabrechnung, Beschaffung und Personalwesen eingeführt. Bei der Abwicklung solcher Transaktionen, von der Personaleinstellung bis hin zur Genehmigung von Bestellvorgängen, wurden weder Papierdokumente noch all die Heerscharen an Sachbearbeitern benötigt, deren einzige Aufgabe in der Eingabe von Daten bestand. Das Programm reduzierte unser Back-Office-Personal um 25 %.

Wir hatten es bisher so eingerichtet, dass Mitarbeiter aus dem Rechnungs- und Finanzwesen unsere Verkäufer im Außendienst unterstützten. Sie erstellten stapelweise Tabellenkalkulationen und hielten Händchen. Aber dann meinten wir: „Warum sollen die Vertreter ihre Verkaufsberichte eigentlich nicht selbst machen – und die Daten online weitergeben?" Die Finanzabteilung konnte sie ja unterstützen und beraten, aber sie brauchten doch nicht die Arbeit als solche zu tun. Vielmehr konnten wir die so entstehenden detaillierten, reichhaltigen Informationen, beispielsweise Auf-

Generalüberholung Ihrer Kostenbasis

zeichnungen über multinationale Kunden, näher sondieren, anstatt uns lediglich mit Zusammenfassungen zu begnügen.

Wir haben globale Kunden in 60 Ländern – und natürlich die entsprechenden Mitarbeiter zu ihrer Betreuung. Es war wirklich schwierig für uns, Informationen intern gemeinschaftlich zu nutzen, weil viele Regionen ihre ganz eigenen Systeme und Abwicklungsmethoden hatten. Die Beseitigung dieser Unterschiede und die Eingabe globaler Daten über das Internet auf der Basis eines Selfservice-Zugangs versprachen ein enormes und unmittelbar einleuchtendes Potenzial zur Kostensenkung und Ertragserzeugung. Das schauten wir uns an und sagten: „Das ist die Zukunft – wann fangen wir damit an?"

Wir wollten Vorteile realisieren und mussten dazu unseren Kunden beweisen, dass das Ganze machbar war. Der Beweis würde „im wirklichen Leben" erbracht werden müssen, denn unsere Produkte mussten halten, was wir versprachen. Die Anfangsinvestitionen würden sehr hoch sein und uns war klar, dass das Geld von einer unternehmensweiten Kostenreduzierung kommen musste.

Ausgehend von unseren Gesamteinnahmen und -ausgaben (im Geschäftsjahr 2000 waren es 10 Milliarden Dollar beziehungsweise 7 Milliarden Dollar) setzten wir uns bei Oracle das Ziel, 1 Milliarde Dollar (10 % der Einnahmen) einzusparen. Vermutlich würde dies eine Produktivitätssteigerung zwischen 20 % und 30 % erforderlich machen und eine so phänomenale Steigerung war ohne technologische Verbesserungen nicht realisierbar. Im Rahmen einer E-Business-Umwandlung muss man sich mit der Kaufseite, der Verkaufsseite und der unternehmensinternen Seite befassen, aber bei uns stand die IT-Infrastruktur an erster Stelle. Das war die Grundlage, auf der sich alles andere entwickeln würde, und die musste modernisiert werden.

Es waren massive Anstrengungen nötig, um die Leute von den Vorteilen des Kostensenkungsprogramms zu überzeugen. Larry Ellison, unser CEO, schritt unbeirrt voran.

Wir nahmen eine massive IT-Umstrukturierung vor. Bei den derzeitigen technologischen und kommunikationstechnischen Fortschritten ist es für Unternehmen von der Größe wie Oracle oder noch größere – und erst recht für kleinere – Organisationen durchaus möglich, eine einheitliche globale IT-Infrastruktur zu betreiben. Das kann aber nur funktionieren, wenn sich alle daran halten. Früher hatten wir unseren Sparten die Möglichkeit eingeräumt, die bei uns verwendeten Finanzprogramme nach Bedarf zu modifizieren. Die Franzosen, die Deutschen, die Briten – sie alle reichten verschiedene Versionen und Berichte ein. Wenn wir unser System optimieren wollten, musste das ein Ende haben. Eine unserer härtesten Aufgaben in diesem Umwandlungsprozess bestand darin, 60 Länder und fünf Sparten auf eine Linie zu bringen.

Wir haben unsere weit verstreuten Datenzentren zu einem Megacenter in den USA zusammengefasst: Es stellt eine einzige globale Version unserer Unternehmensapplikationen dar – beispielsweise für Personalwesen, Finanzen, Kundenbeziehungen (CRM), Auslieferung und Vertrieb, Beschaffung, E-Mail, einfach alles. Damit können wir unsere globalen IT-Kosten auf die Hälfte reduzieren und zugleich einheitliche globale Datenbanken für Kunden-, Lieferanten- und Mitarbeiterinformationen bieten; diese Art von Unternehmensdaten hatten wir uns immer vorgestellt.

Die größte Produktivitätssteigerung bei der Umstellung auf ein E-Business-Modell ist der Selfservice-Betrieb für Kunden, Lieferanten und Mitarbeiter. Solche Selfservice-Prozesse umfassen drei Aktivitätsmodi: Informationszugang, Aktualisierung der Datensätze und Transaktionsabwicklung. Eines der besten Beispiele für die Nutzung des Internet ist die Umwandlung unseres technischen Kundenservice-Betriebs, der uns 2,5 Milliarden Dollar einbringt – bei rund 6000 hauptsächlich in Callcenter-Einrichtungen beschäftigten Mitarbeitern. Bis vor kurzem mussten wir Jahr für Jahr unsere Personalbestände erweitern, um angesichts unseres Unternehmenswachstums mit der steigenden Zahl der Aufträge fertig zu werden. Beispielsweise erhöhte sich unser Servicepersonal im Geschäftsjahr 1999 um 35 %.

Im Geschäftsjahr 2000 brauchten wir nach Einführung unserer Selfservice-Einrichtungen keine neuen Leute mehr einzustellen. Im August 2000 war es so weit, dass 30 % unseres gesamten Auftragsvolumens über das Internet kam. Die Kunden loggen sich ein und suchen sich selbst die Antwort auf ihre Fragen oder hinterlassen eine Online-Nachricht, auf die wir elektronisch reagieren. Für die nächste Zukunft erwarten wir, dass sich das über das Internet eingegangene Auftragsvolumen auf über 50 % unseres Gesamtvolumens erhöhen wird. Die Kunden wissen unseren neuen Service zu schätzen, weil er schneller und effizienter funktioniert, vor allem bei einfachen Fragen und Daten-Updates, die unseren Callcenter-Service erreichen. Und wir schätzen diese Einrichtung, weil wir uns auf diese Weise die zusätzliche Einstellung tausender von Servicetechnikern sparen können.

Außerdem sind wir dazu übergegangen, Serviceleistungen gemeinschaftlich zu nutzen, was eine effizientere und professionellere Abwicklung zur Folge hat, als dies in einigen der kleineren Länder bisher möglich gewesen war. Diese Servicezentren wickeln Buchhaltungs- und Verwaltungstransaktionen für unsere Niederlassungen in 60 Ländern ab. Abgesehen davon,

Generalüberholung Ihrer Kostenbasis

dass sich diese Investition in weniger als drei Jahren rentiert hat, erzielen wir damit bessere Qualität und Kontrolle. Beispielsweise bereitet in unserer Branche die Verbuchung der Einnahmen häufig Schwierigkeiten, aber jetzt können wir durch gezielten Einsatz kompetenter Fachkräfte höhere Qualität und Konsistenz sicherstellen. Wir brauchen auch nicht mehr so viele interne Audits durchzuführen, da wir nur noch drei Zentren überprüfen müssen – früher hatten wir in jedem Land ein Büro zu betreuen.

Es waren massive Anstrengungen nötig, um die Leute von den Vorteilen des Kostensenkungsprogramms zu überzeugen. Larry Ellison, unser CEO, schritt unbeirrt voran. Wenn Sie Ihre Geschäftsführung nicht dazu bringen, ein Kostensenkungsprogramm aktiv voranzutreiben, geschieht auch nichts. Als die Umstellung nicht schnell genug vonstatten ging, unterstellte Larry Ellison die Abteilungen IT, Finanzen, Personalwesen, Marketing usw. direkt der Unternehmenszentrale; zuvor hatten sie einer regionalen Geschäftsführung berichtet. Dieser Schritt löste keine Begeisterung aus, verfehlte aber seine Wirkung nicht: Wenn wir ein globales Unternehmen sein wollten, brauchten wir eine einheitliche Basis für unsere Systeme und Geschäftspraktiken.

Als sich der ganze Wirbel gelegt hatte, beliefen sich unsere Einsparungen in den ersten neun Monaten auf fast 1 Milliarde Dollar. Wir konnten unsere IT-Ausgaben um die Hälfte auf 250 Millionen Dollar senken. Auf der Verkaufsseite, wo 80 % unserer Mitarbeiter Kundenkontakt haben, sparten wir 500 Millionen Dollar hauptsächlich über unser CRM-Programm ein und konnten unseren Personalstand um 6 % reduzieren – zum ersten Mal in der Geschichte von Oracle. Auf der Einkaufsseite kürzten wir die Beschaffungs-, Devisen- und Vertriebskosten um 150 Millionen Dollar. Unser Selfservice-Programm für die Mitarbeiter brachte unternehmensinterne Einsparungen in Höhe von 100 Millionen Dollar. Ein Großteil des so eingesparten Geldes schlug sich unmittelbar in der Bilanz nieder, so dass sich unsere Gewinnspanne im Jahr 1999 auf 30 % erhöhte.

Das eigentlich Phantastische an der Sache ist aber, dass wir mittlerweile das ausdrückliche Ziel verfolgen, in den nächsten 12 bis 18 Monaten zusätzliche Einsparungen in Höhe von 1 Milliarde Dollar pro Jahr zu realisieren. Bis dahin werden wir unsere neuen CRM-Applikationen vollständig implementiert haben: Sie werden uns erhebliche Produktivitätssteigerungen auf Selfservice-Basis bescheren, denn unsere Kunden nehmen von sich aus verstärkt unsere Selfservice-Angebote im Internet in Anspruch.

Es war zwar nur eine Zielsetzung, aber die Tatsache, dass wir unser Ziel der Kostenreduzierung um 1 Milliarde Dollar von Anfang an verkündet hatten, war äußerst motivierend. Unser Unternehmen stand unter ungeheurem

Generalüberholung Ihrer Kostenbasis

Druck. Es gab kein Zurück; wir hatten uns öffentlich verpflichtet. Die Zielsetzung, so riskant und potenziell heikel sie war, brachte neues Leben in unser Unternehmen – so wie auch die Kopplung von Zulagen an Kostenreduzierung und Gewinnspannenverbesserung.

Wir haben die Erfahrung gemacht, dass es gar nicht darauf ankommt, dass man alle Details gleich zu Beginn eines Optimierungsprogramms richtig macht; wichtiger ist, dass die Leute in die richtige Richtung marschieren. Es war nicht immer eitel Sonnenschein, was wir erlebt haben; es gab auch Zeiten, in denen Verärgerung und Misstrauen aufkamen. Aber all das ist jetzt, da wir die Umwandlung von Oracle vollzogen haben, vergessen. Die neuen Systeme sind installiert und funktionieren und alle fragen sich, warum wir das nicht schon längst so gemacht haben. Neben den verbesserten Gewinnspannen ist dies vermutlich das beste und zufriedenstellendste Kriterium für unseren Erfolg – dass die Leute eine positive Einstellung zu ihrer Arbeit haben.

Wenn die Stakeholder und Shareholder eines Unternehmens in der New Economy Wertsteigerungen erfahren sollen, gilt es, Ressourcen rasch einzusetzen – sobald sich neue Chancen bieten. Am Beispiel von Oracle wird deutlich, dass jeder Aspekt einer erfolgreichen Unternehmung – von den Mitarbeitern über Strategien bis hin zum Finanzwesen – die sich ständig wandelnden Kundenbedürfnisse und Marktgebote berücksichtigen muss. Da ein Unternehmen die Zukunft nie ganz (oder auch nur annähernd) zutreffend voraussagen kann, bleibt ihm nur eine Alternative: die sorgfältige Abstimmung der internen Prozesse zur Erzielung einer optimalen Performance, damit sofort Ressourcen eingesetzt werden können, wenn sich neue Möglichkeiten ergeben.

Allerdings wissen nur wenige CFOs, wie effizient ihr Unternehmen eigentlich ist. Die Investoren treffen ihr Urteil über die Kreditwürdigkeit einer Organisation und den wahrgenommenen Wert seines Aktienkapitals, nehmen aber keine unmittelbare Bewertung der internen Abläufe vor. Diese Verantwortung fällt dem CFO zu: Er muss dafür sorgen, dass sein Unternehmen effizient arbeitet. Deshalb muss er aufhören, mit den Abteilungen über fachspezifische Posten in deren Budgets zu verhandeln, und stattdessen beginnen, seine Organisation bezüglich ihrer Straffheit und Durchgängigkeit zu überwachen. Neben Fusionen und Akquisitionen ist dies der Bereich, in dem CFOs in der New Economy den größten Einfluss nehmen können.

Wann brauchen Sie Hilfe? Welche Best Practices können Sie nutzen? Wie weit wollen Sie gehen? Wie erreichen Sie, dass die Leute mitmachen? Wie institutionalisieren Sie Verbesserungen in der Unternehmenskultur? Wie erzielen Sie einen Ausgleich zwischen Kostensenkung einerseits und Innovation und Wachstum andererseits? Und vor allem: Wie kann E-Business zur Performance-Steigerung beitragen? Und wie erreichen Sie als CFO, dass all dies auch in die Praxis umgesetzt wird?

Im vorliegenden Kapitel geht es darum, wie das dominierende betriebswirtschaftliche Tool der 1980er Jahre – Downsizing zum Zweck der Kostenreduzierung – in der E-Commerce-Welt zu einem höchst wichtigen Ressourcen-Allokationsmechanismus umgewandelt worden ist. Es geht um die Feinabstimmung der Unternehmen und nicht um ihre Substanzbeschneidung, um Maximierung der Beiträge seitens der Mitarbeiter und nicht um ihre Entlassung. Es geht darum, Human- und Finanzkapital nur in Bereichen einzusetzen, in denen diese Ressourcen eine Wertsteigerung ermöglichen – und solche Bereiche zu erkennen. Letztlich geht es darum, die eigenen Ressourcen mit Optionen in Einklang zu bringen, die ein Maximum an Dividenden abwerfen.

Zur Anatomie der Kosten

Die Optionen mit dem größten Wertschöpfungspotenzial werden zunehmend mit E-Business-Modellen und anderen Internet-Risikoprojekten verbunden sein. Doch E-Neugründungen sind teuer. Vorbei sind die Zeiten, zu denen man ein paar Millionen Dollar in eine Website investierte, um daraus ein Unternehmen mit immens hoher Kapitalisierung erwachsen zu sehen. Im heutigen Internet haben Sie für alles, was Sie bekommen, zu zahlen – und dieses Geld muss irgendwo herkommen.

Viele der neuen Risikogeschäfte müssen mit Geldern finanziert werden, die aus den etablierten Betrieben der Old Economy stammen. Und die Bereitstellung von Mitteln ohne Beschneidung der vorhandenen Geschäftsaktivitäten ist nur durch Kostenreduzierung infolge verbesserter Prozesse möglich. Neue Technologien bieten ein gewisses Einsparungspotenzial, aber das lässt sich nur dann realisieren, wenn die zugrunde liegenden Prozesse im Wesentlichen solide und kosteneffektiv ablaufen.

Zur Anatomie der Kosten

Umgekehrt können auch E-Investitionen die Kosten senken, indem sie die Effizienz der Prozesse steigern. In der E-Business-Welt geht es bei der Kostenkontrolle nicht um Kapitalaufwendungen und Personalbestände. Es geht um Ertrags- und Kostenmanagement – um den effektiven Einsatz der Ressourcen in vorhandene Geschäftseinheiten –, damit die so freigesetzten Mittel zur Finanzierung unternehmerisch-dynamischer E-Business-Projekte genutzt werden können.

Rationale Kostenkontrollen werden sich im Zeitalter des E-Commerce zu einem festen Bestandteil entwickeln. Die Bemühungen um Shareholder-Value-Steigerung, die dem Internet zu verdankende Preisbildungstransparenz und der globale Deregulierungstrend in der Wirtschaft – all dies lässt Kostensenkung zu einem strategischen Imperativ werden. Die Kontrolle der Kosten muss in der Unternehmenskultur verankert sein und darf nicht als einmalige Kostensenkungsmaßnahme verstanden werden.

Ihr Optimierungsprogramm muss daher kontinuierlich und unternehmensweit angelegt sein. Es sollte die derzeitigen Vorgehensweisen Ihres Unternehmens bei der Geschäftsabwicklung kritisch unter die Lupe nehmen und zugleich jenseits der Unternehmensgrenzen nach Benchmarking-Anhaltspunkten und Best Practices Ausschau halten. Das Programm sollte Makro- und Mikroanpassungen zulassen, aber nicht in den eigenen Analysen erstarren. Letztlich sollte Ihr Programm auf eine weit reichende Umwandlung abzielen; jeder Versuch der Kostenreduzierung ohne die Realisierung einer breit angelegten Veränderung führt bestenfalls zu kurzfristigen Resultaten. Und schlimmstenfalls können dem Unternehmen schwere Nachteile im Wettbewerb entstehen, die seine langfristigen Aussichten ernstlich gefährden.

Abbildung 8.1 veranschaulicht die drei Phasen in einem Optimierungsprogramm: *Bestandsaufnahme, Programmgestaltung* und *Durchführung*. Jede Phase umfasst Schritte und Aktionen, die auf die Schaffung einer einheitlichen Rahmenstruktur und das Erreichen schneller Gewinne in der gesamten Organisation abzielen. Das vorliegende Kapitel untersucht die Rahmenstruktur unter dem Aspekt dieser drei Phasen einschließlich der jeweils enthaltenen Schritte, die Sie durch den Optimierungsprozess geleiten. Mit einem solchen Ansatz werden mehrere Ziele verfolgt:

Generalüberholung Ihrer Kostenbasis

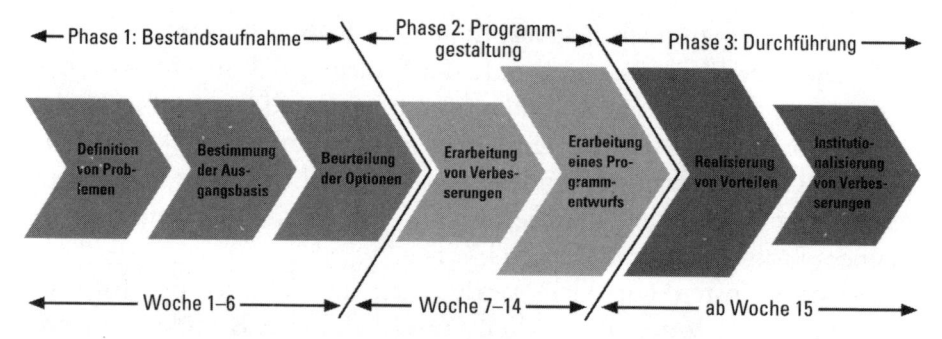

Abb. 8.1: Unternehmensweites Optimierungsprogramm

- Verbesserung sämtlicher Prozesse in allen Bereichen – von der Produktion über die Verwaltung bis hin zur Finanzabteilung
- Reduzierung der Kosten ohne Einschränkung der Funktionen
- Optimierung der Ressourcen-Allokation unter dem Aspekt der Shareholder-Value-Maximierung
- Ausschöpfung der Technologie in vollem Umfang
- Schaffung von Wachstums- und Innovationsmöglichkeiten sowie Förderung einer entsprechenden Mentalität bei den Mitarbeitern

Es kommt entscheidend darauf an, dass die Schwungkraft des Optimierungsprogramms erhalten bleibt. Zwar sind die Ergebnisse meist überwältigend positiv, aber „unterwegs" werden den Unternehmen schwierige Entscheidungen und zuweilen auch umfassende Veränderungen abverlangt. Es liegt in der Natur des Menschen, sich solchen Veränderungen zu widersetzen. Eine zügige Umsetzung führt zu schnellen, vertrauensbildenden Vorteilen: *Schneller Trommelwirbel* setzt dem Widerstand der Mitarbeiter Kräfte entgegen – und das erweist sich noch immer als der produktivste Ansatz.

Fallbeispiel
Umwandlung durch Kostensenkung

Eine regionale Fluggesellschaft, bei der eine kleine Gruppe von Gesellschaftern die ausschlaggebenden Kapitalanteile besaß, sah sich mit der Bedrohung konfrontiert, dass sehr viel größere Konkurrenten begonnen hatten, dieselben Routen zu fliegen. Nachdem die regionale Fluggesellschaft zusehen musste, wie die Gewinne um fast 50% sanken, zog sie zwei Optionen in Erwägung: Ertragssteigerung durch Erweiterung ihres Werbeetats oder durch Erweiterung des Flugnetzes. Beide Alternativen waren mit zusätzlichen Kosten verbunden. Der CFO machte klar, dass sich die Fluglinie infolge ihrer rückläufigen Gewinne keinen der beiden Ansätze mehr leisten konnte. Bevor an ein Unternehmenswachstum zu denken war, mussten die Kosten unter Kontrolle gebracht werden.

Im Rahmen eines massiven Kostensenkungsprogramms bestimmten die maßgeblichen Gesellschafter einige Grundregeln: Kein Teil des Unternehmens, das sie gehegt und gepflegt hatten, durfte verkauft werden und die treue Belegschaft sollte über den Verlauf der Reorganisation umfassend informiert werden. Als sich der CFO mit Vertretern der Geschäftseinheiten zusammensetzte, stellt er fest, dass die Mitarbeiter schon lange gewusst hatten, was die Investoren erst jetzt entdeckten: In ihrem Unternehmen gab es Wertverluste und Redundanzen zuhauf.

Jeder Zweig der Gesellschaft, die aus einer Konsolidierung von fünf Nahverkehrslinien in den 1960er Jahren entstanden war, galt als Domäne eines der Investoren. Trotz der vorhandenen Doppelstrukturen beharrten die Investoren auf der Auffassung, diese Organisationsform stärke die lokale Identität und sei der Kunden- und Mitarbeitertreue förderlich. Mitarbeiter, die an den Kostensenkungssitzungen teilnahmen, erklärten dem CFO, die Investoren seien im Unrecht. Die Wertverluste seien für Kunden und Mitarbeiter klar ersichtlich und hinterließen auf beiden Seiten einen nicht eben positiven Eindruck.

So fragten sich die Kunden in Anbetracht der vielen unterbeschäftigten Angestellten häufig, ob die Flugtickets nicht preiswerter sein

Generalüberholung Ihrer Kostenbasis

könnten, wenn die Belegschaft reduziert würde. Als dann ein nicht aus der Region stammender Konkurrent billigere Flugpreise anbot, liefen die Kunden in Scharen zu ihm – warteten sie beim Einchecken doch gern ein paar Minuten länger, wenn sie dadurch 25 % sparten! Die jüngeren und motivierteren Mitarbeiter verließen schnell das Unternehmen: Sie erkannten, dass sie aufgrund des zu hohen Personalbestands und der zu hohen Kosten keine Aussicht auf Beförderung hatten. Die Mitarbeiter, die dann noch blieben, waren vielfach schlecht motiviert; attraktiv an ihrem Job war für sie in erster Linie die geringe Arbeitsbelastung.

Nach mehreren unternehmensweiten Sitzungen arbeitete der CFO gemeinsam mit Teams aus den verschiedenen Sparten einen Plan zur organisatorischen Umstrukturierung aus. Er führte den Vorsitz und war bei jeder Sitzung anwesend, um ausführlich mit den Leuten reden zu können, wenn sie sich gegen irgendwelche Veränderungen sträubten. Er wusste: Wenn er das Projekt anderen überließ, würde es scheitern.

Die maßgeblichen Investoren überprüften regelmäßig die Empfehlungen, die von den Umstrukturierungsteams gemeinsam mit dem CFO ausgearbeitet worden waren. Die meisten Veränderungsvorschläge wurden nach einigen Verhandlungen letztlich akzeptiert – darunter auch Aufkäufe verschiedener Betriebe durch Manager und Angestellte, mit denen dann Outsourcing-Verträge vereinbart wurden.

Als die für zwei Jahre angesetzte Realisierung des Veränderungsprogramms so richtig in Schwung kam, konnte die umstrukturierte Fluglinie ihre Kosten um 160 Millionen Dollar senken. Nach somit wiedergewonnener Profitabilität bildete sie ein Konsortium mit anderen regionalen Fluggesellschaften, das jeder beteiligten Gesellschaft dazu verhalf, global zu expandieren und sich im Wettbewerb gegen größere Fluglinien, die einst ihre Existenz gefährdet hatten, mit Erfolg zu behaupten.

Phase 1: Bestandsaufnahme (1. bis 6. Woche)

Der oben beschriebene Fall veranschaulicht den fließenden Übergang in Situationen, in denen man zunächst auf zugrunde liegende Ineffizienzen aufmerksam wird und dann für Abhilfe sorgt. Sobald die Veränderung greift und erste Verbesserungen erzielt werden, entwickelt der Prozess jedoch eine gewisse Eigendynamik und führt zu unerwarteten Vorteilen. Dies beginnt schon in der Diagnosephase des Optimierungsprogramms, bei der die eigentlichen, wenngleich häufig verborgenen Prozesse, die das Unternehmen vorantreiben, aufgedeckt werden (Abbildung 8.2).

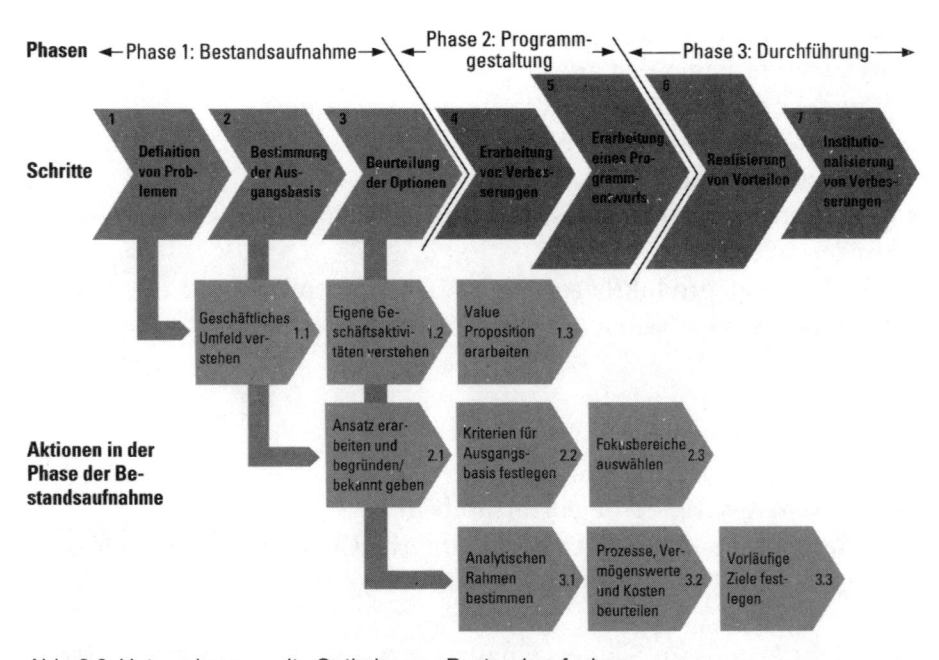

Abb. 8.2: Unternehmensweite Optimierung: Bestandsaufnahme

Schritt 1: Definition von Problemen

Paradoxerweise sollte jeder Versuch einer internen Performance-Optimierung damit beginnen, einen Blick über die Unternehmensgrenzen

Generalüberholung Ihrer Kostenbasis

hinaus auf das geschäftliche Umfeld zu werfen. Häufig werden gerade diese externen Faktoren von einem CFO vernachlässigt, der sich mit unmittelbar anstehenden betrieblichen Problemen konfrontiert sieht. Gerade sie aber geben die Parameter vor für das, was machbar ist. Und sie sind ein realistischer Prüfstand, auf dem die Wirksamkeit einer Veränderungsstrategie gemessen werden kann.

Sondieren Sie Ihre Märkte und Lieferanten, die spezifischen Werttreiber Ihrer Branche und deren Finanzstruktur sowie die Positionierung Ihrer Produkte und Dienstleistungen im Vergleich zur Konkurrenz. Dazu sollten Sie sich fragen:

- Sind Ihre derzeitigen Produkte und Dienstleistungen dazu angetan, die Markterfordernisse zu erfüllen und zu antizipieren?
- Wie sieht die branchenspezifische Wertschöpfungskette aus?
- Wer erwirtschaftet den größten Wert und wie?
- Wie sieht die Finanzstruktur in Ihrer Branche aus?
- Haben andere Akteure Größenveränderungen erfahren, von denen Sie profitieren können?
- Wie wettbewerbsintensiv ist Ihre Branche? Sind diesbezüglich Änderungen zu erwarten?
- Welche nicht produktbezogenen Wachstumstreiber gibt es in Ihrer Branche? Achten Sie auf
  – Akquisitionen,
  – neue Märkte,
  – neue Technologien,
  – geografische Expansion.
- Sind weitere Veränderungen abzusehen?
- Ist der richtige Zeitpunkt für eine interne Umstrukturierung gekommen?

Als Nächstes müssen Sie den Finanzstatus und die Performance Ihres Unternehmens klären. Übertreffen Ihre Resultate die Erwartungen von Investoren, Börsenmaklern, Finanzmärkten und der eigenen Geschäftsführung? Entwickelt sich Ihr Unternehmen in Übereinstimmung mit Ihren strategischen Plänen und Imperativen? Finden Ihre Werttreiber umfassende Anerkennung? Gibt es Aspekte Ihres Unternehmens, die einen besonders auffallenden Veränderungsbedarf erkennen lassen?

Phase 1: Bestandsaufnahme (1. bis 6. Woche)

Wenn Ihre derzeitige Performance zu wünschen übrig lässt, sollten Sie die folgenden drei Fragen stellen:

- Funktionieren Ihre Prozesse und Systeme reibungslos – sowohl auf Makro- als auch auf Mikroebene? Wird kontinuierliche Verbesserung als wesentlicher Bestandteil der Arbeitsplatzbeschreibungen akzeptiert? Sind Veränderungsmechanismen vorgesehen oder erfolgen Veränderungen nur im Anschluss an Krisen? Sind Ihre Prozesse zur Entscheidungsfindung als schnell und offen oder eher als langsam und abgegrenzt zu bezeichnen? Wie würden Sie die Gesamteffizienz Ihrer Organisation beurteilen?
- Ist Ihre Unternehmenskultur dazu angetan, Wandel zu fördern und zu unterstützen? Werden innovative Mitarbeiter anerkannt und belohnt und von der Geschäftsführung für ihr vorbildliches Verhalten gelobt? Sind die internen Abgrenzungen gut definiert oder kommt es häufig zu Überschneidungen? Gehört Teamwork zur Unternehmenskultur oder sind Ihre Leute Einzelkämpfer? Wird Kostenkontrolle gewissermaßen als Lebensstil und alltägliches Verhalten verstanden – oder als eine periodisch erfolgende Kampfansage seitens der Unternehmenszentrale gefürchtet?
- Gibt es eindeutige, effektive Kommunikationsstrukturen? Erfolgt die interne Kommunikation restriktiv und manieriert oder aber frei und ungezwungen? Finden die Strategien und Ziele des Unternehmens breite Anerkennung und Unterstützung? Werden Probleme routinemäßig ermittelt und gelöst?

Nachdem Sie die Ergebnisse Ihrer externen und internen Bestandsaufnahme mit branchenüblichen Benchmarking-Ergebnissen verglichen haben, können Sie eine Value Proposition erarbeiten – einen Wertansatz mit klaren Aussagen über die durch Kostensenkung zu erzielende Wertschöpfung. Führen Sie im Einzelnen aus, wo aller Wahrscheinlichkeit nach Einsparungsmöglichkeiten bestehen, welche Vorteile, Kosten und Zeitpläne absehbar sind und wie sich die Veränderungen auf die Unternehmensstrategie auswirken werden.

Sie müssen in Ihrer Funktion als CFO die geplanten Veränderungen begründen und allgemein bekannt geben. Nachdem Sie die wichtigsten Probleme analysiert haben, verfügen Sie über eine Reihe von Tools, mit

Generalüberholung Ihrer Kostenbasis

denen Sie als unternehmensweiter Vorkämpfer für den geplanten Wandel gut gerüstet sind. Dazu zählen nicht nur ein verbessertes Verständnis der Branchendynamik und ein stärkeres Bewusstsein für die Wettbewerbsposition des eigenen Unternehmens, sondern auch eine genauere Kenntnis seiner Möglichkeiten und Schwächen.

Mit diesem Wissen können Sie die Unterstützung Ihrer Geschäftsführung für ein Optimierungsprogramm erreichen: Weisen Sie nachdrücklich auf die Notwendigkeit eines Wandels hin und legen Sie eine glaubwürdige Vision vom Unternehmen nach erfolgter Optimierung vor. Anschließend sorgen Sie dafür, dass die im Rahmen des Programms anfallenden Zuständigkeiten und Verantwortlichkeiten aufgeschlüsselt und den entsprechenden Geschäftseinheiten zugewiesen werden – unter Berücksichtigung der betroffenen Stakeholder, auf deren Unterstützung es besonders ankommt.

Schritt 2: Bestimmung der Ausgangsbasis

Je mehr sich das Optimierungsprogramm im Unternehmen durchsetzt, desto mehr muss der CFO in seiner Rolle als Vorkämpfer andere wichtige Funktionsträger integrieren. Auf diese Weise wird das Verantwortungsgefühl der Mitarbeiter verstärkt; außerdem werden Mitarbeiter in den Prozess eingebunden, die sich bestens mit den Arbeitsabläufen in der Organisation auskennen. Besonders wichtig ist eine solche Integration nach Fusionen und Akquisitionen, wenn das Aufeinandertreffen verschiedener Unternehmenskulturen gemeinsame Aktionen erschwert.

> *Fallbeispiel*
> ***Unternehmensweites Optimierungsteam ermittelt riesiges Einsparpotenzial***
> *Ein schnell wachsender Konzern in der stark konsolidierten Telekommunikations- und Kabelbranche erwirtschaftete ein Ertragswachstum von 50 % im Jahr. Neu fusionierte Geschäftseinheiten entwickelten in halsbrecherischem Tempo innovative Produkte, wobei ihre jeweiligen Marketing- und Verkaufsabteilungen geschickt Hilfestellung leisteten. Die ganze Organisation war von Leistungsbereitschaft und Vorwärtsdenken durchdrungen – bis sich heraus-*

Phase 1: Bestandsaufnahme (1. bis 6. Woche)

stellte, dass die Erträge zwar ständig wuchsen, die Gewinnspannen aber nach unten tendierten. Zu den als fast schon greifbar versprochenen Gewinnverbesserungen kam es nicht.

Als mehrere Sparten die Ziele, die sie mit der Unternehmenszentrale in den USA vereinbart hatten, nicht erfüllten, begann die Finanzabteilung, sich die einzelnen Geschäftseinheiten der Reihe nach vorzunehmen. Ausgenommen war eine Geschäftseinheit, die noch vor der Fusion ein unternehmensweites Kostensenkungsprogramm durchgeführt hatte; zur Unterstützung der eigenen Leute im Finanzbereich holte sich der CFO Mitglieder aus dem erfolgreichen Projektteam.

Wie der CFO feststellte, hatte es sich bei den meisten Reengineering-Maßnahmen lediglich um prozessorientierte Initiativen gehandelt. Dadurch war die Qualität verbessert, nicht aber die Produktivität gesteigert worden. Die Sparten hatten nicht darauf geachtet, auf welche Weise die Leute tatsächlich ihre Arbeitszeit verbrachten, und die von der Fusionierung erwarteten Größenvorteile waren schlicht ausgeblieben. Die Ressourcen-Allokation erfolgte schließlich mehr auf Ad-hoc-Basis als nach strategischen Aspekten.

Kurzum, Überlegungen zu einem unternehmensweiten Wertansatz gab es kaum, so dass ein Überdenken des Geschäftsmodells auf höchster Ebene unumgänglich war: Zum einen nahm der Druck seitens der Investoren zu und zum anderen bewirkten E-Business und neue Technologien eine Neuordnung der Märkte. Das Unternehmen musste ins Mobilfunkgeschäft einsteigen und sich zu einem Internetdienstleister entwickeln. Außerdem musste es sich auf das kommende Geschäft mit hoch auflösenden Fernsehgeräten (High-Definition TV, HDTV) einschließlich der damit verbundenen neuen Technologie vorbereiten.

Diese ungeheuer kostenintensiven Investitionen setzten für die nächste Zukunft einen stetigen Geldstrom voraus. Wie die Geschäftslage in drei Jahren aussehen würde, konnte niemand genau voraussagen, aber eines war allen klar: Wenn die eigenen Produkte und Dienste nicht mit dem Wandel Schritt hielten, war die Schlacht verloren.

Die erste Aufgabe bestand in der Erarbeitung einer Value Proposition für ein Optimierungsprogramm, bei dem die geplanten Ergeb-

Generalüberholung Ihrer Kostenbasis

> *nisse so genau und so überzeugend dargelegt waren, dass Vorstand und Geschäftsführung das Programm mit seinen zuweilen schwierigen Aktionen bedingungslos unterstützte.*
>
> *Das Projektteam wusste, dass sich die Kosten durch Erhöhung der Effizienz auf Seiten der Mitarbeiter vermutlich um 5% senken ließen, dass aber die vorgesehenen Einsparungen von 30% und mehr Veränderungen in der Abwicklung der Geschäftsprozesse erforderlich machten. Das Team konzentrierte sich auf die Optimierung des Ressourceneinsatzes in der gesamten Organisation – durch Straffung und Zusammenfassung von Betrieben in Form von gemeinschaftlich genutzten Serviceleistungen, Outsourcing und Einkaufsgemeinschaften – und prüfte zudem die Möglichkeit einer Neugestaltung der Arbeitsprozesse. Einen weiteren Schwerpunkt bildeten Veränderungen hinsichtlich des Umfangs der Serviceleistungen – ein Bereich, dem sich die Unternehmen seit jeher widersetzen.*
>
> *Angespornt durch die verheißenen radikalen Verbesserungen und im Vertrauen auf ein sorgfältig geplantes und gut durchgeführtes Optimierungsprogramm zweigte der Konzern 550 Millionen Dollar von seinen für das nächste Geschäftsjahr vorgesehenen Auslagen ab. Die Investorengemeinschaft gab ihre Zustimmung und die Mitarbeiter nutzten die umverteilten Gelder zur Umsetzung innovativer Wachstumsprogramme.*

Schritt 1 eines Optimierungsprogramms gilt letztlich der sorgfältigen Erarbeitung einer Value Proposition unter Einbeziehung der Kompetenzen und Erfahrungen von Mitarbeitern außerhalb der Finanzabteilung. Mit fortschreitender Bestimmung der Ausgangsbasis wird auch die Kerntruppe größer.

Wenn die Geschäftsführung einem solchen Wertansatz mit klar definierter Optimierungsvision zugestimmt hat, sollte der CFO eine Reihe von Gremien beziehungsweise Teams zusammenstellen. Dabei muss die Zusammensetzung die betriebliche Struktur der Organisation widerspiegeln – je deutlicher, desto besser. Im Idealfall sollte es vier Kategorien solcher Gremien geben:

Phase 1: Bestandsaufnahme (1. bis 6. Woche)

- *Fach- oder geschäftsbereichsorientierte Teams:* Diese Arbeitsteams analysieren die vorhandenen Arbeitsabläufe, Funktionen und Aktivitäten, schlagen Veränderungen zur Prozessoptimierung vor und überwachen die Umsetzung der genehmigten Veränderungen. Die Teammitglieder sollten sich in den alltäglichen Unternehmensabläufen genau auskennen. Je nach Größe der Organisation beziehungsweise Umfang des Optimierungsprogramms kann es von Vorteil sein, wenn die Gremien von übergeordneten Fachbereichsleitern betreut werden, die einen Überblick über mehrere solcher Arbeitsteams haben und dann ihre Ergebnisse einem Prüfungsausschuss vorlegen und erläutern.
- *Prüfungsausschüsse:* In ihrer Funktion als „Aufseher" geben diese Gremien ein Urteil über Machbarkeit und Umfang der von den Fachbereichsleitern vorgeschlagenen Veränderungen ab. Sie überblicken die analysierten Prozesse, die Geschäftsaktivitäten des Unternehmens generell und auch die Konkurrenzsituation. Sie treffen die endgültige Entscheidung darüber, welche Projekte finanziert und implementiert werden sollen, und berichten abschließend dem Lenkungsausschuss (Abbildung 8.3).
- *Lenkungsausschuss:* Dieses Gremium betreut und überblickt das gesamte Projekt. Seine Aufgabe ist, die Unterstützung der Spitzenführungskräfte zu gewinnen, gegebenenfalls Hindernisse aus dem Weg zu räumen, Korrekturmaßnahmen einzuleiten, wenn das Programm vom Kurs abkommt, und alle wichtigen Vereinbarungen gegenzuzeichnen.

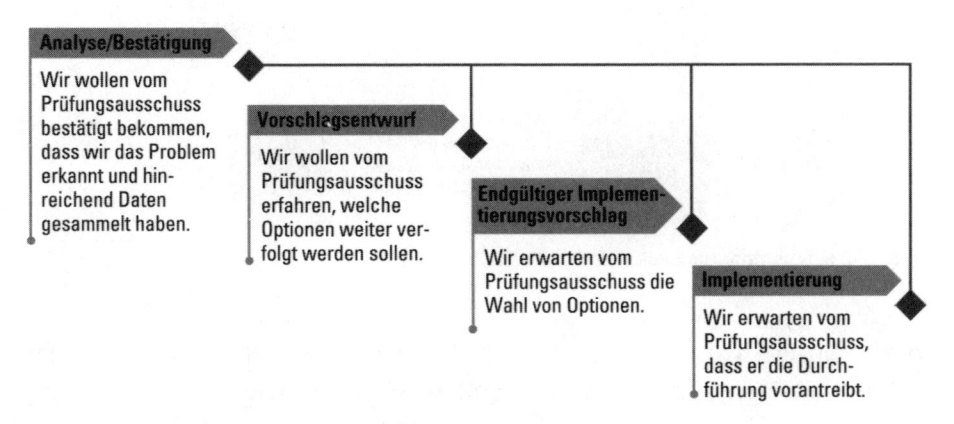

Analyse/Bestätigung
Wir wollen vom Prüfungsausschuss bestätigt bekommen, dass wir das Problem erkannt und hinreichend Daten gesammelt haben.

Vorschlagsentwurf
Wir wollen vom Prüfungsausschuss erfahren, welche Optionen weiter verfolgt werden sollen.

Endgültiger Implementierungsvorschlag
Wir erwarten vom Prüfungsausschuss die Wahl von Optionen.

Implementierung
Wir erwarten vom Prüfungsausschuss, dass er die Durchführung vorantreibt.

Abb. 8.3: Kontrollpunkte für den Prüfungsausschuss

Generalüberholung Ihrer Kostenbasis

- *Projektleitungsausschuss:* Dieser Ausschuss ist zuständig für Fortschrittsüberwachung, Risikomanagement, Bewältigung von Personalproblemen im Zusammenhang mit Kommunikation und Change-Management sowie projektinterne Koordination. Er leitet das Projekt auf Tagesbasis und weist die beteiligten Mitarbeiter in ihre Aufgaben ein.

Mit Ausnahme sehr kleiner Projekte ist es unumgänglich, dass irgendjemand permanent die Verantwortung für das Programm übernimmt. Abbildung 8.4 veranschaulicht, wie diese Gremienstruktur funktioniert und den Führungskräften einen klaren Überblick sowohl über das Programm selbst als auch über seine Komponenten vermittelt. Gremien, in denen Mitarbeiter aus der gesamten Organisation vertreten sind, bieten zahlreiche Vorzüge:

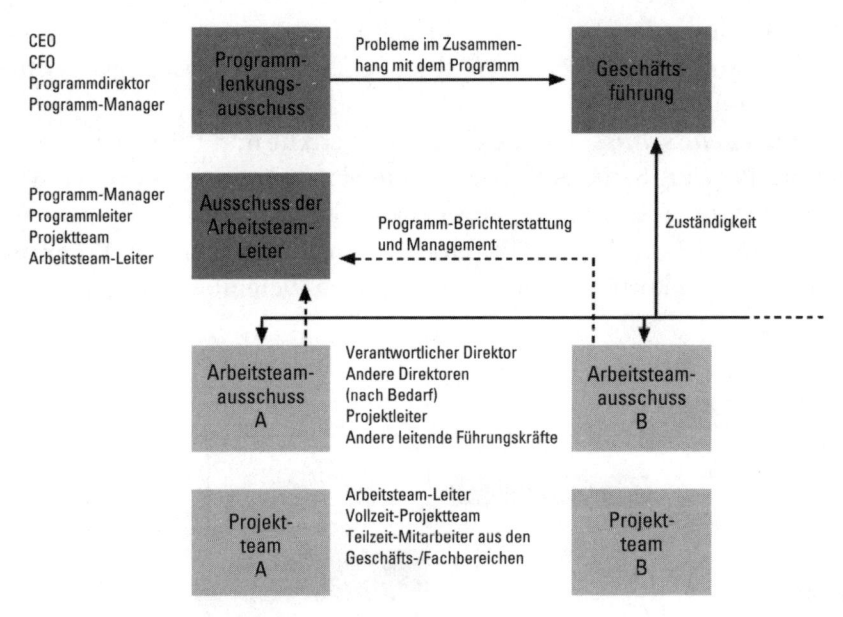

Abb. 8.4: Programmorganisation und Berichtsstruktur

- Sie fördern Fairness, weil sie alle Bereiche der Belegschaft zu Wort kommen lassen; der Eindruck von Fairness ist sehr wichtig für die erfolgreiche Durchsetzung des Programms.

Phase 1: Bestandsaufnahme (1. bis 6. Woche)

- Sie unterstützen Innovation und Mitarbeiterbeteiligung und machen es gleichzeitig den Spitzenführungskräften möglich, den Überblick zu behalten.
- Sie verbessern die Resultate, weil alle auf die Vorgaben des Wertansatzes ausgerichtet sind und die gemeinschaftliche Entscheidungsfindung gefördert wird.
- Sie erhöhen die Wachsamkeit gegenüber nicht vorhergesehenen Risiken, die mit dem Wandel verbunden sein können.
- Sie unterstützen schnelles Handeln und den Prozess der Entscheidungsfindung durch eine verknüpfte Gremienstruktur.

Um den Fortschritt eines Optimierungsprogramms effektiv beurteilen zu können, muss der CFO eine detaillierte Kostenbasis für die Organisation aufstellen – einschließlich der Budgetaufwendungen und Erträge sowie der Personalbestände. Die Daten einer solchen Ausgangsbasis tragen dazu bei, dass verfolgt werden kann, wo und wie Kosten anfallen.

Wenn die Kriterien für die Ausgangsbasis feststehen, sollten Sie Hypothesen erarbeiten, in welchen Bereichen Kostenreduzierungen möglich sind. Vergleichen Sie Ihre derzeitige betriebliche Performance mit der vergleichbaren Bestleistung, schaffen Sie Zielbereiche unter Zuhilfenahme von Visionstechniken und dokumentieren Sie die Voraussetzungen für die Erzielung der geplanten Kostensenkungen. Sorgen Sie dafür, dass die im Rahmen der Veränderungen erforderlichen Ressourcen verfügbar sind.

Sie sollten sich auf die Anforderungen eines Change-Managements vorbereiten. Ein gewisses Maß an Widerstand zu Beginn eines größeren Optimierungsprogramms ist kaum zu verhindern, aber je mehr Sie um Einbeziehung der Mitarbeiter bemüht sind, desto weniger Widerstand ist zu erwarten. Um den Wandel verstehen und unterstützen zu können, müssen die Mitarbeiter drei grundlegende Dinge wissen: Welcher zwingende Grund liegt für den Wandel vor? Welcher Bezug zur Gesamtstrategie des Unternehmens ist gegeben? Wie wirkt sich der Wandel auf ihre tägliche Arbeit aus?

Die Verantwortlichen für die gescheiterten Downsizing-Programme der 1980er Jahre haben in ihrer Missachtung dieser Voraussetzungen zwei fatale Irrtümer begangen. Sie haben ein Klima allgegenwärtiger Verunsicherung geschaffen, die der Gerüchteküche Vorschub leistete,

Generalüberholung Ihrer Kostenbasis

auf die Moral drückte und die Produktivität verringerte. Und sie haben die Kenntnisse der Mitarbeiter in den verschiedenen Funktionen außen vor gelassen, obgleich gerade die Belegschaft häufig besser als alle anderen weiß, wo ineffiziente Prozesse vorliegen. Die Mitarbeiter haben ihre Aufgaben im Lauf der Jahre wiederholt wahrgenommen; sie hätten wichtige Anhaltspunkte für die Umstrukturierungsprozesse liefern können – *hätte man sie nur gefragt.*

Die Zufriedenheit der Mitarbeiter mit ihrer Arbeit und ihr Sicherheitsstreben wird im Zuge eines umfassenden Optimierungsprogramms erschüttert. Doch zeigen sie sich offen für Veränderungen, wenn man ihnen die Vision von einer besseren Zukunft vorführt und einen vernünftigen, soliden Umsetzungsplan erläutert; ein endgültiger Impuls erfolgt, wenn der Wandel schließlich als notwendig und unumgänglich akzeptiert wird.

Fallbeispiel
Der schwierige Prozess des Wandels

Eine erst kürzlich privatisierte staatliche Einrichtung (1 Milliarde Dollar) verpflichtete ein neues Managementteam. An erster Stelle stand die Aufgabe, die mit Finanztransaktionen befasste Einrichtung zu einer autarken Organisation zu machen. Günstige Voraussetzungen waren gegeben: etablierte Internetpräsenz, fachlich hoch qualifizierte Mitarbeiter und hohes Ansehen aufgrund geschäftlicher Integrität, was auf dem Markt einer Marke gleichkommt. Problematisch war allerdings die byzantinische Organisationsstruktur; alle Innovationsversuche versickerten schnell in einer fest gefügten Bürokratie. Während der Benchmarking-Phase seines Optimierungsprogramms machte der CFO die Feststellung, dass die Organisation mit einer ungewöhnlich hohen Zahl von Lieferanten arbeitete, pro Vorgesetzten nur drei Mitarbeiter beschäftigte und eine Hierarchie von mehr als einem Dutzend Führungsebenen aufwies, die in keiner Weise den branchenüblichen Standards entsprachen. Selbst wenn die Mitarbeiter die Privatisierung einstimmig unterstützt hätten (was nicht der Fall war), wäre eine Optimierung und Veränderung unter diesen klaustrophobischen Rahmenbedingungen nicht möglich gewesen.

Phase 1: Bestandsaufnahme (1. bis 6. Woche)

Die Einsparungen, die durch einen gestrafften, die Internetpräsenz der Organisation vollständig nutzenden Beschaffungsprozess erreicht werden konnten, waren so augenfällig, dass man sofort zur Tat schritt. Die Verringerung der Lieferantenzahl um 60 % führte zu einem raschen finanziellen Erfolg und hatte noch einen weiteren, unerwarteten Vorteil: Die beteiligten Mitarbeiter reagierten positiv auf die damit verbundenen Arbeitserleichterungen und setzten sich umso engagierter für das Optimierungsprogramm ein.

Obgleich dies im Rahmen des Privatisierungsprogramms nicht ausdrücklich vorgesehen war, nutzte der CFO den Erfolg und organisierte eine Reihe von Lunch-Terminen, bei denen fachkompetente Mitarbeiter über verschiedene Aspekte ihrer Geschäftätigkeiten berichteten. Die Mitglieder der Geschäftsführung respektierten die Empfehlungen der Vortragenden und hörten aufmerksam zu, wenn diese auf die Veränderungen zu sprechen kamen, die der Finanzwelt durch E-Commerce bevorstanden. Immer wieder betonten die Vortragenden, wie wichtig ein schneller, konsistenter Wandel sei. Die Nachricht kam an.

Der anfängliche Widerstand ging weiter zurück, als der Wertansatz für das Optimierungsprogramm vollständig vorlag: Geplant waren Einsparungen in Höhe von fast 30 % innerhalb von 18 Monaten. Abgesehen vom Beschaffungsprozess wurden folgende Möglichkeiten zur Kosteneinsparung ermittelt: Automatisierung der Revision, Ergänzung eines HR-Portals auf der für die Mitarbeiter erstellten Website, Outsourcing von Hilfsfunktionen sowie Verbesserung der Finanzprozesse.

Die durch das Optimierungsprogramm freigesetzten Mittel verhalfen der Organisation zu autarker Geschäftätigkeit, doch Wachstum und Innovation wurden durch die festgefahrenen Denkstrukturen der Mitarbeiter verzögert. Der CFO hofft, den Wandel künftig durch finanzielle Anreize fördern zu können – eine Option, die derzeit nicht vorgesehen ist. Der CFO bleibt optimistisch. Nach umfassender Kostensenkung und Effizienzsteigerung arbeitet er nunmehr daran, die Mentalität der Mitarbeiter zu verändern – ein seiner Einschätzung nach langfristiges Unterfangen.

Generalüberholung Ihrer Kostenbasis

Schritt 3: Beurteilung der Optionen

Ab jetzt erstellen die Arbeitsteams aus den Fachbereichen detaillierte Beurteilungen der organisatorischen Arbeitsabläufe und vergleichen sie mit ähnlichen internen und externen Prozessen. Der Erfolg eines Optimierungsprogramms hängt letztlich davon ab, wie zutreffend die zu diesem Zeitpunkt gesammelten Daten sind. Abbildung 8.5 stellt die Best Practices von heute denen von morgen gegenüber.

Standards von heute	Möglichkeiten von morgen
Ansatz • Performance-Messung im Vergleich zu Rivalen und Konkurrenten • auf der Basis vorhandener Daten (Standards von heute) • Überlegungen zur Erzielung betrieblicher Verbesserungen	**Ansatz** • Kritische Überprüfung des derzeitigen Geschäftsmodells • Vergleich mit dem optimal realisierbaren Modell • Überlegungen zum strukturellen Wandel
Beispiele • Uneinbringliche Forderungen als prozentualer Anteil am Ertrag • Produktionszykluszeit, Lieferzeiten (Aus- und Zulieferung) • Kundenakquisitionskosten • Rückgabevorschriften, Lagerhaltungskosten	**Beispiele** • E-Business-Anwendungen • Outsourcing-Partnerschaften, besonders interessante Bereiche der Wertschöpfungskette • neue Preisbildungs- und Wertschöpfungsmodelle

Abb. 8.5: Best Practices im Vergleich

> Als CFO müssen Sie den rationalen Einsatz
> Ihrer Vermögenswerte überprüfen.
> Beurteilen Sie Ihre materiellen Vermögenswerte im Hinblick auf
> Kosten, Vorteile und Kapazitätsausnutzung.
> Verschaffen Sie sich in gleicher Weise
> einen Überblick über Ihre immateriellen Vermögenswerte:
> Wird ihr Beitrag zur Erwirtschaftung von Erträgen
> angemessen berücksichtigt und unterstützt?

Eine Aktivitätsanalyse ist unbedingt erforderlich, um verstehen zu können, wie die Mitarbeiter und Systeme Ihre Ressourcen zur Umwandlung von Inputs in Outputs einsetzen. Überdies verhilft sie Ihnen zu Querver-

Phase 1: Bestandsaufnahme (1. bis 6. Woche)

gleichen bezüglich der in Ihrem Betrieb laufenden Aktivitäten, ob diese nun etwas miteinander zu tun haben oder nicht. Wenn entsprechende Definitionen vorliegen, erstellen Sie auf dieser Basis einen Überblick über Kosten, Erträge und Werttreiber.

Abbildung 8.6 zeigt, dass sich den Unternehmungen durch Verknüpfung von Kosten und Aktivitäten eine ergiebige Quelle für klärende Informationen erschließt. Im hier dargestellten Fall nutzt die Personalabteilung nur 25 % ihres Budgets zur Einstellung neuer Mitarbeiter; der Rest entfällt auf unterstützende Aktivitäten.

Kostenanalyse aus Abteilungsperspektive		Kostenanalyse aus Aktivitätsperspektive	
Kosten	**$ 1000**	**Aktivitäten**	**$ 1000**
Löhne und Gehälter	1152	Erarbeitung von Richtlinien/Strategien	75
Sondervergütungen	372	Mitarbeiterkommunikation	314
Andere Personalkosten	89	Personaleinstellung	471
Reisen, Auto	38	Ausfertigung von Einstellungsverträgen	105
Reisen, Sonstiges	2	Festlegung von Gehältern und	
Hotel und Übernachtung	63	Sondervergütungen	115
Bewirtung von Geschäftsfreunden	8	Erstellung von Berichten	218
Externe Dienste, Schulung	4	Verwaltung der Personaldaten	205
Umlage der Grundstückskosten	116	Korrespondenz	221
Andere Kosten	61	Leistungsüberprüfungen	85
		Personalmanagement	96
Insgesamt	**1905**	**Insgesamt**	**1905**

Abb. 8.6: Aktivitätsbasierte Kostenanalyse für eine Personalabteilung

Müssten die Unternehmenszentralen die Anzahl der neu eingestellten Mitarbeiter in das Personalbudget hineindividieren, käme dabei eine falsche Berechnung der Kosten pro Einstellung heraus – was die Personalabteilung dazu veranlassen könnte, die gesamte Personaleinstellung auszulagern und an ein Personalvermittlungsbüro zu vergeben. Zugleich sollte das Unternehmen ermitteln, welche Kosten entstehen, um die Mitarbeiter über Sondervergütungen zu informieren; anschließend lassen sich die potenziellen Einsparungen durch Einführung eines E-Kommunikationsprogramms für die Mitarbeiter auf der unternehmensinternen Website quantifizieren.

Sie sollten prüfen, ob Ihre Vermögenswerte effektiv eingesetzt werden – Büros, Fabrikanlagen und Lagerhäuser, sonstige Sachanlagen, Betriebs-

Generalüberholung Ihrer Kostenbasis

kapital sowie F&E-Programme. Werden alle diese Vermögenswerte mit höchster Effizienz betrieben? Besteht irgendwo eine Überkapazität, die man beseitigen sollte? Oder eine zu niedrige Kapazität, die zu Engpässen und Kosteninflation führt?

Desgleichen sollten Sie Ihre immateriellen Vermögenswerte unter die Lupe nehmen: neue Produktentwicklungen, Marken, Wissensmanagement, strategische Daten und Kundenwert für die Gesamtdauer der Kundenbeziehung (Kapitel 4). Wird der Beitrag dieser Vermögenswerte zur Wertschöpfung angemessen eingeschätzt und unterstützt? Außerdem müssen Sie das Betriebskapital und die (risikoangepassten) Fremdkapitalkosten sowie das gewichtete Kapitalkosten-Mittel (Weighted Average Cost of Capital, WACC) für Ihr Unternehmen bestimmen. Nur so verschaffen Sie sich einen detaillierten Überblick über den Einsatz von Vermögenswerten und erkennen die Diskrepanz zwischen aktueller und potenzieller Performance.

Überprüfen Sie Kosten, Ausgaben und ausgelagerte Serviceleistungen für die jeweiligen Kategorien. Wenn Sie die von Ihnen erworbenen Waren und Dienste nach Kategorien zusammenfassen, können Sie die Größenordnung einer Ausgabe besser einschätzen und Kostensenkungsmöglichkeiten erkennen. Weitere Möglichkeiten dürften ersichtlich werden, wenn Sie die Effektivität Ihrer IT- und Managementstruktur überprüfen. Analysieren Sie die Kapazität und Stabilität des Systems, die Kosten-Performance beim derzeitigen Status hinsichtlich Plattform, Infrastruktur und Integrationsniveau sowie das E-Business-Potenzial. Wie Jeff Henley in seiner Einführung zu diesem Kapitel hervorhebt, kann die Informationstechnologie zuweilen ein Grundpfeiler für Kostensenkung und Ertragssteigerung sein. Ermitteln Sie die Diskrepanz zwischen Ihren derzeitigen IT-Möglichkeiten und optimierten Alternativen.

Außerdem sollten Sie überlegen, welche Einsparungsmöglichkeiten Ihnen E-basierte Technologien bieten. Zum Beispiel könnten Sie Einsparungen nicht nur bei B2B-Aktivitäten wie Beschaffung und anderen Supply-Chain-Prozessen erzielen, sondern auch B2E-Einsparungen durch ein webbasiertes Selfservice-Angebot für die Mitarbeiter in Personalsachfragen und B2C-Einsparungen durch Reduzierung des Verwaltungsaufwands bei Verkaufstransaktionen mit den Kunden realisieren. Bei Ihrer Beurteilung sollten Sie auch folgende Fragestellungen berücksichtigen:

Phase 1: Bestandsaufnahme (1. bis 6. Woche)

- *Wie produktiv sind Ihre strukturellen Ressourcen und Ihre Möglichkeiten zur Mitarbeiterführung?* Analysieren Sie Ihre Organisationsstruktur im Hinblick auf Funktionen, Ebenen und Leitungsspannen. Beurteilen Sie Ihre Stabsmitarbeiter im Hinblick auf Qualifikationen, Kompetenzen und Potenzial unter Einbeziehung der Personaleinheitskosten (einschließlich der auf Zeit eingestellten Mitarbeiter, Unterlieferanten und Teilzeitbeschäftigten mit Löhnen/Gehältern und Sondervergütungen). Ist Ihre Lohn- und Gehaltsliste sinnvoll zusammengesetzt?
- *Haben Sie alle Kriterien zur Bemessung der Profitabilität Ihrer Produkte und Serviceleistungen bedacht?* Beurteilen Sie Ihre Produkte und Dienste nach Maßgabe ihrer Profitabilität und Wertschöpfung, aufgeschlüsselt nach Vertriebskanälen, geografischen Aspekten, Produktionsanlagen beziehungsweise Prozessen usw. Auf diese Weise gewinnen Sie Einblick in die jeweilige strategische Bedeutung, erkennen zu niedrige wie auch zu hohe Performance-Niveaus und werden auf nachahmenswerte oder aber optimierungsbedürftige Ansätze aufmerksam.

Schließen Sie die Beurteilung Ihrer Möglichkeiten mit der Festlegung vorläufiger Ziele ab. Wenn Sie einige rasche Verbesserungen in Ihrer Kostenbasis erzielen, zahlt sich ein solcher Erfolg ungemein aus: Sie legen nicht nur den Grundstein für ein Optimierungsprogramm und seine Unterstützung durch die Geschäftsführung, sondern demonstrieren auch, wie unumgänglich die angekündigten Veränderungen sind. Konzentrieren Sie sich auf die Bereiche, die aller Wahrscheinlichkeit nach zu solchen Erfolgen führen. Sortieren Sie zunächst die erkannten Möglichkeiten nach Risiko, Komplexität, Zeitrahmen und Einsparungspotenzial und überlegen Sie dann, welche Zwänge einer Realisierung im Wege stehen könnten.

Sorgen Sie für Unterstützung auf höchster Unternehmensebene und für die Einrichtung eines unternehmensweiten Kommunikationsprozesses. Stellen Sie ein Programm auf, das die uneingeschränkte Zustimmung der Geschäftsführung erhält. Auf diese Weise wird die Notwendigkeit des Wandels hervorgehoben und eine Zukunftsvision von höchster Warte geboten. Sie müssen mit Fragen rechnen und sollten einen Dialog mit Ihren Mitarbeitern nach Art der US-amerikanischen Town Meetings[1] einplanen.

Generalüberholung Ihrer Kostenbasis

Phase 2: Programmgestaltung (7. bis 14. Woche)

Die Ergebnisse einer Kostenanalyse können den Mitgliedern der Geschäftsführung einen gehörigen Schock versetzen – selbst den CFOs, die oft zum ersten Mal erfahren, wo sich die wahren Kostentreiber ihrer Geschäftsaktivitäten verbergen. Wichtig ist, dass man diesen Effekt schnell überwindet, so dass die eigentliche Optimierungsarbeit beginnen kann – Verbesserung der vorhandenen Geschäftsabläufe zwecks Erzielung von Kostensenkungen, Performance-Steigerung und Bereitstellung liquider Mittel zur Finanzierung von Wachstum (Abbildung 8.7).

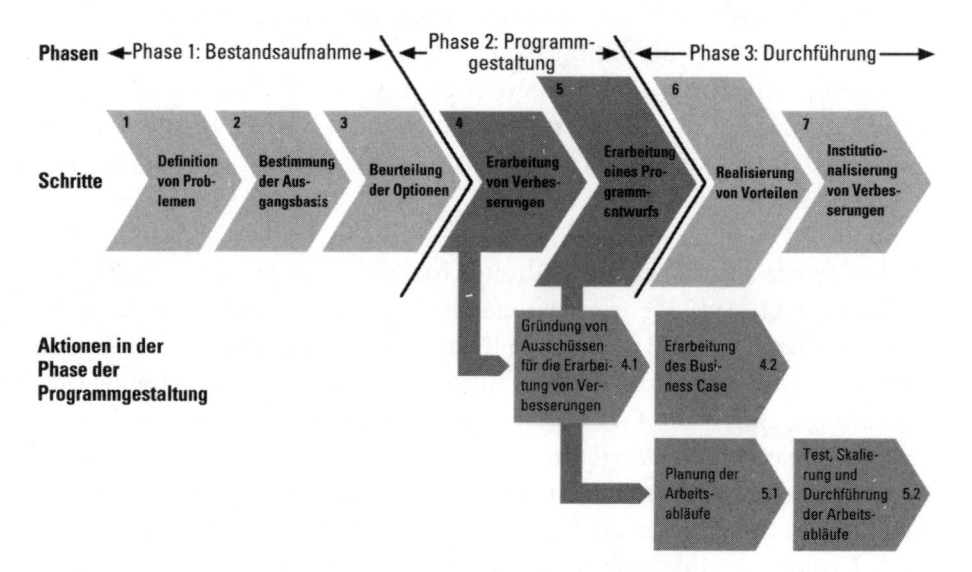

Abb. 8.7: Unternehmensweite Optimierung: Programmgestaltung

Schritt 4: Erarbeitung von Verbesserungen

Die Arbeitsteams aus den jeweiligen Fachbereichen sollten alle Optionen für eine effizientere beziehungsweise kostengünstigere Durchführung der Aktivitäten in Erwägung ziehen:

Phase 2: Programmgestaltung (7. bis 14. Woche)

- *Beenden.* Ist es möglich, die Aktivität völlig einzustellen? Oder würde das Ihr Endprodukt oder Ihre Serviceleistung beziehungsweise den nächsten Prozessschritt schwer wiegend beeinträchtigen?
- *Vereinfachen.* Lässt sich der Prozess ohne umfangreiche Reengineering-Maßnahmen vereinfachen?
- *Häufigkeit der Aktivität reduzieren.* Ist es möglich, die Aktivität weniger häufig durchzuführen?
- *Zuliefererbasis verbessern.* Wie können Sie einen Prozess kostengünstiger als unter Inanspruchnahme Ihrer derzeitigen Lieferanten ausführen – unternehmensintern, auf Outsourcing-Basis oder im Rahmen eines gemeinschaftlich genutzten Prozesses?
- *Automatisieren oder Reengineering-Maßnahmen durchführen.* Können Sie die Kosten durch die Umstrukturierung einer Aktivität senken?

Fallbeispiel
Erkundung neuer Geschäftsabläufe

Ein amerikanischer Einzelhandelskonzern stellte bei einem Vergleich der eigenen Kosten mit dem branchenüblichen Durchschnitt fest, dass die Best Practices um 25 % überschritten wurden. Als Ursache vermutete der CFO, dass trotz zunehmender Expansion der Geschäftseinheiten innerhalb der USA eine Integration der internen Prozesse so gut wie nie stattgefunden hatte. Es wurden ansehnliche Gewinne erzielt, aber unter dem Druck des Tagesgeschäfts war kaum Zeit geblieben, die Arbeitsabläufe neu zu organisieren und die unterstützenden Serviceleistungen aufeinander abzustimmen.
Als die Mitglieder in der Geschäftsführung den Bericht des CFO hörten, waren auch sie überzeugt: Reformen waren unumgänglich. Und da das Unternehmen nachhaltig bemüht war, in den Internet-Einzelhandel einzusteigen, war dies der richtige Zeitpunkt, um verbesserte Lösungen zu erarbeiten. Gerade jetzt war es undenkbar, die ohnehin höchst ineffiziente Organisation mit einer weiteren Führungsebene zu belasten.
Das Unternehmen unterhielt ein Dutzend Kundenservice-Zentren in verschiedenen Regionen und suchte nach einer optimalen Mög-

lichkeit, diese Zentren zu konsolidieren. Dazu überprüften fachspezifische Optimierungsteams die jeweiligen Arbeitsabläufe und Verfahren. Es zeigte sich, dass all diesen Einrichtungen, die doch im Wesentlichen dieselben Aufgaben durchführten, nur eines gemeinsam war – sie gehörten zu derselben Muttergesellschaft. Auf die Aufforderung hin, eine Kundenanfrage zu definieren, warteten die Zentren mit völlig unterschiedlichen Antworten auf. Jedes Zentrum verfolgte seine eigene Methode zur Kundenregistrierung. Aber keines war in der Lage, seinen Personaleinsatz an Spitzenzeiten beziehungsweise Flauten bei der telefonischen Bestellannahme anzupassen.

Zunächst wehrten sich die Manager und Vorgesetzten an den jeweiligen Standorten gegen Veränderungen jeglicher Art. Sie wollten ihre vertrauten Arbeitsroutinen beibehalten; doch die Benchmarking-Daten waren so überzeugend, dass Ineffizienzen nicht geleugnet werden konnten. Und weitere Untersuchungen ergaben, dass der ins Auge gefasste Wandel die Resultate dramatisch verändern würde. Dies zeigte sich deutlich, als das Optimierungsteam Verfahren untersuchte, die irgendwann einmal den seinerzeitigen Ansprüchen entsprechend erarbeitet und seither nie wieder angepasst worden waren.

In einer für Designer-Moden zuständigen Textilabteilung, in der die Abläufe nicht voll automatisiert waren, hatten die Mitarbeiter Schwierigkeiten, die Bestellformulare auf neuestem Stand zu halten. Stattdessen behalfen sie sich mit Notizzetteln, welche sie an die für die Versandabteilung bestimmten Unterlagen hefteten. Manchmal kamen diese Notizzettel abhanden, so dass die falschen Artikel versandt wurden. Das Problem war den meisten Mitarbeitern klar, aber keiner kümmerte sich darum, weil der Abteilungsleiter der Situation wenig Bedeutung beimaß. Und in der Unternehmenszentrale wusste natürlich niemand etwas von diesen Vorgängen.

Die Überprüfung der Arbeitsabläufe und Best Practices ließ eindeutig erkennen, dass der Konzern durch Konsolidierung des Kundenservice-Geschäfts an allen Fronten nur profitieren konnte. Größere Zentren mit besser geschulten und autorisierten Mitarbeitern konnten nicht nur unter geringerem Kostenaufwand betrieben werden,

Phase 2: Programmgestaltung (7. bis 14. Woche)

> *sondern auch einen besseren Service bereitstellen und Fluktuationen im Geschäftszyklus effektiver ausgleichen.*
>
> *Durch Anschluss all dieser Außenposten an das Internet ergaben sich vielfältige Synergien. Die Servicevertreter hatten Zugang zu weitaus genaueren Daten bezüglich der Lagervorräte; Marketing und Einkauf konnten die Absatzentwicklung in Echtzeit verfolgen; Versand und Warenannahme konnten den auf sie zukommenden Arbeitsumfang Tage im Voraus abschätzen. E-Procurement, elektronischer Zahlungsverkehr und gemeinschaftliche Datennutzung mit Geschäftspartnern ließen sich ohne weiteres anpassen.*
>
> *Abschätzungen ergaben, dass eine weitere Steigerung der Effizienz Redundanzen zur Folge haben würde, die 15 % der Belegschaft entsprachen. Nach Genehmigung der Veränderungen führte das Unternehmen ein offenes Kommunikationsprogramm für seine Mitarbeiter ein. Im Rahmen dieses Programms wurden die Mitarbeiter baldmöglichst über die bevorstehenden Schließungstermine informiert; Mitarbeitern, die das Unternehmen unbedingt halten wollte, wurden Zulagen geboten; und solche Mitarbeiter, deren Positionen abgebaut werden sollten, erhielten Unterstützung. Auch wurden den Mitarbeitern Anreize geboten, damit sie so lange an ihrem Arbeitsplatz blieben, bis ihr Standort geschlossen wurde.*
>
> *Als das Programm voll angelaufen war, widmeten sich 13 verschiedene Optimierungsteams der Aufgabe, die Arbeitsabläufe in der Organisation zu untersuchen und neu zu strukturieren. Innerhalb von zwei Jahren konnten 200 Millionen Dollar eingespart werden, die Kundenzufriedenheit hatte sich deutlich erhöht und die Erträge waren – weitgehend infolge von Internetverkäufen – um 10 % gestiegen.*

Wie dieses Fallbeispiel zeigt, können CFOs ihre Mitarbeiter motivieren, verbesserte Geschäftsansätze zu entwickeln – vorausgesetzt, sie können den Wandel finanz- und betriebswirtschaftlich überzeugend rechtfertigen. Wenn Ineffizienzen erst einmal erkannt sind, lassen sich in buchstäblich allen Fällen Alternativen finden, besonders dann, wenn die Mitarbeiter in ihre Erarbeitung einbezogen werden.

Da die verschiedenen fachbezogenen Arbeitsteams eine ganze Reihe

Generalüberholung Ihrer Kostenbasis

von Kostenoptimierungsvorschlägen entwickeln, ist es wichtig, ein einheitliches Vorschlagsformat zu bestimmen, damit die Präsentationen so konsistent und umfassend vorgelegt werden, dass eine angemessene Beurteilung erfolgen kann. Zumindest die folgenden Angaben sollten enthalten sein: Vorteile, Kosten, technologische Voraussetzungen, Zeitrahmen und Risiken.

Die Erarbeitung von Vorschlägen zur Verbesserung von Prozessen, Aktivitäten und Strukturen ist eine Brainstorming-Aktion; Kreativität und Innovation sollten ausdrücklich gefördert werden. Nicht praktikable Vorschläge können später fallen gelassen werden; dennoch sollten die Arbeitsteams auch Risiken, Vorteile und Machbarkeitsaspekte in ihre Überlegungen einbeziehen.

Die Arbeitsteams sollten zudem die Möglichkeit diskutieren, den Umfang der Serviceleistungen zu verringern. Der Vergleich des derzeitigen Serviceumfangs der verschiedenen Geschäftseinheiten in einer Organisation kann schwierig sein, einmal mehr, wenn sich multinationale Konzerne mit den unterschiedlichen Serviceerwartungen verschiedener Kulturkreise auseinander setzen müssen. Dennoch: Das Serviceangebot kann ein wichtiger Kostentreiber sein und deshalb ist eine unternehmensweite vergleichende Messung der Serviceleistungen wichtig. Im Folgenden sind noch weitere Verbesserungsaufgaben für fachbezogene Arbeitsteams aufgelistet:

- *Erarbeitung von Vorschlägen zur Verbesserung der Anlagerendite.* Die Arbeitsteams sollten überlegen, ob eine Umstrukturierung der Sachanlagen die Rendite erhöht – etwa durch verbesserte Ausnutzung von Räumlichkeiten und Kapazitäten oder verbesserte Prozesszuverlässigkeit. Weitere Möglichkeiten sind die Minimierung der erforderlichen Betriebsmittel durch eine veränderte Soll/Haben-Politik oder andere Finanz- und Lagerhaltungsrichtlinien, die Minimierung der Fremdkapitalkosten und die verbesserte Nutzung immaterieller Vermögenswerte.
- *Erarbeitung von Vorschlägen zur Reduzierung anderer Kosten.* Die Arbeitsteams entwickeln Optionen für eine Kostensenkung im Zusammenhang mit dem Einkauf von Gütern und Dienstleistungen unter Berücksichtigung der folgenden Faktoren: Verhältnis zwischen Kosten und Qualität, Beschaffungsstrategien, Rationalisierung der

Phase 2: Programmgestaltung (7. bis 14. Woche)

Anbieter und Einbeziehung der Anbieter. Andere Optionen präferieren die Reduzierung direkter und indirekter Steuerabgaben, die Straffung von Investitionsprojekten und die Umstrukturierung der Rechtsabteilung zwecks Verringerung des Kosten- und Berichtsaufwands.

- *Erarbeitung von Vorschlägen zur Verbesserung des Technologie-Managements.* Bei richtiger Anwendung kann der E-Business-Mechanismus interne Einsparungen und externe Ertragssteigerungen bewirken. Die Arbeitsteams sollten herausfinden, wann und wo der Einsatz technologischer Möglichkeiten dem Unternehmen durch Verbesserung seiner Interaktionen zu größeren Einsparungen verhilft.
- *Erarbeitung von Vorschlägen zur Reduzierung der Personalkosten.* Dieser Aspekt ist bei Optimierungsprogrammen ganz besonders heikel – in den Downsizing-Ansätzen der 1980er Jahre war man ausgesprochen plump vorgegangen. Die zwei augenfälligsten Mängel im alten Kostenmanagement-Ansatz sind: (1) Willkürliche Downsizing-Kampagnen führten häufig zu kurzfristigen Kostensenkungen; allerdings setzte schon bald darauf eine rückläufige Entwicklung der Erträge ein, weil die Unternehmen außerordentlich geschwächt waren. (2) Der Einsatz wahllos angebotener finanzieller Anreize zur Förderung eines frühzeitigen Ausscheidens von Mitarbeitern aus dem Berufsleben oder aus dem Unternehmen veranlasste in vielen Fällen hoch qualifizierte Mitarbeiter zum Weggang. Denselben Effekt hatte das Einfrieren von Löhnen und Gehältern; und Einstellungsstopps sorgten schließlich dafür, dass kein Ersatz geschaffen wurde.

Demgegenüber geht es bei der Belegschaftsoptimierung in erster Linie darum, die wertvollste Quelle, die ein Unternehmen zur Kostensenkung und Ertragssteigerung anzapfen kann, zu maximieren und zu schützen – das Wissen seiner Mitarbeiter. Nichts ist kontraproduktiver als wahllose Personalkürzungen. Umgekehrt macht sich ein gut geplantes Personaloptimierungsprogramm mehr als bezahlt.

In Anbetracht des hart umkämpften Markts für talentierte Mitarbeiter kann ein Unternehmen nur gewinnen, wenn es die richtigen Leute anzieht, effektiv einsetzt und an sich zu binden versteht. Dies wiederum setzt zweierlei voraus: aggressive Anwerbeprogramme *und* effektive Laufbahnprogramme. Gleichzeitig ermöglichen die Optimierungsprogramme dem Management ein aktives Eingreifen, um unterdurchschnittliche Arbeitsleistungen zu verbessern oder sich von den betreffenden Mitarbeitern zu trennen. Die Optimierung fördert darüber hinaus die Umstrukturierung von Arbeitsplätzen, was zu verbesserten Arbeitsabläufen und erhöhter Zufriedenheit bei den Mitarbeitern führt.

Gerade hoch leistungsfähige Mitarbeiter geben sich mit schlechter Geschäftsführung und unzureichend strukturierten Arbeitsabläufen nicht zufrieden. Sie und nicht die Mitarbeiter mit unterdurchschnittlichen Leistungen sind es, die das Unternehmen verlassen, wenn sich ihr Aufgabenbereich nicht anspruchsvoll genug gestaltet oder ihre guten Leistungen keine Anerkennung finden. Spitzenleute lassen sich durch die Unternehmenswerte, die Unternehmenskultur und eine faszinierende Aufgabenstellung motivieren. Die Umverteilung von Ressourcen zur Erzielung optimaler Performance bedeutet, dass Arbeitsplätze in den etablierten Betrieben neu strukturiert und Möglichkeiten in neu zu gründenden Risikoprojekten geschaffen werden.

Erarbeiten Sie den Business Case.
Geben Sie die angenommenen Vorschläge intern und extern bekannt und verweisen Sie auf die Konsequenzen des Optimierungsprogramms für den Shareholder Value. Entwickeln Sie Performance-Maßstäbe und lassen Sie diese genehmigen.

Alle von den fachbezogenen Arbeitsteams eingereichten Vorschläge sollten von Prüfungsausschüssen begutachtet werden. Anschließend werden die Vorschläge ausgewählt, die bei der Erarbeitung eines Programmentwurfs berücksichtigt werden sollen. Diese Prüfungsausschüsse sollten detaillierte und realistische Durchführungspläne verlangen, aber auch die Kreativität fördern, damit die Meilensteine erreicht werden. Nur so entsteht der richtige Schwung.

Die Prüfungsausschüsse sollten fachlich mit den zu untersuchenden Themenbereichen vertraut und in der Lage sein, gegebenenfalls Alternativen zu den vorgesehenen Änderungen vorzuschlagen. Sie können einen wichtigen Beitrag leisten, indem sie die verschiedenen Arbeitsabläufe, Abteilungen oder Geschäftseinheiten in gemeinsame Projekte einbinden, die für eine gleichmäßige Verteilung der Arbeitslast sorgen und ein Vielfaches der erwarteten Vorteile realisieren.

Die nächste Aktion ist die Erarbeitung des Business Case. Geben Sie

Phase 2: Programmgestaltung (7. bis 14. Woche)

die angenommenen Vorschläge intern und extern bekannt und verweisen Sie auf die Konsequenzen des Optimierungsprogramms für den Shareholder Value. Entwickeln Sie Performance-Maßstäbe und lassen Sie diese von allen Beteiligten genehmigen. Vervollständigen Sie die Personalpläne für die betroffenen Mitarbeiter und bereiten Sie die Einführung vor. Später werden Feedback-Teams, die sich aus den betroffenen Mitarbeitern rekrutieren, über die Erfolge berichten.

Die Erarbeitung des Business Case für den vorgesehenen Wandel verhilft dem CFO zu einem besseren Verständnis der Stärken und Schwächen seines Unternehmens. Auf dieser Basis können sich die Projektteams an die Erarbeitung von Programmentwürfen für die Implementierung der genehmigten Veränderungen machen.

Schritt 5: Erarbeitung eines Programmentwurfs

Bisher haben die Teams und Ausschüsse lediglich Empfehlungen für einen Wandel erarbeitet und geprüft. Bei der Erarbeitung von Programmentwürfen werden diese Empfehlungen in ein integriertes Programm eingebunden, das eine ineffiziente Organisation optimieren soll. Bei diesem Schritt gilt es, die empfohlenen Veränderungen aufeinander abzustimmen und in umfassendere vorhandene Geschäftsstrukturen, die nicht modifiziert werden sollen, einzufügen.

- *Entwurf einer integrierten Programmstruktur für die Implementierung.* Die von den fachbezogenen Arbeitsteams vorgeschlagenen Verbesserungen müssen in ein integriertes Programm eingebunden werden. Koordinieren Sie die verschiedenen Vorschläge mit anderen Veränderungsinitiativen unter Berücksichtigung des jeweils angegebenen Zeitrahmens und Ressourceneinsatzes. Entwerfen Sie Berichts- und Kontrollmechanismen für die Durchführungsphase; definieren Sie die Zuständigkeiten für Programme und Arbeitsabläufe.
- *Erarbeitung detaillierter Durchführungspläne einschließlich vorgegebener Meilensteine.* Die fachbezogenen Arbeitsteams müssen Durchführungspläne erarbeiten, die dann vom Prüfungsausschuss zu genehmigen sind. Legen Sie besonderen Wert auf voraussagbare und messbare Meilensteine, um die Programmüberwachung zu erleichtern und nach Bedarf Korrekturmaßnahmen einleiten zu kön-

Generalüberholung Ihrer Kostenbasis

nen. Wenn umfangreiche Veränderungen durchgeführt werden sollen, kommt es ganz besonders darauf an, dass der „rote Faden" stets sichtbar bleibt. Eine gute Programmleitung ist für die Implementierung von entscheidender Bedeutung.

> *Fallbeispiel*
> *Neue Unternehmensperspektiven*
>
> *Der CEO eines internationalen Medienkonzerns war besonders stolz darauf, dass er bei den leitenden Führungskräften der zugehörigen Geschäftseinheiten Unternehmungsgeist und Dynamik zu fördern vermochte. Solange sie seine Jahresertragszahlen erreichten, so gab er ihnen zu verstehen, würden sie ihre Geschäftseinheiten nach eigenem Ermessen führen können. Zum Teil zeugte dies von seinem Talent, fähige Führungskräfte für die Geschäftseinheiten auszuwählen; zum Teil war es aber auch eine Demonstration seines unnachgiebigen, stahlharten Geschäftsstils.*
>
> *Der CEO wusste kluge und talentierte Führungskräfte derart geschickt zu gewinnen, dass sein Imperium immer größer wurde. Das europäische Unternehmen war durch eine Reihe von Firmenaufkäufen in die USA und andere Länder vorgedrungen. Doch trotz seiner Erträge von mehr als 1,5 Milliarden Dollar konnten die dezentralisierten, in hohem Maß autonomen Geschäftseinheiten nicht von den so entstandenen Größenvorteilen profitieren. Nun, da beträchtliche E-Commerce-Investitionen bevorstanden, befand der CEO, sei der richtige Zeitpunkt gekommen, an einen Optimierungsplan zu denken.*
>
> *Anlässlich einer ersten Überprüfung auf der Ebene der Geschäftseinheiten stellte der CFO starke Diskrepanzen hinsichtlich der Art und Weise fest, wie die Manager ihr Geld investierten – so waren die nordamerikanischen Büros meist recht geräumig, während in Europa die Räumlichkeiten vergleichsweise beengt waren. Da alle um Ertragssteigerung bemüht waren, hatte man bisher auf die Festlegung von Standards verzichtet, so dass einige Vorzüge, die mit Disziplin zu bewirken sind, nie zum Tragen kamen.*

Phase 2: Programmgestaltung (7. bis 14. Woche)

Der CEO wurde erst aufmerksam, nachdem der CFO ein Profil vom Ausgabeverhalten der Organisation erstellt und erkannt hatte, dass sich bei nur geringem Risiko und unverminderter Kapazität 45 Millionen Dollar einsparen ließen. Daraufhin wurden in allen Geschäftseinheiten Optimierungsteams gebildet und der CEO entdeckte, dass außer seinen Topleuten noch viele andere talentierte Mitarbeiter mit fundiertem Fachwissen in seinem Unternehmen arbeiteten. Sie kannten sich an ihrem Arbeitsplatz und in ihrer Branche aus und konnten viele konstruktive Veränderungsvorschläge beisteuern.

Ausgehend von dem, was er während der Phase der Bestandsaufnahme im Rahmen des vorgesehenen Optimierungsprogramms gehört hatte, erhöhte der CFO sein Einsparungskonzept auf über 100 Millionen Dollar; das Optimierungsteam machte sich an den Programmentwurf und erarbeitete einen Plan für die Implementierung ausgewählter Verbesserungsmaßnahmen.

Die tradierte Autonomie der Geschäftseinheiten in diesem Unternehmen hatte zur Folge, dass diese bei der Implementierung gewissermaßen an der langen Leine geführt werden mussten – einmal mehr in Anbetracht der kreativen Beschaffenheit der Geschäftsaktivitäten und der unterschiedlichen Kulturen an vielfach weit auseinander liegenden Standorten. Von Kohärenz unter den Geschäftseinheiten konnte keine Rede sein; der CFO musste also auch dafür sorgen, dass die Programmleiter die Verbindungen zwischen den vom unternehmensweiten Wandel betroffenen Geschäftsbetrieben stärkten.

Dabei wurde dem CFO klar, dass der Optimierungsprozess nur dann funktionieren konnte, wenn für ein gutes Change-Management gesorgt war. Zwar konnten Kostensenkungen und Prozessoptimierungen den Cashflow nachhaltiger verbessern als eine Ertragssteigerung, aber die Ansätze als solche waren für die Mitarbeiter naturgemäß weniger interessant als die Erzielung von Geschäftsabschlüssen. Man musste die Leute zunächst ermutigen und dann für ihre Leistungen bei der Optimierung ihrer Organisation anerkennen und belohnen – genau so, wie es beim Einholen neuer Geschäftsaufträge geschah.

Viele zeigten sich überrascht angesichts der Ineffizienzen, die bei ihren Untersuchungen zutage traten. Die Optimierungsteams achte-

> ten sorgfältig darauf, dass die Projektarbeit nicht durch die allgemeine Bestürzung gelähmt wurde. Wie hatte man nur eine so nachteilige Entwicklung zulassen können? Eine positive, gezielte Ausrichtung auf die vorteilhaften Aspekte des Plans stellte sicher, dass die Leute auch solche Aufgaben übernahmen, vor denen sie sich sonst lieber gedrückt hätten.
>
> Der Widerstand der Mitarbeiter schwand, nachdem der Programmentwurf abgeschlossen war: Zum einen erkannte man, dass die Veränderungen unumgänglich waren, und zum anderen wurden positive Aspekte der neuen Ansätze sichtbar – beispielsweise die angebotenen Anreize zur Erzielung von Kostensenkungen. Letztlich bewirkte das Optimierungsprogramm erhebliche Einsparungen und führte zu einer weitaus effizienteren und einheitlicheren Organisation.

Außer der Koordinierung der Durchführungspläne müssen die Prüfungsausschüsse ermitteln, welche unternehmensweiten Konsequenzen solche Umstrukturierungen auf die sechs Triebkräfte des Wandels haben:

- *Organisation:* Wenn die Organisationsstruktur angepasst werden muss – wie soll die neue Struktur aussehen? Inwieweit sollten die vorhandenen Schnittstellen geändert werden?
- *Kunden und Märkte:* Was wird sich für die Kunden ändern? Sind positive oder negative Auswirkungen zu erwarten? Inwieweit ist die Wettbewerbsposition der eigenen Produkte oder Serviceleistungen betroffen? Sind alle potenziellen E-Business-Verbindungen genutzt worden?
- *Mitarbeiter und Unternehmenskultur:* Haben die Veränderungen einen Einfluss auf den Personalstand? Müssen die betroffenen Mitarbeiter künftig mehr oder weniger fachliche Qualifikationen mitbringen als die Leute, die zurzeit mit den entsprechenden Arbeitsaufgaben befasst sind? Wird der Wandel die Atmosphäre am Arbeitsplatz verändern?
- *Unternehmenspolitik, Produkte und Service:* Entsteht durch den Wandel ein Konflikt zur derzeitigen Unternehmenspolitik? Sind Ver-

änderungen bezüglich der jetzigen Produkte oder Serviceleistungen und/oder einer unterstützenden Aktivität erforderlich?
- *Prozess:* In welcher Prozessphase wird der Wandel vorgeschlagen und wie wirkt er sich auf erfolgreiche beziehungsweise eher schleppend vorankommende Prozesse aus?
- *Technologie:* Wie umfangreich ist die erforderliche Investition, wie lange wird es dauern, bis sie sich auszahlt, und inwieweit sind die Nutzer von dem Wandel betroffen?

Je nach Umfang der vorgesehenen Veränderungen sollten Sie geeignete Pilottests zur Erprobung der umstrukturierten Prozesse durchführen, um gegebenenfalls noch Änderungen vornehmen und Programmfehler ausmerzen zu können. Nach Abschluss der Planungsarbeiten und Testläufe ist es nun an der Zeit, in die Endphase einzutreten.

Phase 3: Durchführung (ab 15. Woche)

Wenn die Erarbeitung eines Programmentwurfs der Knackpunkt bei der Frage ist, welche Budgets gesenkt und welche Programme gekürzt werden sollen, dann ist es die Implementierungsphase, in der die CFOs sicherstellen müssen, dass die genehmigten Änderungen zügig in die Praxis umgesetzt werden. Dabei kann die Bedeutung von Dynamik und Schwungkraft gar nicht hoch genug eingeschätzt werden.

Eine Organisation, die mit der Durchführung bis nach den Sommerferien gewartet hatte, musste bei dem Versuch, die Optimierungsarbeiten wieder aufzunehmen, die Feststellung machen, dass man die bereits genehmigten Veränderungen noch einmal neu diskutieren oder die geplanten Anfangstermine für neue Arbeitsabläufe einstweilen hinausschieben wollte. Die wochenlang in Sitzungen und Mitarbeitergesprächen aufgebaute Dringlichkeit der Programmdurchführung war verflogen. Erst nachdem der CFO eine erneute Sitzung mit großer Zuhörerschaft anberaumt und das Projektteam mit der Durchführung ausgewählter Initiativen einige schnelle Erfolge erzielt hatte, konnte das Programm wieder auf Kurs gebracht werden.

Generalüberholung Ihrer Kostenbasis

Schritt 6: Realisierung von Vorteilen

Haben Sie für dynamische Schwungkraft gesorgt? Dann können Sie darangehen, die Verantwortung für die Durchführung der genehmigten Veränderungen und die Realisierung der erwarteten Vorteile vom Optimierungsteam auf die jeweils betroffenen Manager und Mitarbeiter zu übertragen. Die in der Phase der Bestandsaufnahme ermittelte Ausgangsbasis mit ihren Performance-Kennzahlen bietet wichtige Kriterien für die Beurteilung des Optimierungserfolgs. Der Vergleich der Ergebnisse nach Durchführung des Optimierungsprogramms mit der Ausgangsbasis gibt unmittelbar zu erkennen, wie effektiv die veränderten Prozesse funktionieren und ob noch irgendwelche Modifizierungen erforderlich sind, die man bei den Tests vielleicht übersehen hat.

Da die Mitarbeiter bereits von Anfang an am Optimierungsprogramm mitgearbeitet haben, sind sie an der Herbeiführung des Wandels selbst beteiligt – der Wandel ist ihnen nicht aufgezwungen worden. Und hier schließt sich der Kreis: Als autorisierte Akteure übernehmen die Mitarbeiter Verantwortung für die Ergebnisse der Projekte, zu deren Entwicklung sie beigetragen haben.

Wie das folgende Fallbeispiel zeigt, erfolgt die Übernahme der Optimierungsverantwortung besonders reibungslos, wenn sich die Mitarbeiter davon überzeugen konnten, dass der gesamte Prozess durch faire Abwicklung, gemeinschaftlich getragene Verantwortung und gerechte Belohnung geprägt ist.

Fallbeispiel
Einen gemeinsamen Weg gehen

Das Topmanagement eines großen und höchst erfolgreichen Finanzdienstleisters sah sich mit unangenehmen Neuigkeiten konfrontiert, als die Firma Vorbereitungen für eine bevorstehende Präsentation vor Marktanalysten, Aktionären und Vertretern staatlicher Regulierungsbehörden traf. Die Firma erzielte zwar hohe Gewinne, aber dennoch standen ihr Schwierigkeiten ins Haus. Eine kürzlich branchenweit durchgeführte Vergleichsstudie hatte ergeben, dass die

Phase 3: Durchführung (ab 15. Woche)

Kosten des Finanzdienstleisters 25 % über dem Durchschnitt lagen und dass Konkurrenten mit niedrigen Gemeinkosten im Begriff waren, auf seine Hauptmärkte vorzudringen. Schlimmer noch: Die E-Commerce-Revolution hatte auch die in der Branche üblichen Interaktionen mit den Kunden erfasst und stellte deren Loyalität auf eine harte Probe.

Die Firma musste ihre Kosten schnellstens senken, um die so erzielten Einsparungen für aggressive Maßnahmen einzusetzen: Es galt, die besten Kunden zu halten und umfassend in die Internettechnologie zu investieren. In Anbetracht des massiven Projektumfangs mussten die geplanten Veränderungen detailliert betreut werden, wenn die Firma mit ihrer Umstrukturierung Erfolg haben sollte. Zum Glück hatte die Organisation nach einer Reihe von Akquisitionen eine Unternehmenskultur entwickelt, in der die Mitarbeiter daran gewöhnt waren, umfangreiche Veränderungen zu unterstützen.

Nach ersten Befragungen und Beratungen stellte der CFO insgesamt 10 an Arbeitsabläufen orientierte und spartenübergreifende Projektteams auf. Jedes dieser Teams begann mit einer vier- bis fünfwöchigen Analyse, in der eine Referenzbasis bezüglich der bestehenden Vorgehensweisen erarbeitet wurde. Daraufhin bestätigten Prüfungsausschüsse deren Richtigkeit und nahmen rund 200 Kostensenkungsvorschläge – die von den Geschäftseinheiten erarbeiteten Verbesserungsprojekte – entgegen. Letztlich summierten sich die genehmigten Vorschläge zu Einsparungen in Höhe von 160 Millionen Dollar (24 % der Kostenbasis).

Der schnellste und auf breite Unterstützung gestoßene Veränderungsvorschlag sah eine Transformation der firmeneigenen Website von einem symbolischen „Fußabdruck" zu einem effektiven Zentrum für Interaktionen mit Kunden, Mitarbeitern, Lieferanten und anderen Geschäftspartnern vor. Das Internet sollte der Firma als „Auffangbecken" für den geplanten Wandel dienen: Die Kunden würden die Website besuchen, um Rechnungen zu bezahlen, Kontostände zu überprüfen oder Konten zu eröffnen. Die Mitarbeiter würden dort ihre Ferienplanungen vornehmen, ihre Pensionsbezüge überprüfen und Krankenversicherungsansprüche anmelden. Die Lieferanten würden ihre Vertragsangebote abgeben, Lagervorräte

Generalüberholung Ihrer Kostenbasis

überprüfen und Zahlungstermine festlegen. Geschäftspartner und interessierte Dritte würden sich über neue Projekte informieren, Aktienkurse verfolgen und kontinuierlich aktualisierte Angaben zu externen Finanzdaten einsehen. All diese Interaktionen würden ohne Unterstützung seitens der Firma als solcher stattfinden und keine nennenswerten Unkosten verursachen, wenn die Startkosten erst einmal finanziert waren.

Die Internetinvestitionen versprachen große indirekte Vorteile. In der Firma herrschte eine ausgeprägte Silo-Mentalität. Wenn beispielsweise eine Marketingabteilung eine Verkaufsförderungskampagne plante, wurde nur selten jemand vom Kundenservice in die Planung einbezogen, obgleich die Konsequenzen für die dort zu leistende Arbeit auf der Hand lagen. Durch ihre Data-Warehouse-Verbindungen verhalf die Website den mit völlig anderen Unternehmensprozessen befassten Mitarbeitern zu einem Überblick darüber, wie sich scheinbar isolierte Kosten auf die gesamte Wertschöpfungskette auswirkten.

Bei fortschreitender Realisierung der Website und Dutzender anderer genehmigter Initiativen wachten der CFO und seine Lenkungsausschüsse, Prüfungsausschüsse und Projektleitungsausschüsse sorgfältig über die von den Arbeitsteams vorgenommene Implementierung. An jedem Meilenstein sorgten die Teams dafür, dass Verantwortlichkeit und Kontinuität im Verlauf des Wandels gewahrt blieben. Jeder wichtige Programmaspekt wurde den Betroffenen in aller Offenheit bekannt gegeben. Um der Gerüchteküche von vornherein Einhalt zu gebieten, wurden notfalls auch offene Debatten nachdrücklich gefördert. Der CFO wollte einen gemeinsamen Weg gehen – er wollte sicherstellen, dass die Programmschritte angemessen waren, dass alle Beteiligten von der Fairness des Programms überzeugt waren und dass die Veränderungen unternehmensweit einheitlich umgesetzt und in die Unternehmenskultur aufgenommen wurden.

Wenn der CFO eines aus dem Implementierungsprozess gelernt hatte, dann dies: Es kam darauf an, eine Koalition für den Wandel aufzubauen und unermüdlich zu pflegen. Sobald Probleme oder Widerstände auftraten, musste man sich umgehend damit befassen.

Phase 3: Durchführung (ab 15. Woche)

> *Bestand die Möglichkeit, sich zu drücken, würde es immer Leute geben, die das auch ausnutzten. Doch je weiter der Prozess gedieh und je mehr die Mitarbeiter erkannten, dass ihre Ideen in die Praxis umgesetzt wurden, desto geringer wurde der Trend zu solchem Verhalten.*
>
> *Die auf zwei Jahre angesetzte Phase der Durchführung wurde von einem höchst aktiven Projektleitungsteam betreut. Die Teammitglieder sorgten dafür, dass die Umsetzungsarbeiten zügig voranschritten, und das von ihnen geförderte Leistungsdenken führte letztlich dazu, dass sich die firmeneigene Website zu einer Quelle für unerwartete Möglichkeiten entwickelte. Durch die Einrichtung einer elektronischen Schnittstelle zur Außenwelt hatte die Firma einen permanenten Mechanismus für Wachstum und Wandel geschaffen.*

Die während eines Optimierungsprogramms modifizierten oder entwickelten Prozesse werden nicht automatisch institutionalisiert. Dazu ist vielmehr erforderlich, dass die betroffenen Mitarbeiter selbst die Verantwortung übernehmen und dass die neuen Ansätze halten, was sie versprochen haben.

Schritt 7: Institutionalisierung von Verbesserungen

Dieser letzte Schritt des Optimierungsprogramms sieht spontane Anpassungen der veränderten Prozesse vor, um sicherzustellen, dass sie auch weiterhin richtig funktionieren; des Weiteren werden die bisherigen Erfahrungen zur Reformierung anderer Aspekte der Unternehmenskultur genutzt. Die wichtigsten davon sind Personalfragen.

Sie sollten als CFO unternehmenspolitische Richtlinien erarbeiten, die Ihre Mitarbeiter zu höheren Leistungen anspornen. Technologische Fortschritte und verbesserte Prozesse können zwar enorme Optimierungsbeiträge leisten, aber sie sind und bleiben Instrumente. Die dauerhafte Erzielung von Spitzenleistungen steht und fällt mit den Leuten, die solche Prozesse anwenden und die technologischen Instrumente benutzen. Erst die unzähligen von den Mitarbeitern geleisteten Arbeitsaufgaben machen die eigentliche Wertsteigerung eines Unternehmens aus.

Generalüberholung Ihrer Kostenbasis

Unternehmen, die ihre Mitarbeiter zur kontinuierlichen Verbesserung ihrer täglichen Routinen anhalten, weisen vier wichtige Attribute auf:

- Kulturen, die beim Mitarbeiter Verantwortlichkeit und Kostenbewusstein fördern
- Klar definierte strategische Ziele, die routinemäßig erfüllt werden
- Manager, die ihre Mitarbeiter betreuen und motivieren
- Anreizsysteme, die außergewöhnlich hohe Leistungen anerkennen und belohnen

Optimierungsprogramme haben etwas mit zukünftigem Wachstum und neuen Möglichkeiten zu tun und vermitteln allen Beteiligten ein Ziel, auf das sie hinarbeiten können. Sie ermutigen die Unternehmen und ihre Mitarbeiter, intelligenter und nicht einfach nur härter zu arbeiten. Und sie lassen Organisationen entstehen, die über ihre eigenen Grenzen hinauswachsen und deshalb nicht darauf angewiesen sind, bei jeder periodisch wiederkehrenden Flaute die eigenen Reihen zu lichten.

Förderung von Innovation und Wachstum

Man muss sich immer wieder vor Augen halten, dass Kostensenkungen als solche kein lohnenswertes Ziel darstellen. Kein Unternehmen kann auf Dauer Erfolg haben (oder auch nur überleben), wenn es lediglich um Überprüfung seiner Kostenbasis bemüht ist. Doch bei Anwendung eines strukturierten Optimierungsansatzes und nach Institutionalisierung der bisherigen Erfahrungen als Best Practices kann das Unternehmen die Fähigkeit und Agilität entwickeln, die es für eine seiner wichtigsten Aufgaben benötigt: Innovation.

Eine kürzlich unter 400 Unternehmen weltweit durchgeführte Untersuchung zu erfolgreichen Innovationen zeigt, wie wichtig Innovation ist.[2] Der Studie zufolge stand Innovation bei CEOs und Verwaltungsräten auf Platz eins der Tagesordnung, noch deutlich vor Globalisierung und Branchenkonsolidierung. Aber nicht alle Firmen waren in Sachen *Innovation* gleichermaßen erfolgreich. Von den befragten Unternehmen erzielten diejenigen, die eine Aktionärsrendite von insgesamt mehr als 37 % aufwiesen, 60 % ihres Umsatzes *mit Produkten oder Diensten, die*

Förderung von Innovation und Wachstum

innerhalb der letzten fünf Jahre eingeführt worden waren. Unternehmen mit durchschnittlichen oder unterdurchschnittlichen Aktionärsrenditen leiteten weniger als 40 % ihres Umsatzes von solchen Produkten ab.

Wie die Umfrage veranschaulicht, stellen sich Wachstum und Innovation nur selten zufällig ein. Vielmehr sind erfolgreiche Unternehmen gezielt darum bemüht – und gelangen damit unweigerlich in marktführende Positionen. Im Folgenden sind die wichtigsten Merkmale solcher Unternehmen aufgelistet:

- Starkes Vertrauen des Managements zu den eigenen Mitarbeitern; man ist überzeugt, die richtigen Leute eingestellt zu haben, und bringt dies durch Übertragung der Verantwortung für die Entscheidungsfindung zum Ausdruck.
- Von Tag zu Tag aktiverer Ideenstrom und weniger ausgeprägtes Bemühen, sich hinter dem Status quo zu verstecken.
- Weniger Organisationsebenen zwischen Führungskräften und Kunden; die Manager halten Kontakt zu ihren Märkten.
- Explizite Prozesse beim Ideenmanagement, die auch eingehalten werden; unaufgefordert eingebrachte Vorschläge werden nicht von vornherein abgewiesen.
- Anspruchsvolle Manager, die beim Wandel Ton und Tempo vorgeben; in solchen Unternehmen sind motivierte Mitarbeiter die Norm.
- Integration als Bestandteil der Unternehmenscharta; die Mitarbeiter werden in die Verwirklichung ihrer eigenen Ideen einbezogen.
- Regelmäßiges Bemühen der Manager um Zukunftsvisionen auf der Basis fundierter Marktkenntnis; solche Visionen sind nicht immer zutreffend, aber wenn sie es sind, führt dies zu großen Erfolgen.
- Vernünftige Risikoübernahme gilt als etwas völlig Normales und nicht als Funktionsstörung.

Auch Unternehmen, die ein konsistentes Wachstum verzeichnen, weisen Gemeinsamkeiten auf. Lernen aus den eigenen Erfahrungen ist für eine Organisation, die ihr Optimierungsprogramm institutionalisiert hat, ein logischer Schritt nach vorn. Nachdem das Topmanagement die bestehenden Prozesse auf maximale Effizienz getrimmt und die eigenen Mitarbeiter zur Übernahme von Verantwortung autorisiert hat, ist es frei, über den optimalen Einsatz der eingesparten Gelder zu entscheiden.

Generalüberholung Ihrer Kostenbasis

In besonderem Maß gilt dies für Unternehmen, die nicht zu den Marktführern zählen. Unternehmen, die Nummer eins auf ihrem Markt sind, verhalten sich intuitiv richtig. Alle anderen weisen in jeglicher Hinsicht (beispielsweise bei Marktanteil und Profitabilität) eine schwächere Performance auf und verfolgen bei ihren Geschäftsaktivitäten gewöhnlich einen traditionellen Leitungs- und Kontrollansatz. Ihr derzeitiges Geschäftsmodell haben sie weitestgehend ausgereizt.

Letztlich sind Innovation und Wachstum Früchte, die nur in Organisationen wachsen und gedeihen, die um entsprechende Kultivierung bemüht sind. Solche Unternehmen lassen nicht zu, dass Motivation durch Bürokratie zerstört wird. Und sie sind viel zu sehr von ihren Erfolgen begeistert, als dass ihnen gelegentliche Misserfolge etwas anhaben könnten!

E-CFO-CHECKLISTE

Klärung der Unternehmensziele zwecks unternehmensweiter Optimierung
Warum tun Sie dies und was wollen Sie damit erreichen? Die neue Technologie zum Vorteil des Unternehmens nutzen? Ressourcen freisetzen? Oder weil Ineffizienzen nicht länger zu übersehen sind?

Erarbeitung eines unangreifbaren Wertschöpfungsansatzes
Sind Sie sicher, dass Sie damit den größten Wertschöpfungsbeitrag leisten? Sind Ihre Ziele hoch genug angesetzt? Welche Wertsteigerung für die Aktionäre ist zu erwarten? Optimierungen erfordern zuweilen auch unerfreuliche Maßnahmen und einen hohen Aufwand an Zeit und Ressourcen. Stellen Sie sicher, dass die Voraussetzungen stimmen.

Gründung einer Koalition für den Wandel
Beginnen Sie auf Geschäftsführungsebene und dehnen Sie dann Ihre Bemühungen durch Einbeziehung der Mitarbeiter und Übertragung von Verantwortung auf die gesamte Organisation aus.

Schaffung einer detaillierten Wissensbasis
Verschaffen Sie sich unbedingt Klarheit über Ihre derzeitige Kostenbasis: Wo und in welcher Höhe fallen Kosten an? Viele Organisationen sind nicht in der Lage, ihre Kosten wirklich zutreffend zu ermitteln.

Ermittlung des derzeitigen Ressourceneinsatzes
Verschaffen Sie sich einen klaren Überblick über die aktuelle Analyse Ihrer Aktivitäten und Prozesse.

Erarbeitung eines Veränderungsentwurfs
Sorgen Sie für die Überprüfung schwieriger Optionen und sortieren Sie nichtproduktive Aktivitäten aus. Externe Gutachten können bei politisch schwierigen Optionen von Vorteil sein. Jeder Einzelne muss sich für den Wandel einsetzen, auch wenn vorübergehende Unannehmlichkeiten damit verbunden sein sollten.

Beurteilung des Fortschritts
Verfolgen Sie sämtliche Aktionen und Fortschritte während der Implementierungsphase, um sicherzustellen, dass sich die Mitarbeiter wie vorgesehen verhalten und dass der Plan zu den erwarteten Ergebnissen führt. Andernfalls müssen Sie Anpassungen vornehmen. Sollte sich Ihre Kostenbasis während des Prozesses ändern (beispielsweise durch Veräußerung einer Geschäftseinheit), müssen Sie dies entsprechend berücksichtigen. Legen Sie ein zügiges Marschtempo vor, um Dynamik und Schwungkraft zu erhalten.

Fortsetzung des Wandels
Institutionalisieren Sie Ihre Erfahrungen im Zuge des Kostensenkungsprozesses bei Budgetplanung, strategischer Planung und Berichterstellung. Sorgen Sie dafür, dass Kostenkontrollen und Wertschöpfung automatisch erfolgen. Sie haben einen ersten Schritt im Wandel erreicht. Welche Kontrollen haben Sie eingeführt, um sicherzustellen, dass Sie nicht alles noch einmal machen müssen? Fragen Sie sich, warum Sie nicht längst so vorgegangen sind.

Generalüberholung Ihrer Kostenbasis

Beschreitung eines gemeinsamen Weges
Führen Sie eine Prozessmanagementstruktur ein, die sich auf eine Vielzahl von Projekten anwenden lässt. Vielleicht befassen sich einige Teams mit E-Procurement, andere mit dem Kundenservice. Wenden Sie einen Prozess an, der allen eindeutig zu erkennen gibt, dass dieselben Standards gelten und dieselben Resultate erzielt werden.

Intensivierung von Innovation und Wachstum als hochrangige Unternehmenswerte
Wenn Sie Ihre Mitarbeiter autorisieren, Aufgaben zu übernehmen, für die sie sich mit Begeisterung einsetzen, werden sie die Kontrolle der eigenen Kosten übernehmen und Ihnen als CFO den Freiraum geben, sich als E-Business-Entrepreneur zu betätigen – eine klassische Win-Win-Situation, die beiden Seiten Vorteile bringt.

Kapitel 9

Wertschöpfung aus Akquisitionen und Allianzen

Fusionspläne aus Gründen der Wertschöpfung

Howard Smith, CFO
AIG

Wir bei AIG betrachten uns als globales Finanzdienstleistungsunternehmen. Der dominierende Teil unseres Geschäfts betrifft eindeutig den Versicherungsbereich, aber wir sind zunehmend bemüht, uns verstärkt auf den Bereich der Finanzdienstleistungen zu konzentrieren. Je nach Tagessituation an der Börse erreichen wir eine Marktkapitalisierung von annähernd 220 Milliarden Dollar und damit zählen wir zu den 10 bis 15 Topunternehmen in den USA. Außerdem gehören wir zu den wenigen Unternehmen weltweit, die von führenden Rating-Agenturen die höchste Bonitätseinstufung (AAA) erhalten haben.

Unser Unternehmen verfolgt unter anderem das Ziel, eine Eigenkapitalrendite von annähernd 15 % jährlich zu erwirtschaften. Wir können dieses Ziel verwirklichen, weil AIG eine profitcenterorientierte Organisation ist. Unsere Kultur reicht hinunter bis zu den kleinsten Profitcenter-Einheiten, deren Manager jeweils für ihre Bilanz zur Verantwortung gezogen werden. Wenn alle Profitcenter-Manager ihre Ziele erreichen, kann natürlich auch die Organisation ihre Ziele im größeren Maßstab verwirklichen.

Ein wichtiges Ereignis der letzten Jahre war für uns die Akquisition von SunAmerica im Jahr 1999. Wir waren schon seit längerem am Erwerb einer Organisation wie SunAmerica interessiert gewesen.

SunAmerica hatte sich eine Tradition als ein auf Pensionsgeschäfte spezialisiertes Unternehmen aufgebaut, war aber nicht über die Grenzen der USA hinaus expandiert. Die Kombination mit unserer internationalen Präsenz erschien uns sehr geeignet und in Anbetracht der hervorragenden und auf unsere Versicherungsnehmer abgestimmten Produkt- und Managementerfahrungen dieses Unternehmens war die Fusion eine ganz natürliche Sache.

Wir meinen, dass uns die Positionierung und Integration von SunAmerica eine fantastische Möglichkeit im Altersvorsorge- und Pensionsverwaltungsgeschäft erschließt. Wir zählen weltweit zig Millionen Versicherungsnehmer zu unserem Kundenstamm und durchforsten aktiv unsere Datenbanken, um jedem einzelnen Kunden ein optimales Produktangebot vorlegen zu können. Eine Organisation unserer Größe muss Fusionen und Akquisitionen als wichtiges strategisches Instrument nutzen. Kontinuierliches Wachstum wird nicht lediglich durch Expansion einzelner Geschäftsbereiche erzielt.

Die SunAmerica-Fusion kam ziemlich schnell zustande. Wie bei jeder Akquisition dieser Größenordnung wollten wir die Unternehmensbewertung (Due-Diligence-Prozess) in aller Stille und unter Einbeziehung möglichst weniger Leute vornehmen. Aus Diskretionsgründen hatten wir dafür gesorgt, dass die Sitzungen einer kleinen Abordnung in einem Hotel in Los Angeles und nicht in den Zentralen der beteiligten Unternehmen stattfanden. Wenn ich mich recht erinnere, hatten wir nach fünf Tagen – und das waren lange, sehr lange Tage – einen Punkt erreicht, wo wir mit dem, was wir bei SunAmerica sahen, einverstanden waren. Und die nahmen ihrerseits eine Due-Diligence-Überprüfung bezüglich AIG vor. Wir waren uns dann sehr schnell einig.

Zu den interessantesten Transaktionen, die von uns geprüft werden, zählen Internet-Startups. Wir müssen uns vergewissern, dass es sich um einmalige, gut durchdachte und gut strukturierte Geschäftsmöglichkeiten handelt.

Nach Abschluss der Fusionsverhandlungen begannen wichtige Funktionsträger aus der Unternehmenszentrale und die Leiter großer Profitcenter aus beiden Unternehmen, gemeinsam die spezifischen Schritte für den Übergang auszuarbeiten. So wurden Zeitpläne aufgestellt und Prozesse für Fortschrittsüberprüfung und Feedback vereinbart. Die Verständigung erfolgte reibungslos.

Wir hatten uns von dieser Akquisition kein riesiges Kosteneinsparungspotenzial versprochen – dafür waren unsere Organisationen zu unterschiedlich. Aber wir erkannten deutliche Synergieeffekte und haben diesbezüglich auch schon erste Erfolge realisiert.

Im Lauf der Jahre haben wir verschiedene Akquisitionen vorgenommen; wir beschränken uns auf einige wenige Unternehmenskäufe, aber wir prüfen viele Unternehmen. So haben wir stets an die 50 unterschiedliche Transaktionen auf dem Tisch, aber wir verfolgen recht hohe Standards. Es muss schon eine Organisation sein, die uns unserer Einschätzung nach zu einer 15-prozentigen Eigenkapitalrendite verhilft; aber wenn man dann sorgfältig

Wertschöpfung aus Akquisitionen und Allianzen

nachprüft und Due-Diligence-Studien durchführt, sind es nur noch sehr wenige Unternehmen, die zu unserem Modell passen. In diesem Fall war es so. Und die Übergangsphase verlief bemerkenswert gut.

Zu den interessantesten Transaktionen, die von uns geprüft werden, zählen Internet-Startups – nicht nur als Investmentobjekte, sondern auch unter dem Aspekt einer strategischen Verbindung. Wir sind überzeugt, dass sich das Internet zu einer Vertriebsform der Versicherungsbranche entwickelt, und wir wollen von Anfang an dabei sein. Bei der Überprüfung von Internet-Neugründungen müssen wir uns vergewissern, dass es sich um einmalige, gut durchdachte und gut strukturierte Geschäftsmöglichkeiten handelt. Sicher – wir hoffen, dass uns die Internet-Investitionsprojekte eine gesunde Rendite einbringen, aber wir sind auch der Meinung, dass ihr Wert in den strategischen Initiativen begründet ist, die wir gemeinsam fördern können.

Die AIG umfasst viele Unternehmen. In dem Maß, wie das Internet neue Möglichkeiten zur Wertschöpfung erschließt, wagen sich immer mehr Branchenführer über das traditionelle M&A-Geschäft (Mergers and Acquisitions, M&A) hinaus, um ihr zukünftiges Wachstum voranzutreiben. Wie die AIG ziehen viele von ihnen Joint Ventures und strategische Allianzen in Erwägung, um Kapital aus der E-Business-Explosion zu schlagen und neue Ertragsquellen anzuzapfen.

Die CFOs messen ihrer Funktion bei solchen Vertragsverhandlungen hohe Bedeutung bei – und das aus gutem Grund. Die meisten werten externe Transaktionen wie Fusionen und Akquisitionen, strategische Allianzen, Joint Ventures usw. als die wichtigsten Instrumente, um den Shareholder Value zu steigern und Einfluss auf die strategische Ausrichtung ihres Unternehmens auszuüben. Infolgedessen verbringen viele CFOs bis zu einem Drittel ihrer Arbeitszeit mit der Begutachtung, Planung und Durchführung von Geschäftsabschlüssen dieser Art – oft genug mit gemischtem Erfolg.

Wie stellt man die Wertschöpfung überzeugend dar, wenn es darum geht, eine Transaktion voranzutreiben? Wie präsentiert man Zielvorgaben, Synergieeffekte und finanzielle Vorteile? Wie entscheidet man sich zwischen einem M&A-Geschäft und einer strategischen Allianz? Wie beurteilt man, ob die Unternehmenskulturen zueinander passen? Warum scheitern so viele M&A-Projekte? Wie können Sie als CFO die Erfolgschancen erhöhen? Und wenn es zu einem Abschluss kommt – wie gelingt Ihnen eine möglichst effiziente Verschmelzung beziehungsweise Koordinierung der Finanzabteilungen?

Diesen und anderen heiklen Fragen ist das vorliegende Kapitel gewidmet. Zunächst sollen neue Partnerschaftsmodelle vorgestellt werden, wie sie sich in der E-Business-Welt von heute abzeichnen. Alsdann wird untersucht, wie Gefahren umgangen werden können, welche Best Practices die Entscheidungsfindung sowohl bei traditionellen M&A-Deals als auch bei komplexeren strategischen Allianzen erleichtern und wie die so wichtige Problematik der kulturellen Übereinstimmung zu lösen ist. Und vor allem geht es in diesem Kapitel um Wertschöpfung.

Die größte Herausforderung für den CFO besteht eindeutig darin, beim Aushandeln solcher Verträge finanzwirtschaftliche Stringenz einzubringen – welcher Art der Abschluss in Anbetracht unserer heutigen verwirrenden und instabilen Marktbedingungen auch sein mag. Aller E-Commerce-Investitionsbegeisterung zum Trotz bleibt der Kernansatz bei der Bewertung von M&A-Zielen oder Allianzpartnern unverändert, ob eine diesbezügliche Transaktion nun ein E-Business oder ein traditionelleres Unternehmen betrifft.

Im Gegenteil: Wie die Erfahrung zeigt, ist ein Festhalten an den grundlegenden Prinzipien bei der Bewertung einer E-Business-Situation *ganz besonders* wichtig, gerade weil in so vielen Startups die finanzwirtschaftliche Disziplin zu wünschen übrig lässt. Bei einem E-Business-Projekt mögen mehr Variablen zu beurteilen sein, um künftige Erwartungen abschätzen zu können. Aber die Prinzipien einer gesunden Finanzentscheidung sind nach wie vor dieselben – ein tröstlicher Gedanke, wenn man sich im Meer der Möglichkeiten hin und hergeworfen fühlt.

Darstellung neuer Beziehungsmodelle

Branchenkonvergenz, technologischer Wandel und Globalisierung peitschen die Flut folgen- und risikoreicher Transaktionen voran. In den nächsten fünf bis zehn Jahren ist ein ausgeprägter Trend zu zahlreicheren und größeren Akquisitionen, Fusionen, strategischen Allianzen und Veräußerungen zu erwarten.

Anzahl und Wertumfang derartiger Geschäftsabschlüsse haben sich stetig erhöht. Allein die Größenordnung und Komplexität solcher Trans-

Darstellung neuer Beziehungsmodelle

aktionen lassen auf ihre Bedeutung schließen. Natürlich ist kein Deal wie der andere. Immer gilt es, eine einzigartige Kombination potenzieller Vorteile und Gefahren stringent zu untersuchen und zu bewerten. Und die Funktion des CFO als Verhandlungsführer ist durch die Vielfalt der vorhandenen strukturellen Optionen noch anspruchsvoller geworden.

Jede der in Abbildung 9.1 veranschaulichten Optionen ist mit unterschiedlichen Risiken verbunden, bietet unterschiedliche Vorteile und verlangt ein unterschiedliches Maß an organisatorischer Integration. Beispielsweise ist die Mentalität, die eine erfolgreiche Bildung von Allianzen verspricht, ganz anders als eine Mentalität, die Wachstum und Marktanteile durch Akquisitionen vorantreibt.

| Alleingang | Strategische Allianzen | Kapitalallianzen | Fusionen und Akquisitionen |

Organisatorische Integration
Gering ⟵———————————————————⟶ Hoch

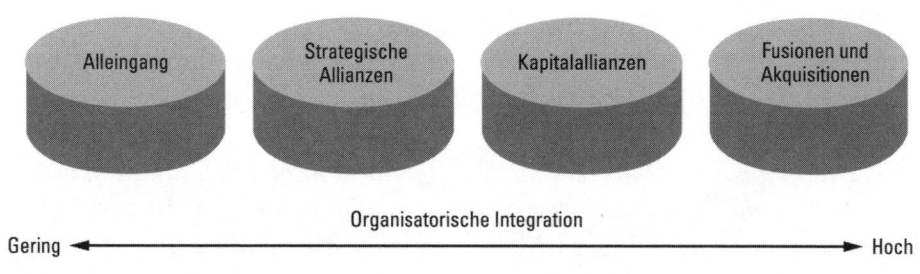

Abb. 9.1: Vier grundsätzliche Optionen

Wie Untersuchungen zu entnehmen ist, wird die Entscheidung für oder gegen ein M&A-Geschäft beziehungsweise eine strategische Allianz durch die Marktposition, die Historie und die Kultur eines Unternehmens bestimmt.[1] So liegen Anhaltspunkte dafür vor, dass reiche, etablierte Unternehmen nur selten effektive und engagierte Allianzpartner abgeben, weil tief in ihrer Unternehmenskultur eine Präferenz zur „Splendid Isolation" – zur Bündnislosigkeit – verankert ist. Diese schlichte, aber überzeugende Erklärung bedeutet, dass Akquisition das Instrument ihrer Wahl ist.

Demgegenüber werden Allianzen von wettbewerbsfähigen Unternehmen bevorzugt, die ihre Ressourcen sparsam einsetzen, sich gegen alle möglichen Eventualitäten absichern und nur dann Verpflichtungen eingehen, wenn positive Ergebnisse einigermaßen gewährleistet sind. Solche Firmen tendieren zu einer laufenden Neubeurteilung ihrer Optionen: Sie vergewissern sich kontinuierlich, was sie bisher gelernt ha-

Wertschöpfung aus Akquisitionen und Allianzen

ben, bevor sie sich an den nächsten Schritt im Verhandlungsprozess wagen.

Nun soll dies nicht bedeuten, dass Allianzen Akquisitionen vorzuziehen seien – oder umgekehrt. Beide Formen des „Zusammengangs" haben ihre Berechtigung. Die Entscheidung zwischen einer Partnerschaft und einer formalen Fusion hängt häufig davon ab, wie ein Unternehmen seine Marktposition und die Stärke seiner internen Ressourcen einschätzt. Die Transaktion zwischen AOL und Time Warner veranschaulicht die Problematik.[2]

Fallbeispiel
Alt und Neu gehen zusammen:
AOL/Time-Warner-Fusion

Der mehr als 100 Milliarden Dollar schwere Deal zwischen America Online, einem 14 Jahre alten Internetunternehmen, und Time Warner, einem etablierten Mediengiganten alten Stils, läutete eine neue Epoche ein: Das Internet war mündig geworden. In vielerlei Hinsicht bedeutete dieses Abkommen einen Vertrauensbruch seitens Time-Warner-Chef Gerald Levin, der als erster Medienmogul die soliden Vermögenswerte seines Unternehmens gegen den höchst volatilen, spekulativen Wert des Aktienkapitals eines Internetunternehmens eintauschte – eine Entscheidung, die ungeheure Publizität gewann und Anlass zu Spekulationen bot.

Zugleich aber bedeutete der Deal auch eine Rechtfertigung der Arbeit von AOL-Präsident Bob Pittman. Pittman war der Architekt der AOL-Transformation von einer auf Subskriptionen basierenden Firma zu einem Unternehmen, das einen immer größeren Anteil seiner Einnahmen aus Werbung, Marketing und E-Commerce bezog.

Fusion gegenüber Alleingang
Time Warner hatte erkannt, welche Möglichkeiten das Internet bot; das Unternehmen war seit Anfang der 1990er Jahre bemüht gewesen, eine Internetstrategie zur Stärkung seiner Position auf dem interaktiven Fernsehmarkt zu entwickeln. Doch die meisten Branchenanalysten betrachteten die Bemühungen des Unternehmens um

den Aufbau einer Internetpräsenz als gescheitert. Durch die Fusion mit AOL, so gestand Levin, hatte er die Situation retten wollen: „Wir hätten es im Alleingang schaffen können. Aber ich war zu der Schlussfolgerung gelangt, dass eine Fusion mit AOL unsere eigene Entwicklung beschleunigen würde."
AOL und Time Warner teilen die Überzeugung, dass beide Unternehmen zusammen viel schneller wachsen können als eines allein. Ein Alleingang könnte in Anbetracht des Tempos, mit dem sich der Wandel in unserer E-fähigen Welt vollzieht, möglicherweise auch gar keine Option mehr sein. Die meisten großen Medienunternehmen stehen vor denselben Problemen wie Time Warner und sehen sich mittlerweile aufgrund ähnlicher Situationen gezwungen, mit erfolgreichen Internetbetrieben zu fusionieren.

Harmonie zwischen Unternehmenskulturen
Im weiteren Verlauf der Fusionsgespräche wirkte sich positiv aus, dass die Topteams von einer guten Harmonie zwischen den Unternehmenskulturen beider Partner überzeugt waren. Time-Warner-Chef Levin kommentierte: „Die haben dasselbe Wertesystem und dieselben Blue-Chip-Börsen, sind sehr verbrauchermarkenorientiert, gehen höchst aggressiv beim Aufbau ihrer Marktposition vor und beziehen wie wir ihre Einnahmen im Wesentlichen aus Subskriptionen."
Diese gute unternehmenskulturelle Übereinstimmung hielt die Gespräche auch zu einer Zeit aufrecht, als Schwierigkeiten bei der Bewertung der beiden Unternehmen den gesamten Prozess hätten zum Entgleisen bringen können. Die Fähigkeit, diese Harmonie zu nutzen und die kombinierten Ressourcen der beiden Unternehmen zu mobilisieren, dürfte auch die Grundlage für eine spätere Beurteilung von Erfolg oder Misserfolg des Deals sein.

Bewertung von Internetaktien
Trotz der überzeugenden strategischen Argumentation für den Zusammengang mussten sich beide Seiten mit dem Ungleichgewicht bei der Bewertung von Medienunternehmen einerseits und Internetfirmen andererseits auseinander setzen. Während des Verhandlungs-

Wertschöpfung aus Akquisitionen und Allianzen

> *prozesses sah es tatsächlich lange Zeit so aus, als ob kein finanzielles Übereinkommen erreicht würde.*
>
> *Letztlich wurde der Deal dann als Unternehmenserwerb und nicht als Interessen-Pooling strukturiert. Dies bedeutet, dass AOL Goodwill abschreiben muss, aber nicht durch Pooling-Bedingungen eingeschränkt wird, zu denen unter anderem Restriktionen bezüglich größerer Veräußerungen, Neugliederung der Bilanz und Aktienrückkäufen gehört hätten. Natürlich wird es Goodwill-Abschreibungen in Höhe von mehreren Milliarden Dollar jährlich geben – AOL hat somit einen 70-prozentigen Aufschlag auf die Time-Warner-Aktien gezahlt.*
>
> *Der Preis, den AOL zahlen musste, unterstreicht nicht nur die substanzielle Bedeutung, sondern auch den wahren zugrunde liegenden Wert der AOL-Aktien. Zu der Zeit, als der Deal abgeschlossen wurde, hatte AOL einen doppelt so hohen Marktwert wie Time Warner. Doch die Fusionsbedingungen gestanden den AOL-Investoren nur 55 % des fusionierten Unternehmens zu. Dies legt den Schluss nahe, dass die Bewertung von Internetaktien möglicherweise nach unten korrigiert werden müsste – gute Nachricht für etablierte Unternehmen, für deren Angebot immer noch Nachfrage bei den Verbrauchern besteht.*

Um nun den Investoren über 15 Jahre lang eine Jahresrendite von 15 % geben zu können, muss der neue Mediengigant eine Marktkapitalisierung von 2,4 Billionen Dollar erreichen. Dies ist ein ehrgeiziges Ziel: eine auf 15 Jahre angelegte Gewinnwachstumsrate von 22,5 %. Kann AOL Time Warner das leisten?

Die erste Reaktion des Marktes führte bei den AOL-Aktien zu einem Kursabschlag. Warum? Die meisten Analysten waren wohl der Meinung, dass AOL durch seinen Zusammengang mit Time Warner wertvollere Zukunftsoptionen in der E-Business-Welt aufgegeben hatte. Aber es gibt auch positive Stimmen: Der Deal könnte das Potenzial zur Schaffung des ersten wirklich digitalen Medienunternehmens haben, bei dem materielle Vermögenswerte mit der Geschwindigkeit und Interaktivität des Internet kombiniert werden. Diese Meinungsunterschiede am Markt bezüglich der AOL/Time-Warner-Fusion zeigen einmal mehr, wie schwierig es ist, bei solchen Transaktionen einen wertsteigernden Abschluss zu erzielen. Vielleicht ist dies der Grund, warum so viele Fusionsunternehmen ihren Kurs nicht halten können.

Wie es nicht sein soll: Häufige Gefahrenquellen

Trotz der fieberhaften Eile, mit der globale Deals abgeschlossen werden, scheinen die Erwartungen weiterhin die Resultate zu übertreffen. Fast könnte man behaupten, die Tinte sei kaum getrocknet und schon bleibe jeder zweite M&A-Abschluss hinter seinem Ziel zurück, die Performance, die Marktposition oder den Shareholder Value zu steigern. In einigen Fällen wird sogar Wert vernichtet, so dass die Unternehmensleistung nach Abschluss der Transaktion sinkt. Dasselbe gilt für strategische Allianzen. Die folgenden CFO-Kommentare unterstreichen die ernüchternde Realität:

- Wenn wir gewusst hätten, dass es so schwierig sein würde, hätten wir das nie gemacht.
- Der Deal hatte zur Folge, dass uns die Fokussierung auf unsere eigenen Kunden verloren ging.
- Die daraus resultierende Rückläufigkeit im Geschäft hat uns zum Übernahmeobjekt degradiert.
- Dieser Deal hat über Nacht den Ruf unseres Unternehmens zerstört, den wir in mehr als 30 Jahren aufgebaut haben.

Aus kürzlich durchgeführten Umfragen wird das Ausmaß der Zerstörung von Unternehmenswerten ersichtlich. Eine Untersuchung von 300 der größten Fusionsprojekte der letzten 10 Jahre ergab, dass 57 % der fusionierten Firmen drei Jahre nach Abschluss der Transaktionen bezüglich des Aktionärsertrags (Total Shareholder Return) hinter der vergleichbaren Branchenkonkurrenz zurückgeblieben waren. In einer weiteren Studie wurden 166 Fusionen untersucht – mit dem Ergebnis, dass 61 % nicht imstande waren, ihre Kapitalkosten zu verbessern. Andere Ergebnisse weisen darauf hin, dass die Unternehmen später durchschnittlich mehr als 50 % ihrer Akquisitionen in neuen Branchen wieder abstoßen.

Wertschöpfung aus Akquisitionen und Allianzen

Woran liegt es, dass so viele Deals effektive Vorteile versprechen, letztlich aber zu Enttäuschungen führen? Unsere Nachforschungen haben ergeben, dass insbesondere 10 Fehler für derart unbefriedigende Ergebnisse verantwortlich sind:

1. *Mangel an strategischer Klarheit.* Strategische Klarheit bedeutet unter anderem, dass rigoros und exakt geprüft werden muss, inwieweit ein M&A-Kandidat oder Allianzpartner mit den strategischen Zielen eines Unternehmens übereinstimmt. Erfahrene CFOs erkunden diesen Faktor an drei Fronten. Erstens vergewissern sie sich, dass ein potenzieller Deal die Langfriststrategie und die Marktziele ihres Unternehmens unterstützt. Zweitens führen sie ein rigoroses Prüfungsverfahren durch, um mögliche Kandidaten oder Partner zu ermitteln und einzustufen. Und drittens klären sie objektiv ihre Durchführungskapazitäten.[2]
2. *Retroaktive Berechnung von Synergieeffekten.* M&A-Verhandlungen verlaufen gewöhnlich hektisch und emotional geladen, so dass die Managementvision des CEO und seines Topteams leicht getrübt wird. Häufig wird der Verhandlungsprozess beherrscht von dem geradezu besessenen Bemühen, eine der Transaktion zuträgliche Preis- und Vertragsstruktur auszuhandeln, anstatt sich auf einen Preis beziehungsweise eine Struktur zu konzentrieren, die den Wert genau wiedergibt.
3. *Engagement für opportunistische, reaktionäre Geschäftsabschlüsse.* Akquisitions- oder Allianzentscheidungen sind häufig Gegenmaßnahmen, die als Reaktion auf Schachzüge der Konkurrenz oder unerwartete Marktentwicklungen getroffen werden. In vielen Fällen wird eine Strategie erst im Nachhinein zurechtgelegt – ohne irgendwelche Anhaltspunkte, ob sie realistisch, robust oder überhaupt praktikabel ist. Gewitzte Verhandlungsführer gehen aber proaktiv und nicht reaktiv vor.
4. *Einsatz überholter Bewertungsinstrumente.* Der an Gewinnen beziehungsweise Erträgen orientierte Bewertungsmaßstab hat nachweislich Mängel. Häufig wird der erwartete wirtschaftliche Wert eines Zielunternehmens abgeschätzt, indem man das Ertragspotenzial nach Maßgabe der bisherigen Performance bestimmt und mit vergleichbaren Konkurrenzunternehmen aus derselben Branche ver-

gleicht. Problematisch daran ist, dass es sich bei Gewinn- beziehungsweise Ertragsmultiplikatoren um kurzfristige Indikatoren handelt, die normalisiert und dann in die Zukunft extrapoliert werden, um daraus entsprechende Voraussagen über die langfristige Performance abzuleiten.

5. *Unzureichende Analysen als Ausgangsbasis.* Typischerweise versprechen sich die akquirierenden Unternehmen oder Allianzpartner von der angestrebten Transaktion eine verbesserte Cashflow-Entwicklung. Aber genauso typisch ist, dass die von ihnen herangezogenen Bewertungsmodelle der erforderlichen analytischen Stringenz nicht standhalten. Als Basis für die weiteren Verhandlungen kommt dann nicht viel mehr heraus als eine schnelle, grob über den Daumen gepeilte Abschätzung, wie viele Leute eingespart und wie viele Werke geschlossen werden könnten.

6. *Preisliche Fehleinschätzung eines Deals.* Eine exakte Preisbestimmung ist für den Erfolg eines M&A-Projekts von zentraler Bedeutung. Wir haben kürzlich eine Untersuchung durchgeführt, aus der hervorgeht, dass fünf Wertkonzepte zu einer exakten Preisbestimmung beitragen: der *Substanzwert* (Barwert der erwarteten Cashflow-Entwicklung); der *Marktwert* (Substanzwert plus Bietungsaufschlag); der *Kaufpreis* (Preis, den der Bieter meint zahlen zu müssen, um das Zielobjekt zu bekommen); die *Wertlücke* (Differenz zwischen dem Substanzwert des Zielobjekts und dem Kaufpreis); und der *Synergiewert* (Barwert aller Verbesserungen, die sich aus der Zusammenlegung der Unternehmen ergeben, einschließlich der erwarteten Kosteneinsparungen, Ertragssteigerungen und Prozessverbesserungen sowie anderer Faktoren).

7. *Überschätzung der Marktattraktivität.* Viele Unternehmen verfolgen M&A-Ziele und/oder Allianzen, um auf anscheinend robusten, profitablen Märkten Fuß zu fassen, müssen dann aber feststellen, dass sich die Bedingungen auf diesen Märkten radikal gewandelt haben oder dass die Märkte infolge technologischer Fortschritte fast über Nacht verschwunden sind. So erfolgte die Akquisition von WordPerfect durch Novell zu einem Zeitpunkt, als die beherrschende Position von Microsoft auf dem PC-Markt die Wettbewerbsstruktur des PC-Software-Geschäfts veränderte.

8. *Fehleinschätzung der Wettbewerbsposition.* Technologische Verän-

derungen, regulative Zwänge und damit zusammenhängende Faktoren bedeuten eine ungeheure Erschwernis, wenn es darum geht, die Stärke einer Akquisition oder die Wettbewerbsposition eines Allianzziels beziehungsweise die Art unerwarteter widriger Ereignisse abzuschätzen. Nachdem PCS, die US-amerikanische Vertriebsgesellschaft für rezeptpflichtige Medikamente, von Eli Lilly akquiriert worden war, beschied der amerikanische Kongress, PCS sei gegen andere pharmazeutische Unternehmen, deren Produkte die Gesellschaft vertrieb, nicht abzugrenzen. Eli Lilly war somit gezwungen, die Produkte seiner direkten Konkurrenten zu verkaufen, und schrieb letztlich den Wert seiner Investition um mehr als 1 Milliarde Dollar ab.

9. *Unterschätzung der Investitionserfordernisse.* Akquisitionswillige Unternehmen oder Allianzpartner machen oft den Fehler, dass sie den für die Implementierung erforderlichen Investitionsaufwand an Managementressourcen und Kapital ernsthaft unterschätzen. Als BMW Anfang der 1990er Jahre Rover für 1,2 Milliarden Dollar akquirierte, fielen zusätzliche Investitionen an, die sich im Lauf der nächsten fünf Jahre auf horrende 5 Milliarden Dollar aufsummierten. Und die schwer wiegenden Hindernisse für das Change-Management und die kulturellen Differenzen im Zusammenhang mit der NCR-Akquisition durch AT&T konnten nie überwunden werden. NCR wurde daraufhin wieder abgestoßen – aber erst nachdem Milliarden Dollar in das Projekt gepumpt worden waren.

10. *Unzureichendes Integrationsmanagement beziehungsweise unzureichende Strategieumsetzung nach dem Abschluss.* Bei all der Beachtung, die M&A-Verhandlungen vor dem Deal finden, werden Überlegungen zur Implementierung nach Abschluss des Deals nur zu oft hintangestellt. Wenn dann die öffentliche Bekanntgabe erfolgt ist, sieht sich das Management mit einer ernüchternden Realität konfrontiert: *Strategie* und *Ausführung* sind eben nicht dasselbe! Oft weicht die Ausführung der Transaktionen von den strategischen Vereinbarungen ab und das führt nie zu positiven Ergebnissen. Solche Erfahrungen unterstreichen deutlich, wie wichtig es ist, sich um einen „beschleunigten Übergang" zu bemühen. Nur so können frühzeitig Schwungkraft und Stabilität gesichert und schnelle Erfolge während der Implementierung erzielt werden.

> Die beteiligten Unternehmen müssen gemeinsam
> einen klaren strategischen Zweck und miteinander
> zu vereinbarende Marktziele verfolgen –
> stark genug, um die Integration zu fördern.

Wer solche Fallgruben vermeiden will, muss ständig auf der Hut sein, zumal sie in allen Phasen des Verhandlungsprozesses lauern. Ist beispielsweise ein M&A-Projekt oder eine Allianzstrategie schon vom Konzept her schlecht angelegt, kann die praktische Umsetzung nur noch schief gehen. Umgekehrt vermag auch die beste Strategie der Welt nicht viel zu bewirken, wenn sie schlecht umgesetzt wird.

Wertsteigernde Details: Sechs erfolgsentscheidende Faktoren

Erfolgreiche Deals kommen nicht zufällig zustande. CFOs mit ansehnlicher M&A-Erfolgshistorie halten sich an die folgenden sechs Gebote im Hinblick auf strategischen Zweck, Planung, Verhandlungsführung, Preisbestimmung, Tempo und Umgang mit den Leuten:

- *Sie müssen Ihre Ziele absolut ehrlich auf den Tisch legen.* Die beteiligten Unternehmen müssen gemeinsam einen klaren strategischen Zweck und miteinander zu vereinbarende Marktziele verfolgen. Diese Klarheit hinsichtlich Zweck und Ausrichtung muss stark genug ausgeprägt sein, um die Integration beziehungsweise die Koordinierung kritischer Ressourcen und Kapazitäten zu fördern.
- *Sie müssen planen, planen, planen (und zwar jetzt).* Planung ist nicht nur eine Aktivität vor dem Deal, sondern ein kontinuierlicher Prozess. In diesem Zusammenhang kommt es entscheidend darauf an, Kontinuität zwischen der anfänglichen strategischen Analyse und dem späteren Transaktionsprozess – dem Übergang nach dem Deal und/oder der Integrationsphase – herzustellen.
- *Sie müssen das ganze Deal-Kontinuum rigoros managen.* Alle Beteiligten müssen einen disziplinierten und konsistenten Ansatz zur Beurteilung potenzieller Geschäftsmodelle, Wachstumssynergien und gemeinsamer (oder auch unterschiedlicher) Stile bei der Entscheidungsfindung und der betrieblichen Durchführung verfolgen.

- *Sie müssen den Preis zahlen, der für Sie richtig ist.* Es gibt keinen richtigen Preis für eine Akquisition – es gibt nur einen richtigen Preis für jeden potenziellen Bieter. Eine exakte Preisbestimmung ist eng verknüpft mit der Bewertung, die der Markt der Implementierungsfähigkeit des Unternehmens zuerkennt. Bei strategischen Allianzen schlägt sich der „Preis" im monetären und ressourcenmäßigen Investitionsaufwand nieder.
- *Sie müssen mit unglaublicher Geschwindigkeit handeln.* Geschwindigkeit erhöht ungemein die Erfolgschancen einer jeden Transaktion. Je schneller Integration erzielt wird, desto schneller gewinnt ein Fusionsunternehmen oder eine Allianz an Dynamik und Schwungkraft.
- *Sie müssen in Wort und Tat absolut integer sein.* Bei jedem Kooperationsprojekt kommt es unabhängig von der gewählten Struktur entscheidend darauf an, dass die Unternehmenskulturen zueinander passen. Ganz besonders wichtig ist dies bei Hightech-Unternehmen, wo der wahre Wert nicht mit der akquirierten Produktbasis, sondern mit den innovativen Fähigkeiten der F&E-Experten geschaffen wird.

Wie es sein soll: Best Practices

Schauen wir uns nun an, wie die oben genannten sechs Gebote sowohl in traditionellen M&A-Situationen als auch in weniger formell strukturierten und komplexeren Partnerschaftsoptionen – beispielsweise in strategischen Allianzen – zu realisieren sind. Wie können Sie als CFO die Chancen einer echten Shareholder-Value-Steigerung erhöhen?

> *Fallbeispiel*
> *Akquisitionsstrategie von Cisco Systems*
>
> *Cisco Systems ist der weltweit führende Anbieter für durchgängige Netzwerk-Lösungen (End-to-End Networking Solutions). Der Konzern hat in den letzten sechs Jahren 70 Unternehmen akquiriert; im August 1999 wurden wie in einem Rausch innerhalb von 10 Ta-*

gen Schritte zum Erwerb vier verschiedener Unternehmen eingeleitet – darunter auch der 6,9-Milliarden-Dollar-Kauf von Cerent, einem Hersteller für optische Vernetzungsgeräte. Nur wenige Managementteams durchschauen die komplexen Zusammenhänge bei Beurteilung, Kauf und Angleichung eines neuen Unternehmens so gut wie Cisco. Im Folgenden umreißt CFO Larry Carter die „Revierplanung" seines Unternehmens.

Die Cisco-Strategie
Bei der Akquisition eines Unternehmens sind wir uns dessen bewusst, dass wir eigentlich weniger die derzeitigen Produkte dieses Unternehmens als vielmehr (dank seiner erfahrenen Mitarbeiter) die nächste Produktgeneration erwerben. Wenn Sie 0,75 bis 4,5 Millionen Dollar pro Mitarbeiter zahlen und dafür nicht mehr als das derzeitige Produktportfolio bekommen, haben Sie schlecht investiert. Im Durchschnitt scheiden 40 bis 80 % der Spitzenführungskräfte und leitenden Ingenieure innerhalb von zwei Jahren nach erfolgter Akquisition aus dem Unternehmen aus. Wir verwenden bei unseren Akquisitionen einen sehr einfachen Erfolgsmaßstab: die Bindung der Mitarbeiter an das Unternehmen und den Ertrag, den wir mit ihnen zwei oder drei Jahre später erwirtschaften.

Unser Akquisitionsansatz
Unser M&A-Ansatz ist ganz einfach: Wir halten uns an die folgenden fünf Schlüsselkriterien. Und wenn nicht mindestens drei dieser fünf Kriterien erfüllt sind, lassen wir die Finger von dem fraglichen M&A-Projekt.

- Gemeinsame Vision: *Es muss Übereinstimmung bestehen, wie sich die Branche entwickelt und welche Rolle die Partner jeweils übernehmen sollen. Wenn die Meinungen darüber auseinander gehen oder die Vorstellungen von den jeweiligen Aufgabenbereichen nicht zueinander passen, kann die Beziehung nicht funktionieren.*
- Kurzfristige Vorteile für die akquirierten Mitarbeiter: *Neue Mitarbeiter müssen eine Zukunftsperspektive haben. Unmittelbar nach*

einer Übernahme oder einer Fusion kann es vorkommen, dass sich die Mitarbeiter ausgesprochen unbehaglich fühlen. Wenn Sie aber einen Spitzenpreis für intellektuelles Kapital zahlen, können Sie es sich nicht leisten, über die Gefühle der Leute hinwegzugehen. Bei der Abschätzung des potenziellen Ertragsstroms aus einer Akquisition blicken wir immer zwei bis drei Jahre voraus.

- Langfristige Strategievorteile: *Eine weitere wichtige Überlegung betrifft die langfristige Strategie potenzieller Partner. Wir konzentrieren uns auf die langfristigen Vorteile für Aktionäre, Mitarbeiter, Kunden und Geschäftspartner.*
- Ähnliche Unternehmenskulturen oder verträgliche Chemie: *Das ist der wohl wichtigste Faktor überhaupt. Zwar soll damit nicht gesagt sein, dass nur eine bestimmte Chemie oder Kultur die richtige wäre; aber wenn kulturelle Unterschiede vorhanden sind, wird dies aller Wahrscheinlichkeit nach so bleiben. Wir hüten uns vor dem Wunschdenken, trotz unterschiedlicher Unternehmenskulturen einen erfolgreichen Zusammengang erzielen zu können.*
- Geografische Nähe: *Bei großen Akquisitionsprojekten ist es wichtig, den potenziellen Partner in geografischer Nähe zu den eigenen Betrieben zu haben. Sonst könnte es sein, dass der Finanzchef am einen Standort, der CEO an einem anderen und der Verkaufsleiter wieder anderswo sitzt und einer hinter dem anderen herläuft.*

Unser grundsätzlicher Ansatz hat uns sehr gute Dienste geleistet. Die Leute unterschätzen, wie schwer solche Deals zu bewerkstelligen sind. Wenn diese fünf Schlüsselkriterien nicht erfüllt sind, nehmen wir Abstand von der Sache. Wir haben bestimmt genauso viele Akquisitionspläne aufgegeben, wie wir Akquisitionen realisiert haben; man braucht schon Mut bei so einem Geschäft.

Über Dotcom-Firmen
In Anbetracht des raschen Wachstums in der Technologiebranche verhalten sich viele Startups schlichtweg realistisch, wenn sie schon bei ihrer Gründung damit rechnen, von uns, von AOL oder von Microsoft übernommen zu werden. Die Kunden wollen nicht noch

mehr Anbieter in ihrem Netzwerk oder Umfeld; sie wollen eher weniger. Deshalb müssen Sie bei Zusammenschlüssen mit anderen Unternehmen das Kaufverhalten der Kunden berücksichtigen.

Über die Zukunft
Ich bin überzeugt, dass Unternehmen, die künftig zu den Gewinnern zählen werden, fünf Voraussetzungen erfüllen müssen:

- *Vorhandensein eines horizontalen Geschäftsmodells*
- *Arbeit mit offenen Standards (Prinzipien der Besitzstandswahrung sind passé)*
- *Gewinnung und Bindung talentierter Mitarbeiter (kluge Köpfe, die man an einer Hand abzählen kann, produzieren mehr als ein 1000-köpfiges Mittelmaß)*
- *Schnelles Agieren zur gewinnbringenden Nutzung von Geschäftsmöglichkeiten durch autorisierte Mitarbeiter*
- *Fokussierung auf Kunden („Kundenorientierung" lautete einst eine magische Formel, aber in der neuen Internetgesellschaft werden sich die Erwartungen der Kunden und die Produkte, für die sie zu zahlen bereit sind, derart schnell ändern, dass Unternehmen oder Branchen, die nicht die Hand am Puls des Kunden haben, ins Abseits geraten.)*

Der scharf fokussierte, wertorientierte M&A-Ansatz von Cisco unterstreicht, wie wichtig es ist, strategische Klarheit mit aggressiver Umsetzung zu verbinden. Wie können Sie als CFO – unter Berücksichtigung dieser Voraussetzung – die Bewerkstelligung eines solchen Deals verbessern, gleich, ob Sie ein M&A-Vorhaben oder eine strategische Allianz verfolgen? Nachstehend sind einige Best-Practice-Richtlinien für CFOs aufgeführt, die Ihre Erfolgschancen signifikant erhöhen dürften:

- Prüfen Sie mit aller Sorgfalt die Erfolgsaussichten.
- Planen Sie die Integration nach Abschluss des Deals.
- Gehen Sie von Due Diligence zu einem wertorientierten Prüfverfahren über.
- Bauen Sie eine Wertschöpfungstreppe auf.

- Halten Sie Schritt mit der Implementierungsdynamik.
- Suchen Sie nach Vorteilen in Bezug auf Ihre eigenen Konzernstrukturen.
- Verfolgen Sie die Performance anhand einer wertorientierten Scorecard.

Sorgfältige Prüfung der Erfolgsaussichten

Viele der heutigen Akquisitionsvorhaben sind mit unrealistischen Anforderungen verbunden. Die Erwartungen im Hinblick auf Performance-Verbesserungen sind schlichtweg nicht zu erfüllen – selbst die besten Manager können dies unter günstigsten Bedingungen nicht leisten. Vor allem muss berücksichtigt werden, dass im Aktienkurs eines Zielobjekts bereits Profitabilitäts- und Wachstumserwartungen enthalten sind. Im Großen und Ganzen richten sich Aktienkursbewertungen nach den künftigen abgezinsten Zahlungsströmen, die das derzeitige Management nach Auffassung des Marktes zu erwirtschaften vermag. Um nun die Wertlücke zu schließen, müssen Sie

- die konkreten Erwartungen der Investoren bezüglich einer Performance-Verbesserung erfüllen – nicht nur für das Zielobjekt, sondern auch für Ihr eigenes Unternehmen;
- die Performance über den Marktwert des Zielobjekts hinaus auf die im Kaufpreis implizierte Leistung erhöhen.

Bevor Sie mit den Geschäftsverhandlungen beginnen, sollten Sie zunächst einmal von dem ganzen Zahlenwerk absehen und klären, was Sie tun müssen, um konzeptionelle Synergieeffekte beim Deal zu realisieren. Übertriebenes Beharren auf komplexen Bewertungsmodellen und obendrein noch unzureichende Kenntnis hinsichtlich der Erzielung von Synergien haben schon zu vielen (im Vorfeld bereits erkennbar) schlechten Akquisitionsabschlüssen geführt und Milliarden Dollar an Shareholder Value vernichtet. Dasselbe gilt für strategische Allianzen.

Echte Synergieeffekte liegen vor, wenn die gemeinsam erzielte Verbesserung der Wettbewerbsposition und die daraus resultierende Cash-flow-Entwicklung über das Maß hinausgeht, das von keinem der Unternehmen im Alleingang zu erwarten gewesen wäre.[3] Ein Scheitern ist vorprogrammiert, wenn versäumt wird, potenzielle Synergien unter dem Aspekt messbarer Verbesserungen hinsichtlich der Wettbewerbsstärke zu bewerten. Stellen Sie sich nicht lediglich die Frage, wie Sie den Kaufpreis wieder herausholen können, sondern versuchen Sie herauszufinden, wie und ob der Zusammenschluss die Wettbewerbsposition ausbaut oder festigt. Auf diese Weise können Sie zutreffender beurteilen, ob der vorgesehene Deal wirklich erfolgversprechend ist.

Planung der Integration nach erfolgter Transaktion

Wie wollen Sie die Integrationsfrage lösen? Wie schnell wollen Sie vorgehen? Welche Veränderungen sind erforderlich – und wann? Wie wollen Sie erreichen, dass der Wandel auf Dauer tragfähig ist? Wie können Sie sicherstellen, dass sich wichtige Funktionsträger, von denen viele in den Anfangsphasen des Deals nicht beteiligt sind, voll und ganz für das neue Vorhaben einsetzen?

Früher hat das akquirierende Unternehmen den beabsichtigten Deal entweder unter strategischem oder aber unter finanzwirtschaftlichem Aspekt beurteilt. Organisatorische Veränderungen wurden erst nach Abschluss der Transaktion in Betracht gezogen. Demgegenüber verbindet der optimale Ansatz alle Phasen des Transaktionsprozesses – von der Analyse vor Abschluss des Deals bis hin zur Implementierung, wobei die jedem Deal zugrunde liegende Annahme (die erfolgreiche Integration der beiden beteiligten Unternehmen) ständig überprüft und hinterfragt wird. Im Mittelpunkt steht immer die Wertschöpfung für die Aktionäre.

Der CFO und seine Mitarbeiter sind ideal geeignet als *Bindemittel*, das für die Zusammenstellung und wertorientierte Ausrichtung kompetenter Integrationsteams sorgt. Wiederum sollte der Prozess nicht in zwei Phasen vor und nach dem Deal aufgeteilt werden. Gute Integrationspläne werden frühzeitig und hinreichend detailliert aufgestellt. Sie sind umfassend und flexibel genug, um die bei neuen Erkenntnissen unweigerlich erforderlichen Veränderungen zu bewältigen. Sie sollten Ihre Bemühungen auf die Wertschöpfung konzentrieren, so früh wie möglich beginnen, gegebenenfalls neue Prioritäten integrieren, Zeitpläne und Verantwortlichkeiten genau absprechen und vor allem Ihre Pläne allen Beteiligten vorlegen und sicherstellen, dass alle dahinter stehen.

Bei der Bekanntgabe Ihrer Pläne müssen Sie alle Ansprechpartner berücksichtigen: Aktionäre, Banker, Lieferanten, Kunden, Mitarbeiter und unter Umständen auch die entsprechenden Aufsichtsbehörden. Da jede dieser Gruppen andere Interessen vertritt, sollten Sie Ihre Botschaft gruppenspezifisch formulieren. Trotzdem müssen Ihre Aussagen stets konsistent und sachlich nüchtern bleiben. Erarbeiten Sie schon zu Anfang des M&A-Prozesses eine Kommunikationsstrategie, gestalten Sie Ihre Botschaften so, dass sie rechtzeitig erfolgen, inhaltlich gehaltvoll sind, die strategischen Ziele generell unterstützen und vor allem den kulturellen Gegebenheiten vor Ort Rechnung tragen.

Wenn Sie die erforderliche Integration nicht schon vor dem Deal in aller Sorgfalt planen, beschwören Sie fast zwangsläufig unangenehme Überraschungen für Ihr Unternehmen herauf. Setzen Sie sich mit der Problematik der Unternehmenskultur auseinander. Wenn die beiden Organisationen nicht einigermaßen kompatible Kulturen aufweisen, werden die Mitarbeiter im Zielunternehmen aller Wahrscheinlichkeit nach Widerstand gegen Ihre Integrationsbemühungen leisten. Es gibt zahllose Fälle, in denen das Aufeinanderprallen unterschiedlicher Kulturen schon frühzeitig hätte erkannt und geklärt werden können, so dass der Deal gar nicht erst in Schwierigkeiten geraten wäre (Abbildung 9.2).

Beispielsweise trudelte der Zusammenschluss der beiden pharmazeutischen Unternehmen Upjohn und Pharmacia schnell in eine Phase, in der Shareholder Value vernichtet wurde – durch schwer wiegende kulturelle Unterschiede. Das Management erkannte zu spät, dass die Mitarbeiter in den USA beziehungsweise Schweden deutlich andere Wertvorstellungen, Überzeugungen, Verhaltensweisen und unternehmenspolitische Richtlinien vertraten. Als man sich um eine Integration bemühte, wurde allen klar: Aufgrund der inhärenten organisatorischen Probleme ließen sich die im Rahmen des Bewertungsprozesses getroffenen Annahmen nicht realisieren. Der Erfolg der Transaktion war stark gefährdet; ein neuer CEO wurde ernannt, um die Situation zu retten.

Übergang von Due Diligence zu Value Diligence

Die Wertschöpfung nach erfolgter Transaktion gilt im Allgemeinen als eine Aufgabe, für die das Topmanagement des Unternehmens die Verantwortung übernimmt. Allerdings verlagert sich diese Verantwortung

Wie es sein soll: Best Practices

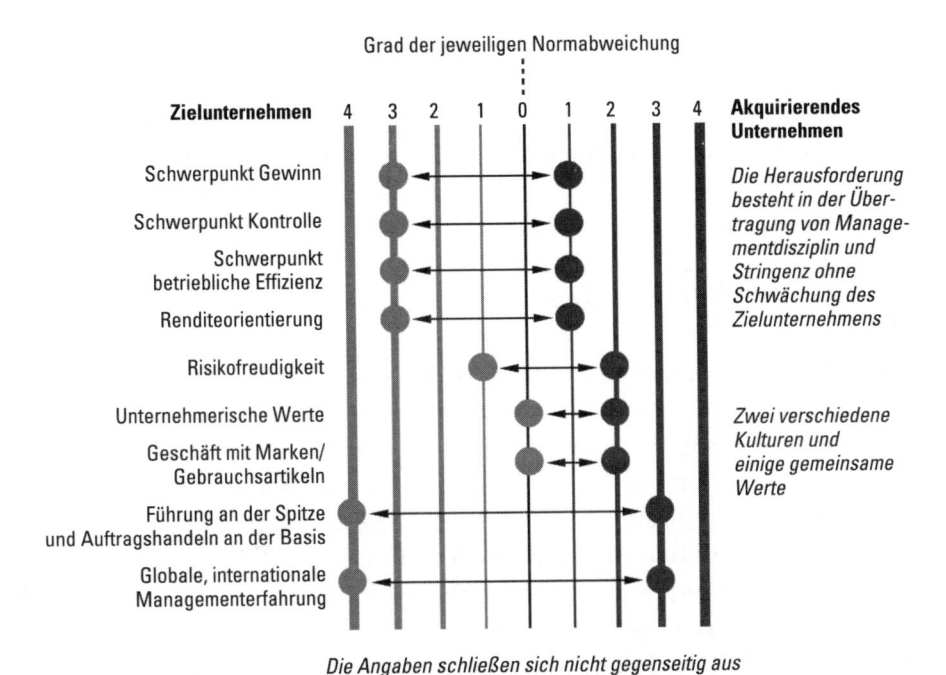

Grad der jeweiligen Normabweichung

| Zielunternehmen | 4 3 2 1 0 1 2 3 4 | Akquirierendes Unternehmen |

Schwerpunkt Gewinn
Schwerpunkt Kontrolle
Schwerpunkt betriebliche Effizienz
Renditeorientierung

Die Herausforderung besteht in der Übertragung von Managementdisziplin und Stringenz ohne Schwächung des Zielunternehmens

Risikofreudigkeit
Unternehmerische Werte
Geschäft mit Marken/Gebrauchsartikeln

Zwei verschiedene Kulturen und einige gemeinsame Werte

Führung an der Spitze und Auftragshandeln an der Basis
Globale, internationale Managementerfahrung

Die Angaben schließen sich nicht gegenseitig aus

Abb. 9.2: Beispiel für eine sorgfältige Einschätzung der beteiligten Unternehmenskulturen

zunehmend auf den CFO, der häufig als Schirmherr für die Implementierung fungiert. In dieser Funktion leistet der CFO einen entscheidenden Beitrag: Er sorgt für die gewinnbringende Nutzung von Synergien und für Wertschöpfung.

Die meisten Firmen nehmen finanzwirtschaftliche Due-Diligence-Prüfungen vor. Dagegen wird die Notwendigkeit, Kultur, betriebliche Prozesse und Netzwerke des Zielunternehmens zu begutachten, häufig übersehen, obgleich diese Faktoren ganz offensichtlich fundamentale Auswirkungen auf Cashflow-Entwicklung und Werttreiber haben. Bei einem umfassenderen Ansatz liegt der Schwerpunkt auf dem nachgeordneten Geschehen – im Rahmen eines wertorientierten Prüfverfahrens, das wir als „Value Diligence" bezeichnen möchten.

Dabei geht es vor allem darum, die Kooperation des Managements im Zielunternehmen sicherzustellen. Dies nimmt sich wie eine radikale Abkehr vom tradierten Vorgehen aus, aber erfolgreiche Fusionen der letzten Jahre haben unter Beweis gestellt, dass dieses wertorientierte Prüf-

Wertschöpfung aus Akquisitionen und Allianzen

verfahren sowohl machbar als auch sinnvoll ist. Die Führungskräfte des Zielunternehmens sind oft bereit, sich an dem Prozess zu beteiligen, weil sie ihre persönlichen Interessen gewahrt sehen wollen. Beispielsweise ist man bei erfolgreichen Unternehmenskäufen wie beim Aufkauf der verschuldeten Firma KKR (Leveraged Buyout) so vorgegangen und hat durchweg eine Investitionsrentabilität zwischen 25 % und 40 % erzielt.

Eine frühzeitige Einbindung des Management im Zielunternehmen in den Prozess verhilft Ihnen zu mehreren Vorteilen:

- Sie erfahren Einzelheiten über Risiken und Möglichkeiten im Zielunternehmen, die andernfalls erst nach erfolgter Transaktion sichtbar geworden wären. Ein ganz wesentlicher Schritt bei klug angelegten Investitionen besteht eindeutig darin, so viel wie möglich über ein Unternehmen zu erfahren – von Leuten, die bestens damit vertraut sind.
- Sie bekommen einen Eindruck von der Qualität des Managements im Zielunternehmen, die sich erheblich auf den zugrunde liegenden Unternehmenswert auswirken kann.
- Sie sichern sich das Engagement der Mitarbeiter im Zielunternehmen, ohne das die angestrebten Resultate nicht zu erreichen sind. Der wirtschaftliche Wert wird fast ausschließlich *nach* erfolgter Transaktion realisiert – durch die Interaktion von Leuten, die bereit und fähig sind, während der Implementierung des Integrationsprogramms gemeinsam den Transfer strategischer Fähigkeiten zu bewerkstelligen.

Aufbau einer Wertschöpfungstreppe

Fortschrittliche diagnostische Werkzeuge tragen zur Entmystifizierung des traditionell komplexen Bewertungsprozesses bei, den normalerweise nur die Finanz- und Wirtschaftsexperten der Unternehmen durchschauen. Sie ermöglichen Ihnen die Ermittlung der Komponenten der *Wertschöpfungstreppe*, die Sie erklimmen müssen, wenn ein Deal eine inkrementelle Shareholder-Value-Steigerung leisten soll (Abbildung 9.3). Am besten beginnen Sie mit dem Aufbau einer Wertschöpfungstreppe, indem Sie die folgenden sechs Wertschöpfungskomponenten bestimmen:

Wie es sein soll: Best Practices

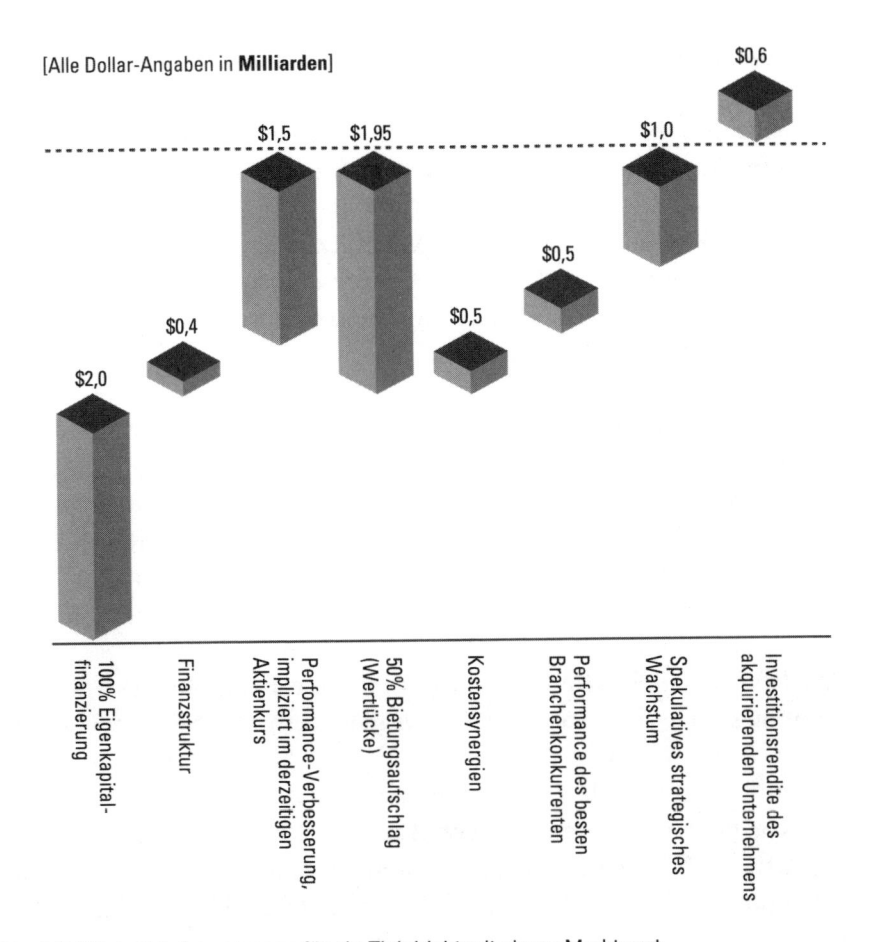

Abb. 9.3: Wertschöpfungstreppe für ein Zielobjekt mit einem Marktwert von 3,9 Milliarden Dollar

1. Substanzwert des Zielunternehmens (Annahme: 100 % Eigenkapitalfinanzierung und eine nicht optimale Bilanzstruktur)
2. Mehrwert durch Einführung einer optimalen Finanzstruktur
3. Mehrwert durch Erzielung der Performance-Verbesserungen, die im derzeitigen Kurs der Aktien des Zielunternehmens von den Investoren einkalkuliert sind
4. Mehrwert, der gegebenenfalls durch Anhebung der Performance des Zielunternehmens auf das Niveau des Konkurrenten mit der branchenweit besten Leistung entsteht

Wertschöpfung aus Akquisitionen und Allianzen

5. Differenz zwischen dem vorgesehenen Kaufpreis (einschließlich der Wertlücke infolge Bietungsaufschlag) und der Summe der Wertkomponenten 1 bis 4 (Gesamtwert von Kostensynergien und strategischem Wachstum als Voraussetzung für die Schließung der Wertlücke)
6. Wert der Kostensynergien und des zusätzlichen strategischen Wachstums als Voraussetzung für die Erwirtschaftung einer akzeptablen Investitionsrendite für Ihre Aktionäre unter Berücksichtigung eines angemessenen Risikopotenzials

Die Wertschöpfungstreppe vermittelt Ihnen ein objektives Bild von den Anforderungen, die auf Sie zukommen, so dass Sie nunmehr Entscheidungen in wichtigen strategischen, taktischen und operativen Angelegenheiten treffen können. Außerdem wird allen Betroffenen verdeutlicht, auf welchen Annahmen die finanziellen und wirtschaftlichen Prognosen beruhen. Und eine Wertschöpfung kann nur dann erfolgen, wenn diese Annahmen einigermaßen zutreffend und realistisch sind.

Wie können Sie beurteilen, ob die geplanten Resultate auch wirklich erreichbar sind? Als Erstes müssen Sie die Faktoren bestimmen, die für Cash-Zuflüsse sorgen – gewöhnlich sind dies Umsatzwachstum und Bargewinnspannen. Als Zweites untersuchen Sie die für Cash-Abflüsse verantwortlichen Faktoren – den effektiv bezahlten Steuersatz, Aufwendungen für Sachanlagen und Betriebsmittelauslagen. Als Drittes ermitteln Sie das gewichtete Kapitalkosten-Mittel (WAAC) beziehungsweise den Diskontierungsfaktor – unter Berücksichtigung von Risikopotenzial, Ausgleich von Eigenkapital- und Fremdkapitalfinanzierung und Kapitalstruktur des Unternehmens. Und als Viertes prüfen Sie, welche Änderungen all diese Faktoren während der Wertschöpfungsperiode der Fusionsfirma erfahren könnten. Dabei handelt es sich um die Zeitspanne, für die an den Kapitalmärkten erwartet wird, dass die Fusionsfirma Renditen zu erzielen vermag, die ihre Kapitalkosten übersteigen.

Wenn Sie nun Ihre Ergebnisse mit den Performance-Verbesserungen vergleichen, die zur Schließung der Wertlücke erforderlich sind, können Sie den Umfang der auf Sie zukommenden Implementierungsanforderungen abschätzen, indem Sie die Situation aus unterschiedlichen Perspektiven (Investoren, Branche und ebenbürtige Konkurrenz) betrachten und die bisherige Performance des Zielobjekts zum Vergleich heranziehen.

Wie es sein soll: Best Practices

Berücksichtigung der Implementierungsdynamik

Da die Zeiten umfassender Kostensenkungen nach allgemeinem Dafürhalten zu Ende sind, verfolgen viele Unternehmen Fusionen und Akquisitionen, um strategische Wachstumsambitionen zu befriedigen. Erfolgreiche Unternehmen sind sorgfältig darauf bedacht, die während der Implementierung entstehende Eigendynamik zu berücksichtigen.

Integrationstempo. In einer kürzlich durchgeführten Umfrage gaben 89 % der Informanten an, sie wünschten, sie hätten ihr M&A-Vorhaben schneller durchgezogen. Der verbreitetste Fehler bei solchen Implementierungen ist ein zu langsames Vorgehen. Zeit ist Geld: Je länger Sie die substanzielle Integration hinausschieben, desto größer werden die Performance-Verbesserungen, die Sie erzielen müssen.

Konkurrent A	0	1	2	3	4	
Ertrag	2000	1700	1400	1200	1300	Kumulativer Gewinn nach 4 Jahren
Kosten	1600	1400	1200	1000	1000	
Gewinn	**400**	**300**	**200**	**200**	**300**	**1000**
Konkurrent B	**0**	**1**	**2**	**3**	**4**	
Ertrag	2000	1700	1400	1200	1000	Kumulativer Gewinn nach 4 Jahren
Kosten	1600	1600	1400	1200	1000	
Gewinn	**400**	**100**	**0**	**0**	**0**	**100**

Abb. 9.4: Auswirkung einer um ein Jahr verschobenen Kostenreduzierung

In zwei Übernahmefällen, bei denen zwei Firmen aus ein und derselben Branche betroffen waren, führten unterschiedliche Zeitpläne zu drastisch unterschiedlichen Resultaten. In Abbildung 9.4 wird die Annahme zugrunde gelegt, dass beide fusionierten Firmen ähnliche Finanzprofile aufweisen, so dass die Voraussetzungen in beiden Fällen vergleichbar sind. Konkurrent B ging von einem auch künftig stetigen Ertragsstrom aus und begann relativ spät mit der Kostenreduzierung. Konkurrent A ging schneller vor und schützte seine Kapazitäten zur Erwirtschaftung von Ressourcen trotz eines raschen Ertragsrückgangs. Konkurrent A war Ende des vierten Jahres 10-mal so profitabel wie Konkurrent B.[4]

Markt- und Kundendynamik. Die Konkurrenten reagieren umgehend, wenn ein M&A-Deal öffentlich bekannt wird: Je länger Ihr Unternehmen braucht, um seine Synergievorteile zu realisieren, desto größer ist die Wahrscheinlichkeit, dass Sie den Kürzeren ziehen. Der Markt schwenkt auf die Kundendynamik ein.

Sie erleichtern Ihrem Management das vorausschauende Verständnis dieser Dynamik, wenn Sie ein wertorientiertes Entscheidungshilfe-System einführen. Dieses System sollte die finanzwirtschaftliche Analyse mit einer Systemsimulation verbinden, um so die Wettbewerbssituation mit all ihren Wechselbeziehungen in verschiedenen strategischen, taktischen und operativen Szenarien durchspielen zu können. Mit dem System sollte sich das Verhalten einer Vielzahl von Variablen und Beziehungen im Rahmen eines Szenarios wiedergeben lassen. Zugleich bietet das Geschäftsablaufmodell gegenüber der Ausgangsbasis wertvolle Aktualisierungen für Gewinn- und Verlustrechnung, Bilanz, Cashflow-Entwicklung und Balanced Scorecard. Zusammen mit der modellhaften Abbildung der Konkurrenzreaktionen kann das Entscheidungshilfe-System zur Beurteilung von Veränderungsvorschlägen im Rahmen des Integrationsplans herangezogen werden.

Wachstumsraten und Endwert. Man sollte sich davor hüten, Wachstumsannahmen als Grundlage für die Endbewertung zu benutzen. Wachstumsraten von 20 % sind in den letzten Jahren nicht ungewöhnlich gewesen. Was aber würde passieren, wenn die Performance dann höchstens bei 12 % liegt? Welche Annahmen Sie auch treffen – Tatsache ist, dass nur eine nachhaltige Performance-Verbesserung die Wertlücke zu schließen vermag. Eine häufig implizit getroffene Annahme ist die, dass die Performance des Zielunternehmens zu keinem Zeitpunkt unter das Niveau vor der Fusion sinken wird.

Bei Fusionen in reifen Branchen oder in Fällen mit hoher Kapitalintensität wird zur Rechtfertigung des Bietungsaufschlags häufig eines der drei folgenden Argumente herangezogen: Man geht von der Annahme aus, dass Wachstum auf unbegrenzte Zeit erzielt wird; man rechnet ir-

Wie es sein soll: Best Practices

gendwann in der Zukunft, gewöhnlich nach Ablauf des dritten Jahres, mit Wachstum; oder die Kalkulation des Endwerts geht mit über 70 % in die Gesamtbewertung ein. Wenn solche Annahmen vor dem Hintergrund der sich verändernden Dynamik einer bestimmten Branche geprüft werden, erweisen sie sich oft als unbegründet.

Interaktion zwischen Werttreibern. Eine eindimensionale Prüfung eines Veränderungsvorschlags ist niemals sinnvoll. Nehmen wir als Beispiel ein größeres Fusionsvorhaben, an dem zwei Konsumgüterhersteller aus der FMCG-Branche beteiligt sind. Es handelt sich um einen Zusammenschluss zweier ebenbürtiger Partner. Dass bei diesem Deal kein Aufschlag gezahlt wurde, erhöht die Erfolgschancen. Doch selbst unter diesen Umständen ist der Sieg nicht leicht zu erringen. Zum einen sind in den vor dem Deal gültigen Aktienkursen beider Firmen bereits Performance-Verbesserungsziele impliziert und zum anderen erzeugt der Aktienmarkt seinen eigenen Aufschlag, indem er die Aktien in Erwartung von Fusionsvorteilen in die Höhe treibt.

So versichert auch hier das Management, es werde den Markterwartungen Rechnung tragen, die Wertlücke schließen, eine Geschäftserweiterung erzielen und die substanziellen Integrationskosten ausgleichen. Abbildung 9.5 verdeutlicht im Rahmen eines Ursache/Wirkung-

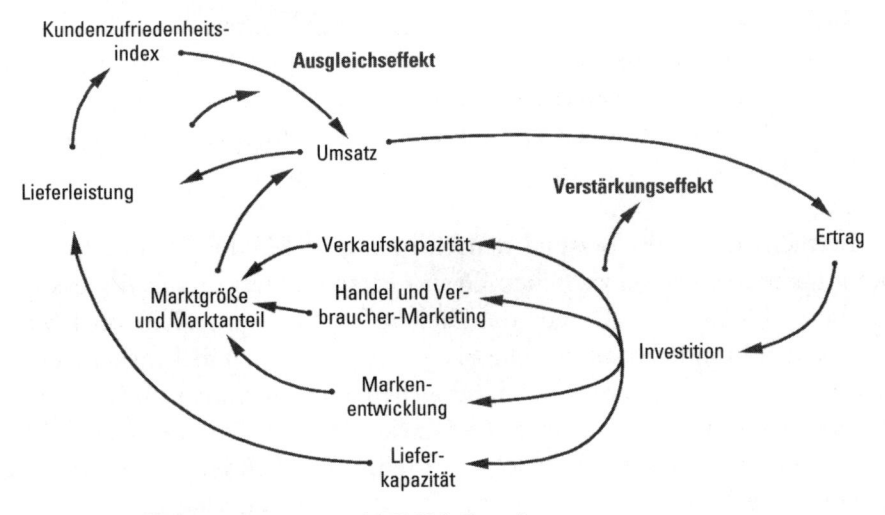

Abb. 9.5: Investitionsüberlegungen in der FMCG-Branche

Modells, welche Investitionsmaßnahmen das neu gegründete Fusionsunternehmen abwägen muss. In diesem Fall verursacht die Investition in Markenartikel (durch Werbung) eine effektive Reduzierung des wirtschaftlichen Vorjahresertrags. Doch die längerfristige Konsequenz einer gezielten Investition in Markenprodukte besteht in der Vergrößerung des Marktanteils und in zusätzlichem Umsatz, so dass die zukünftige Wertschöpfung erhöht wird. Auf diese Weise kann das neue Fusionsunternehmen seine strategischen Maßnahmen bezüglich langfristiger Investitionen in immaterielle Vermögenswerte wie Markenartikel gegen die kurzfristigen Vorteile eines verbesserten Lieferangebots durch Integration der Vertriebskanäle abwägen.

Suche nach Vorteilen für das akquirierende Unternehmen

Als neue Konzernmutter muss die Zentrale so frühzeitig wie möglich festlegen, wie sie den Zielbetrieb positiv beeinflussen kann. Eine zusätzliche Wertschöpfung ist allerdings nur begrenzt in Form von Kosteneinsparungen und Prozessverbesserungen möglich. In den meisten Fällen reicht dies nicht aus, um den bezahlten Bietungsaufschlag wieder hereinzuholen und eine Wertsteigerung für die eigenen Aktionäre zu erzielen.

Der Erfolg Ihres Konzerns steht und fällt mit der Erzielung von Ertragssteigerungen beispielsweise durch Erhöhung des Marktanteils oder die Einführung des Zielunternehmens in neue Märkte und Regionen. Nehmen Sie sich Zeit, um die Beschaffenheit der Unternehmenskulturen in den beiden Organisationen und das Maß ihrer Übereinstimmung zu klären. Welche Erfolgsfaktoren sind für den Zielbetrieb entscheidend? Welche Möglichkeiten zur Verbesserung der Performance im Zielunternehmen gibt es? Welche dieser Möglichkeiten können Sie optimal nutzen?

Betrachten wir als Beispiel den Fall Diageo. Bei der öffentlichen Bekanntgabe der Fusion zwischen Grand Metropolitan und Guinness formulierte der CFO von Diageo das Ziel der Transaktion: „Wir werden der weltweit führende Anbieter von Markenspirituosen und Markenweinen sein. Die neuen Größenverhältnisse verhelfen der fusionierten Gruppe zu fünf Wertvorteilen, die in ihrer Gesamtheit eine tragfähige Basis bilden für nachhaltiges künftiges Wachstum (einschließlich eines Komplementärgüterangebots und einer breiten Palette an Produkten und Markenartikeln): größere geografische Reichweite, verstärkte Marketingkapazität, größere Kosteneffizienz und verbesserte finanzielle Möglichkeiten zur Geschäftserweiterung."

Eine derart ehrgeizige Wachstumsstrategie ist selbst dann, wenn sie durch Marken- und Kanalvorteile gerechtfertigt erscheint, nur schwer zu realisieren – man muss die komplexen Investitionsüberlegungen schon sehr gut im Überblick haben. Mit anderen Worten: Es gilt, hochfliegende visionäre Aussagen in solide operative Programme umzusetzen, die von den Linienmanagern durchgeführt werden können. Letztlich leistete die neu gegründete Diageo-Konzernzentrale einen entscheidenden Beitrag, indem sie für eine gemeinschaftliche Nutzung der Markenerfahrung sorgte, die Kernkompetenz in globalem Umfang förderte und eine leistungsbezogene Managementkultur unterstützte.

Betrachten wir im Vergleich dazu die 6-Milliarden-Dollar-Übernahme seitens eines anderen globalen Konsumgüterunternehmens, das eine Firma aus der Unterhaltungsindustrie mit einem Portfolioangebot in den Bereichen Musik, Freizeitpark, Film, Theater und Vertrieb erwarb. Die konventionellen Beurteilungen wurden aufgegeben, als man feststellte, dass keine Synergien erkennbar waren: Es bedurfte eines alternativen Ansatzes zur Integrationsplanung. Die beteiligten Parteien zogen die an Wertschöpfungskette und Kernkompetenz orientierten Konzepte heran und entwickelten eine ressourcenbasierte Strategie mit vier Zielen:

- Ausschöpfung der Möglichkeiten der Konzernmutter zur Bereitstellung von Kapazitäten und Erfahrungen im Hinblick auf Verkauf und Vertrieb, Markenmanagement, Marketing und Finanzmanagement
- Outsourcing solcher Aspekte des Musikgeschäfts, die von einem externen Serviceanbieter flexibler und kostengünstiger abgewickelt werden konnten
- Schaffung eines besonderen Organisationsmodells für das Management des Show-Business-Bereichs des Unternehmens, was sich aufgrund der Unterschiede im Management von Künstlern einerseits und Markenartikeln andererseits als erforderlich erwies
- Durchführung eines Risikomanagement-Programms für die Betreuung neu akquirierter Produkte und Dienstleistungen aus dem Hightech-Bereich

Das Geschäftsmodell ist die wichtigste Determinante für die Erzielung von Wettbewerbsvorteilen, findet jedoch unserer Erfahrung nach beim Erwerb neuer Unternehmen nicht gebührend Beachtung. Die maßgeblichen Optionen für das Zielunternehmen sind: (1) Beibehaltung des Status der Eigenständigkeit, (2) Beibehaltung des Status der Eigenständigkeit bei Strategieänderung, (3) Eingliederung als Sparte in das erwerbende Unternehmen, (4) 100-prozentige Integration in die Struktur des erwerbenden Unternehmens und (5) Übernahme des bestehenden Geschäfts des erwerbenden Unternehmens (umgekehrte Übernahme).

Bei Ihrer Wahl des Geschäftsmodells und der damit verbundenen betrieblichen Strategie sollten Sie berücksichtigen, wie die Geschäftsaktivitäten entlang der gesamten Wertschöpfungskette wettbewerbsfähiger gestaltet werden können. Dazu müssen Sie auch die Geschäftsmodelle der Konkurrenten einschließlich ihrer F&E-Aktivitäten, Allianzen und strategischen Positionierungsbemühungen untersuchen, um entsprechende Maßnahmen zur Veränderung der Branchenstruktur und der zugrunde liegenden Werttreiber zu Ihren Gunsten zu ergreifen. Die steigende Zahl sehr umfangreicher M&A-Abschlüsse (Deals ab 150 Milliarden Dollar) wie die Fusion von SmithKline Beecham und Glaxo Wellcome hat die Diskussion darüber angeheizt, wie denn große neue Unternehmungen im Sinne einer optimalen Wertschöpfung zu strukturieren und zu managen seien. Nur – Shareholder Value ist von der Größe der beiden Parteien völlig unabhängig. Häufig sind es die kleineren Firmen, die innovativere und effektivere Geschäftsmodelle mitbringen und den größten Beitrag zum Marktwert und zum Wachstum ihrer Branche leisten. Solche brillanten Entwicklungen werden von Investoren und Kunden belohnt und drängen die etablierten Unternehmen der Branche in die Defensive. Auch das Geschäftsmodell spielt eine wichtige Rolle. So sollte der neue Aufgabenbereich der Unternehmenszentrale genau festgelegt werden: Es geht nicht nur darum, wer welchen Job bekommt, sondern darum, welchen Einfluss die Zentrale auf die Wertschöpfung hat (Kapitel 10).

Performance-Verfolgung anhand einer wertorientierten Scorecard

Wie vergewissern Sie sich, dass Sie auf dem richtigen Wertschöpfungskurs sind? Das Problematische an der traditionellen, buchhalterisch ori-

Wie es sein soll: Best Practices

entierten Performance-Berichterstattung ist, dass die Implementierung einer anhand getrennter DCF-Analysen sanktionierten Transaktion auf einer völlig anderen Bilanzierungsbasis überwacht wird. Die Folge: Das Management ist zu einem „Blindekuh"-Spiel gezwungen.

Fortschrittliche Entscheidungshilfe-Systeme können die Verknüpfung von Entscheidungsfindung, Berichterstattung und späterer Leistungsüberprüfung im Rahmen eines Shareholder-Value-Ansatzes deutlich erleichtern. Bei Heranziehung einer wertorientierten Scorecard ermöglicht das System einen Ausgleich maßgeblicher Performance-Indikatoren finanzieller und nicht-finanzieller Art und vernetzt sie mit der Gewinn- und Verlustrechnung und der Bilanz (Abbildung 9.6). Damit können Sie den Fortschritt gegenüber Ihren ursprünglichen M&A-Kriterien kontinuierlich messen:

- Sie können bestimmen, ob das Integrationstempo den Meilensteinen für die Schließung der Wertlücke entspricht.
- Sie können erkennen, wie sich die verschiedenen Funktionskomponenten des Geschäfts auf die Performance-Treiber auswirken.

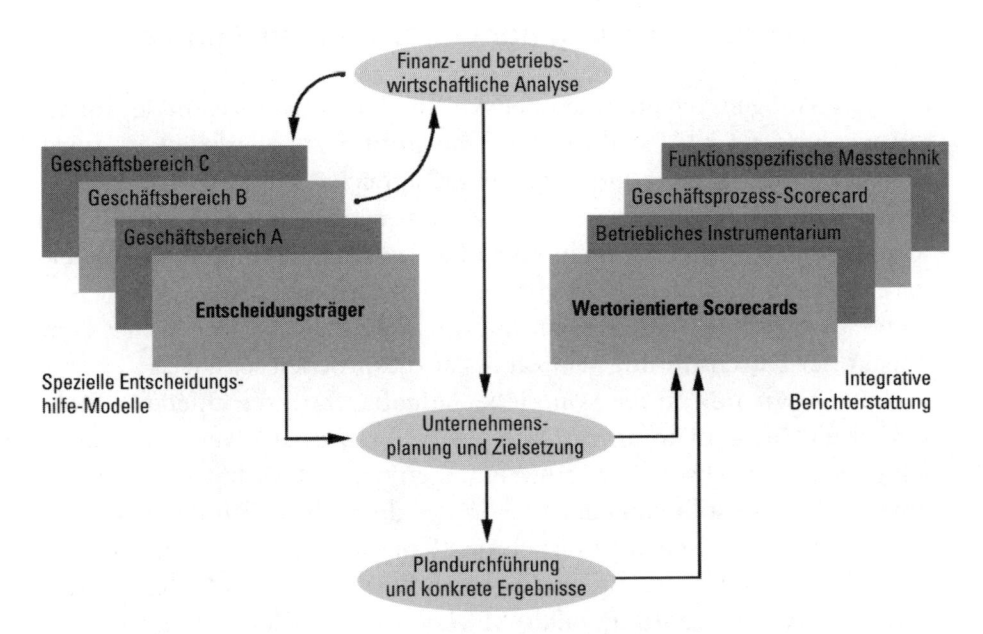

Abb. 9.6: Verwendung einer integrativen wertorientierten Scorecard

- Sie können die Tragweite von Veränderungen hinsichtlich Strategie, Terminierung und Unternehmenspolitik aus verschiedenen Perspektiven beurteilen.
- Sie können das Wertmanagement beispielsweise nach Maßgabe von Kanal oder Marke segmentieren und Drilldown-Messgrößen heranziehen, um die entsprechenden Informationen betriebsintern zu nutzen.
- Sie können strategische, finanz- und betriebswirtschaftliche sowie operative Funktionsabläufe miteinander verbinden.
- Sie können die beabsichtigten und die unbeabsichtigten Konsequenzen der Entscheidungen ermitteln.

Als neue Konzernmutter werden Sie nur dann Erfolg haben, wenn Sie aus der neuen Unternehmung mehr Wert schöpfen, als dies den ursprünglichen Parteien einzeln gelungen wäre. In Anbetracht der Tatsache, dass immer größere Anteile der Vergütung von Führungskräften auf allen Ebenen an die Wertschöpfung ihrer Unternehmen geknüpft sind, hat jeder ein ganz persönliches Interesse daran, die Zielvorgaben für die Performance-Verbesserung zu erfüllen.

Zur Übereinstimmung der Unternehmenskulturen

Das Unvermögen, die unternehmenskulturellen Differenzen in der Integrationsphase nach Abschluss der Transaktion zu überbrücken, wird besonders häufig als Hindernis für erfolgreiche M&A-Vorhaben und strategische Allianzen genannt. Die Zusammenführung von zwei unterschiedlichen Kulturen ist nicht so einfach wie das Bemühen, alle Beteiligten auf ein und dieselbe Richtung einzuschwören. Was wie eine direkte strategische Übereinstimmung aussieht, erweist sich unter dem Aspekt der Durchführung sehr oft als ausgesprochen schwierig.

Denken wir nur an die komplexe Aufgabe, zwei verschiedene Marken unter ein gemeinsames Dach zu bringen oder zwei sehr unterschiedliche Betriebsmodelle einer einzigen neuen Geschäftsführung zu unterstellen. So sollte aus der Fusion der deutschen Daimler-Benz mit dem US-amerikanischen Unternehmen Chrysler ein neuer Konzern mit einer Marktkapitalisierung von mehr als 100 Milliarden Dollar entstehen. Die Herausforderung, beide Marken miteinander zu kombinieren und Kosteneinsparungen durch gemeinsame Einkaufstransaktionen zu realisieren, wurde noch übertroffen durch den Anspruch, die deutschen und amerikanischen Vorstellungen von Kapitalismus in Einklang zu bringen. Das solcherart kombinierte Unternehmen erzielt auch weiterhin Marktfortschritte, aber da sich die Daimler-Gruppe als das dominante Unternehmen erwiesen hat, dürfte die Kombination zutreffender als Akquisition zu bezeichnen sein. Im folgenden Beispiel waren die kulturellen Schwierigkeiten noch stärker ausgeprägt.

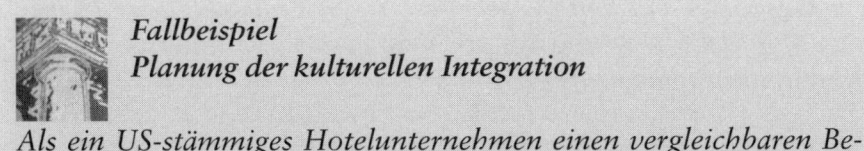

Fallbeispiel
Planung der kulturellen Integration

Als ein US-stämmiges Hotelunternehmen einen vergleichbaren Betrieb eines japanischen Großkonzerns erwerben wollte, traten schon zu Beginn des Verhandlungsprozesses kulturelle Probleme auf. Der Kaufpreis spielte ganz sicher eine wichtige Rolle, aber die Bewältigung der kulturellen Unterschiede erwies sich letzten Endes als noch wichtiger. Das amerikanische Unternehmen erzielte nur deshalb einen erfolgreichen Deal, weil dieses potenzielle Hindernis dank früherer M&A-Erfahrungen in Japan ausgeräumt werden konnte.
Die Akquisition steigerte seinerzeit den Shareholder Value des Hotelunternehmens um rund 3 Milliarden Dollar. Diese Wertsteigerung war auf die Synergieeffekte zurückzuführen, die sich aus der erwarteten Ertragssteigerung und den Kosteneinsparungen infolge der kombinierten Back-Office-Systeme im Hotel ergaben. Ausschlaggebend war aber auch die Zusammenführung der beiden sehr unterschiedlichen Kulturen. Das Unternehmen leitete den Integrationsprozess unmittelbar nach Ankündigung des Deals ein. Man führte Integrationsteams ein, die insbesondere um Ertragsgenerierung, zentrale Serviceleistungen, Systemintegration und Markenbewusstsein bemüht waren. Die Implementierungspläne konzentrierten sich auf kombinierte Servicekonzepte, gemeinsame Initiativen, Terminierung, Ressourceneinsatz und Prioritäten.
Hier der CFO-Kommentar: „Wir haben uns schnellstens darangemacht, einen Integrationsplan aufzustellen, und zwar so umfas-

Wertschöpfung aus Akquisitionen und Allianzen

> *send, dass bei der Suche nach Wertschöpfung sowohl Ertragssteigerungen als auch Kosteneinsparungen berücksichtigt wurden. Außerdem haben wir eine neue gemeinsame Marke eingeführt, die uns die Nutzung markenpolitischer Synergieeffekte für unser gesamtes Hotelportfolio ermöglicht hat. Dies bedeutet an sich schon einen Mehrwert für die Aktionäre. Und die Lehre daraus? Nun – wir hätten mit der Integrationsplanung noch früher beginnen sollen und entsprechend früher Vorteile realisieren können. Zeit ist Geld! Und unsere Spitzenführungskräfte haben einen enormen Zeitaufwand für Gespräche mit den Mitarbeitern treiben müssen, denn es war uns klar, dass es schwierig sein würde, zwei so unterschiedliche Kulturen zusammenzuführen."*

Wie wirkt sich nun die Unternehmenskultur auf den Shareholder Value aus? Wie können Sie die Vorteile der „weicheren" Art planen? Wie vermeiden Sie unnötige Konflikte, stellen sich aber dennoch schwierigen Personalentscheidungen? Wie erreichen Sie, dass Personalangelegenheiten für alle von Belang sind, nicht nur für die Personalabteilung?

Wie die Erfahrung zeigt, können Integrationsinitiativen Werte geradezu vernichten, wenn sie die positiven Aspekte der in Ihrem Unternehmen bestehenden Kultur schädigen. Umgekehrt kann Ihre bestehende Kultur wertvernichtend sein, wenn sie die positiven Aspekte Ihrer Integrationsinitiativen zerstört. Der volle Wert von Synergieeffekten kann daher nur realisiert werden, wenn Ihre Integrationsinitiativen und Ihre Kultur sich gegenseitig verstärken.

Und wie bestimmen Sie diesen Synergieaspekt? Sie sollten Ihre Integrationsinitiativen vor dem Hintergrund der kulturellen Merkmale untersuchen – sowohl für das Zielunternehmen als auch für das erwerbende Unternehmen:

- An welcher Stelle müssen Ihre Kulturen verändert werden?
- An welcher Stelle dürfen Ihre Kulturen nicht verändert werden?
- An welcher Stelle müssen Ihre Integrationsinitiativen modifiziert oder aufgegeben werden?

Beitrag des Finanzbereichs zu M&A-Aktivitäten

Strategische Aktivitäten werden für CFOs nach wie vor wichtig sein: Die Analyse des mit materiellen und mit immateriellen Vorteilen verbundenen Werts wird immer von entscheidender Bedeutung sein, wenn es darum geht, eine solide Basis für einen vorgesehenen M&A-Deal sicherzustellen. Doch die Schwerpunktverlagerung auf die Implementierung nach erfolgter Transaktion ist eine notwendige Reaktion der Finanzabteilung – nicht nur auf die wenig erfolgreiche Entwicklung von M&A-Vorhaben in der Vergangenheit, sondern auch auf die Komplexität strategischer Allianzen. Die Finanzexperten dürfen sich nicht länger hinter ihren Schutzwällen im Vorfeld einer solchen Transaktion verschanzen, sondern müssen aktiv eingreifen und dafür sorgen, dass die Integration und/oder Anpassung der Partner nach erfolgtem Deal effizient voranschreitet. Der CFO-Beitrag zu M&A-Transaktionen sollte auf vier Bereiche ausgerichtet sein:

- *Strategie*: Analyse der Aktivitäten zur Partnerschaftsbildung seitens der Konkurrenz sowie Beurteilung von Zielunternehmen
- *Wert*: Analyse der Möglichkeiten zur Strukturierung des Deals (gegebenenfalls einschließlich Kapitalbeschaffung), zur Due-Diligence-Prüfung sowie zur Top-down-Beurteilung der Synergieeffekte
- *Übergang*: Beurteilung juristischer und technischer Fragen – beispielsweise bezüglich der Integration von Systemen oder der Erfüllung gesetzlicher Bilanzierungsvorschriften
- *Umstellung*: Wertschöpfung und Erfolgsnachweis

Die Aufgaben integrierter Finanzbereiche werden komplizierter, wenn die Organisationen die M&A-Route umgehen und sich für noch komplexere und anspruchsvollere Formen der Partnerschaft entscheiden. Dies dürfte nirgendwo mehr zutreffen als in der Telekommunikationsindustrie.

Fallbeispiel
Ein globales Joint Venture – zwei CFOs

Zwei Telekommunikationsunternehmen hatten sich zu einem globalen Gemeinschaftsunternehmen zusammengeschlossen. Dabei waren zwei Zielsetzungen ausschlaggebend gewesen:

- *Nutzung gegenseitiger geografischer Stärken in Europa und Asien*
- *Bereitstellung der Möglichkeit, sämtliche Kommunikationsbedürfnisse eines großen multinationalen Kundenstamms mit globaler Reichweite „unter einem Dach" zu erfüllen*

Für das eine Unternehmen stellte das globale Gemeinschaftsunternehmen eine wichtige Ergänzung zu einem vorhandenen internationalen Investment-Portfolio dar; bei dem anderen Unternehmen ging es eher um ein Portfolio-Investment – um einen wichtigen Schritt auf dem Weg zu einer wirklich globalen Organisation. Das eine Unternehmen wies eine finanzwirtschaftlich orientierte Kultur auf, bei der die Finanzkontrolle der Betriebe im Vordergrund stand; das andere Unternehmen war auf die Erzielung technischer Höchstleistungen fixiert. Beide Organisationen hatten den Wunsch, innovativer und agiler zu werden.

Zu den wichtigsten Herausforderungen bei der Bildung des Gemeinschaftsunternehmens zählte die Tatsache, dass es zwei Unternehmen mit deutlich unterschiedlichem geografischem und kulturellem Hintergrund zusammenzuführen galt. Als Erstes musste ein CEO ernannt werden – eine Führungskraft, die zwar aus der Telekommunikationsbranche kam, aber zu keinem der beiden Unternehmen bisher Verbindungen gepflegt hatte. Dem CEO war es anheim gestellt, die Mitglieder seiner Geschäftsführung zu bestimmen und Führungskräfte nicht nur aus den eigenen Reihen zu rekrutieren, sondern auch von draußen hereinzuholen. Diese Führungskräfte wiederum waren autorisiert, ihre jeweiligen Funktionsbereiche aufzubauen und zum Laufen zu bringen. Der CEO hat einen umfassenden strategischen Rahmen festgelegt, innerhalb dessen das neue Gemeinschaftsunternehmen seine eigenen Arbeitsabläufe ein-

richten und dabei seine Kultur durch Nutzung der relativen Stärken beider beteiligten Organisationen effektiv neu gestalten kann.
Zum Zeitpunkt der Abfassung dieses Buches gibt es zwei CFOs. Ihre gemeinsame Aufgabe besteht darin, ein robustes Finanzmanagement aufzubauen. Beide Organisationen mussten sich mit transaktionsverarbeitenden Betriebseinheiten beteiligen, wobei die Serviceleistungen und die anfallenden Kosten in unternehmensinternen Vereinbarungen definiert wurden. Besonders anspruchsvoll für die beiden CFOs war die Bereitstellung hinreichend detaillierter Managementinformationen und Kontrollen, obgleich sie für die jeweilige Buchhaltung nicht direkt zuständig waren. Mit zunehmender Ausreifung des neuen Gemeinschaftsunternehmens ist größere Unabhängigkeit von den beiden beteiligten Organisationen vorgesehen; allerdings sollen gewisse gemeinschaftlich durchzuführende Serviceleistungen vermutlich beibehalten werden.
Was die Finanzabteilung betrifft, so durchläuft das Gemeinschaftsunternehmen drei Phasen:

- Stabilisierung: *Durchführung von Maßnahmen, um die grundlegenden Prozesse in den Griff zu bekommen*
- Übergang: *Einführung größerer Unabhängigkeit in der Buchhaltung sowie gemeinschaftlich durchgeführte Serviceleistungen*
- Transformation: *Bereitstellung strategischer Entscheidungshilfe*

Anders als bei einer typischen Akquisition (wo eine Finanzabteilung die andere übernimmt) hatte man bei diesem Joint Venture die Möglichkeit, von Anfang an eine neue agile und innovative Finanzfunktion aufzubauen – klein und fein, aber durchaus in der Lage, die geschäftlichen Belange angemessen zu unterstützen. Einer der beiden CFOs kommentierte die Situation wie folgt: „Auf diese Weise konnten wir alles sofort in den Griff bekommen und schnell zu einer Finanzfunktion übergehen, wie wir sie uns vorgestellt hatten. Im Vordergrund stand immer unser Bemühen, keine Kostenstelle zu sein, sondern einen Wertschöpfungsbeitrag für das Gemeinschaftsunternehmen zu leisten. Die Finanzfunktion sollte in den betrieblichen Einheiten des globalen Joint Venture verankert sein. Wir hat-

Wertschöpfung aus Akquisitionen und Allianzen

> *ten vor, noch weitere strategische Allianzen einzugehen – und das Finanzmanagement sollte an vorderster Front stehen, wenn es darum ging, Partner auszusuchen, Deals auszuhandeln und die Betriebseinheiten zu integrieren. Dazu mussten die Finanzexperten aber ein ausgeprägtes Zweckbewusstsein und ein starkes Zugehörigkeitsgefühl entwickeln."*

Globalisierung, Branchenkonvergenz und die Geschwindigkeit, mit der sich technologischer Wandel vollzieht, sind Faktoren, die so manche weltweit führende Organisation veranlasst, nach weniger konventionellen und innovativeren Möglichkeiten unternehmerischen Zusammenschlusses zu suchen. Das Joint Venture im oben beschriebenen Fallbeispiel wirft ein faszinierendes Licht auf die zukünftige Entwicklung. Zu den maßgeblichen Erfolgsfaktoren für eine Finanzintegration zählen:

- Einführung eines einfachen Gesamtplans für die Gewinn- und Verlustrechnung, die Bilanzierung und die funktionsspezifische Kostenberichterstattung
- Schnelle Einführung einer gemeinsamen, standardisierten Finanzsprache
- Verankerung von Synergiezielen in ersten Budgets oder in laufenden Prognosen
- Aufstellung eines Finanzintegrationsteams zwecks Vermeidung von Polarisierungen zwischen einzelnen Gruppen der beteiligten Unternehmen
- Entwicklung einer kleinen Anzahl verständlicher, an die Wertschöpfung und die erwarteten Fusionsvorteile gekoppelter Maßnahmen
- Verbesserung der externen Berichterstattung zur Kommunikation wertschöpfender Initiativen
- Gezielte Verfolgung von Integrationsprojekten nach Maßgabe eindeutiger Meilensteine und Profitabilitätsziele

Und die Bilanz? Die Erzielung eines Wertschöpfungsbeitrags auf der Basis einer solchen Transaktion ist die wohl schwierigste Dimension in der Funktion des CFO als strategischer Architekt seines Unternehmens. Es steht ungeheuer viel auf dem Spiel. Synergiewerte können zu jedem Zeitpunkt des Transaktionsprozesses erzielt, aber auch vergeudet und sogar vernichtet werden. Effektive CFOs entscheiden sich für einen strikten, drei Schritte umfassenden Prozess. Erstens bringen sie strategische Klarheit in die Ermittlung und Bewertung potenzieller Zielunternehmen. Zweitens erweitern sie ihr Deal-Repertoire und suchen auch nach weniger formell strukturierten opportunistischen Partnerschaften wie strategische Allianzen und Joint Ventures. Und drittens halten sie sich an Best Practices, um die mit ihrer Transaktion erzielten Vorteile zu maximieren.

E-CFO-Checkliste

Ständige Konzentration auf die Wertschöpfung
Da in jeder Phase des Transaktionsprozesses Wertschöpfung, aber auch Wertvernichtung möglich ist, sollten Sie sicherstellen, dass die Wertschöpfung bei jeder wichtigen strategischen Entscheidung als wichtigste Triebkraft angesehen wird.

Vermeidung kostspieliger Fehler
Sorgen Sie für umsichtige Planung und proaktive Problemlösungen, um häufig auftretende Gefahrenquellen im Verlauf der Verhandlungsführung zu vermeiden.

Entwicklung zum Business-Analysten
Sie sollten sich weniger als Markt- oder Wertpapieranalyst verstehen, sondern Ihren Job als den eines Business-Analysten begreifen. Führen die Interdependenzen zwischen externen und internen Werttreibern zu größeren Gewinnspannen, höheren Wachstumsraten und besseren Investitionsrenditen?

Abstimmung der Planungen vor und nach erfolgter Transaktion
Unterschätzen Sie nicht die Bedeutung der Implementierung nach dem Deal. Die hektischen Tage, in denen der Deal strategisch geplant und ausgehandelt wird, sind keineswegs verfrüht, um bereits mit der Durchführungsplanung zu beginnen. Erarbeiten Sie einen umfassenden, flexiblen und wertorientierten Integrationsplan.

Vergegenwärtigung: Zeit ist Geld
Unter rein finanztechnischem Aspekt gilt: Je zügiger Sie die Implementierung bewerkstelligen, desto schneller realisieren Sie Ihre Investitionsrenditen. Aus Sicht der Mitarbeiter hilft das Tempo, Unbehagen und Sorgen zu reduzieren. Und in der Investorengemeinschaft fordern die Analysten rasche Beweise für deutliche Fortschritte im Hinblick auf die Realisierung Ihrer Ziele.

Beseitigung unternehmenskultureller Hindernisse
Je früher Sie kulturelle Hindernisse aus dem Weg räumen, desto besser. Nehmen Sie das Konzept der kulturellen Übereinstimmung ernst – setzen Sie alles daran, das Konzept Realität werden zu lassen.

Bemühung um frühzeitige und häufige Kommunikation
Wenn Sie oft mit den Leuten reden, können Sie die Gerüchteküche weitgehend ausschalten, die Kapazitäten Ihres neu akquirierten Managementteams oder Allianzpartners in vollem Umfang nutzen und rasch Dynamik und Schwungkraft entwickeln. Sollte eine solcherart stimmige und aufrichtige Kommunikation nicht gelingen, kann dies zu einem Exodus wertvoller Talente führen, deren Verlust Sie sich nicht leisten können.

Beachtung möglicher Integrationsprobleme für den Finanzbereich
Die Finanzabteilung ist maßgeblich an der Entwicklung des Geschäftsmodells beteiligt, das für die Integration nach erfolgtem Deal so entscheidend ist. Planen Sie, wie und wo die finanztechnischen Ressourcen zu kombinieren beziehungsweise zu koordinieren sind, um optimale Effizienz zu erzielen – andernfalls könnte die Ihrem Deal zugrunde liegende Value Proposition rasch an Substanz verlieren.

Kapitel 10

Neugestaltung der Unternehmenszentrale

Die wertschöpfende Unternehmenszentrale

Thomas W. Horton, Senior Vice President Finance und CFO AMR/American Airlines

Die Fluggesellschaft American Airlines ist ein knapp 20-Milliarden-Dollar-Unternehmen mit weithin anerkanntem Ruf und Produkt, dem größten Loyalitätsprogramm der Welt und fast 100.000 Angestellten. Unsere finanzielle Performance tendiert im Branchenvergleich zum oberen Drittel, aber wir wollen noch höher hinaus. Mit diesem Ziel vor Augen haben wir kürzlich einen strategischen Plan – den so genannten *Leadership Plan* – eingeführt, um das bestmögliche Resultat für Aktionäre, Angestellte und Kunden zu realisieren. Dazu haben wir sechs Bereiche ermittelt, in denen wir Branchenführer sein müssen: Sicherheit, Netzwerk, Service, Produkt, Technologie und Kultur.

Im Rahmen des Finanzbereichs haben wir einen sehr entschiedenen Schritt in diese Richtung getan. So haben wir die Organisation mit 1500 Mitarbeitern um fast die Hälfte reduziert. Als Erstes haben wir einen Großteil der Arbeitsaufgaben ausgelagert, um unser Arbeitskräftepotenzial auf die erforderlichen Kompetenzen und Serviceleistungen ausrichten zu können. Aber damit haben wir uns nicht begnügt. Wir haben darüber hinaus viele Arbeitsroutinen ermittelt, die schlichtweg automatisiert werden konnten. In unserem Geschäft hatten wir schon immer eine Menge Papierkrieg zu bewältigen, und das per Hand. Wir haben uns deshalb in den letzten Jahren gezielt um eine möglichst papierlose Geschäftsabwicklung (zum Beispiel Ausgabe von E-Tickets) und um Automatisierung geeigneter Prozesse bemüht. Ein Nebeneffekt unserer Bemühungen war, dass wir dabei auf Aktivitäten stießen, deren Durchführung eigentlich überhaupt nicht nötig war, weder manuell noch automatisiert. Diese gezielte Aktion hatte einen enormen Produktivitätseffekt auf die Finanzabteilung. Und sie verhalf unseren Mitarbeitern dazu, sich verstärkt auf die mehrwertschöpfenden Aktivitäten zu konzentrieren, was zu ihrer Arbeitszufriedenheit beitrug.

Neugestaltung der Unternehmenszentrale

Was unsere Finanzsysteme anbelangt, so ist die SAP-Installation bis auf den heutigen Tag die mit Abstand größte Investition gewesen. Offen gestanden, so glaube ich, ist man sich immer noch nicht ganz sicher, ob die Investition gerechtfertigt war. Aber sie hat uns die Anpassung unserer Systeme an die Erfordernisse des 21. Jahrhunderts ermöglicht und mit einer Menge veralteter Flickwerk-Einrichtungen aufgeräumt. Auf diese Weise brauchen wir heute erheblich weniger Programmierer für die Betreuung von Altsystemen.

Auch in der Personalabteilung haben wir SAP-Implementierungen vorgenommen, so dass wir nunmehr Selfservice-Möglichkeiten anbieten können. Das ist ein großartiger Fortschritt: Wir brauchen keine Briefe und Formulare mehr, unsere Führungskräfte sind einen Teil ihrer Verwaltungspflichten los und unsere Mitarbeiter können wichtige, rechtzeitig bereitgestellte Daten einsehen. Je geschickter unsere Leute im Umgang mit der Technologie werden, desto mehr dürfte sich diese Art von Serviceleistung durchsetzen.

Die Einrichtung sinnvoller Kommunikationsmöglichkeiten für unsere Mitarbeiter ist eine echte Herausforderung. Eine Fluggesellschaft bietet an sich schon so etwas wie ein virtuelles Arbeitsumfeld; viele unserer Mitarbeiter betreten so gut wie nie ein Büro. Weil wir den interaktiven Umgang unseres Unternehmens mit seinen Angestellten völlig umstellen wollen, haben wir kürzlich eine Initiative gestartet, in deren Rahmen alle Mitarbeiter mit einem eigenen PC ausgerüstet werden. Meiner Einschätzung nach haben wir hier eine enorme Chance, einen effizienteren und effektiveren Austausch mit unseren Mitarbeitern zu erzielen.

Manche Leute betrachten das Internet als Selbstzweck. Bei American Airlines sehen wir darin eher ein Mittel zur Geschäftsumstellung.

Am anderen Ende des Spektrums haben wir bei der American schon vor vielen, vielen Jahren Pionierarbeit auf dem Gebiet der Computer-Reservierung geleistet. Daraus entstand Sabre – ein System, das sich schließlich zum weltweit führenden Computer-Reservierungssystem entwickelte. Und die Touristikbranche nutzte Sabre als Basis für die Bereitstellung von Technologiediensten und Entscheidungshilfe-Lösungen. Das Sabre-Geschäft erfuhr ein schnelles und sehr profitables Wachstum, entfernte sich dabei jedoch zunehmend von den eigentlichen Interessen der Fluggesellschaft.

Im Lauf der Jahre zeigte sich immer deutlicher, dass der unternehmenseigene Sabre-Bereich einem dysfunktionalen Business-Modell Vorschub leistete, so dass wir zu der Schlussfolgerung gelangten, es sei sinnvoll, sich

Neugestaltung der Unternehmenszentrale

von diesem Geschäftsbereich zu trennen. Zwei weitere Gründe sprachen für einen solchen Schritt. Zum einen gehörte Sabre zu AMR und geriet letztlich zu einem Hindernis für die Erzielung wichtiger Verträge mit anderen Fluglinien; bei AMR sah man darin Geschäftemacherei mit der Konkurrenz. Zum anderen erzielte AMR mit dem unternehmensinternen Technologiegeschäft keine verbesserte Marktkapitalisierung auf den Finanzmärkten. Deshalb fassten wir den Entschluss, Sabre auszugründen – der Spin-off erfolgte Anfang 2000.

Interessanterweise hatte Sabre, seinerzeit ein 1,5-Milliarden-Dollar-Unternehmen, eine implizit höhere Marktkapitalisierung als die Fluggesellschaft, die sich ohne Sabre als ein 20-Milliarden-Dollar-Unternehmen darstellt. Kurz nach dem Spin-off stieg der Aktienkurs von American Airlines von 25 Dollar auf rund 38 Dollar, was eine Marktkapitalisierung von deutlich mehr als 1 Milliarde Dollar für unsere Aktionäre bedeutete und die Gewinn- beziehungsweise Ertragslücke im Branchenvergleich zu schließen vermochte. Auf diese Weise konnte mit dem Spin-off der angestrebte Wertschöpfungseffekt eindeutig realisiert werden.

Die Vorbereitung auf den Börsengang bedeutete die Erstellung getrennter Jahresabschlüsse für Sabre. Zudem mussten wir den größten Teil unserer internen Geschäftsbeziehungen zu Sabre formalisieren und eine vertragliche Outsourcing-Vereinbarung mit dem neuen Unternehmen treffen. Wir trennten eine Reihe der bis dahin miteinander vermischten Bereiche ab – von der Vermögensverwaltung bis hin zum Personalwesen. Zu dem Zeitpunkt, als Sabre vollständig ausgegründet war, gab es so gut wie keine gemeinschaftlich genutzten Serviceleistungen mehr; die beiden Unternehmen gehen heute eigene Wege und haben ihre Beziehungen über Marktpreise, vertragliche Vereinbarungen und Klauseln geregelt.

Den Blick nach vorn gerichtet, widmet die Abteilung für Unternehmensentwicklung den größten Teil ihrer Arbeitszeit neuen Internetprojekten. Manche Leute betrachten das Internet als Selbstzweck. Bei American Airlines sehen wir darin eher ein Mittel zur Geschäftsumstellung.

Auch B2B-Projekte werden immer interessanter. Ein Beispiel hierfür ist das Projekt, das wir mit fünf anderen internationalen Fluggesellschaften gestartet haben. Meines Erachtens ist dieses Projekt besonders viel versprechend bezüglich der Straffung unserer Procurement- und Supply-Chain-Prozesse; überdies könnte es uns durch Nutzung technologischer Angebote wie der umgekehrten Auktion (Reverse Auction) zu Einsparungen verhelfen. Aber wir haben des Längeren darüber diskutiert, was wir eigentlich erreichen wollen. Wollen wir unser Geschäft umstellen? Oder wollen wir ein Internetunternehmen gründen? Oder vielleicht beides?

Neugestaltung der Unternehmenszentrale

> Neues Wagniskapital ist schön und gut, aber letztendlich besteht unser Hauptauftrag immer noch darin, die Gewinn- und Verlustgleichung der Fluggesellschaft zu verbessern. Wenn uns das gelingt und wir obendrein noch mit neuen Projekten Wertschöpfung erzielen, ist das eine großartige Leistung.

Die meisten Unternehmen sprechen von ihrer Unternehmenszentrale, wenn sie auf ihre Hauptgeschäftsstelle Bezug nehmen. Doch die Unternehmenszentrale ist weitaus mehr als nur eine übergeordnete Verwaltungseinheit mit ihrer Vorstandsetage. Die Unternehmenszentrale ist zugleich der finanzielle Dreh- und Angelpunkt im Unternehmen und sollte dessen Hauptquelle für Shareholder Value darstellen. In einigen Fällen kann die Unternehmenszentrale – wie bei AMR – sogar einen Wertschöpfungsbeitrag leisten. Und immer steht der CFO im Mittelpunkt des betrieblichen Geschehens.

In diesem Kapitel wird verdeutlicht, wie wichtig es für den Aufbau einer wertschöpfenden Unternehmenszentrale ist, dass zwischen der Zentrale und den zugehörigen Geschäftseinheiten die richtige Beziehung gepflegt wird. Als CFO sollten Sie sich fragen:

- Ist die Unternehmenszentrale eine Kostenkontrollinstanz oder ein Wachstumsmotor? Kann sie auch beides sein?
- Wie unterscheiden Sie mehrwertschöpfende Aktivitäten von solchen Aktivitäten, mit denen kein Mehrwert zu erzielen ist?
- Lässt sich die Unternehmenszentrale mit zunehmender Internetnutzung als virtuelle Einheit gestalten?
- Welche Rolle soll die Zentrale im E-Business spielen?

Die CFO-Herausforderung

Ob zum Vorteil oder zum Nachteil – die Unternehmenszentrale wirkt sich auf fast jeden Aspekt des Geschäftsbetriebs aus und nimmt auf die wichtigsten Entscheidungen Einfluss – von der strategischen Ausrichtung bis hin zu M&A-Projekten und E-Business-Plänen. Eine Unternehmenszentrale kann entweder Bremse sein oder Antriebsmotor. Sie kann den Erfolg behindern, indem sie den Geschäftseinheiten Kosten aufbürdet oder die Entscheidungsfindung verzögert. Sie kann aber auch die

Die CFO-Herausforderung

Geschäftseinheiten zu Leistungen anspornen, zu denen diese im Alleingang nicht fähig wären.

Dennoch sind die wenigsten Unternehmenszentralen unter solchen Aspekten organisiert. Meist bleibt ihre Entwicklung im Lauf der Zeit dem Zufall überlassen – sie werden immer größer und unbeweglicher. Und noch seltener kommt es vor, dass sich die Finanzabteilung für die Gestaltung der Zentrale interessiert, von den Belangen der Kostenkontrolle und der Personalverwaltung einmal abgesehen. Dabei haben Unternehmenszentralen ein derartiges Potenzial zur Schaffung beziehungsweise Vernichtung von Shareholder Value, dass ihr Tun und Lassen von herausragendem Interesse für den CFO sein muss.

Nie hat sich dies deutlicher gezeigt als im Zeitalter des Internet. Die meisten Zentralen sind alles andere als optimal organisiert und selbst für etablierte Geschäftsabläufe nicht immer gut gerüstet. Wie sollen sie dann erst den Anforderungen der Zukunft, vor allem im Rahmen des E-Business, gerecht werden können? Da das Internet die Branchenbedingungen grundlegend verändert, kommt es bei der Bewertung entscheidend auf die Unternehmenszentrale an:

- Wie wirken sich die neuen Technologien auf die Geschäftsbetriebe aus? E-Business bietet enorme Möglichkeiten zur Zentralisierung von Kosteneinsparungen (zum Beispiel beim Beschaffungsprozess). Zugleich wird die Auslagerung solcher Aktivitäten erleichtert. Aber wie weit soll die Unternehmenszentrale in die virtuelle Welt vorstoßen? Ist die Unternehmenszentrale ein übergeordnetes Vorbild, das durch Einflussnahme Mehrwert schafft – oder ein Portal, das einen Wertschöpfungsbeitrag durch Erleichterung der Prozessabwicklung leistet?
- Wie soll das Unternehmen mit E-Projekten verfahren? Bei der Abwägung von Chancen und Gefahren im E-Business-Wettbewerb sehen sich etablierte Unternehmen mit einer Reihe von Schwierigkeiten konfrontiert:
  - Verfügt die Unternehmenszentrale über die erforderlichen Voraussetzungen, um E-Projekte im eigenen Haus auf die Beine zu stellen beziehungsweise zu gründen? Wenn nicht – kommt eine Akquisition in Frage?
  - Ist die Unternehmenszentrale in der Lage, ein E-Business-Portfolio im Rahmen von Partnerschaften zu starten?

– Kann das Immunsystem des Unternehmens ein aggressives neues Projekt verkraften, das sein vorhandenes Geschäft zu kannibalisieren droht? Oder wäre eine rasche Ausgründung besser?

In Anbetracht unseres derzeitigen ungewissen Wirtschaftsklimas haben die alten strategischen und organisatorischen Paradigmen ihre Relevanz verloren. Wandel ist nicht mehr als Episode, sondern als ein kontinuierliches Phänomen anzusehen. Kann die Unternehmenszentrale eine solche Instabilität bewältigen? Kann sie die erforderlichen Anpassungen zur Erweiterung der Geschäftsoptionen vornehmen und zugleich die Kapazitäten und Netzwerke aufbauen, um reale Wert aus diesen Optionen abzuleiten? Das vorliegende Kapitel zeigt, wie der CFO dafür sorgen kann, dass die Unternehmenszentrale einen Wertschöpfungsbeitrag im E-Business-Zeitalter leistet und ihre Funktionen mit Internetgeschwindigkeit abwickelt.

Warnung: Unternehmenszentralen können wertschädigend sein!

Die Aufgabe der Unternehmenszentrale besteht darin, Mehrwert zu schaffen – etwas für die unternehmenseigenen Betriebe beizutragen, was diese nicht selbst leisten können. Andernfalls hat die Unternehmenszentrale keine Existenzberechtigung. Viele Unternehmenszentralen in der Old Economy wie auch in der New Economy leisten eindeutig einen Wertschöpfungsbeitrag:

- Die Unternehmenszentrale von Canon ermöglicht ihren Betriebseinheiten die Zusammenlegung von Kompetenzen und Qualifikationen zwecks Schaffung gänzlich neuer Sparten.
- Die Unternehmenszentrale von Emerson verhilft neu akquirierten Geschäftsbereichen mit ihrem berühmten strategischen Planungsprozess in vielen Fällen zur Verdopplung ihrer Gewinnspannen.
- 3M pflegt eine technologiebasierte Kultur, die den Namen des Unternehmens zum Synonym für Innovation gemacht hat.
- GE, vielfach als bestgeführtes Großunternehmen der Welt bezeichnet, drängt seine Geschäftsbereiche zu intensiver Nutzung des Internet.

Warnung: Unternehmenszentralen können wertschädigend sein!

Fallbeispiel
Der Konzernmotor von Unilever verbindet verschiedene Geschäftsbetriebe rund um den Globus

Unilever, seit fast 70 Jahren ein internationales Unternehmen, ist in mehr als 30 Ländern tätig. Der Konzern produziert schnell umschlagende verpackte Konsumgüter für den Massenmarkt in vier Basisbereichen: Lebensmittel, Körperpflegeartikel, Reinigungsmittel und Chemikalien. Bereits vor der kürzlich erfolgten Umstrukturierung hatte Unilever die verschiedenen länderbezogenen Geschäftseinheiten untereinander und mit den in der Konzernzentrale zusammengefassten Funktionen in Forschung, Nachwuchsförderung und Produktentwicklung verknüpft.

Obgleich die lokalen Geschäftsbetriebe mit einem hohen Maß an Autonomie arbeiteten, bot die Unilever-Zentrale in vielen Bereichen Unterstützung – so in der Forschung und Produktentwicklung, in der Personalverwaltung und vor allem in der Koordinierung der internationalen Standorte und Produktgruppen. Die Forschungslabors des Unternehmens wurden zentral gesteuert, mussten aber die einzelnen Geschäftseinheiten von ihrer Arbeit so überzeugen, dass diese einen Finanzierungsbeitrag leisteten.

Ein wichtiger Aspekt bei Unilever war der starke Personalbereich des Konzerns, der einen Pool wahrhaft internationaler Manager und ein umfassendes Angebot auf dem Gebiet der Nachwuchsförderung bereitstellte. Der Konzern war sorgfältig um Personalauswahl, Karriereplanung und Erarbeitung unternehmenspolitischer Richtlinien bemüht, wozu auch die Forderung zählte, dass Führungskräfte Erfahrungen in mehr als einem Produktbereich beziehungsweise Land aufweisen.

Ein weiterer wichtiger Wertschöpfungsbeitrag war die Fähigkeit des Unilever-Konzerns, profitable Verbindungen unter den verschiedenen Ländern und Produktbereichen herzustellen. Im Mittelpunkt stand dabei eine zentrale Managementfunktion des Konzerns, die auf ein Kader erfahrener Führungskräfte aus aller Herren Länder sowie eine rotierende Gruppe internationaler Produktmanager zurückgreifen konnte. Bei diesen Zentralmanagern handelte es sich um ehemalige Marketing-Direktoren oder leitende Führungskräfte,

> *deren Aufgabe darin bestand, Informationen beizusteuern, Best Practices zum Einsatz zu bringen und Verbindungen unter den in aller Welt verstreuten Geschäftsbetrieben zu pflegen.*
>
> *Im Jahr 2000 teilte Unilever seine Geschäftsaktivitäten auf zwei große Sparten auf: Lebensmittel und Haushalt. Ein Großteil des zuvor von der Konzernzentrale geleisteten Wertschöpfungsbeitrags fällt jetzt in den Verantwortungsbereich der Sparten. Die Entscheidung des Konzerns, eine solche Umstrukturierung vorzunehmen, hat weithin Anerkennung gefunden – teilweise deshalb, weil die Bereiche für Lebensmittel beziehungsweise Haushaltsprodukte tatsächlich mit unterschiedlichen Erfordernissen und Prioritäten verbunden sind. Durch die Zweiteilung des Konzerns sollte eine gezielte Ausrichtung des Wertschöpfungsbeitrags auf die spezifischen Bedürfnisse der beiden Produktbereiche erreicht werden.*

Leider sind nicht alle Unternehmenszentralen so gut organisiert wie der Unilever-Konzern. Die Erfahrungen der letzten Jahre zeigen, dass ineffektive Unternehmenszentralen dem Wohlergehen ihrer Organisationen ernsthaft schaden können. So schätzen die Marktforscher des Ashridge Strategic Management Centre in Großbritannien, dass allein die Existenz einer Unternehmenszentrale für die Geschäftsbetriebe eine administrative Belastung bedeutet, die den Wert einer Organisation um 5 bis 10 % schmälern kann. In einigen Fällen, so die Ashridge-Schätzungen, kann diese Wertreduzierung bis zu 50 % des Organisationswerts betragen. Mit anderen Worten: Bei sonst gleich bleibenden Bedingungen stehen sich die zur Gruppe gehörenden Unternehmen ohne eine Zentralorganisation normalerweise um mindestens 10 % und in Einzelfällen sogar um 100 % besser.

Fehlsteuerung seitens einer mittelmäßigen Unternehmenszentrale oder mangelnde Abstimmung der Möglichkeiten in der Zentrale einerseits und in den zugehörigen Geschäftseinheiten andererseits kann langfristig sogar das Überleben gefährden.

Der Schaden kann aber noch größer sein. Konsistente Fehlsteuerung seitens einer mittelmäßigen Unternehmenszentrale oder mangelnde Ab-

Warnung: Unternehmenszentralen können wertschädigend sein!

stimmung der Möglichkeiten in der Zentrale einerseits und in den zugehörigen Geschäftseinheiten andererseits kann Schlimmeres anrichten als lediglich die Entwicklung behindern und Kreativität unterbinden. Sogar das langfristige Überleben kann gefährdet sein. Der britische Großkonzern BTR ist ein gutes Beispiel. Als BTR in den 1990er Jahren den Versuch einer Neugestaltung als gezielt ausgerichteter Maschinenbaukonzern unternahm, erbrachten eine ganze Reihe von Initiativen seitens der Konzernzentrale keine nennenswerten Resultate. Und das lag nicht etwa an Inkompetenz oder Mangel an Bereitwilligkeit. Die Geschäftseinheiten waren an ein dezentralisiertes, stark kostenorientiertes Regime gewöhnt und wussten einfach nicht, wie sie auf die neuen Anforderungen der Zentrale reagieren sollten. Als es mit den Gewinnen bergab ging, fusionierte BRT mit dem Rivalen Siebe.

Aus ähnlichen Gründen ist durchaus verständlich, wenn die Manager von Geschäftseinheiten, die aus größeren Gruppen ausgegründet wurden, von einer Welle der Energie und Begeisterung berichten, die sie bei ihrer Trennung vom Konzern empfanden. E-Business-Spin-offs sind ein gutes Beispiel. Während die Unternehmenszentrale den Spin-off als eine Möglichkeit zur Wertkristallisierung ansieht, ist bei Spin-off-Managern oft von Befreiung und Erleichterung ob ihrer Loslösung aus Konzernzwängen die Rede.

Warum bekommen so viele Unternehmenszentralen schlechte Noten?

Manch ein CFO ist bereits auf die potenzielle Gefahr aufmerksam geworden, die von Unternehmenszentralen ausgehen kann. Wie Abbildung 10.1 veranschaulicht, gaben in einer Befragung von gut 100 CFO-Experten mehr als 65 % der Informanten an, zumindest „leicht unzufrieden" mit der Performance ihrer Zentralen zu sein.

Es gibt drei potenzielle Quellen für eine solche Unzufriedenheit. In jüngster Zeit gilt das Interesse (zu Recht) der Problematik der übermäßig hohen Kosten. Demgegenüber sind ungenutzte Chancen und nachteilige Einflüsse weitgehend unbeachtet geblieben. Alle drei Problembereiche treten nun angesichts der Anforderungen des E-Business deutlich zutage.

Neugestaltung der Unternehmenszentrale

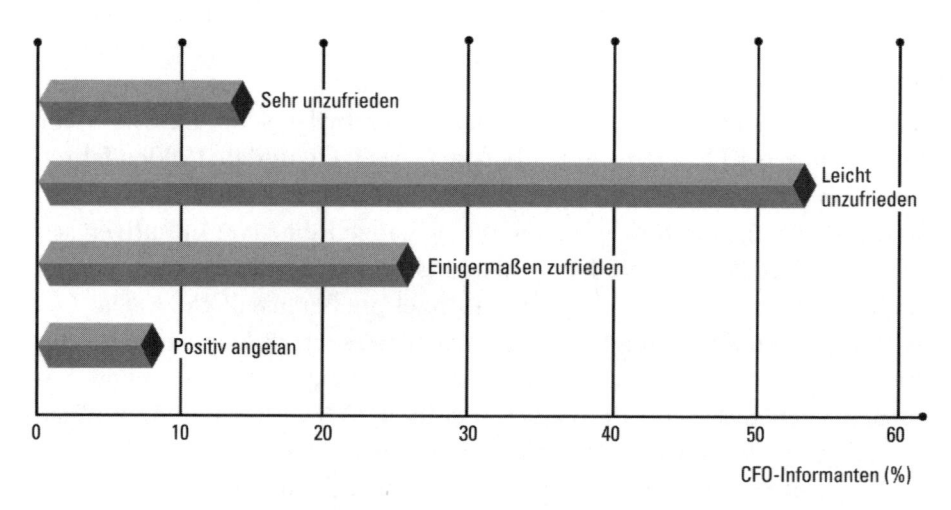

```
                          Sehr unzufrieden

                                                              Leicht
                                                              unzufrieden

                               Einigermaßen zufrieden

           Positiv angetan

0        10        20        30        40        50        60
                                                    CFO-Informanten (%)
```

Abb. 10.1: Wie zufrieden sind CFOs mit ihren Unternehmenszentralen?

Übermäßig hohe Kosten. Unternehmenszentralen sind häufig größer als erforderlich – gewöhnlich deshalb, weil sie ihre eigentliche Zweckbestimmung aus den Augen verloren haben. Der Aufbau eines funktionalen Imperiums sowie Informationsnachfragen seitens der Geschäftsführung lassen zusammen mit historischer Tradition und anderen Faktoren eine Zentrale entstehen, die zwei- bis dreimal so groß ist, wie sie idealerweise sein sollte. Es verhält sich wie mit dem Trödelkram auf dem Speicher: Eine Unternehmenszentrale kann übermäßig hohe Kosten anhäufen, ohne dass ein regelmäßiger Frühjahrsputz veranstaltet würde! Die Entwicklung des Internet ist eine ideale Gelegenheit für solch einen Hausputz, denn das Internet vermag die Kosten vieler Aktivitäten seitens der Unternehmenszentrale zu reduzieren und bietet neue Möglichkeiten, wie sie einen Wertschöpfungsbeitrag für ihr Portfolio an Geschäftsbereichen leisten kann. Die Neugründung eines E-Business-Geschäfts ist der ideale Zeitpunkt, die Zweckbestimmung der Unternehmenszentrale neu zu überdenken.

Ungenutzte Chancen. Unternehmenszentralen rufen Verfahren, Prozesse und Kriterien ins Leben. Investitionen, die eine bestimmte Mindestrendite abwerfen, werden genehmigt; andere werden abgelehnt. Diese

Warnung: Unternehmenszentralen können wertschädigend sein!

bürokratischen Methoden werden in bester Absicht entwickelt: Man will die Qualität der Entscheidungsfindung erhöhen, Fehlentscheidungen verringern und die Kontrolle verbessern. Zugleich aber tragen sie dazu bei, dass Chancen ungenutzt bleiben. Entscheidungen und Investitionen, die nicht dem vorgegebenen Muster entsprechen, werden verworfen oder zumindest so lange hinausgezögert, bis die Chance verpasst ist. In der E-Wirtschaft gelten andere Regeln. Investitionen, die früher glattweg abgelehnt worden wären, lassen sich heute finanzieren. Business-Pläne, die zuvor keine Beachtung gefunden hätten, gelten heute als Wachstumsoptionen. In einem solchen Umfeld können Unternehmen, die ihre zentralen Verfahren nicht überdenken, schnell ins Abseits geraten.

Trägt Ihre Unternehmenszentrale zur Wertsteigerung oder zur Wertvernichtung bei?

- *Sind Ihre Geschäftseinheiten positiv eingestellt in Bezug auf Effektivität und Stil Ihrer Unternehmenszentrale?*
- *Verfolgt Ihre Unternehmenszentrale klar formulierte und allgemein bekannte Value-Proposition-Alternativen (Ansätze für den eigenen Wertschöpfungsbeitrag)?*
- *Gilt Ihre Unternehmenszentrale als Branchenführer?*
- *Gibt es in Ihrer Unternehmenszentrale definierte Aufgaben und Verantwortlichkeiten?*
- *Hat Ihr Unternehmen Performance-Maßstäbe für die Zentrale definiert – und wird diese ihren Performance-Zielen gerecht?*
- *Ist die Gesamtgruppe mehr oder weniger wert als die Summe ihrer Teile?*

Nachteilige Einflüsse. Die Führungskräfte in der Unternehmenszentrale üben in vielen Bereichen einen signifikanten Einfluss auf die Geschäftseinheiten aus – von kulturellen Belangen bis hin zu strategischen Ansätzen. In einigen Fällen kann die Zentrale eine unangemessene Leitfunktion ausüben. Strategien, die im einen Geschäftsbereich funktionieren, können in einem anderen völlig unwirksam sein; Synergien, die in der Zentrale als wertvoll angesehen werden, können die Geschäftseinheiten in ihrem Betriebsalltag von wichtigeren Prioritäten abhalten. Wenn die Zentrale die Dynamik und die Risiken eines Geschäftsbereichs nicht vollständig versteht, kann sie einen solchen Betrieb leicht vom Kurs abbringen. Diese Gefahr droht besonders im E-Business-Geschäft, mit dem die Unternehmenszentralen kaum oder gar keine Erfahrung haben. Eine kürzlich durchgeführte Umfrage hat ergeben, dass 38 % der Unternehmen, die E-Serviceleistungen anbieten, erst weniger als sechs Monate im Geschäft waren. Knapp 9 von 10 Informanten meinen, ihren wichtigsten Managern fehle es an den erforderlichen Qualifikationen, um E-Commerce zu betreiben.

Wertschöpfung in der Unternehmenszentrale

Unternehmenszentralen sind die Mittler zwischen den Investoren einerseits und den marktorientierten Geschäftseinheiten andererseits (Abbildung 10.2). Als solche können sie ihre Existenz nur durch einen eigenen Wertschöpfungsbeitrag rechtfertigen. Die Erfahrung zeigt, dass eine solche Wertschöpfung unter drei Voraussetzungen erfolgt:

- Die Geschäftseinheiten verfehlen eindeutig ihr Potenzial, weil sie eine ungeeignete Strategie verfolgen oder betriebliche Mängel aufweisen. Mit anderen Worten: Die Unternehmenszentrale nimmt ihre „Sorgfaltspflicht" gegenüber der Geschäftseinheit wahr, um deren Performance zu steigern.
- Die Unternehmenszentrale verfügt über die relevanten strategischen beziehungsweise operativen Ressourcen, Qualifikationen und Kapazitäten, um den Geschäftseinheiten eine Kurskorrektur zu ermöglichen. Mit anderen Worten: Die Unternehmenszentrale besitzt die erforderlichen Mittel, um ihren Geschäftseinheiten zu besseren Leistungen zu verhelfen.
- Die Manager in der Unternehmenszentrale verstehen die Geschäftseinheiten gut genug, um eine negative Einflussnahme durch unangemessenes Eingreifen (und infolgedessen Wertvernichtung) zu vermeiden. Mit anderen Worten: Die Unternehmenszentrale hat ausreichend „Gespür" für ihre Geschäftseinheiten entwickelt.

Wertschöpfung in der Unternehmenszentrale

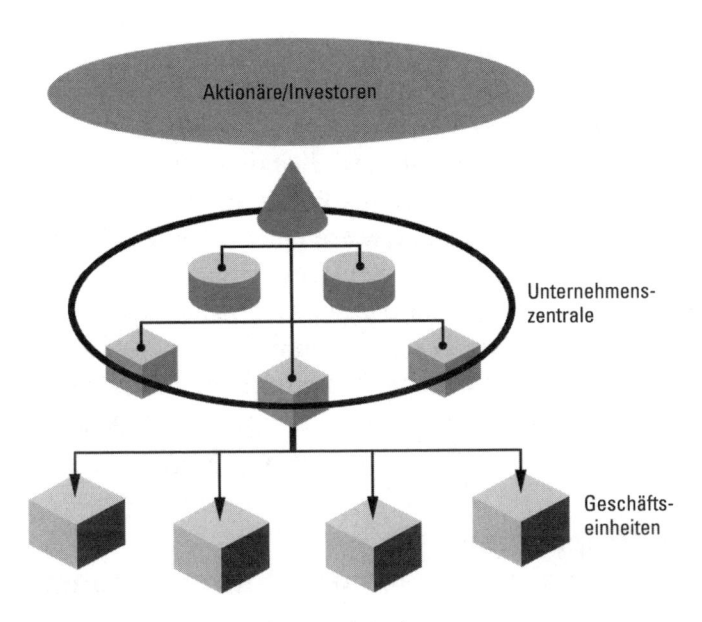

Abb. 10.2: Die Mittlerfunktion der Unternehmenszentrale

Nun dürfte in den meisten Unternehmenszentralen mindestens eine dieser Voraussetzungen fehlen. Beispielsweise kann es sein, dass sich weitaus mehr Möglichkeiten bieten, als Qualifikationen und Ressourcen zu ihrer Nutzung vorhanden sind. Fast alle Gruppen mit vielen Geschäftsbereichen haben einige Einheiten, die ihren Leistungszielen nicht gerecht werden. Das zeigt sich im Rahmen der zunehmenden E-Business-Entwicklung in aller Schärfe. Ganz sicher bieten sich den Unternehmen enorme Möglichkeiten zur Entwicklung gruppenweiter E-Strategien, zur Unterstützung ihrer Geschäftseinheiten bei der Nutzung von E-Technologie und zur Einführung von E-Kanälen, aber häufig mangelt es an den dafür erforderlichen Fähigkeiten und Erfahrungen. Die Tatsache, dass sich Unternehmen durch Startups wie Amazon.com, Ebay und andere E-Organisationen haben überrumpeln lassen, spricht für sich.

Auch fehlt häufig das notwendige „Gespür" – an sich nicht verwunderlich, zumal im E-Business ganz andere technische und kulturelle Normen gelten als in altgedienten Großunternehmen. Etablierte Prozesse bei Budgeterstellung, Entscheidungsfindung und Überprüfung sind hoffnungslos unangemessen in einer Welt, in der Dotcom-Business-

Pläne mit E-Geschwindigkeit – innerhalb von Tagen – geschmiedet werden. Websites kann man „von der Stange" kaufen und Neugründungen erfolgen binnen weniger Wochen.

An der Schwelle zum E-Business-Zeitalter sehen sich viele Unternehmenszentralen mit einem Dilemma konfrontiert: Zwar erkennen die Unternehmenszentralen möglicherweise einen offensichtlichen Handlungsbedarf, erforderliches Kapital beizusteuern, eine E-Strategie zu erarbeiten oder einem Risikoprojekt auf die Beine zu helfen, aber ihre Kapazitäten reichen einfach nicht aus. Dieses Dilemma ist nur zu lösen, wenn die Unternehmenszentralen ihre Kapazitäten und Möglichkeiten einer strikten Überprüfung unterziehen und nach Maßgabe dieser Analyse ein umsichtig ausgearbeitetes Wertschöpfungsangebot vorlegen.

Value Proposition: Die eigentliche Aufgabe der Unternehmenszentrale

Jede Unternehmenszentrale sollte so organisiert sein, dass sie den Qualifikationen und Ressourcen, die zur Unterstützung und Erweiterung der zugehörigen Geschäftseinheiten erforderlich sind, gerecht wird. Dazu aber bedarf es eines scharfen Blicks für Werte einerseits und die zu ihrer Realisierung benötigten Voraussetzungen andererseits. Einen solcherart abgewogenen Wertansatz meinen wir, wenn wir von Value Proposition sprechen – die spezifischen Möglichkeiten, mit denen die Unternehmenszentrale einen Beitrag zur Wertschöpfung der Manager in den Geschäftseinheiten zu leisten beabsichtigt.

Eine Value Proposition sollte so klar sein, dass sie in einem einzigen Satz zum Ausdruck gebracht werden kann. Dazu ein Beispiel: Da wir in Südost-Asien Beziehungen sowohl zu Regierungen als auch zu großen Unternehmungen unterhalten und einschlägige Erfahrungen in Bezug auf die Einstellung lokaler Manager sowie betriebliche Abläufe in Südost-Asien haben, können wir Geschäftsbereichen, die mit dieser Region nicht vertraut sind, Hilfestellung leisten.

> Die meisten Unternehmenszentralen erarbeiten mehrere
> Value-Proposition-Ansätze, mit denen sie verdeutlichen,
> wie sie zum Wohlergehen der Organisation beitragen wollen.

Value Proposition: Die eigentliche Aufgabe der Unternehmenszentrale

Die obige Aussage kennzeichnet die Quelle der Wertsteigerung – Beziehungen und Erfahrungen – und erläutert den Hintergrund, warum einige Geschäftsbereiche Hilfe brauchen: Mangel an Vertrautheit mit der Region. Darüber hinaus werden die Aktivitäten beschrieben, denen in der Unternehmenszentrale Priorität beigemessen wird – Beziehungspflege, Aufrechterhaltung eines Pools an regional erfahrenen Managern und Sicherstellung, dass die bereits in der Region tätigen Geschäftsbetriebe die Arbeit der Schwestereinheiten begrüßen und unterstützen.

Die meisten Unternehmenszentralen erarbeiten mehrere Value-Proposition-Ansätze (vermutlich aber nicht mehr als vier), mit denen sie verdeutlichen, wie sie zum Wohlergehen der Organisation beitragen wollen. Auf diese Weise sieht sich der CFO imstande,

- ein Umfeld zu schaffen, das die zur Wertschöpfung erforderlichen Voraussetzungen bereitstellt,
- zu gewährleisten, dass die Unternehmenszentrale den Kurs hält und kosteneffizient bleibt,
- sicherzustellen, dass die Zentrale auf kontinuierliche Verbesserung und Anpassung ausgerichtet ist und jede Möglichkeit nutzt, ihre Fähigkeiten und Kapazitäten zu erweitern und neue Wertschöpfungsoptionen zu erarbeiten.

Unternehmenszentralen können Value-Proposition-Ansätze in fünf umfassenden aktivitätsorientierten Kategorien entwickeln: aufbauen, verbinden, straffen, nutzen und auswählen. Der CFO sollte die Zweckbestimmung der Unternehmenszentrale vor dem Hintergrund dieser Kategorien prüfen und erkunden, in welcher Weise sie von E-Technologien betroffen sind.

Aufbauen. Eine „Aufbau"-Value-Proposition verdeutlicht, wie die Unternehmenszentrale einer Geschäftseinheit zu Wachstum, Verbesserung ihrer Positionierung, Fusion oder Akquisition oder auch zur Erweiterung von Marktanteilen, Märkten oder Produktangeboten verhelfen will. Solche Wertansätze werden verfolgt, wenn die Unternehmenszentrale ihre Geschäftsbereiche bei der Globalisierung oder bei der Entwicklung eines erweiterten Produktangebots auf der Basis des bisher einzigen Produkts unterstützt. Als besonders hilfreich erweist sich eine

„Aufbau"-Value-Proposition im Falle einer Branchenkonvergenz oder Branchenkonsolidierung. Der Zentrale kommt die Aufgabe zu, bei Allianzen und Akquisitionen behilflich zu sein und dafür zu sorgen, dass die Manager der Geschäftseinheiten den Kurs halten.

E-Business eröffnet eine Reihe von „Aufbau"-Optionen. So führte Jack Welch bei GE seine „destroyyourbusiness.com"-Initiative ein – als Weckruf an alle GE-Geschäftsbereiche, sich nicht „Amazonieren" zu lassen.

Durch Investition in entsprechende Geschäftsbereiche oder E-Projekte kann die Zentrale konkrete Präsenz in der New Economy zeigen, so dass später, wenn sich die Turbulenzen im Wettbewerb etwas beruhigt haben, eine Integration in vorhandene Geschäftsbereiche erfolgen kann. Zwei Beispiele sind die MCI-WorldCom-Deals in der Telekommunikationsbranche und der Vorstoß von Citigroup als umfassender Finanzdienstleister. Ein drittes Beispiel ist die Schaffung der Online-Bank Egg bei Prudential.

Verbinden. Viele Unternehmenszentralen sehen ihre Zweckbestimmung darin, ihren Geschäftseinheiten die Schaffung von Synergien durch Zusammenarbeit zu ermöglichen. So haben die in aller Welt verstreuten Geschäftseinheiten bei Shell Zugang zum großen zentralen Pool an mobilen internationalen Managern. Die Unilever-Zentrale bietet ihren Geschäftseinheiten rund um den Globus Informationen zu Produktforschung und Marketing. Viele Unternehmen „poolen" auch ihre Verhandlungsführer, um bessere Verträge mit Lieferanten, Kunden, Gewerkschaften oder Regierungen aushandeln zu können; andere Zentralen leisten einen Wertschöpfungsbeitrag, indem sie vorgeordnete und nachgeordnete Einheiten miteinander verbinden. Beispielsweise sorgt die BG Group für eine Verbindung zwischen ihren erdgasreichen Geschäftsbereichen und ihren nachgeordneten Betrieben in Ländern, in denen Angebot und Nachfrage nicht aufeinander abgestimmt sind.

Umgekehrt kann das Internet den Wert vorhandener Verbindungsansätze schmälern. Beispielsweise ist die Kommunikation unter den Geschäftseinheiten heutzutage so leicht, dass ein Eingreifen von Experten aus der Zentrale als Mittler oder Überbringer von Best Practices nicht mehr erforderlich ist. Die Einrichtung von Portalen zur Komponentenbeschaffung, oft unter Einbeziehung der unmittelbaren Konkurrenz (so im Falle des vorgesehenen Übereinkommens zwischen GM, Ford, DaimlerChrysler und anderen oder auch zwischen Sears und Carrefour) hat zur Folge, dass die zentralen Einkaufsabteilungen über kurz oder lang überholt sind.

Straffen. Bei diesem Wertansatz geht es darum, mehr Profit aus vorhandenen Geschäftsbetrieben herauszuholen – durch Reduzierung der Kosten und/oder Ermittlung anderer Möglichkeiten zur Verbesserung der Gewinnspannen. Ein klassisches Beispiel für ein Unternehmen, das einen solchen „Stretching"-Ansatz verfolgt, ist Emerson: Die Unternehmenszentrale setzte einen strukturierten strategischen Planungsprozess ein, um die Gewinnspannen zu erweitern und die Performance in die Höhe zu treiben.

Die E-Technologie erleichtert den Unternehmenszentralen die Performance-Überwachung und die Entwicklung performanceorientierter Kulturen. Die meisten Geschäftsbereiche würden davon profitieren, wenn ihnen bei ihren Entscheidungen geholfen würde – etwa in der Frage, ob sie ein Einkaufportal installieren, webbasierte ERP-Implementierungen oder andere Back-Office-Systeme einrichten sollen. So wie Selfservice-Einrichtungen ein neues Modell für Unternehmen aller Art – von McDonald's bis Shell – mit sich brachten, so erweitert das Internet die Möglichkeiten, virtuelle Selfservice-Modelle für nahezu jeden Geschäftsbereich zu schaffen.

Nutzen. Unternehmenszentralen besitzen häufig wertvolle Ressourcen oder andere Vermögenswerte, die auch von den Geschäftseinheiten gewinnbringend genutzt werden können. Dazu zählen etwa Marken, Patente, Eigentumsrechte, Lizenzen und Kontakte zu anderen Unternehmen. Disney ist eines der besten Beispiele für ein Unternehmen, das seinen Markennamen für Filme, einschlägige Produkte und Vergnügungsparks nutzt. Auch Virgin hat seine Marke umfassend eingesetzt – vom Musikgeschäft bis zu Fluglinien, Finanzdienstleistungen, Handys, Cola, Kosmetika und anderen Angeboten. Langfristig gesehen expandiert Virgin vielleicht noch in Versorgungsbetriebe – beispielsweise auf dem Energiesektor – und vernetzt sie in einem Virgin-Portal, so dass die Verbraucher mühelos Zugang zu allen Produktangeboten haben. Amazon ist ein weiteres Unternehmen, das mit seiner Marke in andere Einzelhandelsbereiche vorgedrungen ist.

Wertansätze, die auf die Nutzung von Vermögenswerten abzielen, können auch neue unternehmensweite Ressourcen erschließen. Beispielsweise lassen sich Allianzen mit führenden Technologiepartnern für das gesamte Portfolio eines Unternehmens nutzbar machen. So wird mit der Fusion zwischen AOL und Time Warner angestrebt, die substanziellen Inhalte von Time über die Vertriebsmöglichkeiten von AOL zu nutzen.

Auswählen. Mit Kauf, Verkauf und Gründung neuer Geschäftsbereiche verfügen die Unternehmenszentralen über weitere Wertschöpfungsoptionen; auch die Auswahl leitender Führungskräfte zählt dazu. Nahezu alle Zentralen sind um Wertschöpfung in Form von Aufbau und Auswahl guter Manager bemüht. Die meisten Zentralen verfolgen ein aktives Portfolio-Entwicklungsprogramm, in dessen Rahmen sie Geschäftsbereiche veräußern, die für andere von größerem Wert sind, um ihrerseits attraktive Geschäftsbereiche zu erwerben. Einige Unternehmen wie Canon und 3M sind bekannt für ihr internes unternehmerisches Geschick, mit dem sie Projektteams aus den eigenen Reihen zur kontinuierlichen Entwicklung neuer Betriebe einsetzen.

E-Business-Technologien bieten mit Sicherheit zahlreiche Möglichkeiten für neue „Auswahl"-Wertansätze. So hat Dixons, ein führender Elektronik-Einzelhändler, den in Großbritannien führenden Internet-Dienstleister Freeserve gegründet. Und der deutsche Maschinenbaukonzern Mannesmann hatte einen Vorstoß auf den Mobiltelefon-Markt gewagt, wurde allerdings später von Vodafone AirTouch übernommen.

Andere Unternehmenszentralen richten Projektabteilungen ein, um neue Geschäfte zu kaufen, zu verkaufen und/oder zu gründen. Johnson & Johnson beispielsweise erkunden den Erwerb viel versprechender Biotech-Unternehmen. Intel, Microsoft und Sun Microsystems haben Risikokapitalabteilungen, die stark in Unternehmen mit viel versprechenden neuen Technologien investieren. Cisco hat mehr als 50 Geschäftsbetriebe im Technologiebereich akquiriert. In den letzten Jahren haben Unternehmen massenweise so genannte Inkubatoren – „Brutkästen" zum Aufpäppeln von Risikoprojekten – eingerichtet, um ihre eigenen E-Business-Startups zu gründen (Beispiel: Greenhouse-Fonds von Reuters). Jede größere Unternehmenszentrale sollte ihre Aktivitäten zur Geschäftsentwicklung vor diesem Hintergrund neu überdenken.

Value Proposition: Die eigentliche Aufgabe der Unternehmenszentrale

Neue Technologien erschließen auch neue Möglichkeiten zur Förderung und Auswahl von Nachwuchskräften. Talentierte Mitarbeiter sind in allen E-Business-Disziplinen Mangelware. Langfristig werden nur solche Unternehmen Erfolg haben, denen es gelingt, diese knappe Ressource für sich zu gewinnen beziehungsweise weiter auszubauen. Auch die Auswahl von Kandidaten für Positionen in der Geschäftsführung muss möglicherweise nach anderen Kriterien erfolgen. Manager, die einst ein etabliertes Einzelhandelsunternehmen geführt haben, sind kaum die idealen Frontkämpfer in der Auseinandersetzung mit der neuen Dotcom-Konkurrenz.

Auswahl von E-Wertansätzen

Sobald feststeht, dass die Zentrale nicht als Hemmschuh gegen E-Entwicklungen agiert, muss die Geschäftsführung zwischen verschiedenen Value-Proposition-Alternativen wählen. Die neuen Technologien erschließen so viele Möglichkeiten, dass die Unternehmen die Qual der Wahl haben. Der CFO spielt dabei eine wichtige Rolle – er muss dafür sorgen, dass die richtige Wahl getroffen wird. Wenn eine Zentrale nicht über die erforderlichen Voraussetzungen verfügt, um den von ihr gewählten Wertschöpfungsansatz auch wirklich zu unterstützen, schmälert sie ihre Aussichten auf eine gewinnbringende Nutzung der Möglichkeiten in der New Economy. Trifft sie hingegen eine gute Wahl, kann der Wertschöpfungsbeitrag der Zentrale erfolgsentscheidend sein.

Soll die Zentrale eine „destroyyourbusiness.com"-Initiative starten? Soll sie auf die Nutzung des Internet pochen, um Kosten einzusparen? Soll sie wie ein Magnet gute Leute für das Unternehmen gewinnen? Soll sie eine E-Projekt-Funktion einrichten? Keine Zentrale kann alle diese Optionen gleichzeitig wahrnehmen – es gilt, Prioritäten zu setzen. Zudem muss verhindert werden, dass die Zentrale Aufgaben übernimmt, die besser auf der Ebene von Geschäftseinheiten oder Sparten wahrgenommen würden. In vielen Fällen bedeutet dies, dass den Geschäftseinheiten und Sparten mehr Autonomie als bisher zugestanden werden muss, was besonders in turbulenten Zeiten sehr wichtig ist.

Neugestaltung der Unternehmenszentrale

Zentralisierung oder Dezentralisierung?

In der Vergangenheit sahen die Unternehmenszentralen ihre Kontrollfunktion unter dem Aspekt der Zentralisierung beziehungsweise Dezentralisierung: Bis zu welcher Führungsebene in der Hierarchie können Entscheidungen getroffen werden, auf welcher Ebene greift die Zentrale ein usw. (Abbildung 10.3). In letzter Zeit wird ein Mittelweg angestrebt: Die Zentrale übernimmt die Führung in Fragen, die sie (wie beispielsweise das Portfolio) für besonders wichtig erachtet, und überlässt alle anderen Entscheidungen einer Risikomanagement-Funktion, die dafür sorgen soll, dass die richtigen Entscheidungen zum richtigen Zeitpunkt getroffen werden.

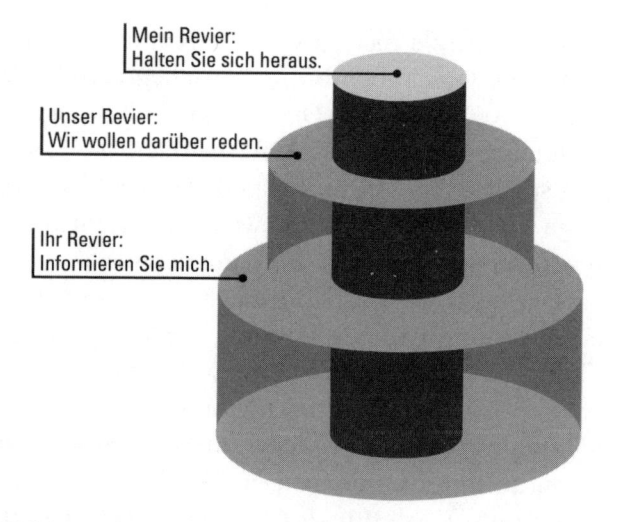

Abb. 10.3: Interventionsebenen für die Unternehmenszentrale

In Anbetracht der Tatsache, dass E-Business-Netzwerke interdependenter Firmen gebildet werden, dass sich Unternehmen spalten und Prozesse eine dynamische Neukonfigurierung erfahren, ist das bisherige Modell – Zentralisierung oder Dezentralisierung? – einfach nicht mehr in der Lage, alle relevanten Alternativen abzudecken. Die Zentrale wird sich in der vernetzten E-Welt nur dann erfolgreich behaupten können, wenn sie einen gänzlich anderen Ansatz wählt: eine *lockere Organisation* im Verbund mit *straffen Prozessen*. Bei einem solchen Ansatz wird

Value Proposition: Die eigentliche Aufgabe der Unternehmenszentrale

die Risikomanagement-Struktur für das Netzwerk nicht durch eine formal übertragene Bevollmächtigung bereitgestellt, sondern durch fest im Unternehmen verankerte Wertvorstellungen, die jeweils vorgeben, was zu tun und zu lassen ist. So etwa funktioniert das bei Microsoft („Bad news travels fast" – Schlechte Nachrichten breiten sich besonders schnell aus) oder bei Shell („The environmental stuff goes quickly to the top" – Der Umweltkram kommt denen da oben schnell zu Ohren).

Die Aufgabe der Unternehmenszentrale verlagert sich von der Kontrolle auf die Koordinierung – auf die Förderung von Gruppenaktivitäten, die Verbreitung wichtiger Botschaften und die Verstärkung übergeordneter Zielsetzungen. Je fließender die Organisationsstrukturen werden und je schneller sich der Wandel vollzieht, desto mehr müssen Entscheidungen und Aktionen auf instinktiver Basis erfolgen. In einem solchen Umfeld gewinnen die informellen Einflussfaktoren, die wie Führungsqualität, Wertvorstellungen und Unternehmenskultur das instinktive Verhalten prägen, zunehmend an Bedeutung.

Die Unternehmenszentrale muss entscheiden, welche Value-Proposition-Alternativen sie bewältigen kann. Sie muss Qualifikationen und Talente entwickeln, die den Fähigkeiten in ihren Geschäftsbereichen überlegen und der Situation ihrer externen Rivalen vergleichbar sind. Im Bereich der E-Projekte sind große Unternehmungen gegenüber Dotcom-Konkurrenten meist im Nachteil, weil Letztere schneller und beweglicher sind, engagiertere und fähigere Talente für sich zu gewinnen wissen und freizügiger Allianzen eingehen können. Deshalb sind E-Projekt-Abteilungen normalerweise auf die Nutzung von Unternehmensressourcen angewiesen – als Risikokapitalgeber können sie nur selten auftreten. Doch gibt es derart viele Möglichkeiten, dass eine Zentrale (sofern nicht wichtigere Prioritäten anstehen) durchaus bereit sein kann, umfassende E-Projekt-Aktivitäten zu verfolgen, einmal mehr, wenn sie sich mit einem Technologie-Inkubator oder einem anderen kompetenten Partner zusammentut.

Die Botschaft: Alle Value-Proposition-Alternativen liegen im Bereich des Möglichen. Die große Kunst besteht darin, die Alternativen auszuwählen, die sich am meisten bezahlt machen. Die große Gefahr besteht darin, nicht selektiv genug vorzugehen oder die falschen Alternativen auszuwählen; das Urteil des Marktes kann unerbittlich sein. Als Reuters umfassende Unternehmensinitiativen zur Verstärkung seiner Technologiepräsenz ankündigte, stieg der Kurs seiner Aktien um 12 %. Eine Woche später verkündete ein großer Verlag ähnliche Maßnahmen – und dessen Aktienkurs fiel um 10 %.

Unternehmenszentrale mit E-Geschwindigkeit

Worin auch immer die ausgewählten Value-Proposition-Alternativen bestehen mögen: Das Internet und die damit zusammenhängenden Technologien bieten neue Möglichkeiten zu ihrer Umsetzung. Wenn eine Unternehmenszentrale ihre Funktionen mit „E-Geschwindigkeit" abwickeln will, muss sie Veränderungen hinsichtlich Größe, Struktur und Kultur vornehmen.

In den 1980er und 1990er Jahren beschränkte sich die Kurskorrektur in den Unternehmenszentralen auf Downsizing und Kosteneinsparung. Für viele Unternehmen geriet eine kleine Zentrale geradezu zum Markenzeichen für unternehmerische Solidität. Eigentlich bedarf es keiner Erwähnung, aber ein derart stumpfes Instrumentarium ist für die sich abzeichnende E-Welt, in der es so sehr auf die Funktionsfähigkeit der Unternehmenszentrale ankommt und in der so viel auf dem Spiel steht, völlig unangemessen. Wenn die Unternehmenszentrale einen Wertschöpfungsbeitrag in einer E-Welt leisten soll, müssen Sie als CFO sehr genau prüfen, was Ihre Unternehmenszentrale tut und in welcher Weise die neuen Technologien das Kosten/Nutzen-Verhältnis verbessern können.

Struktur und Größe

Die Aktivitäten, die eine Unternehmenszentrale verfolgt, lassen sich drei Bereichen zuordnen (Abbildung 10.4). *Kernaktivitäten* im Rahmen von Pflichten und Vorschriften sind kontrollorientiert und im Allgemeinen unabdingbar – sie stellen gewissermaßen das notwendige Minimum zur Erfüllung von Verpflichtungen gegenüber Behörden und Stakeholders dar: Einhaltung gesetzlicher Vorschriften, Berichterstellung nach geltendem Recht und Due-Diligence-Kontrolle sowie Unterstützung von Forderungen seitens der Stakeholder.

Übergeordnete Mehrwert-Aktivitäten (Value Propositions) ermöglichen der Zentrale, einen eigenen Beitrag zum Wohlergehen und Wachs-

Unternehmenszentrale mit E-Geschwindigkeit

Kern-Aktivitäten

Unabdingbare Aktivitäten
Gesetzliche Pflichten
Steuerbilanzen und Geschäftsberichte
Unterstützung von Stakeholder-Forderungen

Mehrwert-Aktivitäten

Zusätzliche mehrwertschöpfende Aktivitäten
Nutzung von Kernkompetenzen
Beratung von Geschäftseinheiten
in wichtigen Entscheidungen
Funktionsspezifische Anleitung
Koordinierung von regionalen/
produktbezogenen Erfordernissen

Gemeinschaftlich genutzte Servicleistungen

Nicht zu den Kernaktivitäten zählende Abläufe, die aus Kostenersparnisgründen infolge von Größenordnung und Reichweite zentral ausgeführt werden
Finanzen, IT, HR, Rechtsfunktion, PR, Marketing, Engineering

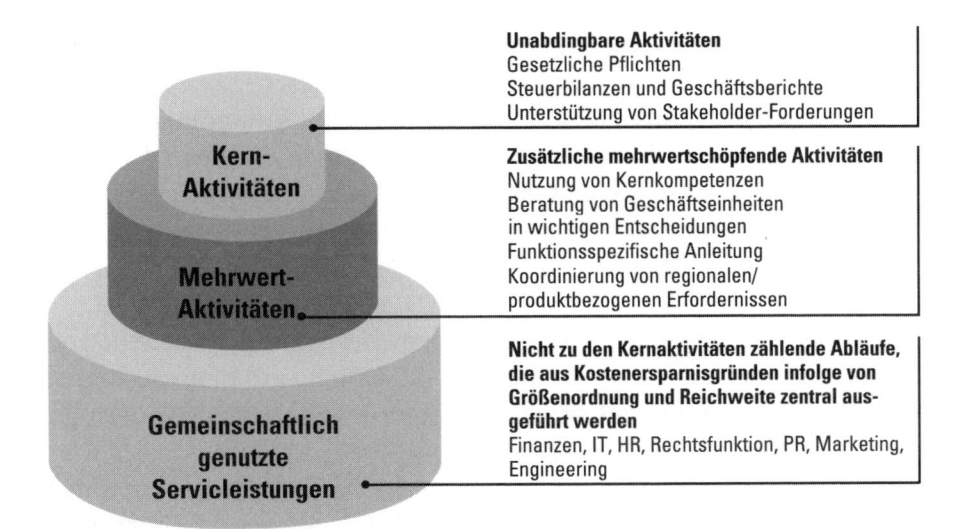

Abb. 10.4: Aktivitätsbereiche in der Unternehmenszentrale

tum der Organisation zu leisten. Diese Aktivitäten definieren, wie die Zentrale ihre Wertansätze – Aufbauen, Verbinden, Straffen, Nutzen und Auswählen – zu realisieren beabsichtigt.

Gemeinschaftlich genutzte Serviceleistungen und andere Hilfsdienste sind Aktivitäten, die nicht zu den Kernaktivitäten zählen, aber aus Kostenersparnisgründen infolge ihrer Reichweite und/oder Größenordnung zentral ausgeführt werden. Ein Großteil der Abläufe in Personalwesen, Informationstechnologie, Finanzwesen und Marketing dürfte dieser Kategorie zuzuordnen sein. Ausschlaggebend sind in diesem Zusammenhang Kosteneffizienz und Angemessenheit. Da solche Aktivitäten aber nicht im Mittelpunkt der Wertschöpfungsbemühungen der Zentrale stehen, müssen die damit verbundenen Opportunitätskosten und Wertvernichtungsrisiken sorgfältig geprüft werden. Immer mehr Unternehmen gehen zu einer Übertragung solcher Aktivitäten auf gemeinschaftlich genutzte Servicezentren über, um sie gegen die (übergeordneten) wertschöpfenden Aktivitäten der Zentrale abzugrenzen.

E-Business-Technologien nehmen auf alle drei Aktivitätsbereiche der Unternehmenszentrale Einfluss. In den Kernbereichen bieten sie bei vielen Aktivitäten Möglichkeiten zu veränderten Abwicklungsverfahren. So sind traditionelle Vorgehensweisen wie der Versand kostenaufwändiger Hochglanzdokumente an die Aktionäre, die Ausrichtung von Jahreshauptversammlungen und die Veröffentlichung von Pressemitteilungen vielfach schon überholt, da heutzutage eine direkte Kommunikation mit den Aktionären über das Internet möglich ist. Auch die Finanzkontrolle wird anders ablaufen, wenn sich die webbasierten Reporting-Systeme erst einmal durchgesetzt haben. In Zukunft könnte es so sein, dass die Unternehmenszentrale die gewünschten Informationen von einem gemeinschaftlich genutzten webbasierten Datenzentrum abruft.

Kein flexibel denkender CFO kann den enormen Effekt des Internet auf die Unternehmenszentrale übersehen. Warum sind dann so wenige bereit, solchen Zusammenhängen hohe Priorität einzuräumen? „Wir haben Wichtigeres zu tun", lautet meist die Antwort. Ein globaler Konsumgüterhersteller befand sich mitten in der Neugestaltung der Unternehmenszentrale, als der CEO die ganze Sache abblies: „Für so etwas haben wir jetzt keine Zeit – das könnte uns von den erforderlichen Veränderungen auf Spartenebene ablenken."

Eine solche Verzögerungstaktik kann teuer werden. Aber es droht noch größeres Ungemach, wenn eine wichtige Generalüberholung aufgeschoben wird. Eine solche Veränderung der Abläufe in der Unternehmenszentrale ist für die Mitglieder der Geschäftsführung eine wichtige Gelegenheit, mit den neuen Technologien vertraut zu werden. Wenn die leitenden Führungskräfte deren Tragweite nicht im Rahmen ihrer eigenen Aktivitäten erfahren, könnten sie die Herausforderungen, mit denen sich ihre Geschäftsbetriebe konfrontiert sehen, leicht unter- oder überschätzen. Und sollte sich die Zentrale zum „Rückstaubecken" der Old Economy erweisen, dürfte sie schnell als unmaßgeblich abgetan werden und ihre Fähigkeit zu eigener Wertschöpfung verlieren.

Kultur

Die Unternehmenskultur ist Ausdruck der Art und Weise, wie sich der Geschäftsalltag in einer Organisation vollzieht. Unternehmen können formell und verfahrensorientiert oder aber informell und dynamisch vorgehen, bürokratische Prozesse zuhauf pflegen oder aber sich mit wenigen Vorgaben begnügen, eine rigide Hierarchie einhalten oder eine lose organisatorische Vernetzung vorziehen, in ihrer Risikohaltung eher vorsichtig und zentralisiert taktieren oder aber die Geschäftseinheiten zu einer kühneren und dezentralisierten Entscheidungsfindung bevollmächtigen.

Neue Technologien verlangen eine neue unternehmenskulturelle Mentalität. Wenn eine Unternehmenszentrale nicht in der Lage ist, den E-Business-Wandel voranzutreiben (oder zumindest diejenigen zu unterstützen, die in die richtige Richtung marschieren), ist das Unternehmen in der New Economy stark benachteiligt. Zu der erforderlichen neuen Mentalität zählen Geschwindigkeit, eine neue Sichtweise der leitenden Führungskräfte und die Bereitschaft, auch einmal Fehler zu machen.

Geschwindigkeit ist der Wert, der einer durchschnittlichen Unternehmenszentrale wohl am meisten zu schaffen macht. Die New Economy wartet nicht auf die nächste Vorstandssitzung oder auf die Neuvorlage unzureichend dargestellter Anträge. New-Economy-Talente warten nicht 10 Jahre lang auf ihre Beförderung und sind auch nicht willens, eine dreifache Überprüfung ihrer Budgets hinzunehmen. Geschwindigkeit verlangt überdies eine neue Einstellung gegenüber leitenden Führungskräften. Die Unternehmenszentralen dürfen nicht länger Auffangbecken für Manager sein, die dem Unternehmen zwar loyal verbunden, den funktions- oder fachspezifischen Job-Ansprüchen aber nicht gewachsen sind.

Organisatorische Gestaltung

Auch andere Änderungen bezüglich der Wertvorstellungen können erforderlich werden. Generell müssen die Unternehmenszentralen weniger formal, bürokratisch, hierarchisch und risikoavers vorgehen. Zugleich dürfen sie aber auch nicht übersehen, wie wertvoll Disziplin bei der Performance-Messung, bei der Zielrealisierung und bei der strategischen Planung ist. Die erfolgreiche Unternehmenszentrale der Zukunft muss einen Ausgleich anstreben; sie muss eine neue Möglichkeit finden, Disziplin walten zu lassen, und zugleich Prozesse oder unternehmenspolitische Richtlinien vermeiden, die dynamisch-unternehmerisches Denken und Handeln unterbinden.

Abbildung 10.5 verdeutlicht, dass sich die besten Unternehmenszentralen zu Vorbildern für den neuen Führungsstil entwickeln und damit einen mächtigen Veränderungsprozess in Gang setzen. Für jedes Unternehmen gestaltet sich der Ausgleich zwischen Kernaktivitäten, Mehrwert-Akti-

Neugestaltung der Unternehmenszentrale

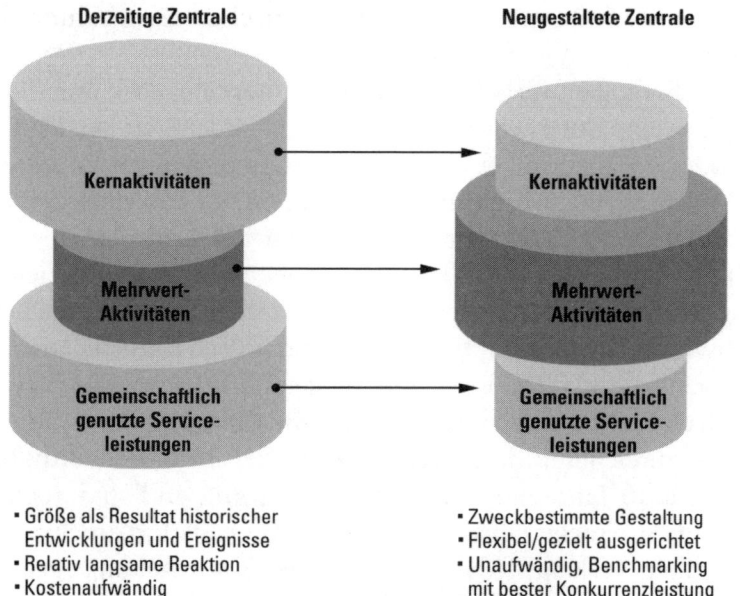

Derzeitige Zentrale
- Kernaktivitäten
- Mehrwert-Aktivitäten
- Gemeinschaftlich genutzte Serviceleistungen

Neugestaltete Zentrale
- Kernaktivitäten
- Mehrwert-Aktivitäten
- Gemeinschaftlich genutzte Serviceleistungen

- Größe als Resultat historischer Entwicklungen und Ereignisse
- Relativ langsame Reaktion
- Kostenaufwändig
- Keine gestalterische Verbindung zum Führungsstil
- Tendenz zu Bürokratie
- Schwache Beziehung zur Value Proposition
- Funktionale Basis

- Zweckbestimmte Gestaltung
- Flexibel/gezielt ausgerichtet
- Unaufwändig, Benchmarking mit bester Konkurrenzleistung
- Korrelation mit Führungsstil
- Angemessenes Maß an Formalität
- Klare Vereinbarungen mit Geschäftseinheiten
- Kostenkontrolle

Abb. 10.5: Vorteile einer Neugestaltung

vitäten und Aktivitäten im Rahmen gemeinschaftlich genutzter Serviceleistungen anders. Doch die Definition von *Effektivität* ist immer dieselbe. Wo eine effektive Zentrale die Richtung vorgibt, sind Risikoprojekte mit innovativen Value-Proposition-Optionen die Ersten, die den Kunden erreichen. Ihr Wettbewerbsangebot wird noch verstärkt, wenn die Zentrale einen Zugang zu unbürokratischen, effizienten Betriebsstrukturen und Back-Office-Prozessen ermöglicht. Ihre Ideen führen zu Erfolgen, die durch die kollektiv hervorragende Funktionalität des Netzwerks und der darin erfassten Partner noch verstärkt werden. Die Akteure sind gewissermaßen über ein „Value Web" miteinander verbunden, das vertikale Synergieeffekte (zwischen der Unternehmenszentrale und den Projekten) ermöglicht. Zugleich führt der Zugang zu ergänzenden Serviceleistungen und Innovationen aus anderen Projekten zu horizontalen Synergieeffekten, je mehr „weiße Flecken" zwischen ihnen erforscht werden.

Neugestaltung Ihrer Unternehmenszentrale

Je mehr Abläufe ausgelagert werden, die zu den nicht wertschöpfenden Aktivitäten der Unternehmenszentrale zählen, desto dringlicher legen E-Business-Modelle eine Verkleinerung der Unternehmenszentrale nahe – unter gleichzeitiger Freisetzung unternehmerisch-ehrgeiziger Kräfte. Bei den angebotenen Alternativen handelt es sich erst in zweiter Linie um technologische Lösungen; in erster Linie geht es darum, die Organisation so zu mobilisieren und zu strukturieren, dass sie in der Lage ist, Chancen und Risiken gewinnbringend zu nutzen. Agilität und Flexibilität sind nunmehr für hervorragende Performance genauso wichtig wie gute Strategie, operative Leistungsfähigkeit und Vertrautheit mit den Kunden. All dies muss bei einer Neugestaltung der Unternehmenszentrale bedacht werden.

Die Ausrichtung der Unternehmenszentrale auf die Anforderungen des E-Business umfasst vier Phasen (Abbildung 10.6):

Phase 1: Beurteilung der Zentrale. Die erste Phase betrifft die Analyse und Klassifizierung der derzeitigen Aktivitäten und Prozesse der Unternehmenszentrale. Bei der Klassifizierung sollten alle Aktivitäten und Prozesse einem der drei Performance-Bereiche zugeordnet werden: Kernaktivitäten, Mehrwert-Aktivitäten und gemeinschaftlich genutzte Serviceleistungen. In dieser Phase findet auch die Überprüfung der derzeitigen E-Initiativen der Zentrale im Vergleich zu anderen Projekten statt. Dabei werden nicht nur die Veränderungsmöglichkeiten als solche, sondern auch die Auswirkungen alternativer Durchführungsmodi in der Zentrale auf die Geschäftsabläufe insgesamt begutachtet.

Unter Berücksichtigung der Wertschöpfungsvoraussetzungen sowie der Möglichkeiten zur Anpassung der Wertschöpfungsansätze der übergeordneten Unternehmenszentrale an das E-Business wird durch eine solche Beurteilung zweierlei erreicht:

- *Ermittlung von Kerninitiativen* für die Nutzung technologischer Möglichkeiten zur Verbesserung von Funktionalität und Wertschöpfung in der Zentrale (unter Veränderung des Ausgleichs zwischen den verschiedenen Aktivitäten, Einrichtung eines B2B-Marktplatzes, Outsourcing etc.)

Neugestaltung der Unternehmenszentrale

Analyse	Implementierung		
1. Beurteilung	2. Bestätigung der Gestaltungsprinzipien	3. Erarbeitung eines Gestaltungsentwurfs	4. Umstellung
Zweck: Erzielung eines klaren Überblicks über den geschäftlichen Kontext und übergeordnete Möglichkeiten	**Zweck:** Sicherstellung, dass die Geschäftsführung die Value Proposition und die Prinzipien für den vorgesehenen Wandel befürwortet	**Zweck:** Umsetzung der Prinzipien in einen praktischen Plan zur Gestaltung, Risikoeinschätzung und Durchführung	**Zweck:** Durchführung und Organisation des Wandels sowie Wertschöpfung
Zweck der Beurteilungsphase ist ein verbessertes Verständnis von Umfang, Struktur und Größe der derzeitigen Unternehmenszentrale, ihrer Ambitionen, ihrer Möglichkeiten für übergeordnete Aktivitäten sowie von maßgeblichen Strukturmerkmalen der Branche	In dieser Phase bestätigt die Geschäftsführung die Gestaltungsprinzipien als strukturellen Rahmen für die Gestaltung der Unternehmenszentrale: • Strategie und Value Proposition der Unternehmenszentrale • Führungsstil • Richtlinien für Größe und Struktur	Die Gestaltungsphase baut auf der Analyse der vorhergehenden Phasen auf: • Prozesse und Aktivitäten • Systeme und Technologie • Organisationsstruktur und Stil • Talente, Qualifikationen und Kompetenzen	In der Umstellungsphase wird der Gestaltungsplan schrittweise unter Berücksichtigung von Meilensteinen und Eckpunkten umgesetzt. Bezüglich der Performance-Kriterien und der Performance-Management-Struktur sind Vereinbarungen getroffen worden.

Abb. 10.6: Der Umstellungsprozess

● *Durchführung einer übergeordneten E-Analyse*, um zu ermitteln, welche Möglichkeiten die Zentrale mit welchen Methoden (zum Beispiel unternehmensinterne Neugründungen, Projektgründungen, Förderung in Inkubatoren, Partnerschaftsbildung) verfolgen will

Phase 2: Bestätigung der Gestaltungsprinzipien. Die Geschäftsführung prüft und bestätigt die Prinzipien, die der organisatorischen Gestaltung der Unternehmenszentrale zugrunde liegen. Diese Prinzipien betreffen zum Beispiel die Merkmale der Branchenstruktur und die künftige E-Entwicklung, die Value Proposition der Unternehmenszentrale und die Einstellung zu Risiko und Führungsstil. Die mit dem CEO abgestimmten Gestaltungsprinzipien sind maßgeblich für die Vision der neuen Zentrale. Auf diese Weise wird das neue Führungsparadigma deutlich – mit all seinen Ambitionen und Zielen, darunter auch wichtige Aussagen und unternehmenspolitische Vorgehensweisen bezüglich gemeinschaftlich genutzter Serviceleistungen (zum Beispiel Outsourcing, Zentralisierung).

Phase 3: Erarbeitung eines Gestaltungsentwurfs. Der Gestaltungsentwurf setzt die neuen Prinzipien samt Vision in praktische Planung um. In dieser Phase wird das neue Paradigma dem alten gegenübergestellt und eine Marschroute für den Übergang zwischen Alt und Neu erarbeitet:

- Ermittlung von *Prozessen und Aktivitäten*, die von der Zentrale im Rahmen der E-Infrastruktur der Gruppe durchgeführt werden sollen (unter Berücksichtigung von Abläufen, die ausgelagert oder auf eine Geschäftseinheit übertragen werden sollen; Entscheidung zwischen übergeordneter Funktionalität und Portal-Einrichtung usw.).
- Entscheidung über *Systeme und Technologien*, die von der Zentrale im Rahmen der E-Infrastruktur der Gruppe eingeführt werden sollen (eingedenk der Tatsache, dass diese eine Funktion zu erfüllen haben und keinen Selbstzweck darstellen).
- Bestimmung der *Organisationsstruktur*, einschließlich Gestaltung von beziehungsweise Umgang mit E-Projekten. Der Schwerpunkt verlagert sich von Hierarchie und Management auf Netzwerke und Koordination. Es müssen gezielt Schritte eingeleitet werden, um der Organisation und ihren Initiativen zur Ausrichtung auf die künftige E-Agenda zu verhelfen.
- Bewertung von *Talenten und Kompetenzen*: Über welche qualifizierten E-Mitarbeiter verfügen wir und woher beziehen wir die darüber hinaus erforderlichen Talente? Was haben wir ihnen zu bieten? Wie können wir ein attraktiver E-Partner werden?

Eine robuste Gestaltung ist sehr wichtig, damit das Unternehmen nicht von der Realisierung bestehender operativer Ziele abgelenkt wird. Dabei sollten praktische Engpässe – potenzielle Wertvernichter – und ihre Beseitigung berücksichtigt werden. Auch die Problematik der Unternehmenskultur sollte nicht unterschätzt werden; Ziel ist die Beschleunigung der Unternehmenszentrale auf E-Geschwindigkeit und ihre radikale Umstellung zu unternehmerischem Denken und Handeln. Die Zentrale muss unbedingt Mittel und Wege finden, wie sie ein Gespür für E-Business entwickeln kann. Und nicht zuletzt gilt es zu überlegen, wie sich all die Veränderungen auf Risiko- und Projektmanagement auswirken.

Phase 4: Umstellung. Nun ist es an der Zeit, den Entwurf schrittweise umzusetzen und dabei wichtige Meilensteine und Eckpunkte zu verfolgen. Mittlerweile sollte eine gute Abstimmung bezüglich der Managementstruktur der neugestalteten Unternehmenszentrale und ihrer Performance-Kriterien erfolgt sein. In dieser Phase geht es um effektives Change-Management: Angesagt sind harte Entscheidungen im Hinblick auf die Einstellung von Aktivitäten, Outsourcing, Reengineering, vertragliche Beziehungen und andere Change-Management-Aspekte.

Vor allem muss der Prozess der Neugestaltung systematisch erfolgen. Unter Umständen empfiehlt sich auch die Hinzuziehung externer Berater, zumal auf diese Weise größere Objektivität und ein umfassenderes Verständnis der E-Business-Arena gewährleistet sind. Letztendlich besteht das übergeordnete Ziel der Neugestaltung in der *Wertschöpfung* – nicht lediglich darin, „weniger von dem zu tun, was wir jetzt tun". Betrachten wir dazu die folgende Fallstudie.

> *Fallbeispiel*
> *Die virtuelle Unternehmenszentrale*
>
> *Ein weltweit führendes, auf Management-Buyout und Equity-Kapitalbeteiligung spezialisiertes privates Investmentunternehmen vertritt eine von tief verwurzelten Überzeugungen getragene Geschäftsphilosophie. Wertschöpfung erfolgt, so die herrschende Meinung im Unternehmen, durch Konzentration auf einige wenige grundsätzliche Voraussetzungen: solides Management, hervorragende operative Leistungen, optimale Kapitalstrukturen und ein solides langfristiges Investitionsprogramm.*
>
> *Im Unternehmen ist man überzeugt, dass Erfolg nicht nur von der Ermittlung und Vollstreckung von Akquisitionen abhängt, sondern auch von ihrer Kultivierung und Pflege. Nach erfolgtem Deal arbeiten die Experten des Unternehmens eng mit dem Management zusammen, um das volle Potenzial der neuen Akquisition zu realisieren. Das Unternehmen ist gezielt um Reorganisation bemüht – die Geschäftsabläufe und die Zentrale werden von oben bis unten neu gestaltet: Auf diese Weise entsteht eine Art virtuelle Unternehmens-*

zentrale für das neu akquirierte Unternehmen. Gemeinsam mit dem Alt-Management untersuchen die Experten,

- *an welchen Stellen Wertschöpfung erfolgt,*
- *worin die Werttreiber des Unternehmens bestehen und*
- *wie Gewinne erzielt werden und Kosten einzusparen sind.*

Das Team arbeitet auch in Fragen des Cash-Managements zusammen, um sich einen klärenden Überblick über die Finanzsysteme zu verschaffen und ein aussagekräftiges Informationsmanagement aufzubauen.
Ein Beispiel für den Prozess der Neugestaltung der Zentrale dieses Investmentunternehmens ist die kürzlich erfolgte Akquisition einer großen Finanzdienstleistungsfirma. Trotz ihrer Größe sah sich diese Firma dem Druck ihrer zwei größten Konkurrenten ausgesetzt. Branchenkonsolidierung, Konvergenz im Finanzdienstleistungsbereich und die potenzielle Konkurrenz durch Internetabschlüsse gefährdeten die Zukunft der akquirierten Firma.
Die Experten der Muttergesellschaft reagierten umgehend mit einer Verstärkung des Finanz- und Performance-Managements und unterstützten die akquirierte Firma bei der Neugestaltung ihrer Zentrale. Das Ziel: Transformation von einem richtungslosen, kostenaufwändigen Betrieb zu einer fokussierten, kosteneffektiven, integrierten Zentrale mit einem soliden, tragfähigen Finanzsystem.
Die Erarbeitung gründlicher Kenntnisse in Bezug auf die Geschäftsaktivitäten der akquirierten Firma war für die Neugestaltung der Zentrale von wesentlicher Bedeutung. Die Mitglieder des kombinierten Unternehmensteams kamen zu dem Schluss, dass sich die Profitabilität (Kunden, Geschäftsbereiche) durch eine klare Kundensegmentierung steigern ließ. Sie erkannten, dass sie wertschöpfendes Verhalten fördern konnten, wenn sie die Vergütungsstrukturen der Firma änderten und den 200 Spitzenführungskräften neue Anreize boten. Die Muttergesellschaft beschleunigt die Umstrukturierung der Zentrale, indem sie Budgets über Bord wirft, neue Systeme durchsetzt, neue Anreizsysteme fördert und rigoros die Kostenredu-

> *zierung überwacht. Die Firma sieht sich mit der Herausforderung konfrontiert, diese kosteneinsparenden Aktivitäten ohne Ertragseinbußen zu organisieren.*
>
> *Im Rahmen des weiteren Umstellungsprozesses will die kombinierte Unternehmenszentrale ihre Aktivitäten in Kernaktivitäten, Mehrwert-Aktivitäten und gemeinschaftlich genutzte Serviceleistungen unterteilen. Sobald Funktionen und Zuständigkeiten geklärt sind, soll ein neues Performance-Managementsystem eingeführt werden, das auf Kostenreduzierung und gewinnbringende Nutzung neuer Geschäftsmöglichkeiten ausgerichtet ist. Veränderungen im Dienstleistungsbereich brauchen ihre Zeit, weil der Schwerpunkt hier auf Verhaltensänderungen liegt – mit der Schließung von Fabriken oder der Verringerung der Lieferantenzahl ist es nicht getan. Doch die Gesellschaft ist wie bei allen ihren Investitionen langfristig orientiert und geht davon aus, letztlich eine gute Rendite für ihre Investition zu erzielen.*

Wachsam bleiben:
Performance-Messung in der Unternehmenszentrale

Unternehmenszentralen sind für eine Reihe von Krankheiten anfällig. Bleiben sie sich selbst überlassen, verlieren sie schnell an Effektivität – durch *bürokratische Auswüchse* und ein *Übermaß an Selbstvertrauen*. Besonders gefährlich wirken sich diese Krankheiten in der schnell voranschreitenden Welt des E-Business aus. Einziges Gegenmittel sind Wachsamkeit und die Bereitschaft, notfalls bittere Medizin zu verordnen.

- Bürokratische Auswüchse manifestieren sich in einer gewissen Amnesie seitens der Führungskräfte, wenn die Manager in der Unternehmenszentrale schlicht vergessen, dass ihr Hauptaugenmerk auf ihrem Wertschöpfungsbeitrag und nicht auf der Verwaltung und Unterstützung von Unternehmensprozeduren liegen sollte. Eine solche Entwicklung ist schwer zu diagnostizieren, denn nicht immer lässt sich der Wertschöpfungsbeitrag von Unternehmenszentralen ohne weiteres bemessen.

Wachsam bleiben: Performance-Messung in der Unternehmenszentrale

- Ein Übermaß an Selbstvertrauen ist genau das Gegenteil von bürokratischen Auswüchsen. Die Manager in der Unternehmenszentrale meinen, überall einen Wertschöpfungsbeitrag leisten zu können. Sie diagnostizieren Probleme in Geschäftsbereichen, die ihrer Überzeugung nach nur deshalb entstehen konnten, weil die Zentrale sich nicht genügend darum gekümmert hat. Unter solchen Umständen werden immer mehr Entscheidungen zentralisiert.

Der CFO muss mit robusten Performance-Kriterien aufwarten können. Kernaktivitäten sind besonders anfällig für bürokratische Auswüchse und übermäßige Kostenentwicklung. Deshalb sollten gerade die Kernaktivitäten definiert, in ihrem Umfang abgeschätzt und personalmäßig sowie kostenmäßig (inflationsbereinigt) nach oben hin begrenzt werden. Eine Überschreitung dieser Grenzen sollte nur bei ausdrücklicher Genehmigung des CFO erfolgen. Die für Kernaktivitäten bestimmten Zielvorgaben sollten auf jährliche Kosteneffizienzsteigerungen ausgerichtet sein, die dann bei der Festlegung der Obergrenze wiederum Berücksichtigung finden. Die besten Unternehmenszentralen sind bemüht, ihre Obergrenze konstant zu halten oder sogar noch real zu senken. Als Realitätsprüfung sollte die Kernaktivität regelmäßig einem Benchmarking-Prozess unterzogen werden, um sicherzustellen, dass auch vergleichbare Konkurrenten in dieser Form vorgehen.

Mehrwert-Aktivitäten der Unternehmenszentrale sind hingegen sowohl für bürokratische Auswüchse als auch für ein Übermaß an Selbstvertrauen anfällig. Hier ist weniger der Kostenaufwand ein Problem als vielmehr die Gefahr, nicht Wertschöpfung, sondern Wertvernichtung zu betreiben. Um dem entgegenzuwirken, sollten die Unternehmen die Value-Proposition-Optionen ihrer Zentrale sowie deren praktische Umsetzung einer jährlichen Überprüfung unterziehen. Wie bei den meisten Überprüfungen ist eine objektive Perspektive dazu angetan, die Stringenz zu erhöhen. Ohne eine solche von der Machtstruktur des Unternehmens unabhängige Perspektive könnte der CFO seine eigenen blinden Flecken vielleicht nie entdecken. Auch ein regelmäßiges Feedback seitens der Geschäftseinheiten ist zweckdienlich. Zwar sind Vorbehalte hinsichtlich der Wahrnehmungsdiskrepanz „die da oben – wir hier unten" durchaus angebracht, aber ein solches Feedback ist doch sehr wichtig, um Bereiche aufzudecken, in denen Werte vernichtet werden.

Neugestaltung der Unternehmenszentrale

Gemeinschaftlich genutzte Serviceleistungen sind gewöhnlich leichter zu überwachen. Wenn sie als interne Profitcenter in Konkurrenz zu externen Lieferanten eingerichtet worden sind, reicht gewöhnlich der Kunden-Input zur Gewährleistung ihrer Solidität. Auch wenn die gemeinschaftlich genutzten Serviceleistungen nicht vollumfängliche Profitcenter sind, dienen Kunden-Lieferanten-Beziehungen als frühzeitiges Warnsignal, wenn etwas schief läuft. Jede Serviceleistung sollte im Rahmen ihrer Selbstverwaltung die folgenden Kriterien berücksichtigen: Kundenservice-Verträge, klare Messgrößen für Kundenzufriedenheit sowie kontinuierliche Verbesserungsziele. Ein umsichtiger CFO sollte diese Kriterien hinterfragen und dann entscheiden, ob bei einer bestimmten Serviceleistung eine detailliertere Überprüfung erforderlich ist.

Letztlich kann jeder Aspekt der Unternehmenszentrale im Rahmen eines Performance-Managementsystems bemessen und überwacht werden. Da die Unternehmenszentrale in den Verantwortungsbereich des Topmanagements fällt, sollte sie als Vorbild für die gesamte Organisation gelten. Wenn ein CFO erstklassige Leistungen von seinen Geschäftseinheiten verlangt, kann und darf es nicht sein, dass die Unternehmenszentrale nur zweit- oder drittklassige Leistungen erbringt. Nur die Bereitschaft zu ständiger Wachsamkeit hält die Unternehmenszentrale auf Kurs.

Die Ausbreitung des E-Business bewirkt in der Unternehmenshistorie einen Umbruch sondergleichen. Aus CFO-Sicht bietet sie die ungeheure Chance, die Unternehmenszentrale auf E-Geschwindigkeit zu bringen. Dazu bieten sich die folgenden schrittweise vorzunehmenden Veränderungen an:

- Reduzierung der Erfordernisse an Sachanlage- und Umlaufvermögen für die gesamte Gruppe
- Reduzierung der Transaktions- und Bereitstellungskosten im Vertrieb
- Verbesserung der Termineinhaltung innerhalb des Unternehmens und im gesamten Netzwerkbereich sowie Erhöhung von Genauigkeit, Verfügbarkeit und Brauchbarkeit von Managementinformationen
- Erhöhung von Reaktionsgeschwindigkeit und Flexibilität auf Gefahren und Chancen (sowohl in finanzieller Hinsicht als auch im Wettbewerb)

Kurzum: Es geht darum, die Unternehmenszentrale anzufeuern und einen Hemmschuh für Fortschritt im Unternehmen in einen dynamischen Vermögenswert umzuwandeln.

> ### E-CFO-Checkliste
>
> *Überprüfung von Zweckbestimmung und Kapazitäten der Unternehmenszentrale*
> Leistet sie einen Wertschöpfungsbeitrag als E-Zentrale? Oder vernichtet sie Werte durch übermäßig hohe Kosten, verpasste Marktchancen oder negative Einflussnahme?
>
> *Analyse der fünf Bereiche, in denen die Zentrale einen E-Business-Wertschöpfungsbeitrag leistet*
> Kann sie aufbauen, verbinden, straffen, nutzen und auswählen? Bestimmen Sie Bereiche, in denen die Zentrale eine realistische Chance hat, Qualifikationen und Kompetenzen zu entwickeln. Vermeiden Sie, dass Ihre Zentrale Aufgaben durchführt, die in den Geschäftseinheiten besser erledigt werden können. Werfen Sie das Netz an Optionen so weit aus wie möglich.
>
> *Formulierung von Value-Proposition-Alternativen*
> Auf diese Weise soll geklärt werden, wo und wie die Zentrale einen Beitrag leisten will, dass den Erfordernissen der Geschäftseinheiten Rechnung getragen wird. Sorgen Sie dafür, dass die Manager der Geschäftseinheiten die von der Unternehmenszentrale formulierten Wertansätze hinlänglich durchschauen.
>
> *Überprüfung der Zentrale im Hinblick auf Größe, Struktur und Kultur*
> Behalten Sie zwei Ziele im Auge: Nutzung von E-Business-Technologien zwecks Beschleunigung, Straffung und Outsourcing von Aktivitäten sowie Entwicklung der Zentrale zu einem vergleichsweise schlanken, dynamisch-unternehmerischen und kosteneffektiven Vorbild.

Neugestaltung und Umstellung der Zentrale in systematischen Schritten
Zeitmangel ist keine akzeptable Entschuldigung für einen Aufschub. Die 80:20-Regel trifft mit E-Geschwindigkeit zu!

Kritische Sondierung der personellen Besetzung der Zentrale
In einer umgewandelten, dynamisch-unternehmerischen Zentrale ist kein Platz für Trittbrettfahrer oder Opportunisten.

Bestimmung eindeutiger Performance-Kriterien für alle Aktivitäten der Zentrale
Legen Sie Maßstäbe für Kernaktivitäten, Mehrwert-Aktivitäten und gemeinschaftlich genutzte Serviceleistungen fest und sorgen Sie für deren Einhaltung. Verfolgen Sie den Fortschritt anhand regelmäßiger Überprüfungen und Benchmarking-Verfahren.

Kapitel 11

B2F: Die virtuelle Finanzfunktion

Wie der Finanzbereich für Shell die Räder ölt

Stephen Hodge, Director of Finance
Royal Dutch/Shell Group

Shell stößt zügig in sämtliche E-Business-Bereiche vor: Business-to-Business, Business-to-Consumer und Business-to-Employee. Innerhalb der vorhandenen Geschäftsbereiche haben wir neue E-Business-Kanäle mit Bezeichnungen wie Ocean Connect und Level Seas entwickelt und organisiert, über die Massentransporte, Warenbörsengeschäfte und ähnliche Transaktionen abgewickelt werden. Aber es gibt noch sehr viel umfassendere Transformationsinitiativen.

Zum Beispiel haben wir Shell.com als international zugängliche Internetadresse und die Website TellShell eingerichtet, wobei Letztere den Leuten die Möglichkeit bietet, relativ unzensiert ihre Meinung über uns kundzutun. Außerdem haben wir eine webbasierte interne Kommunikationseinrichtung entwickelt, die ein ganzes Spektrum an organisatorischen Aspekten wie Projektmanagement, Performance Scorecards, Reservierungen und Informationen über Rentenansprüche abdeckt. In einigen Bereichen haben wir Transaktionssysteme im Web eingerichtet, an der auch Dritte beteiligt sind; so zählt Trade Ranger, ein im gemeinsamen Besitz von 14 Unternehmen betriebener Marktplatz, zu einem unserer großen Erfolge.

Trade Ranger ist ein Beispiel für unsere höchst erfolgreiche Anpassung ans E-Business. Gegründet wurde der Marktplatz als eigenständiges Business mit nur fünf der im Vorstand vertretenen Unternehmen, aber wir haben diese mächtige E-Allianz dennoch in wenigen Monaten zustande gebracht und damit die herkömmliche Auffassung von Wettbewerbsfeindlichkeit und Schwerfälligkeit in der Mineralölbranche widerlegt.

All dies bedeutet mehr, als lediglich E-Business im Internet zu betreiben. Gelegentlich ist im Zusammenhang mit den umfassenden Konsequenzen solch fundamentaler Veränderungen in unserem Geschäft von „Digitalisierung" die Rede.

B2F: Die virtuelle Finanzfunktion

Eine Herausforderung für die Finanzverwaltung

In Anbetracht der rund 100 Initiativen, die wir in den Vereinigten Staaten, Nordwest-Europa und Australien gestartet haben, stellte sich allerdings erneut die Frage nach einer angemessenen Ressourcen-Allokation. (Vermutlich laufen anderswo noch weitaus mehr nicht offiziell angemeldete Projekte.) Ausschlaggebend waren die hohen Aufwendungen für die Einrichtung gewisser E-Business-Risikoprojekte – Marktplätze können leicht mehr als 150 Millionen Dollar kosten – und die wurden rund um den Globus als Betriebsausgaben verbucht. Hat man die Risiken abgeschätzt? Wurden einheitliche Standards berücksichtigt? Hatte man klare Vorstellungen von den Vorteilen? Und wie steht es mit Doppelarbeiten und anderen Konsequenzen unkoordinierter Entwicklungen?

> **Wir haben Shell Internet Works eingeführt als Reaktion auf die Notwendigkeit, unser Portfolio an E-Business-Investitionen gezielter auf Wertschöpfung auszurichten.**

Die größte Aufgabe besteht darin, die riesige Anzahl eingebrachter Ideen zu filtern und viel versprechende Optionen zur erfolgreichen Implementierung zu führen, bevor die Ausgaben in den Betriebskosten untergehen. Wir haben Shell Internet Works eingeführt als Reaktion auf die Notwendigkeit, unser Portfolio an E-Business-Investitionen gezielter auf Wertschöpfung auszurichten. Shell Internet Works wickelt den Dialog mit potenziellen Partnern und Investoren, Teilnehmern und Mitarbeitern ab und unterhält ein Gremium, in dem die leitenden Führungskräfte aus den E-Business-, IT- und Service-Bereichen ausschließlich über strategische Fragen beraten. Unser GameChanger-Ansatz hilft uns bei der strategischen Koordinierung und engeren Auswahl der Ideen im Rahmen eines vorgegebenen Qualifikationsprozesses, bei der Weiterführung der in die engere Wahl gekommenen Ideen bis zu einem Niveau, das eine Wagniskapitalförderung rechtfertigen könnte, und schließlich bei der Bereitstellung qualifizierter Mitarbeiter, die diese Ideen bis hin zu einer Neugründung oder einem Börsengang betreuen.

Dennoch hat der Finanzbereich nach wie vor eine wichtige Aufgabe wahrzunehmen: Er muss klären, wie die ausgewählten Ideen mit den geltenden gesetzlichen und steuerrechtlichen Verpflichtungen in Einklang zu bringen sind. Die unterschiedlichen Modi bei der Geschäftsabwicklung stimmen nicht immer mit den derzeitigen Geschäftsmodellen überein, was Konflikte im Hinblick auf Geschäftsgebaren, Vergütung, Leistungsbeurteilung und viele andere Aspekte zur Folge hat. Beispielsweise mussten wir neue Richtlinien für die Vergütung von Mitarbeitern erarbeiten, die sowohl an den neuen E-Business-Projekten als auch am Expertenteam in unserer Finanzeinheit Shell Capital beteiligt sind; und anschließend galt es, die Reaktion einiger Leute aus den traditionellen Geschäftsbereichen in den Griff zu bekommen, die der Auffassung waren, solche Vergütungsregelungen seien unfair. Und dies ist nur einer der Bereiche, in denen das Finanzteam einen Beitrag zum wertorientierten Management leisten muss.

Schon jetzt haben wir dank erheblicher Investitionen sowohl in unser ERP-System als auch in unsere E-Business-Entwicklung Kosteneinsparungen erzielen können. So hat unser ERP-System unsere Kosten um rund 15 % reduziert und mit E-Auktionen haben wir Einsparungen in Höhe von 5 bis 20 % erreicht. Doch wenn wir noch einen Schritt weiter gehen könnten, unsere ERP-Investition besser ausschöpfen und beispielsweise unsere Marktplätze zu einer nahtlos funktionierenden durchgängigen Transaktion integrieren würden, dürfte ein enormer Kapitalrückfluss realisiert werden. Dabei fällt dem Finanzbereich mit der Leitung solcher Initiativen eine zentrale Rolle zu.

Vision für die Finanzfunktion

Wir haben die Auswirkungen der Digitalisierung schon vor geraumer Zeit erkannt, als wir unsere Vision für den Finanzbereich entwickelten. Wir stellten nämlich fest, dass das Konzept einer existenzberechtigten Finanzabteilung überholt war – die Finanzfunktion musste vielmehr ihre Position als Lieferant für unsere Geschäftseinheiten beweisen und behaupten: Ihre Aufgabe war es, die Digitalisierung bei Shell voranzutreiben und eine E-Business-Prozessabwicklung entlang der gesamten Wertschöpfungskette zu ermöglichen.

Wir hatten uns zum Ziel gesetzt, „Top-Performer der ersten Wahl" zu werden. Wir wollten die Geschäftsabläufe bei der Wertschöpfung und Wertsteigerung effektiv und partnerschaftlich angehen. So entstand schließlich die Vision einer Finanzfunktion von Weltklasse-Format. Wir wollten erreichen, dass unsere Finanzexperten mitten im betrieblichen Geschehen der einzelnen Geschäftsbereiche stehen.

Dies wiederum bedeutete, dass wir den Schwerpunkt von der Transaktionsverarbeitung hin zur Entscheidungshilfe verlagern, zugleich aber weiterhin unsere Aufgabe der proaktiven Organisation von Systementwicklung und Systemintegration wahrnehmen mussten. Nur so konnten wir sicherstellen, dass die Grundvoraussetzungen stimmten.

B2F: Die virtuelle Finanzfunktion

Im Rahmen dieser Vision haben wir jetzt Shell Finance Services eingerichtet. Die Experten dieser Einheit haben den Auftrag, die Geschäftsbetriebe in speziellen Finanzfragen und Entscheidungen zu unterstützen. Die Einheit ist als virtueller Geschäftsbereich an einigen wenigen globalen Standorten organisiert und arbeitet in Konkurrenz zu externen Anbietern. Zunächst wurde dies als Bedrohung für unsere Zukunft aufgefasst, aber wie wir feststellen konnten, sind unsere Leute gegenüber einer solchen Konkurrenz sogar im Vorteil: Sie sind mit unseren Geschäftsbereichen vertraut und können auf ihre spezifischen Bedürfnisse als Finanzkunden eingehen.

Was ist neu an unseren Finanzprozessen?

Unsere Kernprozesse unterliegen einem raschen Wandel. Beispielsweise sind wir weiterhin bemüht, Shared Servicecenter (gemeinschaftlich genutzte Serviceleistungen) einzurichten und ein Outsourcing dieses Serviceangebots in noch größerem Umfang vorzunehmen – wir nutzen das Net zur Einrichtung gemeinschaftlich genutzter virtueller Servicecenter. Letztlich werden wir auf diese Weise überhaupt keine Transaktionsverarbeitungsabteilung mehr benötigen, denn an deren Stelle tritt dann die Wartung und Überprüfung webbasierter Systeme. Überdies sind wir bemüht, unsere zentralen M&A-Fähigkeiten weiter auszubauen, um die Finanzbereiche in unseren Geschäftsbetrieben in aller Welt effektiver strukturieren zu können.

E-Business konfrontiert uns mit neuen Risiken wie auch mit der Notwendigkeit, vorhandene Risikoprioritäten neu zu überdenken. So müssen wir uns nicht nur mit Risiken im Zusammenhang mit unseren globalen Kundenkontakten und neuen Lieferantenbeziehungen befassen, sondern auch mit Kreditrisiken, die bei Auktionsverkäufen anders aussehen als bei einer Katalogvermarktung usw. All dies bedeutet eine neue Herausforderung für unser Risikomanagement; wir haben bereits einiges unternommen, müssen dieser Aufgabe aber noch höhere Priorität einräumen.

Ein solcher Wandel verleiht der Notwendigkeit eines schnellen und flexiblen Informationszugangs auf globaler Basis neue Dringlichkeit. Wir profitieren vom Web und nutzen webbasierte Informationsportale, um unseren Leuten fundierte und zeitlich optimierte Entscheidungen zu ermöglichen. Diese neuen Entscheidungshilfe-Tools werden durch die Investitionen in unsere ERP-Systeme unterstützt. Doch im Einzelnen gilt zu hinterfragen, wie sich unsere technologische Architektur weiterentwickeln soll, da wir die vorhandenen Systeme mit E-Business-Anforderungen in Bereichen wie CRM und Logistik überlagern. Unsere Finance-Services-Einheit hat sich eines Großteils dieser Entwicklung angenommen.

Hat die Finanzfunktion eine Zukunft?

Wir müssen nach vorn schauen und dürfen weder übersehen, welch verheißungsvolle Möglichkeiten die ungeheuer vereinfachten elektronischen Transaktionen bei der Reduzierung bis hin zur Abschaffung entsprechender Aktivitäten bieten, noch die Leichtigkeit unterschätzen, mit der Informationen aus ganz unterschiedlichen Quellen in einer zunehmend virtuellen Finanzorganisation zusammengeführt werden. Deshalb wird es meines Erachtens die Finanzabteilung auch in Zukunft geben, wenngleich in einer ganz anderen Form. Sie wird ein noch kleineres, noch „intelligenteres" Outfit erhalten. Sie wird ein faszinierender Arbeitsplatz sein, denn sie wird einen maßgeblichen Beitrag zur Schaffung gänzlich neuer Geschäftsmodelle leisten und darüber hinaus die Systemintegration bewältigen.

Sicher werden wir hoch qualifizierte Finanzexperten brauchen, um die Funktionsfähigkeit unserer Systeme auf Dauer zu gewährleisten, die aus diesen Systemen abzuleitenden Informationen zu interpretieren und zu kommentieren und schließlich auch die Geschäftsrisiken unter Kontrolle zu halten. Und natürlich wird es im Finanzbereich auch Gründungstransaktionen, Treasury-Transaktionen, Finanzierungstransaktionen usw. geben.

Um dieser Vision gerecht zu werden, müssen wir einen Pool an hoch qualifizierten Leuten mit einem neuen Arbeitsmodus bereitstellen. Und es müssen Leute sein, die sich in einer Welt zurechtfinden, in der keine Heerscharen grün-beschirmter Kontoristen Zahl für Zahl in ihre Register eintragen; eher geht es zu wie in der Schaltzentrale einer Raffinerieanlage, in der eine immense Anzahl an Transaktionsströmen überwacht und ausschließlich nach Ausnahmeprinzipien gesteuert wird.

Wie Stephen Hodge von Shell sehen viele der im Rahmen dieses Buches interviewten CFO-Experten einen Trend zu „einer zunehmend virtuellen Finanzorganisation". Die von Hodge als Vision vorgestellte Finanzgruppe soll „ein kleineres, ‚intelligenteres' Outfit" erhalten. Sie wird in hohem Maß proaktiv vorgehen und Zugang zu Entscheidungshilfe-Daten haben, die nahtlos aus ganz unterschiedlichen Quellen zusammengetragen worden sind. Die Finanzfunktion wird weit reichende Aufgaben im Risikomanagement übernehmen, gänzlich neue Geschäftsbetriebe schaffen, schnelle Transaktionsströme überwachen und die Systemintegration sicherstellen. Diese anspruchsvollen neuen Aufgaben können nur im Rahmen immer fortschrittlicherer E-Business-Möglichkeiten wahrgenommen werden.

B2F: Die virtuelle Finanzfunktion

Wie wird diese virtuelle Finanzfunktion im betrieblichen Alltag aussehen? Wie werden sich die Business-Anforderungen von morgen auf den Auftrag und die Ausrichtung des Finanzbereichs von heute auswirken? Zur Beantwortung solcher Fragen beginnt dieses Kapitel mit der Abgrenzung der sich abzeichnenden Beziehungen zwischen Unternehmen und Finanzbereich (Business-to-Finance, B2F). Anschließend werden wir untersuchen, unter welchen Voraussetzungen sich eine solche B2F-Agenda realisieren lässt. Dazu werden wir im Einzelnen prüfen, inwieweit der Trend zu verstärkter Virtualität die Kernaufgaben der Finanzorganisation – von der Transaktionsverarbeitung bis hin zur Entscheidungshilfe – verändert.

Erarbeitung einer B2F-Agenda

In einer Umfrage wurden 100 CFO-Experten gebeten, sich bezüglich der Zukunft des Finanzbereichs zu äußern. 25 % der Informanten meinten, eine Finanzabteilung, wie wir sie kennen, würde es künftig nicht mehr geben. Wie aber wird sich die Finanzfunktion entwickeln? „In sechs Jahren wird die Finanzgruppe eine virtuelle Einrichtung sein ... im Zentrum von Web-Beziehungen stehen ... halb so groß sein wie heute ... produkt- und marktbezogen global agieren ... bei allen wichtigen Entscheidungen mitreden ... unter der Leitung des CFO als Wagniskapitalgeber die Zukunft und nicht die Vergangenheit analysieren ... neue Disziplinen und neue Rahmenstrukturen entwickeln ... einen eigenständigen Wertschöpfungsbeitrag leisten."

Die Fortentwicklung der Finanzfunktion zu einer virtuellen Einrichtung ist in vollem Gang. So lassen die bisherigen Erfahrungen großer Unternehmungen darauf schließen, dass sich die Evolution der Finanz-Agenda in vier Stadien beziehungsweise Wellen vollzieht:

1. Auslöser für die erste Veränderungswelle ist meist ein höchst einschneidendes Ereignis wie die Ernennung eines neuen CFO. Bei einem schnell und global wachsenden Unternehmen ist häufig eine komplexe Betriebsorganisation mit unterschiedlichen finanztechnischen Infrastrukturen und Kulturen anzutreffen. Noch hat sich der CFO wenig mit der Entwicklung einer ausgefeilten Vision befasst; vielmehr ist er gezielt bemüht, den Überblick zu behalten, Prozesse

zu vereinfachen und die Zusammenarbeit in allen Finanzeinrichtungen des Unternehmens zu fördern.
2. Auslöser für die zweite Veränderungswelle ist die Entwicklung einer Shareholder-Value-Agenda einschließlich der Übernahme von Best Practices und der Suche nach Kosteneinsparungen infolge von Skalierungsvorteilen, unter Umständen auch infolge einer gemeinschaftlichen Nutzung von Serviceleistungen. Das Ziel: Der Finanzbereich entwickelt sich zu einem wertschöpfenden Geschäftspartner. Seine Agenda beruht üblicherweise auf Initiativen und wird durch die Formulierung eines Wertschöpfungsansatzes unterstützt. Die Finanzeinrichtungen werden zu verstärkter Entscheidungshilfe aufgefordert, je weiter die Rationalisierung durch gemeinschaftlich genutzte Serviceleistungen und Outsourcing voranschreitet.
3. Auslöser für die dritte Welle ist E-Business. Die Organisation ist vorrangig mit der Ermittlung und Konkretisierung neuer E-Business-Möglichkeiten befasst. Das vorhandene finanztechnische Veränderungsprogramm wird auf Eis gelegt – der CFO widmet sich der Problematik neuer Business-Startups, neuer strategischer Allianzen und Akquisitionen und sorgt für die Implementierung einer optimal geeigneten Software. Die Finanzorganisation als solche tritt weniger in Erscheinung als etwa Kundenmanagement, Supply-Chain-Transaktionen und HR-Prozesse, auf die das Internet größeren Einfluss zu nehmen scheint. Das Veränderungsprogramm der Finanzorganisation ist auf die Förderung von E-Business-Bewusstsein und die Harmonisierung vorhandener ERP-Systeme ausgerichtet. Die Finanzeinrichtungen werden zunehmend zu proaktivem Vorgehen bei neuen E-Business-Projekten aufgefordert.
4. Auslöser für die vierte Welle ist die Auswirkung des E-Business auf den Finanzbereich – und darum geht es im vorliegenden Buch. Unternehmensweit gilt die Herausforderung, den Aktienkurs zu erhöhen. Die Finanzvision betrifft mehr die Wertschöpfung aus dem Finanzbereich als solchem. Die Agenda des Finanzbereichs umfasst Kapitalentnahme, nahtlose Transaktionsverarbeitung, verstärktes Outsourcing sowie integrierte Entscheidungshilfe. Die Systemarchitekturen werden rationalisiert, bei den Buchhaltungsvorgängen werden die Kosten weiter drastisch gesenkt und über das Web entsteht ein neuer Finanzdienstleistungsmarkt mit unzähligen kundenspezi-

fisch angepassten Softwareangeboten (Application Service Provision, ASP), die sich letztlich zu vollwertigen Business-Applikationen (Business Service Provision, BSP) entwickeln dürften.

Die meisten CFOs befinden sich irgendwo zwischen der zweiten und der dritten Welle. Sie haben eine Wertschöpfungsagenda formuliert und unternehmensweit kommuniziert. Ihre Bemühungen gelten der Nutzung von E-Business-Möglichkeiten als wichtigstem Instrumentarium zur Erreichung ihrer Wertschöpfungsziele. Eine kleine Elite vorwärts blickender Unternehmen schwimmt bereits auf der vierten Welle: Diese Unternehmen nutzen E-Business-Möglichkeiten, um Mehrwert aus der Finanzorganisation als solcher herauszuholen, indem sie einen vormals als „Torhüter" agierenden Bereich zum „Chancensucher" umfunktionieren.

Die erfolgreiche Umsetzung der so entstehenden Agenda ist ein bewusster, kreativer Prozess, der nicht nur Finanzexperten und Funktionsträger aus den Geschäftsbereichen zusammenführt, sondern zunehmend auch externe Partner einbindet. Die Agenda der Finanzfunktion dient gewissermaßen als eine Brücke, die Initiativen und Zielvorgaben aus der Old Economy und der New Economy miteinander verbindet. In den nächsten fünf Jahren ist damit zu rechnen, dass immer mehr Unternehmen ihr Finanzprogramm auf die Wertschöpfung der Finanzfunktion als solcher ausrichten. Letztlich zählen dazu vier große Bereiche „virtueller" Aktivität: Transaktionsverarbeitung, Working-Capital-Management, Treasury-Management und Entscheidungshilfe. Diese vier Aktivitätsbereiche wollen wir nun ausführlicher erörtern.

Transaktionsverarbeitung: Gemeinschaftlich genutzte Web-Serviceleistungen

Das Konzept der gemeinschaftlich genutzten Serviceleistungen entstand in den 1990er Jahren, als große dezentralisierte Unternehmen alles daransetzten, ihre Belegschaft zu reduzieren, Kosten zu senken und die zugrunde liegenden Prozesse und Kundendienstleistungen zu verbessern. Shared Servicecenter zählen mittlerweile in vielen Unternehmen zu einer festen Einrichtung, die von den zugehörigen Einheiten aus allen Regionen und Geschäftsbereichen genutzt wird. In unserer auf fünf Jahre angelegten Benchmarking-Studie haben wir über 80 Unternehmen und

1600 Betriebsstandorte in 50 Ländern untersucht und dabei festgestellt, dass sich die Effizienz der Programme zur gemeinschaftlichen Nutzung von Serviceleistungen an vielen Fronten drastisch erhöht hat:

- *Beschaffung*: Durch neue Lieferantenvereinbarungen wurden Kosteneinsparungen von 30 % erzielt.
- *Rechnungserstellung*: Veränderungen im Bearbeitungsprozess haben Kostenreduzierungen von annähernd 40 % ermöglicht, insbesondere infolge niedrigerer Personalkosten.
- *Verbindlichkeiten*: Durch Shared Servicecenter können 60 % des Personals eingespart werden.
- *Forderungen*: Die Effizienz des Bearbeitungsprozesses konnte zu 100 % verbessert werden und die Bearbeitungskosten ließen sich um 34 % reduzieren.
- *Finanzbuchhaltung*: Der erforderliche Personalbestand konnte um 50 % verringert werden.

Die meisten Unternehmen, die solche Programme zur gemeinschaftlichen Nutzung von Serviceleistungen verfolgen, haben ein „bewegliches Ziel" im Visier. Immer mehr Fragen gilt es im Hinblick auf Prozesse, Umfang, geografische Reichweite und technologische Verbesserungen zu klären. Ihr Unternehmen muss genau wissen, welche Ziele es verfolgt: Soll Ihr Shared Servicecenter nach geografischen Kriterien oder auf der Basis von Prozessen beziehungsweise Systemen angelegt sein? Eine eindeutige Zweckbestimmung ist erfolgsentscheidend. Abbildung 11.1 verdeutlicht die von den Unternehmen am häufigsten gewählten Marschrouten:

- *Route A*: Die gemeinschaftlich genutzten Serviceleistungen dienen zunächst der Zusammenfassung lokaler Aktivitäten in einem geografischen Servicecenter, um Größenvorteile zu realisieren; später verlagert sich der Schwerpunkt auf die Implementierung überregionaler Prozesse. Unternehmen, die diese Marschroute einschlagen, haben in aller Regel einen CFO, der die Finanzeinrichtungen in der gesamten Organisation proaktiv von der Notwendigkeit eines Wandels zu überzeugen versteht. Kosteneinsparung heißt die Devise.
- *Route B*: Der ursprüngliche Schwerpunkt liegt auf der Implementierung panregionaler Prozesse und Systeme mit entsprechenden Ver-

B2F: Die virtuelle Finanzfunktion

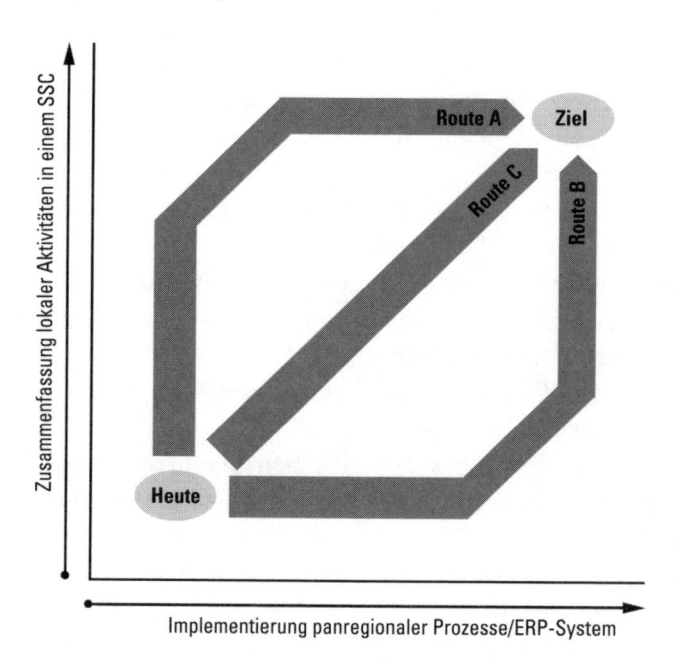

Abb. 11.1: Marschrouten für die Einrichtung gemeinschaftlich genutzter „Super-Servicecenter" (SSC)

besserungen im Hinblick auf Konsistenz und Standardisierung. Die Vorteile infolge einer geografischen Zusammenfassung kommen später. Wenn ein Unternehmen diese Route verfolgt, räumt es der Umsetzung einer klaren IT-Strategie (meist ERP-Harmonisierung) eine höhere Priorität ein als der Erzielung von Einsparungen bei den Personalkosten.

- *Route C:* Bei dieser Marschroute werden die geografische Zusammenfassung von Aktivitäten und die Standardisierung von Systemen miteinander kombiniert. Die gleichzeitige Durchführung beider Zielsetzungen kann zu Verwirrung führen, die Zusammenhänge verkomplizieren und das Programm möglicherweise vom Kurs abbringen. Dennoch gelingt es besonders engagierten Unternehmen, auch auf diesem Weg zum Ziel zu kommen. Überdies könnten die Möglichkeiten des Web diese Marschroute zugänglicher machen.

Welche Alternative die Unternehmen letztlich als die für sie geeignetste Option auswählen, ist vom Umfang der Prozessnutzung, der Konsistenz

Transaktionsverarbeitung: Gemeinschaftlich genutzte Web-Serviceleistungen

der Systeme und der Bereitschaft der Geschäftsführung zum Wandel abhängig. Wenn ein Unternehmen an einer Entwicklung zu verstärkter Virtualität interessiert ist, muss es sich die Frage stellen: Inwieweit fördern E-Business und technologischer Fortschritt eine noch umfassendere gemeinschaftliche Nutzung von Serviceleistungen? Fortschritte in der Web-Organisation geben Anlass zu der Hoffnung, dass ein Großteil der bisher von den einschlägigen Servicecenter-Einrichtungen abgewickelten Transaktionsverarbeitung völlig entfällt. Wenn Funktionen aus dem Finanzbereich, aus dem Personalwesen und aus anderen Bereichen den einzelnen Mitarbeitern und Führungskräften – und vielleicht sogar Lieferanten und Kunden – auf Selfservice-Basis zugänglich gemacht werden, könnte das Internet die Servicecenter-Einrichtungen von zeitraubenden Dateneingabe-Verpflichtungen entlasten. Umso mehr Zeit haben die Mitarbeiter, sich auf den Kundendienst, die Regelung von Ausnahmefällen und die Verbesserung der Prozessabläufe zu konzentrieren.

Sind ERP-Implementierungen zur Unterstützung gemeinschaftlich genutzter Serviceleistungen erforderlich? Ja und Nein. Web-Browser und Middleware können unterschiedliche Systeme unter Umständen genauso effektiv integrieren wie ERP-Implementierungen – und zwar ohne massive Umstrukturierung von Prozessen. Allerdings betrachten die meisten Unternehmen ERP-Systeme nach wie vor als eine wesentliche Voraussetzung für die Einrichtung gemeinsamer Prozesse und Datenstandards.

Wenn sich die Mitarbeiter in solchen Shared-Servicecenter-Einrichtungen verstärkt mit Ausnahmefällen anstatt mit Routinetransaktionen befassen können, bleibt ihnen auch mehr Zeit, die Geschäftseinheiten bei der Performance-Verbesserung zu unterstützen. Servicecenter können sowohl bei der Problemlösung als auch bei der Umstrukturierung von Prozessen Hilfestellung leisten. Ein gut geführtes Shared Servicecenter kann sogar als eigenständiges Outsourcing-Business betrieben werden.

Der Trend zur Konvergenz von gemeinschaftlich genutzten Serviceleistungen und Outsourcing wird aller Wahrscheinlichkeit nach anhalten. So ist die Übertragung der Finanzbuchhaltung an einen selbstständigen Anbieter mithilfe der Web-Technologie durchaus möglich, so dass ein Zugriff auf die gewünschten Informationen innerhalb wie außerhalb des Unternehmens gewährleistet ist. Sicher – das Internet ist noch nicht so weit entwickelt, dass man auf konkrete Servicecenter-Einrichtungen für gemeinschaftlich genutzte Serviceleistungen ganz verzichten könnte. Aber die Zeiten sind gar nicht mehr so fern. Insofern ist die Frage berechtigt, wie ein virtuelles Shared Servicecenter eigentlich aussieht. Im Folgenden wird eine Zukunftsperspektive entworfen.

Virtuelle, gemeinschaftlich genutzte Serviceleistungen werden nahtlos bereitgestellt – dank Technologie, Telekommunikation und Internet/Intranet. Diese virtuelle Einheit erfordert keine (oder allenfalls sehr begrenzte) physische Standortverlegungen und Personaleinstellungen. Hinsichtlich anderer Aspekte gelten nach wie vor die für Serviceeinrichtungen dieser Art bewährten Prinzipien: Die virtuelle Einheit wird wie ein Business mit gemeinsamen Prozessen und Standards geführt; es gibt Vereinbarungen über den Umfang der angebotenen Serviceleistung und Vergütungen erfolgen auf Teambasis. Der Erfolg steht und fällt mit der Bereitschaft der Geschäftsführung, in die technologische Entwicklung zu investieren und neue Technologien zu akzeptieren. Voraussetzung dafür ist eine auf Zusammenarbeit und Vernetzung ausgerichtete Unternehmenskultur. Durchgängige Prozesse (End-to-end Processes) sind die Norm; funktionale Barrieren gibt es nicht. Es existiert eine einheitliche, gemeinsame ERP-Technologiestruktur; E-Business-Software sorgt für Selfservice-Zugang und gestaffelte Datenbereitstellung. Des Weiteren werden ein gemeinsames Datenmodell, eine voll integrierte IT-Architektur und ein Data Warehouse mit den neuesten analytischen Tools genutzt. Intranet- und Internet-Portale stellen den Zugang zu den gemeinschaftlich genutzten Serviceleistungen bereit.

So etwa könnte die Zukunft der gemeinschaftlich genutzten Serviceleistungen aussehen. Allerdings ist die heutige Realität weit davon entfernt. Das virtuelle Shared Servicecenter hat gegen ungeheure Widerstände zu kämpfen: lokale Verhaltensmuster, Kultur, Konsistenz und Standardisierung. Und dennoch: Der Aufbruch zur Virtualität ist unaufhaltsam.

In Abbildung 11.2 werden potenzielle operative Modelle für Shared Servicecenter veranschaulicht. Die meisten Unternehmen rechnen bei ihren Entwicklungszyklen mit Zeiträumen von drei Jahren: Ihr Ausgangspunkt hängt davon ob, welches Ziel Sie in drei Jahren erreicht haben wollen. Unternehmen wie Bristol Myers Squibb verfügen über die erforderliche Infrastruktur, einen multifunktionalen Prozessansatz sowie ERP-Installationen, um das vorhandene Potenzial vollständig nut-

Transaktionsverarbeitung: Gemeinschaftlich genutzte Web-Serviceleistungen

Szenario 1: Regionales Back-Office-Modell

Back-Office

Typische Funktionen
- Back-Office-Finanzen
- Transaktionsverarbeitung
- ERP-Management

Geschäftseinheiten

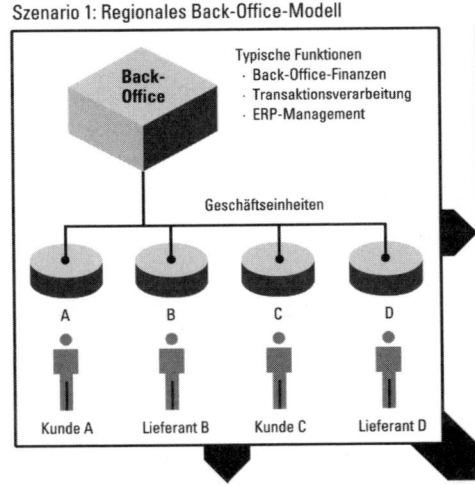

A — Kunde A
B — Lieferant B
C — Kunde C
D — Lieferant D

Szenario 2: Trennung von Front-Office und Back-Office

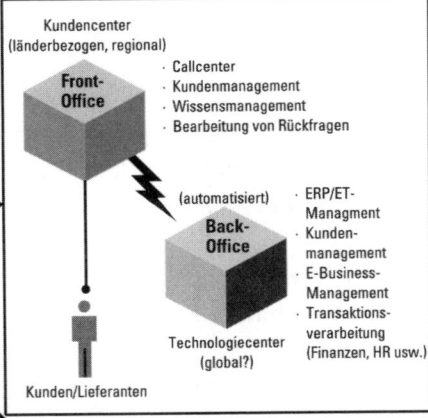

Kundencenter (länderbezogen, regional)

Front-Office
- Callcenter
- Kundenmanagement
- Wissensmanagement
- Bearbeitung von Rückfragen

(automatisiert)

Back-Office
- ERP/ET-Managment
- Kundenmanagement
- E-Business-Management
- Transaktionsverarbeitung (Finanzen, HR usw.)

Technologiecenter (global?)

Kunden/Lieferanten

Szenario 3: Front-Office/Back-Office-Integration

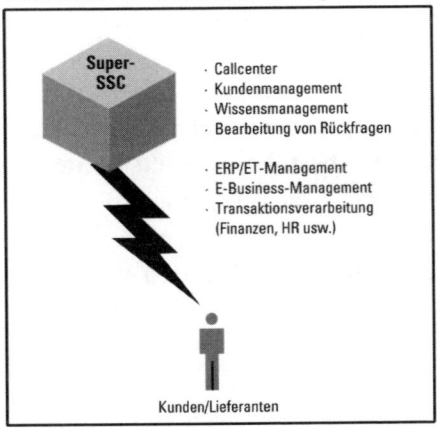

Super-SSC
- Callcenter
- Kundenmanagement
- Wissensmanagement
- Bearbeitung von Rückfragen
- ERP/ET-Management
- E-Business-Management
- Transaktionsverarbeitung (Finanzen, HR usw.)

Kunden/Lieferanten

Szenario 4: Virtuelles Shared Servicecenter

Virtuelles Back-Office
- Keine konkrete Büroeinrichtung
- Mieten von Applikationen, kein Eigenbesitz
- Größenvorteile, branchenübergreifende Lösung

Geschäftseinheit A — Geschäftseinheit B — Geschäftseinheit C

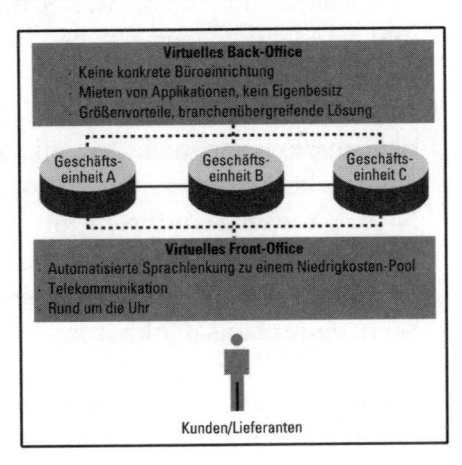

Virtuelles Front-Office
- Automatisierte Sprachlenkung zu einem Niedrigkosten-Pool
- Telekommunikation
- Rund um die Uhr

Kunden/Lieferanten

Abb. 11.2: Operative Modelle für Shared Servicecenter

zen zu können. Andere Unternehmen, die noch verstärkt auf Altsysteme angewiesen sind oder keine Erfahrung mit der gemeinschaftlichen Nutzung von Serviceleistungen haben, beginnen entsprechend früher. Noch ist nicht geklärt, ob sie die konventionelle Entwicklungsroute mithilfe der verfügbaren neuen Web-Technologien überspringen können.

Die in Abbildung 11.2 gezeigten operativen Modelle verdeutlichen, wie die gemeinschaftlich genutzten Back-Office-Serviceleistungen durch Integration von Front-Office-Aktivitäten erweitert werden:

- *Szenario 1:* Regionales Back-Office-Modell. Dies ist das derzeit übliche Modell in Betrieben mit Back-Office-Finanzaktivitäten. Die Geschäftseinheiten (auf Länderbasis) werden durch das gemeinschaftlich genutzte regionale Servicecenter unterstützt.
- *Szenario 2:* Trennung von Front-Office- und Back-Office-Einrichtungen. Die gemeinschaftlich genutzten Serviceleistungen umfassen nun auch Serviceangebote an Kunden und Lieferanten aus einem regionalen Center. In diesem Szenario ist die Front-Office-Einrichtung physisch von der Back-Office-Einrichtung getrennt, die sich ihrerseits zu einem globalen, zunehmend automatisierten Center weiterentwickelt haben könnte.
- *Szenario 3*: Front-Office- und Back-Office-Integration. Das „Super-Servicecenter" für gemeinschaftlich genutzte (automatisierte und weitgehend globale) Serviceleistungen umfasst Vertriebsorganisation und Kundenmanagement, Beschaffungswesen und andere extern ausgerichtete Aktivitäten.
- *Szenario 4*: Virtuelles Shared Servicecenter. Eine konkrete Büroeinrichtung existiert nicht, da alle Serviceleistungen über das Internet abgewickelt werden. Wo Personalbedarf besteht, werden Leute an Niedrigkosten-Standorten mit globalem Sprachangebot eingesetzt. Die gewünschten Applikationen werden über das Internet angemietet, wobei eine Outsourcing-Vereinbarung auch für den gesamten Service durchaus denkbar ist.

Kurzum: E-Business wird signifikante Auswirkungen auf das Angebot gemeinschaftlich genutzter Serviceleistungen haben. Das Serviceangebot wird insofern strategischer ausgerichtet sein, als bevorzugten Kunden und Lieferanten über ein erweitertes Unternehmensmodell besondere Business-Möglichkeiten bereitgestellt werden.

Transaktionsverarbeitung: Business-Outsourcing

Nach wie vor wird Kostenreduzierung als Hauptmotivation für Outsourcing genannt, aber 75 % aller Outsourcing-Vereinbarungen größeren Umfangs scheinen überhaupt keine Kosteneinsparungen zu bringen. Im Gegenteil: Outsourcing kostet normalerweise 10 bis 15 % *mehr* als ein umfassendes internes Servicecenter. Welche Vorzüge hat Outsourcing dann zu bieten? Eine verstärkte Fokussierung auf die eigenen Kernkompetenzen. Als CFO können Sie sich auf den Aufbau von Qualifikationen auf Weltklasse-Niveau konzentrieren und die mit Reengineering-Maßnahmen verbundenen Vorteile beschleunigen. Eine externe Outsourcing-Lösung ist unter folgenden Bedingungen sinnvoll:

- Sie verfolgen primär strategische und nicht nur kostenorientierte Ziele.
- Sie haben bereits interne Größenvorteile realisiert.
- Sie verfügen über keine konkurrenzfähigen internen Ressourcen und können solche auch nicht aufbauen.
- Ihre Organisation ist bereit, die interne Kontrolle über Supportfunktionen aufzugeben.

Unternehmen profitieren am meisten von Outsourcing-Lösungen, wenn sie von standardisierten IT-Programmen ausgehen und bereits bewährte Best Practices zum Einsatz bringen. Erfolgreiche Unternehmen organisieren den Outsourcing-Prozess systematisch *von Anfang bis Ende*:

1. Erarbeiten Sie eine explizite Definition Ihrer Servicewünsche oder -angebote. Eine detaillierte Analyse des vorgesehenen Umfangs mit eindeutig geklärten Verantwortlichkeiten ist erfolgsentscheidend.
2. Treffen Sie bezüglich des Umfangs der Serviceleistungen tragfähige und robuste prozessunterstützende Vereinbarungen und erzielen Sie gegenseitiges Einverständnis im Hinblick auf einschlägige realistische, kontrollierbare und messbare Kriterien.
3. Gestalten Sie Ihre Vereinbarungen so flexibel, dass folgende Aspekte berücksichtigt werden können:
   - Veränderungen im Transaktionsvolumen
   - Performance-Messgrößen (einschließlich Qualität)
   - Möglichkeiten zur Partnerschaftsbildung
4. Gehen Sie eine Partnerschaft mit einem Anbieter ein, der an verschiedenen Fronten ein volles Wertschöpfungspotenzial bietet (einschließlich Best Practices und Prozessverbesserungen).
5. Machen Sie sich klar, dass Sie beim Outsourcing für Serviceleistungen (Transaktionsverarbeitung) und nicht für intern engagierte Mitarbeiter zahlen.

6. Kommunizieren Sie die angestrebten Ziele und Resultate für Ihre Outsourcing-Initiative.
7. Erarbeiten Sie einen Entwurf zur Unterstützung strategischer Initiativen gegenüber der Transaktionsverarbeitung.
8. Bringen Sie Dringlichkeit zum Ausdruck – ein schnelles Bemühen um Wertsteigerung für die gesamte Organisation.
9. Erarbeiten Sie ein Performance-Instrumentarium: Überprüfen Sie Performance-Messgrößen und Reporting-Tools.
10. Suchen Sie proaktiv nach neuen Ideen und sorgen Sie aggressiv für deren Umsetzung.

Um Outsourcing funktionsfähig zu machen, gehen immer mehr Unternehmen zu einem Modell der *Gewinnbeteiligung* über. Dieser Ansatz stellt sicher, dass beide Seiten von den erzielten Resultaten profitieren. Die meisten Verträge werden innerhalb von zwei Jahren neu verhandelt. Outsourcing-Anbieter rechnen mit solchen Angleichungen und beziehen sie von vornherein in ihre Projektplanung ein.

Wenn Sie nun noch E-fähige technologische Fortschritte berücksichtigen, können Sie nicht nur weitere Verbesserungen hinsichtlich der Servicequalität erzielen, sondern zugleich eine nahtlos durchgängige Transaktionsumgebung schaffen. Unter vollumfänglicher Nutzung von Technologie, gemeinschaftlich genutzten Serviceleistungen und Outsourcing ergibt sich eine Prozessvision, wie sie in Abbildung 11.3 veranschaulicht wird: Der Outsourcing-Anbieter leistet den Großteil der Aktivitäten im Einkauf (Einkauf/Bezahlung), Verkauf (Auftrag/Cash) sowie Buchhaltung und Berichtswesen. Das Internet verbindet Kunden, Lieferanten und eine Partnerbank; der Outsourcing-Anbieter erledigt den Rest.

Betrachten Sie die folgende futuristische Fallstudie: Sie basiert auf dem aktuellen Beispiel und den Entwicklungsplänen eines Unternehmens, das seinen Servicebetrieb ausgelagert hat. Das Szenario, aus der Sicht eines CFO im Jahr 2006 verfasst, beschreibt rückblickend das bisher Erreichte: automatisierte Transaktionsverarbeitung, eine mit Geschäftspartnern gemeinschaftlich genutzte Back-Office-Einrichtung und eine voll integrierte Front- und Back-Office-Einrichtung.

Transaktionsverarbeitung: Business-Outsourcing

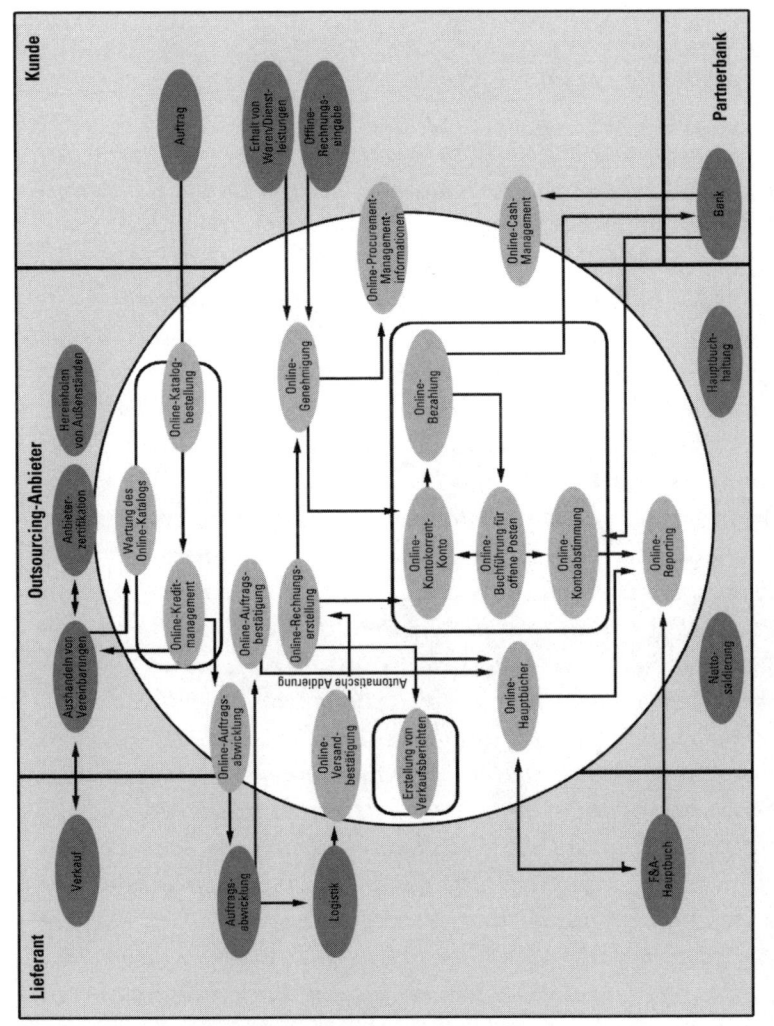

Abb. 11.3: Eine Vision – Online-Bereitstellung ausgelagerter Serviceleistungen aus der Finanzbuchhaltung

Fallbeispiel
Ein Sprung ins Jahr 2006

Unsere Reise begann vor 10 Jahren, als der Schwerpunkt noch auf Performance und Wertschöpfung lag. Wir waren intensiv bemüht, von der schwerfälligen traditionellen Buchführung wegzukommen und reibungslos und effizient ablaufende Back-Office-Prozesse einzurichten. Im Jahr 2000 lagerten wir den größten Teil unserer Aktivitäten in der Finanzbuchhaltung aus, aber sowohl unsererseits als auch von Seiten unseres Outsourcing-Anbieters waren nach wie vor manuelle Eingriffe erforderlich. Trotzdem hatten wir beträchtliche Kosteneinsparungen erzielen können – bei geringem Risiko. Wir standen somit vor einer doppelten Herausforderung: (1) Wie konnten wir unsere traditionellen Kosten im Finanzbereich weiter reduzieren (Personal, Zeitbedarf und Back-Office-Management)? (2) Wie würde es uns gelingen, die Wertschöpfung der Finanzfunktion als solcher zu steigern und sie ins Front-Office zu integrieren, um unser Unternehmen in eine neue Wachstumsära zu führen?

Als wir die nächste Welle der Verbesserungen in Angriff nahmen, fand die Entscheidungsfindung auf der Ebene der Geschäftseinheiten statt. Die Geschäftsabläufe waren in den einzelnen Geschäftseinheiten, Ländern und sogar bei den verschiedenen Kundengruppen sehr unterschiedlich. Infolgedessen gestalteten sich unsere Back-Office-Funktionen unnötig komplex. Die Finanzorganisation hatten wir mit unserem Outsourcing-Partner bereits vereinfacht. Der nächste Schritt bestand nun darin, das Gleiche für alle durchgängigen Prozesse (zum Beispiel von der Bestellung bis zur Bezahlung) zu erreichen. Interne Käufe der Geschäftseinheiten untereinander waren sehr wichtig. Es gab drei entscheidende Erfolgsfaktoren: erstens eine auf Wachstum ausgerichtete Gruppenstrategie (als Motivation der Betriebe zum Verzicht auf eigene Back-Office-Einrichtungen); zweitens eine deutliche Kommunikation der damit verbundenen Vorteile (in einem Umfang, der alle aufhorchen ließ); und drittens Beratung seitens der Finanzorganisation im Hinblick auf praktische Lösungen. Was wir gemacht haben? Wir standardisierten und vereinfachten die Back-Office-Prozesse im gesamten Unternehmen, obgleich dieses parallele Vorgehen mit Schwierigkeiten verbunden war. Wir nahmen eine interne Prozessautomatisierung auf der Basis von ERP-Lösungen der nächsten Generation, optimalen Softwarepaketen und maßgeschneiderten Web-Applikationen vor. Wir implementierten gemeinsame Lösungen und automatisierten die Schnittstelle zwischen unserem Unternehmen und unseren Geschäftspartnern unter Nutzung von webbasierten Informationen, E-Commerce, E-Marktplätzen und E-fähigen CRM-Systemen. Die neuen Lösungen wurden in allen Geschäftsbereichen in Anspruch genommen – ein und derselbe Outsourcing-Anbieter bediente zwei Geschäftseinheiten mit denselben Prozessen. Und von den neuen Lösungen konnten auch unsere Geschäftspartner profitieren: Wir installierten Back-Office-Einrichtungen, die von Lieferanten und strategischen Allianzpartnern gemeinschaftlich genutzt wurden. Als entscheidende Voraussetzungen galten: eine auf Durchgängigkeit abzielende Umstrukturierung der Prozesse über die Grenzen der Geschäftseinheiten hinaus, grundlegende Neubeurteilung der Eigentumsrechte der beteiligten Partner im Hinblick auf Prozesse und Daten sowie Förderung von Vertrauen, Vorteilen für alle Beteiligten, Gemeinschaftssinn und Kultur.

Früher führten wir alle eigene Bücher, betrieben unsere eigenen Prozesse, warteten unsere eigenen Systeme und Daten und waren eifersüchtig darauf bedacht, unsere Sichtweise vom wahren Weltbild für uns zu behalten. Heute verhält es sich mit unseren aufgeklärten Geschäftspartnern anders: Die Schnittstelle zwischen den beiden Prozessen „Ihre Bestellung bis zur Bezahlung" und „mein Einkauf bis zur Bezahlung" ist in Wirklichkeit ein Prozess zur „Abwicklung unserer Transaktionen". Verbindlichkeiten, Forderungen, operative Bewegungen und Lagerhaltung sind Teil ein und desselben Systems.

Ein einziger Outsourcing-Anbieter bedient sowohl unser Unternehmen als auch unsere Geschäftspartner auf Basis einer einzigen Systemplattform – er firmiert unter der Bezeichnung BIP (Business Infrastructure Provision). Wir arbeiten mit unseren Geschäftspartnern über den Oursourcing-Anbieter zusammen; die betrieblichen Transaktionen werden in das Hauptbuch eingegeben. BIP ist auch unser Outsourcing-Anbieter für unseren Finanz- und Administra-

tionsprozess (F&A) und wartet unser Data Warehouse. Diese F&A-Vereinbarung betrifft einen Teil unserer Partner, aber nicht alle.

Im Jahr 2000 beschlossen wir, die ganze E-Markt-Hysterie nicht mitzumachen; es war unsinnig, einen einzigen E-Markt für alle unsere Transaktionen (sowohl auf der Einkaufs- als auch auf der Verkaufsseite) einzurichten. Stattdessen beteiligen wir uns inzwischen an einer Reihe kooperativer Marktplätze. Wir vertrauen darauf, dass unser Outsourcing-Anbieter unsere Daten und unsere Buchführung bezüglich der diversen Märkte integriert und uns so ein vollständiges Bild bietet.

Wir haben auch eine vollständige Integration unserer Front- und Back-Office-Aktivitäten erzielt. Zu den Front-Office-Aktivitäten zählen Vertrieb, Kundenmanagement, strategisches Procurement und Supply-Chain-Management. Heute ist die Finanzfunktion an der strategischen Entscheidungsfindung, an unserem Produktportfolio und an der Organisation der Kundenbeziehungen beteiligt.

Das Programm zur Front-Office-Umgestaltung ließ sich von den Back-Office-Prozessen nicht ganz trennen. Viele unserer Back-Office-Veränderungen – Anpassungen in unseren durchgängigen Prozessen und unseren Geschäftsschnittstellen – verhalfen uns sowohl zu den erforderlichen Informationen als auch zu der Zeit, die wir brauchten, um unsere Aufgaben im Front-Office-Betrieb neu zu definieren. In krassem Gegensatz zur Situation Ende der 1990er Jahre gilt unser vorrangiges Interesse heute nicht mehr unserer betrieblichen Performance.

Die Finanzorganisation konzentriert sich heute auf Optionen, Portfoliomanagement, Struktur und Partnerbeziehungen. Unseren Entscheidungen liegen nicht mehr ausschließlich finanztechnische Kriterien zugrunde – vielmehr beziehen wir Humankapital, Markenkapital und intellektuelles Kapital in unsere Überlegungen ein. Die Finanzorganisation betreut auch unser Risikoprofil; in der Tat betreiben wir einige mit hohem Risiko verbundene Projekte, aber auch der Gewinn kann entsprechend hoch sein.

Im Jahr 1995 waren rund 85 % der Finanzaktivitäten auf historische Transaktionen und Daten ausgerichtet; nur 15 % galten der Zukunft. Nach unserer ersten Veränderungsrunde galten 75 % un-

> serer Finanzaktivitäten der Erfassung, Vorbereitung und Präsentation von Daten, während 25 % mit Analyse und Entscheidungsfindung befasst waren. Heute, im Jahr 2006, sind unsere Aktivitäten zu 70 % auf die Zukunft ausgerichtet und insgesamt dienen mehr als 90 % zu analytischen Zwecken und zur Entscheidungsfindung. Nun haben wir endlich unser Ziel erreicht – die automatisierte Transaktionsverarbeitung.
>
> In vielen Geschäftsbereichen galt die Finanzabteilung einst als ungebetener Gast, besonders im Front-Office-Betrieb. Heute fühlen wir uns im Front Office zu Hause. Wenn wir auf die vergangenen 10 Jahre zurückblicken, müssen wir feststellen, dass die Zeit eine der Barrieren war; wir waren in der Bereitstellung von Entscheidungshilfe langsam, die Zeit war gegen uns und Ressourcen standen nicht zur Verfügung. Auch die Informationsübermittlung war unzureichend, aber Data Warehousing und eine automatisierte Analytik verbesserten die Situation. Doch auch unsere eigene Mentalität stand uns im Weg. Früher waren wir reaktiv – heute sind wir proaktiv.

Geschäftsalltag ohne Working Capital

Über die Erzielung von Virtualität in der Finanzfunktion hinaus bietet das Internet auch die Möglichkeit, den Aufwand an Investitionen in den Finanzbereich als solchen zu reduzieren. Das Konzept der Entkapitalisierung lässt sich auf das Umlaufvermögen ebenso anwenden wie auf konkretes Sachanlagevermögen. Für die Existenz von Working Capital gibt es zwei Gründe:

- *Ineffizienz:* Kunden und Lieferanten arbeiten nicht effizient zusammen, was zu unnötigen Vorräten sowie Verzögerungen bei Zahlungen und Forderungen führt. Die Verbindung der Informationssysteme zwischen Kunden und Lieferanten über das Internet kann solche Ineffizienzen verringern.
- *Zeit:* Die Durchführung von Transaktionen kann zeitraubend sein. So kann die Ausstellung eines Schecks fünf Tage in Anspruch nehmen

(was einen Zahlungsaufschub von fünf Tagen bedeutet) und genauso kann die Herstellung eines Produkts fünf Tage dauern (mit der Folge einer fünftägigen Lagerhaltung). Infolge dieses Zeitaufschubs zwischen Verbindlichkeiten und Produktion ist Working Capital erforderlich. Wird diese Transaktionsaktivität nun über das Internet beschleunigt, ist entsprechend weniger Working Capital erforderlich.

Sofern Transaktionen *sofort* erfolgen, ist überhaupt kein Working Capital erforderlich. Wir wollen in diesem Zusammenhang von einem Modell *ohne Working Capital* sprechen. Als Ziel mag dieses Modell durchaus erstrebenswert sein, doch dürften verschiedene Gegebenheiten im Unternehmensalltag einer solchen Entwicklung abträglich sein. Es wird immer Ausnahmen geben; eine Sofortabwicklung mag angestrebt werden, aber Kunden und Lieferanten machen immer wieder Fehler, die eine perfekte Transaktionsabwicklung verhindern. Somit geht es letztlich darum, den Umfang des transaktionsverarbeitenden Betriebs und das im Working Capital gebundene Kapital so aufeinander abzustimmen, dass die Fehlerquote beziehungsweise die Ausnahmen von der Regel abgedeckt sind. Was bedeutet nun dieses weitgehend ohne Working Capital funktionierende Modell in der Praxis? Für *traditionelle* Produkte sind fünf Aspekte zu nennen:

- *Keine Verbindlichkeiten*: Ein Käufer gibt eine Bestellung ein und löst eine automatische Zahlung aus.
- *Keine Forderungen*: Die Gelder werden direkt abgebucht.
- *Kundenspezifische Produktion*: Eine Bestellung löst automatisch aufeinander abgestimmte Materiallieferungen von allen Lieferanten aus.
- *Lagerhaltung nur noch für Halbfertigprodukte*: Das auftragsgefertigte Produkt kommt direkt in den Versand.
- *Ausnahmeregelung*: Alle Ausnahmefälle werden manuell bearbeitet.

Für *digitale* Produkte bedeutet dieses Modell, dass sie über das Internet versandt und abgerufen werden.

Wie an anderer Stelle bereits erörtert wurde, bieten neue internetbasierte Business-Modelle eine bessere Verbindung zwischen Kunden und Lieferanten. Dies bedeutet einen geringeren Aufwand an Investitionen in Lagerhaltung und Debitoren, umfangreichere Möglichkeiten zum Outsourcing von Supply-Chain-Elementen und vielleicht sogar einen digitalen Vertrieb. Die Transaktionsverarbeitung über das Web bedeutet zudem eine erhebliche Reduzierung der Prozesse per Papier, Fax und Telefon, eine Verringerung der Anzahl von offenen Verbindlichkeiten und Forderungen, weniger Fehler und Berichtigungen sowie schnellere und effektivere Routinen bei der Zahlungsabwicklung. Eine elektronische Abrechnung und Bezahlung sowie neuartige elektronische Cash-Formen haben zur Folge, dass weniger Finanzmittel im Unternehmen gebunden sind und sich der erforderliche Cash-Umlauf im Banksystem entsprechend verringert.

Die Vorteile eines weitgehend ohne Working Capital funktionierenden Modells zeigen sich verstärkt nicht nur in der Bilanz, sondern auch in der Erfolgsrechnung. Allein die Prozesse zur Abwicklung von Verbindlichkeiten und Forderungen können 60 % der Kosten im Finanzbereich ausmachen. Das Working Capital macht 40 % des Gesamtvermögens eines typischen Unternehmens aus. Die Abwicklung über das Internet reduziert die Kosten und verbessert die Kapitalnutzung – der Cashflow wird beschleunigt und der Shareholder Value gesteigert. Eine optimale Working-Capital-Steuerung ist ein guter Indikator für ein starkes Management. Verbesserungsinitiativen erfordern funktionsübergreifende Managementfähigkeiten und die gemeinschaftliche Nutzung von Informationen.

Die extern veröffentlichten Resultate für die Investoren bieten die Gelegenheit zu einem Working-Capital-Benchmarking. Auf der Basis von Daten aus den ausgehenden 1990er Jahren greift Abbildung 11.4 die Working-Capital-Position etablierter Unternehmen wie Lucent und Du-Pont auf und vergleicht sie mit der Position neuerer Unternehmen wie Yahoo! und Gateway. Die vertikale Achse zeigt den Terminverzug (Anzahl der Tage für ausstehende Verkäufe abzüglich der Tage für ausstehende Einkäufe) – ein Maß für externe Zusammenarbeit; die horizontale Achse verfolgt den betrieblichen Zyklus des Unternehmens (Anzahl der Tage für ausstehende Lagerhaltung zuzüglich der Tage für ausstehende Verkäufe) und bietet damit ein Maß für *interne* Effizienz. Die Zielsetzung für die Unternehmen besteht darin, eine Position links unten im Diagramm zu erreichen – einen reduzierten Zeitverzug *und* einen reduzierten Betriebszyklus. Je größer der im Diagramm eingetragene Kreis ist, desto größer ist die Gesamtinvestition ins Working Capital; die Pfeile

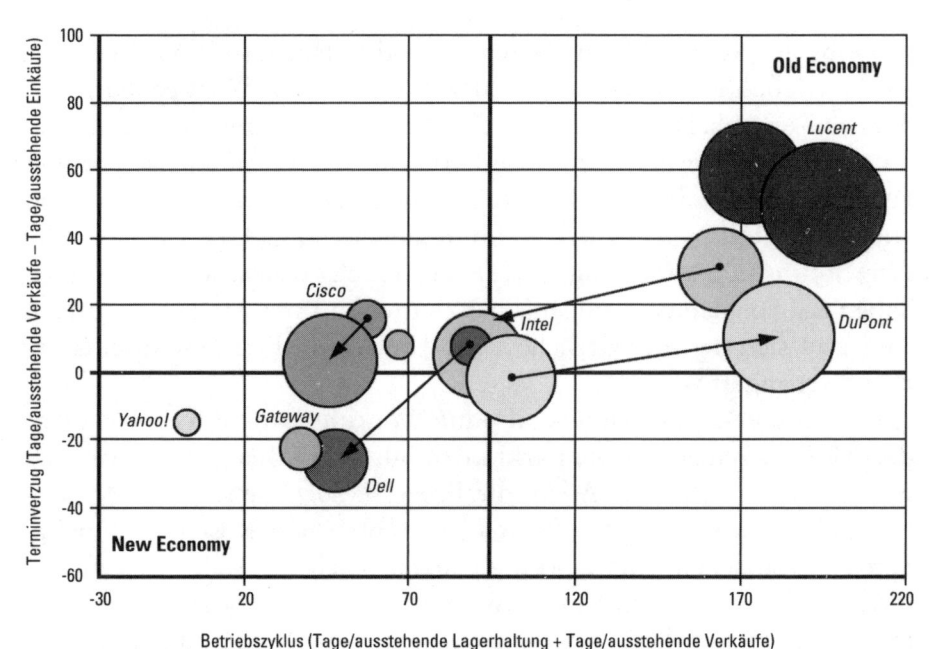

B2F: Die virtuelle Finanzfunktion

Abb. 11.4: Working-Capital-Positionen im Vergleich (Anschauungsbeispiel)

sind ein Hinweis auf einen über vier Jahre ermittelten Trend. Aus diesen Beispielen wird ersichtlich, dass sich Intel im Bereich mit höherem Working Capital befindet, aber den guten Trend aufweist, ein bislang kapitalintensives Großunternehmen zu entkapitalisieren. Dell, Cisco und Gateway sind im Bereich mit niedrigerem Working Capital positioniert und entwickeln sich ebenfalls mit ihrer strategischen Zielsetzung der Entkapitalisierung in die richtige Richtung. Diese Unternehmen haben Wachstum erfahren, so dass der absolute Working-Capital-Umfang größer ist, aber ihre relative Working-Capital-Effizienz verbessert sich. Yahoo! ist von allen Unternehmen am besten positioniert; auf einen Trendhinweis wurde verzichtet, weil Yahoo! zu Beginn der Untersuchungsperiode noch nicht existierte.

Die Finanzfunktion entwickelt sich zunehmend zu einer Kundendienst-Organisation. Ihre vorrangige Aufgabe ist die Umwandlung von Daten in Entscheidungshilfe-Informationen sowie die Regelung von Ausnahmefällen.

Der CFO kann die Working-Capital-Performance mithilfe derzeit verfügbarer diagnostischer Instrumente beurteilen. Eines dieser Tools unterstützt folgende Schritte:[1]

1. Erfassung von Daten aus den verschiedenen Regionen beziehungsweise Geschäftsbereichen
2. Überprüfung der Konsistenz bei den Working-Capital-Prozessen der verschiedenen Geschäftseinheiten
3. Durchführung einer Benchmarking-Untersuchung im Vergleich zur ebenbürtigen Konkurrenz
4. Ermittlung von Initiativen und Festlegung einer Prioritätenfolge
5. Festlegung von Zielen zur Performance-Verbesserung
6. Implementierung von Best Practices

Dieses Tool liefert sowohl qualitative Best Practices als auch quantitative Benchmarking-Daten. Die Ergebnisse lassen sich nicht nur zum Vergleich mit externen Unternehmen, sondern auch zum internen Vergleich der Geschäftseinheiten untereinander verwenden. Die jeweilige Diagnose wird den Geschäftseinheiten eines globalen Unternehmens, das um Förderung gemeinsamer Prozesse und ein integriertes Performance-Berichtswesen bemüht ist, online zugestellt. Informationsbasierte Serviceleistungen wie diese lassen sich auch mit Gewinn auf E-Marktplätzen einsetzen. Betrachten wir dazu den folgenden futuristischen Fall.

> *Fallbeispiel*
> *Ein E-Markt ohne Working Capital*
>
> *Ein globaler Konsumgüterhersteller hat seine Systeme mit seinen Geschäftspartnern über das Internet verbunden und einen elektronischen Marktplatz geschaffen, auf dem alle Beteiligten die Daten gemeinschaftlich auf Echtzeit-Basis nutzen. Kommunikationsgeschwindigkeit und reduzierte Fehlerquoten haben eine Lagerhaltung überflüssig gemacht. Fehler bei der Prognoseerstellung werden durch die Nutzung allseitig geltender Echtzeit-Daten deutlich reduziert. Just-in-Time-Verfahren entlang der Supply Chain sorgen dafür, dass*

alle zuzuliefernden Teile im gewünschten Umfang genau dann angeliefert werden, wenn sie gebraucht werden. Die Geschwindigkeit des Netzwerks ist so hoch, dass alle Produkte in Auftragsfertigung hergestellt werden. Alle anfallenden Verkaufsdaten sorgen an allen betroffenen Supply-Chain-Stellen für eine entsprechende Auffüllung der Bestände.

Durch die unmittelbare Zahlungsabwicklung erübrigen sich Verbindlichkeiten und Forderungen. Die Geldbeträge werden zum Verkaufszeitpunkt elektronisch überwiesen. Das Unternehmen braucht sich nicht mehr dem Risiko uneinbringlicher Forderungen auszusetzen. Die Finanzabteilung entwickelt sich zunehmend zu einer Kundendienst-Organisation. Ihre vorrangige Aufgabe ist die Umwandlung von Daten in Entscheidungshilfe-Informationen sowie die Regelung von Ausnahmen. Nur Ausnahmefälle werden noch manuell bearbeitet – die Begleichung normaler Transaktionen erfolgt von Computer zu Computer. Eine Abrechnungsstelle sorgt dafür, dass 80 % der Transaktionen zwischen den E-Markt-Teilnehmern automatisch geregelt werden. Die verbleibenden 20 % werden als Ausnahmen auf herkömmliche Art abgewickelt.

Anstelle von Kaufaufträgen, Rechnungen, Schecks und Versanddokumenten werden einmal monatlich elektronische Belege ausgestellt. Die Mitarbeiter aus dem Finanzbereich können Echtzeit-Managementberichte aus aller Welt abrufen. Das Ergebnis? Sie haben nicht nur Zugang zu betrieblichen Informationen über ihr eigenes Unternehmen in den verschiedenen Regionen, sondern können auch entscheidende Informationen über ihre Geschäftspartner einschließlich Lieferanten- und Kunden-Performance-Daten abrufen. Das neueste Angebot auf dem Gebiet integrierter analytischer Software interpretiert und filtert die Daten: Wichtige Kennzahlen werden hervorgehoben, unwichtige ausgesondert.

Virtuelle Treasury-Aktivitäten

Die Entwicklung zur virtuellen Finanzfunktion lässt sich vom weitgehend ohne Working Capital auskommenden Geschäftsalltag bis zur Welt der virtuellen Treasury-Aktivitäten weiterführen. Die unternehmensweite Treasury-Funktion des CFO ist hervorragend geeignet, die B2B-Evolution zu unterstützen. Weitere Kostenreduzierungen und Effizienzsteigerungen in der Abwicklung von Prozessen lassen sich durch Nutzung der neuesten Software-Entwicklungen, Zahlungsabwicklung über das Internet und neue beziehungsweise alternative Bankdienste realisieren. Überdies hat der Trend zum Outsourcing wichtiger Serviceleistungen nunmehr auch Treasury-Aktivitäten erfasst.

Wie ist es um die Treasury-Funktion der heutigen Unternehmen bestellt? Viele Unternehmen plagen sich immer noch mit konventionellen Bankabsprachen herum: Sie sind mit einem riesigen Aufgebot unterschiedlicher Banken aus aller Welt befasst, einschließlich der damit verbundenen Ineffizienzen bei der Preisbildung und bei der Steuerung von Liquidität und Bilanzen. Man versucht bereits, die Anzahl der Banken zu reduzieren und ihre Effizienz zu steigern, aber es bleibt noch eine Menge zu tun. Nach wie vor ist die Unternehmenszentrale für die komplexeren Aspekte im Hinblick auf Finanzrisiko und Finanzierung verantwortlich. Doch zeichnet sich ein neuer Trend ab: Die unternehmensweiten Treasury-Aktivitäten betreffen verstärkt die betrieblichen Bankverbindungen und den geschäftlichen Zahlungsverkehr. ERP-Implementierungen und die steigende Zahl der Shared Servicecenter ermöglichen dieses Engagement.

Die Treasury-Funktionen der heutigen Unternehmen sind nicht in der Lage, die verfügbaren Informationen über zugrunde liegende Risiken, Cashflow-Entwicklungen und Working-Capital-Steuerungen (intern und extern) voll auszuschöpfen. Warum nicht? Es mangelt an Datenintegration. Aber es werden immer mehr neue Tools entwickelt – zur Erstellung von Performance-Modellen, für das Treasury-Informationsmanagement, für das Berichtswesen sowie für die Unterstützung der Verbindungen zu externen Bank-Informationssystemen. Dennoch gibt es in den Unternehmen nach wie vor zu wenig Treasury-Experten, die überdies nicht in die Programme der Finanzbuchhaltung integriert sind. Treasury-Aktivitäten scheinen kein wesentlicher Bestandteil der

B2F: Die virtuelle Finanzfunktion

unternehmensweiten E-Business-Strategie zu sein. Auch bei der Errichtung von B2B-Marktplätzen wird der Treasury-Funktion gewöhnlich keine besondere Priorität eingeräumt. Bank- und Cash-Geschäfte sind oft von zweitrangigem Interesse.

Was den Treasury-Funktionen fehlt, ist eine Vision von der Art und Weise, wie sie das Internet nutzen können. In Abbildung 11.5 wird ein Fahrplan zur Schaffung einer virtuellen Treasury-Funktion empfohlen. Dabei sind die folgenden vier Phasen zu unterscheiden:

Phase 1 – Unabhängiger ISP[1]
Service: Treasury-Informations- und Datenmanagement sowie Hosten von Applikationen

Phase 2 – Unabhängiger ISP
Service: Treasury-Informations- und Transaktionsmanagement mit gestrafften Bankgeschäften

Phase 3 – Unabhängiger ISP/OSP[2]
Service: Treasury-Informations- und Transaktionsmanagement mit interner Zentraleinrichtung für Bank und Zahlungsverkehr unter Inanspruchnahme traditioneller Banken

Phase 4 – Unabhängiger OSP
Service: Treasury-Informations-, Transaktions- und Abrechnungsservice sowie Unterstützung der internen Zentraleinrichtung für Bank und Zahlungsverkehr unter Inanspruchnahme von Internet-Bankservice-Anbietern

[1] ISP = Information-Service-Provider
[2] OSP = Outsourcing-Service-Provider

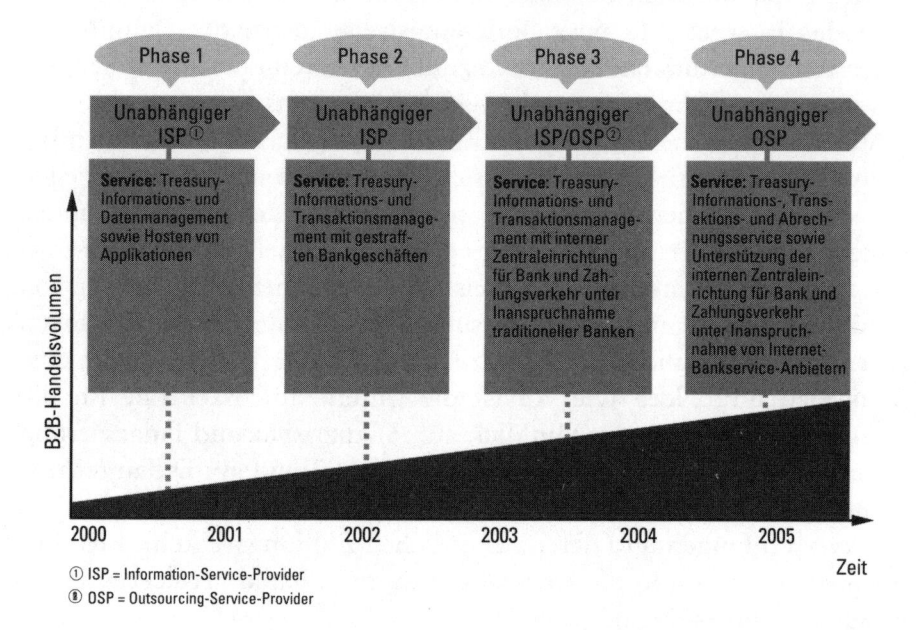

Abb. 11.5: Potenzielle Entwicklung von Treasury- und Bank-Servicefunktionen

- *Phase 1:* In Phase 1 geht es um die Übertragung der Back-Office-Systeme der Treasury-Funktion an einen externen Informationsanbieter (Information Service Provider, ISP). Der ISP verpflichtet sich zum Treasury-Informations- und -Datenmanagement und erstellt Treasury-Positionsdaten unter Einbeziehung der zugrunde liegenden Risiken und Transaktionsflüsse. Der ISP übernimmt auch das Hosten von Applikationen auf Basis der für das Treasury-Management bevorzugten Standardsysteme. Die Vorteile? Reduzierung der betrieblichen Belastung und der Risiken für das Treasury-Team; verbesserte Informationsbasis für die Entscheidungsfindung (Treasury-Instrumentarium); Reduzierung des Kostenaufwands für die technologische Infrastruktur und eine flexible Plattform für die künftige Entwicklung.

- *Phase 2:* Phase 2 dient der Straffung der Verbindungskanäle zu den Banken, um einen *einspurigen Zugang* zu den unternehmensweiten Treasury-Datenflüssen und den Datenflüssen auf der entsprechenden Transaktionsebene zu ermöglichen. Auf diese Weise wird die Liquidität erhöht, während die im Zahlungsverkehr entstehenden Kosten verringert werden. Es empfiehlt sich, externe Anbieter von Bankdiensten wie einen unabhängigen Bank-Service, Banken-Clubs oder eine der führenden internationalen Banken mit einem erweiterten Bank-Service-Angebot im Inland in Anspruch zu nehmen. In dieser Phase entstehen die neuen B2B-Märkte, aber aus Treasury-Perspektive arbeiten sie noch mit traditionellen Systemen und Bankverbindungen.
- *Phase 3:* Phase 3 unterstützt die Entwicklung der Shared Servicecenter für Buchhaltungsfunktionen durch Ausbau der Treasury-ISP-Beziehungen zu *internen Abwicklungsmodalitäten im Bank- und Zahlungsverkehr*, die möglicherweise auch in ihrer Gesamtheit ein Outsourcing auf Service-Provider (OSP) zulassen. Kombinierte ISP/OSP-Dienste liefern Informationen für das Working-Capital-Management und die Verbriefung von Kreditforderungen. Auch B2B-Marktaktivitäten über das Internet können auf diese Weise unterstützt werden. In dieser Phase werden immer noch traditionelle Banken für den Zahlungsverkehr in Anspruch genommen. Die Vorteile? Kostenreduzierungen durch Straffung des Zahlungsverkehrs, Möglichkeiten zur Beteiligung an Shared-Servicecenter-Einrichtungen und zur Erzielung von Kosteneinsparungen durch B2B-Marktplätze, insbesondere im Hinblick auf das Working Capital.
- *Phase 4:* Phase 4 ist gekennzeichnet durch ein gestrafftes Treasury-Management, die erweiterte Nutzung von B2B-Marktplätzen und zusätzlich durch die *Abwicklung des Zahlungsverkehrs über das Internet*. Banken werden nur noch zu Besicherungszwecken in Anspruch genommen; die Abwicklung des B2B-Zahlungsverkehrs erfolgt über einen unabhängigen Mittler. Der Vorteil? Direkter Werttransfer, Vermeidung der mit einer traditionellen Bankabwicklung verbundenen zeitlichen Verzögerungen.

B2F: Die virtuelle Finanzfunktion

Betrachten Sie das folgende Fallbeispiel und überlegen Sie im Vergleich dazu, wo Sie sich heute befinden und in welche Richtung sich Ihre Treasury-Funktion entwickeln könnte.

> *Fallbeispiel*
> *Statoil geht zum internen Bankverkehr über*
>
> *Statoil arbeitete mit mehreren externen Banken zusammen. Der Konzern nahm diese Banken für die Abwicklung des Zahlungsverkehrs (einschließlich interner Abrechnungen) in Anspruch, wobei die Realisierung gewisser Treasury-Deals mit dem externen Markt nicht eben optimal erfolgte. Für das Debitoren- und Kreditorenmanagement waren die Tochtergesellschaften zuständig; die Informationsverarbeitung und Informationsnutzung variierte von Unternehmen zu Unternehmen. Statoil hatte mehrere Möglichkeiten:*
>
> - *Erzielung von Größenvorteilen durch Rationalisierung von Bankabsprachen und Aushandeln neuer Bankkonditionen*
> - *Optimierung der Nutzung des Finanzmarkts durch Risikoberücksichtigung und Internalisierung des Zahlungsverkehrs zwischen den Unternehmen*
> - *Optimierung der Working-Capital-Bestände durch Cash-Steuerung*
> - *Verbesserung der Effizienz bei der Zusammenfassung wichtiger Informationen*
>
> Um diese Ziele zu erreichen, implementierte Statoil eine von verschiedenen Treasury-Softwaremodulen unterstützte interne Bank und konnte die Vorteile einer vollständigen Integration mit seinem zentralen ERP-System nutzen. Der Konzern rationalisierte seine externen Bankabsprachen und sorgte dafür, dass die Bankgeschäfte entsprechend internationalen Standards abgewickelt wurden. Statoil führte außerdem ein internes Softwareprogramm ein, um den Tochtergesellschaften die Möglichkeit zur internen Abwicklung laufender Bankabrechnungen zu bieten und einen zentralisierten Zah-

> *lungsverkehr zu fördern. Die Abrechnungen zwischen den verschiedenen Gruppen erfolgen inzwischen auf interner Basis.*
> *Alle externen Treasury-Transaktionen werden von der internen Bank vorgenommen. So werden die Geschäftsabschlüsse von den Front-Office-Einrichtungen eingegeben und direkt verbucht und beglichen. Auch interne Treasury-Transaktionen, Währungsmanagement und Kreditvereinbarungen zwischen Unternehmen zählen zu den Aufgaben der internen Bank. Das neue System von Statoil erfasst die Treasury-Buchungseinträge sowohl auf Konzernebene als auch auf der Ebene der Tochtergesellschaften. Risiken werden auf Konzernbasis zusammengefasst, wobei nur das Nettorisiko der Gruppe auf dem externen Markt geregelt wird. Externe Banktransaktionen für den internen Zahlungsverkehr gibt es nicht; die Bankbilanzen werden täglich mit den von der internen Bank geführten Konten auf null verrechnet, so dass der Konzern seine Cash-Bestände als Vermögenswert zentral kontrollieren kann. Statoil hat seine Treasury-Funktion mit Erfolg in die Wertschöpfungskette des Konzerns integriert.*

Bisher hat uns die virtuelle Finanzreise von Transaktionsverarbeitung und Outsourcing zu einem Unternehmensumfeld ohne Working Capital und zu einem Plan für eine virtuelle Treasury-Funktion geführt. Der Schwerpunkt lag dabei auf der Erzielung von Kosteneinsparungen, der Beschleunigung von Abwicklungsprozessen sowie der Nutzung des Internet bei der Straffung finanzbuchhalterischer Abläufe. Wie aber steht es mit der Entscheidungshilfe? Ist auch hier eine Virtualisierung zu erwarten?

Online-Entscheidungshilfe: I-Analytik

Unsere CFO-Umfrage hat ergeben, dass die Entscheidungshilfe der wichtigste Bereich ist, in dem von der Finanzfunktion, wie sie sich derzeit darbietet, ein weiterer Ausbau ihrer unternehmensinternen Möglichkeiten erwartet wird. Wie im vorliegenden Buch immer wieder betont wurde, verstärkt E-Business die Dringlichkeit einer schnelleren und umfangreicheren Informationsbereitstellung, so dass die Entscheidungshilfe zu einer zunehmend komplexen Aufgabe gerät. Zwar sind heutzutage die technologischen Möglichkeiten für eine fortschrittliche Entscheidungshilfe durchaus gegeben, doch die analytischen Prozesse und Fähigkeiten haben den dafür erforderlichen Entwicklungsstand noch nicht erreicht. Viele Unternehmen befinden sich noch in den ersten Phasen der Realisierung ihrer Konzepte für ein strategisches Unternehmensmanagement (Strategic Enterprise Management, SEM). Aber sie sind auf dem Weg zur integrierten Analytik (I-Analytik) – zur Bereitstellung integrierter Informationen und Wissensbestände über das Internet.

Die Entscheidungshilfe-Aktivitäten basieren derzeit auf Daten aus dem unternehmensinternen ERP-System und anderen Systemtypen. Diese Datenspeicher werden in aller Regel als isolierte Einrichtung geführt; sie sind nicht Teil der Wertschöpfungskette des Unternehmens, sondern mehr auf die *vertikalen* Hierarchien im Unternehmen ausgerichtet. Sie stellen *Dateninseln* dar, die den Entscheidungsträgern zu den gewünschten Erkenntnissen verhelfen sollen. Portale und Tools für den Datenzugang verbessern die Situation, beheben aber nicht das Grundübel: Die heutigen Entscheidungshilfe-Systeme konfrontieren die Nutzer mit Problemen, nicht mit Problemlösungen.

Für den CFO bedeutet dies, dass die Entscheidungshilfe eher intuitiv als explizit erfolgen muss. Sie basiert auf individuellen mentalen Modellen (das heißt auf den Erfahrungen und bereits vorhandenen Kenntnissen des einzelnen Entscheidungsträgers), anstatt kollektive unternehmensweite Erfahrungen und Kenntnisse zu berücksichtigen. Hier sind einige wichtige Fragen, denen Sie sich als CFO bei der Erarbeitung von Entscheidungshilfe-Systemen in Zukunft stellen müssen:

- Wie lässt sich eine Strategie innerhalb der gesamten Organisation kommunizieren und implementieren?
- Wie können Sie den Entscheidungsträgern zu wertorientierten Urteilen über Vorhersagen und Informationen verhelfen?
- Wie können Sie die Entscheidungsträger bei ihren Entscheidungen so unterstützen, dass Vorgehensweisen befolgt werden, die sich in der gesamten Organisation bewährt haben?

I-Analytik – bedeutet die Erfassung, Verdichtung, Organisation, Verteilung und Analyse abgewogener Informationen, die auf die Entscheidungen der betroffenen Stakeholder zugeschnitten sind. Jede Organisation hat Daten. Unternehmen, die diese Daten besonders effektiv in hilfreiche, rechtzeitig verfügbare Informationen umzuwandeln und dann im Sinne eines verbesserten Dienstes am Kunden zu nutzen verstehen, werden letztlich einen echten Wettbewerbsvorteil erzielen. Die Integration praktisch nutzbarer Unternehmensinformationen, mit Best Practices und kollektiven Erfahrungen kombiniert, ist die entscheidende Voraussetzung für I-Analytik.

Letztlich verhält es sich mit der I-Analytik genauso wie mit dem elektrischen Licht: Man schaltet die Lampen ein, ohne sich über die Komplexität der Stromversorgung Gedanken zu machen. Genauso wird die I-Analytik in Ihr tägliches Vorgehen und in die Art Ihrer Unternehmensführung eingebettet sein. All die Prozesse, Tools, Daten und zugrunde liegenden logischen und technischen Abläufe erfolgen im Hintergrund. Alle Ebenen der Organisation werden zu wirtschaftlich orientierten Entscheidungen berechtigt sein, die nicht nur auf Echtzeit-Daten, sondern überdies auf technisch ausgefeilten Ursache/Wirkung-Modellen beruhen. Abbildung 11.6 soll ein solches Ursache/Wirkung-Modell veranschaulichen.

Eine solche Analytik setzt ein tief greifendes Verständnis der Unternehmenszusammenhänge voraus und vermag sich eigenständig anzupassen. Das System arbeitet mit zwei wichtigen Ressourcen – Agenten und Warnmeldern. Ein *Agent* ist eine automatisch aktivierte Softwareroutine, die Beziehungsmodelle sucht und aufbaut. Agenten nehmen eine aktive Analyse von Performance-Verhalten vor und schlagen frühzeitig Alarm. Ein *Warnmelder* verfolgt Veränderungen bei Performance-Merkmalen. Solche sich eigenständig anpassenden Ursache/Wirkung-Modelle werden ausgehend von der untersten statistischen Ebene, beispielsweise einer einzelnen Kundenschnittstelle, erstellt.

Auf der höchsten Ebene erhalten die so erstellten I-Analytik-Modelle strategische Bedeutung: Sie bieten aktive Beurteilungen strategischer Optionen und unternehmensweiter Ziele; auf operativer Ebene unterstützen sie den täglichen Betriebsablauf. Die Tools greifen auf ein und dieselbe Technologie zurück: Sie nutzen eigenständig entwickelte Ursache/Wirkung-Modelle, Tools zur Darstellung und Kommunikation von Strategien

B2F: Die virtuelle Finanzfunktion

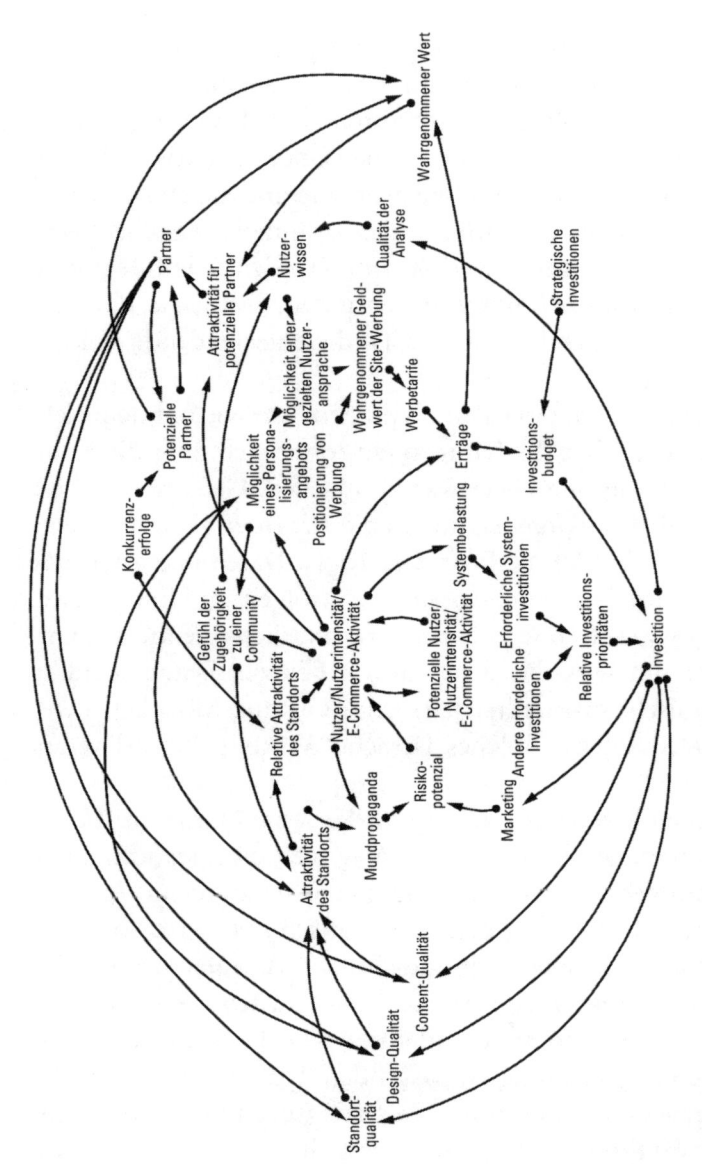

Abb. 11.6: Analytische Kriterien für ein Internet-Business

sowie ein integriertes I-Analytik-System auf der Basis der niedrigsten Auflösungsebene (Transaktionsebene). Fortschrittliche Technologien werden die Zusammenarbeit und die Terminplanung unterstützen, so dass die Kollegen die Möglichkeit haben, Informationen in Echtzeit (über Video, Content, Whiteboard usw.) gemeinschaftlich im Rahmen ihrer Diskussionen und Analysen zu nutzen. Ein I-Analytik-System weist die folgenden Merkmale auf:

- wirtschaftlich orientierte Analyse im Hinblick auf Kunden und Kundensegmente, Produkte und Produktgruppen sowie Prozesseffizienz
- gemeinschaftlich genutzte Informationen entlang der branchenweiten Wertschöpfungskette (myAnalytics, yourAnalytics, OurInformation ValueChain)
- Echtzeit-Verfügbarkeit (E-nahe Zeitpläne und Internet-Bereitstellung)
- technisch ausgefeilte, natürlichsprachliche Abfrageroutinen (Sie fragen, das System antwortet)

Für den CFO bedeuten diese faszinierenden Fortschritte die Bereitstellung von Problemlösungen anstelle von Problemen. Sobald ein Problem erkannt ist, beginnt die Systematik mit der (internen und externen) Suche nach relevanten Strategien und Antworten. Die Ergebnisse stehen dann allen Interessenten zur gemeinschaftlichen Nutzung zur Verfügung – nicht nur den internen Mitarbeitern, sondern auch strategischen Partnern und vielleicht sogar den Teilnehmern einer ganzen Branche. Anschließend erfolgen Diskussionen, Debatten und kooperative Entscheidungsfindung über das Internet.

> *Fallbeispiel*
> *Einführung einer integrierten Analytik*
>
> *Der CFO eines schnell wachsenden Lebensmitteleinzelhandels ist derzeit gemeinsam mit Vorstandskollegen und Geschäftspartnern bemüht, E-Projekte zwecks Erweiterung des Serviceangebots für die Kunden zu gründen. Er erkennt, dass er vor sechs Jahren, als er sein Amt als CFO antrat, solche Initiativen kaum hätte in Angriff neh-*

men können. Zum einen hatten er und seine Kollegen seinerzeit sehr wenig über ihre Kunden gewusst: aus welchen Gründen sie kauften und was sie am meisten schätzten. Zum anderen war keine Zeit gewesen, sich mit Kundenbedürfnissen zu befassen; man hatte dringlichere Probleme im Rahmen der Unternehmensführung zu lösen. Rückblickend war für den CFO überraschend, dass er den Betrieb überhaupt auf der Basis monatlich bereitgestellter Informationen und schriftlich dokumentierter Prozesse hatte organisieren können. Er erinnerte sich an die Beschwerden aus dem Außendienst, wenn er sechs Wochen nach dem Ereignis schließlich seine Reporting-Unterlagen herausschickte. Und wie mühsam war es für seine Mitarbeiter gewesen, Antworten auf die Fragen des Vorsitzenden zu liefern. Damals hatte er zur Beantwortung einer einzigen Frage häufig ein Team von 10 Mitarbeitern eine ganze Woche lang oder mehr einsetzen müssen, damit die ihre Systeme durchsuchen und Informationen herausfiltern konnten.

Die größte Verbesserung, die der CFO im Hinblick auf die Effektivität des Betriebs insgesamt erreicht hatte, war die Einrichtung eines für alle Mitarbeiter zugänglichen unternehmensweiten Informationsportals (Company Information Portal, CIP). Auf diese Weise hatten alle Zugriff auf die Informationen, die sie zur Erledigung ihrer Arbeitsaufgaben brauchten, und konnten überdies Tools zur Datenanalyse nutzen, wenn sie Fragen seitens der Geschäftsführung zu beantworten hatten. Die betrieblichen Informationen wurden in Echtzeit bereitgestellt; die Monatsergebnisse lagen innerhalb von weniger als 24 Stunden nach Abschluss der Geschäftsperiode vor – dank der Tatsache, dass man von der einstigen Gepflogenheit, Anpassungen nur einmal im Monat vorzunehmen, zu einem kontinuierlicheren Ansatz übergegangen war.

Was von der Finanzabteilung nach Abschaffung der manuellen Analyse noch geblieben war, erhielt nun eine völlig andere Ausrichtung: Zukunftsorientierung und Trendanalyse zwecks Unterstützung des Unternehmens bei der Verfeinerung seiner Strategien. Budgets wurden vor geraumer Zeit abgeschafft – an ihre Stelle traten Performance-Ziele und laufende Prognosen. Das unternehmensweite Informationsportal bot dem gesamten Managementteam die

Möglichkeit, individuelle Balanced Scorecards zu überprüfen und auf diese Weise die Verantwortlichkeiten und Zuständigkeiten jedes einzelnen Teammitglieds jederzeit im Blick zu behalten.

Natürlich waren die neuen Prozesse und Systeme hilfreich; sie waren nicht nur unternehmensweit implementiert worden, sondern erfassten auch sämtliche Partnerbetriebe entlang der gesamten Supply Chain im Unternehmensumfeld. Mithilfe dieser neuen Prozesse konnten die Lieferanten die Umsatzprognosen des Unternehmens schnell einsehen und sicherstellen, dass die eigenen Vorräte nicht zu hoch oder zu niedrig angesetzt waren.

Wie alle Führungskräfte des Unternehmens hatten auch Lieferanten und andere Partner über das unternehmensweite Informationsportal Zugang zu Details bezüglich anstehender Beförderungen. Überdies waren sie mit den Kassensystemen des Unternehmens und mit neuen Scanning-Einrichtungen in den Geschäften vernetzt. Ein bargeldloser automatischer Web-Zahlungsverkehr machte eine kundenbezogene Transaktionsverarbeitung überflüssig und führte zu drastischen Personaleinsparungen im Finanzbereich.

Zu den größten Nutznießern einer verstärkt virtuell erfolgenden Entscheidungshilfe zählten die regionalen Manager. Noch vor gar nicht langer Zeit hatten sie erst dann Zugang zu wichtigen Informationen gehabt, wenn sie wieder zurück im Büro waren und die benötigten schriftlichen Belege durchsahen. Sie stellten fest, wie aussagekräftig der Arbeitsablauf als solcher sein konnte – besonders in Kombination mit drahtlosen Geräten und anderen Kommunikationseinrichtungen. Jetzt konnten sie Warnmeldungen an die Leute im Außendienst über öffentliche Netzwerke, Handys und Palmtops weitergeben, um sie auf schlechte Ergebnisse in einem ihrer Geschäftsbetriebe, irgendeine dringende Angelegenheit oder eine spezielle Vorbereitungen erfordernde Situation aufmerksam zu machen. Die Mitarbeiter im Außendienst hatten Zugang zur CIP-Homepage, wann und wo dies notwendig war.

Bei all diesen Möglichkeiten spielte das Servicecenter eine große Rolle. Das Unternehmen hatte sich eine Zeit lang gegen die gemeinschaftliche Nutzung von Serviceleistungen gesträubt. Diese Einstellung veränderte sich, als die standardisierten Daten und Systeme in-

nerhalb der gesamten Organisation implementiert waren. Das Servicecenter war eine erste Anlaufstelle für die Transaktionsverarbeitung. Später wurde diese Funktion zusammen mit anderen nicht zum Kernservice zählenden Leistungen wie Steuererklärungen und Treasury-Aufgaben vollständig ausgelagert. Im Lauf der Zeit konzentrierte sich das Servicecenter verstärkt auf die Organisation von Datenstandards und Portal-Inhalten – einschließlich externer Informationen und Benchmarking-Resultate. Außerdem unterstützte das Servicecenter Einrichtungen für analytische Zwecke, für die Entscheidungshilfe sowie für den Selfservice-Zugang von Mitarbeitern, Partnern und Kunden.

> **Das Unternehmen hatte sich eine Zeit lang gegen die gemeinschaftliche Nutzung von Serviceleistungen gesträubt. Diese Einstellung veränderte sich, als die standardisierten Daten und Systeme innerhalb der gesamten Organisation implementiert waren.**

Der CFO machte besonders intensiv Gebrauch vom Shared Servicecenter, wenn es um Akquisitionen ging. Um neue Marken möglichst schnell anpassen zu können, beurteilte das Center den Unterstützungsbedarf des akquirierten Unternehmens, handelte Verträge aus, traf Servicelevel-Vereinbarungen und modifizierte das unternehmensweite Informationsportal, so dass vom ersten Tag an eine Online-Verbindung zum neuen Management gewährleistet war.

An der Servicefront ermöglichten die neuen bargeldlosen Systeme die Erfassung aussagekräftiger Kundeninformationen. So entstanden deutlichere Kundenmuster im Hinblick auf die Frage, wer was wann und wie oft kaufte. Die Daten erwiesen sich von unschätzbarem Wert – zusammen mit Interviews und Internet-Feedback bezüglich positiver und negativer Kundenerfahrungen. Das Unternehmen sah sich daraufhin veranlasst, seine Zehn-Jahres-Strategie abzuändern und umsichtigere Investitionsentscheidungen zur Pflege der besonders gewinnversprechenden Kundengruppen zu treffen. Diese Maßnahmen verhalfen dem Unternehmen dazu, nach langen dürren Jahren endlich wieder gegen die Konkurrenz antreten zu können.

Sie müssen wie der CFO in diesem Fallbeispiel bereit sein, jeden Aspekt Ihres Unternehmens aus E-Business-Perspektive neu zu überdenken. Darüber hinaus benötigen Sie einen Wegweiser, der Sie zur Entwicklung einer virtuellen Entscheidungshilfe-Umgebung führt. Die folgenden Meilensteine könnten Ihnen die Orientierung erleichtern:

In zwei Jahren

- Installation interner I-Analytik-Bausteine
  - Kundenprofitabilität
  - Produktprofitabilität
  - Prozessanalytik
- Installation des technologischen Gerüsts

In vier Jahren

- Integration von myAnalytics/yourAnalytics (Wertschöpfungskette mit Informationen bezüglich des Unternehmensumfelds)
- eigenständig aufbauende Ursache/Wirkung-Modelle
- dynamische Neugestaltung von I-Analytik-Systemen
- Integration interner und externer problemlösungsorientierter Content-Anbieter

Virtualität – das Gebot der Stunde

Worauf läuft all dies hinaus? Der Trend zur automatisierten Transaktionsverarbeitung, zum Outsourcing und zur I-Analytik treibt die Finanzabteilung unaufhaltsam zur *Virtualität* mit ihrer nahtlosen, durchgängigen Planung und Durchführung des Business-Zyklus über das Internet.

Bisher hat das vorliegende Kapitel die Agenda der Finanzfunktion aus unternehmensorientierter beziehungsweise funktionsspezifischer Perspektive betrachtet. Doch die Erzielung der hier beschriebenen Agenda verlangt neue und bislang wenig vertraute Führungsqualitäten. Performance-Erfolge aus der Vergangenheit sind keine Erfolgsgarantie für die Zukunft. Der vor uns liegende Weg wird nicht linear, sondern iterativ und adaptiv verlaufen. Er wird nur dann begehbar sein, wenn die Unternehmen auf praktisch realisierbaren Ideen und Experimenten aufbauen und ihre Ressourcen in Lösungen kanalisieren, die sie als Investmentoptionen verstehen.

Vor einem solchen Hintergrund muss der CFO die logische Begründung und Gesamtrichtung der Entwicklung vorgeben; er muss die Haupthindernisse aus dem Weg räumen und für den ersten Anstoß sorgen. Seine Aufgabe besteht kontinuierlich darin, weniger das *Ziel* als vielmehr die *Richtung* zu bestimmen. Aus aktuellen Untersuchungen vor Ort lassen sich sechs Aktivitäten ableiten, denen Sie als CFO im Rahmen der virtuellen Herausforderung hohe Priorität einräumen sollten. Wenn Sie diese Prioritäten gezielt und mit Engagement verfolgen, werden Sie letztlich auch in der Lage sein, ihre Umsetzung in die Praxis zu steuern:

Strukturierung der Herausforderung. Kommunizieren Sie den Gesamtumfang der angestrebten Virtualität und die Größenordnung der Vorteile, die mit der anstehenden 50%igen Kostenreduzierung verbunden sind. Erläutern Sie, inwieweit das E-Business sowohl Gefahren als auch Chancen bedeutet, und entwerfen Sie eine Vision von den unweigerlich ausgelösten branchenweiten Veränderungen. Setzen Sie sich ein hohes Ziel – vermitteln Sie in aller Deutlichkeit den Ansatz, den das gesamte Unternehmen angesichts der anstehenden Herausforderungen zu verfolgen beabsichtigt.

Geben Sie die Richtung vor. Beschreiben Sie die angestrebte Virtualität als eine insgesamt zu verfolgende Ausrichtung und nicht als präzise Zielbestimmung, so dass den beteiligten Mitarbeitern noch die Möglichkeit zu eigenen „Navigationsentscheidungen" bleibt. Sorgen Sie dafür, dass sowohl strategische als auch taktische Erwägungen flexibel und entwicklungsfähig bleiben.

Unterstützen Sie den Wandel. Sorgen Sie für eine schnelle und endgültige Beseitigung aller realen und subjektiv wahrgenommenen Hindernisse (beispielsweise Probleme im Zusammenhang mit der Performance-Messung oder auch Systemblockaden). Berücksichtigen Sie Partner und zentralisierte Projekte, um den Fortschritt zu beschleunigen, aber vergewissern Sie sich auch der Unterstützung aus den eigenen Reihen.

Streben Sie Innovation an. Beginnen Sie mit Experimenten in ausgewählten Bereichen, um Lernbereitschaft zu fördern, Veränderungen anzuregen und erste Wertsteigerungen durch rasche Gewinne zwecks Finanzierung künftiger Projekte zu erzielen. Verknüpfen Sie diese gegebenenfalls mit vorhandenen Initiativen.

Sorgen Sie für Dynamik. Initiieren und kultivieren Sie Experimente, um Schwung und Dynamik zu entwickeln und aufrechtzuerhalten. Pflegen Sie eine produktive Umgebung. Schwören Sie interne Partner, aber auch Dritte auf den Wandel ein. Achten Sie insbesondere auf Verhaltensmuster und Unternehmenskultur.

Weisen Sie den Weg. Überwachen Sie den Fortschritt – unter ständiger Überprüfung der Zielvorgaben. Nehmen Sie gegebenenfalls Kurskorrekturen vor. Organisieren Sie Ihre Veränderungsmaßnahmen so, dass Sie ständig Anpassungen vornehmen, Risiken ausgleichen und Optionen wahrnehmen können. Halten Sie Ausschau nach Agenten des Wandels – investieren Sie in solche fortschrittlichen Kräfte. Nutzen Sie eine *strategische Treppe* als praktisches Navigationsinstrument (je größer der Zeithorizont, desto höher die Ungewissheit und desto ehrgeiziger der Wandel).

„eCFO – der Finanzchef der Zukunft"

Die virtuelle Finanzabteilung mag heute nicht viel mehr als ein Konzept sein, aber der Trend zur Virtualität wird rasch Realität werden. Alle hier erörterten Aktivitäten weisen unaufhaltsam in diese Richtung. So die Transaktionsverarbeitung. So die gemeinschaftlich genutzten Serviceleistungen. Und so auch Working-Capital-Management, Treasury-Funktionen und Entscheidungshilfe. In nicht allzu ferner Zukunft werden diese Aktivitäten im Verantwortungsbereich der Finanzabteilung nur noch eine untergeordnete Rolle spielen. CFOs, die sich dem Virtualitätsanspruch nur zögerlich stellen, werden diesen Trend als Bedrohung empfinden; E-CFOs aber, die einschlägige Vorteile erkennen, werden den neu gewonnenen Freiraum zu nutzen wissen.

E-CFO-Checkliste

Erarbeitung einer B2F-Vision
Erkennen Sie, dass der Finanzbereich eine neue, proaktivere Rolle in dem sich rasch fortentwickelnden E-Business-Umfeld übernehmen muss. Fassen Sie den Entschluss, die Finanzfunktion so umzugestalten, dass sie einen eigenen Wertschöpfungsbeitrag leistet. Halten Sie Ausschau nach den Parametern eines wirklich internetfähigen Finanzbetriebs. Wie würde Ihr Finanzbereich aussehen und funktionieren? Wie würde sich Ihre Finanzfunktion auf die Unternehmensstrategie und die Geschäftsplanung auswirken? Wie ist es um strategische Allianzen bestellt?

Planung der Entwicklung zur Virtualität
Nutzen Sie die Vorteile, die der Aufbau einer virtuellen Finanzfunktion Ihnen und Ihren Finanzpartnern zu bieten hat. Erarbeiten Sie eine ambitionierte und zugleich realisierbare B2F-Agenda. Bestimmen Sie, wo Sie in zwei beziehungsweise in vier Jahren sein wollen, um dann den Planungsprozess von hinten aufzurollen und die erforderlichen Schritte festzulegen.

Effizienzsteigerung bei der Transaktionsverarbeitung
Unterstützen Sie voll und ganz unternehmensweite Initiativen zur gemeinschaftlichen Nutzung von Serviceleistungen und setzen Sie sich gezielt und aggressiv dafür ein, nicht-strategische Finanzaufgaben schnell und effizient auf Ihr Servicecenter zu übertragen. Betrachten Sie Outsourcing nicht als Bedrohung, sondern als eine Chance, die Kernkompetenzen Ihrer derzeitigen Finanzgruppe zu verändern. Streben Sie eine automatisierte Transaktionsverarbeitung an.

Kontinuierliche Verringerung des Working-Capital-Bedarfs
Setzen Sie sich mit Nachdruck dafür ein, dass Sie so weit wie möglich auf Working Capital verzichten können. Auf diese Weise werden Sie Ihre Effizienz in vielen Bereichen schlagartig verbessern

können und Ihre Einstellung zu Cashflow und Wertschöpfungsmanagement neu überdenken müssen. Überlegen Sie, was ein Geschäftsmodell ohne Working-Capital-Basis für Ihr Unternehmen bedeuten kann; ermitteln Sie Best Practices aus anderen Branchen, die Ihnen zur Realisierung Ihres Ziels verhelfen können.

Übertragung der Treasury-Funktion auf eine virtuelle Umgebung
Erarbeiten Sie einen Entwurf für Ihre Entwicklung zu einer virtuellen Treasury-Funktion. Straffen Sie Ihr Treasury-Management in einer Weise, die Ihre Beziehung zu den Banken fast völlig neu strukturiert. Nutzen Sie das Internet, um Ihr Informationsmanagement effizienter und Ihre Betriebsabläufe effektiver zu machen. Wählen Sie für diesen Entwicklungsprozess einen Ansatz, bei dem Sie schrittweise vorgehen und sorgfältig abwägen, welche Vorteile Ihnen ein Outsourcing Ihrer Treasury-Aktivitäten bieten würde.

Schaffung einer Online-I-Analytik
Erkennen Sie, dass der Beitrag der Finanzfunktion zur Entscheidungshilfe – I-Analytik, die Bereitstellung integrierter Informationen und Wissensbestände – einen immer größeren Stellenwert gewinnt. I-Analytik wird eine der Hauptaufgaben des CFO in seiner Funktion als strategischer Geschäftspartner des CEO sein. Als CFO müssen Sie sich sehr bald der Herausforderung stellen, ein fortschrittliches Entscheidungshilfe-Programm zu implementieren. Und dazu bedarf es umfassender Systeminstallationen, neuer und frischer intellektueller Ressourcen sowie eines fortschrittlichen analytischen Instrumentariums.

Anmerkungen

Kapitel 1
1. PricewaterhouseCoopers Financial & Cost Management Team (1999) *CFO: Architect of the Corporation's Future*, Wiley.
2. Grady Means und David Schneider (2000) *MetaCapitalism: The E-Business Revolution and the Design of 21st Century Companies and Markets*, Wiley.

Kapitel 2
1. Gary Hamel (2000) *Leading the Revolution*, Harvard Business School Press. [Deutsche Übersetzung: (2001) *Das revolutionäre Unternehmen. Wer Regeln bricht: gewinnt*, Econ.]

Kapitel 4
1. Dem Abschnitt zur *Steigerung des Kundenwerts* liegt die Arbeit von VisionCube zugrunde; das Unternehmen hat sich auf Techniken zur Bestimmung des Kundenwerts für die Dauer der Kundenbeziehung und auf entsprechende Software spezialisiert.
2. Brand Finance ist eine Beratungsorganisation mit Sitz in London, die sich auf Markenbewertung spezialisiert hat.
3. Der hier beschriebene Ansatz basiert auf der Arbeit des Unternehmens Sibson & Co., das auf Vergütungsfragen und Performance-Management spezialisiert ist.

Kapitel 7
1. Grant Norris, James R. Hurley, Kenneth M. Hartley, John R. Dunleavy und John D. Balls (2000) *E-Business and ERP: Transforming the Enterprise*, Wiley.
2. Martin V. Deise, Conrad Nowikow, Patrick King und Amy Wright (2000) *Executive's Guide to E-Business: From Tactics to Strategy*, Wiley.
3. Weitere Informationen zur Beurteilung betrieblicher Standardsoftware einschließlich der Einschätzung von Anbietern als potenziellen Geschäftspartnern finden sich in folgender Publikation: PricewaterhouseCoopers Financial & Cost Management Team (1999) *CFO: Architect of the Corporation's Future*, Wiley.
4. Weitere Informationen zu den Auswirkungen des E-Business auf die Ermittlung von Produktionsquellen und andere Supply-Chain-Strategien sind der folgenden Publikation zu entnehmen: PricewaterhouseCoopers (2000) *E-supply chain: revolution or e-volution?* Euromoney Institutional Investor (Teil einer Serie über Information und Technologie in der Supply Chain).
5. PricewaterhouseCoopers Technology Center, *Technology Forecast: 2000*, April 2000.
6. H. Dresner (2000) „Enterprise business intelligence suites segment heats up", *Intranets and Electronic Workplace (IEW)*, 2. Mai.

Kapitel 8
1. Anm. d. Übers.: Als Modell dient die Einrichtung der so genannten *Town Meetings* des US-Bundesstaates New England. Anlässlich dieser „Stadttreffen" haben die Bürger Gelegenheit, mit den Stadtvätern bei Forumsdiskussionen ins Gespräch zu kommen.
2. *PricewaterhouseCoopers*-Umfrage zur Innovationsthematik.

Kapitel 9
1. Mark L. Feldman und Michael F. Spratt (1999) *Five Frogs on a Log: A CEO's Field Guide to Accelerating the Transition in Mergers, Acquisitions, and Gut Wrenching Change*, Wiley. [Deutsche Übersetzung: (2000) *Speedmanagement für Fusionen. Schnell entscheiden, handeln, integrieren. Über Frösche, Hasenfüße und Hasardeure*, Gabler.]

Anmerkungen

[2] Garth Alexander (2000) The man who dreamt up the biggest merger in history. *Sunday Times*, 16. Januar.
[3] Mark L. Sirower (1997) *The Synergy Trap*, Free Press. [Deutsche Übersetzung: (2001) *Der Synergie-Effekt. Chancen und Risiken von Fusionen für Unternehmen und Anleger*, FinanzBuch.]
[4] Nach Adrian J. Slywotzky (1996) *Value Migration: How to Think Several Moves Ahead of the Competition*, Harvard Business School Press. [Deutsche Übersetzung: (1997) *Strategisches Business Design. Zukunftsorientierte Konzepte zur Steigerung des Unternehmenswertes*, Campus.]

Kapitel 11
[1] Working-Capital-Benchmarking-Service von PricewaterhouseCoopers.

Stichwortverzeichnis

3M, 396

A

ABB, 93
Abschlussrechnung, virtuelle, 38
Agent, 459
Agilität, 55, 60, 119, 133, 264, 417
AIG, 351
Akquisition, 144, 153, 176, 268, 309, 343, 420, 464
Aktienoption, 167, 168
Aktionärsertrag, 175f., 210, 359
Aktualität, 221<
Allianz, 30, 353
-strategische, 118
Amazon.com, 129
AMR/American Airlines, 391
Anlagevermögen, 41
Anreizsysteme, 346
Ansehen, geschäftliches, 159
Anwenderfreundlichkeit, 290
AOL/Time-Warner-Fusion, 356
Applikationsdienstleister, 281
Arbeitsabläufe, 331f., 337
Ausgründung, 396
Ausnahme-
-fall, 452
-prinzipien, 233, 245, 431
Außendienst-Automatisierung, 275

B

B2B-
-E-Commerce, 261
-Handelsplattform, 88
-Markt, 455
-Marktplatz, 454
-Projekt, 393
B2C-
-Bereich, 142
-Internetfirma, 70
B2E-
-Konnektivität, 81
-Projekt, 81
Back-Office(-), 44, 305, 439
-Prozess, 444
Balanced Scorecard, 33, 122f., 161, 376, 463
Barwert, 132, 146, 156
Benchmarking(-), 209, 226, 248, 255, 324, 332, 449
-Studie, 434
Beschaffung, elektronische (E-Procurement), 43
Best Practice, 34, 45, 182, 190, 208, 232, 248, 300, 310, 326, 331, 364, 406, 441, 451
Bewertungstechnik, 108, 182
Brainstorming, 334
Branchen-
-konsolidierung, 346, 406, 421
-konvergenz, 388, 406
Brand Value Added (BVA), 147
Buchwert, 131, 144
Budget(-), 217
-kosten, 230
Bürokratie, 348
Business-
-Case, 65, 336
-Intelligence, 42, 82, 283, 298
-Outsourcing, 440
-Plan, 17, 61
-Portfolio, 86

Stichwortverzeichnis

-to-Business (B2B), 18, 427
-to-Consumer (B2C), 18, 427
-to-Employee (B2E), 18, 427
-to-Finance (B2F), 432

C

Callcenter, 77, 138
Canon, 396
Cash(-), 105
-Burn-Rate, 113
-Pooling, 111
-Prozess, 36
-Verbrauch, 113
Cashflow(-,) 25
-diskontierter (DCF), 102
-Diskontierung, 78
-Discounted (DCF), 177
-Kennziffer, 27
-Prognose, 108
-Steigerung, 42
Caterpillar Overseas, 184
Cisco Systems, 38, 364
Clickstream-Analyse, 272
Community, wertschöpfende, 57
Content, 75, 82, 119, 157, 159, 298
Cost of Capital, Weighted Average (WACC), 78, 195
CRM-, 307
-Programm, 308
-System, 138, 445
-Technik, 141
Customer Relationship Management-, 259
-System (CRM-System), 264

D

Data Warehouse(-), 344, 438, 446
-Funktion, 273

-Projekt, 37
-System, 152, 219
Daten-
-integrität, 290
-verwaltung, 251
DCF-Analyse, 381
Deal, 360
Dell, 51
Dezentralisierung, 247, 410
Diageo, 217
Diskontierter Cashflow (DCF), 102
Dotcom(-), 63, 164, 168, 267, 366, 403
-Neugründung, 20
-Rivalen, 71
Downsizing(-), 310, 412
-Programme, 323
Due Diligence(-), 367, 370, 385
-Kontrolle, 412
-Prozess, 352

E

E-Auktion, 429
E-Banking, 256
E-Business-
-Betrieb, 70
-Community, 302
-Möglichkeiten, 120
-Portfolios, 89
-Projekt, 66
-Software, 277
E-Commerce(-), 18, 33, 69, 402, 445
-Imperativ, 53
E-Geschwindigkeit, 412, 424
E-Infrastruktur, 419
E-Investment, 26
E-Learning, 272
E-Markt(-), 43, 71
-platz, 110, 451

474

-Unternehmen, 73
E-Procurement, 36, 43, 277
Echtzeit-
-Datenzugriff, 219
-Erfassung, 301
-Information, 250, 293
-Wissen, 286
-Zugang, 260
Economic Profit, 132, 134
Economic Value Added (EVA), 27, 147, 183
Eigentum, intellektuelles, 132, 153, 157
Einkaufsgemeinschaften, 320
Eins-zu-eins-Kundenbeziehung, 57, 67
Emerson, 396
Enterprise Application Integration (EAI) Middleware, 291, 293
EAI-Middleware, 291, 293
Enterprise Application Integration (EAI), 269
Enterprise Resource Planning (ERP), 20, 261
Entkapitalisierung, 447
Entscheidungs-
-baum-Analyse, 200
-findung, 232
-hilfe, 31, 52, 284, 299, 387, 431, 434, 450
ERP-
-Harmonisierung, 436
-System, 429, 433, 456
-Technologiestruktur, 438
Ertrag, wirtschaftlicher, 170, 171
Ertragssteigerung, 335, 339, 378, 383
E-Wertansätze, 409
Extranet, 52

F

F&E-Pipeline, 177
Fairness, 322
Finanzvision, 32
Flexibilität, 109, 144, 200, 221, 290, 417
Forecasting, 242
Fortune-500-Unternehmen, 280
Franchisegeschäft, 17
Front-Office, 44, 439
Frühwarn-
-signal, 247
-system, 231, 241, 245
Führungs-
-kompetenz, 20
-qualität, 411
-stil, 415
Fulfillment, 58, 270
Fusion, 153, 176, 309, 356

G

Gates, Bill, 131
GE, 396
Gemeinkosten, 271
Gemeinschaft, wertschöpfende, 220
Gemeinschaftsunternehmen, 73
Geschäftsmodell, 118
Geschwindigkeit, 364
Gewinnschwelle, 137
Gewinnschwellen-Prognose, 140
Gewinnspanne, 112, 115, 308, 396, 407
GlaxoSmithKline, 175
Globalisierung, 21, 93, 346, 354, 388, 405
Gremienstruktur, 322
Größenvorteil, 112, 319

Stichwortverzeichnis

H

Hedging, 180, 214
Human Resources (HR), 164
Humankapital, 164, 446

I

i2 Technologies, 260
Implementierung, 204
Informations-
-portal, 430, 462
-zugang, personalisierter, 82
Innovation, 323, 334, 346
Integration, kulturelle, 383
Interessengruppen, 163
Internet-, 21, 51
-firma, 61
-geschäft, 69
-Startup, 61
Intranet, 81, 250
Investitionsbewertung, 194
Investitionsrentabilität, 52, 195, 229
IT-Infrastruktur, 306

J

Jack Welch, 222, 406
Joint Venture, 30, 77, 155, 353, 386
Joint-Venture-Projekt, 90

K

Kapital, intellektuelles, 228, 366, 446
Kapitalkosten-Mittel (WACC), 195
Kapitalrückfluss-, 235, 429
-dauer, 78
Kaufkraft, 105
Kernaktivitäten, 423

Kernkompetenz, 379
Kommunikationsprogramm, 333
Konnektivität, 55
Koordination, 419
Kosten, 305
Kosten-
-effizienz, 413
-einsparung, 65, 84, 262, 325, 378, 383, 395, 429, 435, 444
-kontrolle, 311, 317
-management, 335
-senkung, 103, 234, 313, 328, 343, 346
Kreativität, 169, 334, 399
Kultur, unterschiedliche, 339
Kunden-
-akquisition, 138
-beziehung, 132, 328
-bindung, 116, 136
-dynamik, 376
-erfahrung, 112
-Extranet, 82
-fokussierung, 115, 121
-gewinnung, 136
-pflege, 136
-profil, 139, 141, 284
-profitabilität, 111, 140, 276
-propaganda, 130
-vernetzung, 187
-wert, 116, 136, 141
Kundenwert-
-analyse, 190
-Index, 140
-steigerung, 187
-wissen, 111, 116, 138, 194
-zufriedenheit, 116, 139, 256, 271, 333, 424

L

Lenkungsausschuss, 321
Liquidität, 52, 105
Lizenzverzicht-Methode, 155

M

M&A (Mergers & Acquisitions), 353
M&A-
-Deal, 385
-Projekt, 394
Management-
-nach Ausnahmeprinzipien, 220
-Buyout, 420
-kapazität, 117
Marke(n-), 69
-kapital, 446
-loyalität, 239
-stärke, 121
-wert, 111, 117, 142
Markt-
-anteil, 275
-kapitalisierung(s-), 96, 351, 358, 382, 393
--trends, 109
-platz, 428
-wert, 105, 131, 150, 159
--Konzept, 96
Mehrwert(-),
-Aktivitäten, 412
-wirtschaftlicher (EVA), 147
-dienste-Netz, 281
Mergers and Acquisitions (M&A), 353
Messtechnik, angemessene, 94
Middleware, 291
Mindestrendite, 179, 195, 400
Mitarbeiter-
-beteiligung, 323

-Portal, 83
-potenzial, 19
-zufriedenheit, 324
Modellierung, 251
Monte-Carlo-Simulation, 178
Motivation, 348
Multidimensionalität, 221, 290

N

Nachfrageplanung, 80
Netzwerk(-), 58, 66, 130, 182, 212, 367, 371, 410, 419, 452
-effekt, 116
-sicherheit, 281
New-Economy-Mentalität, 29
Nokia, 259

O

OLAP-Analyse (Online Analytical Processing), 287
Online-
-Analytical Processing (OLAP), 287
-Lernsystem, 272
-Marktplatz, 71
-Selfservice, 299
Opportunitätskosten, 413
Optimierungsprogramm, 311, 312, 318
Option, reale, 28
Optionsbewertung, 198
Oracle Corporation, 305
Outsourcing(-), 44, 56, 176, 212, 213, 281, 314, 320, 325, 379, 433
-Business, 437
-Partner, 58

Stichwortverzeichnis

P

Partnerschaft(s-), 56, 57, 267, 270, 395
-modell, 354
Performance-
-Indikatoren, maßgebliche (MPI), 100, 101, 122, 218, 224, 234, 237, 299, 381
-Management, 251
-Messung, 422
Personalisierung, 57, 273, 296, 297
Personalkosten, 335
Peter Drucker, 136
Postimplementierung, 208
Procter & Gamble, 17
Produktivität, 305
Produktlebenszyklus, 273
Produktmarke, 17
Profitabilität, 52, 551, 66, 87, 226, 243, 314, 329, 421
Profitcenter, 32
Prognose(-),
-laufende, 218, 252
-erstellung, laufende, 233
Projektleitungsausschuss, 322
Prüfungsausschuss, 321
Pull-Prozess, 57
Push-Prozess, 57

R

Reaktionsgeschwindigkeit, 289
Real Options Valuation (ROV), 103, 180, 201, 203
Reengineering, 441
Rendite, 98, 113, 126, 131, 269, 374, 422
Rentabilität, 97
Reporting-Systeme, 414

Ressourcen(-),
-Allokation, 22, 182
-Attraktion, 186
-immaterielle, 181
-Management, 175, 179
Risiko(-), 105
-bereitschaft, 169
-management, 281
-profil, 196
-vermeidung, 188
Robustheit; 290
ROV-Technik, 104
Royal Dutch/Shell Group, 427

S

Sachanlage-Investition, 114
SAP(-), 268
-Installation, 392
Scorecard, 368, 380
Selfservice-
-Betrieb, 38, 57
-Modell, virtuelles, 407
-Prozess, 307
-Zugang, 306
Sensitivitätsanalyse, 78, 151
Serviceleistungen, gemeinschaftlich genutzte, 18, 90, 248, 416, 430
Shared Servicecenter, 430, 453
Shareholder-Value(-), 134
-Beitrag, 126, 185
-Konzept, 17
-Maßnahmen, 25
-Maximierung, 126, 250, 312
-Steigerung, 19, 372
Silicon Valley, 205
Silo-Mentalität, 344
Simultan-Zugriff, 290
Skalierbarkeit, 290
Spin-in, 212

Spin-off, 393
Spin-on, 213
Spin-out, 213
Stabilität, 275
Stakeholder(-), 30, 51, 271, 309, 318, 459
-Gruppen, 191
-Value-Mentalität, 232
Startup, 354, 366, 403, 433
Statoil, 456
Such- und Abruffunktionen, 296
Super-Servicecenter (SSC), 436, 440
Supply Chain(-), 57, 133, 234
-Management, 259
--System (SCM-System), 264
-Optimierung, 79
-Prozess, 328
Support-Infrastrukturen, 276
Svenska Handelsbanken, 254
Synergie(-), 406
-effekte, 352, 368, 383
Systemzuverlässigkeit, 282

T

Teams
-fachbereichsorientierte, 321
-geschäftsbereichsorientierte, 321
Terminierung, 105, 120
Transaktionsverarbeitung, 432, 434, 457
Treasury-
-Aktivitäten, 453
-Management, 434
-Prozess, 36

U

Umlaufvermögen (Working Capital), 18, 21, 41, 59, 102
Unilever, 397
Unternehmens-
-bewertung (Due-Diligence-Prozess), 352
-führung, wertorientierte, 100
-kultur, 317, 318, 336, 340, 343, 345, 355, 357, 364, 382, 411, 414
-mentalität, 221
-wert, 336, 372
-zentrale, wertschöpfende, 391
Unternehmungsgeist, 338
Ursache-/Wirkungs-Modell, 459

V

Value Diligence, 370
Value Proposition, 23, 214, 317, 319, 404, 418
Value Web, 416
Value-based Management (VBM), 93
Value-Proposition-Option, 423
Venture Capital Programs, 206
Venture-Capital-Ansatz, 207
Vergütungs-
-und Anreizsystem, 164, 288
-struktur, 241
-system, 167
Vermarktungszeit, 271, 279
Vermögenswerte, 17, 327
-immaterielle, 17, 22, 25, 59, 87, 147, 150, 228, 328, 378
-materielle, 24
Vertrauen, 347
Virtualität, 31
Visualisierung, 250
Volvo, 238

Stichwortverzeichnis

W

WACC (Weighted Average Cost of Capital), 78, 195
Wachstum, 52
Wachstumsoption, 108, 46, 96, 122
Wagniskapital-
-fonds, internes, 205
-geber, 180, 189
-programme (Venture Capital Programs), 206
Warehousing, 288
Warnmelder, 459
Warren Buffett, 159
Webonomics, 24, 105
Web-Präsenz, 25
Web-Serviceleistungen, 434
Wert-
-lücke, 150, 368, 377, 381
-maximierung, 129
-orientierung, 129
-steigerung, 401
-treiber, 28, 97, 125, 143, 144, 145, 162, 169, 170, 171, 172, 185, 190, 192, 208, 218, 225, 237, 239, 245, 263, 316, 371, 377, 380, 421
-vernichter, 419
-vernichtung, 401, 402
-vorstellung, 411, 415
Wertschöpfung(s-), 17
-ansatz (Value Proposition), 23, 433
-beitrag, 63, 68, 129
-dynamik, 97, 106, 125, 180, 188
--siebenteilig, 97, 99, 115
-initiative, 177
-kette, 24, 35, 107, 154, 170, 187, 208, 270, 271, 316, 344, 379, 457, 458
-optionen, 405, 408
-periode, 98, 374
-potenzial, 22, 46, 310
-treppe, 367, 372
Wettbewerbsvorteil, 109, 135, 459
Wissens-
-darstellung, 297
-datenbanken, 295
-management, 172, 265, 296
Workflow-Funktionen, 296, 298
Working Capital, 112, 447
Working-Capital-Management, 434

X

XML, 294
XML-Sprache (Extensible Markup Language), 294

Z

Zentralisierung, 410
Zugänglichkeit, 289